Langenscheidts Wörterbuch der Umgangssprache Französisch

Wörterbuch des unkonventionellen Französisch

Von Franz-Joseph Meißner
In Zusammenarbeit mit Jean-Paul Legrand,
Roger Lenoir (†), Claude Meissner

L

LANGENSCHEIDT

BERLIN · MÜNCHEN · WIEN · ZÜRICH · NEW YORK

Auflage:	5.	4.	3.	2.	1.	Letzte Zahlen
Jahr:	1996	95	94	93	92	maßgeblich

Druck: Druckhaus Langenscheidt, Berlin-Schöneberg
Printed in Germany · ISBN 3-486-20158-3

Vorwort

Das vorliegende „Wörterbuch der französischen Umgangssprache“ richtet sich in erster Linie an Benutzer, die Wörter und Wendungen der französischen Umgangssprache verstehen möchten, wie sie im informellen Gespräch, aber auch z. B. in Zeitungsartikeln über Jugendliche verwendet werden. Es ist daher kein Wörterbuch im herkömmlichen Sinne: Es wendet sich nicht an den Lerner, der gerade die ersten Sprachkenntnisse erwirbt; es hilft dem Fortgeschrittenen wohl kaum bei der Lektüre der französischen Klassiker. Wer aber trotz der in Schule oder Universität erworbenen soliden Sprachkenntnisse im Gespräch mit französischen Freunden noch immer unbekannte Wörter und Wendungen hört und schließlich noch die Frage gestellt bekommt *„Tu piges que dalle, hein?“* wird mit Hilfe dieses Wörterbuches seine Probleme lösen können.

Das „Wörterbuch der französischen Umgangssprache“ bietet dem Benutzer Stichwörter aus der französischen Substandardsprache in ihrer ganzen Breite und Vielfalt (*français familier*, *populaire*, *branché* usw.); es nennt zunächst ein hochsprachliches französisches Äquivalent. Daneben wird das Stichwort in einen signifikativen Kontext gestellt, der auf der Grundlage authentischer Sprechzeugnisse eine typische Kommunikationssituation widerspiegelt. Die Übersetzung ins Deutsche erfolgt auf der dem französischen Beispiel entsprechenden Stilebene. So erhält der Benutzer die maximale Information über den stilistischen Wert des Stichwortes.

Ein absolutes Novum im Bereich der Lexikographie stellt die Angabe der „Gebrauchsklasse“ dar: Durch Zuordnung des Eintrages zu den Gebrauchsklassen 1 bis 3 erfährt der Benutzer, ob ihm der Eintrag in der angegebenen Bedeutung sehr häufig oder eher selten begegnen wird. Die Angabe der Gebrauchshäufigkeit wird für den Benutzer sicherlich ein wichtiges Kriterium für die Auswahl des zu erlernenden Wortschatzes sein. Damit ist das „Wörterbuch der französischen Umgangssprache“ nicht nur ein reines Nachschlagewerk; aus ihm läßt sich leicht quasi ein „Grundwortschatz der französischen Umgangssprache“ ableiten und erlernen. Dabei helfen im übrigen auch die zahlreichen Angaben zu umgangssprachlichen Synonymen.

Das „Wörterbuch der französischen Umgangssprache“ ist in erster Linie auf die Herübersetzung angelegt. Doch soll dem Benutzer auch die Möglichkeit offenstehen, von deutschen umgangssprachlichen Begriffen ausgehend nach den französischen Äquivalenten zu suchen. Diesem Zweck dient ein umfangreiches deutsch-französisches Register. Gerade im Bereich der umgangssprachlichen Kommunikation spielen auch non-verbale Elemente eine große Rolle. Die 40 Abbildungen zeigen dem Benutzer typische Gestik und Mimik, die bestimmte Wendungen begleitet oder sogar ersetzt. Lerner mit soliden Grundkenntnissen der französischen Sprache gewinnen mit Hilfe dieses Wörterbuches einen umfassenden Einblick in die verbale und non-verbale Kommunikation des Alltags.

Der Verlag

Inhaltsverzeichnis

An den, der dieses Wörterbuch zum Sprechen bringen muß ...

Zum Material

Die vorliegende Liste nimmt den Wortschatz des „Umgangsfranzösischen" – die Verfasser sind sich der Problematik des Ausdrucks bewußt[1] – in breiten und didaktisch vertretbaren Ausschnitten auf, um ihn dem deutschsprachigen Benutzer in eingängiger Weise bekannt zu machen. Gemeint ist jenes Vokabular, das bei unkontrolliert-spontanem Sprechen (*français relâché*),[2] im Alltagsgespräch, im Gespräch mit Freunden und Gleichgestellten begegnet. Dieses ist durch die Merkmale der Vertrautheit der Sprecher, häufig durch eine deutliche Tendenz zur Gefühlsbetonung und die Abwesenheit distanzierender Formalität gekennzeichnet. Der klassische Ort solcher Rede ist die Wohnung, die Kneipe, das Büro, die Arbeitsstelle, die Universität, die Schule, das Militär, der Campingplatz, aber auch die Literatur, vor allem der „Schmöker" (fiktive Sprechsprache). Der hier begegnende Wortschatzbereich umgreift mehrere Register. Der Duden unterscheidet zwischen den Registern „umgangssprachlich", „derb", „vulgär" und „obszön".

Die Sprachwirklichkeit bezeugt den häufigen und unbewußten Registerwechsel. Bilden die Markierungen „obszön" und „vulgär" die untere Grenze des umgangssprachlichen Großregisters, so die Schriftsprache die obere: Im Deutschen schreibt man eher *ich bekomme*, doch man sagt *ich kriege*. Ebenso ist die adverbiale Verstärkung *ganz schön* im gesprochenen Deutsch beheimatet (*ganz schön teuer*, *ganz schön viel*). Formulierungen wie die zuletzt genannten gelten als unverfänglich: Der Untergebene kann sie ohne jedes Risiko sozialer Disqualifikation im Gespräch mit Vorgesetzten anwenden. Schreibend oder in sprachlich vorgeplanter Rede, z. B. dem Vortrag, wird man jedoch dem *ganz schön* ein stilistisch neutrales *sehr*, *ziemlich* (*sehr teuer*/*ziemlich teuer*) vorziehen.

Solcherlei unmarkiertes Sprachmaterial gehört zwar auch dem hochgradig offenen Register umgangssprachlicher Sprechweise an, es kennzeichnet sie jedoch keineswegs. In der folgenden Wortliste wird es daher keinen Platz beanspruchen dürfen. Die Grenzen zwischen dem primären Sprech- und Allgemeinwortschatz sind fließend.

Zu Entstehung, Korpus, Benutzerkreis

Es ist für Einordnung und Gebrauch des Wörterbuches hilfreich, etwas über seine Entstehung zu wissen: Vor ca. zehn Jahren hielt der Verfasser ein Proseminar zur französischen Lexikographie, in dem die verschiedenen Wörterbücher des sog. französischen „Substandards" (*argot*, *populaire*, *familier*) analysiert wurden. Auf die vom Gedanken des eigenen Spracherwerbs ausgelöste Frage der Studenten, was sich

---

[1] E.-G. Geyl, „Was ist Umgangssprache?", *Muttersprache* 85/13, 1975, 25–32.

[2] C. Stourdzé, „Les niveaux de la langue", *Le français dans le monde* 65, 1969, 18–25, und die anschließende Diskussion in: „Unité et diversité du français contemporain", *Le français dans le monde* 69, 1969.

denn eigentlich aus der überreichen Fülle des Wortmaterials für das eigene Gespräch mit französischen Sprachpartnern „zu lernen lohne",[3] lieferte die Lexikologie keine statistisch begründete Antwort. So entstand der Gedanke, einer möglichst großen Zahl französischsprachiger Probanden Wörterbücher des Substandards mit der Bitte vorzulegen, die vorhandenen Bestände nach Gebrauchsklassen zu kategorisieren.

Folgendes fünfstufige Antwortraster erwies sich als praktikabel:[4]

Gebrauchs-klasse	Definition
{*1*}:	*En parlant, j'utilise le mot ou la structure dans la signification indiquée carrément tous les jours.*
{*2*}:	*... de temps en temps.*
{*3*}:	*Je rencontre le mot ou la structure dans la signification indiquée carrément tous les jours. Moi-même je n'utilise le mot ou la structure que rarement ou plutôt jamais.*
{*4*}:	*Je rencontre le mot ou bien la structure rarement. Je comprends pourtant leur contenu.*
{*5*}:	*Je ne connais ni le mot ou la structure, ni la signification.*

Das Ergebnis zeigte nach einem Rücklauf von weit über 30 Wörterbüchern (DFAP und DAM)[5] – zuzüglich dreier *face-to-face* Interviews, in denen mit einzelnen Probanden jeweils der gesamte DFAP-Bestand durchgegangen wurde – brauchbare Trennschärfen, vor allem zwischen den Kategorie-Übergängen von {*3*}/{*4*} bzw. {*4*}/{*5*}. Es gelang auf der Grundlage einer über 70prozentigen Eindeutigkeit (bezogen auf das Sprachwissen von über 30 frankophonen Männern und Frauen zwischen 20 und 70 Jahren, ganz unterschiedlicher Berufe, Bildung und regionaler Herkunft Frankreichs und Belgiens), das für didaktische Zwecke nicht mehr relevante – zumeist aus den „Fachsprachen" von Verbrechen und Prostitution stammende – Material der Gebrauchsklassen {*4*} und {*5*} auszusondern.

Die bereinigte Liste befriedigte nicht. Es wurde deutlich, daß sich die Autoren von DFAP und (mehr noch) DAM bei der Zusammenstellung ihrer Vokabularien von Vorstellungen hatten leiten lassen, die man traditionell an den *Argot* bindet:[6] Die Bereiche *Knast*, *Sex*, *Mord*, *Raub*, *Prostitution* usw. schienen gemessen an der alltäglichen Spracherfahrung weit überrepräsentiert. Andererseits fehlte Material,

---

[3] Vgl. E. Bornemann (1984) unter *kosen*: *hätscheln, kunkeln, munkeln, poussieren, schäkern, scharfenzeln, schmäulern, schmecheln, schmusen, tätern, Tatschkerl hacken, techtelmechteln*. Mag der durchschnittlich kompetente Sprecher des Deutschen diesen Wortschatz noch kennen, so erschöpft sich seine Kenntnis ohne Zweifel bei der Synonymenliste für *Prostituierte*. Sie umfaßt mehrere Seiten! Für *putain* nennt Guiraud (1978) über 600 Synonyme. Vgl. G. Thiele-Knobloch, „Umgangssprachliche Varietäten und Register im Hochschulunterricht", in: Th. Kotschi (Hrsg.), *Beiträge zur Linguistik des Französischen*, Tübingen 1981, 156–181.

[4] F.-J. Meißner, „Der französische Sprechwortschatz nach (lexikodidaktischen) Gebrauchsklassen", *Die Neueren Sprachen* 86, 1987, 554–568. – In ähnlichem Zusammenhang bemerkte bereits Söll: „Der zu erwartende Fall, daß weder Auszählungen noch Befragungen eindeutige Ergebnisse erbringen, ist kein entscheidender Einwand. Man kann dann wenigstens den Grad des Konsenses feststellen ..." (L. Söll / F. J. Hausmann, *Gesprochenes und geschriebenes Französisch*, Berlin 1985 (3. überarb. Aufl.), 195).

[5] Ebd. Ausgegeben wurden: DAM, DFAP.

[6] W. Hirdt, „Argot im französischen Roman des 19. Jahrhunderts", *Zeitschrift für französische Sprache und Literatur* 97, 1987, 255-278.

welches für nicht-formale bzw. nicht-distanzierte Alltagsrede benötigt wurde. Da die Zusammenstellung eines zu Lernzwecken geeigneten Wörterbuchs des Umgangs- und Substandardfranzösischen geplant war, das sich sowohl an einer von Muttersprachlern introspektiv fixierten statistischen Sprachrealität orientiert als auch an den vermutbaren französischen Bezeichnungsbedürfnissen deutscher (fortgeschrittener) Französischsprecher, erschien es gerechtfertigt, die auf der Grundlage von DFAP und DAM erstellte, nun „bereinigte" Wortliste um Einträge zu ergänzen, die die Gebrauchswörterbücher (DFC, MR, DPF, DF) als *familier* und *populaire* markieren.[7] Anzumerken ist, daß diese Wörterbücher einen Wortschatz verzeichnen, der allgemein dem erwachsenen französischen Muttersprachler bekannt ist. Nahezu alle über die Standardlexikographie aufgenommenen Eintragungen wurden als zumindest der Klasse 3 angehörig qualifiziert. Unterschiedliche Einschätzungen ergaben sich hinsichtlich der Zuordnung: *familier*, *populaire* usw. einerseits und *unmarkiert* andererseits. Dieses Verfahren bereicherte die Wortliste im Sinne des in französischen Alltagsgesprächen hörbaren Wortschatzes ungemein.

Zur Berücksichtigung jüngerer Entwicklungen wurde ähnlich mit dem Bestand des sog. *français branché* verfahren.[8] Das hier gefundene Material erhielt anstelle der Gebrauchsklassenangabe die Kennung {B} für *branché*. Dies geschah in dem Gedanken, daß das Vokabular des *français branché* (dieses entspricht nicht etwa der deutschen Jugendsprache)[9] in ganz unterschiedlicher Intensität und Schnelligkeit Eingang in den allgemeinen Wortschatz findet. *Branché*-Sprecher signalisieren, daß sie gewissen sozialen Großgruppen zugehören (wollen). Deren Kennzeichen sind: großstädtisch (Paris), eher jung als alt, informiert und an neueren Trends teilnehmend. Humorvoll und zugleich treffend faßt Alain Schifres die hier begegnenden Eigenschaften in den „lexikalischen Registerbezeichnungen" des *parigomondain* (der Jargon des echten oder vermeintlichen *Tout-Paris*, der Pariser „Schickeria") und des *adoparisien* (die Sprache der Pariser *ados* „adolescents") zusammen.[10]

Wie zur sog. Standardlexikographie, so wurden die Bestände weiterer Wortlisten, die speziell umgangssprachliches Material verzeichnen, geprüft und gegebenenfalls zu Ergänzungen herangezogen.

---

[7] Es ist in Fachkreisen nur zu bekannt, daß die sog. Registermarkierungen der Wörterbücher stark voneinander abweichen. Die Divergenzen betreffen jedoch weniger die Zuordnung „standardsprachlich/substandardsprachlich" als vielmehr die Registerklassen *familier*, *argotique*, *populaire*. Hatten die Autoren den Eindruck, daß es sich um ein neutral-unmarkiertes Wort handelte, so nahmen sie es nicht in ihre Liste.

[8] Vgl. vor allem Merle (1986). Die neue Auflage des Wörterbuches (1989) verzeichnet im zweiten Teil Ausdrücke, die deutlich weniger in den umgangssprachlichen Wortschatz gehören und statt dessen stärker die Markierung des „in-Seins" tragen. Sie wurden nicht in die vorliegende Wortliste genommen. Interessenten seien auf diese Ausgabe verwiesen. Des weiteren auf: Orlando du Rudder, *Le français qui se cause*, Paris: Balland 1986; Maya Nahum-Valensi / Colette Atlas, *Les Ados, peuple extraordinaire*, Paris: Mazarine 1987 (Jugendsprache); A. Dupas / J. Frèches, *Modernissimots*, Paris: Lattès 1987; A. Schifres, „Le jeune tel qu'on le parle", *Nouvel Observateur* 4. 12. 82. Zum Status: A. Barrera-Vidal, „Le parler *jeune* – un néo français?", in: A. Barrera-Vidal / H. Kleineidam / M. Raupach (Hrsg.), *Französische Sprachlehre und Bon usage. Hans Wilhelm Klein zum 75.*, München 1986, 104–121. Dort S. 107: „Ces mots et expressions tendent aujourd'hui à se banaliser en tombant en quelque sorte dans le domaine public, ou ils passent finalement inaperçus: l'écart entre le français standard et le parler «jeune» tend à s'estomper et n'est plus ressenti comme tel."

[9] Vgl. C.P. Müller-Thurau, *Lexikon der Jugendsprache*, Düsseldorf/Wien 1985. Beispiele: *Laß uns mal 'ne Schnecke angraben, anfetzen, anpowern, antouchen, Fummel, Freßleiste, kernig, kiffen, Meskalin, Mufti, geil.*

[10] A. Schifres, *Les Parisiens*, Paris: Lattès 1990.

Die Kategorisierung des über DFAP und DAM hinausgehenden Materials geschah ausschließlich durch die Autoren selbst. Dies erschien gerechtfertigt, da die Gebrauchsklassenauszählung eine unerwartet hohe Rate identischer Zuweisungen ergeben hatte und die Trennschärfe zwischen den Kategorien {*1*}/{*2*} ohnehin erheblich geringer war als die zwischen {*3*}/{*4*}. Die Entscheidung für dieses Verfahren fiel um so leichter, als auch andere, vergleichbare Untersuchungen zur lexikalischen Häufigkeits- und Gebrauchseinschätzung eine hohe Übereinkunft introspektiver Probandenaussagen bestätigen.[11]

Ob Material der Klasse {*1*} oder {*2*} zusortiert wurde, entschied sich nach Art und Häufigkeit, mit der die Probanden bestimmten Sprechsituationen und Bezeichnungsbedürfnissen bzw. dem an sie gebundenen Vokabular begegneten. Dabei spielten fraglos auch stilistische Komponenten eine Rolle. Wie wenig zwingend hier eine Zuordnung fiel, zeigte sich u. a. daran, daß in mehreren Fällen gleiche Personen gleiches Material zu verschiedenen Zeitpunkten unterschiedlichen, allerdings stets unmittelbar benachbarten Klassen, also {*1*} oder {*2*}, zuordneten. Letztlich haben wir uns dazu entschlossen, die hiermit verbundenen Divergenzen als Ausdruck der Einschätzung kompetenter Sprachteilhaber nicht etwa zu glätten, sondern an den Benutzer weiterzugeben. Der Benutzer – das Wörterbuch wendet sich an fortgeschrittene Französisch-Lerner, die sich breit und intensiv mit dem Umgangsfranzösischen vertraut machen wollen – sollte dies wissen und den Gebrauchsmarkierungen {*1*}/{*2*} keine größere Bedeutung zuerkennen, als ihnen aufgrund ihrer vergleichweise geringen Trennschärfe zukommt. Ihm selbst soll überlassen bleiben, was er zu welchem Zeitpunkt seiner Beschäftigung mit der französischen Sprache zu seinen Zwecken lernen will. Auch zu dieser Entscheidung liefert die Gebrauchsmarkierung eine Hilfe.

Aufbau des Wörterbuchs

Aus der oben beschriebenen Arbeit entstand das vorliegende Wörterbuch der französischen Umgangssprache. Es ist in erster Linie auf die Herübersetzung angelegt; der Schwerpunkt liegt daher auf der französisch-deutschen Wortliste.

Die französisch-deutsche Wortliste: Hier zunächst ein Beispiel für einen Artikel aus der Wortliste:

> **farcir** *V.t. Cribler de balles* {*3*}: Je te farcis de plomb. *Ich* ***pump'*** *dich* **voll Blei.** ♦ (**se**) *V.pr. Voler* {*2*}: Il se l'est farci. *Er hat es* **sich unter den Nagel gerissen.** ♦ *Posséder*, se taper* {*2*}: Elle est chouette, la petite. Tu voudrais bien te la farcir, hein? *Die ist süß, die Kleine. Die möchtest du wohl gerne* **vernaschen?** ♦ *Manger*, se taper* {*2*}: On va se farcir un petit rôti dont tu me diras des nouvelles. *Wir werden uns einen kleinen Braten* **einverleiben,** *den du in Erinnerung behalten wirst.* ♦ *S'octroyer, se payer* {*2*}: Celui-là, je vais **me le farcir.** ***Den werd' ich mir*** **kaufen.** ♦ *Loc. Etre obligé de supporter qn.*, → faire {*2*}: **Faut s'le farcir.** *Er ist* **nicht gerade ein Geschenk des Himmels** / *Der* / *Die* **ist ja nicht auszuhalten.** ♦ **Se farcir le chou** *loc. Se soûler* {*3*}. ***Sich die Rübe vollhauen.*** ♦ **Se farcir la panse** *loc. Manger excessivement, se gaver* {*3*}. ***Sich die Wampe vollschlagen.***

Dem französischen Stichwort folgen zunächst grammatikalische Angaben. Da standardsprachliche Kenntnisse beim Benutzer dieses Wörterbuchs vorausgesetzt werden können, werden z. B. feminine Suffixe nur in Fällen registriert, die eine Abwei-

---

[11] P. J. L. Arnaud, „Estimations subjectives des fréquences des mots", *Cahiers de Lexicologie* 54, 1989, 69–81.

chung von der regelmäßigen Bildung darstellen. *Magouilleuse* beispielsweise wird nicht genannt, da *-euse* regelmäßig dem Maskulinum *-eur* entspricht. Auch die Aussprache französischer Wörter stellt in der Regel für fortgeschrittene Lerner keine Schwierigkeit dar. Dennoch folgt bei Wörtern, über deren Aussprache Zweifel bestehen könnten, auf das Stichwort die phonetische Umschreibung.

An die grammatikalischen Angaben schließt sich eine französische Definition oder ein französisches Äquivalent der Standardsprache an; in vielen Fällen werden zusätzliche Hinweise auf substandardsprachliche Synonyme gegeben. Wenn der Benutzer diesen Hinweisen nachgeht, kann er die Entfaltung einer Bedeutung weiter verfolgen. Die standardsprachlichen Bedeutungen der Stichwörter zu nennen, erschien angesichts der Kenntnisse der Benutzer überflüssig. Der Artikel **poule** beginnt daher: **poule** *f. Femme ...*, nicht aber **poule** *f. Femelle du coq domestique*.

Nach der Gebrauchsklassenangabe folgt ein Beispiel für die Verwendung des französischen Stichwortes in einem Kontext. Es gibt über den stilistischen Wert des Eintrags Auskunft und zeigt eine typische Situation, in der dieser benutzt werden kann. Die Erstellung der französischen Kontexte erfolgte sowohl ausgehend von in der französischen Lexikographie gelieferten Beispielen als auch auf der Grundlage authentischer Sprechzeugnisse (Alltagssituationen, Gespräche, Rundfunk, Fernsehen, Film, Presse, nachempfundenes Sprechen bzw. mündliche Fiktionalität), die der Verfasser zwischen 1980 und 1991 registrierte, sowie auf der Basis von eigenem Sprachgebrauch abgelauschten Beispielen außerhalb eines metasprachlichen Kontextes. Modifikationen erschienen im Hinblick auf den deutschsprachigen Benutzerkreis des vorliegenden Wörterbuchs und die didaktische Absicht unumgänglich. In manchen Fällen erschien eine Definition des französischen Ausdrucks oder eine Kontextualisierung überflüssig, weil bereits die Übersetzung die Vokabel und ihre Verwendung hinreichend klärt (z. B. **H** *m. Haschisch {1}.* ***Hasch***).

Die deutsche Entsprechung des französischen Eintrags wird in der Übersetzung des Kontext-Beispiels durch halbfetten Druck gekennzeichnet. Eine zweisprachige Wortliste der Umgangs- und Substandardsprache muß unbedingt den stilistischen Wert der Wörter hervorheben (vgl. z. B. den unterschiedlichen stilistischen Wert von *von uns gehen, verscheiden, sterben, krepieren, in die ewigen Jagdgründe eingehen, abkratzen, ins Gras beißen, abnibbeln*). Deshalb wurde die Wahl der deutschen Entsprechung in der Regel so getroffen, daß sie die Abweichung des französischen Eintrags von der unmarkierten Norm anzeigt und den deutschsprachigen Benutzer die an eine französische Vokabel gebundene Gefahr des sprachlichen Fehlgriffs mit seinen möglicherweise diskriminierenden Folgen nachempfinden läßt. Die Übersetzungen dürfen also kein Blatt vor den Mund nehmen, da Derbheiten und Obszönitäten verschweigende Verdeutschungen für den Wörterbuchbenutzer fatale Folgen zeitigen könnten. War eine entsprechende Abtönung auf der Wortebene nicht möglich, da französische Substandardwörter längst nicht immer deutsche Entsprechungen finden (*On n'a plus de flotte, le robinet est bouché. Flotte „Wasser"* hat hier wohl keine akzeptable standardsprachliche deutsche Entsprechung – *Pumpenheimer* würde in dieser Situation nicht gesagt.), so zeigt die Wortumgebung der deutschen Übertragung den stilistischen Wert des französischen Eintrags an, z. B. *Mince! On n'a plus de flotte. Le robinet est bouché. „Mist! Wir haben ..."* Der Fluch signalisiert hier die Stilebene des Eintrags *flotte*. Der Benutzer muß also zur stilistischen Einstufung und Verwendung eines Eintrags das gesamte Sprachbeispiel registrieren. Es ist ganz in diesem Sinne, wenn auch die Grammatik der deutschen Entsprechung die Stilhöhe der französischen Vorgaben aufnimmt. So wurden für die Verdeutschung der Kontexte Formulierungen gewählt, die bei unkontrolliertem Sprechen begegnen. Das der Übersetzung zugrundeliegende Modell ist das des gesprochenen Deutsch.

Eindeutige Zuordnungen, Fälle, in denen ein französisches Wort nur eine deutsche Entsprechung zuläßt, sind Ausnahmen, nicht die Regel.[12] Gilt dies für alle sprachlichen Register, so erst recht für den Kernwortschatz der Umgangs- oder Alltagssprache, die in besonderer Weise spontane lexikalische Kreativität spiegelt. Dies bezeugen Synonymketten (zumeist metaphorische oder metonymische Bildungen), deren Elemente sich in Bezeichnung (Designat) und „Gefühlswert" (Konnotat oder soziale Bedeutung) kaum voneinander unterscheiden. Ein Beispiel liefert das Wortfeld „Geld": *As, blanc, blanquette, plâtre, nerfs, os, des monacos, des noyaux, des pimpons, des soldats, des boules, des ronds, grisbi, carbi, pognon, Saint-Fric, trèfle, blé, oseille, osier, picaillon, japonais, caire, douille, fric, flouze, pèze, carbure, galtouse, carme, fraîche, graisse, pépette, fifrelin, artiche, radis, aspine, quibus, soudure, beurre, aubert*[13] unterscheiden sich so viel und so wenig voneinander wie *Blech, Draht, Eier, Flachs, Flöhe, Gold, Heu, Kapitalien, Kies, Kleingeld, Knast, Knete, Knöpfe, Kohlen, Koks, Kreuzer, Kröten, Lachs, Marie, Märker, Mäuse, Mittel, Moneten, Moos, Mücken, Nervus rerum, Mammon, Penunzen, Pfennige, Piepen, Pinke(pinke), Pulver, Puste, Zaster, Zunder, Zwirn* usw.[14] Deutsch-französische 1:1-Zuordnungen können innerhalb solcher synonymen Serien immer nur exemplarisch sein.

Das deutsch-französische Register: Neben dem französisch-deutsch angelegten Hauptteil enthält das vorliegende Wörterbuch ein deutsch-französisches Register. Dies erlaubt dem Benutzer nicht nur, von einem Wort oder einer Redewendung der deutschen Umgangssprache ausgehend einen französischen Eintrag zu finden; es kann auch beim Erlernen des französischen Wortschatzes dem Benutzer die Entfaltung einer Vokabel demonstrieren: Der Eintrag **abhauen** *air* führt so zu *l'air est frais, se donner de l'air, jouer la fille de l'air* usw. Wie auf der Inhaltsseite (Ebene der Signifikate) die Vernetzung durch die Angabe von Synonymen gewährleistet ist, so wird über das Register die Vernetzung auf der Ebene der Wortkörper (Signifikanten) deutlich. Bei seiner Arbeit mit dem Wörterbuch erhält der Benutzer daher einen umfassenden Blick über das komplexe System des Substandard-Französischen.

Die Abbildungen: Die verbalen Ausdrucksmittel bilden ja bekanntlich nur einen Teil der Kommunikation. Wer Sprechende beobachtet, erkennt leicht, welch tragende, ja sinnspezifizierende Rolle die Situation bei der Gestaltung der Rede übernimmt. Der (situative) Kontext (Sprechpartner alt oder jung, Frau, Mann oder Kind, sozial höher oder niedriger stehend; Ort: Angesicht-zu-Angesicht oder Telefon; Zeit; körperliche und/oder seelische Befindlichkeit; Art der Mitteilung: formal oder familiär) entscheidet nicht nur über den Redestil. Mündliche Kommunikation gewinnt ihre Besonderheit nicht zuletzt durch das Zusammenspiel zwischen Sprache und Situation, verbalen und nonverbalen Ausdrucksmitteln.[15] Einem Satz wie *Dir werde ich helfen* wird man den ihm zukommenden Sinn – Drohung oder Hilfe – erst unter Berücksichtigung verschiedener Aspekte zuweisen können; dazu zählt die Situation, in der dieser Satz steht ebenso wie der Tonfall. Doch macht „nicht allein der Ton die Musik": Eine Geste, die Mimik, die in der Angesicht-zu-Angesicht-Situation eines Gesprächs jederzeit möglich ist – etwa ein Lächeln oder ein Augenzwinkern – bewirkt

---

[12] R. Zimmer (1990), 65.
[13] R. Giraud (1981) zu *Geld.*
[14] H. Görner / G. Kempcke, Art. GELD; M. Dornseiff [5]1959, 462 f., 505
[15] G. Calbris / L. Porcher: *Geste et communication*, Paris: Hatier 1989.

oft die Verkehrung einer Aussage in ihr Gegenteil. Viele dieser außersprachlichen Zeichen, wie z. B. Weinen, Lachen, Schmunzeln usw., haben in vielen Sprachgemeinschaften die gleiche Bedeutung. Anders ist es mit stärker differenzierenden Bezeigungen. Die „körpersprachlichen" Zeichen für *trinken wollen* oder *von einer Sache oder einer Person „genug" haben* und viele andere mehr variieren zwischen dem Deutschen und dem Französischen. Wenn ein gesprochene Sprache verschriftendes papiernes Wörterbuch die akustische Seite sprechsprachlicher Erscheinungsformen auch nicht ans Ohr bringen kann, so vermag es doch zumindest durch die Dokumentation der bestimmte Sprachformeln begleitenden Gestik dem Wunsch des Benutzers nach Darstellung außersprachlicher Redemittel zu entsprechen. Die in dieses Wörterbuch aufgenommenen Fotos zeigen daher die bestimmte Redewendungen begleitende oder ersetzende Gestik und Mimik, wie sie in der franko-französischen Sprachgemeinschaft verbreitet ist.

Vorsicht! Ein falsches Wort am falschen Platz schadet ...

Deshalb folgender Hinweis: Der Benutzer sollte in jedem Falle die standardsprachliche Bedeutung des „Stamm-" oder Basiswortes einer Wendung kennen, ehe er eine Formel sprechend benutzt. Ansonsten läuft er Gefahr, ungewollte Assoziationen bei seinem französischsprachigen Gesprächspartner auszulösen. Man vergleiche: Die Verwendung von *se dorer les couilles „ein Schweinegeld verdienen"* setzt die Kenntnis der Bedeutung von *couilles „Hoden"* voraus. Greifen weibliche Sprecher zu dieser Sprachformel, so lösen sie allerhöchste Verwunderung (Verletztheit/Heiterkeit) aus. Die angedeutete assoziative Mechanik verliert ihre Durchsichtigkeit, wenn Platzhalter (*en, y, le, la, les, de mes deux*) im Spiele sind. In der Bedeutung *„Mumm haben"* kann z. B. die Fügung *avoir les couilles au cul* zu *en avoir* verkürzt werden. Selbstverständlich ist sie ebensowenig wie ihr Grundwort mit dem Bedeutungs- und Bezugsmerkmal „weiblich" vereinbar. Es gilt: Im Zweifelsfall ist stets zu einem neutralen Ausdruck zu raten! In jedem Fall: Vorsicht ist geboten! Ist die Bedeutung des Basiswortes einer Sprachformel nicht bekannt, so sollte sie in einem der üblichen Gebrauchswörterbücher nachgeschlagen werden!

Der Benutzer des Wörterbuchs muß wissen, daß eine gelesene (geschriebene) Vokabel nicht denselben stilistischen Stellenwert besitzt, den sie in gesprochener Sprache einnimmt: *„Mensch, der hat mich ganz schön verarscht!"* stellt eine derbe Äußerung dar, die in Schulen, Universitäten, Kneipen, Wohnzimmern, Autos, „Krimis", Filmen (fiktive Oralität) begegnet. Der Hörer registriert den mitgeteilten Inhalt wie ihren stilistischen Beiklang, ohne in der Regel hierüber Entrüstung zu zeigen. Liest er jedoch einen solchen Satz außerhalb eines „Krimis", so ist seine Reaktion eine andere. Er ist bei der Sprachaufnahme von Geschriebenem eben an eine durch die Schriftlichkeit gesetzte Norm gewöhnt, und weiß nur zu gut: „Solches schreibt man (mir, sic!) nicht!" – In einem beliebten „Krimi" deutscher Produktion, den das Fernsehen im August des Jahres 1989 ausstrahlte, war von vielerlei die Rede, u. a. von *Ballern, Vögeln, Nutten, Ärschen, Arschlöchern, Arschgeigen, Langlegen, Massakrieren, das interessiert kein' Schwanz, Präser, Spritze „Pistole", Ballermann, Stäbchen, Knast, Hobel, Itaker, Riesen „1000 DM", Fresse!, Karren* und vom *Pferdchen auf die Bahn „Strich" schicken* usw. Auf die Zuschauer/Zuhörer des Films wirkte das über das Ohr vermittelte Vokabular nicht abstoßend. Es fungierte als sprachlicher Anteil des Lokalkolorits des Duisburger Milieu. Linguisten wissen, daß solcherlei Vokabular eine Funktion und im Gesamtsystem des Wortschatzes seine Berechtigung hat. Seine Kenntnis ist Teil allgemeiner sprachlicher Kompetenz. Ob man derlei

Vokabular sprechend benutzt, ist indes eine Frage von Geschmack und Bedarf, sowie der sprachlich-sozialen Rolle, die man selbst in einer konkreten Sprechsituation einnehmen will oder kann.

Dank

Abschließend ist neben Franz Josef Hausmann, welcher die Entstehung des Wörterbuchs mit Rat, Sympathie und Ermutigung begleitete, den französischen Probanden und Freunden zu danken, die sich der *travail de moine* unterzogen, das gesamte Vokabular des DAM oder des DFAP zu kategorisieren. Unter diesen sind wiederum Madeleine Banerjee, Jacques Hébrard, Christille Maté, Bernard Neis, Esther Lenoir-Rodriguez (†), Patrick Lenoir, Solange Grane, François Roussel, Jean Améline, Catherine Bistory und Christine Paquier hervorzuheben. Sie waren zu weiteren Geduldsproben bereit. Auch dürfen die vielen deutsch- und französischsprachigen „HelferInnen" nicht unerwähnt bleiben, die immer wieder punktuell auf Anfrage ihr Sprachwissen zur Verfügung stellten. Für vielfachen wertvollen Rat bei der Übertragung der französischen Kontext-Beispiele ins Deutsche ist Claude Meissner zu danken. Monika Cagliesi half bei der Übertragung der Kategorisierungen aus den dreißig Wörterbüchern in eine Gesamtliste. Das Design-Büro Hagen Drasdo (Düsseldorf) und das Fotostudio Reyermann (Düsseldorf) erstellten die Photographien zur Gestik.

Franz-Joseph Meißner

Abkürzungen und Zeichen

Abrév.	abréviation
Adj.	adjectif
Adj.num.	adjectif numérique
Adv.	adverbe
excl.	exclamation
expr.	expression
f.	substantif féminin
interj.	interjection
interr.	interrogation
invar.	invariable
loc.	locution
loc.adv.	locution adverbiale
m.	substantif masculin
N.prop.	nom propre
pl.	seulement au pluriel
Prép.	préposition
Pron.	pronom
Pron.déf.	pronom défini
Pron.indéf.	pronom indéfini
Pron.interr.	pronom interrogatif
Pron.pers.	pronom personnel
Pron.rel.	pronom relatif
sg.	seulement au singulier
V.	verbe
V.i.	verbe intransitif
V.pr.	verbe pronominal
V.t.	verbe transitif
Contact	mot pour assurer le contact entre deux interlocuteurs (*hein*, *quoi*, *nicht*)

♦	Trennzeichen zwischen Bedeutungen
/	Trennzeichen für Beispiele derselben Bedeutung
//	Trennzeichen für verwandte Bedeutungen
{*1*}	Gebrauchskategorie 1 (Der frz. Eintrag wird in der angegebenen Bedeutung von den befragten Franzosen fast täglich benutzt.)
{*2*}	Gebrauchskategorie 2 (Der frz. Eintrag wird in der angegebenen Bedeutung von den befragten Franzosen häufig benutzt.)
{*3*}	Gebrauchskategorie 3 (Der frz. Eintrag wird in der angegebenen Bedeutung von den befragten Franzosen selten benutzt, aber sie hören ihn oft.)
{*B*}	français branché
[]	umfassen Bemerkungen zum Gebrauch
()	umfaßt alternative oder beliebig ergänzbare Struktur
*	in der Wortliste verzeichnet
→	siehe

Typographie

halbfette Grundschrift	a) größerer Schriftgrad: französisches Stichwort b) kleinerer Schriftgrad: französische Wendung
halbfette Kursivschrift	deutsche Entsprechung eines französischen Eintrags
magere Kursivschrift	Definitionen/Synonyme/Erläuterungen/deutsche Übersetzung des Kontextbeispiels
magere Grundschrift	französisches Kontextbeispiel

A

abat-jour *m.* **Baisse un peu l'abat-jour** *loc. Parle moins fort {2}.* **Sprich leiser.**

abattis! *m.pl.* **Numérote tes abattis**! *Loc. {2}.* **(Jetzt) numerier' dir die Knochen!**

abattre *V.t.* **Ne pas se laisser abattre** *loc. Manger de bon appétit {2}*: Ne te laisse pas abattre! Reprends encore du calendos. **Hau rein!** *Nimm noch von dem Camembert.* ♦ *Ne pas perdre courage {1}*: Allez, ne te laisse pas abattre. Tu vas l'avoir, ton exam. *Los doch,* **laß dich nicht unterkriegen.** *Du packst dein Examen schon.*

abois *m.* **Etre aux abois** *loc. Etre coincé, ne plus pouvoir {1}*: Un homme aux abois accepte tout pour se sauver. **Ein Mensch in Not** *akzeptiert alles, um sich zu retten.*

abouler (s') *V.pr. Surtout à la deuxième personne. Venir, arriver {2}*: Aboule-toi, on est déjà en retard. **Tanz endlich an** / **Na los**, *wir sind jetzt schon zu spät.* ♦ **Aboule ton fric!** *Loc. Donne ton argent! {2}.* **Flocken raus**!

abruti *m./Adj. Imbécile {1}*: Quel abruti! *So ein* **Blödmann**! / Espèce d'abruti! *Du* **Blödmann**!

abus *m.* **'Y a de l'abus** *loc. C'est abusif, exagéré, injuste {2}*: Plus il en a, plus il en veut. Il y a de l'abus. *Je mehr er hat, je mehr er will.* **Ganz schön übertrieben.**

acc *m.* **D'acc**! *Interj. D'accord {2}.* **OK!**

accident *m. Incident non désiré {2}*: Le gosse a eu un accident. Il a fait pipi dans sa culotte. *Dem Kleinen ist ein* **Malheurchen** *passiert. Er hat Pipi (in die Hose) gemacht.*

accommoder à toutes les sauces *loc. Employer à divers usages {2}*: Son pauvre mari, elle l'accommode à toutes les sauces. *Ihren armen Mann* **setzt** *sie* **für alles ein.** / C'est son thème préféré. Il l'accommode à toutes les sauces. *Das ist sein Lieblingsthema. Er* **bringt es überall an.** ♦ → sauce.

accorder ses violons *loc. Se mettre d'accord sur une attitude à tenir {3}*: S'ils accordaient leurs violons, ça marcherait comme sur des roulettes. *Wenn sie sich* **abstimmten,** *ginge es wie am Schnürchen.*

accoucher *V.t. Se décider à parler {2}*: A la fin de l'interrogatoire, le mec a fini par accoucher. *Am Ende des Verhörs hat der Typ schließlich* **gesungen**. / Arrête de tourner autour du pot. Accouche! *Hör auf, um den heißen Brei herumzureden.* **Raus mit der Sprache**! / Le petit bégaie. Ça dure une éternité avant qu'il accouche. *Der Kleine stottert. Es dauert eine Ewigkeit, bis er* **etwas rauskriegt.** ♦ *Manquer de décision ou d'efficacité {2}*: Qu'est-ce que tu fabriques? T'accouches? *Was machst du denn?* **Kommst du zu Potte**?

accroché *Adj. Etre sans possibilité de se dégager, être amoureux {2}*: Avec Yvonne, il est sacrement accroché. *Mit Yvonne* **ist es bei ihm was Ernstes.** ♦ *Etre drogué {3}*: Pour la cocaïne, rien à faire, il y est accroché. *In puncto Kokain... nichts zu machen, er* **ist abhängig.** ♦ *Etre tenace, endurant, courageux {2}*: Il est très accroché à son travail. *Er* **klebt** *an seiner Arbeit.* ♦ **Les avoir bien accrochées** *loc. Faire preuve de courage [le pronom remplace* testicules*] {3}.* **Mumm haben.**

accrocher *V.t. Appréhender {3}*: A la fin de la manif, il s'est fait accrocher. *Am Ende der Demo wurde er* **eingebuchtet.** ♦ **Tu peux toujours te l'accrocher** *loc.* Tu peux en faire ton deuil*, *tu ne l'auras pas {2}*: Ton cadeau, tu peux toujours te l'accrocher. *Dein Geschenk* **kannst du dir an den Hut stecken.** ♦ *V.i. Capter l'attention {2}*: Il est très accroché au football. *Er* **steht auf** *Fußball.* ♦ *Commencer à prendre intérêt, à réussir {2}*: Les maths, ça va. Mais en anglais, il n'accroche pas. *Mathe geht. Aber Englisch* **rafft er nicht.** / Accroche-toi en anglais, sinon tu vas être coulé vite fait. **Bleib** *in Englisch* **dran**, *sonst wirst du ganz schnell abgeschossen.* ♦ **Accroche-toi mon pote,** on y va *{2}.* **Sitzt du gut** / **halt dich fest**, *es geht los.* ♦ **S'accrocher avec qn.** *loc. Se disputer {2}.* **Sich mit jdm. in den Haaren haben**/**in die Wolle kriegen.** / Avec son patron, il s'est accroché sec. *Mit seinem Chef hatte er sich direkt in der Wolle.* ♦ **Accroche-toi aux branches** *loc. Reste calme {2}*: Je vais te raconter une histoire incroyable. Accroche-toi aux branches. *Ich erzähl dir jetzt eine unglaubliche Geschichte,* **halt dich gut fest.** ♦ *Faire un effort particulier {2}*: Eh ben, mon salaud, **accroche-toi aux branches.** *So, mein Lieber,* **jetzt paß auf** / **halt dich ran.**

accrocheur *m./Adj. Tenace, opiniâtre {2}*: Un représentant accrocheur. *Ein Vertreter, der* **dranbleibt**. / Un look accrocheur. *Ein Look, der* **Blicke anzieht** / **Blickfänger**-*Look.*

accus *m.pl. Batterie dans la voiture {1}.* **Batterie**. ♦ **Recharger les accus** *loc. Prendre du repos {1}*: Il est parti huit jours en montagne recharger ses accus. *Er ist für acht Tage in die Berge gefahren, (um)* ***mal richtig aufzutanken.*** ♦ *Remplir les verres à nouveau {2}*: Garçon! **Rechargez les accus!** *Kellner!* **(Neue)** ***Füllung!***

accuser le coup *loc. Montrer par ses réactions qu'on a été touché {2}*: Le boxeur accuse le coup. Il chancelle. *Der Boxer* ***kann das nicht (so einfach) wegstecken.*** *Er wankt.* ♦ *Recevoir le coup sans broncher {3}*: Son échec? Tu parles. Il a accusé le coup sans sourciller. *Niederlage? Das glaubst du vielleicht. Er hat es* ***weggesteckt, ohne mit der Wimper zu zucken.***

acompte *m. Avant-goût {1}*: Tenez, prenez un petit acompte. *Bitte, greifen Sie* ***erst einmal*** *zu.* ♦ **Prends ça comme acompte.** Attends la suite *{2}*. ***Nimm das für den Anfang.*** *Warte mal, was dann kommt.*

actions *f.pl.* **Avoir ses actions en hausse / en baisse** *loc. Jouir d'une popularité plus ou moins grande {2}*: Elle a ses actions en hausse. *Ihre* ***Aktien stehen gut.***

Adam *N.pr.* **En costume d'Adam** *loc. Nu pour les hommes {1}*. ***Im Adamskostüm.***

adieu *m.* **Pouvoir dire adieu** *loc. Constater une disparition définitive {1}*: Si c'est Gaston qui te l'a emprunté, tu peux dire adieu à ton livre. *Wenn sich Gaston das Buch ausgeliehen hat,* ***kannst du (ihm) auf Nimmerwiedersehn sagen.*** ♦ **Adieu Berthe!** *Interj. Rien à faire, tout est perdu {1}*: Les vacances? Adieu Berthe! *Ferien?* ***Pustekuchen!*** ♦ **Adieu la valise!** *Loc. Même sens {1}*. ***Der Zug ist abgefahren!***

adjudant *m. Individu autoritaire {1}*: Sa femme, c'est un adjudant. *Seine Frau ist ein* ***Feldwebel.***

ado *m. Abréviation d'adolescent {B}*: Cette musique fait fantasmer les ados. *Diese Musik begeistert die* ***Teenies.***

adorer *V.t. Ne pas pouvoir renoncer à faire qc. {1}*: Il adore critiquer coûte que coûte. *Der* ***muß einfach*** *kritisieren, koste es, was es wolle.*

adulte *m.* **(Dose/portion) pour adulte** *expr. Généreux, large [il arrive qu'on supprime le* pour*] {3}*: Tu veux un petit rouge? Volontiers, mais plutôt pour adulte. *Magst du einen kleinen Roten? – Gerne, aber (bitte) einen* ***Anständigen.*** / J'ai mis la portion adulte. *Ich hab einen* ***Ordentlichen*** *eingeschüttet.*

affaire *f. Loc. Projet plus ou moins illicite {2}*: Il **est sur une affaire.** *Er* ***dreht da (gerade so) ein Ding.*** ♦ *Difficulté, procès, accident {2}*: Depuis son affaire, on ne le voit plus. *Seit seinem* ***Ding*** */ seiner* ***Sache*** *sieht man ihn nicht mehr.* ♦ **Faire son affaire à qn.** *loc. Lui infliger une punition.* ***Jdm. den Garaus machen.*** ♦ *pl. Menstruation,* anglais* *{3}*. ***Tage / Gelumpe.***

affection *f.* **Etre en retard/en manque d'affection** *loc. Ne pas avoir fait l'amour depuis un certain temps {2}*: Depuis le départ de sa femme, il est en retard d'affection. *Seit seine Frau weg ist,* ***hat er sexuellen Notstand.***

afficher (s') *V.pr. Se faire remarquer par une mauvaise tenue, par ses mauvaises fréquentations {1}*: Il s'affiche dans les endroits à la mode. *Er* ***will*** *überall* ***auffallen,*** *wo man „in" ist.* / Partout elle s'est affichée avec sa nouvelle robe. *Überall hat sie sich mit ihrem neuen Kleid* ***gezeigt.*** / Si tu veux t'afficher avec ce type, libre à toi. *Wenn du mit dem da (überall)* ***aufkreuzen willst,*** *von mir aus...*

affirmatif *Adj. Répondre «oui» {1}*: Est-ce qu'il vient? – Affirmatif! *Kommt er? –* ***Ja! / Jau!***

affranchi *m./Adj. Qui a rejeté tout scrupule, tout souci de morale, malhonnête {1}*: Ce type a deux années de taule derrière lui, c'est un affranchi. *Der Kerl hat zwei Jahre Knast hinter sich,* ***der kennt keine Hemmungen / Skrupel.***

affranchir *V.t. Initier {2}*: A treize ans, elle était déjà «affranchie». *Mit dreizehn war sie schon* ***„aufgeklärt".*** ♦ *Informer, avertir {2}*: Tu peux parler devant lui. Il est affranchi. *Du kannst vor ihm ruhig sprechen. Er ist* ***eingeweiht.***

affreux *m. Individu dangereux et antipathique [autrefois pour* mercenaire*] {1}*. C'est un affreux. *Das ist der* ***reinste Kinderschreck.***

affront *m. Offense bénigne {1}*: **Vous ne me ferez pas l'affront de** refuser un petit alcool? ***Sie wollen mir doch wohl keinen Korb geben,*** *sondern ein Gläschen mit mir trinken?*

afro *Adj.inv. Désigne ce qui se réclame de la musique ou du look africain {B}*: Une coupe afro. ***Afro-Frisur/Afro-Look.***

agaçante *adj.f. Excitante {B}*: Une loute agaçante. ***Affengeiler*** *Käfer.*

âge *m.* **Avoir passé l'âge** *loc. Ne plus être assez jeune [souvent à la première personne du singulier] {1}*: Pour avoir un gosse j'ai passé l'âge. *Um noch ein Kind zu kriegen,* ***bin ich zu alt.*** / **L'âge du capitaine** *expr.m. Pour évoquer des questions oiseuses ou des problèmes absurdes. Par référence à des devinettes où il faut trouver, à partir de données hétérogènes, l'âge du capitaine d'un navire {1}*: Il m'a posé des tas de questions: groupe sanguin, nom de ma mère, anniversaire de ma grand-mère, l'âge du capitaine. *Er hat mir einen Haufen Fragen gestellt: Blutgruppe, Name der Mutter, Geburtstag der Großmutter und* ***weiß der Himmel, was.*** / A mon avis, en multipliant la colonne de gauche avec celle de droite, vous devez trouver l'âge du capitaine. *Ich meine, wenn Sie die linke Reihe mit der rechten multiplizieren, finden Sie den* ***Kasus Knacktus / des Pudels Kern..***

agir sur un coup de tête *loc. Agir sur une décision soudaine et irréfléchie {3}*. ***Hals über Kopf handeln.***

agneau *m.* **Etre innocent comme l'agneau qui vient de naître** *loc. Complètement innocent*

{1}. ***Unschuldig wie ein neugeborenes Kind sein.***

agonir *V.t.* **Agonir d'insultes** *loc. Couvrir d'insultes {2}*. ***Mit Beleidigungen überhäufen***. / Il m'a agoni de sottises. *Er hat mich mit Dummheiten* ***überhäuft.***

agrafer *V.t. Appréhender {2}*: Le voleur s'est fait agrafer à la sortie. *Der Dieb wurde am Ausgang* ***geschnappt.*** ♦ *Saisir, voler {3}*: Il avait agrafé trois portefeuilles. *Er hatte drei Brieftaschen* ***geklemmt.***

agreg [agrɛg] *f. Agrégation {1}*. ***Aggregation*** [*frz. Universitätsprüfung*].

agriffer *V.t. Prendre, appréhender {3}*: Il l'avait agriffé par son manteau. *Er hatte ihn am Mantel* ***gepackt***.

aidé *Adj.* **Pas aidé** *loc. Pas beau ou intelligent, pas favorisé par la nature {2}*: Sa nénette n'est pas aidée. *Seine Kleine ist* ***kein Meisterwerk der Natur/keine Leuchte.***

aïe [aj] *Excl. Pour exprimer une douleur soudaine [les enfants ont tendance à laisser résonner le ⟨e⟩ final en prenant un ton souvent plaintif] {1}*: T'es sexy comme ça, dit-il en faisant jouer un élastique qui claqua sur sa cuisse. – Aïe! s'exclama Lily. *„Du bist aber sexy so", sagte er und ließ einen Straps auf ihren Schenkel flitschen.* ***„Au(a)!"****, stieß Lily aus.*

aiguille *f.* **Chercher une aiguille dans une botte de foin** *loc. A propos d'une chose impossible à trouver {1}*. ***Die Nadel im Heuhaufen suchen.***

aile *f. Bras {1}*. ***Flosse.*** ♦ **Battre des ailes** *loc. Gesticuler d'une façon exagérée {2}*. ***(Wie wild) in der Luft herumfuchteln.*** ♦ *Etre en difficulté, mal en point {2}*: Son entreprise **bat de l'aile.** *Seine Firma* ***pfeift auf dem letzten Loch.*** ♦ **Avoir un coup dans l'aile** *loc. Etre légèrement ivre {1}*. ***Einen in der Krone haben.*** ♦ **Sur l'aile** *loc. S'engager dans un virage à vive allure {3}*: T'as pris **le virage sur l'aile** *{3}*. *Du bist* ***auf heißen Felgen durch die Kurve gezischt.*** ♦ **Voler de ses propres ailes** *loc. Agir seul et sans aide {1}*. ***Auf eigenen Füßen stehen***. ♦ **Rogner les ailes à qn.** *loc. L'empêcher d'agir en lui retirant son autorité {3}*: En raison de ses piètres résultats, la direction lui a rogné les ailes. *Wegen seiner bescheidenen Ergebnisse hat ihm die Direktion* ***die Flügel gestutzt.***

aileron *m. Bras {2}*. ***Flosse.***

aimer *V.t.* **Aimer autant** *loc. Préférer {1}*: J'aime autant te dire que... *Ich* ***möchte dir lieber*** *sagen, daß...* ♦ **Va te faire aimer!** *Loc. Insulte qui a le sens de* va te faire foutre* *{3}*. ***Zisch ab, (du Ficker)! / Fick ab!***

air *m. Vent, souffle, hauteur*. **Allez! De l'air!** *Loc. Partez! Va-t-en! {1}*. ***Hauen Sie bloß ab! / Schieß ab!*** ♦ **L'air est frais! / Le fond de l'air est frais** *loc. Il vaut mieux se barrer {1}*. ***Jetzt aber ab / raus!*** ♦ **Un courant d'air** *loc. Indiscrétion, bruit qui court {3}*: 'Y a un courant d'air, tu serais sur le point d'être viré. *Es gibt da* ***so ein Gerücht****, du fliegst demnächst*. ♦ **Ne pas manquer d'air** *loc. Etre courageux*, avoir du toupet* *{1}*: Il lui a dit ses quatre vérités, il ne manque pas d'air. *Er hat ihm gesagt, was Sache ist, der* ***hat Mumm***. ♦ *Etre gonflé, imbu de sa personne {2}*. ***Nicht gerade an falscher Bescheidenheit leiden.*** ♦ **Prendre l'air** *loc. {1}*. ***Luft schnappen.*** ♦ **Pomper l'air** *loc. Importuner {2}*: Il **me pompe l'air**. *Er* ***geht mir auf den Geist.*** ♦ **Se donner de l'air / jouer la fille de l'air / prendre de l'air** *loc. S'évader {2}*. ***Sich verziehen.*** ♦ **S'envoyer en l'air** *loc. Faire l'amour {2}*: Rien qu'à voir cette nana, on a déjà envie de s'envoyer en l'air avec elle. *Wenn man die Biene bloß sieht, kriegt man schon Lust,* ***mal mit ihr...*** ♦ **Faire une partie de jambes en l'air** *loc. Faire l'amour {1}*. ***Eine Nummer schieben.*** ♦ **Mettre en l'air** *loc. Mettre le désordre {1}*: Il avait tout mis en l'air. *Er hatte alles* ***durcheinandergebracht***. ♦ *Tuer, casser {1}*: Il s'est fait mettre en l'air. *Er hat sich* ***fertigmachen*** *lassen.* / Il m'a mis ma bagnole en l'air. *Er hat mir mein Auto* ***ramponiert.*** ♦ → promesse.

air *m. Allure*. **Ça en a tout l'air** *loc. Cela en a l'apparence {1}*. ***(Genau) so sieht's aus. / So ist es (wohl).*** ♦ **Ça / Il n'a l'air de rien** *loc. C'est apparemment de peu de valeur ou pas très beau {1}*: Prends pas ce pull-là. Il **n'a l'air de rien.** *Nimm den Pullover nicht. Der* ***sieht nach nichts aus.*** ♦ **Avoir un (de) faux air(s)** *loc. Avoir les apparences {2}*: Il a un faux air de Bogart. *Er* ***sieht aus wie*** *Bogart*. ♦ Il a **l'air d'un faux jeton** *loc. Il n'a pas l'air franc {2}*. *Er* ***sieht wie ein falscher Fuffziger aus.*** ♦ **Avoir l'air fin** *loc. Avoir l'air imbécile {1}*: T'as joué et t'as perdu. Et maintenant t'as l'air fin. *Du hast gespielt und verloren. Und* ***jetzt guckst du blöde aus der Wäsche.*** ♦ **Avoir l'air con** *loc. Laid ou idiot {1}*: T'as l'air un peu con, mon vieux. *Du* ***siehst ein bißchen dämlich drein / aus****, mein Bester*. ♦ *Avoir l'air vicieux ou* vache* *{1}*: Méfie-toi de ce type, il a l'air con. *Hüte dich vor dem Typ, der* ***ist nicht ganz echt.*** / **Avoir l'air d'un con** *loc. Même sens {1}*: Avec mon p'tit vélo, j'avais l'air d'un con. *Mit meinem kleinen Rädchen sah ich* ***wie der letzte Knallkopp aus.*** ♦ **Avoir l'air con et la vue basse** *loc. Avoir l'air totalement idiot {2}*. ***Beschissen dreingucken.*** / Il a la vue basse, ç'ui-là. – A qui le dis-tu? Et l'air con... *[Etwa] Er sieht nicht gerade schlau aus. – Wem sagst du das? Eher schon* ***stinkdämlich***. ♦ **L'air de rien** *loc.adv. Sans qu'on s'en rende compte*, mine de rien* *{1}*: L'air de rien il a fait une véritable fortune. ***So ganz nebenbei*** *hat er ein ganz schönes Vermögen gemacht*. ♦ **Etre en l'air** *loc. Se trouver sans argent {3}*. ***Finanziell in der Luft hängen.***

air *m. Mélodie.* **En avoir l'air et la chanson** *loc. Etre réellement ce qu'on paraît {2}*: C'est un idiot. Oui, il en a l'air et la chanson. *Er ist ein Idiot. Ja, und* **so sieht er auch aus.** ♦ **Jouer la fille de l'air / en jouer un air / jouer un air de flûte / jouer des flûtes** *loc. Prendre le large, s'enfuir {2}*: Mais non, elle nous aide plus. Elle aime autant en jouer un air. *Aber nein, sie hilft uns nicht mehr. Sie* **verdünnisiert sich** *lieber.*

ajouter *V.t.* **Ajouter / mettre son grain de sel** *loc. Donner son avis sans que cela ait été demandé {2}*. **Seinen Senf dazutun.**

album (de famille) *m. Archives photographiques de la police {3}*. **Verbrecheralbum.**

alcoolo *m. Ivrogne chronique en état de délabrement total {B}*. **Alkoholwrack.**

aligner *V.t.* **Les aligner** *loc. Montrer son argent en alignant les billets, payer {2}*: Eh mon pote. Faudrait tâcher d'les aligner un peu. *So mein Freund, jetzt bist du mit dem* **Löhnen** *dran.* ♦ *Tuer {3}*. **Jdn. umlegen.** ♦ *V.pr.* **S'aligner avec** *loc. Se préparer à lutter avec qn. [souvent au tour négatif] {2}*: Tu peux pas t'aligner avec lui. *Du kannst dich* **mit ihm nicht messen.** ♦ *Se farcir, s'envoyer {3}*: S'aligner deux ans de ballon. **Sich** *zwei Jahre Bau* **einhandeln.**

aller *V.i. Déféquer {3}*: Je trouve que le petit va beaucoup trop. *Ich finde, der Kleine* **muß** *zu oft.* ♦ **Aller (avec)** *loc. Etre assorti,* → gant* *{1}*: Le rouge ne va pas très bien avec ce bleu. *Das Rot* **paßt zu** *diesem Blau nicht gut.* / Cette coiffure lui va. *Die Frisur* **steht ihm.** ♦ **Ça lui va comme un tablier à un canard** *loc. Pour dénoncer le ridicule vestimentaire ou n'importe quelle disconvenance {2}*: T'as vu l'allure qu'elle se paie? – Son manteau lui va comme un tablier à un canard. *Hast du gesehen, wie die rumläuft? In dem Mantel* **sieht** *sie* **aus wie Pik 7.** ♦ **Aller sur** *loc. Etre adapté pour {1}*: Le couvercle va sur la casserolle. *Der Deckel* **paßt** *auf den Topf.* ♦ *Atteindre bientôt un certain âge {1}*: Je vais sur mes quarante ans. *Ich* **geh'** *auf die vierzig* **zu.** ♦ **Y aller mollo** *ou* **doucement** *loc. Agir avec douceur {2}*: Vas-y, mollo. **Vorsicht! Mit Gefühl!** ♦ **Aller mal** *loc. Dire des folies {2}*: Mais qu'est-ce que tu racontes? Tu vas mal? *Aber was erzählst du denn da?* **Spinnst** *du?* ♦ **aller mal pour ton matricule** *loc. Recevoir une correction {3}*: Si tu continues à me traiter de con, **ça va aller mal pour ton matricule**. *Wenn du mich weiter Arschloch nennst,* **kriegst du eine vor den Bilderladen / kannst du was erleben.** ♦ **Aller à vau-l'eau** *loc. Aller mal, sans ordre {2}*: Tout va à vau-l'eau dans cette maison. *Alles* **geht** *in diesem Haus* **drunter und drüber.** ♦ **Y aller un peu fort** *loc. Exagérer {1}*: En plus, il voulait que je lui fasse le ménage. Il y va un peu fort! *Und dann wollte er, daß ich ihm den Haushalt mache. Er* **spinnt doch!** ♦ **Faire aller** *loc. Faire comme si tout allait bien {2}*: Ça ne va pas fort. Mais on fait aller. *Es geht nicht gerade glänzend. Aber* **wir tun so als ob.** ♦ **Allez vous faire foutre!** *Loc. Insulte dans le sens de* je vous emmerde* *{1}*. **Leck mich doch!** ♦ **Ne pas y aller par quatre chemins** *loc. Agir ou parler sans détours {1}*. **Kein Blatt vor den Mund nehmen.** ♦ **Ne pas y aller avec le dos de la cuillère** *{2}* / **de main morte** *{3} loc. Dépasser la mesure, traiter rudement*: En l'engueulant de cette façon-là, le patron n'y est pas allé avec le dos de la cuillère. *Wie er ihn so anschnauzte, hat der Alte* **nicht gerade Samthandschuhe benutzt.** ♦ **S'en aller** *loc. Mourir {1}*: Elle s'en est allée. *Sie ist* **von uns gegangen.** ♦ **Ça va pas?** *Loc. Déraisonner complètement {1}*: Comment? Vous ne voulez plus aller voir ce client? Mais ça va pas, non? *Wie? Sie wollen den Kunden nicht mehr besuchen?* **Sie ticken wohl nicht richtig?** ♦ **Va te faire cuire un œuf!** *Loc. Va te faire pendre ailleurs et* débrouille-toi* *{1}*. **Guck wie du klar kommst.** ♦ **Va te faire empaqueter / va te faire voir chez les Grecs!** *Loc. {2}*. **Leck' mich doch!/Verpiß' dich!** ♦ **Je ne sais pas où ça va, mais on y va (tout droit / très vite)** *loc. Pour marquer l'issue inexorable d'une situation {2}*. **Ich weiß nicht, wohin das führt, aber dahin führt's.** ♦ **Tu peux y aller (franco)** *loc. Pour renforcer une affirmation {1}*: Ça date du XVe, tu peux y aller franco! *Das stammt aus dem 15. Jahrhundert,* **darauf kannst du Gift nehmen!** ♦ *D'accord {1}*: J'appelle Durant? – Oui, tu peux y aller. *Ich rufe Durant an? – Ja,* **von mir aus.**

allocs *ou* **alloques** *f.pl. Allocation, de chômage ou allocations familiales, par exemple {2}*: Il faut avoir des gosses pour toucher des alloques. *Kinder bringen* **Sozialhilfe.**

allonger *V.t. Porter un coup, gifler {2}*: Le prof lui a **allongé une tarte**. *Der Lehrer hat ihm* **eine geschmiert.** ♦ *Renverser, abattre, tuer {3}*: On l'a allongé. *Man hat ihn* **umgelegt.** ♦ *Payer {2}*: Tu peux les allonger! **Löhne mal!** / *Nun mal* **raus mit den Möpsen.** ♦ **Allonger la sauce** *loc. Augmenter une addition, délayer un discours {2}*: A la télé, ils ont allongé la sauce en passant la biographie du président. *Im Fernsehen haben sie* **(die Sache) gestreckt,** *indem sie noch die Biographie des Präsidenten brachten.* / Il lui manquait 100 francs. Alors j'ai allongé la sauce. *Ihm fehlten hundert Francs, da hab ich (sie)* **zugeschossen.** ♦ **Allonger les oreilles** *loc. Mesure punitive, tirer par les oreilles {1}*: L'enfant mériterait qu'on lui allonge les oreilles. *Das Kind verdient, daß man ihm* **die Ohren lang zieht.** ♦ **(s')** *V.pr. Faire des révélations [police] {3}*: Pierre s'est allongé. *Peter hat* **ausgepackt.** ♦ **Sa mine s'allonge** *loc. Il manifeste son désaccord {2}*. **Er zieht ein (langes) Gesicht.** ♦ → tir.

allongés *m.pl.* **Etre aux allongés** *ou* **habiter Boulevard des Allongés** *loc. Etre mort* {2}: Si tu continues de cette façon-là, tu habiteras bientôt Boulevard des Allongés. *Wenn du so weitermachst,* ***liegst du*** *bald* ***auf dem Friedhof.***

alloufs *f. Allumettes* {3}. ***Strickis.***

allumage *m.* **Avoir du retard à l'allumage** *Loc. Comprendre seulement après un certain temps de réflexion* {2}. ***Lange Leitung kurzer Draht.*** / ***Einen Knoten in der Leitung haben.*** ♦ *Plutôt ironique*: **Tu as de l'avance à l'allumage.** ***Du kapierst aber schnell / schneller als ich dachte!***

allumé *m. Personne bizarre, exaltée ou excitée* {2}: Quelle bande d'allumés! ***So ein paar Bekloppte!***

allumer *V.t. Tirer sur* {3}: Allume les flics. ***Baller*** *auf die Bullen.* ♦ *Interj. Dépêche-toi* {3}: **Allume!** ***Mach voran!*** ♦ *Aguicher* {2}: Qu'est-ce qu'elle allume les gars! ***Macht*** *die die Typen* ***an!*** ♦ **Se faire allumer** *loc. Se faire prendre* {3}. ***Sich reinlegen lassen.***

allumeuse *f. Femme provocante, aguichante* {2}. ***Anmacherin*** / ***Aufreißerin.***

alpaguer *V.t. Appréhender* {3}: Il s'est fait alpaguer. *Er hat sich* ***schnappen*** *lassen.*

alu *m. Aluminium* {1}: papier alu. ***Alu****folie.*

amalgame *m. Confusion volontaire des faits pour contredire un adversaire* {2}: Il a causé un véritable amalgame. *Er hat ein* ***Riesendurcheinander*** *gestiftet.*

amarres *f.pl.* **Larguer les amarres** *loc. Partir* {2}: On largue les amarres vers onze heures au plus tard. *Spätestens gegen elf* ***ziehen wir Leine.***

amateur de gonzesses *m. Coureur de filles* {2}. ***Frauen-*** / ***Mädchenliebhaber.*** ♦ Le véritable amateur de gonzesses ne pense qu'à «cha». *Der wirkliche* ***Weiberheld*** *denkt nur an das „eine".*

amazone *f. Prostituée travaillant en voiture* [→ piétonnière, → siroteuse] {3}. ***Autohure*** / ***-mieze.***

âme *f.* **Avoir des états d'âme** *loc. Remettre en cause une ligne d'action* [*péjoratif*] {2}: La diva a des états d'âme, Madame ne chante pas ce soir. *Die Diva* ***hat Schwierigkeiten*** / ***ziert sich*** / ***fühlt sich nicht wohl****, Madame singt heute abend nicht.* / La Légion n'a pas d'états d'âme. *Die Fremdenlegion* ***ist knallhart.***

amener *V.t. Apporter* {2}: Amène une bouteille de champ'. ***Bring*** *eine Pulle Champagner* / *Schampus* ***mit.*** ♦ *V.pr. Venir, arriver* {1}: Amène-toi vers cinq heures. ***Tanz*** *hier mal so gegen fünf* ***an*** / ***vorbei.***

Amerlo {3} / **Amerloc** [amɛrlɔk] {2} / **Amerluche** {3} *m. Américain des Etats-Unis.* ***Ami.***

ami-ami *m.inv. De bons amis* [*souvent ironique*] {1}: Ils **font ami-ami** maintenant. *Sie* ***sind auf einmal dicke Freunde.***

aminche *m./f. Ami ou amie* {3}. ***Kumpel.***

amocher *V.t. Abîmer* {1}: Il a encore amoché sa voiture. *Er hat jetzt schon wieder sein Auto* ***ramponiert.*** ♦ *Blesser* {2}: Il s'est fait amocher la tronche. *Er hat sich die Nase* ***einhauen*** *lassen.*

amorti *m./Adj. Fatigué, somnolent* {2}: Vise un peu l'amorti. *Guck dir den* ***Scheintoten*** *an.* ♦ *Qui porte les traces d'une vie dissolue* {3}: La bonne femme a l'air plutôt amortie. *Die Olle sieht ganz schön* ***verlebt*** *aus* / *ist doch* ***scheintot.*** ♦ *Personne qui n'est plus jeune, pas encore tout à fait bon à jeter non plus* [*Robert Merle remarque sur l'origine du mot*: *Il a vécu assez longtemps pour* amortir son prix d'achat] {*B*}. [*Etwa*] ***Halbgrufti*** / ***Scheintoter.***

amortisseurs *m.pl. Gros seins* {3}. ***Prellböcke.***

amour *m.* **Faire l'amour** *loc. S'accoupler* {1}: Ils ont fait l'amour toute la nuit. *Sie haben die ganze Nacht lang* ***Liebe gemacht.*** ♦ **A nos amours!** *Interj. Toast* {1}: ***Auf das, was wir lieben!*** ♦ **Grand amour** *expr.m.* {1}: En ce moment, entre Gaston et Germaine c'est le grand amour. *Zwischen Gaston und Germaine ist es gerade die* ***ganz große Liebe.***

amphi *m. Amphithéâtre* {1}. ***Audimax.*** ♦ *Morgue* {3}. ***Leichenhaus.***

ampoule *f.* **Ne pas se faire des ampoules aux mains** *loc. Ne pas aimer travailler manuellement* {3}. ***Sich keine Schwielen*** **(*****an den Händen*****)** ***holen.***

amusant *Adj.* **C'est amusant** *loc. Se dit pour un objet sans valeur, sans style* {3}: C'est chéro, ta montre? – Non, mais c'est plutôt amusant. *Die ist superteuer, deine Uhr, oder? Ach,* ***nichts Dolles.***

amuse-gueule *m.inv. Première partie d'un spectacle, avant les numéros à sensation* {2}: C'est chouette, ce strip-tease. – Mais attends un peu. C'est que l'amuse-gueule. *Der ist ja echt toll, der Strip. Aber warte nur ... Das ist* ***erst der Anfang.*** ♦ *Petit en-cas qu'on sert avant les repas* {1}. ***Häppchen.***

amuser la galerie *loc. Distraire la société en racontant les choses plaisantes* {2}: La première tâche du prof, c'est pas d'amuser la galerie. *Die Hauptaufgabe des Lehrers besteht nicht darin,* **die (*****ganze*****)** ***Belegschaft zu unterhalten.*** / Je ne suis pas là pour amuser la galerie. *Ich* ***bin*** *doch nicht der* ***Hampelmann vom Dienst.***

amygdales *f.pl.* **Se caler les amygdales** *loc. Manger copieusement* {3}. ***Sich vollstopfen.*** ♦ **Se rincer les amygdales** *loc. Boire un sacré coup* {3}. ***Sich vollaufen lassen*** / ***den Gaumen anfeuchten*** [*iron.*]. ♦ → lécher

an *m.* **Bon an mal an** *expr.adv. Moyennement par an* {1}: Ils venaient bon an mal an dix fois. *Sie kamen* ***durchschnittlich*** *zehn Mal* ***pro Jahr.***

anar *m. Anarchiste* {2}. ***Anarcho*** / ***Krawallo.***

Anatole *N.pr.* **Ça colle, Anatole?** – ***Alles klaro, Karlo?*** / ***Alles paletti, Betty?***

ancêtre *m. Vieux, parent* {*3*}: T'as passé les vacances avec les ancêtres? *Hast du die Ferien mit den* **Alten** *verbracht?*

ancien *m. Désignation amicale pour une personne âgée et/ou expérimentée* {*2*}: C'est un ancien. *Er* **gehört seit jeher dazu** / **weiß Bescheid.**

andouille *f. Niais, imbécile souvent méchant* {*1*}: **Fieser Hund.** ♦ **Arrête de faire l'andouille** {*1*}. **Hör auf, den Blödmann zu spielen.**

âne *m. Insulte dans le sens de* idiot* {*2*}: Bougre d'âne. *Du* **Esel.**

ange *m.* **Etre aux anges** *loc. Etre ravi* {*2*}. **Im siebenten Himmel sein.** ♦ **Rire aux anges** *loc. Sourire sans cause apparente, rire naïf* {*2*}. *Ein* **leeres Lächeln** *haben.* ♦ → discuter.

anglais *m.pl. Menstruation* {*3*}: Elle n'est pas disponible. Elle a ses anglais. *Die kann nicht. Die* **Roten** *sind da* / **Tante Rosi** *ist zu Besuch.*

anglaise *f. Préservatif, capote anglaise* {*3*}. **Pariser.** ♦ **Filer à l'anglaise** *loc. Partir sans dire au revoir* {*2*}. **Sich französisch verabschieden.**

Angliches *m.pl. Les Anglais* {*3*}. **Tommies.**

angoisse *f.* **C'est l'angoisse** *loc. A propos d'une situation difficile, insupportable* [*toujours un peu ironique*] {*2*}: Aller en voiture avec lui, c'est l'angoisse. *Mit dem da Auto fahren ist* **eine Tortur.** / Tu veux rire? Il faut que j'aille chez le coiffeur, que j'emmène les gosses chez leurs grands-parents et que je fasse le dîner. Bref l'angoisse! *Willst du mal lachen? Ich muß zum Friseur, die Kinder zu den Großeltern bringen, und dann noch groß kochen.* **Der helle Wahnsinn!**

annoncer la couleur *loc. Préciser d'avance ses opinions ou ses intentions* {*2*}: Le nouveau patron n'a pas tardé à annoncer la couleur. *Der neue Chef hat gleich* **gesagt, was Sache ist** / **wie er denkt.**

antigel *m. Verre de marc* {*3*}. Et par ce temps-là, on va prendre un antigel. *Und bei diesem Wetter nehmen wir einen* **Aufwärmer.**

apéro *m. Apéritif.* **Aperitif.**

aplatir (s') *V.pr. Tomber, s'allonger* {*2*}: Hier je me suis aplati sur le trottoir. *Gestern hab' ich mich auf dem Bürgersteig* **langgelegt.** ♦ *Écraser* {*3*}: Il s'est fait aplatir. *Er ist* **plattgefahren** *worden.* ♦ *Faire des bassesses* {*2*}: Il a horreur de s'aplatir devant les clients. *Er hat einen Horror davor, vor den Kunden den* **Kotau** *zu* **machen** / **zu buckeln.** ♦ *Ne pas insister* {*2*}. **Ganz klein beigeben.**

appart' [apart] *m. Appartement* {*3*}. **Wohnung.**

appel *m.* **Faire un appel au peuple** *loc. Faire un emprunt d'argent* {*2*}. **Eine Kollekte veranstalten.** ♦ *Vouloir qc. de plusieurs personnes* {*3*}: Tout son cirque hier, c'était un appel au peuple. *Sein ganzer Affenzirkus gestern war nur,* **weil** *er* **etwas von uns wollte.** ♦ **Faire des appels** *loc. Signaler son intérêt à l'attention d'une personne qu'on veut courtiser*, faire du → pied. {*1*}: Pendant qu'elle dansait avec lui, elle faisait des appels au barman. *Während sie mit ihm tanzte,* **zwinkerte** / **winkte** *sie dem Barmann* **zu.** ♦ Quand j'ai voulu parler salaire, il m'a **fait un appel du pied.** *Als ich übers Gehalt reden wollte,* **stieß er** *mich* (**diskret**) **mit dem Fuß an.** ♦ J'aime pas qu'on me **fasse des appels de phares** {*1*}. *Ich mag ich es nicht, wenn man mich* **anblinkt** / **hinter mir lichthupt.**

appeler *V.t.* **Tu vas (vous allez) savoir comment je m'appelle! / Je vais te (lui etc.) montrer comment je m'appelle!** *Loc. Formule de menace* {*2*}. **Dir werde ich zeigen, mit wem du es zu tun hast! / was eine Harke ist!**

appuyer sur le champignon *loc. Accélérer, appuyer sur l'accélérateur* {*1*}. **Auf den Pinn treten.**

aprèm' *m. Après-midi* {*2*}: A c't aprèm'! *Bis* **heute nachmittag!.**

après *Prép.* **Et après?** *Formule interrogative qui exprime souvent une menace* {*1*}: Bon, tu gagnes. Et après? *Gut, du gewinnst.* **Und dann?**

araignée *f.* **Avoir une araignée dans le plafond** *loc. Etre un peu fou* {*1*}. **Nicht alle Tassen im Schrank haben.** ♦ **Avoir //enlever des toiles d'araignée** *loc. Pour exprimer ou l'âge ou la désuétude ou bien, en parlant d'une femme, qu'elle n'a pas fait l'amour depuis longtemps* {*3*}: Elle a des toiles d'araignée. *Sie hat* **Spinnweben angesetzt.** / Tu lui as enlevé les toiles d'araignée? *Hast du* **ihr** *die* **Spinnweben weggemacht?**

arbitre *m.* → chiotte.

arbre *m.* **Couper l'arbre pour avoir le fruit** *loc. Détruire une source de profits* {*1*}. **Den Ast absägen, auf dem man sitzt.**

arc-en-ciel *m.* **Passer par toutes les couleurs de l'arc-en-ciel** *loc. Subir de rudes épreuves, avoir très peur* {*3*}: Mon Dieu, quand il a vu ça, il est passé par toutes les couleurs de l'arc-en-ciel. *Mein Gott, als er das sah,* **wurde er abwechselnd rot und grün** (**vor Angst** / **Wut** / **Schreck**).

archi *m. Pour* archicon* {*3*}. **Erzblödmann** / **Supera....**

ardoise *f. Facture non liquidée* {*2*}. **Offene Rechnung** / **„Deckel".** ♦ **Laisser une ardoise** *loc. Partir sans payer*, planter un drapeau* {*2*}. *Die* **Zeche prellen.**

argomuche *m. Argot* {*3*}. **Argot.**

Argus *m. L'Argus de l'automobile indique la cote des voitures d'occasion de moins de huit ans* {*1*}. **Liste.** ♦ **Ne plus être coté à l'argus** *loc. Etre très âgé* [*personne; surtout pour les femmes*] {*2*}: Elle n'est plus cotée à l'argus. *Von ihr* **ist auch schon die beste Butter ab.**

aristo *m. Aristocrate, membre des classes possédantes* {*3*}. **Feiner Pinkel.**

armoire à glace / **armoire normande** *f. Homme grand, large et costaud* {*1*}. **Schrank.**

arnaque *f. Escroquerie, tromperie* {*2*}: C'est de l'arnaque! *(Das ist)* ***Schiebung!***

arnaquer *V.t. Escroquer* {*2*}: N'entre pas chez eux. Tu vas te faire arnaquer. *Geh nicht zu ihnen rein. Die* **hauen** *dich* **übers Ohr** / ***linken*** *dich.* ♦ *Arrêter un malfaiteur* {*2*}: Les poulets l'ont arnaqué. *Die Bullen haben ihn* **gekascht.**

arnaqueur *m./Adj. Escroc, tricheur* {*1*}. ***Betrüger*** / ***Trickser*** // ***Halsabschneider.***

arpète *m. Apprenti ou apprentie* [*souvent péjoratif*] {*2*}. ***Stift.***

arpion *m. Pied* {*2*}. ***Quante.***

arquer *V.i. Marcher* {*2*}: J'peux plus arquer. *Ich kann nicht mehr* **gehen**.

arracher *V.t.* **Ça arrache!** *Loc. C'est remarquable, qui sort du commun* {*3*}: Ton manteau, ça arrache! *Dein Mantel* ***fällt echt auf!*** ♦ **(s')** *V.pr. S'évader* {*3*}: Le prisonnier s'est arraché cette nuit. *Der Gefangene ist diese Nacht* ***abgehauen.*** ♦ *Partir* {*1*}: Salut! Je m'arrache. *Tschüß! Ich* ***hau' ab.***

arracheur de crocs *m. dentiste* {*3*}. ***Zahnklempner.*** ♦ **Mentir comme un arracheur de crocs** *loc. Mentir souvent* {*1*}. ***Lügen wie gedruckt.***

arranger *V.t. Maltraiter* {*2*}: Regarde, comme ils l'ont arrangé. *Guck mal, wie sie ihn* ***zugerichtet*** *haben.* ♦ **(s')** *V.pr. Régler des comptes* {*2*}: Laisse-les s'arranger tous les deux. *Laß sie es* ***unter sich ausmachen.*** ♦ *Se faire duper au cours d'un achat* {*3*}: Il s'est fait arranger par ce représentant. *Er hat sich von diesem Vertreter* ***reinlegen*** *lassen.* / Faut pas aller dans ce resto. On se fait arranger. *In diesen Schuppen gehen wir besser nicht. Da wird man nur* **gelinkt.**

arrêt-buffet *m. Pause au cours d'un déplacement, au milieu d'une activité, pendant laquelle on se restaure* {*2*}: Arrêt-buffet! On continuera plus tard. ***Pause!*** *Wir machen gleich weiter.* ♦ **Arrêt-pipi** *expr. Pause-pipi* {*2*}: Papa, j'ai envie... – D'accord, arrêt-pipi au prochain restau-route. *Papi, ich muß mal. Alles klar,* ***Pinkelpause*** *an der nächsten Autobahngaststätte.*

arrêter *V.t.* **Arrête ton char (Ben Hur)!** *Loc. Cesse d'exagérer avec tes mensonges* {*1*}. ***Jetzt mach aber halblang!***

arrière-train *m. Postérieur* {*1*}. ***Hintern.***

arriver à bon port *loc. Parvenir à son but* {*1*}. Après avoir subi tant de difficultés, il est arrivé à bon port. *Nachdem er so viele Schwierigkeiten ertragen hatte, ist er* ***glücklich ans Ziel gelangt.*** / Cela arrive à bon port. *Das* ***kommt ins Lot.*** ♦ *Arriver à destination en bon état* [*choses ou personnes*] {*2*}: La lettre / Ton fils est arrivé(e) à bon port. *Der Brief / Dein Sohn ist* ***gut angekommen.***

arrondir ses fins de mois *loc. Augmenter ses revenus par des petits jobs, quelquefois par la prostitution,* → fin de mois {*1*}: De temps en temps, elle fait le tapin pour arrondir ses fins de mois. *Von Zeit zu Zeit geht sie auf den Strich, um* ***über den Monat zu kommen.***

arrosage *m. Invitation à boire, à arroser un événement* {*3*}: Quand fait-on l'arrosage pour la naissance de ton fiston? *Wann* ***begießen*** *wir die Geburt deines Sohnemanns?*

arroser *V.t. Inviter à boire pour fêter un événement* {*1*}: Le bac, ça s'arrose quand même? *Das Abi wird doch* ***begossen****, oder?* ♦ *Boire en mangeant* {*1*}: Les huîtres, ça s'arrose avec un blanc très sec, un Gros Plant par exemple. ***Zu*** *Austern* ***trinkt*** *man einen ganz trockenen Weißwein, einen Gros Plant zum Beispiel.* ♦ **Un café arrosé** *expr. Café dans lequel on a versé un verre d'alcool* {*1*}. ***Kaffee mit Schuß.***

arsouiller (s') *V.pr. S'encanailler, se débaucher, se saouler* {*3*}: Depuis son divorce, il s'arsouille de plus en plus. *Seit seiner Scheidung* ***verkommt*** / ***säuft*** *er immer mehr.*

Arthur *N.pr.* **Se faire appeler Arthur** *loc. Se faire réprimander* {*2*}: Quand je suis rentré, je me suis fait appeler Arthur. *Als ich nach Hause kam,* ***hab ich was zu hören gekriegt.***

artiche *m. Argent* [*artichaud*] {*3*}. ***Kies.***

article *m.* **Faire l'article** *loc. Faire valoir une marchandise ou un projet en le vantant* {*2*}: Un bon vendeur sait obligatoirement faire l'article. *Ein guter Verkäufer versteht es notwendigerweise,* ***seine Ware an den Mann zu bringen.*** ♦ *Rechercher les plaisirs d'amour* {*3*}: Notre voisin est **porté sur l'article.** *Unser Nachbar* ***denkt nur an Thema 1.***

artillerie *f. Revolver ou fusil* {*3*}. ***Ballermann.*** ♦ **Sortir l'artillerie** *loc. Mettre à sa disposition tous les moyens pour réaliser une chose* {*2*}. ***Das große Geschütz auffahren.***

artiste *m. Fantaisiste, peu sérieux dans son travail* {*2*}: Il travaille **comme un artiste**. *Er arbeitet* ***wie ein Traumtänzer.*** ♦ **Travail d'artiste** *m. Exprime un compliment* {*1*}: Ce meuble est un travail d'artiste. *Dieses Möbel ist* ***ein echtes Kunstwerk*** / ***Meisterwerk.***

as *m. Personne qui excelle dans sa spécialité,* crack* {*1*}: L'as de son équipe. *Das* **As** *seiner Mannschaft.* ♦ **Passer à l'as** *loc. Escamoter, passer sous silence* {*2*}. Il n'a rien vu. C'est passé à l'as. *Er hat angeblich nichts gesehen. Es* ***geschah unter der Hand.*** ♦ **Foutu comme l'as de pique** *loc. Mal bâti,* moche* {*2*}: Elle est foutue comme l'as de pique. *Die* ***sieht beschissen aus.*** ♦ *Mal habillé* {*2*}. ***Angeschustert sein.*** ♦ **Etre plein aux as** *loc. Etre très riche* {*2*}. ***Stinkreich sein.***

ascenseur *m.* **Renvoyer l'ascenseur** *loc. Répondre à une complaisance, à un service par une action comparable* {*2*}: Il m'a aidé l'autre jour. Alors je lui renvoie l'ascenseur en lui donnant ce tuyau. *Er hat mir neulich geholfen. Also* **vergelte** *ich'***s ihm** *und gebe ihm den Wink.*

asperge *f. Personne grande et maigre {3}.* **Bohnenstange.**

aspirine *f.* **Bronzé comme un cachet d'aspirine** *loc. Qui a le teint pâle {2}.* **Weiß wie die Wand.** → bronzé.

assaisonner *V.t.* **Se faire assaisonner** *loc. Recevoir des coups {2}.* **Prügel beziehen.** ♦ *Etre condamné à une lourde peine {3}. Ganz schön* **verdonnert werden.** ♦ *Se faire* engueuler* *{2}.* **Sich anschnauzen lassen.**

asseoir *V.t. Stupéfier {1}*: Quand j'ai appris ça, j'**en suis restée assise.** *Als ich dies erfuhr,* **war** *ich* (**schlichtweg**) **platt.** ♦ **S'asseoir dessus** *loc. Ne pas se laisser impressionner par qc.* [*ne pas utiliser la forme* je m'assieds, tu t'assieds, il s'assied] *{2}*: Ses objections? Je m'assois dessus. *Seine Einwände?* **Sind mir schnurzegal.**

assiette *f.* **Ne pas être dans son assiette** *loc. Ne pas être en forme {2}.* **Nicht in Form sein** / **'ne Mattscheibe haben.**

Assistance *N.pr. Pour assistance publique* [*vieux*] *{3}.* [*Etwa*] **Wohlfahrt.**

assurer *V.i. Se dit de qn. qui reste à la hauteur de la situation {2}*: C'est un mec qui assure. *Der Typ* **flößt Zuversicht ein** / **Einer, der sicher auftritt.**

asticot *m. Petit individu que l'on toise de haut {3}*: Qu'est-ce qu'il fout ici, cet asticot. *Was sucht der denn hier, der* **Gartenzwerg.**

asticoter *V.t. Taquiner, harceler {2}*: Les gosses l'asticotent tout le temps. *Die Blagen* **ärgern** *ihn die ganze Zeit.*

astuce *f. Plaisanterie, jeu de mots {1}*: Astuce: La différence entre vot'femme et Marseille? – Marseille est un port de mer et vot'chère épouse est une mère de porcs. **Achtung Witzchen:** *Der Unterschied zwischen Marseille und Ihrer Frau? – Marseille ist eine Hafenstadt* [pɔrdmɛr] *und Ihre werte Gattin ist eine Mutter von Säuen* [mɛrdpɔr]. ♦ *L'art, la* combine* *{2}*: Toute l'astuce est d'arriver à faire croire que... *Die ganze* **Kunst**/*Der* **Kniff** *besteht darin, glauben zu machen, daß ...*

atroce *Adj. Terrible {1}*: Ce gosse est atroce. *Dieses Kind ist* (**einfach**) **furchtbar.** / Ce que tu dis est atroce. *Was du da sagst, ist echt* **stark** / **schlimm.**

atrocement *Adv. Excessivement {1}*: Un boulot atrocement difficile. *Eine* **unheimlich** *schwierige Arbeit.*

attaque *f.* → homme.

attendre *V.t./i.* **T'attends qu'elle mûrisse?** *Loc. Formule utilisée par les automobilistes forcés d'attendre. Ainsi a-t-on pu entendre s'exciter un chauffeur de taxi parisien qui se voyait «bloqué» par un véhicule suisse* [*le verbe se réfère à la fameuse pomme*], → valda *{3}*: «Alors, Guillaume Tell, t'attends qu'elle mûrisse?» *„Was ist denn, Tell,* **wartest du auf Weihnachten?***"*

attiger *V.i. Exagérer {3}*: Tu crois pas que tu attiges un peu? *Glaubst du nicht, daß du* **ein wenig zu dick aufträgst***?*

auberge *f.* **N'être pas sorti de l'auberge** *loc. Ne pas encore être hors de danger ou d'une situation difficile {1}*: Dans cette affaire, nous ne sommes pas encore sortis de l'auberge. *In dieser Sache* **sind** *wir* **noch nicht über den Berg** / **aus dem Schneider.**

aubergine *f. Contractuelle, auxiliaire de police chargée de la surveillance du stationnement,* → pervenche *{1}*: Il y a deux sortes de filles qui font le trottoir: les putes et les aubergines. *Es gibt zwei Arten von Bordsteinschwalben: Nutten und* **weibliche Hipos.**

auge *f. Assiette {3}*: Amène ton auge. *Schieb deinen* **Teller** *rüber.*

Auguste *N.pr.* **Tout juste, Auguste** *loc. Naturellement, c'est évident {3}.* **Klar wie Klärchen.** ♦ [*Souvent ironique*] **Aber freilich!**

aussi sec *loc.adv. Subitement, du* tac au tac* *{1}*: Aussi sec, il lui fout un coup en pleine poire. **Und paff**, *haut er ihm voll eine in die Fresse.* / Quand son patron s'est mis à l'engueuler à nouveau, il est parti de l'atelier aussi sec. *Als sein Boss ihn von neuem anschnauzen wollte, ist er* **stracks** *aus der Werkstatt abgehauen.*

autant *Adv.* **En avoir autant à ton / son / votre service** *Loc.* → service. ♦ **Autant dire** *loc.adv. On pourrait dire aussi {1}*: Vous dites qu'ils viendront l'année prochaine. Autant dire qu'ils ne viendront pas du tout. *Sie sagen, sie kämen nächstes Jahr.* **Ebensogut** *könnte man sagen, sie kommen überhaupt nicht.*

autre *Pron.pers.* **Comme dit l'autre** *loc. Comme on dit en général {1}.* **Wie man so sagt.** ♦ *Avec une nuance méprisante {2}*: T'as vu la tête de **l'autre**? *Hast du* **dem sein** *Gesicht gesehen?* ♦ **A d'autres!** *Interj. Forme elliptique pour exprimer qu'on reste incrédule {1}.* **Wer glaubt, wird selig!** / **Erzähl das doch einem anderen.** ♦ **L'autre jour** *Adv. Récemment {2}*: L'autre jour, j'ai vu ton père. **Kürzlich** *hab ich deinen Vater gesehen.*

autruche *f.* **Faire l'autruche** *loc. Ne pas vouloir voir le danger {2}.* **Den Kopf in den Sand stekken.**

avaler *V.t. Croire n'importe quoi,* gober* *{1}*: Elle avale tout. *Die* **glaubt** *alles.* ♦ **Avaler son bulletin / extrait de naissance** *ou simplement* **l'avaler** *loc. Mourir {2}.* **Hopsgehen.** ♦ **Avaler la pilule** *loc. Subir une chose désagréable sans protester {1}.* **Die (bittere) Pille schlucken.** → couleuvre ♦ → fumée.

avance *f.* → allumage.

avantage *m.* **Faire un avantage** *loc. Rendre service sans contrepartie ou faire une concession {3}.* ***Einen Gefallen tun.*** ♦ **avantages** *m.pl. Seins importants {3}*: Quels avantages! *Welch ein* ***Vorbau!***

avant-scène *f. Seins {3}.* ***Vorbau.***

avec *Adv.* **Il faut faire avec** *loc. Il faut se contenter de cela et de rien d'autre {1}.* ***Mit etwas hinkommen müssen.***

avoine *f.* **Filer une avoine / danse / pâtée / trempe** *loc. Donner une correction {2}.* ***Einen Denkzettel/eine Abreibung verpassen.***

avoir *V.t.* **Avoir qn.** *loc. Le duper, tromper, posséder*, foutre* dedans*, baiser*, rouler* *{1}*: Je t'ai bien eue, hein? *Ich hab dich ganz schön* ***reingelegt****, oder?* / Je me suis fait avoir. *Ich habe mich reinlegen lassen.* ♦ **Se faire avoir dans les grandes largeurs (jusqu'au trognon)** *loc. Même sens {2}.* ***Sich unheimlich reinlegen lassen.*** ♦ **Avoir les couilles au cul** *{3}* / **en avoir** [*des couilles*] *{2} loc. Etre courageux [uniquement par rapport aux hommes].* ***Mumm haben.*** ♦ **Avoir affaire à un rigolo** *loc. {1}.* ***Es mit einem Spinner zu tun haben.*** ♦ **Avoir qn. à la bonne** *{2}* / **dans la peau** *{1}* / **avoir un béguin pour** *{2}*: La fameuse Piaf avait un béguin pour l'accordéoniste, et le légionnaire, elle l'avait dans la peau. *Die berühmte Piaf* ***hatte eine Schwäche für*** *den Akkordeonspieler, und* ***in*** *den Legionär* ***war*** *sie* ***verknallt.*** ♦ *Loc. Ne pas entendre {2}*: T'**as les portugaises ensablées?** ***Hast*** *du* ***Bohnen in den Ohren?*** ♦ **Avoir la dalle en pente** *loc. Boire beaucoup {2}*: Les Allemands ont un peu la réputation d'**avoir la dalle en pente**. *Die Deutschen stehen ein wenig in dem Ruf,* (***ganz nett***) ***zu bechern.*** ♦ **L'avoir dans le baba** → baba. ♦ **L'avoir dans le dos** *loc. Subir un échec [avec une connotation sexuelle] {2}*: Les cocos l'ont dans le dos. *Die Kommunisten haben* ***einen reingekriegt***. ♦ **Avoir de l'estomac** *loc. Etre courageux {2}.* ***Traute haben.*** ♦ **Avoir la grosse tête** *{2} Etre imbu de sa personne {2}*: Depuis qu'il est ingénieur, il **a la grosse tête**. *Seitdem er Ingenieur ist,* ***hält*** *er* ***sich für Graf Rotz.*** ♦ **Avoir de la matière grise** *loc. Etre intelligent {2}.* ***Grips haben.*** ♦ *Loucher {2}*: **Il a un oeil qui joue au billard et l'autre qui marque les points** *{3}* / **Il a un oeil qui dit merde à l'autre** *{2}.* ***Er schielt mit dem linken Auge in die rechte Westentasche.*** ♦ *Loc. Sans peur {2}*: *Elle* **n'a pas froid aux yeux**. *Sie* ***kennt keine Angst.*** ♦ *Loc. Etre ivre {2}*: Le gars **a du vent dans les voiles**. *Der Typ* ***hat einen im Kahn.*** ♦ **En avoir autant à ton service** *loc.* → service. ♦ **Avoir du flair / du nez** *loc.* → nez. ♦ **Avoir une veine de cocu/pendu** → cocu. ♦ **En avoir par-dessus la tête** *{1}*/**les oreilles** *{3} loc. Etre excédé.* ***Es bis oben hin stehen haben.*** ♦ → en.

ayatollah *m. Grand chef*, manitou*, *personne bizarre {3}*: Quel ayatolla, ce mec. *So ein* ***Ayatollah****, der Typ.*

azimut [azimyt] *m.* **Dans tous les azimuts** *loc. Partout, dans toutes les directions {1}*: Il a cherché dans tous les azimuts. *Er hat* ***überall*** *gesucht.* / *Expr. {1}*: Une **défense tous azimuts.** *Eine* ***Rundumverteidigung.***

azimuté *Adj. Fou, détraqué, qui a perdu la* boussole* *{3}*: Le type est complètement azimuté. *Der Typ ist völlig* ***kopflos.***

B

baba *m.* **L'avoir dans le baba** *loc. Perdre, manquer*, rater* *{2}*: L'affaire est loupée. Dans le baba! *Das Geschäft ist im Eimer.* ***Im Teich!*** ♦ *Adj. Rester stupéfait {2}*: **J'en suis restée baba.** ***Da war ich baff.***

babillard *m. Mauvais journal {3}.* ***Käseblatt.*** ♦ *Personne très bavarde {3}.* ***Quatschsuse / Quatschpeter.***

babillarde *f. Lettre {3}.* ***Brief.***

babines *f.pl. Lèvres*, babouines* *{3}*: Le gâteau est excellent. **On s'en lèche les babines.** *Der Kuchen ist klasse.* ***Da läuft einem das Wasser im Munde zusammen.***

babouines *f.pl. Joues, lèvres*, babines* *{3}*: Essuie tes babouines! *Putz dir die* ***Schnute*** *ab!*

bac *m. Baccalauréat {1}.* ***Abi.***

bacantes *ou* **bacchantes** *f.pl. Moustaches {1}*: Oh, les belles bacantes! *Welch ein* ***Schnäuzer!***

bachot *m. Baccalauréat {1}.* ***Abi.***

bachotage *m. Action de* bachoter* *{2}.* ***Paukerei.***

bachoter *V.t. Préparer un examen en apprenant un maximum dans un minimum de temps*: Faut que tu bachotes pas mal pour être admis. *Du mußt ganz schön* ***pauken****, um zu bestehen.*

baffe *f. Gifle {1}.* ***Ohrfeige.*** / Si t'arrêtes pas, j'te **file une baffe**. *Wenn du nicht aufhörst,* ***latsch*** *ich* ***dir eine.***

bafouille *f. Lettre {3}.* ***Wisch.***

bafouiller *V.i. Parler de manière incohérente {2}.* ***Wirres Zeug reden.***

bâfrer *V.i. Manger avec avidité* {2}: Cesse de bâfrer! **Friß** *nicht so!*
bagarre *f.* **Entrer dans la / en bagarre** *loc. Se bagarrer* {2}: En entendant ça, les grévistes sont entrés dans la bagarre. *Als sie das hörten, haben die Streikenden* **Krawall geschlagen.**
bagarrer (se) *V.pr. Se battre* {1}: A la fin de la manif, ils se sont bagarrés avec les flics. *Am Ende der Demo haben sie* **sich** *mit den Bullen* **gekloppt.**
bagarreur *m. Un homme qui aime se battre* {1}. **Schläger.** / Ce politicien est un vrai bagarreur. *Dieser Politiker ist ein echter* **Kämpfer.**
bagatelle *f. Amour physique* {2}: Il est porté sur la bagatelle. *Er denkt nur an* **Thema 1.**
bagne *m. Lieu de travail: atelier, usine, bureau, école, etc.* {2}: Un vrai bagne, ton école. *Das reinste* **Zuchthaus,** *deine Penne.*
bagnole *f. Voiture* {1}: T'as une sacrée bagnole. *Du hast einen tollen* **Schlitten.**
bagouse *f. Bague, grosse bague* {3}: Tu portes une de ces bagouses. *Du trägst vielleicht einen* **Klunker** [*Ring*].
baguenauder (se) *V.pr. Se promener* {3}: On s'est baguenaudé le long de la Seine. *Wir sind an der Seine* **spazierengegangen.**
baguettes *f.pl. Jambes maigres* [*surtout des filles*] {3}. **Stelzen.** ♦ **Baguettes de tambour** *expr. Cheveux très raides* {3}. **Haare wie Stroh.**
bahut [bay] *m. Lycée* {1}. **Penne.** ♦ *Lieu de travail* {3}. **Maloche.** ♦ *Taxi* {2}: Cherchons un bahut. *Suchen wir ein* **Taxi.**
baigner *V.t.* **Baigner dans l'huile** {1} / **dans le beurre** {2} / **dans la margarine** {3} *loc. Marcher à la perfection*, comme sur les roulettes*: Et ton projet? Ça baigne dans l'huile. *Und deine Sache?* **Läuft wie geschmiert.** [*On trouve de plus en plus la forme tronquée*: **Ça baigne? Klappt's?**]
bail *m. Long terme* {2}: **Ça fait un bail** que je ne l'ai pas vue. *Es ist eine* **Ewigkeit** *her, daß ich sie gesehen habe.*
baille *f. Eau* {3}: Je te fous dans la baille. *Ich schmeiß dich in die* **Brühe.** ♦ *Mer* {3}. **„Teich".**
bain *m.* **Etre dans le bain** *loc. Etre compromis dans une affaire* {1}: Quoi qu'ils en disent, ils sont tous dans le bain. *Was sie auch sagen,* **sie hängen alle (mit) drin.** ♦ **Envoyer aux bains** *loc. Envoyer* paître*, *éconduire, envoyer promener* {3}: Il l'a **envoyé au bain.** *Er hat ihn* **abblitzen lassen** / *ihm* **einen Korb gegeben.** ♦ *Averse, tempête, pluie* {1}: 'Y a **un bain** qui se prépare. *Gleich kriegen wir* **einen Guß.**
baise *f. Amour physique* {3}. **Fick.**
baiser *V.t. Faire l'amour* {1}. **Ficken.** ♦ **Baiser à couilles rabattues** *loc.* {3}. **Remmeln.** ♦ *Tromper ou se faire avoir* {2}: Avec ses pommes, il m'a baisé. *Mit seinen Äpfeln hat er mich* **an den Arsch gekriegt.** / Te fais pas baiser, hein? *Laß dich nicht* **verarschen**, *verstehst du?* ♦ **Ne rien y baiser** *loc. Ne rien comprendre* {2}: J'y baise rien. *Ich* **schnalle nix/nur Bahnhof.**
baiseur *m. Personne qui adore faire l'amour* {3}: C'est une baiseuse de première. *Das ist eine stramme* **Fickerin.**
baisser *V.t.* → froc.
balader *V.t. Promener* {2}: Balader son chien. *Den Hund* **Gassi führen.** / Le dimanche, il balade sa famille. *Sonntags* **fährt** *er seine Familie* **'rum.**
baladeuse *Adj.* **Avoir la main baladeuse** *loc. Qui aime toucher les femmes* {1}: Cet homme a la main baladeuse. *Der* **kann die Finger nicht bei sich halten.**
balai *m.* **Du balai!** *Interj. Invitation à dégager le terrain* {1}. **Raus!** ♦ **Donner un coup de balai** *loc. Licencier le personnel* {1}. Pour que la fonction publique travaille convenablement, il lui faudrait un bon coup de balai. *Damit der öffentliche Dienst vernünftig arbeitet, müßte* **(mit eisernem Besen) ausgekehrt** *werden.* ♦ **Con comme un balai** *loc.* {1}. **Saudumm.** ♦ **Voiture-balai** *expr.f. Dernière voiture qui ramasse les traînards, par exemple dans le cyclisme* {3}. **„Sammeltransport".** ♦ **Peau de balle et balai de crin** *loc. Rien,* → peau {3}: On nous a promis une prime, total, on a eu peau de balle et balai de crin. *Man hatte uns eine Prämie versprochen und am Ende haben wir* **Nullkommanix** *gekriegt.*
balai à chiottes *expr.m. Petite moustache taillée en carrée* {3}: J'aime bien ces balais à chiottes qui me font penser à Charlie Chaplin. *Ich mag diese* **kleinen Schnauzbärte**, *die mich an Charlie Chaplin erinnern.*
balaise *ou* **balèze** *m./Adj. Individu grand et fort* {2}: C'est un balaise. *Er ist ein* **Brecher.**
balance *f. Se dit d'un homme ou d'une femme qui trahit un autre* {3}. **Spitzel.**
balancé *Adj.* **Bien balancé** *loc. Physiquement bien bâti* {2}: Ta nana est vachement bien balancée. *Deine Kleine ist aber* **irre gebaut.**
balancer *V.t. Jeter* {1}: Elle m'a balancé ton bouquin à la tête. *Sie hat mir dein Buch an den Kopf* **gepfeffert.** ♦ *Faire tomber, renverser* {2}: Il l'a balancé dans les décors. *Er hat ihn in den Straßengraben/zur Seite* **geworfen.** ♦ *Le remporter sur un concurrent* {2}: Les Japonais ont balancé les Européens du marché. *Die Japaner haben die Europäer aus dem Markt* **geworfen.** ♦ *Donner, payer, offrir* {2}: A titre de reprise, je lui ai **balancé** une brique. *Als Ablösung habe ich ihm zehn Mille* **gelöhnt** / **hingeblättert.** ♦ *Dénoncer* {3}: Gare à celui qui me balance. *Wehe dem, der* **mich ans Messer liefert.** ♦ *Se débarrasser de qn.* {2}: Tu parles, ils l'ont balancé. *Denkste, die haben ihn* **rausgeschmissen.** ♦ *Bazarder, jeter, vendre, se débarrasser de qc. ou qn.* {2}: J'ai envie de tout balancer. *Ich möchte am liebsten*

alles **hinwerfen** // **wegwerfen.** / Il a balancé tout le fric. *Er hat die ganzen Moppen* **draufgekloppt.** ♦ **Ça balance!** *Loc. Il y a du rythme, du* tonus* [*musique; souvent avec une nuance ironique*] {*3*}. *Es* **swingt.** / Aujourd'hui chez les voisins, ça balance. *Heute* **ist** *bei den Nachbarn* **Stimmung** / **was los.** ♦ **S'en balancer** *V.pr. Ne pas tenir compte d'un avis* {*1*}: Ecoute! Tes éternels conseils, je m'en balance. *Hör mal, deine ewigen Ratschläge* **sind mir piepegal.**

balayer devant sa porte *loc. S'occuper de ses affaires* {*3*}: Que chacun balaie devant sa porte! ***Ein jeder kehre vor seiner Tür!***

balayette *f.* **Dans le cul la balayette!** *Loc. Pour exprimer son mépris ou son dépit*, l'avoir dans le cul*, être baisé* [*l'idée sexuelle ou scatologique est à peine perçue*] {*3*}: Dans le cul la balayette! Je viens de me faire avoir. ***Scheißegal!*** *Ich hab mich reinlegen lassen.* / ***Scheiß drauf!***

balcon *m. Forte poitrine* {*3*}: Il y **a du monde au balcon**! *Die* **hat einen Vorbau!**

balèze → **balaise.**

balle *f. Visage ouvert, honnête et sympathique* {*3*}: Elle a une bonne balle. *Sie hat ein* **ehrliches Gesicht.** ♦ *Franc français à partir de dix* {*1*}: **Dix mille balles**? Ils sont dingues! **Zehntausend Eier?** *Die haben sie ja nicht alle!* / [*Formule des manchards*]: **T'as pas deux cents balles?** ***Haste 'ne Mark?*** ♦ **Peau de balle** *expr.adv. Rien* {*2*}: Tout compté, j'ai gagné peau de balle. *Alles in allem, habe ich* **einen Appel und ein Ei** *gekriegt.* ♦ **Se renvoyer la balle** *loc. Se rejeter mutuellement la responsabilité* {*1*}. **Sich gegenseitig den schwarzen Peter zuschieben.** ♦ *S'aider à tour de rôle* {*1*}. **Sich gegenseitig abstimmen, helfen.** ♦ **Raide comme peau de balle** *loc. Sans hésitation, nettement* {*2*}: Il lui a dit merde, raide comme peau de balle. *Der hat ihm* **eiskalt** *Scheiße gesagt.* ♦ **Trou de balle** *expr. Anus* {*3*}: Le trou de balle du chat est cracra. *Die Katze hat einen dreckigen* **Hintern.**

balloches *f.pl. Testicules* {*3*}: Un coup de latte dans les balloches. *Ein Tritt in die* **Eier.**

ballon *m. Prison* {*2*}. **Knast.** ♦ *Contenu d'un verre ballon* {*3*}: Encore un ballon de rouge? *Noch eine* **Füllung** *Roten?* ♦ **Avoir le ballon** *loc. Etre enceinte* {*3*}: Lucienne a le ballon. *Lucienne hat* **einen Ball verschluckt.**

ballot *m. Naïf, lourdaud* {*2*}. **Tölpel.** [*A l'adresse des imbéciles*]: **Au bout du quai les ballots!** [*Etwa*] **Trottel nach hinten!**

balluchon *m. Petit paquet* {*3*}. **Paketchen.**

bambou *m.* **Avoir le bambou** *loc. Avoir une érection* {*3*}. **Einen stehen haben.** ♦ **Avoir un coup de bambou** *loc. Subir un accès de folie* {*2*}: Et alors, il a eu un coup de bambou. *Und dann ist er* **übergeschnappt** / **ausgeflippt.** ♦ *Défaillance physique* {*3*}. **Plötzlich schlecht werden.** ♦ *Insolation* → piquer le coup de bambou*.

bamboula *f.* **Faire la bamboula** *loc. Faire la noce* {*2*}. **Ordentlich einen drauf machen/eine Orgie veranstalten.**

banane *f. Décoration militaire* {*3*}: Regarde, tout ce qu'il a comme bananes. *Guck mal, was der an* **Lametta** *hat.* ♦ *Montrer ses dents pour faire mine de rire* {*3*}: Et maintenant: **Banane!** *Und jetzt:* **Cheese!** ♦ *Membre viril* {*3*}: Il **lui a filé sa banane** dans le train. *Er hat ihr* **einen** *hinten* **reingeschoben.** ♦ *Épaisse mèche de cheveux* {*3*}: Elvis était connu pour sa banane. *Elvis war wegen seiner* **Schmachtwelle** *bekannt.* ♦ **Peau de banane** *expr. Embûche* {*1*}: Il lui ont glissé quelques peaux de banane sous les pieds. *Sie haben ihm* **einige Knüppel** *zwischen die Beine geschmissen.*

bancal *Adj. Qui n'a pas de bases solides* {*1*}: Une affaire bancale. *Eine* **wackelige** *Angelegenheit.*

banco! *Interj. D'accord* {*2*}. **O.K.!** / **Gebongt!**

bandant *Adj. Enthousiasmant* [*souvent à la forme négative, on sous-entend* bander] {*2*}: Le résultat de l'affaire n'est pas bandant. *Das Ergebnis der Sache ist nicht (gerade)* **glänzend.** ♦ *Qui excite le désir sexuel* {*1*}: Les filles à poil sont toujours vachement bandantes, un mec tout nu est ridicule. *Nackte Weiber sind immer* **knackig /aufreizend**, *ein nackter Typ ist lächerlich.* ♦ → bandeur.

bande *f. Formule d'insulte* {*1*}: Bande de cons! Quelle bande de branquignols! **Diese** *Bekloppten! Welch ein* **Haufen** *Vollidioten!* ♦ **Faire bande à part** *loc. Se séparer d'un groupe* {*1*}. **Sich absondern.**

bander *V.i. Etre en érection* {*2*}: Il **bande comme un cerf.** *Er* **ist geil wie ein Stier.** ♦ *Se réjouir* [*ironiquement*] {*2*}: Quand ton patron apprendra ça, il va bander. *Wenn dein Alter das erfährt*, **geht ihm vor Begeisterung einer ab.** ♦ Fantasmer* pour {*2*}: La fille dit qu'elle bande pour supercopter. *Das Mädchen* [*sic*] *sagt, daß ihr bei Superkopter* **einer abgeht.**

bandeur *m.* / **bandante** *f. Qui est toujours prêt à l'acte sexuel* {*3*}. **Geiler Bock** / **geiles Huhn.**

banlieue *f.* **De banlieue** *expr.adv. De second ordre*, de → prisunic* {*2*}: Lui et ses films de banlieue. *Er und seine* **drittklassigen Filme.** / Le casanova de banlieue. *Der* **Vorstadtcasanova.**

banlieusard *m./Adj. Qui habite la banlieue ou: être de banlieue* {*1*}: Un comité banlieusard. *Ein* **Vorstadt***komitee.* ♦ Sa soeur est une banlieusarde. *Seine Schwester kommt* **aus der Vorstadt.**

banquer *V.t. Payer* {*2*}. **Berappen.**

banquettes *f.pl.* **Jouer devant les banquettes vides** / **pour les banquettes** *loc. Jouer devant une salle vide* {*3*}. **Vor leerem Hause spielen.**

baptiser le vin *loc. Ajouter de l'eau* {*3*}. **Den Wein verdünnen** / **strecken.**

Baptiste *N.pr.* **Tranquille comme Baptiste** *loc.*

Insouciant, calme {2}: Malgré son examen, il est tranquille comme Baptiste. *Trotz seiner Prüfung ist er* **die Ruhe selbst.**

baraka *f. Chance exceptionnelle {2}*: Il a la baraka. *Er hat vielleicht* **Schwein**. ♦ *Er hat* **eine Glückssträhne**.

baraque *f. Maison mal bâtie {2}*: Il habite une baraque dans la banlieue. *Er bewohnt eine* **Bruchbude** *in der Vorstadt.* ♦ *Très belle maison {2}*: Une sacrée baraque à Cannes. *Ein* **irrer Schuppen** *in Cannes.* ♦ *Entreprise mal organisée {2}*: Cette boîte, quelle baraque! *Diese Firma, so ein* **chaotischer Laden**! ♦ **Casser la baraque** *loc. Déchaîner l'enthousiasme {1}*: Le groupe de rock a réussi à casser la baraque. *Die Rockgruppe hat die* **Bude zum Kochen gebracht.**

baraqué *Adj. Bien bâti, costaud {1}*: Un mec baraqué. *Ein* **stämmiger** *Bursche.*

baratin *m. Boniment {1}*: Il **fait du baratin.** *Er* **raspelt Süßholz.** ♦ **C'est du baratin** *loc. Ce sont des promesses vides {1}*. **Nur Gerede.**

baratiner *V.t. Faire du* baratin* *à qn., chercher à convaincre par des mots trompeurs {1}*: Il m'a baratiné toute la matinée. *Er hat mich den ganzen Morgen lang* **bequatscht**. ♦ En tant que représentant, il faut savoir baratiner comme un politicien. *Als Vertreter muß man wie ein Politiker* **(schön) reden** *können.*

baratineur *m. Qui* baratine*, *hâbleur, bluffeur {1}*: Un baratineur de première. *Ein* **Schwätzer** *ersten Grades.*

barbant *Adj. Ennuyeux {1}*: Il est barbant, ce type. *Der Typ ist* **stinklangweilig.**

barbaque *f. Viande {1}*: Ramène-moi un morceau de barbaque. *Bring mir ein Stück* **Fleisch** *mit.* ♦ *Viande de mauvaise qualité,* carne* *{3}*: C'est de la barbaque. *Das ist* **(wie) Leder.**

barbe *f. Ennui {1}*: C'est la barbe! *So ein* **Mist!** / **La barbe!** *Interj. Tu m'ennuies {1}*: **Hör endlich auf!** / **Jetzt reicht's!** ♦ **Au nez et à la barbe** *loc. Devant qn. et sans qu'il s'en doute {2}*: Je suis entré dans la salle au nez et à la barbe du contrôleur. *Ich bin am Kontrolleur* **vorbei unbemerkt** *in den Saal gelangt.* ♦ **Barbe à poux** *f. Barbe souvent frisée {2}*. **Rauschebart.** ♦ **Une vieille barbe** *expr. Un homme âgé et aux idées d'antan {3}*. **Ein Typ von gestern.**

barbeau *m. Proxénète {3}*: Le barbeau de la pauvre Elli. *Der* **Lude** *von der armen Elli.*

barber *V.t. Ennuyer puissamment {2}*: Il me barbe. *Er* **langweilt mich**. ♦ **(se)** *V.pr. Même sens.*

barbot *m. Fouille ou vol {3}*. **Klau.** ♦ **Faire le barbot** *loc. Voler {3}*. **Klauen.**

barbotage *m. Vol, larcin {3}*. **Klemmen / Filzen.**

barboter *V.t. Voler {2}*: On m'a barboté ma bicyclette. *Man hat mir mein Fahrrad* **gefilzt.**

barboteur *m. Voleur {3}*: Ne la laisse pas seule dans la pièce. C'est une barboteuse. *Laß sie nicht allein im Zimmer.* **Die klaut.**

barbouiller *V.i. Peindre d'une façon qui laisse à désirer {3}*: Mais non, t'es pas un peintre. Tu barbouilles! *Aber nein. Du bist doch kein Maler. Du* **kleckst** *doch nur* **rum.** ♦ *Pratiquer la peinture comme hobby {2}*: Il barbouille. *Er* **ist ein Sonntagsmaler**.

barbouse *ou* **barbouze** *f. Barbe {2}*. **Matte.** ♦ *Fausse barbe {2}*. **Falsche Matte.** ♦ *Membre d'une police secrète {3}*. **Geheimpolizist.**

barbouseux *m./Adj. Qui porte une barbe {3}*. **Matten***träger.*

barca! *Interj. Assez, cela suffit, il n'y a rien à faire {3}*. **Genug! Aus!** [*Im Kinderreim*: Chouïa, barca, bisqu'et (*ter*) ras.]

barda *m. Sac de soldat, bagage encombrant {2}*. **Sturmgepäck / Siebensachen.**

barder *V.i. Prendre une tournure brutale {1}*: Ça va barder. *Das gibt* **Stunk**.

barjot *m./Adj. Fou {3}*: Ils sont tous barjots, les mecs. *Die sind alle* **meschugge**, *die Typen.*

barka → **barca.**

barouf *m. Bruit, scandale, tapage {2}*: La grenade éclate. Un incroyable barouf dans l'immeuble! *Die Granate platzt. Ein unglaublicher* **Knall/ Krach** *im Gebäude!*

barque *f.* **Mener en barque** *loc. Induire en erreur {1}*. **Hinters Licht führen.** ♦ *Loc. Savoir gérer ses affaires {2}*: Il **mène bien sa barque**. *Er* **versteht sein Geschäft.**

barrage *m.* **Tir de barrage** *expr.m. Tir de l'artillerie porté devant les lignes ennemies pour déconseiller d'attaquer, au figuré l'ensemble des moyens appliqué pour empêcher qn. de réaliser un certain projet*: Contre ce projet, c'était le véritable tir de barrage. *Gegen dieses Projekt gab es das reinste* **Sperrfeuer.**

barre *f.* **Avoir un coup de barre** *loc. Défaillance, lassitude {2}*: Il n'a envie de rien. Il a un coup de barre. *Er hat zu nichts Lust. Er ist* **groggy.** / J'ai un coup de barre. *Ich bin todmüde.* ♦ **Mettre la barre plus haut** *loc. Demander plus {1}*. **Das Niveau höher schrauben.**

barreau de chaise *m. Gros cigare,* → comaco *{2}*. **Apparillo von Zigarre.**

barrer (se) *V.pr. S'en aller {1}*: A demain! Je me barre. *Bis morgen! Ich* **hau ab.**

bas *m.* **Etre bas duc** *loc. De petite taille [troncation de* bas du cul*] {3}*: Regarde bas duc! *Guck dir mal den* **Gartenzwerg** *an!* ♦ → plafond.

baskets *m.pl. Chaussure de tennis. Tennisschuhe* ♦ **Etre bien dans ses baskets** *loc. Etre bien dans sa peau {B}*. **Sich pudelwohl fühlen.** ♦ **Lâche-moi les baskets!** *loc. Laisse-moi tranquille {1} [Pierre Merle cite Bernard Pivot à Jean d'Ormesson]*: «Par ma bouche, il vous demande quand est-ce que vous allez lui lâcher ses baskets, Dieu!» *Er fragt Sie durch mich,* *wann endlich* **lassen Sie ihn in Frieden**, *Gott noch mal!*

bassiner *V.t. Ennuyer, importuner* {*2*}: Tu me bassines. *Du* **fällst mir auf den Wecker.**

bassinet *m.* **Cracher au bassinet** *loc. Payer sa part* {*2*}: Toujours les mêmes qui doivent cracher au bassinet. *Es sind immer dieselben, die man* **zur Kasse bittet.**

basta! *Interj. Assez* {*2*}. **Basta** / **Sense!**

bastos [bastos] *f. Balle d'arme à feu* {*2*}: Il lui a filé une bastos dans le cigare. *Er hat ihm* **eine** (**Kugel**) *in die Rübe geballert.*

bastringue *m. Orchestre bruyant et plutôt mauvais* {*2*}: T'entends ce bastringue? C'est pas de la musique. *Hörst du den* **Krach**? *Das ist doch keine Musik.* ♦ *Désordre* {*2*}: Regarde-moi ce bastringue. *Guck dir das* **Durcheinander** *an.* ♦ *Bistrot fréquenté par une clientèle douteuse* {*2*}: Comment? Tu veux que je boive un café dans ce bastringue? *Was? Willst du etwa, daß ich in dieser* **Kaschemme** *einen Kaffee trinke?* ♦ *Bordel* {*3*}. **Puff.** ♦ **...et tout le bastringue** *expr.adv. Et tout le reste* {*2*}. → bataclan, → *bazar* ... **und den ganzen Kladderadatsch.**

bataclan *m.* **Et tout le bataclan** *loc. Et cetera, et tout le reste* {*2*}: Ils sont partis avec les gosses, le clebs, la grand-mère, les valoches et tout le bataclan. *Sie sind mit den Kindern, dem Köter, der Oma, den Koffern* **und dem ganzen Krempel** *abgedampft.*

bataille navale *f. Jeu* {*1*}. **Schiffeversenken.**

bataillon *m.* **Inconnu au bataillon** *loc. Totalement inconnu* {*2*}: Dumoulin? Inconnu au bataillon. *Dumoulin.* **Hier nicht bekannt.**

bateau *m.* **Etre embarqué dans le même bateau** {*2*} / **la même barque** {*3*} *loc. Etre dans la même situation.* **Im gleichen Boot sitzen.** ♦ **Mener en bateau** *loc. Faire des promesses fallacieuses* {*1*}: Ils nous ont menés en bateau. *Sie haben uns* **gelinkt.** ♦ **Monter un bateau** *loc. Mystifier, faire une farce* {*2*}: Pour se moquer de lui, ils lui ont monté un bateau. *Um sich über ihn lustig zu machen, haben sie* **ihm einen Bären aufgebunden.**

bath [bat] *Adj.inv. Beau, agréable* {*2*}: Elle est vachement bath. *Sie ist einsame* **Klasse.** / Une gonzesse bath au plume. *Eine* **Klassefrau** *im Bett* / Le cinoche, c'est bath. *Kino ist* **super.** ♦ *Vrai, authentique* {*3*}: C'est pas du toc, c'est bath. *Das ist kein Tinnef. Das ist* **echte Ware.**

bathment *Adv. Bien, agréablement* {*3*}: C'est bathment fait. **Prima** *gemacht.*

bâtiment *m.* **Etre du bâtiment** *loc. Etre du métier, de la partie* {*3*}. **Vom Fach sein.**

bâton *m. Million de Francs anciens* {*2*}: Donne-lui dix bâtons. *Tu ihm mal* **zehn Mille** (*Französische Francs*). ♦ **Bâton merdeux** → merdeux. ♦ **Avoir un bâton** *loc. Etre en érection* {*3*}. **Ein Zelt haben.** ♦ **Mettre des bâtons dans les roues** *loc. Créer des obstacles* {*1*}: Il y a toujours qn. qui nous met des bâtons dans les roues. *Es gibt immer jdn., der uns* **Knüppel zwischen die Beine wirft.** ♦ **Parler à bâtons rompus** *expr.adv. Parler de façon décontractée* {*2*}: J'aime causer à bâtons rompus. *Ich rede gerne* **frei von der Leber weg**/**wie** *mir* **der Schnabel gewachsen ist.** ♦ *Parler de manière peu suivie en changeant de sujet* {*1*}. **Vom Hundertsten ins Tausendste kommen.** → coq, de → fil en aiguille ♦ → vie.

battage *m. Publicité exagérée, bluff* {*2*}: Qu'est-ce qu'ils peuvent faire comme battage autour de ce bouquin! *Können die um dieses Buch einen* **Wirbel** *machen!*

battant *m. Coeur* {*2*}: Le battant ne tient plus. *Die* **Pumpe** *macht nicht mehr mit.* ♦ *Lutteur, homme dynamique et énergique* {*2*}: Un sacré battant! *Ein unheimlicher* **Kämpfer**!

battre (se) *V.pr.* **Se battre les flancs** *loc. Faire un effort considérable* {*1*}: Il s'est battu les flancs pendant une heure pour ne pas être vu. *Er hat* **sich** *eine Stunde lang* **ein Bein ausgerissen**, *um nicht gesehen zu werden.* ♦ **Se battre l'œil de qc.** *loc. Considérer comme indifférent ou sans valeur* {*2*}: Je m'en bats l'œil. *Es* **ist mir schnuppe** / *ich* **scheiß drauf.** ♦ *V.i.* → froid. ♦ *V.t.* → pavé.

bavard *m. Avocat* {*3*}. **Rechtsverdreher.**

bavasser *V.i. Bavarder beaucoup et sans discernement* {*3*}: Qu'est-ce qu'ils peuvent bavasser, les gens. *Können die Leute* **Stuß reden.** ♦ Et ça bavassait, mais bavassait... *Und die* **quatschte und quatschte**...

baver *V.i. Dire du mal de qn.* {*2*}: Cette commère adore baver sur les voisins. *Dieses Tratschweib* **geifert** *mit Vorliebe über die Nachbarn.* ♦ **En baver** *loc. Souffrir, subir, ne pas être content* {*1*}: Quel boulot! J'en ai bavé. *Welch eine Maloche! Ich hab vielleicht* (**daran**) **rumgeknackt.** ♦ **En baver des ronds de chapeau** / **des rondelles de zinc** *loc. Rester ahuri* {*2*}: Si tu connaissais le prix, t'en baverais des ronds de chapeau. *Wenn du den Preis wüßtest*, **bliebe dir die Puste** / **Spucke weg.** / Quand ils ont vu mon nouveau costard, ils en ont bavé d'admiration. *Als sie meine neue Kluft sahen, sind sie* **vor Neid erblaßt.**

bavette *f.* **Tailler une bavette** *loc. Bavarder* {*1*}: Tu peux pas téléphoner à ta mère maintenant. Elle est en train de tailler une bavette avec sa soeur. *Du kannst deine Mutter jetzt nicht anrufen, sie* **quatscht** *gerade mit ihrer Schwester.* ♦ → bout.

baveux *m Savon* {*3*}: File-moi le baveux. *Tu mir mal die* **Seife.** ♦ *Journal ou journaliste* {*3*}. **Käseblättchen** / **Klatschblatt.**

bavure *f. Erreur regrettable* {*2*}: La police a commis une bavure. *Die Polizei hat einen*

***Schnitzer** begangen.* ♦ **Net et sans bavure** *loc. Sans faire des détours* {2}: Je te le dis net et sans bavure: Non! *Ich sag es dir* ***klipp und klar**: Nein!*

bazar *m. Désordre, maison mal tenue, objets en désordre* {1}: Dans sa piaule, quel bazar! *In seinem Schlafzimmer, welch ein* ***Durcheinander!*** ♦ **Et tout le bazar** *loc. Et tout le reste [souvent dépréciatif]* → bastringue, → bataclan {1}: Elle m'a donné ses vieilles photos et tout le bazar. *Sie hat mir ihre alten Photos gegeben* ***und den ganzen Krempel.***

bazarder *V.t. Vendre vite, à bas prix, se défaire* {1}: En un tour de main, il a réussi à tout bazarder. *Im Handumdrehen hatte er alles* ***verhökert.***

B.C.B.G. *Abrév.* **B**on **c**hic **b**on **g**enre, *élégant, comme il faut [Thierry Mantoux,* BCBG. Le guide du Bon Chic Bon genre, *Paris: Points Actuels A 74, 1985. Entretemps, il existe des remises à jour.]* {2}. ***Piekfein/schnieke.*** ♦ **B**eau **c**ul **b**elle **g**ueule {3}: Regarde sa silhouette. Vraiment b.c.b.g. *Guck dir die an. „HSKP“:* ***hübsches Schnäuzchen, knackiger Po.*** ♦ ***B**ien **c**rasseux, **b**ien **g**luant* {3} [Ouest France] {3}. ***Schön dreckig, schön klebrig.***

b.d. *Abrév. f.* ***B**ande **d**éssinée* {1}. ***Comic.***

beau *Adj. Grand, fort et beau* {1}: C'est un bel homme. *Das ist ein* ***stattlicher*** *Mann. / Dans la locution suivante, l'adjectif signifie bête* {2}: Son mec **est grand, fort et beau**. *Ihr Typ ist* ***schön, aber doof.*** ♦ **Beau comme un camion** *loc. Formule ironique pour dire la même chose* {3}: Ah qu'il est beau, hein? – Ah oui! Beau comme un camion. *Ist der schön, eh? Oh ja:* ***Schön wie ein Bahnhof.*** ♦ **Le beau monde** *expr. La haute société,* → linge {1}. *Die* ***feinen Leute / Pinkel.*** ♦ **Beau comme un Jésus** *expr.adv. Beau, mignon [souvent pour les enfants avec beaucoup de sympathie; à l'égard des adultes par contre, la locution connote l'ironie]* {3}: Dans ta veste, t'es beau comme un Jésus. *In deiner Jacke* ***sieht du schnieke*** *aus.* ♦ **Beau comme un Dieu** *expr. Pour un homme* {2}: Il est beau comme un Dieu. *Er* ***sieht aus wie ein junger Gott.*** ♦ **Tout ça c'est bien beau, mais...** *loc. Formule qui signale qu'il faut continuer à faire qc. de précis ou qu'on va partir* {1}: Tout ça c'est bien beau, mais il faut que je me taille. ***Es ist alles wunderbar, aber*** *ich muß mich verdrücken.* ♦ → belle.

beaucoup *Adv.* **Il s'en faut de beaucoup** *loc. Il manque encore beaucoup* {2}: Il s'en faut de beaucoup qu'il possède le savoir de son concurrent. *Es* ***fehlt ihm noch ein ganzes Ende****, bis er das Wissen seines Konkurrenten hat.*

beau-dab [bodab] *m. Beau-père* {2}: Alors beau-dab, tu viens quand? *Nun* ***Schwiegerväterchen,*** *wann kommst du denn?*

beauf [bof] *m. Beau-frère* {2}: T'as vu mon beauf? *Hast du meinen* ***Schwager*** *gesehen.* ♦ *Français «de la France profonde», symbolisant les êtres un peu frustrés, peu évolués [toujours au pluriel]* {3}: T'imagines une bagnole pareille au milieu des beaufs? *Kannst du dir so einen Schlitten bei* ***„unseren Brüdern und Schwestern von drüben/da oben / da unten“*** *vorstellen?*

beaujol {2} / **beaujolpif** {2} / **beaujolpince** {3} *m. Beaujolais*: Un beaujol? *Einen Beaujolais?*

beauté *f.* **En beauté** *loc. Avec aisance, d'une manière brillante* {1}: Il a terminé ce travail en beauté. *Er hat diese Arbeit* ***ruckzuck*** *zu Ende gebracht.* ♦ → refaire. ♦ Je me suis fait avoir en beauté. *Ich hab mich* ***ganz schön*** *verarschen lassen.*

bébé *m.* **Ta bouche bébé, t'auras une frite!** *Loc. Tais-toi [toujours avec une certaine condescendance]* {3}. ***Halt die Klappe, Schätzchen!*** ♦ **Refiler / repasser le bébé à qn.** *loc. Transmettre une tâche à qn. pour s'en débarrasser,* → paquet {2}: Dupont n'est pas mécontent du tout qu'on m'ait refilé le bébé. *Dupont ist überhaupt nicht unglücklich darüber, daß man* ***mir die Aufgabe/ Sache zugeschustert/aufgehalst hat.*** / C'est trop gentil à vous de me refiler le bébé. *Zu liebenswürdig von Ihnen, mir das* ***anzuhängen / aufzuhalsen.*** ♦ **Jeter / vider le bébé / l'enfant avec l'eau du bain** *loc. Exagérer* {1}. ***Das Kind mit dem Bade ausschütten.***

bébé rose *m. Lait aditionné de grenadine* {2}. ***Milchfruchtgetränk.***

bébète *Adj.inv. Sot, niais* {1}: Il n'y arrive jamais. Il est un peu bébète. *Er schafft das nie. Er ist ein bißchen* ***doof.***

bec *m.* **Avoir une prise de bec** *loc. Avoir une altercation* {1}: Elle vient d'avoir une prise de bec avec la patronne. *Sie* ***hatte*** *gerade mit der Chefin* ***eine Auseinandersetzung.*** ♦ **Se prendre de bec** *loc. Même sens* {2}. ***Sich anschnauzen.*** ♦ **Tenir son bec** *loc. Ne rien dire* {2}. ***Die Schnauze halten.*** ♦ **Clouer le bec à qn.** *loc. Forcer qn. à se taire* {2}. ***Jdm. die Schnauze stopfen.*** ♦ **Rincer le bec à qn.** *loc. Lui offrir à boire* {3}. ***Jdm. einen ausgeben.*** ♦ **Chlinguer du bec** *loc. Avoir mauvaise haleine* {3}. ***Aus dem Mund riechen.*** ♦ **Tomber sur un bec** *loc. Sur un obstacle imprévu, échouer* {2}: J'suis tombé sur un bec. ***Ich bin über einen Strohhalm gestolpert.*** ♦ **Se retrouver le bec dans l'eau** *loc. Ne pas pouvoir se tirer d'affaire, ne rien obtenir* {2}. ***In der Patsche sitzen.*** ♦ **Un bec fin** *expr. Gourmant et gourmet* {2}. *Ein* ***Schleckermaul / Feinschmecker.***

bécane *f. Bicyclette ou moto* {2}. ***Drahtesel.*** ♦ *Machine d'imprimerie* {3}. ***Druckmaschine.***

bécasse *f. Femme sotte ou niaise,* dinde* {3}. ***Dumme Pute / Ziege.***

because [bikos] *Conj. En raison de* {3}: Je peux

pas venir because fric. *Ich kann nicht kommen,* **wegen die** *[sic] Penunsen.*

bêcheur *m./Adj. Prétentieux, dédaigneux {2}:* Tu lui causes et elle ne répond pas. Tu parles d'une bêcheuse. *Du sprichst mir ihr. Und sie antwortet nicht. So* **eine eingebildete Tucke** [**bêcheur: *Lackaffe***].

bécot *m. Petit baiser {2}:* Avant de te coucher, fais encore un bécot à mémé. *Ehe du zu Bett gehst, gib Omi noch ein* ***Küßchen.***

bécoter (se) *V.pr. Trouver dans une succession de petits baisers un passe-temps agréable ou bien s'embrasser avec passion {1}:* Les amoureux qui se bécotent sur les bancs publics [*chantait Brassens*]. *Die Verliebten* **knutschen** *auf den Parkbänken* ***rum.***

bectaille / **bectance** *f. Nourriture {3}:* T'as ramené la bectance pour ce soir? *Hast du für heute abend* **was zu futtern** *mitgebracht?*

becter *V.t. Manger,* bouffer *{2}:* T'as déjà becté? *Hast du schon* ***gefuttert?*** ♦ *Éprouver de l'antipathie pour qn. [exclusivement à la forme négative] {1}:* Je ne peux pas le becter. *Ich kann ihn* ***nicht verknusen.***

bégonias [begɔnja] *m.pl.* **Charrier dans les bégonias** *loc. Exagérer, abuser {3}:* Tu charries dans les bégonias!. ***Du übertreibst aber „leicht"!***

béguin *m.* **Avoir le / un béguin pour qn.** *loc. Avoir une faiblesse pour {2}:* Elle a le béguin pour Alain Delon. *Sie* **hat eine Schwäche** *für Alain Delon.*

beigne *f. Coup, gifle,* baffe* *{2}:* Si tu continues, tu vas **avoir une beigne**. *Wenn du weitermachst,* ***kriegst du eine geschossen.***

Belgico *m. Belge {3}:* Ils sont sympa, les Belgicos. *Die sind sympathisch, die* ***Belgier.***

belle *Adj.* **L'avoir belle** *loc. Etre dans une position avantageuse ou favorable dans une discussion {2}.* **Oberwasser haben.** ♦ **L'échapper belle** *loc. Se sauver sans casse {1}.* **Mit heiler Haut davonkommen.** ♦ **En dire de belles** *loc. Raconter des blagues, des drôles d'histoires {2}:* Tu en racontes de belles de tes voisins. *Du* ***erzählst vielleicht Geschichten*** *von deinen Nachbarn.* ♦ **Faire la belle** *loc. S'évader de prison {3}:* Depuis qu'il a fait la belle, ce malfaiteur est recherché par toutes les polices de France et de Navarre. *Seitdem er* **ausgebüchst** *ist, wird er von der gesamten französischen Polizei gesucht.* ♦ **En faire de belles** *loc. Des sottises {1}:* T'en fais de belles. *Du* ***machst vielleicht Sachen.*** ♦ **Se la faire belle** / **douillette** *loc. Avoir la belle vie,* se la couler douce* *{1}:* Depuis qu'il est à la retraite, il se la fait belle. *Seit er im Ruhestand ist,* ***läßt er's sich gut gehen.*** ♦ **Mener en belle** *loc. Duper {3}:* Ils m'ont mené en belle. *Sie haben* ***mich an der Nase herumgeführt.*** ♦ **De plus belle** *loc. Plus fort qu'avant {2}:* Ça repart de plus belle! *Jetzt* ***fängt's von vorne (und noch stärker) an!*** / Au lieu de se taire, il l'a insultée de plus belle. *Statt den Mund zu halten, hat er sie* ***noch mehr*** *beleidigt.*

belle-doche *f. Belle-mère {2}.* ***Schwiegermutter.***

belle-frangine *f. Belle soeur {3}:* Alors ma belle-frangine, tu te sens en pleine forme? *Also meine liebe* ***Schwägerin,*** *du fühlst dich in Topform?*

belote *f.* → rebelote.

bémol *m.* **Mettre un bémol** *loc. Radoucir son ton {2}:* Tu peux mettre un bémol? *Kannst du mal deinen* ***Ton dämpfen?***

bénard *m. Pantalon {3}:* C'est les mecs qui portent un bénard; pour les gonzesses, c'est un futal. ***Männer*** *tragen einen* ***„bénard".*** *Weiberhosen heißen „futal".*

bénef [benɛf] *Abrév.m. Bénéfice, avantage {1}:* C'est tout bénef. *Alles* ***Reibach.***

Ben-Hur *N.pr.* → arrêter.

béni-oui-oui *m. Individu qui approuve sans réflexion {2}.* ***Jasager.***

Bérésina *f. Fleuve russe sur les bords duquel Napoléon se fit battre par les cosaques, par là s'explique le sens de désastre, catastrophe {3}:* Cette soirée, quelle Bérésina! *Der Abend war* ***ein Reinfall/eine Schlappe.***

beretta *m. Revolver de la marque Beretta {2}.* ***Beretta.***

bergère *f. Épouse {2}:* Viens becter chez nous ce soir. Je te présenterai ma bergère. *Komm heute abend zu uns essen. Ich stell dir meine* ***Olle*** *vor.*

berges *f.pl. Ans {1}:* Il va avoir soixante berges, cette année. *Er wird dieses Jahr* ***sechzig.***

bernique! *Interj. {3}: Jamais! Rien!* ***Nie und nimmer!***

Berthe *N.pr.* **Adieu Berthe!** *Loc.* → Adieu *{2}.* ***Pustekuchen!***

berzingue *f./m.* **A toute** *ou* **tout berzingue** *loc. A toute allure, à tout casser {1}.* **Mit Karacho.**

bésef *ou* **bézef** [besɛf] *Adv. Beaucoup [exclusivement à la forme négative] {1}:* 'Y en a pas bézef. *Es gibt* ***nicht gerade Unmengen*** */ ist* ***nicht gerade eine Unmenge.***

bestiau *m. Animal {2}:* Où est passé le chat? Ce foutu bestiau se cavale dès qu'on ouvre la porte. *Wo ist die Katze hin? Dieses verflixte* ***Vieh*** *haut ab, sobald man die Tür aufmacht.*

bestiole *f. Petit animal {1}:* T'as vu la bestiole? La perruche est dans la salle de bain. *Hast du die* ***Bestie*** *gesehen? Der Wellensittich ist im Badezimmer.*

bête *f. Personne qui excelle dans tel ou tel domaine [chez les branchés, le mot a tendance à remplacer* crack*] *{3}:* Au sport, c'est une bête. *Im Sport ist er* ***ein Tier / unverwüstlich.*** / La bête en anglais. *Der* ***Stärkste / unheimlich*** *in Englisch.* ♦ **C'est sa bête noire** *expr.f. Qui lui inspire une* *forte aversion* {*1*}: Il est la bête noire du prof. *Er ist* ***das rote Tuch*** *des Lehrers.* ♦ **Chercher la petite bête** *loc. Pinailler, grogner* {*1*}. ***Etwas auszusetzen haben*** / ***etwas suchen.*** / Il cherche toujours la petite bête. *Er sucht immer 'was.* ♦ **La petite bête** / **bébête (qui monte, qui monte)** *loc. Expression qui accompagne les chatouilles que l'on fait à un bébé, éventuellement à un adulte* [*caresses sexuelles; les mains s'approchent toujours d'un but, par exemple de la tête du bébé*] {*1*}. [*Etwa*] ***„Elf, zwölf, dann kommen die Wölf,*** **(*Killekille*)*"*.** ♦ **Se payer sur la bête** *loc. Façon de se dédommager illégalement* (*2*): Le maire s'est payé sur la bête pendant des années. *Der Bürgermeister hat jahrelang* ***geschnurrt.***

bête *Adj. Sot* {*1*}. ***Doof.*** ♦ **Bête comme ses pieds** *expr.adv. Sot* {*2*}. ***Saudumm.*** ♦ **Bête comme chou** *expr.adv. Se dit d'un problème facile à résourdre,* → billard {*2*}. ***Stinkeinfach.***

béton *m.* **En béton** *expr. Solide* {*1*}: Un alibi en béton. ***Ein bombenfestes Alibi.*** ♦ **Attention au retour de béton** *loc. Penser aux conséquences* {*3*}: Réfléchis bien aux conséquences! Tu risques d'avoir un retour de béton. *Denk an die Folgen!* ***Das kann nach hinten losgehen.*** ♦ **Laisse béton!** *loc. Laisse, ne t'en occupes plus* → tomber [*verlan*] (*3*). ***Laß doch/Vergiß es!***

bétonner *V.i. En parlant du football, faire tout pour que l'adversaire ne puisse attaquer* {*2*}: Les joueurs du Bayern bétonnent. *Die Bayernspieler* ***mauern.***

beuark! / **beurg!** / **beurk!** [bøark] *Interj. Marque de dégoût* {*1*}. ***Iiih!*** / ***Igittigitt!***

beuglant *m. Mauvais orchestre* {*3*}. ***Panikorchester.*** ♦ *Lieu où l'on danse, mais pas très chic* {*3*}. **(*Tanz*)*schuppen.***

beuglante *f. Chanson,* goualante* {*3*}: Tu veux pousser une beuglante. *Willst du einen* ***Schlager*** *trällern?*

beugler *V.i. Hurler, faire du bruit, gueuler* {*3*}: Ferme le poste. Ça beugle. *Mach das Radio aus. Das* ***macht ja einen Höllenlärm.***

beur *m. Immigré maghrébin de la deuxième génération* {*2*}. ***Aus Nordafrika stammender junger Franzose.***

beurre *m.* **Faire son beurre** *loc. Bien gagner, réussir dans les affaires* {*2*}: Il travaille toujours dans la chaussure? Bien sûr. Il y fait son beurre. *Arbeitet er noch für die Schuhe? Klar. Er* ***sahnt da ganz schön ab***/***verdient da ganz schön*** / ***kommt auf seine Kosten.*** ♦ **Du beurre dans les épinards** *loc. Bénéfice agréable qui améliore la situation sensiblement* {*1*}: Si on reçoit une commande comme ça, ça mettra du beurre dans les épinards. *Wenn wir so einen Auftrag kriegen:* ***Das ist Butter bei die*** [*sic*] ***Fische.*** ♦ **Au prix où est le beurre** / **au prix du beurre** *loc. Vu la situation* {*2*}: On pourrait discuter à perte de vue, mais au prix où est le beurre... *Wir könnten noch lange weiterdiskutieren, aber* ***angesichts der Tatsachen...*** ♦ **Baigner dans le beurre** *loc.* → baigner. ♦ **C'est du beurre!** *Loc. C'est facile, c'est du* gâteau* {*2*}. ***Das ist geschenkt.*** ♦ **Pas plus que de beurre en broche** {*3*} / **pas plus que de beurre au cul** {*3*} *loc. Il n'y* (*en*) *a pas du tout*: 'Y a encore du sel à la maison? – Pas plus de sel que de beurre en broche. *Ist noch Salz im Haus?* ***Nicht die Bohne!*** ♦ **Vouloir le beurre et l'argent du beurre** *loc. Manière de dire qu'on veut tout à la fois* {*1*}: On ne peut pas avoir le beurre et l'argent du beurre. *Man* ***kann nicht Sonne ohne Schatten*** / ***nur alle Vorteile haben.*** ♦ **Oeil au beurre noir** *expr. Oeil tuméfié par un coup* {*1*}. ***Veilchen.*** ♦ **Pour du beurre** *loc. En faisant semblant* {*2*}: Il tire pour du beurre. *Er* ***tut, als ob*** *er schießt.* ♦ *Pour rien*, pour des → prunes {*2*}: C'est pour du beurre. *Das ist* ***für die Katz'.*** / J'ai pas d'idée précise. Je pose la question comme ça. – Ah, bon, c'est pour du beurre. *Ich hab keine genaue Vorstellung. Ich stelle Ihnen die Frage einfach mal. – Ach so,* ***aus Jux.***

beurré *Adj. Ivre* {*1*}: Il est rentré complètement beurré. *Er ist* ***stockvoll*** *nach Hause gekommen.* ♦ **Beurré comme un Petit-Lu** *loc. Même sens* [*allusion au* Petit-Beurre-Lu, *biscuit industriel pur beurre, fabriqué à Nantes*] {*3*}. ***Voll wie eine Haubitze.***

beurrée *f. Ivresse,* biture* {*2*}: C'était une bonne beurrée. *Das war ein tolles* ***Besäufnis.***

beurrer (se) *V.pr. S'enivrer* {*3*}. ***Sich besaufen.***

bézef → bésef.

biberonner *V.i. Boire souvent et avec excès* {*2*}: Il biberonne pas mal. *Er* ***säuft*** *ganz schön.* ♦ *Pétanque: Jeter la boule de façon qu'elle reste collée au cochonnet* {*1*}. Tu biberonnes? ***Klebst*** *du ihn* ***ran*** (*ans „Cochonnet"* / *ans Schweinchen*)*?*

bibi *Pron.pers. Moi* {*2*}: C'est à bibi. *Das ist* ***meins.***

bibine *f. Boisson de mauvaise qualité* {*1*}: Cette bière, c'est de la bibine. *Dieses Bier ist die reinste* ***Jauche.*** / Le Russe le plus célèbre, c'est Ivan Dlabibinosousoff, il vend de la bibine aux sous-offs. [*Etwa*] *Der berühmteste Russe ist Iwan Gesuffze, er verkauft das letzte* ***Gesöff*** *an die Uffze.*

bic *m. Arabe,* → bicot {*3*}. ***Araber.***

bicause → because.

biche *f. Pour femme* {*3*}: Viens, ma biche! *Komm, mein* ***Spatz****!*

bicher *V.i. Aller très bien, être satisfait* {*3*}. Quand je lui ai raconté ça, elle bichait un peu. *Als ich ihr das erzählte,* ***war es*** *für sie* ***das wahre Zuckerschlecken.*** ♦ **Bicher comme un petit** / **vieux pou dans la crème fraîche** *loc. Jubiler* {*3*}. ***Überglücklich sein.***

bicoque *f. Maison, villa* {*1*}: Ça c'est une belle bicoque, hein? *Tolle* ***Villa****, oder?*

bicot *m. Arabe* {*2*}: «Nous, du Front National, on nous reproche de ne pas aimer les bicots.» *„Uns von der Nationalen Front wirft man vor, die* [*in Frankreich lebenden*] **Scheißaraber** *nicht besonders zu mögen."*

bidasse *m. Soldat* {*2*}: Elle n'aime pas les bidasses. *Sie mag die* **Typen vom Barras** *nicht.*

bide *m. Ventre* {*1*}: Dis donc, t'as pris du bide. *Sag mal, du hast dir 'ne* **Wampe** *zugelegt.* ♦ **Gras du bide** *expr.m. Homme gras*, gras double* {*2*}. T'as vu gras du bide. *Hast du den* **Fettsack** *gesehen?* ♦ Cet homme **n'a rien dans le bide** {*2*}. *Dieser Mann* **hat keinen Mumm.** ♦ **Tomber sur le bide** *loc. Subir une désillusion* {*3*}. **Wieder schlauer werden.** ♦ *Désastre, échec* {*2*}: C'est le bide. *Das ist* **der totale Reinfall**.

bidoche *f. Viande de mauvaise qualité*, carne* {*2*}. **Billigfleisch.** ♦ *Chair humaine* {*3*}: Tu vois les débutantes? De la bidoche fraîche. *Siehst du die Anfängerinnen? Knackiges* **Fleisch.** ♦ **Sac à bidoche** *m. Sac de couchage* {*3*}. **Schlafsack.**

bidon *m. Ventre*, → bide {*3*}. **Wampe.** ♦ *Boniment trompeur* {*2*}: **C'est du bidon. Das sind Märchen.** / **C'est pas du bidon! Das ist die reine Wahrheit!** ♦ *Adj.inv. Truqué* {*1*}: Un attentat bidon. *Ein* **Schein***attentat.* / Une grippe bidon. *Eine* **diplomatische** *Grippe.* ♦ *Sans valeur* {*3*}: **Non aux bidonvilles! – Non aux villes-bidon! Nein zu den Slums! Nein zu Städten ohne Lebensqualität!** [*Mai 1968*].

bidonnant *Adj. Très drôle, très amusant* {*2*}. Il est bidonnant. *Er ist* **unheimlich (lustig)**.

bidonner (se) *V.pr. Rire, se* marrer* {*2*}: Une histoire à se bidonner. *Eine Geschichte zum* **Totlachen.**

bidule *m. Objet dont un ignore le nom, chose*, machin*, truc* {*1*}: A quoi ça sert, ce bidule? *Wozu dient das* **Ding?**

bien *Adv.* **Ça fait du bien quand ça s'arrête** *loc. A propos d'une situation que l'on apprécie quand elle cesse* [*ironique*] {*1*}: [*Chez le dentiste*] C'était comme toujours, quoi, ça fait du bien quand ça s'arrête. *Es war wie immer, nicht,* **schön, wenn es aufhört.** ♦ **Si ça me fait pas de bien, ça me fera pas de mal** *loc. Pour exprimer que qc. est sans risque* {*1*}: Mais faites-le. Si ça vous fait pas de bien, ça vous fera pas de mal (non plus). *Machen Sie's doch,* **es kann (Ihnen) doch nicht schaden.** ♦ **'Y a pas de mal à se faire du bien** *loc. Invitation à profiter d'un avantage* {*2*}: Vous acceptez un cognac? – 'Y a pas de mal à se faire du bien. *Sie nehmen einen Cognac?* **Es kann nicht verkehrt sein, wenn man sich Gutes tut.**

bière *f.* **Ce n'est / c'est pas de la petite bière** *loc. C'est une chose importante ou de valeur* {*2*}. **Das ist schon etwas.**

bif *Abrév.m. Bifteck* {*3*}. **Steak.**

biffe *f. Métier de chiffonnier* {*3*}: Monsieur Joseph a commencé dans la biffe. *Herr Josef hat als* **Lumpensammler** *angefangen.* ♦ *Infanterie* {*3*}: Il est dans **la biffe**. *Er ist bei den* **Stoppelhopsern.**

biffeton *ou* **bifton** *m. Billet de banque* {*3*}: Les poches bourrées de biffetons. ♦ *Die Taschen voller* **Scheine** / **Moppen**. ♦ *Billet, ticket* {*3*}: T'as ton bifton? *Hast du deinen* **Fahrschein***?*

biffin *m. Soldat de l'infanterie, de la* biffe* {*2*}. **Stoppelhopser.**

bifteck *m. Corps humain* {*3*}: **Plusieurs dragées dans le bifteck. Mit Blei gespickt.** ♦ **Gagner son bifteck** *loc. Gagner sa vie* {*1*}. **Seine Brötchen verdienen.** ♦ **Défendre son bifteck** *loc. S'occuper de ses propres intérêts au dépens de ceux des autres* {*1*}: Faut d'abord défendre son propre bifteck. *Man muß zunächst einmal* **an sich selbst denken.** ♦ **Il est bifteck moins cinq** *loc. Il faut se dépêcher* {*3*}. **Es ist höchste Eisenbahn.** ♦ *m.pl. Anglais*: Ils sont chouettes, les biftecks, avec leur Queen. *Die sind drollig, die* **Engländer,** *mit ihrer Queen.*

bigler *V.t./i. Regarder sans être vu,* loucher {*2*}: Il bigle les filles. *Er* **beäugelt** *Mädchen.*

bigleux *m./Adj. Qui louche* {*1*}. **Scheel** *bzw.* **scheele Brezel.** ♦ *Myope* {*1*}: T'es complètement bigleuse ou quoi. *Bist du eigentlich völlig* **blind** *oder was?*

bignole *f. Concierge* {*2*}: Où est la bignole? Elle n'est jamais là quand on a besoin d'elle. *Wo ist die* **Concierge?** *Die ist nie da, wenn man sie braucht.*

bigophone *m. Téléphone* {*2*}: Un coup de bigophone. *Ein* **Anruf.** / Je l'ai au bigophone. Ich hab ihn am **Rohr.**

bigophoner *V.i. Téléphoner* {*2*}. **Anrufen.**

bigorner *V.t. Endommager, donner des coups* {*3*}: Je me suis fait bigorner sur le parking du supermarché. *Man hat mich auf dem Parkplatz des Supermarktes* **angedellt.** ♦ **(se)** *V.pr. Se battre* {*3*}. **Sich kloppen.**

bigoudis *m.pl.* **En avoir sous les bigoudis** *loc. Etre intelligent*, en avoir sous le chignon* {*3*}. **Grips haben.**

bigrement *Adv. Beaucoup, très* {*2*}: Il fait bigrement chaud ce matin. *Es ist* **verdammt** *heiß heute morgen.*

biisme *m.* [*Robert Merle remarque: «Doctrine fort en vogue dans les eighties reposant sur la théorie de la quasi inévitable bisexualité de tout être humain»*] {*B*}. **Bisexualität**. / Ils préfèrent le biisme. *Sie mögen es lieber* **bi**.

bijoux de famille *m.pl. Testicules* {*3*}. **Nüsse.**

bile *f.* **Se faire de la bile** *loc. Se faire du souci* {*1*}: Elle se fait de la bile pour l'avenir de ses enfants. *Sie* **macht sich** *um die Zukunft ihrer Kinder* **Sorgen.**

bileux *m./Adj. Qui se fait du souci, de la* bile*, *anxieux* {*2*}: **Vorsichtiger**.

bilieux *m./Adj. Coléreux {2}*: C'est un bilieux. *Das ist* **einer, der gleich an die Decke geht.**

billard *m. Route droite et pleine {2}*: La nouvelle autoroute **est un vrai billard.** *Die neue Autobahn* **hat eine tolle Fahrbahn / ist die reinste Rennbahn.** ♦ **Passer sur le billard** *loc. Subir une opération chirurgicale {1}.* **Unters Messer kommen.** ♦ **C'est du billard** *loc. C'est très facile {2}*: Pour toi, l'exam c'est du billard. *Für dich* **ist** *die Prüfung* **ein Spaziergang.**

bille *f. Tête {2}*: Une drôle de bille. *Eine komische* **Birne.** ♦ **Bille de clown** *expr. Figure comique, ridicule {2}.* **Clown.** ♦ **Bille en tête** *loc.adv. Carrément, directement {2}*: Il s'est encastré dans le truc, bille en tête. Er ist **schnurstracks / kopfüber** *in das Ding geflogen / gefahren.* ♦ **Bille de billard** *expr. Crâne chauve boule de* billard* *{3}.* **Glatzkopf.** ♦ *Imbécile {2}*: Tu me prends pour une bille? *Hältst du mich für einen* **Schwachkopf?** ♦ *Adj. Crétin {3}*: T'es pas un peu bille? *Bist du nicht ein bißchen* **bescheuert?** ♦ *Ivre {3}*: Il est bille. *Er ist* **dicke.** ♦ **Coup de bille** → boule. ♦ **bille de loto** → boule de loto.

billes *f.pl. Argent.* ♦ **Compter ses billes** *loc. Faire ses comptes {2}.* **Seine Groschen zählen.** ♦ **Défendre ses billes** *loc. Défendre ses intérêts,* → bifteck *{2}*: Le vieux défendait farouchement ses billes, discutant sou à sou. *Der Alte* **verteidigte seine Vorteile** *hartnäckig, Groschen um Groschen.* ♦ **Mettre / placer ses billes** *loc. Investir {3}*: Il a mis toutes ses billes dans cette affaire. *Er hat* **alles (was er hat)** *in diese Sache* **gesteckt.** ♦ **Perdre ses billes** *loc. Perdre son argent {3}.* **Sein Vermögen verlieren.** ♦ **Reprendre ses billes** *loc. Laisser tomber une affaire ou un groupe {2}*: Si vous continuez comme ça, je reprends mes billes. *Wenn Ihr so weitermacht,* **steig ich aus.**

billet *m.* → parterre.

binette *f. Tête, visage {2}*: Une drôle de binette. *Eine komische* **Schnauze.**

biniou *m. Instrument de musique à vent {3}.* **Dudelsack.** ♦ *Désignation de divers instruments de musique populaire {2}*: Ont-ils leur biniou? *Haben sie ihre* **Musi** *mitgebracht?* ♦ **Un coup de biniou** *expr. Un coup de téléphone {2}.* **Anruf.**

binoclard *m. Qui porte des lunettes {2}.* **Brillenschlange.**

bin's [bins] *m. Pagaille {2}*: Il y avait un de ces bin's. *Da war vielleicht* **ein Durcheinander.**

bique *f.* **C'est de la crotte de bique** *loc. C'est sans valeur ou sans intérêt {1}.* **Das ist Mumpitz / Mist / Tinnef.** ♦ *Vieille femme revêche {2}.* **Alte Meckerziege.** ♦ *Aussi pour Arabe,* bicot* *{3}.* **Mistaraber.**

birbe *m. Vieille personne [surtout pour homme] {2}*: **Le vieux birbe. Der alte Sack.**

biroute *f. Membre viril {3}.* **Apparat.**

bisbille *f. Petite querelle {2}.* **Zänkelei.** ♦ **Etre en bisbille avec qn.** *loc. Avoir des différends avec qn. {2}*: Ils sont en bisbille avec les voisins. *Sie* **liegen sich mit** *den Nachbarn* **in der Wolle.**

biscottos [biscɔto] *m.pl. Biceps {2}*: Il adore montrer ses biscottos. *Er prahlt gerne mit seinen* **Muckis.**

biscuit *m. Contravention,* papillon* *{2}*: Un biscuit sur le pare-brise. *Ein* **Knöllchen** *auf der Scheibe.* ♦ **Avoir des biscuits / ne pas partir sans biscuits** *loc. Avoir des informations, ne pas s'engager dans une affaire sans être renseigné {3}*: Sans biscuits on ne peut pas partir. *Ohne* **Unterlagen** *können wir nicht fahren.* ♦ *Avoir des capitaux pour s'engager dans une affaire {3}*: Pour ça, faut avoir des biscuits. *Dazu braucht man* **Flocken.** ♦ → embarquer.

bise *f. Baiser sur la joue {3}*: On **se fait la bise,** Madame le Ministre? Bien sûr, puisque vous êtes le maire de ma ville natale. **Geben wir uns den Begrüßungskuß,** *Frau Minister? Aber sicher! Schließlich sind Sie der Bürgermeister meiner Geburtsstadt.* / Fais une bise à Papa. *Gib Papi ein* **Küßchen.** ♦ **Fend-la-bise** *expr.m.* → fend-la-bise.

bisnes(s) [biznɛs] *[accentué sur la dernière syllabe, orthographe non fixée] ou* **buiseness** *m. Travail, job {2}.* **Job / Arbeit / Deal.** ♦ *Trafic douteux, affaire peu claire {3}*: Un drôle de bisness. **Heikle Angelegenheit.** ♦ **Faire le buisness** *loc. Se prostituer {3}.* **Anschaffen gehen.**

bisou *m. Petit baiser,* bise* *{1}.* **Küßchen.**

bistouquette *ou* **bistouclette** *f. Membre viril d'un petit garçon {3}*: Les petits garçons ont une bistouclette, et les petites filles n'en ont pas. *Kleine Jungen haben ein* **Zipfelchen,** *kleine Mädchen nicht.*

bistro *ou* **bistrot** *m. Débit de boissons, café, restaurant «sympa» {1}.* **Bistro.** ♦ *Patron de bistrot {3}.* **Kneipier.**

bite / bitte *[plus rare] f. Membre viril {2}*: Quelle bite! *Ist das/Das ist ein* **Schwanz!**

bitos [bitos] *m. Chapeau {3}.* **Hut.**

bitume *m.* **Travailler sur le bitume** *loc. Faire le trottoir {2}.* **Auf den Strich gehen.**

biture *f. Ivresse, saoulerie {2}*: Une bonne biture. *Ein tolles* **Besäufnis.** / Qu'est-ce qu'on a **pris comme biture!** *Haben wir* **uns einen reingetan!** ♦ **A toute biture** *loc. A toute vitesse {2}*: Je fais ça à toute biture. *Ich mache es* **schnellstens.**

biturer (se) *V.pr. Se saouler, prendre une* biture* *{2}*: Il était hors d'état de mettre la clef dans la serrure. Il s'était tellement bituré. *Er war nicht in der Lage, den Schlüssel ins Loch zu stecken. So sehr hatte er* **sich vollaufen lassen.**

bizut [bizy] *ou* **bizuth** *m. Élève d'une Grande École de la première année {2}.* **Erstsemester einer Grande Ecole.**

bizutage *m. Action de* bizuter* *{3}.* **„Aufnahmezeremonie".**

bizuter *V.t. «Initier» un bizut {2}*: On va bizuter les bleus ce soir? *Sollen wir heute die Neuen mal* **„mit den Verhältnissen vertraut machen"?**

blabla *{1} ou* **blablabla** *{2} m. Verbiage, discours vide de sens.* **Blabla.**

blablater *V.i. Parler pour ne rien dire {2}*: Il ne fait que blablater. *Er* **redet** *nur* **Blabla.**

blague *f. Mensonge {1}*: C'est une blague. *Das ist ein* **Witz.** / Elle **raconte des blagues** *{2}. Sie* **macht Spaß.** ♦ *Loc. Sois/soyons sérieux*: **Dis pas de blagues** *{1}* / **Blagues à part** *{2}* / **Blagues dans le coin** *{3}*! Tu viens bouffer à la maison? **Mach keine Witze** / **Spaß beiseite!** *Kommst du zum Essen?* ♦ **Sans blague?** *Loc. {1}.* **Im Ernst?** ♦ **Blagues à tabac** *expr. Seins tombants {3}.* **Hängetitten.**

blaguer *V.i. Dire des* blagues* *{1}*: Il adore blaguer. *Er* **erzählt** *unheimlich gerne* **dummes Zeug.** ♦ *V.t. Railler qn. {1}*: Il blague sa femme sur son nouveau chapeau. *Er* **hänselt** *seine Frau wegen ihres neuen Hutes.*

blair *m. Nez {1},* pif*. **Zinken.** ♦ **Avoir qn. dans le blair** *loc. Ne pas supporter {2}.* **Jdn. nicht verknusen können.**

blaireau *m. Qui manque d'intelligence {2}*: Ils nous prennent pour des blaireaux! *Die* **wollen uns für dumm verkaufen.**

blairer *V.t. Avoir de la sympathie [surtout à la forme négative] {1}*: Je ne peux pas la blairer. *Ich kann sie nicht* **riechen.**

blanc *m. Vin blanc {1}.* **Weißer.** ♦ **Etre blanc** *loc. Etre innocent [souvent à la forme négative] {2}*: Il n'est pas blanc. *Der ist nicht* **sauber.** ♦ **Se saigner à blanc** *loc. Donner tout ce qu'on possède {2}*: Pour pouvoir acheter la maison il s'est saigné à blanc. *Um das Haus zu kaufen, hat er* **sich völlig verausgabt.** ♦ **Bonnet blanc et blanc bonnet** *expr.* → bonnet.

blanche *f. Cocaïne {3}.* **Koks.** ♦ **Nuit blanche** *expr.f. Nuit sans dormir {3}*: J'ai eu tant de problèmes que j'ai passé plusieurs nuits blanches. *Ich hatte dermaßen Probleme, daß ich mehrere* **schlaflose Nächte** *verbrachte.*

blase *ou* **blaze** *m. Nom, état civil {3}*: Donne-moi son blase! *Tu mir mal seinen* **Namen!** ♦ *Nez,* blair* *{3}.* **Gurke.**

blé *m. Argent {1}.* **Flocken.**

bled [blɛd] *m. Petit village ennuyeux {1}.* **Kaff.** ♦ *Ville natale ou d'origine {3}*: Son bled, c'est Marseille. *Sein* **Heimatkaff** *ist Marseille.*

bleu *m. Débutant, jeune soldat {1}.* **Frischling** / **Flicken.** / Je me suis fait avoir comme un bleu. *Ich hab mich reinlegen lassen wie ein* **blutiger Anfänger.** ♦ *Hématome {1}.* **Blauer Fleck** / **Blauer.** ♦ **N'y voir que du bleu** *loc. Ne rien comprendre {2}.* **Nur Bahnhof verstehen.** ♦ *Ne rien remarquer {2}*: J'ai changé les places, il n'y a vu que du bleu. *Ich habe die Plätze vertauscht. Er hat* **nichts gemerkt.** ♦ **Une peur bleue** *expr. Une peur extrême {1}.* **Heidenangst.**

bleue *f. La Méditerranée, la mer {2}*: Toi et moi, sur la grande bleue... *Wir beide, auf dem* **blauen (Mittel)meer**...

bleusaille *f. L'ensemble des bleus {3}. Die* **Flikken** / **Neuen** / **Frischen.**

blindé *Adj. Ivre {1}.* **Voll (wie eine Haubitze).**

blinder *V.t. Endurcir qn. {1}*: Vous pouvez gueuler tant que vous voulez. Je suis blindé. *Sie können maulen, wie Sie wollen. Ich bin* **immun.** ♦ *Avoir du sang-froid, du* culot* *ou être un peu* dingue* *{3}*: Pour faire un hold-up, faut être blindé. *Für einen Überfall braucht man* **Traute**.

bloc *m. Prison, salle de police {3}.* **Bau.**

bloche *m. Asticot {2}*: Un bloche dans le calendos? *Ein* **Wurm** *im Camembert?*

blond *Adj.* **Les chères têtes blondes** *loc. Les jeunes enfants, les* galopins* *{3}.* **Die lieben Kleinen.**

blondinette *f. Femme blonde, le diminutif exprime une certaine dépréciation {3}.* **Blondinchen** / **so eine Blonde**.

bloquer *V.t. Avoir un blocage sur qc., langage «psy» {B}*: Tu fais la cuisine? (J'peux pas,) j'suis bloquée. *Machst du die Küche? (Kann nicht,) ich* **hab' 'ne Sperre.**

blouser *V.t. Tromper, escroquer {3}*: Le mec m'a blousé. *Der Typ hat mich* **angeschissen** / **reingelegt**.

blouson noir *expr.m. Jeune voyou de banlieue,* demi-sel* *{2}*: Ah, les blousons noirs. *Ah, die* **Rocker.** ♦ **Blouson doré** *expr. Jeune voyou de famille aisée {2}.* **Halbstarkes Bürgersöhnchen.** / Le film parle des blousons dorés laissés à l'abandon par leurs parents trop occupés de leur propre réussite. *Der Film erzählt von den* **Wohlstandssöhnchen**, *die von ihren durch die Karriere zu sehr in Anspruch genommenen Eltern sich selbst überlassen werden.*

bobard *m. Fausse nouvelle, mensonge {2}*: Croire tous les bobards de la presse. *Alle* **Lügengeschichten** *der Presse glauben.* / Il me **raconte des bobards.** *Er* **erzählt** *mir die* **unglaublichsten Sachen** / *will* **mir einen Bären aufbinden.** ♦ **Bobards à la gomme** / **bobards à la noix** *expr. {2}.* **Total verrückte Stories** / **Irre Geschichten.**

bobi *ou* **bobinard** *m. Maison de prostitution {3}.* **Hurenhaus.**

bobine *f. Visage {2}*: Ça va pas? Tu fais une drôle de bobine. *Was ist los? Du* **ziehst** *vielleicht eine* **Visage.**

bobo *m. Petite blessure, petite douleur {2}*: T'as un bobo sur la jambe. *Du hast* **was**/**einen Pickel** / *ein* **Geschwür** *am Bein.* ♦ **T'as bobo, bébé?** *Loc. Langage des enfants ou des parents {2}*: **Hast du Wehweh?** / **Ça fait bobo. Das macht Aua.** / **'Y a pas bobo. Das tut nicht weh.** ♦ *Petit* *endommagement {2}*: Votre voiture a été touchée. – Mais non, 'y a pas d'bobo. *Ihr Auto wurde angestoßen. – Aber nein,* **da ist doch nichts dran.**

boche *m./Adj. Dépréciatif pour* Allemand *[tombé en désuétude, utilisé presque uniquement dans des contextes ayant trait à la guerre] {2}*. **Deutsch / Deutscher.** ♦ **Encore un que les boches / russes n'auront pas** *loc. Formule qui marque la satisfaction d'avoir obtenu qc. ou réussi {3}*: Comme disait le père D. en nous servant une eau de vie après le repas: «Encore un que les boches n'auront pas». *Und wie sagte damals der alte D., immer wenn er uns nach der Mahlzeit noch einen (Schnaps) eingoß:* **„Besser für uns als für die Russen / Gottlosen.**

Bochie *f. Allemagne [après l'unification allemande, la presse parle sur un ton moqueur et généralement avec sympathie de la* Grande Bochie-Unifiée*] {3}*. **Deutschland.** ♦ Ah, mon beaufre, et ça te plaît, la Bochie unifiée? *Na Schwagerherz, gefällt dir die* **(Wieder)vereinigung***?*

bœuf *m.* **Faire un bœuf** *loc. Improviser en parlant d'un orchestre de jazz {3}*. **Einen improvisieren.** ♦ **Faire un effet bœuf** *loc. Causer une impression forte et positive {1}*: *Ça va faire un effet bœuf. Das* **macht Eindruck.** ♦ **Saigner comme un bœuf** *loc* → saigner.

bôf / bof *Interj. Marque d'indifférence, d'incertitude, de doute {1}*: Tu le trouves bien? – Bôf... j'sais pas. *Findest du das gut? –* **Ooch,** *weiß nicht.*

boire *V.t.* → petit lait.

bois *m.* **Gueule de bois** *expr.f. {1}*: Quand on picole trop, on finit par avoir la gueule de bois. *Wenn man zuviel säuft, hat man hinterher einen* **Kater.** ♦ **Chèque en bois** *expr.m.* → chèque. ♦ **Langue de bois** *expr.f. Langage idéologique qui rumine de vieilles théories [surtout en parlant des extrêmistes] {1}*: La langue de bois stalinienne. *Die Stalinistische* **Phrasendrescherei.** ♦ **Etre du bois dont on fait des flûtes** *loc. Se dit de qn. qui accepte tout {3}*. **Alles schlucken / mitmachen.**

boîte *f. Troquet {1}*. **Kneipe.** ♦ *École, usine, lieu de travail {1}*: Je suis à la boîte. *Ich bin in der* **Firma / Penne.** ♦ *Bouche {3}*: Ferme ta boîte. *Halt die* **Klappe.** ♦ **Boîte à bachot** *expr. École de préparation intensive à un examen, surtout au* bac*. **Abivorbereitungspenne / Silentium.** ♦ **Boîte à lait** *expr. Gros sein.* **Euter.** ♦ **Mettre en boîte** *loc. Posséder qn., se moquer gentiment de lui {1}*. **Jdn. verhohnepiepeln / reinlegen.**

bol *m. Chance {1}*: **Manque de bol... Leider... ♦ Pech gehabt!** ♦ **En avoir ras le bol** *loc. En avoir assez {1}*. **Die Nase / Schnauze voll haben.** ♦ **Ne pas se casser le bol** *loc. Ne pas se faire de souci {3}*: Et son dab? Il se casse pas le bol. *Und sein Vater? Dem* **ist das schnuppe.** ♦ **Prendre un (grand) bol d'air** *loc. Sortir au grand air {2}*. **Luft schnappen.** / *Au sens figuré: Se recréer grâce à un changement {2}*: Ce changement professionel te permet de prendre un grand bol d'air. *Dieser berufliche Wechsel erlaubt es dir, erst* **einmal tief durchzuatmen.** ♦ **Il en fait un bol** *loc. Faire très chaud {2}*: Il en fait un bol dans cette pièce. **Ist das eine Affenhitze** *in diesem Zimmer.*

bombance *f. Festin, ripaille {2}*. **Dicke Fete.** ♦ **Faire bombance** *loc. Fêter excessivement {2}*. Le mariage de son frère a été une bonne occasion de **faire bombance**. *Die Heirat seines Bruders war 'ne prima Gelegenheit,* **richtig zu feiern.**

bombarder *V.t. Nommer, élever à un grade inattendu {3}*: On l'a bombardé ministre. *Man hat ihn zum Minister* **hochkatapultiert / hochgepusht.** ♦ *Malmener [en parlant boxe] {3}*: L'Américain bombarde le Suisse. *Der Amerikaner* **deckt** *den Schweizer* **ein.** ♦ *Fumer beaucoup {2}*: Elle bombarde pas mal, ta frangine. *Die* **qualmt unheimlich**, *dein Schwesterherz.*

bombe *f.* **Faire la bombe** *loc. Faire un repas où l'on mange beaucoup {2}*. *Einen* **Riesenschmaus veranstalten.**

bomber *V.i. Foncer, presser {3}*: On a bombé pour arriver à l'heure. *Um pünktlich zu sein, sind wir* **buchstäblich geflogen.**

bon *Adj. Le mot remplace souvent d'autres qualités qui sont précisées par la situation {1}*: La mer est bonne? *Ist das (Meer)wasser* **nicht zu kalt***?* ♦ Le poisson est bon? *Ist der Fisch* **gut / frisch***?* ♦ *Etre pris, arrêté, ou près de l'être {1}*: Voilà les flics. Nous sommes bons. *Da sind die Bullen. Wir sind* **reif.** ♦ **Bon à lap** *expr.adv. Bon à rien {3}*. **Zu nichts nutze.** ♦ **Avoir qn. à la bonne** *loc. Avoir de la sympathie pour lui,* → papiers *{2}*: Je crois qu'elle **m'a à la bonne.** *Ich glaube,* **ich hab bei ihr 'nen Stein im Brett.** ♦ **Avoir tout bon** *loc. Avoir vu juste, ne s'être pas trompé {2}*: Jusqu'à présent, j'ai tout bon. *Bis jetzt* **hab** *ich* **alles richtig.** ♦ **Etre bon pour** *loc. Disposé à {2}*: Pour la rigolade, je suis toujours bonne. *Fürs Lachen* **bin ich immer zu haben.** ♦ *Etre tout désigné pour {1}*: Sans pébroque t'**es bon pour un rhume**. *Ohne Schirm ist* **bei dir ein Schnupfen fällig.** ♦ **C'est tout bon!** *Loc. C'est parfait {2}*. **Alles (ist) korrekt!** / Si tu passes me prendre à huit heures, c'est tout bon. *Wenn du mich um acht abholst, ist das* **gebongt**. ♦ *La plupart du temps dans un sens ironique {1}*: **Elle est (bien) bonne, celle-là. Die ist nicht von schlechten Eltern.** ♦ **Tout / pour de bon** *expr.adv. Sans blague {1}*: Cessez de raconter des bêtises ou je vais me fâcher pour de bon. *Hören Sie auf, Dummheiten zu erzählen, oder ich werde* **echt** *sauer /* **stock***sauer.*

bon ap'! *Abrév. Bon appétit {2}*. **Guten Hunger.**

bon chic bon genre → b.c.b.g.

bondieuserie *f. Bigotterie {3}.* ***Verlogene Frömmelei.*** / A Lourdes t'as pas mal de **vendeurs de bondieuseries.** *In Lourdes gibt es eine Menge* ***Heiligenbildchenverkäufer.***

bonheur *m.* **Au petit bonheur** *loc.adv. Sans préparation {1}*: Il l'a tenté au petit bonheur. *Er hat es* ***auf gut Glück*** *versucht.*

boniment *m. Tentative de convaincre sous des apparences plus ou moins douteuses {2}*: Tu nous racontes des boniments. T'as jamais été en Afrique, toi! *Du erzählst uns* ***Ammenmärchen.*** *Du warst doch nie in Afrika!* ♦ **Faire du boniment** *loc. Courtiser {2}*: Inutile de faire du boniment à la voisine. C'est une gouine. *Überflüssig, mit der zu* ***turteln.*** *Das ist eine Lesbe.* ♦ **Des boniments à la noix / à la manque** *expr. Paroles vides de sens {2}.* ***Dummes Gewäsch.***

bonjour *m.* **C'est simple comme bonjour** *loc. {1}. Das ist* **kinderleicht.** ♦ **T'as le bonjour d'Alfred** *loc. Débrouille-toi {3}.* ***Guck, wie du klar kommst.*** ♦ *Expr. Bravo pour... [ironique slogan publicitaire de la campagne anti-alcoolique, 1984] {B}*: **Un verre ça va, trois verres, bonjour les dégâts.** *Ein Glas, zwei Glas,* ***und schon ist es soweit.*** / Un verre, ça passe! Mais dix... **bonjour la santé!** *Ein Glas haut hin! Aber zehn:* ***Es lebe die Leber! / Gut für die Gesundheit!*** / Demandez aux étudiants qui était Montesquieu, **et bonjour** la surprise. *Fragen Sie mal die Schüler, wer Montesquieu war,* ***dann erleben*** *Sie eine Überraschung.* / Encore une semaine de grève et bonjour les résultats. *Noch eine Woche Streik und* ***dann haben wir die Bescherung.***

bonnard *Adj.* Bon* *{3}*: C'est bonnard. *Das ist* ***toll.***

bonnet *m.* **Gros bonnet** *expr. Personnage important {1}.* ***Großes Tier.*** ♦ **Ne pas se casser le bonnet** *loc. Ne pas se faire de soucis {1}.* ***Sich keine grauen Haare wachsen lassen.*** ♦ **Prendre sous son bonnet** *loc. Prendre la responsabilité {2}*: Il le prend sous son bonnet. *Er nimmt es* ***auf seine Kappe.*** ♦ **C'est bonnet blanc et blanc bonnet** *{2}.* ***Das ist dasselbe in Grün / Jacke wie Hose.*** ♦ **Avoir la tête près du bonnet** *loc. Etre colérique, être* soupe au lait* *{2}.* ***Gleich in die Luft gehen.*** ♦ **Jeter son bonnet par-dessus les moulins** *loc. Se soucier peu de la morale {3}.* ***Auf die Moral pfeifen.***

bonniche *f. Bonne, domestique {2}*: Je suis pas ta bonniche. *Ich bin doch nicht dein* ***Dienstmädchen.***

bonsoir *m. expr. Tant pis pour,* → bonjour *{1}*: Au train où se dégrade la situation économique: Bonsoir la France! *In dem Tempo, wie sich die wirtschaftliche Situation verschlechtert*: **Gute Nacht,** *Frankreich!* ♦ **T'as le bonsoir (d'Alfred)** *loc. Il vaut mieux renoncer {3}*: Pour trouver un parking ici, t'as le bonsoir. *Hier einen Parkplatz finden* ***kannst du vergessen.***

boom [bum] *m. Fête annuelle d'une grande école {2}.* ***Abschlußball.*** ♦ *Surprise-partie pour les jeunes,* → boum *{1}.*

bord *m.* **Sur les bords** *loc. A peu près, de façon peu claire {1}*: Les concierges sont souvent un peu flics sur les bords. *Die Concierges sind oft* ***mehr oder weniger*** *Schnüffler.* / Il est un peu voyou sur les bords. *Er ist ein* ***bißchen*** *verkehrt.*

bordel *m. Maison de prostitution {1}.* ***Bordell.*** ♦ *Désordre {1}*: Un véritable bordel, ta pièce. *Das reinste* ***Schlachtfeld,*** *dein Zimmer.* / Ce dossier est un véritable bordel. *Diese Akte ist ein unheimliches* ***Durcheinander.*** ♦ *Juron {3}*: **Foutu bordel de Bon Dieu de merde!** *[Etwa]* ***Gottverdammte Riesenscheiße!*** *[Alternative*: **Nom de Bon Dieu de vacherie de bordel de merde!**]

borgne *Adj.* **Hôtel borgne** *expr.m Hôtel de passe, mal famé {2}.* ***Stundenhotel / Absteige.***

borne *f. Kilomètre, limite {1}*: Paris-Bruxelles, ça fait plus de 350 bornes. *Paris-Brüssel, das sind mehr als 350* ***Kilometer.*** ♦ **Passer les bornes** *loc. Dépasser les limites {1}.* ***Über die Hutschnur gehen.***

boss *m. Chef de bande, caïd, aussi pour le patron d'une boîte {2}.* ***Boss.***

bosse *f.* **Avoir la bosse de...** *loc. Etre doué pour {2}*: Il a la bosse des langues. *Sprachen* ***fallen ihm leicht.*** ♦ → rouler.

bosser *V.i. Travailler {1}*: Il bosse quinze heures par jour facile. *Er* ***malocht*** *locker fünfzehn Stunden pro Tag.*

bosseur *m. Qui est appliqué au travail {1}*: Son mari est un sacré bosseur. *Ihr Mann ist ein* ***wahres Arbeitspferd.***

botte *f.* **Des bottes** *expr.adv. Grande quantité [surtout au pluriel et à la forme négative] {3}*: Des gars réguliers, 'y en a pas des bottes. *Ehrliche Burschen* ***sind dünn gesät.*** ♦ **Proposer la botte** *loc. Proposer à une femme de faire l'amour {3}*: Dès la première rencontre, il lui a proposé la botte. *Schon bei der ersten Begegnung* ***wollte*** *er* ***mit ihr ins Bett.*** ♦ **Faire/chier dans les bottes de qn.** *loc. Importuner, gêner en se mêlant de ce qui ne vous regarde pas, déranger volontairement {2}*: Encore ce type qui me chie dans les bottes. *Wieder dieser Typ, der* ***mir auf den Sack geht.*** ♦ **En avoir plein les bottes** *loc. Etre très fatigué {2}.* ***Todmüde sein.*** ♦ **Etre à la botte de qn.** *loc. Lui obéir servilement,* → lécher *{3}.* ***Jdm. zu Füßen liegen.***

botter *V.i. Convenir {1}*: Ça me botte. ***Das ist gebongt.*** ♦ **Botter le cul** *loc. Donner des coups de pieds dans le derrière {2}*: Il lui a botté le cul. *Er hat* ***ihm ein paar in den Hintern getreten.***

bouc *m.* **Puer le bouc** *loc. Sentir mauvais {3}.* ***Stinken.***

boucan *m. Bruit, vacarme {1}*: Quel boucan!

Welch ein **Höllenlärm!** / Ne faites pas autant de boucan. *Macht nicht so einen* **Krach**.

bouché *Adj. Qui ne comprend rien* {*1*}: Il est bouché à l'émeri. *Er* **hat ein Brett vorm Kopf.** ♦ T'es bouché ou quoi? *Bist du* **taub**, *oder was?*

bouchée *f.* **Pour une bouchée de pain** *loc. Pour un prix insignifiant* {*1*}. **Für ein Butterbrot**.

boucher *V.t.* **En boucher un coin** *loc. Étonner, laisser coi* {*1*}: Il m'en a bouché un coin. *Er hat mich* **geplättet.**

bouchon *m.* **Mettre un bouchon** *loc. Contraindre à se taire* {*3*}. **Das Maul stopfen.** / Mets un bouchon! **Halt endlich die Klappe!** ♦ **Prendre un coup de bouchon** *loc. Vieillir*, bouteille* {*3*}. **Älter werden**. ♦ **Pousser le bouchon un peu loin** *loc. Exagérer* {*2*}. **Zu weit gehen.**

boucler *V.t. Se taire* {*1*}: Boucle-la! **Halt die Klappe!** / Tu peux la boucler à la fin? *Kannst du endlich einmal* **den Mund halten**? ♦ *Enfermer* {*2*}: Il s'est fait boucler. *Er wurde* **eingebuchtet.** ♦ *Fermer* {*3*}: Boucle la lourde! Tür **zu!**

boudin *m. Pneu* {*2*}: Vérifier la pression dans les boudins. *Den Druck in den* **Reifen** *kontrollieren.* / L'Alpine a des boudins larges comme ça. *Der Alpin hat irre (breite)* **Schluppen.** ♦ *Fille ou femme franchement laide* {*2*}. **Schreckschraube.** ♦ **Tourner en eau de boudin** *loc.* → eau.

boue *f.* **Traîner dans la boue** *loc. Dénigrer sa réputation* {*1*}: Il a une tendance à tout traîner dans la boue. *Er muß* **alles in den Dreck ziehen.**

bouffarde *f. Pipe* {*1*}. **Kocher.**

bouffe *f. Repas, alimentation* {*1*}: Tu penses à la bouffe? *Du denkst ans* **Essen**? / Ce soir, on va faire une bonne petite bouffe. *Heute abend machen wir ein* **Schmäuserchen**. ♦ *Loc. Utilisé pour exprimer qu'on ne veut plus revoir la personne à laquelle on s'adresse* {*B*}: Salut, je vous appelle, **on se fait une bouffe!** *Tschüß dann,* **bis die Tage!**

bouffer *V.t. Manger* {*1*}: A quelle heure on bouffe? *Wann wird* **gefuttert**? ♦ **Se bouffer le nez** *loc. Se disputer* {*2*}. **Sich in der Wolle haben.** ♦ → brique.

bouffi *m.* **Tu l'as dit bouffi!** *Loc. Acquiescement ironique dans le sens assez vague de «c'est bien comme tu le dis»* {*3*}. **Du sagst es!**

bougnat *m. Auvergnat* {*3*}. **Auvergner.** ♦ *Marchand de charbon ou de boissons, détaillant* {*3*}. **Kohlenhändler** / **Getränkeverkäufer.**

bougnoul *m. Noir, Arabe* [*raciste*] {*2*}: Chez Renault, t'as pas mal de bougnouls. *Bei Renault arbeiten nicht wenige* **Nordafrikaner.**

bougre *m. Individu* {*1*}: C'est le bon bougre. *Das ist ein guter* **Kerl**. ♦ **Bougre de...** *formule qui introduit un juron,* espèce de* {*1*}: **Bougre de con. Arschloch**. / **Bougre de saligaud**. **Drecksack.**

bougrement *Adv. beaucoup* {*1*}: Il fait bougrement chaud. *Es ist* **verdammt** *warm.*

boui-boui *m. Mauvais hôtel, lieu de bas étage* {*3*}. **Absteige** / **Spelunke.**

bouille *f. Visage* {*1*}: Le petit garçon a une belle bouille. *Der Kleine hat ein hübsches* **Schnäuzchen.**

bouillie *f. Dépréciatif pour toutes sortes de nourriture* {*2*}. **Pampe** / **Fraß.**

bouillon *m.* **Boire le bouillon** *loc. Se noyer, subir une perte d'argent considérable* {*2*}: Il a bu le bouillon. *Er hat* **den Becher geleert.** / *Er hat* **Wasser geschluckt**. / *Er ist* **fast Pleite gegangen**.

Boul'Mich' *ou* **boule Miche** *N.pr.* {*1*}. **Boulevard Saint Michel** *in Paris.*

boule *f. Tête* {*1*}. **Rübe.** ♦ → **bille.** ♦ **Boule de billard** *expr. Crâne chauve* {*1*}. **Glatzkopf.** ♦ **Avoir les boules** *loc. Avoir peur* {*3*}. **Vor Angst einen Kloß im Hals haben** / **stumm sein.** ♦ **Filer les boules à qn.** *loc. Faire peur* {*3*}. **Jdm. Angst machen.** ♦ **Un coup de boule** / **de bille** *expr. Coup de tête à qn.* {*2*}. *Jdn.* **mit dem Kopf rammen.** ♦ **Perdre la boule** *loc. Devenir fou* {*3*}: Les derniers événements lui ont fait perdre la boule. *Über die letzten Ereignisse hat sie* **den Verstand verloren.** ♦ **Faire des boules de loto** / **boules en billes** *loc. Regarder de façon extrêmement étonnée* {*2*}. **Wie ein Auto gucken.** ♦ **Se mettre en boule** *loc. Se mettre en colère* {*1*}: Il s'est mis en boule parce que sa femme n'avait pas fait la cuisine. *Er* **war auf hundertachtzig,** *weil seine Frau nicht gekocht hatte.*

bouler *V.t. Échouer, être* collé* {*2*}: Il s'est fait bouler. *Er ist* **durchgerasselt.** ♦ **Envoyer bouler** *loc. Repousser, éconduire, faire tomber* {*2*}: Il envoie bouler tous ceux qui le dérangent. *Er* **schickt** *all die* **in die Wüste**, *die ihn stören.*

boulette *f.* **Faire une boulette** *loc. Commettre une erreur, faire une* gaffe* {*2*}. **Mist bauen.**

Boulevard des Allongés → allongés.

boulonner *V.i. Travailler beaucoup* {*1*}: Il fallait boulonner pour y arriver. *Wir mußten* **reinhauen**, *um das zu erreichen.*

boulot *m. Travail* {*1*}: **Au boulot! An die Arbeit!** / Chacun fait son boulot. *Jeder macht seine* **Arbeit.** / C'est un bon boulot. *Das ist eine prima* **Maloche.**

boulotter *V.t. Manger* {*2*}: Il a boulotté tout l'héritage. *Der hat das ganze Erbe* **verfressen** / **aufgezehrt**. / Rien à boulotter dans la maison? *Nichts zu* **mampfen** *im Haus?* ♦ **Ça boulotte?** *Loc. Ça va bien, ça* biche* {*3*}. **Alles O.K.**?

boum *m. Grande animation,* → boom*. **Fete**/ **Stimmung.** ♦ **Arriver en plein boum** *loc. Arriver au bon moment* {*1*}. **Goldrichtig kommen.** ♦ **Etre en plein boum** *loc. En pleine activité* {*1*}. **In vollem Schwange sein.** ♦ *f. Surprise-partie,* **sur-boum*** {*1*}. **(Irre) Fete.** / Aller à une boum. *Auf eine Fete gehen.*

boume *f.* → boum.

boumer *V.i.* **Ça boume?** *Loc. Ça va, ça* boulotte* *{2}*. ***Alles in Butter?***

bouquet *m.* **C'est le bouquet!** *Loc. C'est la catastrophe qui vient couronner les autres {1}*. ***Das ist der Gipfel!***

bouquin *m. Livre {1}*: ***Buch / Schmöker.***

bouquiner *V.i. Lire {1}*: J'aime bouquiner. *Ich* ***schmöker'*** *gern.*

bouquinerie *f. Échoppe de bouquiniste {2}*. ***Buchladen.***

bouquineur *m. Qui aime* bouquiner* *{2}*. ***Bücherwurm.***

bourdon *m.* **Avoir le bourdon** *loc. Avoir des idées noires, avoir le* cafard* *{2}*. ***Trübsinn blasen/down sein.***

bourgeoise *f. Femme, épouse {3}*: Je vous présente ma bourgeoise. *Ich stelle Ihnen meine* ***Allerteuerste*** *vor.* ♦ *{B}*: La **Très Grande Bourgeoise.** ***Schickeria.*** / La TGB a son propre langage [*Les intéressés liront le livre d'Alain Schifres*: *Les Parisiens* (*Lattès 1990*)]. Die ***Schickeria hat ihre eigene Sprache.***

bourlinguer *V.i. Voyager à l'aventure* [*au départ*: *seulement pour les marins*] *{2}*: Il a bourlingué au quatre coins du monde. *Er hat alle Winkel der Erde* ***erkundet.***

bourrage de crâne *m. Persuasion par propagande {2}*: La campagne électorale est un véritable bourrage de crâne. *Die Wahlkampagne ist der reinste* ***Propagandafeldzug.***

bourratif *Adj. Nutritif {1}*: Une choucroute alsacienne, c'est quand même bourratif. *Ein elsässisches Choucroute ist aber doch* ***mächtig.***

bourre *m. Policier en civil ou, plus rare, en uniforme {3}*: Méfie-toi des bourres. *Paß auf* ***(Zivil)streifen*** *auf.*

bourre *f.* **De première bourre** *loc. De première qualité {1}*. ***Erstklassig. / Erste Wahl.*** ♦ **Etre à la bourre** *loc. Etre en retard ou être pressé {2}*: Il est toujours à la bourre. *Er kommt ständig* ***zu spät.***

bourré *Adj.* **Bourré de fric** *expr.adv. Riche {1}*. ***Stinkreich.*** ♦ *Ivre {1}*: Il est rentré complètement bourré. *Er ist* ***stockvoll*** *nach Hause gekommen.* ♦ **Bourré comme un coing** *expr. Complètement ivre {3}*. ***Voll wie ein Reiher.*** / **Bourré comme un cochon/une vache.** ***Voll wie ein Schwein.*** ♦ → tirer.

bourrer *V.t.* **Bourrer le crâne** *loc. Persuader qn. de façon trompeuse, en lui décrivant les choses sous un jour trop favorable {2}*. ***Bequatschen.*** ♦ *Caler l'estomac {2}*: N'en prends pas trop. Ça bourre. *Nimm nicht zuviel davon. Das* ***stopft.***

bourreur de crâne *m. Se dit d'un journaliste ou d'un politicien qui a le don de convaincre {3}*. ***Geschickter Überzeuger / Jd., der alle totquascht.*** ♦ *Se dit aussi d'une personne qui n'hésite pas à mentir pour convaincre {2}*. ***Lügner / Schwindler.***

bourrichon *m.* **Se monter le bourrichon** *loc. Mettre qn. en colère contre une personne ou une chose {1}*. ***Sich gegenseitig aufhetzen.*** ♦ Sa mère n'arrête pas de lui monter le bourrichon (contre moi). *Seine Mutter hört nicht auf, ihn (gegen mich)* ***aufzuhetzen / aufzubringen.***

bourrin *m. Vieux cheval {2}*. ***Klepper.***

bourrique *f. Femme sotte {2}*: Une vieille bourrique. ***Eine blöde Kuh.*** ♦ **Etre plein comme une bourrique** *loc. Etre ivre {2}*. ***Voll sein wie eine Haubitze.*** ♦ **Faire tourner en bourrique** *loc. Abrutir à force de taquiner ou de contredire {2}*: Cet enfant me fait tourner en bourrique. *Dieses Kind* ***bringt mich zur Weißglut.***

bouseux *m. Paysan {3}*. ***Bauer.***

bousiller *V.t. Endommager irrémédiablement {2}*: Ils avaient tout bousillé. *Sie hatten alles* ***kaputtgemacht.*** ♦ *Tuer {2}*: On les avait tous bousillés. *Man hatte alle* ***umgebracht / platt gemacht.***

bousilleur *m. Qui casse tout ou qui tue {3}*. ***Elefant im Porzellanladen // Killer.***

boustifaille *{1}*/ **boustiffe** *{2} f. Repas*: Quatre cents balles pour de la boustifaille? *Vierhundert Francs für* ***Fressalien?***

bout *m.* **Brûler la chandelle par les deux bouts** *loc. Dépenser trop ou ne pas se ménager {2}*. ***Alles zu Tür und Fenster rauswerfen.*** / Tu travailles trop, tu brûles la chandelle par les deux bouts. *Du arbeitest zuviel, du* ***brennst die Kerze von beiden Enden ab.*** ♦ **En connaître un bout** *loc. Avoir de l'expérience {1}*: Vous pouvez avoir confiance en lui, il en connaît un bout. *Sie können ihm vertrauen. Er* ***versteht es aus dem ff.*** ♦ **Joindre les deux bouts** *loc. Avoir peu de moyens* [*exclusivement dans un sens négatif*] *{1}*: Il arrive à peine à joindre les deux bouts. *Er* ***kommt so gerade über die Runden.*** ♦ **Tenir le bon bout** *loc. Etre près de réussir {1}*: Il va y arriver. Il tient le bon bout. *Er macht das schon. Er* ***packt das richtig an.*** ♦ **Discuter / tailler le bout de gras** *loc. Discuter, palabrer {2}*. ***Über Gott und die Welt reden. / Hin und her diskutieren. / Alles durchdiskutieren.*** / Théo est dans le couloir avec Edouard. Il taille le bout de gras. *Theo ist auf dem Flur mit Eduard. Er* ***hält ein Schwätzchen.*** ♦ **Mettre les bouts** *loc. Partir, s'enfuir {1}*: Quand il a vu les flics arriver, il a mis les bouts. *Als er sah, daß die Polente kam, ist er* ***abgehauen.*** ♦ **Etre à bout** *loc. Etre épuisé {1}*: Il était à bout, il n'en pouvait plus. *Er* ***war am Ende***, *er konnte nicht mehr.* ♦ **Etre au bout du rouleau** *loc. Même sens {1}*: Depuis la disparition de son mari, elle est au bout du rouleau. *Seit dem Tode ihres Mannes ist sie* ***fix und fertig / völlig von der Rolle.*** ♦ **A tout bout de champs** *loc.adv. Tout le temps {1}*: Un air qu'on rencontre à tout bout de champs. *Eine Melodie, die man* ***alle naselang*** *hört.* ♦ **Ne pas voir plus loin**

que le bout de son nez *loc. Manquer de prévoyance, être borné* {*1*}. **Über den (eigenen) Tellerrand nicht hinausgucken.**

bouteille *f.* **Prendre de la bouteille** *loc. Vieillir*, → bouchon {*2*}: Il a pris visiblement de la bouteille depuis sa dernière visite. *Seit seinem letzten Besuch ist er sichtbar* **alt geworden.**

boutique *f. Maison, lieu de travail ou établissement, peu plaisant* {*2*}: Ils sont peu aimables, dans cette boutique. *Die sind nicht gerade freundlich, in dieser* **Klitsche.** ♦ **Causer boutique** *loc. Parler profession* {*2*}. Quand vous parlez boutique pendant toute la soirée, c'est pas tellement drôle pour les autres. *Wenn ihr den ganzen Abend nur* **fachsimpelt**, *ist das für die anderen nicht gerade unterhaltsam.*

boutiquier *m./Adj. Personne à l'esprit étroit* {*3*}. **Krämerseele.** ♦ Lui et ses réflexions boutiquières. *Er und sein* **Krämer***denken* / **Fachidiotentum**.

bouton *m. Clitoris* {*3*}. **Lustknopf.**

boutonnière *f. Blessure à l'arme blanche* {*3*}: Il lui a fait une belle boutonnière avec son couteau. *Mit seinem Messer hat er ihn ganz schön* **aufgeschlitzt.**

boxon *m. Maison de prostitution* {*3*}. **Puff.** ♦ *Désordre* {*3*}: Quel boxon! *Welch ein* **Durcheinander**!

bracelets *m.pl. Menottes* {*3*}: Le commissaire lui avait mis les bracelets. *Der Kommissar hatte ihm die* **Armbänder** *angelegt.*

braire *V.i. Rouspéter à voix haute* {*3*}: Il est toujours en train de braire. *Er* **mault** *nur* **rum.** ♦ *Taper sur les nerfs* {*2*}: Ce qu'il peut être casse-pieds. Il **commence à me faire braire.** *Kann der einen nerven.* **Er geht mir langsam aber sicher auf den Wecker.** ♦ → rien.

braise *f. Argent* {*3*}. **Kohle.** ♦ **Avoir des yeux de chat qui fait dans la braise** *loc. Faire une drôle de grimace*, constipé*, merlan* {*2*}. **Blöde aus der Wäsche glotzen.**

brancards *m.pl. Jambes* {*3*}. **Stelzen.** ♦ **Ruer dans les brancards** *loc. Ne pas accepter la discipline, se rebeller* {*2*}: Quand on est jeune, on a tendance à ruer dans les brancards. *Wenn man jung ist,* **macht** *man gerne mal* **'nen Aufstand.**

branche *f.* **Vieille branche** *expr. Terme d'amitié* {*2*}: Alors, ça va vieille branche? *Na, wie gehts,* **altes Haus**? ♦ **Branche pourrie** *expr. Personne à laquelle on ne peut faire confiance* {*3*}. **Falscher Groschen.** ♦ **Avoir de la branche** *loc. Descendre d'une famille noble* {*2*}. **Einen Stammbaum haben.**

branché *Adj. Etre au courant, participer à la dernière mode* {*2*}, *terme linguistique* [*cf. bibliographie*]: Ah bon, tu le sais déjà. T'es vachement branchée, toi. *Ach so, du weißt es schon. Du bist aber* **unheimlich informiert.** / «La lookologie est devenue une science exacte.» – C'est du **français branché.** *Das Wissen um den richtigen „Look" ist eine echte Wissenschaft geworden. Das ist* **Französisch für Leute, die „in" sind.**

brancher *V.t. Mettre en rapport, en relation d'affaires* {*2*}: Il s'est branché avec un fourgue. *Er hat sich mit einem Hehler* **in Verbindung gesetzt.** / Je vais te brancher sur lui. *Ich* **bring** *dich* **mit** *ihm* **zusammen.** ♦ Le rédacteur en chef l'a branché sur cette affaire. *Der Chefredakteur hat ihn auf diese Sache* **angesetzt.** ♦ **Ça me branche** *loc. Cela m'intéresse* {*B*}. **Das reizt mich/törnt mich an.**

branler *V.i. Faire* [*on sous-entend toujours* masturber] {*1*}: Ce mec ne branle rien. *Der Kerl* **tut** *keinen Schlag.* ♦ **Ça branle dans le manche** *loc. Ça commence à se gâter, ne pas être solide* {*2*}: L'affaire branle dans le manche. *Die Sache* **fängt an schiefzugehen.** ♦ **(se)** *V.pr. Se masturber* {*2*}: Il **se branle** en permanence. *Er* **wichst** *den ganzen Tag.* ♦ *S'en moquer, rester indifférent à qc.* {*2*}: Ton fric? – Je m'en branle. *Dein Geld? – Ich* **scheiß drauf.** ♦ **Se branler les couilles** *loc. Ne rien faire, paresser* {*3*}: Que fait-il au juste? – Il se branle les couilles. *Was macht der eigenlich? Der* **sitzt nur auf seinem fetten Arsch rum.**

branlerie *f. Douce illusion* {*B*}: Il est dans un trip de super-branlerie, il se prend pour un millionaire. *Der hat* **total abgehoben**, *er hält sich für einen Millionär.*

branlette *f. Masturbation* {*3*}: Trois fois par jour, il **se fait une branlette**. *Dreimal pro Tag* **wedelt er sich einen von der Palme.**

branleur *m. Jeune garçon ou personne qui se masturbe* {*2*}: **Rotzjunge** / **Wichser.**

branleuse *f. Fillette*, pissouse* {*3*}. **Pißmädchen.** ♦ *Putain** {*3*}. **Nüttchen.**

branque *m. Idiot, fou* {*1*}: Il faut **être** un peu **branque** pour braquer les guignols. *Man muß schon ein bißchen* **behämmert** *sein, um auf die Bullen zu ballern.*

branquignol *m.* Loufoque* {*2*}. **Komischer Kauz.**

braquage *m. Attaque à main armée, hold-up, surtout lorsqu'il s'agit d'une banque* {*2*}: On lui a filé cinq ans de réclusion pour braquage. *Man hat ihn wegen* **bewaffnetem Raubüberfall** *zu fünf Jahren verdonnert.*

braquemart *m. Membre viril plutôt important* {*3*}: Ce gars-là a un sacré braquemart. *Der Typ hat einen wahren* **Pferdepimmel.**

braquer *V.t. Mettre en joue avec une arme à feu* {*2*}: Le gangster a braqué le flic. *Der Gangster hat* **auf** *den Polizisten* **angelegt.**

braquet *m.* **Changer de braquet** *loc. Changer d'attitude pour être plus efficace* [*Métaphore du cyclisme*]: Il faut changer de braquet. *Wir müssen mal* **den großen Gang einschalten.** {*2*}

braqueur *m. Gangster qui n'hésite pas à se servir de son arme {2}.* ***Killer.***

bras *m.* **Gros bras** *expr. Homme fort*, gorille* *{2}.* ***Brecher.*** ♦ *Homme influent {2}*: C'est un gros bras. *Das ist ein* ***einflußreicher Mann.*** ♦ *Loc. Etre influent {1}*: Il **a le bras long**. *Er* ***hat*** *einen* ***langen Arm.*** ♦ **Bras d'honneur** *expr. Geste obscène [sodomisation] {2}*: Il lui a fait un bras d'honneur. *Er hat ihm gegenüber* ***eine bestimmte Geste*** *gemacht. [Man schlägt, mit der linken Hand auf den rechten Bizeps und zeigt dem „Gegner" die geballte Faust; der an diese Geste geknüpfte Sinn ist*: Va te faire baiser*.] ♦ **Les bras lui en tombent** *loc. Se dit d'une personne très surprise {2}*: Les bras m'en tombent. *Da* ***krieg*** *ich* ***den Mund nicht mehr zu./Ich glaub, ich seh' nicht recht.*** ♦ → retourne.

bravo! *Interj. {1}.* ***Bravo!*** ♦ **Avoir les miches qui font bravo** *loc. Avoir peur {1}*: Elle a les miches qui font bravo. *Ihr* ***geht die Muffe eins zu tausend.***

bréviaire *m. Pour n'importe quel livre préféré {3}*: Il a toujours **le nez dans son bréviaire**. *Er* ***steckt*** *immer* ***in seinen Büchern.***

bricheton *m. Pain {3}.* ***Brot.***

bricolage *m. Résultat d'un travail qui laisse à désirer, oeuvre d'un bricoleur {1}.* ***Murks.***

bricole *f.* **Faire des bricoles à qn.** *loc. Exercer sur lui des sévices graves {1}*: Avant de lâcher leur victime, les marlous lui ont fait des bricoles. *Bevor sie ihr Opfer freiließen, haben die Rocker es* ***„sich vorgeknöpft"****. / Loc. Menace {2}*: Il **va t'arriver des bricoles.** *Du* ***kriegst Schwierigkeiten.*** ♦ *Petit job {2}*: C'est un étudiant qui **fait toutes sortes de bricoles** pour arriver à vivre. *Das ist ein Student, der* ***alle möglichen Jobs macht****, um durchzukommen.* ♦ *Travail sans valeur {2}.* ***Murks.***

bricoler *V.i. Faire toutes espèces de métier ou travailler occasionnellement {1}*: Elle bricole. *Sie* ***schlägt sich so durch.***

brin *m. Un peu [toujours au sens figuré] {3}*: Avec un brin d'intelligence, tu arriverais peut-être. *Mit einem* ***Quäntchen*** *Intelligenz könntest du Erfolg haben.*

bringue *f.* **Grande bringue** *loc. Femme ou homme* dégingandé(e)* *{1}.* ***Bohnenstange.***

brioche *f. Ventre {1}*: Il a fini par prendre de la brioche. *Er hat sich eine* ***Wampe zugelegt.*** ♦ **Partir en brioche** *loc. Défaillir, se laisser aller {3}*: L'affaire qu'il a montée part en brioche. *Die Sache, die er aufbaute,* ***geht in die Binsen.***

brique *f. 10.000 Francs {1}*: Un ingénieur comme lui gagne quatre briques par mois, facile. *Ein Ingenieur wie er macht leicht seine vierzig* ***Mille*** */* ***Riesen*** *im Monat.* ♦ **Bouffer des briques** *loc. Ne plus rien avoir à manger {2}*: Comme t'as pas fait les courses, on va bouffer des briques. *Da du nicht einkaufen warst,* ***essen*** *wir* ***Tapeten.***

briquer *V.t. Nettoyer vigoureusement {3}*: La femme de ménage brique le parquet avec un soin extraordinaire. *Die Reinemachfrau* ***wienert*** *das Parkett.*

briser *V.t. Importuner*, casser* *{2}*: Tu **me les brises.** *Du* ***gehst mir auf die Eier.***

briseur de nougats *m.pl. Personne accrocheuse et casse-pieds, journaliste en particulier {3}.* ***Nervensäge*** / [*oft*:] ***Presseheini.***

brocante *f. Commerce d'un brocanteur, des objets d'occasion {1}.* ***Trödelladen*** / ***Secondhandshop.***

brochet *m. Proxénète {3}.* ***Louis.***

bronzé comme un petit suisse *{3}* / **comme un cachet d'aspirine** *{2} loc. Etre très pâle.* ***Weiß wie ein Handtuch*** / ***wie die Wand.***

broquilles *f.pl.* **...et n broquilles** *loc.adv. Et n minutes {3}.* **Cinq plombes et vingt broquilles.** ***Zwanzig nach Fünf.***

brosse à reluire *expr.f. Symbole de la dévotion servile,* → bottes* *{3}*: A force de pots-de-vin et à coups de brosse à reluire, il l'a eu. *Durch Schmieren und* ***Schleimen*** *hat er's gekriegt.* / Le Ministère de la brosse à reluire. *Das Ministerium für den* ***goldenen Lenker.***

brosser (se) *V.pr. Se passer de {2}*: Question pourliche, il peut se brosser. *Trinkgeld kann er* ***sich malen.***

brouillard *m.* **Foncer dans le brouillard** *loc. S'éclipser rapidement {2}*: Le gars a foncé dans le brouillard sans s'occuper du reste. *Der Typ ist* ***abgesockt****, ohne sich um irgend etwas zu kümmern.* ♦ **Un brouillard à couper au couteau** *loc. Un brouillard très épais {1}.* ***Nebel zum Schneiden.***

brousse *f. Campagne isolée, à l'écart d'un centre important {2}*: Ce coin isolé, c'est vraiment la brousse. *Dieser abgelegene Flecken ist* ***mitten in der Wildnis.***

brouter *V.t.* **Brouter la tige** // **le minou** / **le cresson** *loc. Fellation ou cunnilingus {3}.* **(*Sich*)** ***einen reinlutschen*** // ***die Pussy lecken.***

broyer du noir *loc. Avoir des idées sombres {2}.* **(*Immer*)** ***schwarz sehen.***

brûle *élément de la tournure* **à brûle-pourpoint** *loc.adv. Brusquement, sans préparation [avec un verbe de déclaration] {3}*: Il l'a dit à brûle-pourpoint. *Er hat es* ***völlig unvermittelt*** / ***mir nichts, dir nichts*** *gesagt.*

brûler *V.t. Etre possédé d'un grand désir {1}*: Il brûle d'y aller. *Er* ***brennt darauf*** *hinzugehen.* ♦ **Etre brûlé** *loc. Etre découvert et surveillé {3}*: Notre ami ne peut plus retourner chez Michel. Michel est brûlé. *Unser Freund kann nicht mehr zu Michel zurück. Michel wird* ***beschattet*** */ ist* ***hochgegangen.*** / Chez les clients, Michel est brûlé. *Bei der Kundschaft wird Michel* ***nicht mehr ernst genommen.*** ♦ **Vous brûlez!** *Loc. Vous êtes très près d'y parvenir {2}.* ***Heiß! Heiß!*** /

Sie schaffen es! ♦ **Brûler un feu (rouge)** *loc.* → Griller *{1}*. ***Bei Rot über die Ampel fahren.*** ♦ *Loc. {1}* **Brûler les étapes** *loc. Avancer très vite {2}*: Faut pas toujours vouloir brûler les étapes coûte que coûte. *Man sollte nicht immer* ***haste, wat kannste*** *vorankommen wollen.* ♦ → bout. ♦ **(se)** *V.pr.* **brûler la cervelle** → cervelle. ♦ → torchon.

bûche *f.* **Ramasser une bûche** *loc. Tomber [d'une personne] {3}*. ***Hinfallen.***

bûcher *V.t. Travailler ferme {2}*: Il a bûché pendant les vacances. *Er hat in den Ferien* ***rangeklotzt.***

bûcheur *m. Bon travailleur {2}*: Cet élève est un vrai bûcheur. *Dieser Schüler ist ein echter* ***Arbeiter / Pauktyp.***

buffet *m. Estomac, ventre {3}*: Je n'ai rien dans le buffet. *Ich hab nichts im* ***Magen****.* / Il lui ont filé un coup dans le buffet. *Sie haben ihm eine in die* ***Wampe*** *verpaßt.* ♦ **Danser devant le buffet** *loc. Ne rien avoir à manger {3}*. ***Nichts zu beißen haben.*** ♦ *Loc. Avoir peur {2}*: Tu peux l'oublier celui-là, il **n'a rien dans le buffet**. *Den kannst du vergessen, der* ***hat Schiß.***

bulle *f.* **Coincer la bulle** *loc. Repos, sieste {3}*. ***Ein Nickerchen machen.***

bulletin de naissance *m.* → avaler.

burettes *f.pl. Testicules {3}*. ***Klöten.*** ♦ **Casser les burettes à qn.** *loc. {3}*. ***Einem auf die Klöten gehen.***

burlingue *m. Bureau {2}*. ***Büro.*** ♦ *Ventre, estomac {3}*: Un coup dans le burlingue. *Ein Schlag auf die* ***Trommel.***

burnous [byrnu(s)] *m.* **Faire suer le burnous** *loc. Exploiter sans ménagement les gens d'une condition sociale inférieure pour augmenter son propre profit {3}*: Ce patron a la réputation de faire suer le burnous. *Der Olle steht in dem Ruf, seine Leute ganz schön* ***alle zu machen / zu schinden.*** ♦ *[Au sport] Transpirer {2}*: Le jeunot m'a fait suer le burnous. *Der Junge hat mich* ***ganz schön ins Schwitzen gebracht.***

bus *m. Autobus {1}*. ***Bus.***

business/buis(e)nes(s) → bisnes.

busniss *m.* → bisnes.

but en blanc *adv.* **(Agir) de but en blanc** *loc. Brusquement et sans la moindre préparation {2}*. ***Hals über Kopf handeln.***

buter *V.t. Assassiner {3}*: Il bute pour du fric. *Er* ***killt*** *für Geld.*

buvable *Adj. Difficilement acceptable [s'emploie surtout à la forme négative] {2}*: Proposition pas buvable! ***Schwer verdaulicher*** *Vorschlag.* ♦ Il **a une gueule pas buvable**. *Er hat* ***eine Fresse zum Reinschlagen.***

bye-bye! *Interj. {3}*. ***Bye-bye! / Tschüß!***

C

ça *Pr.pers. Cela {1}*: Donne-moi ça! *Gib her.* / Ça mis à part... ***Davon*** *abgesehen...* ♦ *Avec une nuance de condescendance ce pronom remplace un appellatif {1}*: Et ça se lève quand aujourd'hui, hein? *Wann stehen* ***wir*** *[iron.] denn heute auf, na?* / Un homme c'est beau, grand et fort, et ça sait conduire. *Ein Mann ist schön, groß und stark, und* ***so etwas*** *kann fahren.* ♦ **Sans ça** *expr.adv. Sinon, autrement {1}*: Sans ça, tu risques de te faire mal. ***Sonst*** *tust du dir weh.* ♦ *Renforce une interrogation*: Où ça? – Quand ça? *Wo* ***denn****? – Wann* ***denn****?* ♦ *Loc. Exprime la surprise ou la colère*: Ça alors! ***Na so was! / Das ist ja wohl die Höhe! / Mensch!*** ♦ **Comme ci comme ça** *expr.adv. Médiocrement, sans plus [on prononce aussi* couci-couça*]*. ***Soso, lala / Mittelprächtig.***

cabane *f. Domicile {2}*: Venez dans ma cabane. *Kommen Sie in meine* ***(bescheidene) Hütte.*** ♦ *Prison {1}*: Il a passé sa vie en cabane. *Er hat sein Leben im* ***Bau*** *verbracht.* ♦ **Cabane à lapins** *loc. Immeuble mal construit ou appartement trop petit {3}*. ***Stall.*** / *Ensemble d'appartements exigus, où l'on vit entassés comme des lapins {2}*: Les H.L.M de banlieue ne sont plus les cabanes à lapins d'autrefois. *Die Sozialwohnungen der Vorstädte sind nicht mehr die* ***Kaninchenställe*** *von einst.*

cabochard *m./Adj. Entêté {2}*. ***Dickkopf.***

caboche *f. Tête [aussi:* cabèche*] {2}*. ***Ballon.***

cabot *m. Chien {2}*. ***Köter.*** ♦ *Péjorativement pour acteur {3}*. ***Knattermime.***

cabotin *m. Péjorativement pour comédien,* cabot* *{2}*. ***Rampentiger.*** / Le petit joue la comédie. C'est un petit cabotin. *Der Kleine macht nur Theater. Er ist ein kleiner* ***Schauspieler.***

cabotinage *m. Comportement de cabotin {2}*: Quel cabotinage! *So ein* ***(Affen-)Zirkus****!*

caca *m. Excrément {2}*: Le bébé a fait caca dans sa culotte. *Das Baby hat* ***(Kacka)*** *in die Hose gemacht.* ♦ **C'est caca!** *Loc. C'est sale [enfants] {2}*. ***Das ist baba!***

cachemire *m. Torchon {3}*: Tu peux **passer un**

coup de cachemire sur la télé? *Kannst du mal* ***über*** *den Fernseher* **staubputzen***?*

cadavre *m. Bouteille vide* {2}: Enlève les cadavres de la table. *Räum die* **leeren Pullen** / **Toten** *ab.* ♦ **Avoir un cadavre dans le placard** *loc. Avoir qc. à cacher* {1}: Ils ont tous un cadavre dans le placard. *Sie* ***haben alle Dreck am Stekken.*** ♦ ***Cadavre ambulant*** *expr. Une personne extrêmement affaiblie ou très maigre* {3}. ***Wandelnde Leiche.***

cadeau *m. Rémunération d'une prostituée* {3}: Pense d'abord à mon petit cadeau, chéri! *Erst meinen* ***Lustgroschen*** / ***mein Geschenk****, mein Schatz!* ♦ **Ne pas faire de cadeaux** *loc. Ne rien donner pour rien* {1}. ***Keine Geschenke machen.*** ♦ **Tu parles d'un cadeau** *loc. Pour souligner son mécontentement* {1}: Tu peux passer tes vacances avec elle. – Tu parles d'un cadeau. *Du kannst deine Ferien mit ihr verbringen. –* ***Nichts, was ich lieber täte.*** [*iron.*].

cador *m. Chien* {3}. ***Köter.***

cadran *m.* **Faire le tour du cadran** *loc. Poursuivre une activité pendant 24 heures* {2}. ***Rund um die Uhr arbeiten*** // ***schlafen.***

cafard *m. Tristesse, idées noires,* bourdon* {1}: Elle a souvent le cafard. *Sie hat oft den* ***Moralischen.***

cafardage *m. Action de cafarder* {2}. ***Petzerei.***

cafarder *V.t. Moucharder, rapporter* {2}: Méfie-toi de celui-là. Il m'a déjà cafardée auprès du prof. *Hüte dich vor dem da, der hat mich schon mal bei dem Lehrer* ***verpetzt.***

café *m.* **C'est un peu fort de café!** *Loc. C'est exagéré* {1}. ***Das ist (aber) starker Tobak!*** ♦ → arrosé.

cafeter *V.t. Dénoncer, rapporter,* cafarder* [*en parlant des enfants*] {3}: T'as pas intérêt à cafeter auprès du directeur. *Du* ***petzt*** *besser nicht beim Direx.*

cafeteur *m. Dénonciateur, rapporteur* [*toujours en parlant des enfants*] {2}. ***Petzer.***

cafetière *f. Tête, crâne* {2}: Un coup sur la cafetière. *Einen Schlag auf die* ***Rübe.***

cafouillage *m. Travail ou raisonnement sans ordre* {2}: Son soi-disant raisonnement n'est qu'un gigantesque cafouillage. *Seine sogenannte Logik ist doch nur ein völliges* ***Durcheinander*** / *völliger* ***Blödsinn.***

cafouiller *V.i. Agir ou fonctionner de façon désordonnée* {2}: Un moteur qui cafouille. *Ein Motor, der* ***Zicken macht/stottert.*** / Un conférencier qui cafouille. *Ein Redner, der* ***herumstottert.*** ♦ *Ne rien faire avec sûreté* {2}: Un mécano qui cafouille. *Ein Mechaniker, der nur* ***murkst.***

cafouilleur *m./Adj. Qui agit de façon désordonnée, qui* cafouille * {3}: C'est un cafouilleur. *Das ist ein* ***Pfuscher.***

cafouillis *m. Résultat d'un* cafouillage* {2}: Tout ce qu'il fait c'est du cafouillis. *Alles, was er macht, ist* ***Murks*** / ***Pfusch.***

cage *f. Prison,* cabane* {3}. ***Bau.***

cagibi *m. Réduit ou placard* {1}. ***Kabäuschen*** / ***Rumpelkammer*** / ***Wandschrank.***

caïd [kaid] *m. Chef, homme énergique* {2}. ***Boss.*** ♦ **Comme un caïd** *loc. Comme un* chef*, *adroitement* {3}: Il se conduit comme un caïd. *Er führt sich auf wie ein* **Boss.** ♦ *Champion* {3}: Ladoumègue était le caïd. *Ladoumègue war* **der Größte.**

caillasse *f. Cailloux, graviers, galets* {2}: Tu vas pas marcher avec ces chaussures dans la caillasse? *Mit diesen Schuhen willst du doch wohl nicht über die* ***Steine*** *gehen?*

cailler *V.i. Faire froid* {2}. ***Frieren.*** / **Ça caille vachement!** *Loc.* {1}. ***Es friert tierisch!*** / Je caille. *Ich* **schnattere.** / **(se)** *V.pr.* **On se les caille** *loc. Même sens* [*on sous-entend facilement couilles*] {3}. ***Man friert sich einen ab.*** / On **se caille les miches.** *Man* ***friert sich den Arsch ab.***

caillou *m. Tête, crâne* {2}: Pas un poil sur le caillou. *Kein einziges Haar auf der* **Platte.** ♦ *Objets en pierre, diamants* {2}: T'es arrivé à vendre les cailloux? *Hast du die* **Steinchen** *loswerden können?*

caisse *f. Poitrine* {3}. *Kasten.* ♦ *Loc. Atteint de tuberculose* {3} **Il s'en va de la caisse.** ***Der hat es mit der Lunge.*** ♦ *Crâne* {3}: Bourrer la caisse. *Die* **Rübe** *vollquatschen.* ♦ *Loc. Risquer le tout pour le tout* {3}: Les jeunes aiment **aller à fond la caisse** {3}. *Die Jungen* **gehen** *gern* **aufs Ganze.** ♦ *Foncer* {2}: Il va à fond la caisse. *Er* ***fährt Bleifuß.*** ♦ **Voyez caisse!** *Exclamation à l'adresse de qn. qui encaisse* {1}: ***Hier!*** / ***Für dich!*** / ***Nimm das!*** ♦ **C'est du caisse** {3} / **kès** {3} *loc. C'est pareil, c'est* kif kif*: Revenir par Francfort ou par Paris, c'est du caisse. *Über Frankfurt oder Paris zurück,* ***ist gehopst wie gesprungen.*** ♦ **Caisse à savon** *expr.* {2}. ***Seifenkiste.*** ♦ *Aussi pour voiture peu confortable* {2}. ***Kiste.*** ♦ **Mettre en caisse** *loc.* → mettre.

calcif *m. Caleçon* {2}. ***Unterhose.*** ♦ **L'anguille de calcif** *expr.f. Membre viril* {3}. ***Pimmel.***

calculé *Adj.* **C'est calculé pour** *loc. C'est prévu, voulu* {2}: Tu roules peut-être trop vite avec ton bahut? – Non, c'est calculé pour. *Du fährst mit deinem Taxi vielleicht zu schnell? Nein,* ***ist genau richtig.***

calé *Adj. Instruit, fort* {3}: Il est calé en maths. *Der ist ein* ***Mathe-As.*** / T'as entendu son intervention? Calé, son truc! *Hast du seine Rede gehört?* ***Stark****, was?* ♦ *Difficile* {3}: Les maths, c'est calé. ***Mathe ist hart.***

calendo *ou* **calendos** [kalɑ̃dos] *m. Camembert* {2}. ***Camembert.***

caler *V.t. Bloquer, arrêter* {1}: J'ai calé le moteur. *Ich hab den Motor* **angehalten.** ♦ *V.pr.* **Se caler**

les joues / **se les caler** *loc. Manger beaucoup* {*3*}: Ce soir, on va se caler les joues. *Heute abend* ***schlagen wir uns den Wanst voll.*** ♦ *V.i. Renoncer* {*2*}: Ah, ce repas! Arrivé au fromage, j'ai calé. *Das war ein Essen! Beim Käse schließlich hab ich* ***mich geschlagen gegeben.***

calibre *m. Revolver* {*2*}. ***Puste.*** ♦ **Etre du même calibre** *loc. Se valoir* {*2*}: Les deux sont du même calibre. *Die beiden* ***haben die gleiche Kragenweite*** / ***das gleiche Kaliber.***

calotte *f. Tape donnée sur la joue* {*3*}: Flanquer une paire de calottes. *Einen Satz* ***Ohrfeigen*** *verabreichen.* ♦ *Péjorativement pour: ensemble du clergé et de ses partisans* {*3*}. ***Pfaffen.***

calva *m. Calvados, eau de vie de Normandie* {*1*}: Un calva, s'il vous plaît. *Einen* ***Calva(dos)*** *bitte.*

cambriole *f. État de cambrioleur* {*3*}: Un as de la cambriole. *Ein* ***Einbruch-As.***

Cambronne *N.pr.* **Mot de Cambronne** *expr.m. «Merde»* [*mot et réponse attribués au général de Napoléon lors de la bataille de Waterloo, réaction prétendue à l'invitation des Anglais à capituler*] {*3*}: Tu sais ce que je te dis? Je te le dis avec un mot de Cambronne. *Weißt du, was du mich kannst? Ich sage nur:* ***Götz von Berlichingen.***

cambrousard {*3*} / **cambroussard** {*2*} *m. Paysan, campagnard* {*2*}. ***Bauer*** / ***Landbewohner.***

cambrouse {*3*} / **cambrousse** {*1*} *f. Campagne*: Il passe une semaine à la cambrousse. *Er verbringt eine Woche auf dem* ***Land.***

cambuse *f. Maison mal tenue* {*3*}: Il végète dans sa cambuse. *Er haust in seinem* ***Schuppen.***

came [kam] *f. Camelote* {*2*}: C'est tout de la came! *Alles* ***Krempel!*** ♦ *Drogue* {*1*}: Il vend de la came pour vivre. *Er verkauft* ***Stoff,*** *um durchzukommen.*

camé *Adj. Drogué* {*2*}: Il est camé jusqu'aux yeux. *Er ist* ***vollgedröhnt*** *bis unter den Scheitel.*

camelot *m. Marchand forain* {*3*}. ***Wilder Händler*** / ***Ramschwarenhändler.***

camelote *f. Marchandise de mauvaise qualité, à l'origine butin du voleur* {*2*}. ***Ramschware*** / ***heiße Ware.***

camp *m.* **Foutre** / **fichtre le camp** *loc. Partir, s'enfuir* {*1*}: A quelle heure as-tu foutu le camp de chez René? *Wann bist du bei René* ***weg?***

campagne *f.* **Battre la campagne** *loc. Parler sans clarté, divaguer* {*3*}. ***Vom Thema abschweifen*** / ***Den Faden verlieren.***

canard *m. Journal* {*1*}: Ramène-moi un canard. «Le Monde», comme d'habitude. *Bring mir 'ne* ***Zeitung*** *mit. „Le Monde", wie gewöhnlich.* ♦ *Fausse information journalistique,* bobard* {*2*}: Faut pas croire tous les canards. *Man muß nicht jede* ***Ente*** *glauben.* ♦ *Faire une fausse note, produire un faux ton* [*en musique*] {*2*}: Il a fait un couac, un canard. *Er hat* ***sich verspielt.*** ♦ *Sucre trempé dans l'alcool* {*2*}: Je prends un pousse-café. Avec un petit canard. *Ich nehme einen Verdauungsschnaps. Mit einem* ***Stück Zucker.*** ♦ **Trempé comme un canard** *loc. Complètement mouillé par la pluie* {*1*}. ***Pudelnaß.*** ♦ **Marcher comme un canard** *loc. Marcher en se dandinant* {*1*}. ***Wie eine Ente watscheln.*** ♦ **Ça ne casse pas trois pattes à un canard** *loc. Ce n'est pas extraordinaire* {*1*}. ***Das reißt einen nicht vom Hocker.*** ♦ **Un canard boîteux** *expr. Qn. ou qc. qui évidemment ne sera pas couronné de succès* {*2*}: S'il fallait que je m'occupe de tous les canards boîteux... *Wenn ich mich um jede* ***wackelige Sache*** / *jeden* ***unsicheren Kandidaten*** *kümmern sollte...* ♦ **Un canard boîteux à qui on ne peut pas faire confiance** *loc. Un type qui inspire très peu de confiance* {*2*}. ***Eine zwielichtige Type.*** ♦ **Faut pas prendre les enfants du bon Dieu pour des canards sauvages** *loc. Pour exprimer que l'on n'aime pas être pris pour un imbécile* [*la forme est souvent variée; les canards sauvages pouvaient être abattus par les chasseurs sans problème*] {*2*}. Faut pas prendre le bon peuple **pour des canards sauvages.** *Man sollte das Volk nicht* ***für einen Haufen Idioten halten.***

canarder *V.t. Tirer, lancer de nombreux projectiles sur lui, en restant soi-même hors d'atteinte* {*3*}: A Beyrouth, on se fait canarder à chaque coin de rue. *In Beirut wird an jeder Straßenecke auf einen* ***geknallt*** / ***geballert.***

canasson *m. Mauvais cheval* {*2*}. ***Klepper.***

caner *V.i. Mourir* {*3*}: Quand est-ce qu'il a cané? *Wann ist er (denn)* ***verblichen?*** / La vache a cané. *Die Kuh ist* ***eingegangen.*** ♦ *Céder, flancher, se* dégonfler* {*3*}: Il a fini par caner. *Er hat schließlich* ***klein beigegeben.***

canette *f.* **Toucher sa canette** *loc. Etre compétent* {*3*}: Pour la voiture, il touche sa canette, mais pour le reste... *Was Autos angeht,* ***kennt er sich aus,*** *aber sonst ...*

cannes *f.pl. Jambes* {*2*}. ***Stelzen.*** / Elle ne tient plus sur ses cannes. *Sie kann sich nicht mehr auf den Beinen halten.* ♦ **Mettre les cannes** *loc. S'enfuir* {*3*}. ***Abhauen.***

canon *m. Verre* {*2*}: On prend un canon? *Nehmen wir ein* ***Gläschen*** *(zur Brust)?* / Un chti canon? *Einen* ***Kleinen?*** [*Nordfrz.*]

canular *ou* **canulard** *m. Sorte de blague qui présuppose une action* {*2*}: Les requins dans le port de Marseille, c'était un canular. *Die Haie im Marseiller Hafen, das war ein* ***Scherz*** / ***Witz.***

caoua [kawa] *m. Café* {*1*}: Tu veux un caoua? – Oui, au lait. *Willst du ein* ***Käffchen?*** *Ja, mit Milch.*

cap *Adj.inv. Capable* {*3*}: Elle est pas cap. *Die* ***hat nichts drauf.***

cape *f.* **Rire sous cape** *loc. Se moquer de qc. sans le montrer* {*2*}. ***Sich ins Fäustchen lachen.***

capésien *m. Titulaire du C.A.P.E.S.* (Capacité d'Aptitude Professionnelle de l'Enseignement Supérieur) {*2*}. ***C.A.P.E.S.-Inhaber.***

capilotade *f.* **En capilotade** *loc. En pièces {3}*: Cinq heures de marche forcenée, j'étais en capilotade. *Fünf Stunden Marsch, ich* ***fühlte alle Knochen einzeln****.*

capo *m.* **Etre capo** *loc. Perdre au jeu [se dit à la belote quand on n'a fait aucun pli] {2}*: T'es capo. ***Du bist kaputt.***

capote (anglaise) *expr. Préservatif masculin [on dit alternativement* capote *ou* anglaise *ou les deux] {2}.* ***Gummi.***

caquet *m.* **Rabattre / rabaisser le caquet** *loc. Faire se taire,* clouer le bec*, *souvent par une remarque qui ridiculise {2}*: Faut lui rabattre le caquet. *Man muß ihm* ***das Maul stopfen.***

carabiné *Adj. Fort, excessif {2}*: Une grippe carabinée. *Eine* ***schwere*** *Grippe.* / Son marc de beaujol est vachement carabiné. *Sein Beaujolais-Trester* ***hat es in sich.***

caractériel *m./Adj. Coléreux, tatillon,* emmerdeur* *{3}*: Son patron est un caractériel. *Sein Boss ist ein* ***schwieriger Typ.***

carafe *f.* **Rester en carafe** *loc. Tomber en panne {2}*: C'est pas gai quand on reste en carafe la nuit. *Das ist nicht gerade lustig, wenn man nachts* ***liegenbleibt.***

carafon *m. Tête {3}*: Taper sur le carafon. *Einen auf den* ***Kürbis*** *geben.* / Le soleil tape drôlement sur le carafon. *Die Sonne knallt voll auf die* ***Rübe.*** ♦ *Loc. Etre intelligent {3}*: **Avoir du carafon.** ***Was in der Rübe / Köpfchen haben.***

carambolage *m. Chocs en série {1}*: Sur la nationale dix, il y a eu un carambolage de sept voitures. *Auf der Nationalstraße zehn gab es eine* ***Karambolage*** *von sieben Autos / sind sieben Autos* ***aufeinandergefahren****.*

caramboler (se) *V.pr. Faire un carambolage {1}*: Beaucoup de Parisiens se sont déjà carambolés sur le Périf. *Viele Pariser* ***hatten*** *auf dem Boulevard Périphérique schon eine* ***Karambolage.*** ♦ *V.t. Coïter,* baiser* *{3}*: Elle s'est fait caramboler. *Sie wurde* ***durchgevögelt.***

carapater (se) *V.pr. S'enfuir, s'en aller {2}*: Je me suis carapatée vers cinq heures. *Gegen fünf* ***bin*** *ich* ***ab.***

carat [kara] *m. Année d'âge {3}*: On lui donne pas ses quatre-vingts carats. *Man würde nicht sagen, daß er achtzig* ***Lenze*** *zählt.* ♦ **Jusqu'au dernier carat** *expr.adv. Jusqu'au dernier moment, jusqu'au dernier sou {2}*: Il a claqué tout son fric, jusqu'au dernier carat. *Er hat sein ganzes Geld verpulvert,* ***bis auf die letzte müde Mark.***

carburer *V.i. Marcher, fonctionner {2}*: Robert **carbure à** la bière. *Robert* ***funktioniert (nur) mit*** *Bier.* ♦ *Avoir de l'activité {3}*: Aujourd'hui on carbure. *Heute* ***sind*** *wir* ***voll im Einsatz.*** ♦ *Réfléchir, faire travailler son cerveau ou sa* matière grise* *{3}*: Essaie de carburer un peu avant de dire des sottises. ***Denk*** *doch* ***erst mal nach****, ehe du Stuß redest.* ♦ **Ça carbure?** *Loc. Ça va? {2}.* ***Alles in Butter?***

carne *f. Mauvaise viande {2}*: Mon steak, c'est de la carne. *Mein Steak ist wie* ***Gummi / Leder.*** ♦ *Mauvais cheval de course {2}*: Mise pas sur cette carne. *Setz bloß nicht auf diesen* ***Klepper.*** ♦ *Femme dangereuse, vieille femme mauvaise {3}*: Une vieille carne. *Eine* ***alte Hexe.***

carossé *Adj. Bien faite, bien roulée {3}*: Regarde, comme elle est bien carossée. *Guck mal, wie* ***toll die gebaut ist.***

carotte *f.* **Les carottes sont cuites** *loc. C'est raté, terminé {2}.* ***Es ist im Eimer / im Teich.*** ♦ *Adj.inv. De couleur rousse {3}*: Les cheveux carotte. ***Rote*** *Haare.*

carotter *V.t. Extorquer de l'argent ou un avantage {2}*: On n'aime pas se faire carotter. *Man läßt sich nicht gerne* ***das Fell über die Ohren ziehen.***

carpette *f. Individu, veule,* paillasson* *{2}.* ***Schlappschwanz.*** / Il considère sa femme comme une carpette. *Für ihn ist seine Frau der* ***letzte Dreck.***

carré *m.* **Mettre à qn. la tête au carré** *loc. Rouer de coups {3}.* ***Jdm. die Schnauze einschlagen.*** ♦ **Carré blanc** *loc. Signe conventionnel rectangulaire qui signale qu'une émission télévisée est interdite aux mineurs {2}.* ***Jugendverbot.*** / Les enfants, il y a le carré blanc. *Kinder, es ist* ***nicht jugendfrei.*** ♦ *Adj. Fort, musclé {1}*: Il est carré. *Er ist* ***stark.*** ♦ **Une partie carrée** *expr. Quadriolisme, échangisme entre deux couples {3}.* ***(Flotter) Vierer.***

carreau *m. Verre de lunettes {2}*: Où sont mes carreaux? *Wo ist mein* ***Spekuliereisen?*** ♦ *Loc. Etre ivre {1}*: Il a un **sacré coup dans les carreaux**. *Er* ***hat ganz schön einen in der Krone.*** ♦ *Loc.* **Rester sur le carreau** *loc. Ne pas avoir de succès {2}*: On a retenu les noms de trois candidats, les autres **sont restés sur le carreau**. *Es wurden nur drei Kandidaten ausgewählt,* ***die anderen sind auf der Strecke geblieben.*** ♦ **Se tenir à carreau** *loc. Prendre ses précautions, surveiller sa conduite afin d'éviter tout ennui, être très sage [enfant] {2}.* ***Auf der Hut sein.***

carrée *f. Chambre {3}*: Elle est partie dans sa carrée. *Sie ist in ihr* ***Zimmer*** *verschwunden.*

carrément *Adv. [Pierre Merle remarque: «Devenu un véritable tic de langage.»] {1}.* ***Total.*** / Carrément con. ***Total*** *beknackt.*

carrer *V.t.* **Tu peux te le carrer dans l'oignon** *loc. Devoir renoncer à qc. {2}.* ***Das kannst du dir in den Arsch stecken.***

carte *f.* **Etre en carte** *loc. Etre fiché {3}*: Les prostitutées occasionnelles ne sont pas en carte. *Die Gelegenheitsprostituierten* ***stehen*** *nicht* ***in der Kartei.*** / Elle est en carte. *Sie ist eine* ***Registrierte.*** ♦ **Jouer cartes sur table** *loc. Ouverte-*

ment {1}. ***Mit offenen Karten spielen.*** ♦ **Battre les cartes** *loc. Mélanger les cartes {2}*. ***Die Karten mischen.*** ♦ **A la carte** *loc. Sur mesure {1}*: Vacances à la carte. *Ferien* ***nach Maß.***

carton *m.* **Faire un carton** *loc. Tirer sur qn. {3}*: Il avait fait un carton sur le premier venu. *Er hat auf den erstbesten* ***Zielübungen veranstaltet.*** / On va faire un carton? *Machen wir ein* ***Zielkartenschießen?*** ♦ **Faire // prendre / subir le / un carton** *loc. Gagner, respectivement perdre [sport] {1}*: Surprenant carton pour la Juventus de Turin. *Überraschende* ***Packung*** *für Juventus Turin.* / Le numéro un a fait un carton. *Die Nummer eins hat* ***einen Sieg errungen.*** ♦ **Faire un carton** *loc. Avoir un contact sexuel rapide {3}*. ***Eine schnelle Nummer schieben.*** ♦ **Taper / manier / battre / tripoter le carton** *loc. Jouer aux cartes {1}*. ***Karten kloppen.*** ♦ **Carton rouge // jaune** *expr. Mesure punitive au football {1}*. ***Rote // gelbe Karte.***

cartonner *V.t. Avoir un grand succès {3} {B}*: A chaque fois ça cartonne, la fête du cinéma. *Jedesmal* ***ist*** *das Filmfestival ein* ***Bombenerfolg.*** ♦ *Jouer aux cartes {2}*. ***Karten spielen.***

cas *m.* **Au cas où** [okazu] loc.adv. A toutes fins utiles *{1}*: Je lui ai laissé mon numéro de téléphone, au cas où. *Ich habe ihm* ***für alle Fälle*** *meine Telefonnummer dagelassen.*

casbah *f.* → kasbah.

case *f.* **Avoir une case de vide** *loc. Etre un peu fou {3}*: Une fille super, attractive et intelligente, mais avec une case de vide (dans le sinoquet). *Eine Superfrau, attraktiv und intelligent, aber mit* ***einem Sprung in der Schüssel.*** ♦ **Avoir une case en moins** *loc. Même sens {3}*. ***Eine Schraube locker haben.***

caser *V.t. Procurer un emploi, une situation, un logement {1}*: Mon voisin a casé son fils chez Pechiney. *Mein Nachbar hat seinen Sohn bei Pechiney* ***untergebracht.*** / Sa fille a épousé un baron. Elle est bien casée. *Seine Tochter hat einen Baron geheiratet. Die ist (gut)* ***versorgt.***

cash [kaʃ] *Adv. Au comptant {1}*: Payer cash. ***Bar*** *zahlen.*

casier *m. Casier judiciaire {2}*: Donnez-moi le casier Exposito. *Geben Sie mir die* ***Akte*** *Exposito.* / Il **a un casier bien rempli**. *Er hat* ***eine Latte von Vorstrafen.*** / **Son casier n'est pas vierge**. *Er* ***ist kein unbeschriebenes Blatt.***

casquer *V.i. Payer {1}*. C'est toujours les mêmes qui casquent. *Immer dieselben, die* ***berappen.***

casquette *f.* ♦ **Avoir** *n* **casquettes** *loc. Avoir plusieurs fonctions {3}*: Léon avait deux casquettes: le matin majordome, l'après-midi chauffeur de Madame. *Léon hatte zwei* ***Aufgaben****: morgens Faktotum und nachmittags Madame herumkutschieren.* ♦ **En avoir ras la casquette** *loc. En avoir assez*, ras-le-bol* *{2}*. ***Die Schnauze voll haben.*** ♦ **Ramasser les casquettes** *loc. Arriver dernier {3}*: Nos coureurs ont ramassé les casquettes. *Unsere Läufer* ***bildeten die Nachhut.***

casse *m. {1} ou* **cassement** *m. {3} Cambriolage par effraction.* ***Bruch.*** / **Faire un casse** *{1}*. ***Einen Bruch machen.***

casse *f. Action de briser {2}*: Si tu abîmes la télé, tu me payeras la casse. *Wenn du den Fernseher kaputtmachst, zahlst du mir den* ***Schaden.*** ♦ *Bagarre violente {1}*: Les flics! Il va y avoir de la casse. *Die Bullen!* ***Jetzt gibt's Hiebe.*** ♦ **Vendre** ou **envoyer** une voiture **à la casse** *loc. {1}*. *Ein Auto* ***verschrotten.***

casse-bonbon *{3}* / **-couille** *{3}* / **-pieds** *{1} m./Adj. Importun {2}*: Il est casse-bonbon avec ses questions, hein? *Der* ***geht einem auf den Geist*** / ***die Eier*** *mit seinen Fragen.* ♦ **Casse-gueule** *{1} Adj.inv. Dangereux {1}*: Les deux-roues sont souvent casse-gueule. *Zweiräder sind oft* ***tödlich.*** ♦ **Casse-pipe** *m. Guerre {3}*. ***Krieg.*** / **Aller au casse-pipe** *loc. Aller à un combat [souvent mortel] {1}*. Il a déserté. Il ne voulait pas aller au casse-pipe. *Er ist abgehauen. Er wollte nicht* ***in den Krieg/in den Kampf.*** ♦ **Casse-dalle** *expr.m. Sandwich, repas sommaire {3}*: Je vais me payer un casse-dalle. *Ich werf mir ein* ***Sandwich*** / ***einen Happen*** *rein.* ♦ **Casse-patte / -poitrine** *expr. Alcool très fort {3}*. ***Einer, um Tote aufzuwecken.***

casser *V.t. Cambrioler avec effraction {1}*: Ils ont cassé une Mercedes. *Sie haben einen Mercedes* ***geknackt.*** ♦ *Démonter une voiture, une machine pour en récupérer les pièces et les métaux {2}*: Qui va la casser? *Wer* ***nimmt*** *ihn* ***auseinander?*** / ***schlachtet*** *ihn* ***aus?*** ♦ → croûte. ♦ *Loc. Déranger {1}*: Le bruit des motards dans la cour **(me) casse la tête / les oreilles**. *Der Krach der Motorräder im Hof* ***macht mich fertig.*** ♦ **Casser la gueule** *loc. Rouler de coups {1}*: Ces cons-là, on devrait leur casser la gueule. *Man sollte diesen Arschlöchern* ***ein paar vor die Fresse hauen.*** ♦ *Loc. Déranger, énerver*: **Ils me cassent les pieds** *{1}* / **les couilles** *{2}* / **les burnes** *{3}* / **le cul** *{2}*. ***Sie gehen mir auf den Wecker / die Eier / die Klötze.*** / **Tu me les casses** *loc. Tu m'embêtes {2}*. ***Du gehst mir auf den Geist.*** ♦ **Casser sa pipe** *loc. Mourir {2}*. ***Den Löffel abgeben.*** ♦ **Casser la graine** *loc. Manger {2}*: A midi pile, on casse la graine. *Punkt zwölf wird* ***gefuttert.*** ♦ **Casser un morceau** *loc. Manger rapidement {2}*. ***Eine Kleinigkeit essen.*** ♦ **Casser le bail** *loc. Se séparer {3}*: Le patron menace son employé de casser le bail. *Der Chef droht seinem Angestellten damit,* ***die diplomatischen Beziehungen abzubrechen.*** ♦ **Casser les prix** *loc. Baisser les prix sensiblement {2}*: «Mammouth casse les prix», dit la pub. *(Die Kaufhauskette) Mammouth* ***bricht die Preise,*** *laut Reklame.* ♦ **Casser la baraque** →

baraque. ♦ **Casser du sucre sur son dos** *loc. Dire du mal de lui dans son dos {1}.* ***Hinter jds. Rücken über ihn herziehen.*** ♦ **Ça ne casse pas trois pattes à un canard** *loc.* → canard. ♦ **Ne rien casser** *loc. Sans valeur particulière {1}:* Ça ne casse rien. *Das ist* ***nichts Besonderes.*** ♦ **(se)** *V.pr. S'en aller {1}:* Je me casse. *Ich* ***hau' ab.*** ♦ **Casse-toi!** ***Zieh Leine! / Zisch ab!*** ♦ *Loc. Trouver la maison fermée {3}:* **Il s'est cassé le nez.** ***Er kam an die zue Tür / vor verschlossene Türen.*** ♦ **Se casser la tête** *loc. Faire un grand effort {1}:* J'ai pas envie de me casser la tête pour ça. *Deshalb* ***zerbrech ich mir doch nicht den Kopf.*** / **Te casse pas la tête!** *Loc. Ne te fais pas de soucis {1}.* ***Mach dir kein Kopfzerbrechen!*** ♦ **Se casser la gueule** *loc. Avoir un accident, subir un échec {1}:* Avec le vélo, je me suis cassé la gueule. *Mit dem Rad* ***bin ich auf die Schnauze geflogen.*** ♦ *Loc. Ne pas faire le moindre effort {2}:* Il **ne se casse pas beaucoup / ne se casse pas le bonnet.** *Er* ***reißt sich kein Bein aus.*** ♦ **Ça passe ou ça casse** *loc. Pour dire qu'on joue le tout pour le tout, qu'on exécute une tâche ou une décision sans tenir compte des dégâts possibles {2}.* Et maintenant, j'essaie à nouveau. Ça passe ou ça casse. *Und jetzt versuch ich's nochmal.* ***Entweder (es klappt) – oder es ist im Eimer.*** ♦ **J'aurais mieux fait de me casser une jambe (le jour où...)** *loc. Pour marquer un regret d'avoir fait qc. qui a mal tourné,* → valoir *{1}. Ich* ***hätte besser die Finger davon gelassen.*** / Le jour où je l'ai rencontré, j'aurais mieux fait de me casser une jambe. *Den Tag, wo ich ihn kennenlernte,* ***wäre ich besser im Bett geblieben.*** ♦ **A tout casser** *loc. Sans frein, au maximum, tout au plus {1}:* Dans les 200 balles à tout casser. ***Allerhöchstens*** *um die 200 Eier.* / Ils y sont allés à tout casser. *Sie sind rangegangen* ***wie die Berserker.***

casseur *m. Cambrioleur par effraction {1}.* ***Einbrecher.*** ♦ *Celui qui se livre à des déprédations {1}:* Les casseurs seront les payeurs. *Die* ***Randalierer*** *sollen zahlen.* ♦ [**Loi anti-casseurs** *expr.f. Loi promulguée en 1968 et abrogée en 1981. Cette loi prévoyait que tout manifestant qui était dans la proximité directe d'un dégât causé au cours d'une manifestation en fût considéré comme co-responsable {2}.* ***„Anti-casseurs"- / „Verursacher"-Gesetz.***] ♦ **Casseur de vitres** *expr. Personne qui provoque des scandales ou des dégâts {2}.* ***Elefant im Porzellanladen.***

castagne *f. Combat, bagarre {2}.* ***Prügelei.*** ♦ **Aller à la castagne** *loc. Se préparer pour se bagarrer {2}:* Ça y allait, à la castagne. ***Da ging's zur Sache.***

castagner *V.t. Frapper {3}:* Les gosses ont encore castagné le petit du voisin. *Die Bengel haben schon wieder den Kleinen vom Nachbarn* ***vermöbelt.*** / Le match devient dur. Ça castagne maintenant. *Das Spiel wird jetzt hart. Es wird* ***geholzt.*** ♦ **(se)** *V.pr. Se battre {3}:* Fallait les voir **se castagner.** *Du hättest sehen müssen,* ***wie sie aufeinander losdroschen.***

cataloguer *V.t. Juger qn., le classer dans une certaine catégorie {1}:* Avec tes manières de clodo, **tu te fais aussitôt cataloguer.** *Mit deinen Pennermanieren* ***bist du sofort unten durch.*** / Je l'avais tout de suite catalogué. *Den hatte ich sofort* ***durchschaut.*** / J'aime pas cataloguer les gens comme ça. *Ich mag es nicht, die Leute einfach* ***„in bestimmten Schubladen abzulegen" / abzutaxieren.***

catapulter *V.t. Faire profiter un collaborateur, fonctionnaire, politicien, etc. d'une très belle promotion {1}:* Au bout de deux ans à peine, il a été catapulté à la Direction Générale. *Nach zwei Jahren wurde er in die Geschäftsleitung* ***gehievt.***

catastrophe *f.* **En catastrophe** *loc.adv. Immédiatement, toutes affaires cessantes {1}:* Quand il a appris ça, il est venu en catastrophe. *Als er dies erfuhr, ist er* ***Hals über Kopf*** *gekommen.*

catastropher *V.t. Étonner, abattre {1}:* Cette nouvelle l'a catastrophée. *Diese Nachricht hat sie* ***umgehauen.***

catholique *Adj. Conforme à la morale et aux moeurs [s'emploie toujours à la forme négative] {1}:* Ce n'était pas tellement catholique. *Das war nicht gerade* ***im Sinne des Heiligen Vaters.***

catimini *m.* **En catimini** *loc.adv. En cachette, discrètement {2}:* Il l'a fait en catimini. *Er hat es* ***klammheimlich*** *gemacht.*

catin *f. Prostituée {1}.* ***Dirne.***

causant *Adj. Communicatif, qui parle volontiers {1}:* Une femme pas causante. *Keine gerade* ***gesprächige*** *Frau.*

causer *V.i. Parler {1}:* Tu causes, c'est tout ce que tu sais faire. ***Quatschen*** *ist alles, was du kannst.* / **C'est à moi que tu causes?** ***Sprichst du (etwa) mit mir?*** ♦ → cul.

cautère *m.* **Agir comme un/c'est un cautère sur une jambe de bois** *loc. Se dit d'un remède inutile [surtout au sens figuré] {3}:* Cette subvention, c'est un cautère sur une jambe de bois. *Diese Subvention ist* ***rausgeschmissenes Geld / ein Tropfen auf dem heißen Stein.***

cavale *f. Évasion, désertion, fuite {2}:* Il **est en cavale.** *Er* ***ist auf der Flucht.*** ♦ **Faire cavale** *loc. S'évader {3}.* ***Abhauen.*** ♦ *Femme {3}:* Cette nénette, c'est une chouette cavale. *Die ist ein* ***Klasseweib.***

cavaler *V.i. Courir {1}:* J'ai cavalé toute la journée. *Ich bin den ganzen Tag* ***rumgerannt.*** ♦ Il cavale derrière les nanas. *Er* ***rennt*** *den Weibern* ***hinterher.*** ♦ **Tu me cavales** *loc. Tu m'éreintes {3}:* ***Du ödest mich an.***

cavaleur *m. Coureur de filles, coureur de jupons {1}.* ***Schürzenjäger.***

cave *m. Homme ignorant les règles du milieu,*

naïf, niais {2}: Un cave qui se fait niquer. *Ein* ***Spinner,*** *der sich reinlegen läßt.* ♦ *Client d'une prostituée* {2}. ***Freier.***

ceinture *f.* **Se serrer la ceinture** *loc. Se priver de qc., dépenser le moins possible* {1}. ***Den Gürtel enger schnallen.***

cent *Adj./m.* **cent pour cent** *expr.adv. Totalement* {2}: Je vous capte cent pour cent. *Ich empfange Sie* ***einwandfrei.*** ♦ **Quatre cents coups** *loc.* → coups. ♦ → question.

centrale *f. Prison centrale* {3}. ***Knast.***

Centrale *f. École Centrale* {2}: Il a fait Centrale. *Er hat die* ***Ecole Centrale*** *absolviert.*

cerise *f.* **Etre la cerise sur le gâteau** *loc. Le fin du fin, le nec plus ultra* {3}. ***Das Gelbe vom Ei sein.*** ♦ **Se refaire la cerise** *loc.* → refaire.

certif *m. Certificat, surtout: certificat d'études primaires* {2}: Mon gamin a eu son certif. *Mein Junge hat seinen* **(Hauptschul)*abschluß*** *gekriegt.* ♦ *Certificat d'arrêt de travail* {1}. ***Arbeitsunfähigkeitsbescheinigung.***

cervelle *f.* **Brûler la cervelle à qn.** *loc. Le tuer d'une balle dans la tête* [*dans le cas d'un suicide*: **se brûler la**] {2}. ***Jdm. eine Kugel in den Kopf jagen.*** ♦ **Se creuser la cervelle** *loc. Réfléchir*, carburer* {1}. ***Hin- und herüberlegen.*** ♦ → triturer.

chahut *m.* Tapage*, *vacarme* {1}. ***Krach.*** ♦ *Perturbation d'un cours* {2}. ***Randale.*** ♦ **Faire du chahut** *loc. Mettre le désordre* {2}. ***Randale machen.***

chahuter *V.t. Faire du bruit, perturber un cours ou une conférence* {2}. ***Randalieren.***

chahuteur *m. Perturbateur bruyant, élève dissipé qui chahute* {1}. ***Randalierer / Radaubruder.***

chair *f.* **Ni chair ni poisson** *expr.adv. Se dit de qc. d'incertain* {1}. ***Weder Fisch noch Fleisch.***

chaise *f.* **Avoir le cul entre deux chaises** *loc. Etre assis entre deux chaises* {1}. ***Mit dem Arsch zwischen zwei Stühlen sitzen.*** ♦ **En chaise longue** *expr.adv. Éloigné de la réalité* [*se dit souvent des* intellos*] {3}. ***Vom Schreibtisch / grünen Tisch aus.***

chaleur *f.* **En chaleur** *loc.adv. Rechercher le mâle* {2}: Paraît que ta voisine est toujours en chaleur? *Deine Nachbarin ist wohl ständig* ***heiß?***

chaloupé *Adj.* [*Surtout dans la locution*] {3}: **Une démarche chaloupée.** ***Seemannsgang.***

chambard *m. Vacarme, protestation violente* {2}: Arrêtez de faire du chambard! *Hört mit dem* ***Aufstand*** / **(*Affen*)*zirkus*** *auf!*

chambardement *m. Bouleversement, renversement de l'ordre* {2}. ***Aufstand.*** ♦ **Le grand chambardement** *expr. Apocalypse* {3}: Le grand chambardement nucléaire. *Das atomare* ***Chaos*** / ***der SuperGAU.***

chambarder *V.t. Bouleverser, mettre en désordre* {2}: Les cambrioleurs ont tout chambardé. *Die Einbrecher haben alles* ***auf den Kopf gestellt.***

chambouler *V.t. Mettre tout en l'air* {2}: Faut pas tout chambouler. *Man muß ja nicht alles* ***auseinandernehmen.***

chambre *f.* **En chambre** *loc. A domicile* {2}: Travailleur en chambre. ***Heimarbeiter.***

chambrer *V.t. Se moquer, railler*, mettre en boîte* {2}: Un mec qui se fait chambrer tout le temps. *Einer, der sich ständig* ***veräppeln*** *läßt.*

chameau *m./Adj. Personne acariâtre* {1}: **Vieux chameau!** *Du altes* ***Scheusal!*** ♦ *Bête* {1}: Plus elle vieillit, plus elle *est* **chameau.** *Je älter sie wird, desto* ***dämlicher*** *wird sie.*

champ' [ʃɑ̃p] *m. Champagne* {1}: Tu ramènes une bouteille de champ'? *Bringst du 'ne Pulle* ***Champagner / Schampus*** *mit?*

champignon *m.* **Appuyer sur le champignon** *loc. Accélérer* {2}. ***Auf den Pinn treten / die Tube drücken.***

champion *Adj. Remarquable* {1}: Venise, c'est champion. *Venedig ist* ***Spitze.*** ♦ Au foot, il **est champion.** *Im Fußball ist er ein* ***As.***

Champs *N.pr.* **Les Champs** [ʃɑ̃] *Les Champs-Élysées à Paris* {2}. ***Champs-Elysées.***

chandelle *f. Bougie d'allumage* {2}. ***Zündkerze.*** ♦ *Nez sale* {2}: La petite a une chandelle. Mouche-la. *Die Kleine hat eine* ***Rotznase.*** *Putz sie ihr.* ♦ **Devoir une fière/belle chandelle** *loc. Etre obligé ou endetté* {2}: Vous lui devrez une fière chandelle. *Sie* ***stehen bei ihm ganz schön in der Kreide.*** ♦ **Tenir la chandelle** *loc. Assister à des rapports amoureux ou les favoriser, être un mari ou une épouse complaisant* {3}: Elle couche avec tout le bourg et lui, il tient la chandelle. *Sie pennt mit dem ganzen Ort und* ***er sieht zu.*** / Le couple faisait comme si je n'étais pas là, mais j'avais pas envie de tenir la chandelle. *Das Paar tat so, als ob ich nicht da wäre. Aber ich hatte keine Lust,* ***mir das „Schauspiel" anzusehen.*** ♦ **En voir trente six chandelles** *loc. S'évanouir*, tomber dans les pommes* {2}. ***Sternchen sehen.*** ♦ **Brûler la chandelle par les deux bouts** *loc.* → bout.

changer *V.i. Échanger* {2}. ***Tauschen.*** ♦ **Change pas de main (je sens que ça vient)** *loc.* → main. ♦ **Changer de disque** *loc. Changer de sujet* {1}: Tu veux pas changer de disque? ***Willst du nicht mal 'ne andere Platte auflegen?*** ♦ **Plus ça change, plus c'est pareil** *loc. Pour exprimer que malgré un changement affiché, tout reste identique* {3}: Changement du gouvernement? Tu parles, plus ça change, plus c'est pareil. *Regierungswechsel?* ***Es ist doch immer das gleiche.***

chansonnette *f. Petite chanson sans prétention* {2}: **Pousser la chansonnette.** ***Ein Liedchen trällern.***

chanter *V.i. Plaire* {2}: Si ça vous chante. ***Wenn es Ihnen etwas sagt.*** ♦ *Dénoncer ses complices* {3}: Vu qu'il aurait pu chanter, ils l'ont descendu. *Da er hätte* **singen können,** *haben sie ihn umgelegt.* ♦ *Protester* {3}: Tu vas l'entendre chanter. *Du wirst ihn* **meckern** *hören.* ♦ **Faire chanter qn.** *loc. Exercer sur lui un chantage* {1}. **Jdn. erpressen.** ♦ **Chanter toujours le même refrain** *loc. Répéter la même chose* {1}. **Immer das gleiche Lied.** ♦ **Chanter comme une casserole** *loc. Chanter faux* {3}. **Wie ein Eimer singen.**

chanvre *m. Haschisch* {3}. **Hasch.**

chanvré *m./Adj. Intoxiqué, drogué au haschisch* {3}: Son fils est complètement chanvré. *Sein Sohn ist total* **verhascht.**

chapardage *m. Petit vol, larcin* {2}: On accusait les romanichels du chapardage de quelques poules. *Man bezichtigte die Zigeuner, einige Hühner* **stibitzt** *zu haben.*

chaparder *V.t. Voler* {1}: Les enfants ont chapardé des tablettes de chocolat. *Die Kinder haben einige Tafeln Schokolade* **gemopst.**

chapardeur *m. Petit voleur* {2}: Fais gaffe à ton argenterie. C'est un chapardeur. *Paß auf dein Silber auf.* **Der ist klamm.**

chapeau! *Interj. Bravo* {1}: **Hut ab!** ♦ **Porter le chapeau** *loc. Porter la responsabilité, la médaille*, en supporter les inconvénients* {2}: C'est le ministre qui porte le chapeau dans cette sombre affaire. *Der Minister* **trägt** *in dieser traurigen Affäre die* **Verantwortung.** / J'en ai marre de porter le chapeau pour les conneries des autres. *Ich habe es satt, für die Dämlichkeiten der anderen* **den Kopf hinzuhalten.** ♦ *Loc.adv. Brusquement ou à toute allure* {1}: Il a **démarré sur les chapeaux de roue.** *Er hat einen* **Kavaliersstart gemacht.** / **Prendre un virage sur les chapeaux de roue. Mit quietschenden Reifen** *durch die Kurve gehen.* ♦ **Travailler du chapeau** *loc. Travailler intellectuellement [plutôt ironiquement] débloquer* {3}: **Mit „dem Kopf arbeiten".** ♦ **En baver des ronds de chapeau** → baver.

chapeauter *V.t. Couvrir, avoir hiérarchiquement la responsabilité d'un ou de plusieurs services* {2}: Il chapeaute trois sociétés. *Er* **ist für** *drei Firmen* **verantwortlich.** ♦ *Protéger* {3}: Il chapeaute tous les gars de sa région. *Der* **deckt** / **fördert** *alle, die aus seiner Gegend kommen.*

chaque *Adj.inv. Se dit pour* chacun {1}: Ça fait dix francs chaque. *Das macht zehn Francs* **pro Stück.**

char / **charre** *m. Exagération* {2}: Sans charre? *Ohne* **Quatsch?** ♦ **Arrête ton char, Ben-Hur** → arrêter.

charbon *m.* **Aller au charbon** *loc. S'astreindre à un travail pénible* {2}. **Steine klopfen gehen.** / Pour obtenir ça, on ne doit pas hésiter à aller au charbon. *Wenn wir das holen wollen, müssen wir* **voll ranklotzen.** ♦ **Etre sur les charbons ardents** *loc. Attendre impatiemment* {1}. **Wie auf glühenden Kohlen sitzen.**

charcutage *m. Opération chirurgicale maladroite* {2}: T'as vu la cicatrice? **Quel charcutage!** *Hast du die Narbe gesehen? Die reinste* **Schlächterarbeit!**

charcuter *V.t. Faire du* charcutage* {2}: Un toubib qui charcute les gens. *Ein Metzger, der an den Leuten* **herumschneidet.**

charcuteur *m. Mauvais chirurgien* {2}. **Metzger.**

chargé *Adj. Etre sous l'influence de l'alcool, d'une drogue ou du dopage* {2}: Elle est chargée. *Die* **hat ihre Ladung.**

Charles *N.pr.* **Tu parles Charles!** *Loc. Pour exprimer une affirmation ironique,* → bouffi {3}: La maison va connaître un énorme essor. – **Tu parles Charles!** *Die Firma wird einen enormen Aufschwung erleben.* – **Wer's glaubt, wird selig!**

charmeuses *f.pl. Moustaches* {3}: Les garçons de café ont fait grève pour obtenir le droit de porter des charmeuses. *Die Kellner haben für das Recht gestreikt,* **Schnurrbärte** *tragen zu dürfen.*

charrette *f. Automobile* {3}: Je m'emprunte ta charrette, hein? *Ich leih mir deine* **Karre,** *ja?* ♦ **Etre dans la charrette** *loc. En faire partie* {3}: T'as été viré toi aussi? Et comment! J'étais dans la charrette. *Bist du auch gefeuert worden? Und ob! Ich* **war mit von der Partie.**

charrier *V.t. Se moquer* {2}: Charrier un collègue. *Einen Kollegen* **veräppeln** / **verhohnepiepeln.** ♦ *V.i. Exagérer* {1}: Tu charries un peu avec tes vannes. *Du* **trägst ein wenig zu dick auf** *mit deinen Lügengeschichten.* ♦ **Charrier dans les bégonias** *loc. Exagérer,* attiger* {2}. **Das Blaue vom Himmel erzählen.**

charrue *f.* **Ne pas mettre la charrue devant les bœufs** *loc.* {1}. **Das Pferd nicht beim Schwanz aufzäumen.**

chasse *f.* **Etre en chasse** *loc. Chercher une aventure sexuelle, à draguer* {2}. **Auf Jagd sein.** ♦ **Prendre qn. en chasse** *loc. Poursuivre* {1}. **Jds. Verfolgung aufnehmen.** / Les flics les avaient déjà pris en chasse. *Die Bullen* **waren schon hinter ihnen her.**

châsse *m. Oeil* {3}: Ferme les châsses! **Knöpfe** / **Gucker** / **Knopfaugen** *zu!*

châssis *m. Fille* {2}: C'est un beau châssis. *Die hat* **tolle Formen.**

chat *m.* **Pas un chat** *loc. Vraiment personne* {1}: Il n'y avait pas un chat. **Kein Schwanz** *war da.* ♦ **Avoir un chat dans la gorge** *loc. Devoir tousser parce qu'on vient d'avaler de travers* {1}. **Ein Kratzen** / **einen Frosch im Hals haben.** ♦ **Appeler un chat un chat** *loc. Appeler les choses par leur nom* {1}. **Das Kind beim Namen nennen.** ♦ **Avoir (bien) d'autres chats à fouetter** *loc. Avoir autre chose à faire [jamais à la forme négative]* {2}. **Etwas Besseres zu tun haben.** ♦

Pas de quoi fouetter un chat *loc.* → quoi. ♦ **Donner / jeter sa langue au chat** *{1}* / **au chien** *{3} loc. Capituler dans un jeu*: Tu sais qui j'ai vu? – Non, je donne ma langue au chat. *Weißt du, wen ich gesehen hab? – Nein, ich* **geb auf,** *(sag's mal).* / Pouce! – Ah bon, tu donnes ta langue au chat? *Frieden! – Ach, du* **ergibst dich?** ♦ **Réveiller le chat qui dort** *loc. Attirer l'attention sur un argument à éviter {1}.* ***Schlafende Hunde wecken.*** ♦ **S'entendre / être comme chien et chat** *loc. Très mal {2}.* ***Wie Feuer und Wasser / Hund und Katze sein.***

châtaigne *f. Coup de poing {2}*: Il va te filer une châtaigne. *Er haut dir ein* **eine** *rein.* ♦ *Décharge électrique {2}*: **Recevoir une châtaigne.** ***Eine gewischt kriegen.***

château-la-pompe *m. Eau,* flotte* *{1}.* ***Pumpenheimer / Kranenberger.***

chatouilles *f.pl. Chatouillement {2}*: Le père fait des chatouilles au bébé. *Der Vater macht bei dem Baby* **Killekille.**

chatte *f. Sexe de la femme {2}.* **Pussy / Muschi.**

chaud *Adj. Agité {1}*: Les syndicats préparent **un été chaud.** *Die Gewerkschaften bereiten einen* ***heißen Sommer*** *vor.* ♦ **Ça me fait ni chaud ni froid** *loc. Cela m'est indifférent {1}.* ***Das läßt mich kalt.*** ♦ **Chaud lapin** *expr.m. Érotomane, coureur de filles {2}.* **Geiler Bock** ♦ **Chaud! Chaud devant!** *Loc. Cri des garçons de café pour demander le passage {2}.* ***Vorsicht! Platz!*** ♦ **Etre chaud pour** *loc. Avoir envie de {2} {B}*: Je suis pas carrément chaud pour acheter une autre voiture. *Ich* **bin** *nicht gerade* **scharf drauf,** *ein neues Auto zu kaufen.* ♦ **Avoir chaud aux fesses / miches** *loc. Avoir peur {3}*: Quand ils ont vu arriver les flics, ils ont eu chaud au fesses. *Als sie die Bullen kommen sahen, haben sie* ***Muffe gekriegt.***

chaude-lance *{2}* / **chaude-pisse** *{1} f. Blennorragie.* **Tripper.**

chauffer *V.t. Animer, amuser, exciter la salle {2}*: L'auditoire est chauffé à blanc. *Die Zuhörer sind* ***zur Weißglut gebracht.*** ♦ *Enthousiasmer, inviter l'auditoire à participer {1}*: Et maintenant tous ensemble! Chauffez! Chauffez! *Und jetzt alle!* ***Feste! Lauter!*** ♦ *Loc. Ça va* barder* *{1}*: Le patron l'a appelé dans son bureau. **Ça va chauffer.** *Der Chef hat ihn zu sich ins Büro gerufen.* ***Jetzt geht's rund.*** ♦ **Faites chauffer la colle!** *Excl. Souligne la maladresse de qn. qui vient de casser du verre ou de la porcelaine [la formule est prononcée au moment où l'on entend le bruit] {2}*: Et voilà, tout par terre. Faites chauffer la colle! *Jetzt liegt alles auf dem Boden.* ***Das war geschickt! / Jetzt können wir die Scherben zusammenfegen.***

chaumières *f.pl.* **Dans les chaumières** *expr.adv. Symbole des milieux populaires {2}*: Dans les chaumières, on est plutôt d'avis que... ***Unter deutschen Dächern*** *denkt man eher, daß...* ♦ *Souvent pour exprimer de la tristesse {2}*: Une histoire **à faire pleurer dans les chaumières.** *Eine* ***ganz rührende*** *Geschichte.*

chaussure *f.* → pied.

chébran *m./Adj. Se dit de ceux qui suivent la mode [verlan pour* branché*] {3}*: Un bar chébran. ***Schickerialokal.*** / Les chébrans n'y achètent plus. *Die* ***Schickeria*** *kauft da nicht mehr.*

chef *m. Individu que l'on respecte, sans pour autant reconnaître son autorité {1}*: **Salut chef!** ***Tag Chef!*** ♦ **Comme un chef** *loc. Parfaitement {1}*: Il conduit comme un chef. *Er fährt* **klasse.** / Est-ce que le petit mange maintenant? Ah oui, comme un chef. *Ißt der Kleine denn jetzt? Aber klar,* ***ganz wie ein Großer.***

chef d'œuvre en péril *expr.m. Femme vieillissante {3}.* ***Schönheit von gestern.***

chemin *m.* **Prendre le chemin des écoliers** *loc. Prendre le chemin le plus long ce qui permet de flâner {2}*: Ah bon, tu fais des détours? – Je prends le chemin des écoliers. *Fährst du Umwege? – Ich* ***nehm den Weg zum Bummeln.***

chemise *f.* **Changer d'opinion comme de chemise** *loc. Changer d'opinion souvent {2}.* ***Alle naselang die Meinung wechseln.***

chenapan *m. Vaurien [en parlant d'un enfant] {2}.* **Schlitzohr.** // Personne sans moralité *{2}*: Et moi, à la merci des deux chenapans... Und ich, den beiden ***Ausgeflippten*** *ausgeliefert...*

chèque en bois *m. Chèque sans provision {2}.* ***Fauler Scheck.***

chercher *V.t. Provoquer {2}*: Faut pas me chercher, sinon ça barde, hein! ***Reiz*** *mich nicht, oder es passiert was!* ♦ **Chercher des crosses à qn.** *loc. Chercher querelle {2}.* ***Stunk suchen.*** ♦ **Chercher la petite bête** *loc. Etre méticuleux à l'excès {1}.* ***Das Haar in der Suppe suchen.*** ♦ **Chercher dans** *loc. atteindre {2}*: Ça va chercher dans les deux cents francs. *Das* ***kommt so um die*** *zweihundert Francs.* ♦ **Chercher midi à quatorze heures** *loc. Chercher des difficultés où il n'y en a pas {3}.* ***Unnötige Schwierigkeiten machen.***

chéro *Adj.inv. Cher {2}.* **Sauteuer.**

cherrier *V.i.* → charrier.

cheval *m.* **Cheval de labour** *expr. Travailleur infatigable {3}*: C'est un vrai cheval de labour, lui. *Der ist das reinste* ***Arbeitspferd.*** ♦ *Femme très grande et carrée {1}*: C'est un cheval. *Sie ist ein* ***Pferd.*** ♦ **Cheval de retour** *expr. Récidiviste {3}*: C'est un cheval de retour. ***Der kommt wieder.*** ♦ **Ça se trouve pas sous le pied / sabot d'un cheval** *loc. Cela ne se trouve pas partout, c'est rare à trouver {2}.* ***Das findet man nicht überall / ist ein Schnäppchen.*** ♦ **Etre à cheval sur ses principes** *loc. Etre fidèle à ses principes*

{1}. ***Ein Prinzipienreiter sein.*** / Nous autres Français sommes très à cheval sur la liberté, vous savez. *Wir Franzosen* **lieben** *die Freiheit sehr, wie Sie wissen.* / Etre à cheval sur le service. ***Auf*** *den Dienstvorschriften* **herumreiten.** ♦ **Fièvre de cheval** *expr.f. Fièvre très forte {2}*. ***Hohes Fieber.*** ♦ **Remède de cheval** *expr.m. Médicament très fort {2}*. ***Mittel, das Tote aufweckt.*** ♦ **A un cheval près** *loc. Approximativement*, à un → cheveu près *{3}*: A un cheval près, ça fait une brique. *Das macht* ***grob über den Daumen gepeilt*** *zehn Mille.*

cheveu *m.* **Il y a un cheveu** *loc. Il y a un problème {3}*. ***Es ist ein Haar in der Suppe.*** ♦ **Couper un cheveu en quatre** *loc. Faire des distinctions subtiles qui ne servent à rien {1}*. ***Haarspaltereien betreiben.*** ♦ **Avoir un cheveu sur la langue** *loc. Zozoter {2}*. ***Lispeln.*** ♦ **Arriver / tomber comme un cheveu dans la soupe** *loc. Mal à propos, [toujours pour exprimer qc. de négatif] {2}*: Le flic est arrivé comme un cheveu dans la soupe. On était en train de distribuer le pognon. *Der Polizist* ***kam „goldrichtig".*** *Wir waren gerade dabei, die Flocken zu verteilen.* ♦ **Faire dresser les cheveux sur la tête à qn.** *loc. Lui faire peur {1}*: Un film qui te fait dresser les cheveux sur la tête. *Ein Film, der dir* ***die Haare zu Berge stehen läßt.*** ♦ **Ça ne tient qu'à un cheveu** *loc. Cela dépend de peu de chose {1}*. *Das* ***hängt an einem seidenen Faden.*** ♦ **Tirer par les cheveux** *loc. Ce qui manque de raisonnement solide {1}*. ***Etwas an den Haaren herbeiziehen.*** ♦ **Se prendre aux cheveux** *loc. Se bagarrer {3}*: Sur quoi elles se sont prises aux cheveux. *Worauf sie* ***sich in die Wolle kriegten.*** ♦ **Avoir mal aux cheveux** *loc. Avoir des maux de tête, souvent après avoir trop bu {2}*: T'as toujours mal aux cheveux? *Hast du immer noch* ***einen schweren Kopf?*** ♦ **A un cheveu près** *loc. Approximativement [plus précis que* → à un cheval près *] {2}*. ***Pi mal Daumen..***

cheville *f. Loc. Connivence, complicité {2}*: Cette boîte **est en cheville avec** ton concurrent. *Diese Firma* ***steckt mit deiner*** *Konkurrenz* ***unter einer Decke.*** ♦ *Loc. Ne pas supporter la comparaison avec une autre personne*: Il ne vous **monte** *{3}* / **arrive** *{1}* **pas à la cheville.** *Der* ***kann*** *Ihnen* ***nicht das Wasser reichen.*** ♦ **Avoir les chevilles qui enflent** *loc. Etre imbu de sa personne {2}*. ***Aufgeblasen sein.*** ♦ **Ne pas se fouler la cheville** *loc. Ne faire aucun effort {2}*: Il se foule pas la cheville. *Der* ***macht keinen Finger krumm.***

chèvre *Adj. Fou*, dingue* *{3}*: C'est à devenir chèvre / Ça te rend chèvre! *Da* ***kriegst du 'n Föhn.***

chiader *V.t. Travailler d'arrache-pied [pour un examen] {3}*: Il chiade son bac. *Er* ***büffelt*** *für's Abi.* / Il chiade sur une disserte. *Er* ***brütet*** *an einem Aufsatz.* ♦ *Peaufiner un travail {2}*: Il faut encore le chiader. *Wir müssen ihm* ***noch den letzten Schliff geben.***

chialer *V.i. Pleurer, se plaindre {1}*: La petite a chialé toute la nuit. *Die Kleine hat die ganze Nacht* ***geflennt / gequengelt.***

chialeur *m. Qui* chiale* *toujours {3}*: Quel chialeur, ce gosse. *So* ***ein Schreihals / eine Flennsuse****, dieses Kind.*

chiant *Adj. Ennuyeux*, chiatique* *{1}*: Qu'est-ce que ça peut être chiant! *So eine* ***Scheiße!*** / Un boulot chiant. *Eine* ***Scheißarbeit.*** / Un type chiant. *Ein* ***scheißlangweiliger Typ.***

chiard *m. Enfant {1}*. ***Scheißerchen.***

chiasse *f. Diarrhée {1}*. ***Scheißerei.*** ♦ *Peur {2}*: Avoir la chiasse. ***Schiß haben.*** ♦ *Ennui*, emmerdement* *{3}*: Quelle chiasse! *So 'ne* ***Scheiße!***

chiatique *Adj. Très ennuyeux {2}*. ***Beschissen.***

chic *Adj.inv. Brave {1}*: Un chic type. *Ein* ***prima*** *Typ.* ♦ *Interj. Quelle chance!* → bath! veine! *{2}*: Chic! Je vais avoir ce petit job! ***Klasse!*** *Ich krieg den Job.*

chiche! *Interj. Expression de défi {1}*: Et j'aurais bien envie de vous faire une grosse bise. – Chiche! *Ich hätte echt Lust, Ihnen einen dicken Kuß zu geben.* – ***Wetten, daß!*** ♦ *Adj.inv. Oser {2}*: T'es pas chiche de sauter. *Du* ***hast ja keine Traute*** *zu springen.* ♦ *Avare {2}*: Tu lui donnes que 2 francs? Ce que tu peux être chiche, quand même! *Du gibst ihm nur 2 Francs? Was kannst Du* ***knauserig*** *sein!*

chichis *m.pl. Manières, simagrées {1}*: Accepte cette invitation **sans faire de chichis**. *Nimm die Einladung* ***ohne großes Trara*** *an.* / Elle **fait des chichis**. *Sie* ***macht sich ins Hemd.***

chiée *f. Grand nombre {3}*: Une chiée, une mégachiée de mômes. *Ein* ***Haufen,*** *ein* ***Riesenhaufen*** *Kinder.*

chien *m.* **Etre chien avec qn.** *loc. Etre chiche, avare [souvent à la forme négative] {2}*: Il est pas chien avec ses employés. *Er ist mit seinen Angestellten* ***nicht knauserig.*** ♦ **Avoir du chien** *loc. Avoir du charme ou du chic {2}*: La vendeuse a du chien. *Die Verkäuferin* ***hat Pfiff / etwas Unwiderstehliches.*** ♦ **Donner sa langue au chien** → chat. ♦ **Faire les chiens écrasés** *loc. Pour caractériser le travail d'un journaliste qui ne s'occupe que des événements locaux {3}*. ***Über Lieschen Müller schreiben.*** ♦ **Traiter qn. comme un chien** *loc. Le traiter très mal {1}*. ***Jdn. wie einen Hund behandeln.*** ♦ **Ce n'est pas fait pour les chiens** *loc. Invite à profiter de qc. {1}*: Et le bus? Alors, c'est pas fait pour les chiens. *Der Bus? Klar, der* ***ist nicht umsonst da.*** ♦ *Loc. Avoir de grandes difficultés {1}*: J'**ai eu un mal de chien à** trouver un taxi. *Ich* ***hatte eine Affenmühe****, ein Taxi zu finden.* ♦ **Métier de chien** *expr.m. {1}*. ***Mistberuf.*** / **Vie de chien** *expr.f. {1}*. ***Hundeleben.*** ♦ **Malade comme un chien**

loc. Etre très malade {1}: J'étais malade comme un chien. Mir **ging es hundeelend.** ♦ **Un temps de chien** *expr. Mauvais temps {1}*. **Scheißwetter.** ♦ **Entre chiens et loups** *expr.adv. A la nuit tombante {3}*. **Nach Sonnenuntergang.**

chien-chien à sa mémère *expr.m. Petit chien cajolé {2}*. **Schoßhündchen.**

chienlit *f. Ennui issu d'une situation [très vulgaire] {3}*: Quelle chienlit! *Die* **totale Scheiße!**

chier *V.t. Déféquer {1}*: Regarde les merdes sur le trottoir. Les clebs chient partout. *Guck mal die Haufen auf dem Bürgersteig. Die Köter* **scheißen** *überall hin.* ♦ **Chier dans la colle** *loc. Exagérer, manquer de tact {3}*: Mais non, c'est pas vrai, tu chies dans la colle. *Aber das kann doch nicht wahr sein, du* **spinnst doch / bist ein Ausbund an Takt.** ♦ **Chier dans les bottes** *loc. Importuner*, emmerder* *{1}*: Il y revient sans arrêt. Il me chie dans les bottes. *Er kommt immer wieder darauf zurück. Er* **kotzt mich an.** ♦ **Ça va chier** *loc. Ça va barder {2}*. **Das gibt Stunk / Gleich ist die Kacke am Dampfen.** ♦ **Envoyer chier** *loc. Éconduire {2}*: Ton beau Lulu, tu parles, je l'ai envoyé chier. *Dein schöner Lulu! Tja mein Lieber, den (Arsch) hab ich* **zum Teufel gejagt.** ♦ **Faire chier** *loc. Importuner {1}*: Pourquoi, elle t'a fait chier? *Warum ist* **sie dir auf die Klötze gegangen?** ♦ **Il faut que ça chie** *loc. Il faut que cela réussisse {3}*. *Es* **muß klappen.** / 'Y a pas à chier, on doit y arriver. **Scheißegal**, *es muß hinhauen.* ♦ **C'est chié** *loc. C'est réussi {2}*. **Es ist vollbracht / hat geklappt.** ♦ **Chier sa copie** → pisser. ♦ **Une gueule à chier dessus** *loc. Un visage très antipathique {3}*. **Eine Fresse zum Reinschlagen.** ♦ **A chier** *expr.adv. Sans valeur {2}*: Un type à chier. *Ein* **beschissener Typ.**

chierie *f. Désagrément, ennui, ensemble de choses* chiantes [chier*] *{3}*: Une chierie gigantesque. *Eine* **Riesenscheiße.**

chiffonner *V.t. Froisser, chagriner, intriguer, taquiner {2}*: La question qui me chiffonne, c'est... *Die Frage,* **die mich nicht ruhen läßt / fertigmacht**, *ist...*

chignole *f. Voiture {3}*. **Karre.**

chignon *m.* **N'avoir rien sous le chignon** *loc. Etre bornée, imbécile [se dit surtout des femmes] {3}*: Elle n'a rien sous le chignon. *Sie* **hat nichts im Kopf.** ♦ **Se crêper le chignon** *loc. Se battre [exclusivement des femmes] {2}*. **Sich in den Haaren haben.**

chiner *V.t. Railler, critiquer, taquiner {3}*: Ses collègues l'ont chiné au sujet de son costume neuf. *Seine Kollegen haben ihn wegen seines neuen Anzugs* **gehänselt.** ♦ *Demander avec insistance, mendier {3}*: Qu'est-ce qu'il peut chiner pour avoir une sucette! *Kann der um einen Lutscher* **betteln!** ♦ *Courir les brocanteurs, antiquaires, etc. {3}*. **Herumstöbern.**

Chinetoc [ʃintɔk] *m./Adj.inv. Chinois ou individu de race jaune {2}*. **Schlitzauge.** ♦ **C'est du chinetoc.** *Das ist* **chinesisch.**

chineur *m. Brocanteur {2}*. **Trödler.** ♦ *Mendiant {2}*. **Bettler.**

chinois *m.* **C'est du chinois** *loc. Pour exprimer qu'on ne comprend pas {1}*: **Das kommt (mir) spanisch vor.** ♦ **Se polir le chinois** *loc. Se masturber [homme] {3}*. **Sich einen von der Palme wedeln.**

chinoiser *V.t. Chicaner, ergoter pour des broutilles {3}*. **Piesacken.**

chinoiserie *m. Produits d'origine chinoise {1}*: Un marchand de chinoiseries. *Ein* **Chinahändler.** / T'aimes les chinoiseries? *Gefällt dir* **Chinesisches?** ♦ *Complication mesquine {3}*: Vous leur faites perdre leur temps avec vos chinoiseries. *Sie vergeuden nur deren Zeit mit Ihren* **komischen Erklärungen.**

chiotte *f. Péjoratif pour automobile {1}*. **Scheißkarre.** ♦ *f.pl. Lieux d'aisance {2}*. **Scheißhaus.** / Dis-moi, tu y as été tout à l'heure. Les chiottes sont propres? *Sag mal, du warst doch gerade da. Ist das* **Klo** *sauber?* ♦ *Cri de guerre des supporters de football à l'encontre de l'arbitre {3}*: **Aux chiottes l'arbit', aux chiottes l'arbit', aux chiottes!** [*Etwa*] **Schiedsrichter! Pfui! / Schieri raus! Schieri setz' die Brille auf! / Schwarze Sau!**

chiper *V.t. Voler {1}*: Chiper une pomme. *Einen Apfel* **stibitzen.** / *Tomber malade*, piger* *{2}*: Ton père a chipé un rhume. *Dein Vater hat* **sich** *einen Schnupfen* **geholt.**

chipoter *V.i. Manger sans appétit, du bout des lèvres {2}*: La vieille dame chipote. *Die alte Dame* **ißt lustlos.** / Le bébé chipote. *Das Baby* **mümmelt.** ♦ *S'attarder à des vétilles {2}*. **Herummeckern.** / C'est un enculeur de mouches. Il chipote. *Das ist ein Korinthenkacker, er* **nörgelt** *nur* **rum.** ♦ *Discuter mesquinement de qc., contester sur de menues dépenses {2}*: Les orientaux ont tendance à chipoter. *Orientalen neigen zum* **Feilschen.**

chique *f.* **Avaler / poser sa chique** *loc. Mourir {3}*. **Über die Wupper sein/gehen.** ♦ **Mou comme une chique** *loc. Sans énergie {2}*: Elle est molle comme une chique. *Sie ist ein* **Schlappmann / eine Schlappelle.** ♦ **Couper la chique** *loc. Couper la parole {2}*. *Das* **Wort abschneiden.**

chiqué *m. Bluff {2}*. C'est du chiqué. *Nur* **Bluff.** ♦ *Affectation*, chichi* *{2}*: **Faire du chiqué. Sich aufblasen.**

chiquer *V.i. Ergoter, tergiverser, hésiter {2}*: **Rien à chiquer.** C'est entendu. **Da gibt es nichts zu überlegen.** *Einverstanden.*

chlasse *m. Couteau {3}*. **Klinge.**

chlâsse *Adj. Ivre {2}*. **Besoffen.**

Chleu *m. Allemand {1}*. **Deutscher.** ♦ *La langue*

allemande {*1*}: Tu parles le chleu? *Sprichst du* **Deutsch***?*

chlingoter *V.i. Sentir mauvais*, chlinguer* {*3*}. **Stinken.**

chlinguer *V.i. Sentir mauvais* {*1*}: Il chlingue du goulot. *Er* **stinkt** *aus dem Maul.* / Les pieds qui chlinguent. **Stinkfüße**. / Sa cuisine chlingue. *Wenn sie kocht,* **stinkt***'s.*

chnoque *m./Adj. Imbécile* [*se combine souvent avec* vieux] {*1*}: Ah, **le vieux chnoque**. *Ach, der* **alte Blödmann.** ♦ *Vieux* {*1*}: Elle a épousé un vieux chnoque. *Sie hat einen* **alten Knacker** *geheiratet.*

chnouffe *f. Héroïne* {*2*}. **Stoff / Schnuff.**

chnouffer (se) *V.pr. Se droguer à l'héroïne ou à une drogue qu'on inhale, comme la colle par exemple* {*2*}. **Schnüffeln / sniffen.**

choc *m. Adj.inv. Frappant* {*1*}: Les prix choc. ♦ **De choc** *expr.adv. Dynamique, performant* {*1*}: Un prof de choc. **Powerpauker.** ♦ → pare-chocs.

chochotte *f. Femme maniérée* {*3*}: Que ferait-on s'il n'y avait plus de chochottes? *Was täten wir, wenn es die* **feinen Damen** / *die* **Etepeteten** *nicht mehr gäbe?* ♦ *Jeune homme efféminé* {*3*}: Regarde la chochotte! *Guck mal das* **Tuntchen***!*

chocolat *m.* **Etre chocolat** *loc. Etre dupé, frustré, privé* {*2*}: Maintenant je suis chocolat. *Jetzt* **bin ich gelackmeiert.** ♦ **C'est du chocolat** *loc. C'est facile* {*2*}. **Das ist kinderleicht.**

chocottes *f.pl. Peur* {*3*}: Il **a les chocottes**. *Er hat* **Zähneklappern vor Angst.**

choix *m.* **C'est un choix** *loc. Pour rester fidèle à sa décision* {*2*}: Pourquoi est-ce que vous ne le quittez pas? – C'est un choix. *Warum verlassen Sie ihn nicht?* **Wer A sagt, muß auch B sagen.**

chômedu *m. Chômeur* {*2*}. **Arbeitsloser.** / Etre chômedu, c'est pas gai. **Arbeitslos** *sein ist nicht lustig.*

choper *V.t. Prendre, attraper,* chiper {*2*}: Choper un rhume. **Sich einen Schnupfen einfangen.** ♦ *Voler, dérober,* chiper* {*2*}: Choper un portefeuille. *Eine Brieftasche* **klemmen.**

chopine *f. Bouteille de vin en contenance d'un demi-litre, verre de vin* [*rural*] {*2*}: Je t'offre une chopine. *Ich geb dir* **einen Schoppen** *aus.*

chose *f.* **De deux choses l'une** *expr.adv. Formule qui exprime la nécessité de faire un choix* {*1*}: De deux chose l'une! **Entweder – oder!** ♦ **Avoir l'air tout chose** *loc. Avoir l'air stupéfait* {*2*}. *Total* **verwirrt aussehen.**

chou *m. Tête* {*2*}: Il **en a dans le chou**. *Der* **hat was im Kopf.** ♦ C'est **bête comme chou** *loc. C'est très simple, facile* {*1*}. *Das ist* **stinkeinfach.** ♦ Il est **bête comme chou** *loc. Sot* {*2*}. *Er ist* **saudoof** / **deppert.** ♦ **Faire chou blanc** *loc. Rater, faire un coup nul,* louper* {*2*}: **Chou blanc! Fahrkarte!** ♦ **Faire son chou gras de qc.** *loc. En faire son profit* {*1*}: Ça va faire not' choux gras. *Das* **macht** *uns* **den Kohl fett.** ♦ **Arriver dans les choux** *loc. Etre en retard* {*2*}: Le numéro cinq arrive dans les choux. *Nummer fünf* **ist abgeschlagen.** ♦ **Etre dans les choux** *loc. Etre paumé* {*2*}: Aujourd'hui ça marche pas. Je suis dans les choux. *Heute geht's nicht. Ich* **bin in den Bohnen.** ♦ **Aller planter ses choux ailleurs** *loc. Se retirer* {*3*}: Il en avait ras-le-bol. Il est allé planter ses choux ailleurs. *Er hatte die Schnauze voll. Er* **züchtet jetzt Kohl in Australien.** ♦ **Mon petit chou** *expr. Mon petit chéri* [*surtout pour enfants*] {*1*}: Alors! Mes choux et mes **choutes!** *Na,* **meine lieben Jungen** *und* **Mädchen!** ♦ *Adj.inv. Gentil, agréable* {*1*}: Il est chou, son chapeau. *Ist der* **süß/niedlich**, *sein Hut.* / T'es chou, toi. *Du bist aber* **lecker.** ♦ **Feuilles de chou** *expr.f. Oreilles* {*3*}. **Horchlöffel.** ♦ **Feuille de chou** *expr.f. Mauvais journal* {*2*}. **Käseblatt.**

chouchou *m.* / **chouchoute** *f. Préféré(e), favori(te)* {*1*}: Un prof qui a ses chouchoux. *Ein Lehrer, der seine* **Lieblinge** *hat.* / La chouchoute du patron. *Das* **Hätschelkind** *vom Alten.*

chouchouter *V.t. Gâter, dorloter* {*1*}: Comment? Tu lui achètes des fleurs? Mais tu la chouchoutes! *Was? Du schenkst ihr Blumen? Aber du* **verhätschelst** *sie!*

choucroute *f.* **Pédaler dans la choucroute** {*2*} / **le yaourt** {*3*} *loc. Avancer avec peine,* → pédaler. **Am Fliegenfänger hängen.**

chouette *Adj.inv. Beau, bon, agréable, sympathique, pas forcément physique* {*1*}: **Chouette! Klasse!** / C'est une chouette fille. *Das ist ein* **nettes** *Mädchen.* ♦ **Etre chouette** *loc. Se faire prendre, être pris* {*2*}: On s'est fait avoir. On est chouettes. *Wir haben uns reinlegen lassen. Jetzt sind wir die* **Gelackmeierten.**

chouettos [ʃwɛtos] *Adj.inv.* Chouette* {*3*}. **Toll.**

chouïa [ʃuja] *m. Petite quantité* {*2*}: Donne m'en juste un petit chouïa. *Gib mir nur* **ein ganz kleines Bißchen.** ♦ *Adv. Doucement* [*parfois redoublé*] {*3*}. **Langsam.**

chouraver *V.t. Voler* {*3*}: Qu'est-ce que tu as chouravé? *Was hast du denn* **mitgehen lassen***?*

chrono *m. Chronomètre* [*sport*] {*1*}. **Uhr / Zeit.** / Il a **fait un bon chrono**. *Er hat* **eine gute Zeit gemacht.**

chrysanthème *m.* **Inaugurer les chrysanthèmes** *loc. Tenir un rôle purement honorifique* {*3*}: Il ne veut pas se borner à inaugurer les chrysanthèmes. *Er will nicht nur* **repräsentieren.**

chti *m./Adj.inv. Du Nord de la France,* ch'timi* {*3*}: Les chti'. **Die aus dem Norden.** [*Nordfrankreich*] ♦ Une bière chti. *Bier aus Nordfrankreich.*

ch'timi *m. Habitant du Nord de la France,* chti* {*2*}. **Nordfranzose** [*aus der* région Nord].

chtouille *f. Blennorragie,* chaude-lance* {*3*}. **Tripper.**

chute *f.* **Faire une mauvaise chute** *loc. Tomber et se faire mal ou se blesser {1}*: Il a fait une mauvaise chute de cheval et on a dû l'hospitaliser. *Er* ***fiel*** *vom Pferd und mußte ins Krankenhaus gebracht werden.* ♦ **Point de chute** *expr.m. Lieu fixe {1}*: **T'as déjà un point de chute pour les vacances?** ***Weißt du schon wohin in den Ferien?***

ciao *Interj. Salut [jeunes] {2}.* ***Ciao.***

ciboulot *m. {1}* / **cibouille** *f. {3} Tête, crâne, cerveau*: Elle n'a rien dans le ciboulot. *Die* ***hat nichts im Oberstübchen.*** / On **s'est creusé le ciboulot.** *Wir* ***haben uns den Kopf zerbrochen.***

cifelle *Abrév.* **La Tour cifelle / la tour cif** *N.pr. La Tour Eiffel [le mot s'emploie exclusivement à Paris] {3}.* ***Eiffelturm.***

ciflard *m. Saucisson,* sauciflard* *{2}.* ***Wurstaufschnitt.***

cigare *m. Tête, crâne, cerveau,* ciboulot* *{2}*: Il n'a rien dans le cigare. ***Der hat nichts im Kopf.***

cigarette *f.* **Aller chercher des cigarettes** *loc. Pour exprimer une rupture de la vie conjugale {3}*: Elle a trop emmerdé son mari, il est allé chercher des cigarettes. *Sie ist ihrem Ollen zu sehr auf den Wecker gegangen, da ist er* ***abgehauen.***

ciné *m. Cinéma {1}.* ***Kino.***

cinéma *m. Comédie {1}*: C'est du cinéma. ***Das ist nur Schau.*** ♦ **Faire tout un cinéma** *loc. Faire une démonstration compliquée et vaniteuse {1}.* ***Zirkus / Bohei machen.*** ♦ **Se faire du cinéma** *loc. Se faire des illusions {1}.* ***Sich etwas vormachen.***

cinglé *Adj. Fou {1}.* ***Bekloppt.***

cinoche *m. Cinéma {2}.* ***Kino / Kintopp.*** ♦ **Se faire du cinoche** *loc. Se faire du* cinéma* *{2}.* ***Sich etwas vorspinnen.***

cinq sur cinq *loc.adv. Parfaitement,* → cent *{2}*: Je vous reçois cinq sur cinq. ***Ich empfange Sie einwandfrei.***

cintré *Adj. Qui n'a pas son bon sens habituel {3}*: Il était complètement cintré hier. *Er war gestern total* ***belämmert.***

cirage *m.* **Etre dans le cirage** *loc. Ne plus rien voir, être dans le noir, dans le vague,* dans les choux*, *ne pas comprendre, être ivre {2}*: Je ne comprends pas. Je suis dans le cirage. *Ich versteh es nicht. Ich* ***steh im Dunkeln.***

circuit *m.* **Etre dans le circuit** *loc. Etre informé, participer {1}*: Si tu n'es pas dans le circuit, tu ne peux rien faire. ***Wenn du nicht drin bist / nicht dazugehörst,*** *kannst du gar nichts machen.*

cirer *V.t. [Pierre Merle remarque: Par analogie gestuelle,* (cirer) *a remplacé petit à petit le verbe* branler* *{B}.]* ***Wichsen.*** ♦ *V.t. Se moquer,* se foutre* *de qc. [locution mise à la mode par Édith Cresson en 1991; la remarque fit scandale] {3}*: «La Bourse, je **n'en ai rien à cirer.**» *Die Börse ist mir* ***scheißegal / schnuppe.***

cirque *m. Agitation, désordre {1}*: Qu'est-ce que c'est que ce cirque? ***Was ist das denn für ein Affenzirkus?***

cisailler *V.t. Frapper de stupeur {2}*: Cette nouvelle l'a totalement cisaillée. *Diese Nachricht hat sie* ***total umgehauen.***

ciseaux *m.pl.* **Saut en ciseaux** *expr.m. Saut en écartant et rapprochant les jambes {2}*: *Sauter en ciseaux.* ***Eine Schere / Grätsche springen.***

citoyen *m. Individu {2}*: Un drôle de citoyen. ***Ein komischer Vertreter.***

citron *m. Tête {1}.* ***Birne.*** ♦ **Se creuser le citron** *loc.* → citrouille. ♦ **Presser qn. comme un citron** *loc. Se servir de qn. {1}.* ***Ausnehmen wie ein Huhn / auspressen wie eine Zitrone.***

citrouille *f. Tête,* citron* *{1}*: **Avoir une tête comme une citrouille.** ***Einen Kopf wie ein Rathaus haben.*** ♦ **Se creuser la citrouille** *loc. Faire un effort intellectuel {2}.* ***Sich die Rübe zerbrechen.***

claboter *V.i. Mourir {3}.* ***Hopsgehen.***

clair *Adj.* **Etre clair comme un tas de boue** *loc. Incompréhensible, nébuleux {2}*: Quand ce prof explique qc., tout est clair comme un tas de boue. *Wenn dieser Pauker etwas erklärt,* ***sind alle Klarheiten beseitigt.*** ♦ **Clair comme de l'eau de Roche** *expr.adv. Évident,* → flic *{1}.* ***Sonnenklar.***

clamser *V.i. Mourir {2}*: Il a clamsé. *Er ist* ***hopsgegangen.***

clandé *m. Maison de prostitution clandestine {3}.* ***„Privatadresse".***

clapet *m. Bouche {2}*: **Ferme ton clapet.** ***Halt die Klappe.***

clapier *m. Petit logement dans un grand ensemble,* cabane à lapin* *{3}*: Il habite un petit clapier. *Er wohnt in einer* ***kleinen Wohnung.*** ♦ *Logement malpropre {2}.* ***Stall.***

claque *m. Maison de prostitution {3}.* ***Puff.***

claque *f. Gifle {1}*: Une paire de claques. ***Ein paar Ohrfeigen.*** ♦ **En avoir sa claque** *loc. En avoir assez {2}*: Du boulot, j'en ai ma claque. *Von der Maloche* ***bin ich bedient.***

claqué *Adj. Mort (de fatigue) {2}*: Après les courses, je suis toujours claqué. *Nach dem Einkaufen* ***bin*** *ich immer* ***kaputt.***

claquer *V.t. Gaspiller, dépenser {1}.* ***Verpulvern / verplempern.*** ♦ *Fatiguer, éreinter {2}*: Ce travail m'a claqué. *Diese Arbeit hat* ***mich geschlaucht.*** ♦ *Mourir {2}*: Tu sais, ce con de Dupont, eh bien, il vient de claquer. *Weißt du, dieses Arschloch von Dupont ist vor kurzem* ***abgekratzt.*** ♦ *Casser {1}*: L'ampoule a claqué. *Die Birne ist* ***im Eimer.*** ♦ *Loc. Échouer, manquer {2}*: **L'affaire m'a claqué dans les doigts.** ***Das Geschäft ist mir durch die Lappen gegangen.*** ♦ **(se)** *V.pr. Se ruiner la santé {1}*: A force de bosser jour et nuit, je me suis complètement claqué. *Dadurch, daß ich Tag und Nacht gear-*

beitet habe, habe ich **mich kaputtgemacht.** ♦ *Se casser {2}.* Il s'est claqué le tendon d'Achille. *Er hat sich die Achillessehne* **gerissen.**

classe *f.* **Avoir de la classe** *loc. Etre particulièrement brillant, élégant ou performant {1}:* Un appartement / un manteau / un homme / une femme a de la classe. *Eine Wohnung / ein Mantel / ein Mann / eine Frau* **hat Klasse.** ♦ *Loc. Même sens {2}:* **C'est la classe.** ***Das ist klasse.*** ♦ **Etre de la classe** *loc. Faire partie du contingent qui sera libéré du service militaire dans l'année [l'expression s'applique à toute cessation de travail, mise à la retraite etc. souvent à la forme négative] {3}:* Il **n'est pas de la classe**. ***Er gehört nicht zu den Glücklichen.*** ♦ *Appartenir à un groupe particulier {3}:* Il **est de ma classe.** *Er* ***ist mein Jahrgang*** *[z. B. Militärdienst].* ♦ **Ne pas être de la classe** *loc. Prévoir de ne pas réussir {2}:* Déjà onze heures? Pour le déjeuner, je ne suis pas de la classe. *Schon elf? Mit dem Mittagessen* ***schaffe ich das nie.*** ♦ **Faire ses classes** *loc. Recevoir les premières instructions [par exemple au service militaire] {3}:* Où avez-vous fait vos classes? ***Wo haben Sie Ihre Ausbildung gemacht?*** ♦ **En avoir classe** *loc. En avoir assez, en avoir* marre* *{2}.* ***Es bis oben hin haben.*** ♦ **Ça fait classe** *loc. C'est extraordinaire {2}:* T'as vu la bagnole? Ça fait classe. *Hast du den Schlitten gesehen? Sieht* **echt vornehm** *aus.* ♦ **Etre classe** *loc.adv. Etre* super *{2} {B}:* Le tennis, c'est classe. *Tennis* ***ist klasse.***

classique *Adj. Habituel, traditionnel {1}:* C'est le coup classique. *Das ist der* **klassische** *Dreh.*

clé des champs *f.* → prendre.

clean [klin] *Adj.inv. Propre {B}.* **Clean.** / Il sort de la baignoire, il est clean. *Er kommt aus der Wanne und ist* ***absolut clean.*** / Mon stand me plaît comme ça. Ça fait très clean. *Mein Stand gefällt mir so.* ***Echt proper.***

clébard *m. Chien,* clebs *{2}.* ***Köter!***

clebs [klɛps] *m. Chien,* clébard *{1}:* Le clebs reste à la maison. *Der* **Köter** *bleibt zu Hause.*

clefs *f.pl.* **Rendre les clefs** *loc. Mourir {3}.* ***Den Löffel abgeben.***

clicli *m. Ou* **cliquette** *f. Clitoris {3}:* Titiller le clicli. *Auf den* ***Lustknopf*** *drücken.*

client *m.* **Ne pas être client** *loc. Refuser, ne pas être d'accord {3}:* Vingt bornes à pied. Je n'en suis pas client. *Zwanzig Kilometer zu Fuß. Dafür* **kann** *ich* **mich nicht (gerade) begeistern.**

cliques *f.pl. Jambes [régionalisme].* **Ses cliques et ses claques** → prendre.

clito *m. Clitoris {3}.* ***Kitzler.***

cloche *f. Personne incompétente,* nullard* *{2}.* ***Niete/Null.*** ♦ *État de clochard {2}:* **Il est à la cloche.** ***Er ist Penner.*** ♦ **Se taper la cloche** *loc. Bien manger, faire un bon gueuleton {1}:* On va se taper la cloche? ***Hauen wir uns den Wanst voll?*** ♦ **Partir /déménager à la cloche de bois** *loc. Partir sans payer, souvent de bonne heure {2}.* ***Bei Nacht und Nebel // klammheimlich verduften.*** ♦ **Sonner les cloches à qn.** *loc. Lui donner une correction ou une engueulade {2}.* ***Jdm. die Leviten lesen.*** ♦ *Un pauvre type {1}:* Une **pauv'cloche**. ***Ein armer Hund.*** ♦ *Adj. Laid, bête {2}:* Pas besoin d'être clodo pour être cloche. *Man muß nicht unbedingt ein Penner sein, um* **bescheuert** *zu sein.*

clodo *m. Clochard {1}.* ***Penner.***

clope *m./f. Mégot de cigarette ou cigare [souvent au féminin] {3}:* Un piqueur de clopes. ***Ein Stumpen- / Kippensammler.*** ♦ *Cigarette {2}:* File-moi un(e) clope. - Roule-t-en un(e). *Tu mir mal ein* ***Stäbchen.*** *- Dreh dir eine.*

clopinettes *f.pl.* **Des clopinettes** *loc. Rien,* des clous* *{1}:* Quand je suis arrivé, il ne restait que des clopinettes. *Als ich kam, war* ***nix mehr da.*** / On a bossé pour des clopinettes. *Wir haben für* ***nix*** *gearbeitet.*

cloque *f.* **En cloque** *loc. Enceinte [souvent accompagné de* mettre*] {3}:* Pendant que son mec était en taule, **elle s'est fait mettre en cloque.** *Als ihr Typ im Knast war,* ***hat sie sich einen Balg andrehen lassen.***

clou *m. Attraction principale d'un spectacle {1}:* Le clou de la soirée. ***Der Clou*** *des Abends.* ♦ **Ça ne vaut pas un clou** *loc. Sans valeur {1}.* ***Das ist keinen Pfifferling wert.*** ♦ *Rien, des* clopinettes* *{1}:* Combien t'as gagné? **– Des clous.** *Wieviel hast du verdient?* ***Nix.*** ♦ **Enfoncer le clou** *loc. Réussir {1}:* Le président a enfoncé le clou. *Der Präsident* ***hat ins Schwarze getroffen / macht Nägel mit Köpfen.*** ♦ **River son clou à qn.** *loc.* → river. ♦ *Vieux vélo {3}:* **Quel clou.** *So ein* ***klappriger Drahtesel.*** ♦ *Expr. Chose ou personne usée par le temps {2}:* C'est un **vieux clou** maintenant. *Der ist jetzt ein* ***alter Knacker.***

cocard *m.* → coquard.

coccinelle *f. Volkswagen {1}.* ***Käfer.***

coche *m.* **Louper le coche** *loc. Perdre l'occasion de faire une chose utile, profitable {2}:* L'Europe a loupé le coche. *Europa hat die* ***Chance vertan.***

cochon *m. Personne sale ou désagréable {1}:* **Quel cochon**! ***So ein Schwein!*** ♦ **Tête de cochon** *expr.f. Individu désagréable et buté {3}.* ***Dickkopf*** / Rien à tirer de ce gosse, il a une tête de cochon. *Aus dem Jungen ist nichts rauszuholen. Er hat einen* ***irren Dickkopf.*** ♦ **Travail de cochon** *expr. Travail mal exécuté ou travail extrêment désagréable {1}.* ***Sauarbeit.*** ♦ **Travailler comme un cochon** *loc. Travailler mal et sans soin {3}.* ***Wie die Säue/eine Sau arbeiten.*** ♦ *Loc. Jouer un mauvais tour {2}:* Tu veux lui **jouer un tour de cochon**? *Willst du ihm einen* ***(dreckigen) Streich spielen?*** ♦ *Loc. {3}:* **Nous n'avons pas gardé les cochons ensemble.** Pourquoi vous me tutoyez alors? ***Wir haben doch nicht zusammen die Schweine gehütet.***

Wieso duzen Sie mich dann? ♦ **Etre copains comme cochons** *loc. Etre bons amis* {*1*}: Ils sont copains comme cochons. ***Sie sind dicke Freunde.*** ♦ **On fera qc. de toi si les petits cochons ne te mangent pas!** *Loc. Formule plaisante que les adultes adressent aux enfants pour leur signaler leur satisfaction* [*à l'adresse des adultes formule gentiment ironique*] {*2*}. ***Aus dir wird mal / doch noch was!*** ♦ **Comme un cochon** *loc.adv. Salement* {*1*}: Il bouffe comme un cochon. *Er frißt* ***wie ein Schwein.*** ♦ *Adj. Sale, malpropre, pornographique* {*1*}: Une histoire cochonne. *Eine* ***schweinische*** *Geschichte.* ♦ *Adj. Sale* {*2*}: **Tout est cochon.** ***Alles ist drekkig.*** ♦ **Pas cochon** *expr.adv. Pas mal* {*2*}: **Pas cochon**, ce tableau. ***Nicht schlecht*** *das Bild.*

cochonceté *f. Saleté*, cochonnerie* {*3*}. ***Dreck / Schweinerei.***

cochonnaille *f. Charcuterie* {*1*}. ***Wurst.***

cochonner *V.t. Exécuter malproprement et maladroitement* {*1*}: Les peintres ont cochonné tout le balcon. *Die Anstreicher haben den ganzen Balkon* ***versaut.***

cochonnerie *f. Malpropreté* {*1*}: Sa foutue maison? Quelle cochonnerie là-dedans. *Ihr Misthaus? Da drin sieht's vielleicht aus!* ♦ *Pornographie* {*1*}: Il ne raconte que des cochonneries. *Er erzählt nur* ***Sauereien.*** ♦ *Objet sans valeur* {*2*}: On n'y vend que des cochonneries. *Man verkauft da nur* ***Mist.***

coco *m. Individu douteux* {*1*}: *Un joli coco, ce loubard. Ein nettes* ***Früchtchen****, der Junge.* ♦ *Ami* {*1*}: Viens, coco! *Komm her, mein* ***Bester****.* / T'es mon coco, toi. *Du bist mein* ***Bester****.* / Viens coco, t'auras une frite. *Komm her, mein* ***Schnuffi****, du kriegst auch was.* ♦ *Essence* {*3*}: Vingt litres de **coco.** *Zwanzig Liter* [**Benzin**]. ♦ *Adhérent du parti communiste* {*1*}: Lui, c'est un coco. *Der ist ein* ***Roter.***

coco *f. Cocaïne* {*3*}: Il se drogue à la coco. *Er nimmt* **Koks.**

cocotier *m.* **Secouer le cocotier** *loc. S'emparer d'une place occupée par un rival plus âgé* {*2*}: Les jeunes loups aux dents longues vont secouer le cocotier. *Die jungen Wölfe werden* ***die Alten schassen.*** ♦ **Grimper au cocotier** *loc. Se mettre facilement en colère* {*3*}. ***Sofort auf die Palme / an die Decke gehen.*** ♦ **Gagner le cocotier** *loc. Gagner à la loterie* {*2*}. ***Das große Los ziehen.***

cocotte *f. Femme entretenue, prostituée* {*3*}. ***Kokotte.*** ♦ *Terme d'affection, souvent narquois à une femme* {*1*}: Oui, ma cocotte. ***Jawohl, meine Teure.***

cocotter *V.i. Sentir mauvais* {*3*}: Ça cocotte ici. *Hier* ***stinkt's.***

cocu *m. Époux trompé* [*plus rarement au féminin*] {*1*}. ***Hornträger / Hahnrei.*** ♦ Regarde-moi ce cocu. *Guck dir nur diesen* ***armen Trottel*** *an.* ♦ *Adj. Trompé* {*1*}: Il est cocu! ***Seine Frau hat ihm Hörner aufgesetzt.*** / J'ai bien peur d'être cocu dans cette affaire. *Ich hab' Angst, daß ich in dieser Sache* ***angeschissen*** *werde.* ♦ *Loc. Injure* [*souvent automobiliste*] {*3*}: **Va donc, eh, cocu.** ***Schieß ab, du Armleuchter.*** ♦ **Avoir une veine de cocu / pendu** *loc. Avoir une chance énorme* {*2*}. ***Ein Riesenschwein haben.***

cocufier *V.t. Tromper son mari ou son épouse* {*1*}: Est-ce qu'elle le cocufie? ***Betrügt*** *sie ihn?* ♦ *Posséder*, rouler* {*2*}: Dans cette affaire, j'ai l'impression de m'être fait **cocufier.** *Ich habe bei diesem Geschäft den Eindruck, daß ich mich habe* ***reinlegen*** *lassen.*

cœur *m.* **Un cœur d'enfant** *expr. Un homme bon et naïf* {*1*}. *Ein* ***herzensguter Mensch.*** ♦ **Avoir mal au cœur** *loc. Se sentir mal, avoir envie de vomir* {*1*}: J'ai mal au cœur. ***Mir ist schlecht.*** ♦ *Loc. Cela lui cause de la peine* {*1*}: Cela **lui fait mal au cœur** de devoir la quitter. *Es tut* ***ihm in der Seele weh****, daß er sie verlassen muß.* / Cette histoire **me fait mal au cœur.** *Diese Sache* ***ekelt mich an.*** ♦ **C'est un cœur d'or** *loc. C'est une personne très clémente* {*2*}. ***Er / Sie hat ein goldenes Herz.*** ♦ **Avoir le cœur de faire qc.** *loc. Avoir du courage* [*surtout à la forme négative*] {*2*}: Je n'avais pas le coeur de lui dire que son fils était mort. *Ich* ***brachte es nicht übers Herz****, ihr zu sagen, daß ihr Sohn tot ist.* ♦ **Avoir un grand cœur / avoir un cœur gros comme ça** *loc. Etre généreux et compréhensif* {*1*}. ***Ein großes Herz haben.*** ♦ **Avoir le cœur sur la main** *loc. Même sens* {*1*}. ***Ein Geberherz haben.*** ♦ **Avoir qc. sur le cœur** *loc. Avoir des soucis* {*1*}. ***Etwas auf dem Herzen haben.*** ♦ **Avoir du cœur au ventre** *loc. Etre courageux* {*2*}. ***Mumm in den Knochen haben.*** ♦ **En avoir gros sur le cœur** *loc. Avoir une forte poitrine* [*iron.*] {*3*}. ***Ordentlich was drauf haben.*** ♦ *Se faire du* mouron*, *des soucis, de la peine* {*1*}. ***Kummer / etwas auf dem Herzen haben.*** ♦ **Faire à contre-cœur** *loc. Sans consentir* {*1*}. ***Mit Widerwillen tun.*** ♦ **Mettre du cœur au ventre à qn.** *loc. Lui donner courage* {*3*}. ***Jdm. Mut machen.*** ♦ **Tenir à cœur** *loc. Vouloir, éprouver le désir de* {*1*}: Il me tient à cœur de vous dire que... ***Es liegt mir am Herzen****, Ihnen zu sagen, daß...* ♦ **De tout son cœur** *loc.adv. De toutes ses forces* {*1*}: Il criait de tout son cœur. *Er* ***schrie aus vollem Hals / aus Leibeskräften.***

coffre *m. Poitrine* {*2*}: Il **part du coffre.** ***Er hat Tb.*** ♦ *Loc. Voix forte, avoir du souffle* {*2*}: Le chanteur **a du coffre.** *Der Sänger* ***hat*** *vielleicht* ***ein Organ / Volumen.***

coffrer *V.t. Emprisonner* {*1*}: Les flics l'ont coffré. *Die Bullen haben ihn* ***eingebuchtet.***

cogiter *V.i. Réfléchir* [*ironique*] {*1*}: Ah bon, tu dois encore cogiter? *Ach so. Du mußt es erst noch* ***„überdenken“****?*

cogne *m. Gendarme {3}.* ***Bulle.***

cogner *V.t. Battre à coups de poings {2}*: Il l'a cogné. *Er hat ihn* ***geschlagen.*** ♦ **Le soleil cogne (dur)** *loc. Die Sonne* ***knallt.*** ♦ **Ça cogne** *loc. Cela pue {3}.* ***Das stinkt.*** ♦ **(s'en)** *V.pr. S'en moquer {3}*: Je m'en cogne. ***Da lach' ich doch drüber.***

coiffer *V.t. Arrêter {3}*: Il s'est fait coiffer en flagrant délit. *Er wurde* ***in flagranti festgenommen.*** ♦ *Etre à la tête,* → chapeauter *{2}*: Il coiffe deux services. *Er* ***leitet*** *zwei Abteilungen.* ♦ **Se faire coiffer sur le poteau** *loc. Se faire dépasser à l'arrivée {2}.* ***Sich kurz vor dem Ziel überholen lassen.*** ♦ **Coiffer Sainte-Catherine** *loc. Une femme célibataire, l'année de ses 25 ans, a le droit de fêter Ste. Catherine (25 novembre) en portant un chapeau traditionnellement vert et jaune {3}*: Elle va coiffer Sainte-Catherine. ***Sie ist fünfundzwanzig*** (***und noch nicht unter der Haube***) [*der negative Beiklang ist immer weniger spürbar*].

coin *m. Endroit, lieu, quartier {2}*: Ma soeur habite dans le coin. *Meine Schwester* ***wohnt in der Ecke.*** / **C'est un beau coin.** ***Das ist eine schöne Gegend.*** ♦ **Avoir la gueule en coin** *loc. Faire une grimace {3}.* ***Eine Fresse ziehen/Fratze schneiden.*** ♦ **(Connaître) les quatre coins du monde** *expr. Toute la terre {2}.* ***Alle Kontinente*** (***kennen***). ♦ **Blague dans le coin** *loc. Soyons sérieux {2}*: Blague dans le coin, tu viens ce soir? ***Scherz beiseite,*** *du kommst heute abend?* ♦ **En boucher un coin à qn.** *loc. Étonner qn., le laisser muet de surprise,* → surface *{1}*: Ça lui en a bouché un coin. *Das* ***hat ihm das Maul gestopft.*** ♦ **Aller au petit coin** *loc. Aller aux toilettes {2}.* ***Für kleine Mädchen / Jungen / aufs Örtchen gehen.***

coincer *V.t. Immobiliser, acculer {1}*: Il l'a coincé à la première occasion. *Er hat ihn bei der erstbesten Gelegenheit* ***gestellt.***

coke *f. Cocaïne.* ***Koks.***

col *m.* **Col blanc** *expr. Employé {2}*: Les cols blancs. *Die mit dem* ***weißen Kragen*** [***white collar workers***]. ♦ **Se pousser du col** *loc. Se vanter, se mettre en avant {3}*: Elle fait tout pour sa carrière. Tu as vu comme elle s'est poussée du col? *Für die Karriere tut sie alles. Hast du gesehen, wie sie* ***sich aufbläst?*** ♦ **Faux col** *expr. Mousse de la bière {2}.* ***Feldwebel.***

colis *m. Jeune fille allumeuse,* loute* *{B}.* ***Tussie.*** ♦ *Novice* [*prostitution*] *{3}.* ***Lolita / Nachwuchspflänzchen.***

collabo *m. Qui travaille avec l'ennemi {2}.* ***Kollaborateur.***

collant *Adj. Importun, dont on ne peut se débarrasser {1}*: Il commence à devenir collant. *Er wird langsam* ***lästig*** / *zur* ***Klette.***

collante *f. Convocation à un examen {3}.* ***Prüfungsaufforderung.***

colle *f. Punition, retenue {1}*: **Recevoir une colle.** ***Nachsitzen müssen.*** ♦ *Interrogation {1}*: Se soustraire à une colle. *Sich einer* ***Befragung*** *unterziehen.* ♦ **Poser une colle** *loc. Poser une question difficile {1}*: Le prof a posé une colle. *Der Lehrer hat eine* ***Fangfrage*** *gestellt.* ♦ **Vivre à la colle** *loc. En union libre {3}.* ***Ohne Trauschein zusammenleben.*** ♦ **Mariage à la colle** *{2}.* ***Wilde Ehe.***

coller *V.i. Aller, convenir, bien se porter {1}*: **Ça colle (Anatole)?** ***Alles klar, mein Bester?*** ♦ *Mettre dans l'impossibilité de répondre à une question {2}*: Il l'a collée en histoire. *Er hat sie in Geschichte* ***festgenagelt.*** ♦ *Refuser à un examen {2}*: Il a été collé au bac. ***Er rasselte durch****'s Abi.* ♦ *Punir, donner une* colle* *à un élève {2}*: Il l'a collé deux heures. *Er hat ihn zwei Stunden* ***nachsitzen lassen.*** ♦ **Coller au mur** *loc. Fusiller {2}.* ***An die Wand stellen.*** ♦ **Coller une tarte** *loc. Donner une gifle {1}.* ***Eine latschen.*** ♦ **Coller au cul / aux fesses / au train à qn.** *loc. Suivre de près {2}*: Les journalistes lui collaient au train. Mais c'est le sort de toute vedette. *Die Journalisten* ***klebten an ihr.*** *Aber das ist das Los eines jeden Stars.*

collier *m.* **Donner un coup de collier** *loc. Faire un effort énergique et momentané {3}*: **Encore un coup de collier!** ***Noch einmal in die Hände spucken!*** ♦ **Reprendre le collier** *loc. Se remettre au travail après les vacances {3}*: Tu reprends le collier lundi? ***Fängst du am Montag wieder an?***

collimateur *m.* **Avoir qn. dans le collimateur** *loc. L'avoir à l'oeil, surveiller {2}.* ***Jdn. auf dem Kieker haben.***

colo *f. Colonie de vacances {1}*: Les enfants sont en colo. ***Die Kinder sind in einem Ferienheim.***

colombin *m. Étron {2}.* ***Wurst.***

colon *m. Camarade {3}*: Eh ben, mon colon. *Nun (denn),* ***mein lieber Freund und Kupferstecher.***

colonne *f.* **Se taper la colonne** *loc. Se masturber* [*homme*] *{3}.* ***Sich einen runterholen.***

comac [komak] *{2} ou* **comaco** *{3} Adj.inv. Très gros*: Un cigare comaco. ***Ein Apparillo von Zigarre.*** / Un cadeau comac. *Ein* ***Riesen****geschenk.*

combien *m.inv. Indique le rang {1}*: T'es arrivé combien? ***Als wievielter bist du angekommen?*** ♦ *La date {1}*: On est le combien? ***Der Wievielte ist heute?*** ♦ *La fréquence* [*minutes, heures, jours*] *{1}*: L'autobus passe **tous les combien**? ***Wie oft geht der Bus?***

combientième *m./Adj. Indique le rang,* combien* *{3}*: T'étais le combientième? ***Der Wievielte warst du?***

combinard *m./Adj. Qui emploie des* combines*, *des pratiques plus ingénieuses qu'honnêtes {1}*: C'est un paresseux qui se débrouille parce qu'il est combinard. *Er ist ein Faultier, das über die Runden kommt, weil er* **mit allen Wassern gewaschen** *ist.*

combine *f. Moyen peu scrupuleux pour parvenir à ses fins {1}*: Il a trouvé une combine pour payer moins d'impôts. *Er hat einen* **Trick** / **die Schliche** *gefunden, weniger Steuern zu zahlen.* ♦ **Combine à la gomme** *expr. Affaire qui ne tient pas debout {2}*: Méfie-toi. C'est une combine à la gomme. *Hüte dich, an der* **Sache** *ist etwas* **faul.** ♦ **Pas de combines!** *Loc. Qu'on respecte les règles {1}.* **Keine faulen Tricks!**

comité d'accueil *m. {2}*: 500 mètres après le radar, il y avait le comité d'accueil. *500 Meter hinter der Radarfalle stand das* **Empfangskomitee**.

comm' *f. Commission {2}*: Tu touches combien de comm' pour cette affaire? *Wieviel* **Provision** *kriegst du in dieser Sache?*

comme *Conj.* **C'est tout comme** *loc. Cela revient au même, c'est la même chose {1}.* **Das bleibt sich gleich** / **ist als ob** / **ist das Gleiche**. ♦ **Comme qui dirait** *loc. Assez, pour ainsi dire {2}*: Il était comme qui dirait rond. *Er war* **sozusagen** / **ziemlich** *schicker.*

commencer *V.t.* **Ça commence à bien faire!** *Loc. Pour marquer qu'on est particulièrement excédé*, ça suffit *{1}.* **Jetzt geht's aber los!**

comment *{2}*! / **Et comment** *{1}*! *Interj. Qui exprime l'approbation*: Tu aimes la poule au pot? Et comment! *Magst du gerne „Poule au Pot"? –* **Und ob** / **wie!**

commission *f.* **Faire une grosse** / **petite commission** *loc. Envie de faire un besoin naturel [surtout en parlant des enfants] {2}*: Attends, le petit veut faire une petite commission. Mais il vient de faire une grosse. *Halt' mal an. Der Kleine muß mal* **klein.** *Aber er hat doch gerade erst* **groß gemacht**.

commode *f. Piano {3}.* **Klimperkasten.**

communard *m. Vin rouge additionné de cassis {3}. Eine Art „Rotweinkir".*

compagnie *f. Réunion de plusieurs personnes {2}*: Salut, **la compagnie**! *Tach* **allerseits** / **zusammen.** ♦ **Et compagnie** *expr. Et cetera {2}*: Les voilà! **(Les) Crapaud et compagnie.** *Da hab'n wir sie*: **Die ganze verkommene Sippschaft.**

compas *m. [L'ensemble des deux jambes]* **Allonger les compas** *loc. Marcher plus vite, faire de grands pas {3}. Einen* **Schritt zulegen** / **größere Schritte machen.** ♦ **Avoir le compas dans l'œil** *loc. Évaluer les distances avec précision {2}*: Il découpe toujours la quantité demandée. Il a le compas dans l'œil. *Er schneidet immer genau die verlangte Menge ab. Er* **hat (ein) Auge**!

complet *Adj.* **C'est complet** *Interj. Se dit quand un dernier ennui s'ajoute à une série d'autres {1}*: **Ah c'est complet.** Il ne manquait plus que ça. **Es reicht. Das fehlte gerade noch.**

compo *ou* **compote** *f. Composition scolaire {2}*: C'était dur, la compo de maths. *Die* **Matheklausur** *war hart.*

compote *f.* **En compote** *loc.adv. Meurtri {1}*: Avoir les pieds en compote. **Füße wie Blei haben.**

compte *m.* **Avoir son compte** *loc. Avoir été malmené, être saoul ou être épuisé (1)*: Après la cinquième vodka, il avait son compte. *Nach dem fünften* **Wodka** *hatte er* **genug.** / Il ne recommencera pas, il a son compte. *Der fängt nicht nochmal an, der* **hat genug.** ♦ **Compte là-dessus** *loc. N'y compte plutôt pas [ironique] {3}.* **Darauf kannst du dich bestimmt (nicht) verlassen.** *[iron.]* ♦ **Compter pour du beurre** *loc. Ne pas compter [enfants] {3}*: Ça compte pas pour du beurre maintenant? **Spielen** *wir jetzt* **ernst**?

con *m. Vagin {2}.* **Fotze.** ♦ *Imbécile {1}*: **C'est une conne. Sie ist eine dumme Sau** / **ein Arschloch.** ♦ **Le roi** / **la reine des cons** / **le roidec** *expr. Le plus grand ou la plus grande des imbéciles {2}.* **Superarschloch.** ♦ **Petit con** *expr. Individu tout à fait zéro, même pas digne de mériter le «titre» de con {1}.* **Armes Arschloch.** ♦ *Locutions*: **Si les cons dansaient, tu ne serais pas dans l'orchestre.** / **Si les cons volaient, tu serais chef d'escadrille.** *[Etwa]* **Wenn Dummheit weh täte, würdest du am lautesten schreien.** ♦ **Etre** / **se trouver** / **se retrouver comme un con** *loc. Etre désemparé, tout bête {2}*: J'avais oublié de faire le plein, et me voilà sur l'autoroute comme un con. *Ich hatte vergessen vollzutanken, und dann hing ich* **wie ein Arsch** *auf der Autobahn fest.* ♦ **Jouer au con** *loc. Faire l'imbécile {2}*: Cesse de jouer au con! *Hör auf, dich* **wie ein Blödmann zu benehmen!** ♦ *Adj. De caractère* con* *{1}*: Une histoire conne. *Eine* **beschissene** *Geschichte.* ♦ **A la con** *loc.adv. Mauvais {1}*: Un boulot à la con. **Scheißarbeit.** / Une proposition à la con. *Ein* **saudummer** *Vorschlag.*

conard → connard. *De même pour* **conasse** → connasse

concocter *V.t. Élaborer avec soin {2}*: La mise en scène était réellement bien concoctée. *Die Inszenierung war wirklich toll* **zusammengestellt**.

condé *m. Commissaire de police {3}*: Mort aux vaches! Mort aux condés. **Tod den Bullen!**

confesse *f. Confession {2}*: **Aller à confesse. Zur Beichte gehen.**

conin *m. Diminutif de* con* *{3}.* **Fötzchen.** ♦ **Kleines Arschloch.**

connaissance *f. Ami de coeur, maîtresse {3}*: J'ai vu sa connaissance. *Ich hab seine* **Bekannte** *gesehen.* ♦ *Personne qu'on a connue {2}*: On y retrouve de vieilles connaissances. *Wir treffen da* **alte Bekannte** *wieder.*

connaître *V.t.* **En connaître un bout / un rayon** *loc. Bien connaître un sujet* {*1*}: Les ordinateurs, il en connaît un bout. *In puncto Computer* ***hat er einiges drauf.*** ♦ **Connaître bibliquement** *loc. Connaître intimement* {*3*}: Il la connaît bibliquement. *Er kennt sie* ***„hautnah" / aus dem ff.*** ♦ **Ça me connaît** *loc. Je m'y connais* {*2*}. ***Das kenne ich.*** ♦ **Je ne connais que ça** *loc. Je le connais parfaitement* [*souvent ironique*] {*2*}: Tu connais la formule chimique de l'acide nitrique? – Ah, je ne connais que ça. *Kennst du die chemische Formel von Salpetersäure?* ***Aber klar doch! / Das ist meine Spezialität!***

connard *m. Imbécile*, con* {*1*}: Quel connard! *So ein* ***Vollidiot!***

connasse *f. Vagin* {*3*}. **Fotze.** ♦ *Femme ou fille idiote* {*1*}: Mais c'est une connasse! *Aber die ist ja* ***stinkdämlich! / Espèce de connasse!*** *Du* ***dämliche Kuh!***

connement *Adv. De façon* conne {*3*}: Connement bête. ***Scheißdoof.***

connerie *f. Bêtise, imbécillité, ennui, paroles stupides* {*1*}: Il ne raconte que des conneries. *Er erzählt nur* ***Blödsinn.*** / **Une connerie gigantesque.** ***Eine Riesendummheit.***

conomètre *m.* **Faire péter le conomètre** *loc. Faire une sottise monstrueuse* {*3*}: Et ce faisant, il fait péter le conomètre. *Damit* ***verdient er den Nobelpreis für Dämlichkeit.***

conséquent *Adj. Important, considérable* {*2*}: Un homme conséquent. *Ein Mann,* ***mit dem man rechnen muß.*** / Une affaire **conséquente.** *Eine* ***irre*** [*wichtige*] *Sache.*

constipé *Adj.* **Etre constipé du morlingue** *loc. Avare* {*3*}. ***Das Portemonnaie nicht aufkriegen.*** ♦ **Avoir l'air constipé** *loc. Etre visiblement embarrassé, aussi très sérieux, bourré de principes* {*2*}. ***Nicht gerade glücklich aussehen / wie ein begossener Pudel dreinsehen / wie der geheime Eichkater aussehen.***

contact *m. Individu qui met deux personnes en rapport* {*2*}: J'ai un contact à Bordeaux. *Ich habe einen* ***Kontaktmann*** / *eine* ***Verbindung*** *in Bordeaux.*

contacter *V.t. Entrer en rapport avec qn.* {*1*}: Vous me contactez au numéro 470. *Sie* ***erreichen*** *mich unter der Nummer 470.* / **Contactez-moi!** ***Lassen Sie von sich hören.***

contre *Adj. Etre contre, opposé à* {*1*}: La musique pop, je suis contre. *Popmusik,* ***bin*** *ich* ***gegen.*** / «Je suis contre les femmes, tout contre!» [*constatation attribuée à Sacha Guitry*] *„Ich bin gegen die Frauen, total dagegen!"*

contredanse *f. Contravention* {*1*}. ***Knöllchen.***

contreficher (s'en) *ou* **s'en contrefoutre** *V.pr. S'en moquer complètement* {*2*}: Je m'en fous et je m'en contrefous. *Es ist* ***mir schnuppe und nochmals schnuppe.***

contrer *V.t. S'opposer aux avis et aux actes de qn.* {*1*}: Il n'apprécie pas d'être contré. *Er mag nicht, wenn man ihm* ***widerspricht.***

convalo *f. Convalescence* {*3*}: Après l'hosto, j'y suis **resté** quinze jours **en convalo.** *Nach dem Krankenhaus* ***war*** *ich* ***noch*** *zwei Wochen* ***krank geschrieben.***

converse *f. Conversation* {*3*}: Cessez vos converses! Stellt das ***Reden ein!***

cool [kul] *Adj.inv. tranquille* {*1*} {*B*}: Le journaliste a l'air assez cool. *Der Journalist sieht ziemlich* ***cool*** *aus.*

coop [kɔp] / **coopé** *f. Coopérative* {*3*}. ***Kooperative.***

coordonnées *f.pl. Adresse et numéro de téléphone d'une personne ou d'un organisme* {*1*}: Donnez-moi vos coordonnées. *Geben sie mir Ihre* ***Anschrift, Telefonnummer usw.***

cop [kɔp] *m.* Copain*, *camarade* {*2*}: Ce soir, je vais rencontrer mes cops. *Heute abend treff' ich meine* ***Kumpel(s).***

copain *m.* / **copine** *f. Camarade, ami* {*1*}: Ton copain a téléphoné pour te dire que tu dois contacter sa copine. *Dein* ***Kumpel*** *hat angerufen, um dir zu sagen, du sollst dich mit seiner* ***Freundin*** *in Verbindung setzen.*

copie *f.* **Revoir sa copie** *loc. Modifier un projet pour qu'il ait davantage de succès* {*1*}: Avant qu'il donne ça au ministre, il a intérêt à revoir sa copie. *Ehe er das dem Minister übergibt, sollte er seine Sache* ***noch einmal durchgehen.***

copinage *m. Camaraderie, entente intéressée* {*2*}. ***Kumpanei.*** / En R.F.A., le parti gouvernemental se plaignait d'un copinage entre l'opposition et les syndicaux. *In der Bundesrepublik beklagte die Regierungspartei eine* ***Verfilzung*** *von Opposition und Gewerkschaften.*

coq *m.* **Sauter / passer du coq à l'âne** *loc. Changer brusquement et sans motif d'un sujet à l'autre.* ***Von Hölzchen auf Stöckchen / Vom Hundertsten ins Tausendste kommen.*** ♦ **Vivre comme un coq en pâte** *loc. Avoir une vie agréable, choyée* {*2*}. ***Wie die Made im Speck leben.***

coquard *m. Ecchymose à l'oeil,* beurre noir* {*1*}. ***Veilchen.***

coquelicot *m. Oeil tuméfié,* coquard* {*3*}. ***Blaues Auge / Veilchen.***

coquetterie *f.* **Avoir une coquetterie dans l'œil** *loc. Loucher* [*se dit plutôt d'une femme*] {*1*}. ***Einen Silberblick haben.***

corde *f.* **Sur la corde raide** *loc.adv. Périlleusement, difficilement* {*2*}: Il travaille sur la corde raide. *Er arbeitet* ***ohne Netz und doppelten Boden.*** / Il marche/danse sur la corde raide. *Er tanzt* ***auf dem Hochseil.*** ♦ **Faire des cordes pour la marine** *loc. Déféquer* {*3*}. ***Einen abseilen.***

cornard *m. Mari qui porte des cornes** {*2*}. ***Hornträger.***

corrida *f. Bagarre, bousculade {2}*: **Ils ont fait la corrida** dans la maison. *Sie haben im Haus eine* ***Schlacht veranstaltet.***

cossard *Adj. Paresseux {2}.* ***Stinkfaul.***

costard *m. Costume {2}*: Tu mets ton beau costard? *Ziehst du deinen schönen* **Anzug** *an?*

cote [kɔt] *f. Réputation, être bien ou mal vu {1}*: Il n'**a** pas **la cote** en ce moment. *Er* **steht** *gerade nicht* **hoch im Kurs.**

coté *Adj. Réputé [du verbe* coter *«marquer à la valeur du jour»] {1}*: Elle est plutôt mal cotée. *Sie ist schlecht* **angesehen.**

côte *f.* **Caresser les côtes à qn.** *loc. Battre {3}.* ***Jdm. das Fell stramm ziehen.*** ♦ **Se tenir les côtes** *loc. Rire très fort {2}.* **Sich den Bauch halten vor Lachen.** ♦ **Etre à la côte** *fam. Sans argent, dans la misère,* sur le → sable *{3}.* ***Total mittellos sein.*** ♦ **Avoir les côtes en long loc. Etre très paresseux ou être courbattu** {3}. ***Lahm sein.***

côté *m.* **A côté 'y a de la place**! *Excl. Manquer la cible [au sport ou au jeu] {1}.* ***Fahrkarte!*** ♦ **(Du) côté** *expr. En ce qui concerne {1}*: Côté argent, tu t'inquiètes pas. ***Puncto*** *Geld hast du keine Sorgen.*

côtes [kot] *m. Vin des Côtes du Rhône {2}*: Garçon! Un Côtes, s'il vous plaît. *Ober, einen* ***Côtes du Rhône*** *bitte.*

coton *m. Brouillard {3}*: On ne peut pas le faire **dans du coton.** ***Bei Nebel*** *kann man es nicht machen.* ♦ *Morceau de coton hydrophile {2}.* (***Abschmink-***)*Pad.* ♦ *Loc. C'est difficile {2}*: **C'est coton.** ***Das ist knifflig.*** ♦ **Filer un mauvais coton** *loc. Etre gravement malade {2}*: Il file un mauvais coton. *Den* ***hat es schwer erwischt.*** ♦ **Avoir du coton dans les oreilles** *loc. Etre sourd ou être insensible à certaines influences {2}.* ***Watte / Bohnen in den Ohren haben.*** ♦ **Avoir les jambes / les bras** *ou* **se sentir tout coton** *loc. Ressentir une grande mollesse {2}.* ***Sich groggy fühlen.*** / Quand je vois cet homme, j'ai les jambes en coton. *Wenn ich diesen Mann sehe,* ***krieg' ich weiche Knie.***

couac m. Faire un couac *loc.* **Faire une mauvaise note [musique] {2}.** ***Sich verspielen.***

couche *f.* **En avoir/tenir une couche** *loc. Etre particulièrement bête {2}*: Celle-là, elle en a une couche. *Die* ***hat ein Brett vorm Kopf.***

couche-tard *m. Personne habituée à se coucher tard {1}.* ***Nachteule.***

couche-tôt *m. Personne habituée à se coucher de bonne heure {1}.* ***Frühaufsteher / Jmd., der mit den Hühnern aufsteht.***

coucher *V.i. Faire l'amour {1}*: Elle **couche** toujours **avec** lui? ***Schläft*** *sie immer noch* ***mit*** *ihm?* ♦ **Un nom à coucher dehors** *expr. Un nom qui prête à des associations peu souhaitables ou qui est difficile à prononcer {2}*: Monsieur Tête-de-Con, c'est un nom à coucher dehors. *Fotzenkopp (Tête-de-Con) ist ein* ***Name, den man besser ablegt.*** / ***Zungenbrecher.*** ♦ → poule.

coucheur *m.* **C'est un mauvais coucheur** *loc. Râleur qui cherche toujours la petite bête {1}.* ***Mit ihm ist nicht gut Kirschen essen.***

couci-couça *expr.adv.* → ça.

coucou *m. Vieille machine, vieux véhicule ou, souvent, avion {1}*: Un vieux coucou. *Eine* ***alte Mühle.***

coude *m.* **Avec de l'huile de coude** *loc. Avec l'énergie physique nécessaire à un travail manuel {3}.* ***Mit Schmackes.*** ♦ **Lever le coude** *loc. Boire, être un ivrogne {1}.* ***Saufen.*** ♦ **Ne pas se moucher du coude** *loc. Etre vaniteux, imbu de sa personne {2}*: Depuis qu'il est directeur, il se mouche pas du coude. *Seit er Direktor ist,* ***kennt er sich selbst nicht mehr.***

couenne [kwan] *f. Peau [surtout dans l'expression] {2}*: **Se gratter la couenne.** ***Sich rasieren.***

couic *Adv.* **Que couic** *loc. Que rien, que* dalle *, *que* pouic* *{2}*: Il n'entrave que couic. *Er kapiert* ***nix.***

couille *f. Testicule {1}.* ***Ei.*** ♦ **A couilles rabattues** → baiser. ♦ **Avoir des couilles au cul** *loc. Etre courageux, en* avoir* *{2}*: Il a des couilles au cul, le mec! ***Das ist kein feiger Sack!*** ♦ **Etre de la couille** *loc. Etre sans valeur et sans intérêt {2}.* ***Mist*** *sein.* ♦ **Gonfler les couilles / les gonfler** *loc. Agacer, exciter, énerver {3}*: Ils finissent par me les gonfler. *So langsam* ***gehen sie mir auf die Klötze.*** ♦ **Casser les couilles** → casser. ♦ **Casse-couille** *expr.adv.* → casse. ♦ **Couille molle** *expr.f. Un homme sans énergie et sans courage {2}*: ***Ein schlapper Sack.*** ♦ **De mes couilles** *expr.adv. Tournure dévalorisante,* → fesses* *[exclusivement pour des personnes et à la première personne] {3}*: Un patron de mes couilles. *Ein* ***Scheiß****chef.*

couillon *m. Imbécile {1}*: Arrête de faire le couillon. *Hör auf, den* ***Blödmann*** *zu spielen.*

couillonnade *f. Imbécillité, erreur, maladresse {2}.* ***Dummheit.*** ♦ *Tromperie {2}*: Il m'a fait une couillonnade. *Er hat mir einen* ***bösen Streich*** *gespielt.*

couillonner *V.t. Tromper,* rouler* *{1}*: Il s'est fait couillonner. *Er hat sich* ***reinlegen*** *lassen.*

coulage *m. Petits vols dans une entreprise par le personnel {2}.* ***Hausdiebstahl.***

coulant *Adj. Indulgent {1}*: Un examinateur coulant. *Ein* ***nachsichtiger*** *Prüfer.*

coule *f.* **Etre à la coule** *loc. Etre au courant {3}*: Point de vue prix, il est à la coule. *Was Preise betrifft,* ***ist*** *er* ***informiert.*** // Un vendeur à la coule. *Ein* ***erfahrener*** *Verkäufer.*

couler *V.t. Discréditer, faire rater,* descendre en flamme* *{2}*: Le prof l'a coulée. *Der Lehrer hat sie* ***abgeschossen.*** ♦ On l'a coulé. *Man hat ihn* ***runtergeputzt.*** ♦ **Se la couler douce** *loc. Ne pas* *se faire de soucis, vivre heureux* {*1*}. **Es sich gut gehen lassen.**

couleur *f.* **Annoncer la couleur** → annoncer. ♦ **En voir de toutes les couleurs** *loc. Subir toutes sortes d'épreuves* {*2*}. ***Alles Mögliche durchmachen.*** ♦ **En dire de toutes les couleurs à qn.** *loc. Lui dire de dures vérités* {*2*}. ***Jdm. ordentlich die Meinung geigen.***

couleuvre *f.* **Avaler la couleuvre** *loc. Accepter une décision déplaisante* {*1*}. ***In den sauren Apfel beißen.***

coup *m.* {*1*}. ***Ding*** / ***Sache*** / ***Geschäft*** / ***Angelegenheit.*** ♦ *Délit, situation malhonnête* {*2*}: Ils ont préparé le coup de longue date. *Die haben das* ***Ding*** *seit langem vorbereitet.* ♦ **Buvons un coup!** *Loc. Allons boire un verre* {*1*}. ***Trinken wir einen!*** ♦ **Pisser un coup** *loc. Uriner* {*2*}. ***Pinkeln.*** ♦ **Monter le coup** *loc. Etre à l'origine* {*1*}: A mon avis, les services secrets ont monté le coup. *Meiner Ansicht nach hat der Geheimdienst* ***das Ding gedreht.*** / → monter. ♦ **Tenir le coup** *loc. Supporter* {*1*}: **Il faut que ça tienne le coup.** ***Das muß halten.*** / Écoute, partons! Je **tiens plus le coup**. *Komm, geh'n wir! Ich* ***halt's nicht mehr aus.*** ♦ **Tirer un coup** *loc. Faire l'amour en parlant de l'homme* {*3*}: T'as déjà tiré un coup aujourd'hui? *Hast du heute schon* ***einen gemacht?*** ♦ **Valoir le coup** *loc. Valoir la peine* {*1*}: N'y va pas. Ça vaut pas le coup. *Geh nicht hin.* ***Es lohnt nicht.*** ♦ **Avoir un coup dans l'aile** *loc. Etre légèrement ivre* {*1*}. ***Einen im Zacken*** / ***in der Krone haben.*** ♦ *Loc. Dénoncer, jouer un mauvais tour* {*2*}: Il nous a **fait le** / **un coup de jarnac**. *Er hat uns* ***auffliegen lassen*** / *einen* ***üblen Streich gespielt.*** ♦ *Loc. Razzia, rafle de police* {*3*}: Les flics ont **donné un coup de torchon**, rue de Maubeuge. *Die Bullen haben die Maubeuger Straße* ***gesäubert.*** ♦ *Expr. Défaite grave* {*3*}: Pearl Harbor, c'était **le véritable coup de Trafalgar.** *Pearl Harbor war* ***das reinste Stalingrad.*** ♦ *Expr. Moment de presse* {*2*}: Faut pas partir maintenant. C'est l'heure du **coup de feu.** *Wenn wir jetzt gehen,* ***ist Hochbetrieb.*** ♦ *Loc. Heurter qn. violemment du crâne* {*2*}: Il lui a **filé un coup de boule**. *Er hat ihm* ***den Kopf ins Gesicht gerammt.*** ♦ **Avoir le coup de bambou** *loc. Se sentir mal* {*1*}: Quand il a appris ça, il a eu **le coup de bambou.** *Als er das erfuhr,* ***wurde ihm schlecht.*** ♦ *Avoir un coup de soleil* {*2*}. ***Einen Sonnenstich kriegen.*** ♦ **Donner un coup de fil** *loc. Téléphoner* {*1*}. ***Anrufen.*** ♦ **Donner un coup d'épaule** {*3*} / **coup de main** {*1*} *loc. Aider qn.*: Faut lui donner un coup de main. *Man muß ihm* ***unter die Arme greifen.*** ♦ **Avoir un bon coup de fourchette** *loc. Avoir un bon appétit* {*2*}. ***Ganz schön reinhauen.*** ♦ **Prendre un coup de vieux** *loc. Vieillir visiblement* {*1*}: Mes parents ont pris un coup de vieux. *Meine Eltern sind* ***alt geworden.*** ♦ **Rendre coup sur coup** *loc. Riposter immédiatement* {*1*}. ***Schlag auf Schlag erwidern.*** ♦ **Etre dans le coup** *loc. En faire partie, en étant compromis,* en croquer*, → bain {*2*}: Le ministre est également dans le coup. *Der Minister* ***steckt mit drin.*** ♦ *Loc. Etre au courant* {*1*}: Vous **êtes dans le coup**? ***Wissen Sie Bescheid?*** ♦ **Etre aux cent** / **quatre cents coups** *loc. Etre vivement inquiet* {*2*}: Elle l'a cherché partout. Elle était aux quatre cents coups. *Sie hat ihn überall gesucht. Sie war* ***wie verrückt*** (***vor Angst***). ♦ **En mettre un coup** *loc. Faire un effort* {*1*}: Pour réussir à ton examen, il est nécessaire que tu en mettes un coup. *Damit du dein Examen schaffst, mußt du mal* ***ranklotzen.*** ♦ **Faire coup double** *loc. Obtenir deux avantages pour le prix ou l'effort d'un seul* {*1*}. ***Zwei Fliegen mit einer Klappe schlagen.*** ♦ **Faire qc. en deux/trois coups de cuiller** *loc. Le faire très vite,* en moins de deux* {*3*}. ***Etwas ruckzuck machen.*** ♦ **'Y a des coups de pied au cul** / **quelque part qui se perdent** *loc. Pour exprimer l'indignation vis-à-vis d'une attitude qu'on réprouve ou devant laquelle on temporise* {*3*}: On va encore discuter pendant trois heures. 'Y a des coups de pied quelque part qui se perdent. *Jetzt wird noch drei Stunden diskutiert.* ***Man sollte ihn irgendwohin treten.*** ♦ **Coup fourré** *expr. Ruse, méchanceté, perfidie* {*3*}. ***Hinterhältigkeit*** / ***Gemeinheit.*** ♦ **Coup de châsse** *expr. Clin d'oeil* {*3*}. ***Augenzwinkern.*** ♦ **Coup du lapin** *expr.* {*1*}. ***Genickschlag*** / ***Handkantenschlag ins Genick.*** ♦ **Un coup de pouce** *expr. Une aide à peine sensible, mais en même temps efficace* {*1*}: Ne l'aide pas trop. Un coup de pouce suffit. *Hilf ihm nicht zu sehr. Ein kleiner* ***Anstubser*** *genügt.* ♦ **Coup de pompe** {*1*} / **coup de barre** {*1*} / **coup de masse** {*2*} *expr. Fatigue ou malaise soudain*: Attends! J'ai un coup de pompe. *Warte!* ***Mir ist nicht gut.*** / ***Ich kann nicht mehr.*** ♦ **Coup de gueule** *expr. Éclat bruyant, brève colère* {*2*}: C'était le coup de gueule entre les deux. *Die beiden haben sich* ***angebrüllt.*** ♦ **Coup de folie** *expr. Hors de son état normal* {*1*}: C'était un coup de folie. *Er* / *Sie* ***schnappte über.*** ♦ → eau*. ♦ **Sur le coup de** six heures *loc. Précisément à six heures* (*loc.*). ***Schlag*** *sechs.* ♦ **A coup sûr** *expr.adv. Sans le moindre doute* {*1*}: Le président viendra à coup sûr. *Der Präsident kommt* ***mit Sicherheit.*** ♦ **Pour le coup** *loc.adv. Cette fois* {*2*}: Pour le coup, je suis sûr qu'elle ne l'a pas fait. ***Diesmal*** *bin ich sicher, daß sie es nicht gemacht hat.* ♦ **Au coup à coup** *expr.adv. Sans planification* {*2*}: Le gouvernement agit au coup à coup. *Die Regierung* ***reagiert nur.*** ♦ **A tous les coups** *loc. En tout cas* {*1*}: Il le veut à tous les coups. *Er will es* ***unbedingt.***

couper *V.t.* **Couper le sifflet** {*1*} / **la chique** {*2*} *loc. Couper la parole* {*1*}. ***Die Sprache ver-***

schlagen. ♦ **Couper l'herbe sous le(s) pied(s) de qn.** *loc. Mettre qn. dans l'impossibilité de faire qc.* {*2*}. ***Jdm. den Boden unter den Füßen wegziehen.*** / En mettant l'usine en chômage technique, le patron a coupé l'herbe sous le pied du syndicat. *Indem der Chef für die Fabrik Kurzarbeit ankündigte, zog er der Gewerkschaft* ***den Teppich unter den Füßen weg.*** ♦ **(En) donner sa tête/main à couper que...** *loc. Affirmer avec conviction* [*souvent au conditionnel*] {*2*}: Je donnerais ma main à couper qu'il ne dit pas la vérité. *Ich* ***würde meine Hand*** *dafür* ***ins Feuer legen****, daß er nicht die Wahrheit sagt.* ♦ *V.i.* **Couper à une corvée** *loc. Y échapper* {*1*}: Heureusement, j'ai pu couper à cette corvée. *Glücklicherweise bin ich* ***um*** *diese Arbeit (noch einmal)* ***herumgekommen****.* / Il ne coupera pas au service militaire. *Er* ***kommt um*** *den Wehrdienst nicht* ***herum****.* ♦ → arbre.

cour *f.* **Pouvoir jouer dans la cour des grands** *loc. Se dit de qn. ou d'une organisation qui vient d'atteindre un niveau supérieur et respecté* {*2*}: La France peut jouer dans la cour des grands maintenant. *Frankreich* ***gehört jetzt zu den Großen.*** / T'as eu ton bac, tu peux jouer dans la cour des grands maintenant. *Du hast dein Abi, jetzt* ***bist du wer.***

courante *f.* **Avoir la courante** *loc. Diarrhée* {*1*}. ***Dünnschiß haben.***

courbette *f.* **Faire des courbettes devant qn.** *loc. Lui prodiguer des politesses exagérées* {*2*}. ***Vor jdm. den Kotau machen*** / ***buckeln.***

coureur *m. Qui cherche la fréquentation des femmes* {*2*}. ***Schürzenjäger.***

courir *V.t. Énerver* {*1*}: Tu me cours. *Du* ***nervst*** *mich.* ♦ **Courir sur le haricot** *loc. Énerver* {*2*}. ***Auf den Geist gehen.*** ♦ **Courir (après) les filles / jupons** *loc.* {*1*}. ***Den Röcken nachlaufen.*** / **Courir après le fric.** ***Den Moppen nachrennen.*** ♦ **Courir comme si on avait le feu au derrière** *loc.* {*1*}. ***Rennen, als ob man Feuer unterm Hintern hätte.*** ♦ **Courir comme un lapin** {*2*} / **zèbre** {*1*} / **comme si on avait le diable à ses trousses** {*2*} *loc. Courir très vite*: Malgré ses soixante-dix ans, elle court comme un zèbre. *Trotz ihrer siebzig Lenze* ***läuft*** *sie* ***wie der Teufel.*** / Quand il a vu les flics, il s'est mis à courir comme s'il avait le diable à ses trousses. *Als er die Bullen gesehen hat, ist er losgelaufen,* ***als ob der Teufel hinter ihm her wäre.***

course *f.* **Ne pas être dans la course** *loc. Ne pas s'adapter à son temps, à une situation* {*2*}: Pour ce poste, il n'est pas dans la course. *Für diese Stelle* ***ist*** *er* ***nicht im Rennen***/***nicht im Spiel.***

court *Adj.* **Etre à court** *loc. Manquer de qc.* {*1*}: **Etre à court d'argent.** ***Knapp bei Kasse sein.*** / Je suis **à court d'idées.** ***Mir fällt nichts mehr ein.***

court-circuiter *V.t. Ne pas passer par la voie normale ou habituelle* {*1*}: Pour que cette démarche soit effectuée en peu de temps, il faut que tu court-circuites la voie hiérarchique. *Damit die Sache schnell über die Bühne geht, mußt du den Genehmigungsweg* ***kurzschließen****.* / Le grossiste court-circuite les détaillants. Il vend directement au consommateur. *Der Großhändler* ***übergeht*** *die Einzelhändler und verkauft direkt an den Verbraucher.*

court-jus *m. Court-circuit* {*1*}. ***Kurzer.***

couru *Adj. Loc. Sûr et certain* {*1*}: **C'était couru d'avance.** ***Das stand von Anfang an fest.***

cousu *Adj.* **Cousu main** *loc. De première qualité* {*2*}: C'est du travail cousu main. *Das ist eine* ***eins-a Arbeit.*** ♦ **Du cousu main** *expr. Sûr, certain* {*2*}: Il va encore nous lâcher au dernier moment, c'est du cousu main. *Im letzten Moment läßt er uns im Stich, das ist* ***sonnenklar.*** ♦ **Une (toute) cousue** *expr. Une cigarette qui n'est pas roulée à la main* {*3*}: Tu veux t'en rouler une ou est-ce que tu préfères des toutes cousues? *Willst du dir eine drehen oder hast du lieber* ***Normale?*** ♦ → or. ♦ motus.

couteau *m.* **Mettre à qn. le couteau sous la gorge** *loc. Obliger qn. sans lui laisser la moindre chance de faire autrement* {*1*}. ***Jdm. das Messer an die Kehle*** / ***die Pistole auf die Brust setzen.***

coûter *V.t.* **Coûter la peau des fesses** *expr. Coûter les yeux de la tête* {*2*}. ***Sauteuer sein.***

couture *f.* **Battre à plate couture** *loc. Infliger une défaite totale* {*2*}: Son équipe s'est fait battre à plate couture par Bordeaux. *Seine Mannschaft wurde von Bordeaux* ***total geputzt.*** ♦ **Examiner sous toutes les coutures** *loc. Examiner intensivement* {*3*}: La fiancée s'est fait examiner sous toutes les coutures. *Die Braut wurde* ***von allen Seiten begutachtet.***

couverture *f. Profession fictive servant d'alibi* {*1*}: C'est sa couverture. *Das ist sein* ***Deckmäntelchen.*** ♦ *Responsabilité prise par un supérieur* {*3*}: Je ne le ferais pas si je n'avais pas de couverture. *Ich täte es nicht, wenn ich* ***von oben*** *keine* ***Deckung*** *hätte.* ♦ **Tirer la couverture** *loc. Vouloir dominer une situation* {*1*}: En général, il tire la couverture à soi. *Gewöhnlich* ***zieht*** *er* ***alles an sich.*** ♦ *Homme de paille, paravent* {*2*}: Il aurait voulu se servir de moi comme couverture. *Er wollte mich als* ***Strohmann*** *benutzen.*

couvrante *f. Couverture* [*d'un lit par exemple*] {*2*}. ***Bettdecke.***

couvrir *V.t. Prendre la responsabilité* {*1*}: Je m'en fous. Je suis couvert. *Mir ist's wurscht. Ich bin* ***gedeckt.*** ♦ **Couvrir les frais** *loc. Les compenser par d'autres recettes* {*1*}: Il faut que je couvre mes frais. *Ich muß* ***meine Kosten wieder reinkriegen.***

crac *Onomatopée qui imite un bruit sec* {*1*}: Et crac, la branche tombe. *Und* ***krach!*** *fällt der Ast ab.*

craché *Adj.* **Tout craché** *loc.adv. Ressemblant {1}*: Sa fille, c'est lui tout craché. *Seine Tochter ist ihm* ***wie aus dem Gesicht geschnitten.***

cracher *V.t. Payer à contre-coeur {2}*: Il a craché le fric avec deux mois de retard. *Er hat die Flocken mit zwei Monaten Verspätung* ***ausgespuckt.*** ♦ **Ne pas cracher sur la belle vie / les femmes / les vacances etc.** *loc. Apprécier {1}.* ***Kein Kostverächter sein.*** ♦ **Cracher dans la soupe** *loc. Dénigrer qc. {2}*: Mais qu'est-ce que tu penses? Que je vais cracher dans la soupe pour tout gâter? *Aber was glaubst du denn? Daß ich* ***herummeckere****, um alles zu vermasseln?* ♦ **Cracher la valda** *loc. Se dit d'un agent de la circulation ou d'un feu qui tarde à donner le signal vert* [la valda *est une pastille verte contre la toux*] *{2}*: Eh dis! Tu la craches, ta valda? T'attends qu'elle mûrisse? *Mensch, sag mal.* ***Wann gibst du denn Grün, du Penner?*** *Wartest du auf Weihnachten?* ♦ **Cracher le morceau** *loc. Avouer*, se mettre à table* *{1}*. ***Auspacken.*** ♦ **Promis – juré – craché** *loc. Formule qui accompagne le geste indiqué {3}.* ***Versprochen und Spucke drauf.***

crachoir *m.* **Tenir le crachoir** *loc. Ne pas pouvoir placer un mot, devoir écouter {1}*: Il causait tout le temps et moi, je tenais le crachoir. *Er redete die ganze Zeit, ich* ***konnte kein Wort anbringen.***

crack *m. Champion, spécialiste,* → bête *{1}*. ***Könner.*** ♦ *Favori [turf] {3}* **Miser sur un crack**. *Auf einen* ***Favoriten*** *setzen.*

cracra *Adj. Crasseux, sale,* crado* *{2}*: Sors! T'es tout cracra. *Geh raus! Du bist ganz* ***dreckig.***

crade *Adj.inv. Sale,* crado* *{B}*. ***Dreckig.***

crado *{1}* / **cradingue** *{3} Adj. Sale, crasseux,* cracra*. ***Dreckig.***

craignos [krɛɲos] *m.inv. Se dit d'une personne qui n'est pas à la hauteur de la situation, qui n'*assure* *pas {3}*: Il est plutôt craignos. *Er* ***schafft das nicht.*** ♦ *Pour une action ou une chose* ça craint* *{3}*. ***Das ist nicht echt!***

craindre *V.t.* **Ça craint!** *Loc. Pour qualifier une chose ou une situation de désagréable, sans intérêt ou dangereuse {3}*: Cambrioler une bijouterie située près du commissariat, ça craint un peu! *In ein Schmuckgeschäft neben der Wache einzubrechen ist aber* ***ganz schön leichtsinnig.*** ♦ **Ça craint un max.** *Loc. Etre minable {2}.* ***Das ist ein Schuß in den Ofen.*** ♦ **Ça craint un max dans le coin** *loc. Ne pas être à la hauteur {2}.* ***Nicht auf Zack sein.*** ♦ **Ça craint le soleil / jour** *loc. C'est de la marchandise volée,* → jour. *{2}*. ***Das ist Diebesgut.***

cramé *m.* **Sentir le cramé** *loc. Sentir le brûlé.* ***Nach Angebranntem riechen.***

cramer *V.t. Brûler, carboniser {2}*: J'ai l'impression que ton frichti a cramé. *Mir ist, als wäre dein „Traumessen"* ***verkohlt.***

crampe *f.* **Tirer une crampe** *loc. Coïter,* baiser* *{3}*: Il tire une crampe. *Er* ***schiebt einen.***

crampon *m. Tenace, importun {2}*: Quel crampon! *So eine* ***Klette!***

cramponnant *Adj. Tenace {3}*: Ce qu'il est cramponnant! *Ist der* ***lästig!***

cramponner (se) *V.pr. Se maintenir, s'accrocher à une affaire {2}*: Un bon vendeur doit se cramponner au client sans que celui-ci s'en rende compte. *Ein guter Verkäufer muß am Kunden* **(dran)bleiben**, *ohne daß dieser es merkt.* / Quand ils se mettent à parler patois, j'ai intérêt à me cramponner (si je veux comprendre qc.). *Wenn die mit Dialekt anfangen, muß ich* ***mich dranhalten*** *(um etwas zu verstehen).*

cran *m.* **Etre à cran** *loc. Etre à bout de nerfs, épuisé {2}*: Depuis sa maladie elle est à cran. *Seit ihrer Krankheit ist sie ein* ***Nervenbündel.*** ♦ **Avoir du cran** *loc. Etre courageux ou dynamique {2}*. Quel cran il a! *Hat der* ***Schmakkes!***

crâne *m. Tête {1}*: Elle a mal au crâne. *Sie hat* ***Kopfschmerzen.*** / **Mets-toi ça dans le crâne.** ***Merk dir das!*** ♦ **Crâne d'œuf** *expr. Calvitie {2}.* ***Glatzkopf.***

crâner *V.i. Se donner un air de supériorité {2}*: Il crâne. *Er* ***plustert sich auf.***

crâneur *m. Vaniteux, fanfaron {2}.* ***Angeber.***

crapahut [krapay] *m. Exercice de combat au sol [armée], et souvent une longue marche {3}.* ***Übung/Gewaltmarsch.***

crapahuter *V.t. Faire un* crapahut* *{3}*: On a crapahuté dans les Vosges. *Wir sind in den Vogesen* ***rumgekraxelt.***

crapule *f. Personne dangereuse, malhonnête et peu agréable {2}.* ***Fieser Typ.***

craquant *Adj. Enthousiasmant {B}*: C'est craquant! *Das ist* ***echt geil*** *[Jugend].*

craquer *V.i. Subir une défaillance, s'effondrer nerveusement {2}*: Elle a craqué. *Sie ist* ***zusammengeklappt.*** ♦ *S'enthousiasmer, pincer {2}*: Il a carrément craqué pour elle. *Der steht total* ***auf sie/ist scharf auf sie.*** / Je vais craquer. *Ich* ***heb' ab.*** ♦ *Céder {1}*: Il m'a proposé la botte. – Et t'as pas craqué? *Er wollte mit mir ins Bett. – Und du bist nicht* ***schwach geworden****?*

craspec [kraspɛk] *Adj. Crapoteux, ultra sale {3}*: Ton manteau est craspec. *Dein Mantel* ***steht vor Dreck.*** / Le type est craspec. *Den* ***kannst du mit der Zange (nicht) anfassen.***

crasse *f. Indélicatesse, méchanceté {2}*: Il vous a fait une telle crasse? *So eine* ***Dreckigkeit*** *hat er Ihnen angetan?*

crasseux *m. Peigne {3}.* ***Lauser.***

crassouillard *Adj. Sale, crasseux {3}.* ***Nicht anzufassen/total dreckig.***

cravate *f.* **Faire une cravate** *loc. Passer le bras par-derrière autour du cou de l'adversaire {2}.* ***Von hinten in die Klammer nehmen.*** ♦ **S'en**

jeter un derrière la cravate *loc. Boire {1}.* ***Sich einen hinter die Binde gießen.***

cravater *V.t. Appréhender {1}*: Il s'est fait cravater. *Man hat* **ihn erwischt.** ♦ *Voler, chaparder {2}*: On m'a cravaté mon portefeuille. *Man hat mir die Brieftasche* **geklemmt.** ♦ *Induire en erreur {2}*: Te laisse pas cravater. *Laß dich nicht* **an der Nase herumführen.** ♦ *Étrangler en passant le bras par-derrière {2}*: Il l'a cravaté et terminé. *Er hat ihn* **von hinten gewürgt** *und alle gemacht.*

crèche *f. Maison {3}*: Je rentre à la crèche. *Ich geh' nach* **Haus**.

crécher *V.t. Habiter {1}*: Où c'est que tu crèches? *Wo* **wohnst** *du denn?*

crème *f. Café crème {1}*: Un crème! *Einen* ***Milchkaffee!*** ♦ *f. Travail facile {2}*: C'est de la crème. *Es ist* **kinderleicht.** ♦ *Le meilleur {1}*: Il est la crème des maris. *Er ist ein* ***Traum von Ehemann.*** ♦ **C'est la tarte à la crème** *loc. On trouve tout ce qu'on veut {2}.* ***Das ist wie im Schlaraffenland*** / → tarte.

crémerie *f. Café, restaurant {1}.* **Café** / ***Kneipe.*** ♦ **Changeons de crémerie!** *Loc. Allons dans un autre café {2}.* ***Machen wir einen Tapetenwechsel!***

créneau *m. {1}.* ***Parklücke.*** ♦ **Faire un créneau** *loc. Se garer entre deux voitures {2}.* ***Einparken.*** ♦ **Monter au créneau** *loc. S'engager, intervenir personnellement dans une action {1}*: Dans ce débat, le ministre est monté au créneau. *In diese Debatte hat* **sich** *der Minister selbst* **eingeschaltet.**

crêpage de chignon *m. Dispute entre femmes,* → chignon *{2}* ***Weibergezänk.***

crêper *V.t.* **Se crêper le chignon** *loc.* → chignon.

cresson *m. Poils du pubis {3}.* **Bär.**

Crésus *N.pr.* **Etre riche comme Crésus** *loc. Etre très riche {1}.* ***Reich sein wie Krösus.***

creuser *V.i. Mettre en appétit {1}*: La marche, ça creuse. *Wandern* ***macht Kohldampf.*** ♦ *V.pr.* **Se creuser la tête** *{1}* / **la citrouille** *{2}* / **la cervelle** *{2} loc.* ***Sich den Kopf / die Rübe zerbrechen.*** ♦ *Loc. Bien s'établir dans la société {3}*: Il a **creusé son trou.** ***Er hat sein Schäfchen im Trockenen.***

creux *m.* **Avoir un petit creux** *loc. Avoir faim {1}*: J'ai un petit creux. *Ich* ***könnte jetzt etwas essen.***

crevant *Adj. Fatigant {1}*: Le boulot est crevant. *Die Maloche* **schlaucht (ganz schön).** / *Drôle, amusant {1}*: Le film est crevant. *Der Film ist* ***zum Totlachen.***

crevard *m.* **Il / Elle a une gueule de crevard** *loc. Avoir mine très mauvaise {3}.* ***Ihm / ihr steht der Tod im Gesicht geschrieben.***

crevé *Adj. Fatigué, épuisé {1}*: Je suis crevé. *Ich* ***bin kaputt.***

crève *f.* **Avoir la crève** *loc. Etre malade {1}*: J'ai la crève. *Ich* ***hab was in den Knochen.*** ♦ **Attraper la crève** *loc. Tomber malade, souvent d'une grippe {1}*: Tu tousses? T'as attrapé la crève? *Du hustest? Hast du dir* ***etwas eingefangen?***

crever *V.i. Loc. Mourir {1}*: **Qu'ils crèvent la gueule ouverte!** ***Sollen sie doch verrecken!*** ♦ **Crever la faim** *loc. Avoir faim {3}*: Depuis des années ils crèvent la faim. *Seit Jahren* **schieben** *sie* **Kohldampf.** ♦ *Tuer {2}*: Il l'a crevée. *Er hat sie* **umgebracht.** ♦ **Crever la peau à qn.** *loc. Tuer {3}.* ***Einen allemachen.*** ♦ **(se)** *V.Pr. Se battre avec l'intention de se tuer {2}.* ***Sich totschlagen.*** ♦ **Se crever le cul** *loc. Travailler dur {3}.* ***Sich den Arsch abrackern.***

crier *V.t.* **Crier qc. sur les toits** *loc. Commettre partout des indiscrétions {1}*: C'est pas la peine de le crier sur les toits. *Man muß es ja nicht* ***(überall) herumposaunen.*** ♦ **Crier à tue-tête** *loc. Crier très fort {1}.* ***Brüllen wie am Spieß.***

crincrin [krɛ̃krɛ̃] *m. Instrument à cordes, violon {3}.* ***Klimpse*** / ***Zittergeige.***

croc [kro] *m. Ou* **crochet** *m. Dent {2}.* ***Beißerchen.*** ♦ **Avoir les crocs** *loc. Avoir faim {2}*: Pendant la guerre, on avait souvent les crocs. *Während des Krieges* **haben** *wir oft* **Kohldampf geschoben.**

crocher *V.t. Crocheter {2}*: Crocher une serrure. *Ein Schloß* **knacken.**

croire *V.t.* **Croire que c'est arrivé** *loc. Se faire des illusions {2}*: Tu crois que c'est arrivé. *Du* ***glaubst wohl, das wär so.*** ♦ **Croire au père Noël** *loc. {1}.* ***An den Weihnachtsmann glauben.*** / **Croire au petit Jésus soviétique** *loc. {3}. Même sens.* ♦ **S'y croire** *loc. Avoir le sentiment d'être quelque part ou qu'une chose est arrivée {1}*: Non mais! Regarde-le dans son fauteuil, ma parole, il *s'y* croit. *Aber guck dir den in seinem Sessel an. Echt, er* ***glaubt, er wär im Schlaraffenland*** // ***er wär etwas Besonderes.***

croix *f.* **Faire une / la croix sur qc.** *loc. Se familiariser avec l'idée de perdre qc. {2}*: Si tu le lui as donné, tu peux faire une croix sur ton disque. *Wenn du sie ihr gegeben hast,* **kannst** *du deine Schallplatte* **abschreiben**.

croque-mort *m. Employé des pompes funèbres {3}*: ***Totengräber.***

croquenot *m. Gros soulier {3}.* **Galosche** / ***Kahn.***

croquer *V.t. Manger {3}*: J'ai rien croqué. *Ich hab noch* ***nichts zu beißen gehabt.*** ♦ **Croquer une poulette** *loc. Draguer une fille {3}*: Viens, on va croquer une poulette. *Komm, wir* ***reißen eine Dose auf.*** / Elle est **bath/mignonne à croquer.** *Sie ist* ***zum Anbeißen.*** ♦ *Gaspiller {2}*: Il a croqué tout l'héritage. *Er hat das ganze Erbe* **durchgebracht.** ♦ *Loc. Avouer,* accoucher* *{3}*: Il a **croqué le marmot.** *Er hat* **ausgepackt.** ♦ **En croquer aussi** *loc. Toucher sa part du butin {2} ou bien faire partie de la combine, être un indica-*

teur de police, en manger* {*2*}: Il en croque aussi. *Er* ***kriegt sein Teil ab.*** *//* ***Er arbeitet für die andere Seite.*** / ***Er steckt mit ihnen unter einer Decke.***

croquignolet *Adj. Joli, souvent ironique* {*2*}: Un chapeau croquignolet. *Ein* ***süßer*** *Hut.* / Elle est croquignolette. *Sie ist* ***schnuckelig*** / ***zum Anbeißen.***

crosses *f.pl.* **Chercher des crosses** *loc. Chercher querelle* {*2*}. ***Stunk suchen.***

crotte de bique *expr.* → bique.

crotté *Adj. Sale, plein de boue* {*3*}: Les chaussures crottées. ***Total verdreckte*** *Schuhe.*

crotter *V.i. Déféquer* {*2*}: Les clébards, ça crotte partout. *Die Köter* ***scheißen*** *überall hin.*

crouille *m./Adj. Maghrébin, surtout résidant en France* [*raciste*] {*2*}. ***Scheißaraber.***

croulant *Adj./N. Vieux*, ancêtres* {*3*}: Les discos ne sont pas pour les croulants. *Diskos sind nicht für* ***Gruftis.*** / Tes croulants ont téléphoné. *Deine* ***Alten*** *haben angerufen.*

croupion *m. Postérieur, popotin* {*1*}: On mange pas le croupion du poulet. *Man ißt doch nicht das* ***Hinterteil*** *vom Huhn.* / Regarde Gisèle! Quel croupion! *Guck mal Gisèle! Welch ein* ***Hinterteil*****/*****Steiß****!*

croupionner *V.i. Tortiller les fesses* {*3*}: Elle croupionne pas mal. *Sie* ***wackelt*** *nicht schlecht* ***mit dem Hintern.***

croûte *f. Mauvais tableau* {*1*}. ***Schinken.*** ♦ **Gagner sa croûte** *loc. Gagner sa vie* {*1*}. ***Seine Brötchen verdienen.*** ♦ **Casser une croûte** *loc. Manger un en-cas* {*1*}. ***Eine Kleinigkeit essen.*** ♦ **Casser la croûte** *loc. Manger* {*2*}: A quelle heure, on **casse la croûte**? *Wann wird* ***gefuttert****?*

croûter *V.t. Manger* {*3*}: T'as rien à croûter? *Hast du nichts zu* ***beißen****?* / On croûte. A table! ***Futtern!*** *Zu Tisch.*

croûton *m. Vieillard* {*2*}: Regarde ce **vieux croûton**! *Guck dir den* ***alten Nußknacker*** *an!*

croyable *Adj.* **Pas croyable** *loc.adv. Exprime l'indignation* {*1*}: Mais non! **C'est pas croyable!** ***Ich glaub', es geht los!***

cru *Adj.* **Manger qn. tout cru** *loc. Menace* {*2*}. ***Sich jdn. vorknüpfen.*** ♦ Il l'adore tout cru. *Er liebt sie* ***mit Haut und Haaren.***

cube *m.* **Gros cube** *expr. Motocyclette de 500 cm minimum* {*2*}. ***Feuerstuhl.***

cuber *V.i. Coûter très cher* {*3*}: Un pavillon au bord de la mer, ça finit par **cuber**. *Eine Villa am Meer,* ***das geht ins Geld.***

cucul [kyky] *Adj. Niais, idiot* {*2*}: Elle est un peu cucul. *Sie ist* ***süß und doof.***

cucul-la-praline *m. Petit idiot* {*3*}. ***Klein-Doofi mit Plüschohren.***

cueillir *V.t. Passer prendre en voiture* {*2*}: Je passerai te cueillir. *Ich* ***hole*** *dich* (***mit dem Auto***) ***ab.*** ♦ *Appréhender* {*1*}: Il s'est fait cueillir par les flics. *Er hat sich von den Bullen* ***erwischen*** *lassen.*

cuillère *f. Main* {*3*}. ***Flosse.*** / Le Président et le Chancelier se sont **serré la cuillère** pour les journaleux. *Der Präsident und der Kanzler haben für die Journalisten nochmals* ***Shakehands gemacht.*** ♦ **Faire en deux coups de cuillères à pot** *loc. Faire en un tour de main* {*2*}. ***In Null Komma nix*** *etwas* ***tun.*** ♦ **Ne pas y aller avec le dos de la cuillère** *loc. Sans précaution* {*2*}. ***Rangehen wie Blücher.*** ♦ Si tu tombes, **on pourra te ramasser à la petite cuillère** {*2*}. *Wenn du runterfällst, können wir dich* ***vom Pflaster abkratzen.*** ♦ *Aussi pour exprimer une fatigue ou un épuisement extrême* {*2*}: Après cette corvée, t'aurais pu me ramasser à la petite cuillère. *Nach dieser Plackerei war ich* ***völlig fertig.***

cuir *m.* **Tanner le cuir à qn.** *loc. Le battre* {*3*}. ***Jdn. versohlen.***

cuisine *f. Manoeuvre louche* {*2*}: La cuisine électorale. *Der* ***Wahlklüngel.*** / La cuisine des partis. ***Parteienklüngel.*** ♦ *Loc. Tour de main ou secret de fabrication* {*2*}: **Chacun fait sa petite cuisine**. *Jeder hat sein* ***Geheimrezept.*** ♦ *Chacun poursuit son propre intérêt sans s'occuper d'autrui* {*2*}. ***Jeder schustert*** / ***wurschtelt für sich.*** ♦ *Expr. Dépréciatif* {*1*}: Quel **français de cuisine**! *Was für ein* ***Küchenfranzösisch****!*

cuisiner *V.t. Interroger pour obtenir un aveu, harceler de questions* {*1*}: Les flics l'ont cuisiné toute la nuit. *Die Bullen haben ihn die ganze Nacht über* ***weichgekocht.***

cuistance *f. Cuisine* [*préparation*] {*3*}: Occupe-toi de la cuistance, on a faim. *Kümmer' dich um die* ***Küche****, wir haben Hunger.*

cuistot *m. Cuisinier* {*1*}. **Koch.**

cuit *Adj. Ivre* {*1*}. ***Abgefüllt.*** ♦ *Etre en train de subir une correction* {*1*}: Maintenant **nous sommes tous cuits**. *Jetzt* ***sind wir geliefert*** / ***fällig*** / ***reif.*** ♦ *Manquer, rater*, louper* {*1*}: L'affaire est cuite. *Die Sache* ***ist im Teich.*** ♦ **Les carottes sont cuites** *loc.* → carottes. ♦ **C'est du tout cuit** {*2*}. ***Das ist von vornherein gewonnen.***

cuite *f. Excès de boisson* {*2*}: Il a pris sa cuite. *Er* ***hat sein Pensum.*** / Toutes les semaines, elle **prend sa cuite**. *Jede Woche* ***läßt*** *sie* ***sich vollaufen!***

cuiter (se) *V.pr. S'enivrer* {*3*}. ***Sich besaufen.***

cul *m. Postérieur* {*1*}: ***Hintern*** / ***Arsch.*** ♦ **Avoir du cul** *loc. De la chance* {*2*}: Qu'est-ce qu'il a comme cul! ***Hat*** *der* (*ein*) ***Schwein.*** ♦ **Avoir le feu au cul** *loc. Etre ou paraître pressé* {*2*}: ***Auf glühenden Kohlen sitzen.*** ♦ *Etre très chaude* [*pour une femme*] {*2*}: Simone a le feu au cul. *Simone* ***ist immer scharf.*** ♦ **Avoir le cul entre deux chaises** *loc.* → chaise. ♦ **L'avoir dans le cul** *loc. L'avoir perdu*, louper* {*2*}: On l'a dans le cul. ***Für uns ist es im Arsch.*** ♦ **Casser le cul** *loc. Donner une correction*, engueulade* {*2*}. ***An-***

schnauzen. ♦ *Faire un grand effort,* se crever* le cul {2}: On s'est cassé le cul pour rien. *Wir haben uns für nichts den Arsch* **abgearbeitet** / **abgelaufen** / **aufgerissen.** ♦ **Se crever le cul** *loc.* → crever. ♦ **En avoir plein le cul** *loc. Etre excédé, en avoir assez* {2} → bottes. **Die Schnauze voll haben.** ♦ **Etre comme cul et chemise** *loc. Se dit de qc. ou de deux personnes carrément inséparables* {2}: Pierre et Jeanne sont comme cul et chemise [*on sous-entend*: Qui est la chemise?]. *Pierre und Jeanne halten zusammen* **wie Pech und Schwefel.** ♦ **Faire cul sec** *loc. Vider un verre d'un trait* {2}. **Auf ex trinken.** ♦ **Lécher le cul** *loc.* → lécher. ♦ **Faire la bouche en cul de poule** *loc. Arrondir les lèvres en les poussant vers l'avant* [*souvent avec l'idée d'avoir l'air pincé, se dit guère pour les hommes*] {2}. **Eine Kußschnute machen** // **wie eine beleidigte Leberwurst gucken.** ♦ **Aller au cul** *loc. Faire l'amour* {3}. **Bumsen.** ♦ **Ne pas se manier le cul** *loc. Ne pas faire d'effort, ne pas se dépêcher* {3}. **Den faulen Arsch nicht bewegen.** ♦ **Mettre les flics au cul** *loc. Mettre la police au courant* {3}: Je vais leur mettre les flics au cul. *Ich* **hetze** *ihnen* **die Polizei auf den Hals.** ♦ **Ça lui pend au cul** *loc. Ça se voit tout de suite,* → nez {3}: Si tu continues à ne rien faire, tu vas redoubler. Ça te pend au cul. *Wenn du weiterhin nichts tust, bleibst du sitzen.* **Das ist sonnenklar.** ♦ **Parle** / **cause à mon cul, ma tête est malade** *loc.* Je m'en fous* {2}. **Leck' mich doch.** ♦ **Qui parle derrière mon dos, parle à mes fesses** *loc.* → parler. ♦ **Péter plus haut que son** / **le cul** *loc. Etre imbu de sa personne* {2}. **Sich für Graf Rotz halten.** ♦ **Tirer au cul** *loc. Etre paresseux* {3}: Au lieu de bosser, il préfère tirer au cul. *Statt zu arbeiten,* **sitzt** *er lieber* **auf seinem faulen Hintern.** ♦ **Tomber sur le cul** / **en rester sur le cul** *loc. Etre stupéfait* {2}: Elle en est restée sur le cul. *Da hat sie sich aber* **auf den Hintern gesetzt.** ♦ **Tu peux te le foutre au cul** *loc. Tu peux t'en passer ou bien tu peux le garder* {2}. **Das kannst du dir in den Arsch stecken.** ♦ **Mon cul!** *Interj. négative* {2}. **Himmel, Arsch und Zwirn!** ♦ **Mon cul, c'est du poulet?** *Interj. Qui équivaut à un refus* [*souvent la formule est accompagnée d'un geste sans équivoque*] {3}. **Das hättest du wohl gern,** (*mein Süßer*)? ♦ **Gros-cul** *expr. Poids-lourd important* {3}. **Brummi.** ♦ *Tabac ordinaire* {3}: Passe-moi le gros cul. *Gib mir den* **Knaster.** ♦ **Cul béni** *expr. Clérical ou catholique pratiquant* {3}. **Kirchenläufer** // **Priesterarsch.** ♦ *La pornographie et son industrie* {2}: **Un livre de cul.** *Ein* **Porno** (**buch**). / Un film de cul. **Porno** (**film**). ♦ **Trou du cul** / **trouduc** *expr. Anus* {3}. **Arschloch.** ♦ **Cul par-dessus tête** *loc.adv. Tête en avant* {2}. **Kopfüber** / [*in Abwandlung von* **Hals über Kopf**] **Arsch über Kopf.** ♦ **Papier cul** *expr.m. Papier hygiénique,* → P.Q. {3}: Mets le papier-cul dans les chiottes. *Bring das* **Klopapier** *auf den Lokus.*

culbute *f.* **Faire la culbute** *loc. Faire un bénéfice de cent pourcent* [*commerce*] {2}: Avec ce produit, tu vas encore faire la culbute. *Mit diesem Produkt* **machst du einen Riesenreibach.**

culot *m.* **Avoir du culot** *loc. Audace, effronterie* {1}. Il a eu le culot de partir sans avoir fait son travail. *Der* **hatte die Stirn** *abzuhauen, ohne seine Arbeit gemacht zu haben.*

culotte *f.* **Faire dans sa culotte** *loc. Se mouiller* {1}: Le bébé a fait dans sa culotte. *Das Baby hat* **in die Hose gemacht.** ♦ **Trembler dans sa culotte** *loc. Avoir très peur* {2}. **Vor Angst schlottern.** ♦ **Ramasser une culotte** *loc. Perte au jeu* {3}: Ils ont ramassé une culotte. *Sie sind* **geputzt** *worden.* ♦ **Porter la culotte** *loc. Donner le ton dans un ménage* {1}: C'est elle qui porte la culotte. *Sie ist es, die* **die Hosen anhat.** ♦ **Culotte de cheval** *expr. Pour une femme, avoir les cuisses pleines de cellulite* {3}. **Reiterhose.**

culotté *Adj. Avoir de l'audace, du* toupet* {2}: Il faut être culotté pour prendre un tel risque. *Man muß schon* **ganz schön Mumm** *haben, um ein solches Risiko einzugehen.*

cureton *m. Prêtre* {2}. Elle va encore voir le cureton. *Die rennt schon wieder zum* **Pfarrer.**

curieux *m. Juge d'instruction* {3}: Le curieux était trop jeune. *Der* **Untersuchungsrichter** *war zu jung.*

cuver son vin *loc. Dormir après avoir bu beaucoup de vin* {2}. **Seinen Rausch ausschlafen.**

cyclo *m. Cyclomoteur, mobylette,* bécane* {1}. **Moped.**

D

D *Abrév. Pour* débrouillardise *dans* **système D** *loc. Système* débrouille* *ou système* démerde* {1}: Grâce au système D, il s'en est sorti. *Mit* **Trick 17** *hat er es geschafft.*

dab *m. Père* [dabe *ou* dabesse *sont plus rares*] {3}: Ton dab est sympa avec moi. *Dein* **alter Herr**/ **Dad** *ist nett zu mir.*

dada *m. Marotte* {2}: Enfourcher son dada. *Sein*

Steckenpferd reiten. ♦ *Cheval* [*enfants*] {*3*}. ***Hottehüh.***

dalle *f. Palais, bouche* {*3*}: **Se rincer / s'arroser la dalle / le gosier** *loc. Boire* → amygdales {*2*}. ***Sich den Gaumen anfeuchten / einen genehmigen.*** ♦ **Avoir la dalle en pente** *loc. Aimer boire* {*2*}. ***Gut schlucken.***

dalle *Adv.* **Que dalle** *loc.adv. Rien*, couic* {*2*}: J'entrave que dalle. *Ich kapier'* ***nix.***

dam [dam] **Aller à dam** *loc. Tomber* {*3*}. ***Auf die Bretter / zu Boden gehen.*** ♦ Le boxeur l'a **envoyé à dam**. *Der Boxer hat ihn* ***auf die Bretter geschickt.***

dans *Prép.* **Dans les** *expr.prép. Environ* {*1*}: Ça fait dans les quatre cents. *Das macht* **so um** (*die*) *vierhundert.* / Il a dans les 24 ans. *Er ist* **so** *24.*

danse *f.* **Filer une danse** → avoine.

dare-dare *loc.adv. A toute vitesse* {*1*}: Il est parti dare-dare. *Er ist* ***hopp-hopp*** *ab.*

deal [dil] *loc.* **Faire un deal** *loc. Faire une affaire et avoir la volonté de la conclure positivement et vite* {*B*}. ***Einen Deal machen.***

dealer [dılœr] *m. Pourvoyeur de drogue* {*B*}. ***Dealer.***

déb [deb] *Adj. Abréviation de* → débile* {*B*} {*3*}. ***Deppert.***

déb [deb] *f. Abrév. Jeune fille qui «débute» dans la société* {*3*}: Le bal des debs. ***Debütantinnenball.***

déballer *V.i. Raconter, avouer* {*3*}: Déballe ton affaire, qu'on essaie d'y voir clair. ***Nun pack' mal aus****, laß uns 'mal sehen, was dran ist.*

déballonner (se) *V.pr. Perdre courage, se* dégonfler* {*3*}: Elle s'est déballonnée à la dernière minute. *In der letzten Minute hat sie* ***Muffe gekriegt.***

débander *V.i. Cesser d'être en érection* {*3*}: Un soi-disant porno à faire débander. ***Ein schlapper Porno.***

débarquer *V.i. Arriver* {*2*}: A quelle heure tu débarques à la Gare du Nord? *Wann* ***kommst*** *du am Nordbahnhof* ***an?*** ♦ *S'installer* {*2*}: Il a débarqué chez sa petite amie. *Er ist bei seiner Freundin* ***eingezogen.*** ♦ *Arriver à l'improviste* {*1*}: Alors il a débarqué chez nous. *Dann* ***kam*** *er bei uns* ***hineingeschneit.*** ♦ *Mettre à la porte, virer* {*2*}: Débarque-le! ***Schmeiß ihn raus!***

débarrasser le plancher *loc. Partir, souvent pour laisser l'endroit occupé à qn. d'autre* {*2*}: Je vous donne trois minutes pour débarrasser le plancher. *Ich geb' Ihnen drei Minuten,* ***das Feld zu räumen.***

débectant *m./Adj. Dégoûtant, qui* débecte* {*3*}. ***Zum Kotzen/Bekotzte Type.***

débecter *V.t. Dégoûter* [*on rencontre aussi la graphie* débequeter *ou* débecqueter] {*2*}: Il me débecte. *Bei dem wird mir* ***speiübel.***

débile {*1*} *Adj. Idiot, crétin, enfantin* [*très à la mode chez les jeunes en ce moment*]: Cette émission est complètement débile. *Diese Sendung ist der* ***letzte Schwachsinn.***

débilitant *Adj. Qui rend* cafardeux* {*3*} {*B*}: Une émission débilitante concernant la chasse aux phoques. *Eine Sendung* ***zum Heulen*** *über die Robbenjagd.*

débine *f. Misère, découragement,* dèche* {*3*}: La débine se voit partout. *Die* ***Not*** *ist überall.* ♦ Il **est dans la débine**. *Er* ***sitzt in der Patsche.***

débiner *V.t. Dénigrer* {*3*}: Cet homme adore débiner les gens. *Der Mann muß ständig* ***über die Leute herziehen.*** ♦ **(se)** *V.pr. Prendre la fuite* {*3*}: Les maris se débinent quand les femmes ne savent pas faire la cuisine [*dans une chanson assez populaire interprétée par J. Gréco*]. *Männer* ***hauen ab / verduften,*** *wenn Frauen nicht kochen können.*

déblatérer *V.i. Parler longtemps et avec violence contre qn. ou qc.* {*2*}: La mère machin est toujours en train de **déblatérer sur le compte des** bonnes femmes du quartier. *Die olle Dingsbums* ***lästert ständig*** *über die Weiber im Viertel.*

débloquer *V.i. Dire des sottises, déraisonner* {*1*}. ***Spinnen.*** / Il débloque à pleins tubes. *Er* ***spinnt*** *aus vollem Rohr.* ♦ *Ne pas fonctionner* {*2*}: Le moteur débloque. *Der Motor* ***spinnt.*** ♦ **Débloquer des vannes** *loc. Raconter des blagues* {*3*}. ***Witzchen erzählen.***

déboisé *m./Adj. Chauve* {*2*}. ***Kahlkopf.*** / **Etre déboisé.** ***Kein Haar auf dem Kopf haben.***

déboiser la colline *loc. Couper les cheveux* {*3*}: Quand vas-tu te faire déboiser la colline? *Wann läßt du* ***dir*** *endlich* ***das Unkraut vom Kopf jäten?***

débouler *V.i. Démarrer rapidement* [*cyclisme*] {*3*}. ***Lospreschen.*** ♦ *Dévaler la colline* {*3*}: Ils ont déboulé comme des dingues. *Sie sind wie die Bekloppten* ***runter*** (***gerast***).

déboulonner *V.t. Faire perdre son poste ou son prestige à qn.* {*2*}: L'ancien ministre a fait une drôle de gueule en se voyant déboulonné. *Der ehemalige Minister hat ein blödes Gesicht gemacht, als er* ***abgetakelt*** *wurde.*

déboussolé *Adj. Perdu, désorienté* {*1*}: A Paris, 'y a toujours des touristes qui sont déboussolés. *In Paris gibt es immer Touristen, die* ***umherirren.*** / Depuis son retour, il est complètement déboussolé. *Seit er zurück ist,* ***hängt*** *er total* ***daneben.***

déboutonner (se) *V.pr. Dire franchement ce qu'on pense* {*3*}: Tu veux pas te déboutonner? Ça te soulagerait. *Willst du nicht* ***mal offen reden?*** *Es würde dich erleichtern.*

débrouille *f. Débrouillardise* {*2*}: Le temps de la débrouille. *Die Zeit des* ***großen Tricksens.***

débrouiller *V.t. Tirer d'embarras, éclaircir* {*2*}: Je vais vous débrouiller ça. *Ich werde es euch* ***auseinanderklamüsern.*** ♦ **(se)** *V.pr. Se tirer d'affaire* {*1*}: Il se débrouille très bien. *Er* ***kommt*** *prima* ***zurecht.*** / L'hôtel était inhabitable. Mais on s'est débrouillés. *Das Hotel war unmöglich. Aber* ***wir*** *haben* ***uns beholfen.***

déca *m. Café décaféiné {2}. Ein* **Koffeinfreier.**

décaniller *V.t. S'enfuir, se sauver, déguerpir {3}:* Quand la police a débarqué, le malfrat avait déjà décanillé. *Als die Polizei ankam, war der Übeltäter* **schon über alle Berge.** / Demain, je décanille à trois heures. *Morgen* **haue** *ich um drei* **ab.**

décapant *m. Vin râpeux {3}.* **Saurer Wein.**

décarcasser (se) *V.pr. Se donner beaucoup de peine {2}:* Il s'était décarcassé pour l'avoir. *Er hat* **sich** *dafür* **krummgelegt**.

décati *Adj. Qui a perdu sa fraîcheur {2}:* Elle commence à être décatie. *Sie wird langsam* **welk.**

déchard *m. Miséreux {3}.* **Armer Schlucker.**

décharge *f. Éjaculation {3}.* **Ladung.**

décharger *V.i. Éjaculer {3}.* **Spritzen.**

dèche *f. Misère, pauvreté {2}:* Il est dans la dèche. *Er* **hat keinen Heller.** ♦ *Etre en difficulté {2}.* **In der Patsche sein.**

décideur *m. Celui qui décide, boss, patron, P.D.G., etc. {B}:* Il faut envoyer ça au décideur. *Man muß es den* **Richtigen** *zuspielen.* / C'est un décideur. *Der* **hat was zu sagen.**

décoiffer *V.t. Ouvrir en parlant d'une bouteille {1}:* On en décoiffe une? **Machen wir eine auf?** ♦ **Ça décoiffe!** *Loc. Caractérise les effets d'un alcool fort ou d'une surprise {2}.* **Das haut einen um / haut rein.** // **Das haut einen echt aus den Socken / vom Hocker!**

déconnage *m. Action de* déconner* *{3}.* **Spinnerei.**

déconner *V.i. Dire des bêtises, des* conneries* *{1}:* T'en fais pas. Elle déconne. *Mach dir nichts draus, die* **spinnt.** ♦ **On ne peut pas déconner un con! Doof bleibt doof,** (**da helfen keine Pillen**).

déconneur *m. Personne qui* déconne* *{3}:* C'est une déconneuse de première. *Die ist* **erstklassig bescheuert.**

décors *m.* **Aller** *{2}* / **rentrer** *{1}* / **foncer** *{1}* / **valser dans les décors** *loc. Quitter la route accidentellement.* **Von der Straße abkommen.** ♦ Il m'a poussé dans les décors. *Er hat mich* **abgedrängt / in den Graben gedrängt.**

décorum [dekɔrɔm] *m. Appareil officiel, dignité.* / **Et tout le décorum** *loc. Formule qui n'est pas sans ironie {2}:* Il y avait les présidents, les P.D.G., les grosses légumes et tout le décorum. *Da waren die Präsidenten, die Generaldirektoren, die hohen Tiere und* **das ganze Drumherum.**

décraspouiller *V.t. ou* (**se**) *V.pr. Nettoyer,* se décrasser* *{3}.* (**Sich**) **vom Dreck befreien.**

décrasser *V.t. Laver, enlever la* crasse* *{1}:* Il faut décrasser les enfants. *Die Kinder müssen* **gewaschen** *werden.* ♦ (**se**) **V.pr.** *Même sens {1}.* **Sich** [*gründlich*] **waschen.**

décrocher *V.t. Obtenir, réussir {1}:* Elle a décroché un doctorat. *Sie hat den Doktor* **ergattert.** ♦ **Décrocher la timbale** *loc. Atteindre son but {3}.* **Es schaffen.** ♦ *Réussir à acquérir {2}:* Il a décroché un beau meuble. *Er hat ein schönes Möbelstück* **aufgetan.** ♦ *V.i. Abandonner un poste ou un emploi {2}:* Luc a décroché. *Luc hat* **aufgehört.** ♦ *Cesser de prêter son attention {3}:* Que c'était barbant! J'ai décroché au bout de dix minutes. *War das langweilig! Nach fünf Minuten hab ich* **abgeschaltet.** ♦ (**se**) *V.pr. Se défaire de l'accoutumance à une drogue {3}:* Elle est arrivée à se décrocher de l'héroïne. *Sie* **ist vom** *Heroin* **runter**.

déculottée *f. Ellipse de* (fessée) déculottée *{1}:* Ton papa te donne des déculottées? *Gibt dir dein Papi* **welche auf den Blanken?** ♦ **Prendre une déculottée** *loc. Perdre au jeu {3}.* Il a pris une déculottée au casino. *Er wurde im Kasino* **abgeledert / bis aufs Hemd ausgezogen.**

déculotter (se) *V.pr. Perdre au jeu, prendre une* déculottée* *ou subir un échec {3}:* Il s'est déculotté. *Er wurde* **bis aufs Hemd ausgezogen.** ♦ *Renoncer par lâcheté {2}:* Le leader de ce parti a fini par se déculotter. *Der Führer dieser Partei hat schließlich* **den Schwanz eingezogen**.

dedans *Adv.* **Foutre / mettre / ficher dedans** *loc. Tromper,* rouler* *{1}:* Je l'ai mise dedans. *Ich habe sie* **reingelegt.** ♦ *En prison {2}:* Il **est dedans,** à nouveau. *Der* **ist** *schon wieder* **drinnen** [*Knast*]. ♦ *Causer une collision* [*se conjugue avec* avoir *ou* être] *{1}:* Il m'est **rentré dedans.** *Er ist mir* **reingefahren.** ♦ *Ne pas tarder à posséder une femme {3}:* Ce jeunot lui a **fait du rentre-dedans.** *Der Bengel* **legte** *sie* **gleich um.**

défaut *m.* **'Y a comme un défaut** *loc. Il y a qc. qui n'est pas au point {2}:* 'Y a comme un défaut dans l'organisation scolaire. *Es* **ist was faul** *in der Schulorganisation.*

défendre (se) *V.pr. Montrer de l'habileté et de la compétence {1}:* Il s'est mis à son compte et se défend bien. *Er arbeitet auf eigene Rechnung und* **kommt gut rund.** ♦ *Se débrouiller, vivre d'un travail plus ou moins vague {3}:* Depuis que son père l'a foutu à la porte, il se défend seul. *Seitdem sein Vater ihn rausgeschmissen hat,* **schlägt er sich** *alleine* **durch.** ♦ *Se prostituer {3}:* Elle se défend dans le Bois de Boulogne. *Sie* **schafft** *im Bois de Boulogne* **an.**

défiler (se) *V.pr. S'esquiver, se dérober devant une tâche,* tirer au flanc *{1}:* Dès qu'il y a un petit boulot à faire, coco se défile. *Sobald es eine Kleinigkeit zu tun gibt,* **verdünnisiert sich** *der Liebe.*

définitif *Adv. Définitivement {3}:* Il rêvait au gain de loto qui le rendrait riche, définitif. *Er träumte von dem Lottogewinn, der ihn* **ein für allemal** *reich machen würde.*

défoncer (se) *V.pr. Se faire plaisir, se rassasier,* prendre son pied* *{B}:* Il se défonce au football et à la bière. *Der* **ist verrückt nach** *Fußball und nach Bier.*

défouler (se) *V.pr. Libérer ses instincts, satisfaire des désirs devenus conscients {2}*: Pourquoi tu cours comme un zèbre? – Ça me défoule. *Warum rennst du denn so?* **Das tut mir gut.** // Da **fühl ich mich locker .**

défourailler *V.t. Dégainer, sortir une arme à feu {2}*: Le commissaire savait qu'il avait défouraillé son revolver. *Der Kommissar wußte, daß er seinen Revolver* **gezogen** *hatte.*

défroquer (se) *V.pr. Enlever son pantalon, retirer son* froc* *{2}*: Laisse-moi le temps de me défroquer. J'arrive! *Laß mich nur schnell* **mich ausziehen / ablegen.** *Ich komme ja schon.*

défrusquer (se) *V.pr. Se déshabiller {2}*: Il aime regarder les nanas qui se défrusquent. *Er schaut gerne Bienen beim* **Entblättern** *zu.*

dégager *V.t. Libérer la rue {1}*: **Dégagez! Machen Sie die Straße/den Weg frei! ♦ Ça dégage!** *Loc. C'est remarquable {2}*: T'as vu son manteau? – Ça dégage! *Hast du ihren Mantel gesehen?* **Ätzend!**

dégelée *f. Volée de coups {3}*: **Prendre une de ces dégelées. Eine Tracht Prügel beziehen.**

dégeler *Rendre moins réservé {2}*. **Aus der Reserve locken.**

dégénerer *V.i. S'aggraver {1}*: Son rhume dégénère en bronchite. *Sein Schnupfen* **wächst sich** *zur Bronchitis* **aus.**

dégingandé *Adj. Qui a qc. de disproportionné dans sa haute taille ou de disloqué dans sa démarche {2}*. **Inflationsgerüst / Schreckgespenst / Leuchtturm.**

déglinguer *V.t. Démolir, désarticuler, abîmer {3}*: La nouvelle bagnole était déjà toute déglinguée. *Das neue Auto war schon völlig* **verhunzt.** ♦ **(se)** *V.pr. {2}*: Son vélo se déglingue petit à petit. *Sein Fahrrad* **fällt** *langsam* **auseinander.**

dégobiller *V.t. Vomir {2}*: Le petit a dégobillé. *Der Kleine hat* **gekötzelt.** / Après sa soûlerie, il a dégobillé. *Nach seinem Besäufnis hat er* **gekotzt.**

dégoiser *V.i. Raconter des histoires peu crédibles, dire du mal de qn. {3}*: Elle passe son temps à dégoiser sur les autres. *Sie verbringt ihre Zeit damit,* **über andere herzuziehen.** ♦ *Parler beaucoup et avec volubilité {3}*: Dégoiser des âneries. **Stuß reden.**

dégommer *V.t. Renvoyer, destituer {2}*: Il faut les dégommer, tous! *Man muß sie* **in den Wind schießen**, *alle!* ♦ *En jouant à la pétanque, enlever une boule {1}*: Je vais la dégommer. *Ich* **push / schieß** *sie* **weg.**

dégonflé *m./Adj. Froussard, lâche {2}*. **Waschlappen.**

dégonfler (se) *V.pr. Renoncer par peur, manquer de courage, se déballonner {2}*: Dès qu'on l'engueule un peu, il se dégonfle. *Sobald er ein bißchen angemeckert wird,* **wird** *er* **klitzeklein.** / Tu sautes pas? Tu te dégonfles? *Springst du nicht?* **Hast** *du* **Schiß***?*

dégoter *V.t. Découvrir, trouver {2}*: Où est-ce que t'as dégoté ce chapeau? *Wo hast du denn diesen Hut* **aufgegabelt?**

dégouliner *V.i. Couler {2}*: Enlève le linge. Ça dégouline partout. *Nimm die Wäsche ab.* **Es tropft überall hin.** / Le petit a renversé sa soupe et maintenant ça **dégouline partout**. *Der Kleine hat seine Suppe umgeschmissen und jetzt* **läuft das überall rum.**

dégoûtant *m./Adj. Qui provoque le dégoût {1}*: C'est dégoûtant. *Das ist* **ekelhaft.** ♦ Ta voisine, c'est une dégoûtante. *Deine Nachbarin ist eine* **ekelhafte Vertreterin. ♦ Sale dégoûtant** *expr.m. {1}* **Drecksack.**

dégriser *V.t. Dissiper l'ivresse {1}*: Le café va le dégriser. *Der Kaffee* **macht ihn wieder nüchtern.**

dégrouiller (se) *V.pr. Se* grouiller*, *se hâter {1}*: Dégrouille-toi! **Mach voran!**

dégueu *{1} ou* **dégueulasse** *{1} m.Adj. Dégoûtant*: La bouffe était immangeable, bref: dé-gueu-lasse. *Das Essen war ungenießbar, kurz*: **zum Kot-zen** [*betont*]. / Il lui a joué un mauvais tour. C'était dégueu. *Er hat ihm einen bösen Streich gespielt. Das war eine* **Schweinerei.** / Regarde sa chemise dégueulasse! *Guck nur sein* **verdrecktes** *Hemd an!* ♦ **C'est pas dégueu!** *Loc. C'est pas mal {3} {B}*. **Es gibt Schlimmeres!**

dégueulasser *V.t. Salir {2}*. **Verdrecken / versauen.**

dégueulasserie *f. Chose qui dégoûte, fâcheuse, malhonnête {2}*: Ce qu'il m'a fait, c'est une dégueulasserie. *Was er mir da getan hat, ist eine* **Schweinerei.**

dégueuler *V.t. Vomir {1}*: Toute la famille a dégueulé. *Die ganze Familie hat* **gegöbelt.**

dégueulis *m. Vomissure {1}*. **Kotze.**

déguiser (se) *V.pr.* **Se déguiser en courant d'air** *loc. Disparaître {3}*: Je n'arrive pas à mettre la main sur ce type, il a dû se déguiser en courant d'air. *Ich kann den nicht erwischen, der muß* **sich in Luft aufgelöst haben.**

déguster *V.i. Recevoir des coups ou des remarques désobligeantes {2}*: Qu'est-ce qu'on a dégusté à l'école! *Haben wir in der Schule* **eingesteckt***!*

déjà *Adv. Dans quelques locutions {1}*: Comment s'appelle-t-il déjà. *Wie heißt er* **doch gleich***?*

déloquer (se) *V.pr. Se déhabiller, se* défrusquer* *{3}*: Déloque-toi! – A poil? – J'ai dit: déloquer. **Klamotten aus!** *– Ganz netto? –* **Ausziehen,** *hab ich gesagt.*

Demain il fera jour! *Loc. Demain on peut essayer à nouveau {2}*. **Morgen ist auch noch ein Tag.**

démantibuler (se) *V.pr. Démonter, rendre impropre à servir {2}*: Les loubards ont démantibulé la voiture. *Die Halbstarken haben das Auto* **auseinandergenommen.**

déménager *V.i. Déraisonner {2}*: Le prof déménage complètement. *Der Pauker* **hebt** *total* **ab/spinnt** *total.* / La vieille commence à déménager. *Die Alte fängt langsam an zu* **spinnen.** ♦ **Déménager à la cloche du bois** → cloche. ♦ **Déménager un max'** *loc. Pour exprimer une admiration suprême {3}*: Chez eux, ça déménage un max. *Bei denen* **geht voll die Post ab / geht's voll rund.**

dément *Adj. Extraordinaire {2}*: Un film dément. *Ein* **irrer** *Film.*

démerdard *m. Qui sait se tirer d'affaire,* débrouillard* *{1}*: Au **plus démerdard** de gagner! *Soll der* **Gerissenste** *gewinnen!* / C'est un démerdard. **Der ist mit allen Wassern gewaschen.**

démerde *f. Débrouillardise {1}*: Le système Démerde s'appelle aussi système D. *Das* **Tricksystem** *heißt auch* système D.

démerder *V.t. Aider,* débrouiller* *{1}*: Il m'a démerdé. *Er hat mir* **aus der Patsche geholfen.** / **(se)** *V.pr.* Se débrouiller* *{1}*: Il faut se démerder tout seul. *Man muß alleine* **klarkommen.** / Fais comme Astérix: Démerde-toi. *Mach es wie Asterix*: **Guck, daß du klar kommst.** ♦ *Se dépêcher {1}*: **Démerde-toi. Mach voran.**

démerdeur *m. Débrouillard* {1}*: Le vrai démerdeur maîtrise toutes les situations. **Wer echt clever ist,** *meistert alle Situationen.*

demeuré *m./Adj. Imbécile {1}*: Il est un peu demeuré. *Er ist ein bißchen* **zurückgeblieben.**

demi *m. Verre de bière {1}.* **Halbes.**

demi-portion *m. Individu petit,* avorton* *{2}.* **Halbe Portion.**

demi-sel *m. Jeune truand, petit proxénète, plutôt méprisé par le milieu {3}.* **Möchtegernlouis / halbe Portion.**

démon de midi *m. Période peu avant l'andropause {2}*: Il est parti avec une jeunesse... sans doute le démon de midi. *Er ist mit einer Blutjungen abgehauen... wohl die* **Midlife-Crisis.**

dénicher *V.t. Trouver {2}*: Où as-tu déniché cette femme de ménage? *Wo hast du diese Haushaltshilfe* **aufgegabelt?**

dent *f.* **Avoir la dent** *loc. Avoir faim {1}.* **Kohldampf haben.** ♦ **Avoir une dent contre qn.** *loc. Lui en vouloir {1}.* **Sauer sein auf jdn.** / Tu as une dent contre ton voisin? *Hast du mit deinem Nachbarn* **ein Hühnchen zu rupfen?** ♦ **Avoir les dents longues** *loc. Etre ambitieux {2}*: Les jeunes loups aux dents longues. *Die* **ehrgeizigen** *jungen Männer.* ♦ **Croquer/manger à belles dents** *loc. Manger de bon appétit {2}.* **Gut reinhauen.** ♦ **Déchirer qn. à belles dents** *loc. Le critiquer violemment {2}*: Ils l'ont déchiré à belles dents. *Sie haben ihn* **zerrissen / verrissen.** ♦ **Il y en a pour une dent creuse** *loc. Se dit d'un repas insuffisant {2}.* **Das ist was für 'nen hohlen Zahn.** ♦ **Etre sur les dents** *loc. Etre très tendu, énervé, très occupé {2}.* **Auf dem Zahnfleisch gehen.** / Depuis son arrivée toute la police est sur les dents. *Seit seiner Ankunft ist die ganze Polizei* **voll im Einsatz.** ♦ **Faire ses dents** *loc. Se dit d'un enfant quand ses premières dents poussent {1}.* **Zahnen.** ♦ **Manger du bout des dents** *loc. Manger comme à regret.* **Lange Zähne machen.** ♦ **Montrer les dents** *loc. Menacer {2}.* **Die Zähne zeigen.** ♦ **Rire du bout des dents** *loc. Rire d'un air forcé, rire jaune {2}.* **Künstlich lachen.** ♦ **Se casser les dents sur** *loc. Ne pas pouvoir en venir à bout {2}*: Sur cette affaire, il s'est cassé les dents. *An dieser Sache hat er* **sich die Zähne ausgebissen.** ♦ **Ne pas desserrer les dents** *loc. Ne pas parler {2}.* **Die Zähne nicht auseinanderkriegen.** ♦ **Quand les poules auront des dents** *loc. Jamais, à la* Saint-Glin-Glin* *{2}.* **Wenn die Fische fliegen können.**

dépanner *V.t. Tirer d'embarras {1}*: Il m'a dépanné quand j'avais plus un sou. *Er hat mir* **aus der Patsche geholfen,** *als ich keinen Heller mehr hatte.*

déphasé *m./Adj. Qui a perdu contact avec la réalité {1}*: Laissez-moi du temps, je suis complètement déphasé. *Geben Sie mir Zeit, ich* **bin ganz raus.**

dépiauter *V.t. Enlever la peau,* désosser* *{2}*: Dépiauter un lapin. *Einem Kaninchen* **das Fell abziehen.** ♦ *Démonter {2}*: Dépiauter une machine. *Eine Maschine* **auseinandernehmen.**

déplumer (se) *V.pr. Perdre ses cheveux {2}*: Il commence à se déplumer. *Er* **wird langsam kahl.**

déposer *V.t.* **Déposer son bilan** *loc. Mourir {3}.* **Den Löffel abgeben.** ♦ **Déposer un kilo** *loc. Déféquer {3}.* **Eine Wurst/einen abseilen.**

déprime *f. Dépression nerveuse, neurasthénie,* cafard* *{2}*: Elle a encore une de ces déprimes. *Sie* **ist** *wieder mal total* **down.**

dépuceler *V.t. Déflorer {3}.* **Entjungfern.** / Dépuceler une bouteille. *Eine Flasche* **entjungfern.**

der *m.* **Le der (des ders)** [lədɛrdedɛr] *expr.m/Adj. Dernier {2}*: *Der* **Allerletzte.** ♦ On prend le der des ders. *Wir nehmen noch* **einen Absacker.**

derche *n.* → faux.

dérouillée *f. Correction {2}.* **Keile.**

dérouiller *V.t. Donner des coups {2}.* **Prügel kriegen.** ♦ **Se dérouiller les jambes** *loc. Se les dégourdir {2}.* **Sich die Beine vertreten.**

descendre *V.t. Tuer, abattre {1}*: Ils l'ont descendu avec un beretta. *Sie haben ihn mit einer Beretta* **umgelegt.** ♦ **Descendre en flamme** *loc. Abattre {2}*: Le professeur a descendu le cancre en flamme. *Der Lehrer hat den Faulpelz*

abgeschossen. ♦ *Digérer* {*2*}: La salade ne descend toujours pas. *Der Salat* **liegt** (**mir**) **immer noch im Magen**.

descente *f. Rafle par la police* {*1*}: Ils ont fait une descente dans tous les hôtels du quartier. *Sie haben alle Hotels des Viertels* **durchsucht.** ♦ **Avoir une bonne descente** *loc. Boire beaucoup* {*1*}. *Einen* **guten Schluck haben.**

désordre *m.* **Ça fait désordre** *loc. Cela a une apparence désordonnée ou peu souhaitée* {*2*}: Il faut dire qu'un flic qui fait un casse, ça fait désordre. *Man muß schon sagen, ein Bulle, der einen Bruch macht,* **das paßt nicht in den Rahmen**. / Demander le divorce, ça fait désordre. *Sich scheiden lassen* **sieht nicht aus.**

désossé *m./Adj. Efflanqué* {*2*}: Vise le grand désossé. *Guck mal* **den langen Hering.**

désosser *V.t. Démonter, mettre en pièces détachées* {*1*}: Son hobby, c'est de désosser les voitures. *Sein Hobby ist, Autos* **auseinanderzubauen.**

dessaler *V.t. Faire perdre ses scrupules, initier* [*surtout avec un sens sexuel*] {*3*}: Elle est dessalée, elle le fera. *Sie ist* **vernünftig**, *sie wird es tun.*

dessin *m.* **Faire un dessin** *loc. Expliquer* {*1*}: Faut que j'te fasse un dessin? *Soll ich dir etwa* **eine Zeichnung anfertigen?**

dessouder *V.t. Tuer* {*3*}: Le loubard s'est fait dessouder. *Der Halbstarke wurde* **kaltgemacht.**

dessoûler *V.t. Faire cesser l'ivresse,* dégriser* {1}: Ils l'ont dessoûlé. *Sie haben ihn* **ausgenüchtert.** ♦ *Désillusionner* {*1*}: Cette nouvelle l'a dessoûlé. *Diese Nachricht hat ihn* **wieder auf den Teppich gebracht.**

dessous-de-table *m. Somme d'argent non déclarée au fisc pour minimiser les impôts* {*1*}. **Schwarzgeld.** ♦ *Argent versé clandestinement pour obtenir un avantage,* pot de vin* {*1*}. **Schmiergeld.**

dessus *m.* **Avoir le dessus** *loc. Vaincre, gagner* {*1*}: Après Stalingrad, les Alliés ont pris le dessus. *Nach Stalingrad* **gewannen** *die Alliierten* **die Oberhand.**

détails *m.* **Ça se voit aux petits détails** *loc. On n'arrive pas à le cacher* {*2*}: La misère se voit aux petits détails. *Das Elend* **guckt aus den/allen Löchern.** ♦ **C'est pas la peine de me donner des détails** *loc. Ne pas reclamer de précisions supplémentaires* {*1*}. **Das brauchst du/brauchen Sie mir nicht alles** (**haarklein**) **zu erzählen.**

dételer *V.i. Ne pas se retenir* [*souvent sexuellement*] {*3*}: Elle ne détèle pas. On la voit toujours avec d'autres gigolos. *Sie* **tut sich keinen Zwang an.** *Man sieht sie immer mit anderen Männern.* ♦ *S'arrêter de travailler* {*3*}: Maintenant qu'il a dételé, il est plus calme. *Jetzt, wo er* **aufgehört** *hat, ist er ruhiger.*

détente *f.* **Etre dur à la détente** *loc. Etre avare,* radin* {*2*}. **Auf seinem / dem Geld sitzen.** ♦ *Loc. Ne pas comprendre facilement* {*2*}: **Etre long à la détente. Lange Leitung kurzer Draht/einen Knoten in der Leitung haben.**

déterré *m.* **Avoir une mine de déterré** *loc. Etre pâle, défait* {*2*}. **Wie eine lebende / wandelnde Leiche** (**aussehen**).

détraqué *m./Adj. Fou* {*1*}. **Bekloppt.** ♦ *Hors de l'état normal* {*1*}: Sa sauce m'a complètement détraqué. *Seine Soße hat mir total* **den Magen verdorben**. / La voiture est détraquée. *Das Auto ist* **kaputt.**

deuche/dedeuche *f. Automobile 2 CV* {*2*}. **Ente.**

deuil *m.* **Faire son deuil de qc.** *loc. Se résigner à y renoncer* {*1*}: Tu peux en faire ton deuil. **Das kannst du dir in den Wind schreiben.** ♦ **Avoir les ongles en deuil** *loc. Avoir les ongles sales* {*1*}. **Trauer tragen.**

deux *Adj.num.* **Ça fait deux** *loc. C'est tout différent* {*2*}. **Das sind zwei verschiedene Dinge.** ♦ **En moins de deux** *loc. Tout de suite, rapidement* {*1*}. **Im Nu / Ruckzuck.** ♦ **De mes deux...** *loc. Expression de mépris* [*on pense* de mes → fesses, → couilles] {*2*}: Cette concierge de mes deux... *Diese* **beschissene** *Concierge.* ♦ **Une deux pattes** *expr. Voiture 2 CV Citroën,* deuche* {*2*}. **2 CV.** ♦ **Comme 'y en a pas deux** *loc. Unique dans son genre* {*1*}: Un trouillard comme 'y en a pas deux. *Ein Angsthase* **wie keiner sonst.**

dia *Adv.* **Tirer à hue et à dia** *loc. En employant des moyens qui se contrarient* {*2*}. **Mal hü und mal hott sagen.**

diable *m.* **Faire un pétard de tous les diables / faire un train du diable** *loc. En faire un cas, faire un bruit énorme* {*3*}: Dès que le prof quitte la classe, les enfants font un pétard de tous les diables. *Sobald der Lehrer aus der Klasse geht, machen die Kinder einen* **Höllenlärm.** ♦ *En faire un tas* {*2*}. **Aus etwas ein Mordstheater machen.** ♦ **Envoyer qn. au diable / à tous les diables** *loc. Se débarrasser de qn.* {*2*}. **Jdn. zum Teufel schicken.** ♦ **Tirer le diable par la queue** *loc. Etre fauché* {*2*}: Il a plutôt l'air de tirer le diable par la queue. *Er sieht eher so aus, als ob er* **keine müde Mark hat.** ♦ **Avoir le diable au corps** *loc. Faire toutes sortes de bêtises* [*en parlant d'un enfant*] {*1*}. **Den Teufel im Leib haben / ein Satansbraten sein.** ♦ **S'agiter comme un beau diable** *loc. Avec vivacité* [*le mot peut remplacer des verbes différents du groupe* mouvoir] {*2*}: Il sait s'agiter comme un beau diable. *Er tanzt* // läuft **wie der Teufel.** ♦ **Au diable!** *Excl. Juron* {*1*}. **Zum Teufel!** / Au diable la gentillesse. **Zum Teufel mit** *der Höflichkeit.* ♦ *Éloigné, à l'écart* {*1*}: Il habite au diable. *Er wohnt* **am Ende der Welt.** ♦ **Du diable** *expr.adv. Pas du tout* {*3*}: Du diable, si je le savais. *Ich weiß es* **einfach nicht/bei Gott nicht.** / Pourquoi, diable, tu ne l'as pas dit? *Warum* **zum Teufel** *hast du es nicht gesagt?* ♦ *Pour renforcer un énoncé après un nom ou un adjectif {2}*: Un bruit **du diable**. *Ein* **Höllenlärm**. / Une voiture du diable. *Ein* **Teufels***wagen.* ♦ **Que diable** *loc. Pour renforcer un énoncé {2}*: T'aurais pu me le dire, **que diable!** *Du hättest es mir doch sagen können,* **zum Teufel** / **verdammt nochmal!**

diam [djam] *Diamant {2}*. **Klunker.**

diapo *f. Diapositive {2}*. **Dia.**

dico *m. Dictionnaire {1}*. **Wörterbuch.**

Dieu *m.* **Bon Dieu** *{1}* / **bon Dieu de bon Dieu** *{3}* / **nom de Dieu** *{1}* / **sacré nom de Dieu** *{3}*: Nom de Dieu de bon Dieu de vacherie de bordel de merde! [*Etwa*] **Oh du Gottverdammte! Verfluchte Mistscheiße. Gottverfluchte!** ♦ **Qu'est-ce que j'ai fait (qu'on a fait) au bon Dieu?** *Loc. Formule qui marque le désespoir ou le dépit {2}*: Mais qu'est-ce que j'ai fait au bon Dieu pour avoir un mari pareil? **Was hab ich nur getan**, *um einen solchen Mann zu haben?* ♦ **On lui donnerait le bon Dieu sans confession** *loc. Se dit de qn. dont l'air est innocent et trompeur {3}*. **Er sieht so aus, als ob er keiner Fliege etwas zuleide tun könnte** / **wie der Engel in Person.**

dimanche *m.* **En dimanche** *expr. Endimanché {3}*. **In Sonntagsklamotten.**

dinde *f. Fille sotte ou niaise {2}*. **Gans.**

dingo *m./Adj. Fou, aliéné {1}*: On l'a mis chez les dingos. *Man hat ihn zu den* **Bekloppten** *gesteckt.*

dingue *m./Adj.inv. Fou {1}*: Elle est dingue. *Sie ist* **bescheuert.** / *Incroyable, magnifique {1}*: C'est dingue! **Phantastisch**!

dire *V.t.* **A qui le dis-tu?** *Loc. Pour renforcer ce que vient de dire un interlocuteur {1}*: Il faut faire un énorme effort. – A qui le dis-tu? *Wir müssen eine Riesenanstrengung unternehmen.* **- Wem sagst du das?** ♦ **C'est le moins qu'on puisse dire** *loc. Pour marquer son accord avec ce qui vient d'être dit {1}*: C'est pas donné! – C'est le moins qu'on puisse dire! *Das ist nicht gerade billig.* **Das kann man wohl sagen!** ♦ **C'est bien le cas de le dire** *loc. C'est juste {2}*: Il travaille comme un pied. – C'est bien le cas de le dire. *Er arbeitet wie der letzte Mensch.* **Das kann man wohl sagen.** ♦ **Comme qui dirait** *loc.adv. Assez {2}*: Au bout d'une heure, il était comme qui dirait pompette. *Nach einer Stunde war er* **so ziemlich** *schicker.* ♦ **Soit dit en passant** *loc. A vrai dire {3}*: Elle n'est, soit dit en passant, pas tellement douée. *Sie ist,* **nebenbei gesagt**, *nicht gerade begabt.* ♦ **J'te** / **vous dis pas** *loc. Pour insister sur qc. en évitant un long développement [aussi sans complément], formule incontournable qui annonce qu'on va dire qc. [jeune] {2}*: Rien que pour ça, on a claqué trois mille balles! J'te dis pas ce que ça a coûté au total... *Allein dafür haben wir drei Mille verpulvert.* **Ich sag' dir lieber nicht**, *wieviel das Ganze gekostet hat.* / On s'est marré, mais marré... j'te dis pas. *Wir haben uns geeiert.* **Kann ich dir gar nicht sagen.** / Je t'dis pas la foule qu'il y avait. *Ich* **kann dir nicht sagen**, *was da für eine Menschenmenge war.* ♦ **Je ne te/vous le fais pas dire** *loc. Pour marquer à l'interlocuteur que son argument est conforme à la propre pensée {1}*: Il y des signes qui ne trompent pas. – Je ne vous le fais pas dire, mon cher. *Es gibt Zeichen, die nicht täuschen.* **Der Meinung bin ich auch**, *mein Bester.* ♦ **Tu veux (vous voulez) que je te (vous) dise?** *Loc. Formule qui introduit ou qui termine un propos plutôt désagréable {1}*: Et vot' fils, il ne fait que des bêtises. Qu'est-ce que vous voulez que je vous dise? *Und Ihr Sohn, der macht nur Dummheiten.* **Was soll ich Ihnen denn sonst sagen?** / Tu veux que je te dise ce que tu es? **Soll ich dir sagen,** *was du bist?* ♦ **Tu vois (vous voyez) ce que je veux dire?** *Loc. Pour glisser sur qc. que l'on préfère ne pas dire {1}*: Il y avait toutes sortes de délits. Vous voyez ce que je veux dire? *Es gab alle möglichen Delikte.* **Sie verstehen schon... (was ich sagen will.)** ♦ **En dire des vertes et des pas mûres** *loc. Dire des choses choquantes ou vexantes, aussi par leur grossièreté {2}*. **Erzählen, was Gott verboten hat/vielleicht Klöpse bringen.** ♦ → je dirais, j'veux dire.

dirlo *m. Directeur ou directrice dans une école ou dans une entreprise {2}*. **Direx.**

disco *f./Adj. Discothèque {1}*: Le look disco. *Der* **Diskolook**. / Ça fait disco. *Das sieht nach* **Disko** *aus.* ♦ On va dans une disco. *Wir gehen in eine* **Disko**.

discuter le bout de gras *loc.* → bout. ♦ **Discuter du sexe des anges** *loc. Discuter inutilement {2}*: Je veux bien discuter avec vous du sexe des anges, mais pas des prix. *Ich* **diskutiere** *mit Ihnen gerne* **über Gott und die Welt**, *aber nicht über die Preise.*

disque *m.* **Changer de disque** *loc. Parler d'autre chose {2}*: Vous ne pouvez pas changer de disque? *Können Sie nicht* **mal 'ne andere Platte auflegen**?

disserte *f. Dissertation {1}*. **Aufsatz.**

distance *f.* **Tenir la distance** *loc. Supporter, tenir le coup {2}*: Je n'y peux rien, je tiens pas la distance. *Ich kann nichts dafür. Ich* **halt das nicht durch.**

distribe *f. Distribution {3}*: J'ai loupé la distribe. *Ich hab die* **Ausgabe** *verpennt.*

distribution *f.* **Le jour de la distribution, il était aux premières loges** / **il n'a pas été oublié** *loc. Pour signifier la présence ou l'absence de telle ou telle disposition [souvent en parlant de l'intelligence] {3}*: [*Z.B.*] *Die* **Weisheit (nicht gerade) mit dem Schaumlöffel gefressen haben.** / **Als**

die Dummheit verteilt wurde, zweimal „Hier!" geschrien haben.

doc [dɔk] *f. Documentation {2}.* ***Dokumentation / Informationsmaterial.***

dodo *m. Sommeil {1}:* **Fais dodo!** ***Mach Heia! /*** Métro – Boulot – Dodo. ***Metro – Maloche – Ratzen*** *[angeblicher Dreiklang des Pariser Lebens]. / Langage enfantin:* Papa fait dodo devant la télé. *Papa* ***ratzt*** *vor dem Fernseher.* ♦ **Mettre les enfants au dodo** *loc. Coucher les enfants {1}.* ***Die Kinder in die Heia bringen.***

dodoche *f. Voiture* → deuche *{2}:* La balle est sous ta dodoche. *Der Ball liegt unter deinem* ***Auto / Hobel.***

doigt *m.* **(Arriver) les doigts dans le nez** *loc. Réussir sans le moindre effort {1}:* Les socialistes vont gagner les élections les doigts dans le nez. *Die Sozialisten gewinnen die Wahlen* ***mit dem kleinen Finger / wie nichts.*** ♦ *Voler {2}:* Il **a les doigts crochus.** *Er* ***hat lange Finger.*** ♦ *Loc. Ne rien faire pour aider qn. {1}:* Pour lui, il **ne lève pas le petit doigt.** ***Für*** *ihn* ***macht*** *er* ***keinen Finger krumm.*** ♦ **Se mettre le doigt dans l'œil** *loc. Se tromper, faire l'erreur {1}:* Si tu crois que je te le donne, tu te mets le doigt dans l'œil (jusqu'au coude). *Wenn du glaubst, daß ich es dir gebe,* ***bist du auf dem Holzweg / bist du schief gewickelt.*** ♦ **Mettre le doigt dessus** *loc. Deviner {2}:* Je crois que tu as mis le doigt dessus. *Ich glaube, du hast* ***ins Schwarze getroffen.*** ♦ *Regretter {2}:* Je **me mords les doigts** de ne pas avoir dit toute la vérité. *Ich* ***könnte mich schwarzärgern,*** *weil ich nicht die ganze Wahrheit gesagt habe.* ♦ **Mon petit doigt me l'a dit** *loc. Savoir qc. de «secret» ou simplement le deviner {1}.* ***Das hat mir mein kleiner Finger gesagt.*** ♦ *Expr.adv. Très près {2}:* Il était **à deux doigts d'**y arriver. ***Um ein Haar*** *wäre es ihm gelungen.* / Le projectile est passé à deux doigts de son genou. *Die Kugel ging* ***haarscharf*** *an seinem Knie vorbei.* ♦ **Le doigt d'honneur** *expr.m. Geste insultant [le majeur tendu pendant que les autres doigts restent repliés, figurant l'introduction anale] {2}:* Faire le doigt d'honneur. ***Den ausgestreckten Mittelfinger zeigen.***

doigts du pied *expr.m.* → orteil.

donnant *Part.prés.* **C'est donnant donnant** *loc.adv. Réciproquement, à titre d'échange {1}:* Avec lui, c'est donnant donnant. *Bei ihm gilt:* ***Wie du mir, so ich dir.***

donner *V.t./i. Dénoncer {2}:* On l'a donné. *Man hat ihn* ***verpfiffen.*** ♦ *Laisser tomber {3}:* On a donné l'ôtage. *Man hat die Geisel* ***fallen lassen.*** ♦ **C'est donné** *loc. C'est pas cher {1}:* Deux cents balles, c'est donné. *Zweihundert ist* ***geschenkt.*** / **C'est pas donné!** ***Das ist aber teuer!*** ♦ **Ne pas savoir où donner de la tête** *loc. Etre débordé de travail {1}.* ***Nicht mehr wissen, wo einem der Kopf steht.*** ♦ **J'ai déjà donné!** *Loc. Formule de refus {1}.* ***Ich hab schon (genug) getan/gegeben.*** / On va voir machin? – Merci, j'ai déjà donné! *Gehen wir zu Dingsbums? Danke,* ***auch das noch!*** ♦ *Je l'ai déjà fait {1}.* ***Ich hab's schon gemacht. / Ich bin schon da gewesen.*** ♦ **(se)** *V.pr. Consacrer son activité {1}:* Il s'est donné à son entreprise. *Er hat* ***für*** *sein Unternehmen* ***gelebt.*** ♦ *Accorder ses faveurs {1}:* Elle s'est donnée à tous. *Sie hat* ***sich*** *allen* ***geschenkt.*** ♦ *Loc. Pour deux personnes qui s'égalent en ce qui concerne leur maladresse {1}:* Ils **peuvent se donner la main.** ***Die können sich die Hand reichen.***

donneur *m. Dénonciateur {3}.* ***Spitzel.***

donzelle *f. Fille,* demoiselle* *[péjoratif] {1}.* ***Dämchen/Frauenzimmer.***

dopage *m. Emploi d'excitant {1}.* ***Doping.***

dopant *m. Substance qui* dope* *{1}.* ***Dopingmittel.***

dope *f. Même sens que dopage {1}.* ***Doping.***

doper *V.t. Stimuler, administrer un dopant {1}:* L'étudiant s'est dopé pour être en forme le jour de son examen. *Der Student hat* ***ein Mittel genommen,*** *um am Tag seines Examens in Form zu sein.* / Le cheval était dopé. *Das Pferd war* ***gedopt.***

doping *m.* → dopage.

doré *Adj.* **Etre doré** *loc. Avoir de la chance {2}:* Il est toujours doré. *Er* ***hat einfach immer Glück.*** ♦ *Expr. {1}:* **La jeunesse dorée.** ***Die Kinder der Reichen.*** ♦ **blouson doré** *expr.* → blouson.

dormir *V.i.* **Une histoire à dormir debout** *expr.f. Une histoire peu crédible {1}. Ein* ***Ammenmärchen.*** ♦ **Dormir sur ses deux oreilles / du sommeil du juste** *loc. Dormir profondément et se sentir en sécurité {1}.* ***Den Schlaf des Gerechten schlafen.*** ♦ **Dormir à poings fermés** *loc. Même sens [la formule fait penser aux bébés] {2}.* ***Fest schlafen.***

dos *m.* **Avoir bon dos** *loc. Supporter sans mauvaise humeur les railleries, l'adversité {1}:* Tu peux être franc avec lui. Il a bon dos. *Mit ihm kannst du offen reden.* ***Er hat einen breiten Rücken.*** ♦ *Prétexte, alibi {2}:* Encore en retard? Le métro **a bon dos.** *Schon wieder zu spät!* ***Natürlich ist*** *die Metro* ***schuld.*** / Les profs ont bon dos. *Die Lehrer sind* ***„wieder" schuld. / Auf*** *die Lehrer* ***kann man alles schieben.*** ♦ **Avoir le dos large** *expr. Charger qn. de tous les maux {2}:* Vous pouvez y aller, j'ai le dos large. *Machen Sie nur weiter,* ***mir kann man ja alles anhängen / aufladen.*** ♦ **L'avoir dans le dos** *loc. Avoir perdu, être la dupe [langage macho] {2}:* Ce job-là, il l'a dans le dos. *Den Job* ***kann er sich in den Wind schreiben.*** ♦ **Etre sur le dos de qn.** *loc. Le surveiller sans arrêt {2}.* ***Immer hinter jdm. her sein.*** ♦ **En avoir plein le dos** *loc. En avoir assez,* ras-le-bol* *{2}:* Son hobby, elle en a plein le dos. *Sein Hobby* ***hängt ihr zum Hals raus.*** ♦ **Se**

mettre qn. à dos *loc. S'en faire un adversaire* {*2*}: Je ne voulais pas me le mettre à dos. *Ich wollte* **ihn mir nicht zum Feind machen.** ♦ **Mettre qc. sur le dos de qn.** *loc. L'en charger* {*1*}. ***Jdm. etwas aufhalsen.*** ♦ **Faire un enfant dans le dos** *loc. Posséder qn.* [*employé uniquement par les hommes*] {*3*}: «Il voulait me faire un enfant dans le dos, dit Jacques, mais avec moi, il peut se lever de bonne heure». *Er wollte* **mir einen unterjubeln**, *sagte Jacques, aber bei mir muß er früher aufstehn.* ♦ **Avoir froid dans le dos** *loc.* → froid.

dose *f.* **Avoir sa dose / en tenir une bonne dose** *loc. Etre ivre* {*2*}. **Sein Quantum haben.** ♦ *En avoir assez, ne plus pouvoir supporter* {*2*}. **Sein Fett weg haben.**

doublé *m.* **Faire un doublé** *loc. Mettre au monde des jumeaux* {*2*}. **Zwillinge bekommen.**

doubler *V.t. Tromper, duper*, rouler* {*2*}: A ce prix-là, on m'a doublé. *Mit diesem Preis hat man mich* **übers Ohr gehauen.** / Pendant des années elle a doublé son mari. *Jahrelang hat sie ihren Mann* **betrogen.** ♦ *Réaliser une affaire avant celui qui l'a projetée ou avant la concurrence* {*2*}: L'autre boîte les a doublés. *Die andere Firma hat sie* **ausgebootet.**

doublure *f. Prête-nom* {*2*}. **Stuntman / Double // Strohmann.**

douce *Adj.* **En douce** *expr.adv.* En douceur* {*1*}: Le 7 septembre 1989, le Parisien Libéré titre: «Simenon – mort en douce». *Am 7.9.1989 titelt der* Parisien Libéré: *„Simenon* **still und leise** *verstorben."* ♦ **Glisser en douce** *loc. Dire discrètement* {*1*}: On le lui avait glissé en douce. *Man hatte es ihm* **geflüstert**. ♦ **Se la couler douce** *loc.* → couler.

doucettement *Adv. Tout doucement* {*2*}: Faut y aller tout doucettement. *Man muß* **ganz etepetete** *vorgehen.*

douceur *f.* **En douceur** *expr.adv. Tranquillement* {*2*}: L'avion a atterri en douceur. *Das Flugzeug ist* **weich** *gelandet.* ♦ Le malfrat lui a piqué sa caisse en douceur. *Der Gauner hat ihr* **heimlich, still und leise** *die Kasse geklaut.*

douche *f. Pluie pénétrante* {*2*}. On vient de prendre une de ces douches! *Wir sind vielleicht in einen* **(Regen)guß** *gekommen!* ♦ **Douche écossaise** *expr. Réprimande inattendue après un compliment* {*1*}: Et après ça: quelle douche écossaise! *Und dann kam die* **kalte Dusche***!*

doucher *V.t. Faire éprouver une déception* {*1*}: Il s'est fait doucher à froid. *Er wurde* **kalt abgeduscht.**

doudoune *f. Manteau ou veste en duvet* {*2*}: Prends ta doudoune. *Nimm deine* **Daunenjacke.** ♦ *f.pl. Seins* {*3*}. **Titten**. ♦ *Raclée*, veste* {*3*}: Quelle doudoune il s'est pris! *Hat der* **Prügel** *bezogen!*

douiller *V.t. Payer* {*2*}: Tu peux douiller? *Kannst du* **zahlen***?*

douilles *f.pl. Cheveux* {*3*}: Ses douilles lui cachent les yeux. *Ihre* **Fransen** *verdecken ihr die Augen.*

douillette *Adj.f. Doux.* → belle.

douloureuse *f. Addition* {*2*}: On se partage la douloureuse? *Teilen wir uns die* **Rechnung***?*

dragée *f. Balle d'arme à feu* {*3*}. **Blaue Bohne.** ♦ **Tenir la dragée haute** *loc. Lui faire attendre ce qu'il désire* {*2*}: Il lui tient la dragée haute. **Er läßt ihn zappeln.**

drague *f. Action de draguer* {*2*}: Dans cette disco, c'est la drague. *Die Disko ist ein* **Aufreißerschuppen**.

draguer *V.t. Racoler seul ou à plusieurs les filles ou les garçons* [*sans idée de prostitution*] {*1*}. **Anquatschen.** / Une fille qui se laisse draguer. *Ein Mädchen, das sich* **abschleppen** *läßt.*

dragueur *m. Racoleur, qui* drague* [*exclusivement au masculin*] {*1*}: Mon voisin, grand dragueur de son état, est arrivé en compagnie de deux filles. *Mein Nachbar, der Super-***Aufreißer**, *kam in Begleitung von zwei Weibern.*

drap *m.* **Etre dans de beaux draps** *loc. Etre en difficulté* {*1*}. **In der Klemme sitzen.**

drapeau *m.* **Planter un drapeau** *loc. Dans un restaurant, partir sans payer*, laisser une ardoise* {*1*}. **Zeche prellen.** ♦ **Mettre son drapeau dans la poche** *loc. Ne pas manifester son opinion ouvertement* {*3*}: Il y a des situations dans lesquelles il faut mettre son drapeau dans la poche. *Es gibt Situationen, in denen man lieber* **eine Faust in der Tasche macht** / *besser* **nicht Farbe bekennt.**

drôle de *Introduction d'un mot généralement péjoratif* {*1*}: Une drôle de fille, un drôle de mariage, une drôle de voiture. *Ein* **komisches** *Mädchen, eine* **seltsame** *Ehe, ein* **komisches** *Auto.* / **En avoir de drôles/de bonnes** *expr.* → en.

duchnoque *m./Adj. Crétin*, chnoque* {*2*}: Duchnoque arrive. *(Der)* **Trottel** *kommt.* ♦ Machin*, *personne dont on a oublié le nom* {*2*}. En faisant les courses, j'ai rencontré la mère Duchnoque. *Beim Einkaufen hab ich die olle* **Dingsbums** *getroffen.*

ducon {*1*} / **duconno** {*2*} / **duconnosof** {*2*} *m. Imbécile, le «con» en question* → duchnoque*. **Blödmann.**

ducon-la-joie *m. Imbécile heureux* {*1*}. **Klein-Doofie-mit-Plüschohren / Traumtänzer.**

duel *m.* **Se battre en duel** *loc. Etre trop rares, en faible nombre* {*3*}: Il avait dans la bouche trois ratiches qui se battaient en duel. *Er hatte nur noch drei Zähne im Mund, die* **ganz traurig / vereinzelt in der Landschaft (rum)standen**.

Dupont *m. Monsieur Tout-le-Monde* [*aussi avec une certaine condescendance*] {*1*}. **Jedermann.** / Tu connais **Dupont-la-joie**? *Kennst du den* **Dorftrottel***?*

dur *m. Individu qui ne recule devant rien {1}*: C'est un dur. *Das ist ein* ***harter Bursche.*** ♦ **Etre dur à cuire** *loc. Qui ne cède pas {1}*: Il est dur à cuire. *Der ist* ***nicht weichzukriegen.*** ♦ **Etre dur de la feuille** *loc. Sourd {2}.* ***Bohnen in den Ohren haben.*** ♦ **Dur à la détente** → détente. ♦ *Le train {3}*: Aller à Lyon **en dur.** ***Per Bahn*** *nach Lyon fahren.* ♦ **Dur dur** *loc.adv. Très difficile {2}*: Comment vont les affaires? – Dur dur. *Wie geht's Geschäft?* ***Nicht gerade glänzend.***

duraille *Adj. Difficile et pénible, dur {3}*: Se lever à cinq heures, c'est duraille. *Um fünf aufstehn, das ist* ***Mord.***

E

eau *f. Soupe ou sauce insipide ou trop allongée {2}.* ***Waschwasser.*** ♦ **Eau plate** *{1}.* ***Mineralwasser ohne Kohlensäure.*** ♦ **Amener / apporter de l'eau au moulin de qn.** *loc. Lui fournir des arguments {1}*: Ce que tu dis là va amener de l'eau à son moulin. *Was du da sagst,* ***ist Wasser auf seiner Mühle.*** ♦ **Faire venir l'eau à la bouche** *loc. Etre très appétissant {2}.* ***Das Wasser im Munde zusammenlaufen lassen.*** ♦ **Mettre de l'eau dans son vin** *loc. Modérer son emportement {1}*: Après ce scandale, il va bien falloir qu'il mette de l'eau dans son vin. *Nach diesem Skandal muß er* ***bescheidener auftreten.*** ♦ D'ici là, **il passera de l'eau / beaucoup d'eau sous les ponts (de la Seine / du Rhône)** *loc. Cela durera encore {1}.* ***Bis dahin fließt noch viel Wasser den Rhein / die Elbe / Spree runter.*** ♦ **Ne pas avoir inventé l'eau tiède / l'eau chaude** *loc. Etre peu intelligent {2}.* ***Die Weisheit nicht erfunden haben.*** ♦ **Porter de l'eau à la mer / à la rivière** *loc. Faire des efforts superflus {1}.* ***Eulen nach Athen tragen / offene Türen einrennen.*** ♦ **Suer sang et eau** *loc. {1}.* ***Blut und Wasser schwitzen.*** ♦ **Tomber à l'eau** *loc. Se terminer par un échec {1}.* ***Ins Wasser fallen.*** ♦ **Tourner en eau de boudin** *loc. Échouer en parlant d'un projet {2}.* ***Im Teich sein / Sang- und klanglos untergehen / Ins Wasser fallen.*** ♦ **Dans ces eaux-là** *expr.adv. A peu près {3}*: En 1975? Oui, dans ces eaux-là. *1975? Ja,* ***da so um die Kante.*** ♦ **Un coup d'épée dans l'eau** *expr.m. Un effort sans résultat {1}. Ein* ***Schlag ins Leere / Wasser.*** ♦ **De la plus belle eau** *expr.adv. Ce qu'il y a de mieux dans son genre {2}*: Un salaud de la plus belle eau. *Ein Drecksack,* ***wie er im Buche steht.*** ♦ *En sueur, en nage {2}*: Je suis **en eau.** *Ich bin* ***total durchgeschwitzt.***

ébouriffant *Adj. Extraordinaire, fulgurant {3}*: Un succès ébouriffant. *Ein* ***irrer*** *Erfolg.* ♦ *Fort de café {B}*: Qu'un ministre ait pu dire cela, c'est ébouriffant! *Daß ein Minister das sagen konnte,* ***ist vielleicht stark!***

échalas [eʃala] *m. Personne maigre {3}*: Un grand échalas. *Ein* ***großer Hagerer.***

échangisme *m. Pratique sexuelle entre couples qui exige les permutations de partenaires {1}.* ***Partnertausch / PT.***

échangiste *m. Partisan de l'*échangisme *{3}.* ***PT-Anhänger.***

échelle *f.* **Faire la courte échelle à qn.** *loc. L'aider à réussir {2}.* ***Jdm. Hilfestellung geben [eigentlich: Räuberleiter halten].***

échouer *V.i. Finir en un lieu {2}*: C'est dans cette boîte que tu veux échouer? *Willst du in dieser Firma* ***versauern?***

éclair *m.* **Comme un éclair** *loc. Très rapidement {1}*: Ça s'est passé comme un éclair. *Es war* ***schnell wie der Blitz.***

éclat *m.* **C'est l'éclat!** *Loc. C'est magnifique! {B}.* ***Das ist irre toll!*** / Ta Porsche, c'est l'éclat. *Dein Porsche ist* ***ultra.***

éclate *f. Plaisir intense {3}*: C'est l'éclate. ***Der (absolute) Hammer.***

éclater *V.t.* **Les éclater** *loc. Coïter en parlant d'une femme {3}.* ***Die Beine breit machen.*** ♦ **(s')** *V.pr. Se faire plaisir, s'amuser beaucoup*, s'envoyer en l'air* *{2} {B}*: Je veux m'éclater dans tout ce que je fais. *Ich will bei allem, was ich tue,* ***aus vollen Zügen genießen.*** [*Yves Mourousi, nach Merle*]

écluser *V.t. Boire {3}*: Ecluser un godet. *Ein Gläschen* ***wegkippen.***

écœurant *Adj. Nauséabond, qui* écœure* *{1}*: Une odeur écœurante. *Ein* ***ekelhafter*** *Geruch.*

écœurer *V.t. Provoquer la répugnance de qn. {1}*: Il m'écœure. *Er* ***widert*** *mich an.*

écolo *m./Adj.inv. Écologiste {1} {B}.* ***Öko.*** ♦ Le mouvement écolo. *Die* ***Öko****bewegung.*

éconocroques *f.pl. Economies {3}*: Les éconocroques dans la boîte à farine. *Das* ***Gesparte*** *in der Mehldose.*

écoper *V.i. Recevoir des coups, des reproches, des punitions, être la victime {2}*: Toujours les mêmes qui écopent. *Immer dieselben, die* ***einstecken*** *müssen.*

écorché vif *m. Qui a les nerfs à fleur de peau, qui prend la mouche* tout de suite {2}.* **Mimose.**

écorcher *V.t. Faire payer trop cher {3}*: Il écorche ses clients. *Er* **zieht** *seinen Kunden* **das Fell über die Ohren.** ♦ *Loc. Pour reprocher une réticence à dire qc. ou à utiliser certains mots {2}*: **Ça lui écorcherait la gueule de** l'appeler par son nom. ***Er würde sich eher das Maul zerreißen****, als ihn beim Namen zu nennen.* / Ça t'écorcherait la gueule de dire bonjour? ***Würde es dir was ausmachen,*** *die Tageszeit* **zu sagen?**

écoutille *f. Oreille {3}.* **Horchlöffel.**

écrabouiller *V.t. Écraser {2}*: Je vais t'écrabouiller. *Ich* **mache Brei aus dir.** / Elle avait la jambe écrabouillée. *Ihr Bein war* **zermatscht.**

écrase-merde *f.pl. Grandes chaussures {1}.* **Quadratlatschen.**

écraser *V.i. Ne pas insister {2}*: Tais-toi! Écrase! *Sei bloß ruhig!* **Schluck's runter!** ♦ **Écraser le champignon** *loc.* Appuyer sur le champignon*, *accélérer {3}.* **Bleifuß fahren.** ♦ *Loc. Dormir {2}*: Qu'est-ce qu'il **en écrase**! ***Kann der ratzen!*** ♦ **Écraser une mouche avec un marteau** *loc. Se servir de moyens démesurés par rapport au but à atteindre {2}.* **Mit Kanonen auf Spatzen schießen.** ♦ **(se)** *V.pr. Se soumettre {3}*: Le mieux, c'est de s'écraser. *Das Beste ist,* **klein beizugeben.** ♦ *En parlant d'une affaire, cesser d'être actuelle {3}*: **Faut laisser passer quelques mois, et tout va s'écraser.** ***In einigen Monaten wächst Gras drüber.***

écrémer *V.t. Choisir le meilleur {2}*: Les cambrioleurs ont écrémé le XVIe. *Die Einbrecher haben im 16. Arrondissement* **abgesahnt.**

écritures *f.pl.* **Travailler dans les écritures** *loc. Avoir un emploi de bureau {3}. Einen* **Bürojob haben.**

écroulé *Adj. Mort de rire {2}*: Quand il a raconté son histoire, tout le monde était écroulé. *Als er seine Geschichte erzählte,* **konnte keiner mehr vor Lachen.**

écrouler (s') *V.pr. S'asseoir soudainement {2}*: Il s'est écroulé dans son fauteuil. *Er hat sich in seinen Sessel* **fallenlassen.**

écuelle [ekyɛl] *f. Assiette.* **Teller.**

écurie *f. Groupe de voitures, de cyclistes etc. qui court pour un même propriétaire*: L'écurie Alfa Romeo. *Der Alfa Romeo-***Stall.** ♦ **Entrer comme dans une écurie** *loc. Entrer sans saluer ou sans frapper {2}.* **Ohne zu grüßen // anzuklopfen eintreten.**

édredon *m. Lieu des rapports sexuels, lit {3}*: Il vaut rien sous l'édredon. *Der taugt nichts* **im Bett.**

effacer *V.t. Tuer {1}*: Ils l'ont effacé. *Sie haben* **ihn kaltgemacht.** ♦ **On efface tout et on recommence!** *Loc.* Passons l'éponge* *{3}.* ***Vergessen wir es und fangen von vorne an!***

effeuilleuse *f. Strip-teaseuse {3}.* **Stripperin.**

église *f.* **Vingt dieux, la belle église!** *Interj. Marquant l'étonnement admiratif {3}.* **Mein lieber Herr Bischof / Herr Gesangverein!**

égo *m. Moi [souvent ironique] {B}*: Cesse de flatter mon égo. *Hör auf, meinem* **Ego** *zu schmeicheln.*

éjecter *V.t. Faire sortir brusquement, jeter {2}*: L'élève s'est fait éjecter de la classe. *Der Schüler wurde* **aus** *der Klasse* **geworfen.**

élastique *m.* **Les lâcher avec un élastique** *loc. Payer avec regret et réticence, être* radin* *{3}.* ***Auf seinem Geld sitzen.***

éléphant *m.* **Se comporter comme un éléphant dans un magasin de porcelaine** *loc. Agir maladroitement {1}.* ***Sich wie ein Elefant im Porzellanladen aufführen.***

elpé *m. „Long Playing Record" {B}.* **LP.**

emballer *V.t. Appréhender {3}.* **Einlochen.** ♦ *Séduire une fille {2}*: Pour arriver à l'emballer, faut lui parler de son pays. *Um sie* **ins Bett zu kriegen / einzulullen,** *mußt du ihr von ihrem Dorf erzählen.* ♦ **(s')** *V.pr. S'enthousiasmer ou se mettre en colère {2}*: Il **s'emballe pour** un rien. *Der* **kriegt für nichts einen Koller.** / Rien qu'à l'entendre parler tu t'emballes déjà. *Schon wenn du sie sprechen hörst,* **hebst du ab.**

embarquer *V.t. Appréhender {1}.* **Kaschen.** ♦ **(se)** *V.pr. Se laisser entraîner, glisser {2}*: Il s'est embarqué dans une drôle de galère. *Er ist in eine komische Sache* **reingerutscht.** ♦ **S'embarquer sans biscuits** *loc. S'engager dans une affaire sans précaution {3}*: Il s'est embarqué dans cette affaire sans biscuits. *Er kam in dieses Geschäft* **ohne jeden / blauen Dunst.**

emboîter *V.t. Montrer son mécontentement lors d'une mise en scène {3}.* **Jdn. ausbuhen.**

embouché *Adj.* **Mal embouché** *m. Qui dit des grossièretés {3}.* **Jd., der Schweinereien erzählt.**

embrasser un platane / arbre *loc. Heurter un arbre {2}.* **Einen „Baum küssen"** *[mit einem Fahrzeug]* / **gegen einen Baum fahren.**

embrayer *V.t. Faire démarrer, mettre en train {3}.* **Auf den Weg bringen.** ♦ *Changer de sujet {2}*: Il **embraie sur** autre chose. *Er* **wechselt das Thema.** ♦ *Partir {3}*: On embraie? **Gehen wir?** ♦ **(s')** *V.pr. S'expliquer, avouer, dire ce qu'on a à dire {3}*: Eh ben, quoi? T'embraies? *Was denn nu(n)?* **Spuckst** *du's* **aus? / Raus damit!**

embringuer *V.t. Engager, enrôler fâcheusement {3}*: Il s'est laissé embringuer dans une sale affaire. *Er hat sich in eine schmutzige Sache* **hineinziehen lassen.**

embrouillamini *m. Grande confusion, désordre {2}*: Quel embrouillamini, sa copie! *Welch ein* **Wirrwarr***, seine Klausur!*

embrouille *f. Ennui, confusion, malentendu {2}.* **Un sac d'embrouilles.** ***Ein Sack voller Proble-***

me. / Causer des embrouilles. ***Probleme*** *verursachen.*

éméché *Adj. Légèrement ivre {2}.* **Beschwipst.**

Émile *N.pr.* **Je te le donne en mille, Émile!** *Loc. Je te défie de le deviner {2}*: Et ça fait combien? Je te le donne en mille. *Wieviel macht das?* ***Rate mal.***

emmancher (s') *V.pr. Commencer, s'engager {2}*: L'affaire s'emmanche mal. *Die Sache* ***läuft schlecht an.***

emmerdant *Adj. Embêtant, ennuyeux {1}*: Que tu aies perdu l'argent, ça c'est emmerdant. *Daß du das Geld verloren hast, ist* ***beschissen.***

emmerde *f. Ennui, gêne,* emmerdement* *{1}*: Il va encore nous faire des emmerdes. *Der macht uns noch einen* ***Scheißärger.***

emmerdé *Adj. Ennuyé, embêté {1}*: Avec ça, j'suis pas mal emmerdé. *Damit bin ich* ***ganz schön angeschissen.***

emmerdement *m. Embêtement, ennui grave {1}*: C'est pas demain que cesseront les emmerdements. *Morgen hört die* ***Scheiße*** *auch nicht auf.*

emmerder *V.t. Ennuyer, importuner {1}*: Tu m'emmmerdes avec tes histoires. *du* ***kotzt mich an*** *mit deinen Geschichten.* / Tu sais quoi? **J't'emmerde!** *Weißt du was?* ***Du kannst mich am Arsch lecken!*** ♦ **(s')** *V.pr. S'ennuyer {1}*: Qu'est-ce qu'on peut s'emmerder ici. *Ist das hier* ***beschissen.*** ♦ **S'emmerder à cent sous de l'heure** *loc. Même sens {2}.* ***Sich zu Tode langweilen.*** ♦ **Ne pas s'emmerder** *loc. Savoir profiter {1}*: Au prix du beurre, ils s'emmerdent pas. *Mit den Preisen* ***gehen*** *sie* ***ganz schön in die Volle(n)*** // ***Die nehmen es von den Lebendigen.*** ♦ **T'emmerde pas!** Prends-en! ***Mach dir nicht ins Hemd!*** *Greif zu!* ♦ **J't'emmerde à pied, à cheval et en voiture!** *Loc. Insulte grave {3}.* ***Du kannst mich kreuzweise am Arsch lecken!***

emmerdeur *m. Importun, gêneur, embêtant, ennuyeux {1}*: Quelle emmerdeuse! *Welch eine* ***Nervensäge*** / *ein* ***Stinkstiefel!***

emmieller *V.t. Importuner,* emmerder* *{3}*: Tu m'emmielles. *Du* ***gehst mir auf den Geist.***

emmouscailler *V.t. Ennuyer [le verbe permet d'éviter l'utilisation d'*emmerder*] *{3}*: Je suis emmouscaillé. *Ich* ***sitz in der Tinte.***

émotionner *V.t./i. Émouvoir {3}.*

émoustillant *Adj. Exciter la galerie {2}*: Ce strip-tease est émoustillant. Comme le champagne. *Der Striptease ist* ***aufregend.*** *Wie Champagner.*

émoustiller *V.t. Exciter à la gaieté ou sexuellement {2}*: Ça l'émoustille pas mal. *Das* ***bringt sie*** *ganz schön* ***in Form.***

empaffé *m. Efféminé {3}*: Espèce d'empaffé! *(Du)* ***Tunte!***

empaillé *m. Imbécile, maladroit {3}.* **Trottel.**

empaqueté *m. Imbécile, qui se fait* enculer*, empoté* *[souvent, dans la situation face-à-face, la formule suivante s'adresse à un interlocuteur fictif qui prend la place de l'interlocuteur direct] {3}*: **Tu parles d'un empaqueté!** *[Etwa, nicht in Richtung des Gespächspartners blickend] Ich kenne vielleicht* ***Arschgeigen*** *[und eine davon steht vor mir]!* / Ton voisin est un empaqueté. *Dein Nachbar ist ein* ***Arsch.***

empaqueter *V.t.* → aller.

empiffrer (s') *V.pr. Se bourrer de nourriture {2}*: Arrête de t'empiffrer! *Hör auf,* ***dich vollzufressen!***

emplafonner *V.t. Heurter, emboutir {2}*: Ils ont emplafonné une petite Renault qui traversait la route sans loupiotes. *Sie haben einen kleinen Renault* ***eingedellt,*** *der ohne Licht die Straße überquerte.* ♦ *Frapper méchamment {2}.* ***Zusammenschlagen.***

empoigne *f.* **Foire d'empoigne** *expr.f. Mêlée où gagne le plus fort ou le moins scrupuleux {3}*: Un héritage a parfois un air de foire d'empoigne. *Ein Erbe ist offenbar manchmal* ***mit schlimmen Kämpfen*** *verbunden.*

empoisonnant *Adj. Ennuyant,* barbant* *{3}.* ***Ätzend.*** / Encore un concert! C'est empoisonnant. *Noch ein Konzert! Das ist* ***ätzend.***

empoisonner *V.t. Ennuyer {3}*: Un boulot qui empoisonne. *Eine Arbeit, die* ***fertigmacht.***

empoisonneur public *m. Qui importune tout un groupe {3}.* ***Nestbeschmutzer*** / ***Störenfried.***

empoté *m./Adj. Maladroit, gauche {3}.* ***Linkisch*** / ***„Musikwissenschaftler".***

en *Adv. Mot qui permet souvent d'éviter les désignations non souhaitées ou inavouables {1}*: Il en sort. *Er ist wieder* ***draußen.*** ♦ Elle en fait partie. *Sie gehört auch* ***„zu denen".*** ♦ Il **en a**. *Der* ***hat reichlich*** *[Geld, Mut oder sex appeal,* → couilles]. ♦ **En avoir de drôles / de bonnes** *expr. Raconter des plaisanteries {1}*: T'en as de drôles, toi! *Du* ***machst vielleicht Witze!***

encadrer *V.t. Heurter violemment un obstacle {2}*: Sinon tu vas encadrer un arbre. *Sonst* ***fährst*** *du* ***gegen*** *einen Baum.* ♦ **Ne pas pouvoir encadrer qn.** *Loc. Ne pas l'aimer {2}*: ***Jdn. nicht verknusen können.***

encaisser *V.t. Recevoir des coups {2}.* ***Einstekken.*** ♦ *Supporter {2}*: Ils ne peuvent pas l'encaisser. *Sie können ihn nicht* ***verknusen.***

enconculer *V.t. Pénétrer analement et vaginalement {3}.* ***In Arsch und Fotze vögeln.***

encore *Adv. A nouveau [avec insistance] {1}*: Il a encore abîmé sa voiture. *Er hat* ***schon wieder*** *sein Auto ruiniert.*

encorné *m. Insulte [utilisée par les automobilistes] {3}*: Alors, encorné, ça avance? *Was denn, geht's weiter, du* ***Hornochse!***

enculé *m. Grave insulte {1}*: Le regretté fantaisiste Coluche a dit que nous sommes tous des enculés et des enconculés, c'est chouette. *Der* *verstorbene Spaßmacher Coluche hat gesagt, wir sind alle* **Arschlöcher** *und Arschficker, wie schön!* / Un gouvernement d'enculés. *Eine Regierung von* **Arschlöchern.** / Espèce d'enculé! **Du Arschficker!**

enculer *V.t. Sodomiser {3}*: Elle adore se faire enculer. *Sie läßt sich mit Begeisterung* **in den Arsch ficken**/*Sie mag* **Schokoladennummern.** ♦ **Enculer les mouches** *loc. Couper un cheveu en quatre pour* trouver la petite bête*, *pinailler {2}*. **Korinthen kacken.** ♦ **Va te faire enculer chez les Grecs** *loc. Va te faire mettre {3}*. **Fick ab!**

enculeur de mouches *m. Pinailleur {3}*. **Korinthenkacker.**

endormir *V.t. Donner confiance, bourrer le crâne {2}*: Un prof qui endort sa clientèle. *Ein Lehrer, der seine Kundschaft* **einschläfert.** ♦ **(s')** *V.pr.* **S'endormir sur le rôti** *loc. Manquer d'enthousiasme au travail ou en amour {2}*. **Die Arbeit nicht erfunden haben.** ♦ **„Dabei" einschlafen.**

endroit *m.* **Petit endroit** *expr. Lieu d'aisance, cabinets {2}*. **Stilles Örtchen.**

enfant *m.* → bébé.

enfer *m.* **C'est l'enfer** *loc. Selon Pierre Merle, expression passe-partout du style* c'est génial *{B}*: Hier soir, c'était l'enfer. *Gestern abend, das war* **riesig.**

enfiler des perles *loc. Perdre son temps {2}*. **Seine Zeit verplempern.** ♦ **(s')** *V.pr. Faire l'amour {3}*: Il s'est enfilé une nana. *Er hat eine Olle* **gevögelt.** ♦ *Avaler {2}*: On s'enfile un demi? **Kippen** *wir einen Halben?*

enflé *m. Bouffi d'orgueil {2}*. **Lackaffe.**

enfoiré *m. Pédéraste {3}*. **Schwuler Arsch.** ♦ *Dépréciatif pour homme en général {2}*: Il m'a fait une queue de poisson, cet enfoiré. *Er hat mich geschnibbelt, dieses* **beschissene Arschloch.**

enfoncer *V.t. Accuser, charger {2}*: Le témoin a carrément enfoncé l'accusé. *Der Zeuge hat den Angeklagten schwer* **belastet.**

enfourcher un dada *loc. Se lancer dans un raisonnement ou dans un sujet favori {2}*. **Sein Steckenpferd reiten.**

enfourner *V.t. Avaler goûlument {2}*: N'enfourne pas la bectance comme ça! **Schling das Essen nicht so runter!** / Il a tout enfourné. *Er hat* **sich alles runtergeschlungen.**

engin *m. Objet plus ou moins bizarre {1}*. Il porte un drôle d'engin. *Er schleppt* **ein komisches Ding.** ♦ *Membre viril {3}*: Il a un de ces engins! *Der hat vielleicht einen* **Apparat***!*

engueulade *f. Réprimande, échange d'insultes {1}*: On est mûrs pour prendre une bonne engueulade. *Wir sind reif für einen* **gesalzenen Anschnauzer** / **Rüffel.**

engueuler *V.t. Insulter, réprimander {1}*: La marchande l'a engueulée parce qu'elle avait dit que les pommes étaient pourries. *Die Händlerin hat sie* **angeschnauzt,** *weil sie gesagt hatte, die Äpfel wären faul.*

enguirlander *V.t. Réprimander*, engueuler* *{2}*: Cessez de m'enguirlander. Je n'y suis pour rien. *Hören Sie auf, mich* **anzumeckern.** *Ich kann nichts dafür.*

énième *Adj.ord. Qui exprime la fréquence {1}*: Pour la énième fois. *Zum* **xten** *Mal.*

ennuyer *V.pr.* **Ne pas s'ennuyer** *loc. Ne se priver de rien {1}*: Tu t'ennuies pas avec trois briques! *Mit drei Mille* **kommst du prima über die Runden.** ♦ Avec une nana pareille, il doit pas s'ennuyer. *Mit so einer Schnalle* **leidet** *der* **nicht an Langeweile.**

enquiquiner *V.t. Ennuyer, importuner {2}*: Vous m'enquiquinez avec vos questions. *Ihr* **nervt** *mich mit Eurer Fragerei.* ♦ **S'enquiquiner à cent sous d'l'heure** *loc. Même sens,* → s'emmerder [*surtout quand on attend*] *{2}*: Chez le médecin je me suis enquiquiné à cent sous d'l'heure. *Beim Arzt* **ist mir die Decke auf den Kopf gefallen.**

enrouler *V.i. Pédaler en souplesse (cyclisme) {3}*: A la descente, les cyclistes enroulent. *Bergab* **lassen** *die Fahrer* **laufen.**

entasser (s') *V.pr. Se rassembler dans un endroit trop étroit {2}*: Pour rentrer chez eux, les gens se sont entassés dans le bus. *Um nach Hause zu kommen, haben* **sich** *die Leute in den Bus* **gequetscht** / *im Bus* **gestapelt.**

entendu *Adj. D'accord {1}*: Tu viens avec nous? – Entendu! *Kommst du mit?* **Einverstanden!** ♦ **Comme de bien entendu!** *Loc. Comme convenu, comme toujours [souvent avec une nuance d'agacement] {2}*. Et comme de bien entendu il a accepté l'invitation. **Wie nicht anders zu erwarten,** *hat er die Einladung angenommen.*

entortiller *V.t. Séduire par des promesses trompeuses {2}*: Il l'a entortillée en lui promettant monts et merveilles. *Er hat sie* **eingewickelt,** *indem er ihr das Blaue vom Himmel versprach.* ♦ *Parler sans clarté en se servant de figures sinueuses {1}*: Il sait entortiller ses phrases comme un jésuite. *Er kann seine Sätze* **verklausulieren** *wie ein Jesuit.*

entourloupe *f. {3}* / **entourloupette** *{2} f. Mauvaise affaire, mauvais tour, tromperie, irrégularité {2}*. **Faire une sacrée entourloupe.** *Einen* **bösen Streich spielen.**

entraver *V.t. Comprendre {2}*: Avec ce prof, on **entrave que couic.** *Bei diesem Pauker* **versteht man nur Bahnhof** / **schnallt man nichts** / **kommt nichts rüber.**

entrée *f.* **D'entrée** *loc.adv. A première vue, de prime abord {3}*: D'entrée, il a annoncé la couleur. **Von Anfang an** *hat er gesagt, was Sache ist.*

entreprendre *V.t. Essayer de convaincre, imposer une conversation {2}*: Il m'a entrepris sur ses gosses. *Er hat mich* **in ein Gespräch** *über seine Blagen* **verwickelt.**

entubé *m. Dépréciatif pour homme*, enculé*, enfoiré*. **Arschgeige.**

entuber *V.t. Sodomiser {3}.* **Arschficken.** ♦ *Duper, escroquer {2}*: Je me suis fait entuber par ce con-là. *Ich hab mich von dieser Arschgeige* **reinlegen** *lassen.*

envapé *m. Personne qui se drogue {3}*: C'est un envapé. *Der* **ist immer high**.

envaper (s') *V.pr. Se droguer {3}*: Souvent elle a l'air de s'envaper. *Sie sieht oft so aus, als ob sie* **was nähme.**

envoyer *V.t.* **Envoyer promener** *loc. Éconduire, repousser {1}*: Quand j'ai demandé une augmentation de salaire, il m'a envoyé promener. *Als ich um eine Gehaltserhöhung nachgefragt habe, hat er* **mich abblitzen lassen.** ♦ **Envoyer paître** *{2}* / **envoyer sur les roses** *{2}* / **envoyer au bain** *{3} loc. Se débarrasser de qn., le renvoyer rudement.* **Abblitzen lassen** / **zum Teufel schicken.** ♦ **Les envoyer** *{2}* / **envoyer la soudure** *{3} loc. Payer.* **Löhnen** / **die Flocken 'rüberschieben** / **kommen lassen.** ♦ **Ça c'est envoyé!** *Loc. Bravo, bien dit, bien frappé {2}.* **Das hat gesessen!** ♦ **(s')** *V.pr. Posséder, s'octroyer {1}*: Après le cinoche, il s'est envoyé une nana. *Nach dem Kino hat er* **eine abgeschleppt.** / Ils se sont envoyé une bière. *Sie haben* **einen** [*Bier*] **geschluckt** / **sich ein Bier reingezogen.** ♦ **S'envoyer en l'air** *loc. Faire l'amour*, prendre son pied* *{1}*: Elle s'envoie en l'air dès qu'elle voit un mec. *Der* **geht** *schon* **einer ab**, *wenn sie nur einen Mann sieht.* / Tous ont envie de s'envoyer en l'air avec elle. **Mit ihr möchten** *alle* **mal.**

épatant *Adj. Admirable {1}.* **Toll.**

épate *f.* **Faire de l'épate** / **des épates** *loc. Chercher à épater son entourage {2}.* **Eindruck schinden.** / Elle veut faire des épates. *Sie will* **glänzen.**

épater *V.t. Étonner positivement {1}*: Il nous a épaté avec sa culture générale. *Er hat uns mit seiner Allgemeinbildung* **beeindruckt.**

épicemar *ou* **épicemard** *m. Épicier {2}*: Il s'emmerde pas l'épicemar. *Der nimmt es von den Lebendigen, der* **Kolonialwarenheini.**

épinard *m.* **Mettre du beurre dans les épinards** *loc. Améliorer sa situation par des revenus supplémentaires {1}.* **Butter bei die** [sic!] **Fische sein.** / **Den Kohl fettmachen.**

épingler *V.t. Arrêter un malfaiteur {2}.* **Schnappen.**

éponge *f. Alcoolique chronique*, alcoolo* *{B}.* **Suffkopp.** ♦ **Jeter l'éponge** *loc. A la boxe: abandonner {1}.* **Das Handtuch werfen.** ♦ **Passons l'éponge!** *Loc. Pardonner, oublier volontairement {1}.* **Schwamm drüber!** / Passons l'éponge sur les histoires d'antan! **Schwamm** *über die alten Geschichten!*

éponges *f.pl. Poumons {3}.* **Lungen** / **Plauze.** ♦ **Avoir des éponges mitées** *loc. Etre tuberculeux {2}.* **Die galoppierende Schwindsucht** / **Löcher in der Lunge haben.**

époustouflant *Adj. Étonnant, stupéfiant {2}*: Une histoire époustouflante. *Eine* **irre** *Geschichte.*

époustoufler *V.t. Étonner, stupéfier {2}*: Il m'a carrément époustouflé en disant cela. *Es hat mich buchstäblich* **umgehauen,** *als er das sagte.*

erreur *f.* **Il n'y a pas d'erreur** *loc.* A coup sûr* *{2}*: Il débloque pas mal, 'y a pas d'erreur. *Er spinnt nicht schlecht.* **Das steht fest.**

esbroufe *f. Bluff, vantardise*, épate* *{2}*: C'est de l'esbroufe! **Nur Blende!** / **Schwindel!**

escargot *m.* → marcher.

esgourde *f. Oreille*, → portugaises *{2}.* **Horchlöffel.**

espèce *f. Introduction fréquente d'insulte {1}*: **Espèce d'**idiot, **espèce d'**abruti. [*Etwa*] **Du** *Idiot*, **du** *Volltrottel.*

esprit *m.* **Les grands esprits se rencontrent!** *Loc. Pour exprimer que deux personnes ont la même idée {2}*: Ça vaut pas le coup d'y aller. – Ah oui, j'allais le dire. – Les grands esprits se rencontrent. *Es lohnt nicht dahinzugehen! – Genau, das wollte ich gerade sagen. –* **Ein Fall von Seelenverwandtschaft.**

esquinter *V.t. Abîmer {3}*: Il a esquinté sa moto. *Er hat sein Motorrad* **ramponiert.** / Son boulot l'a complètement esquinté. *Seine Maloche hat ihn völlig* **kaputtgemacht.** ♦ *Critiquer sévèrement {2}*: Ce critique adore esquinter les jeunes auteurs. *Dieser Kritiker muß einfach junge Autoren* **kaputtkritisieren** / **verreißen.** ♦ **(s')** *V.pr. Se donner beaucoup de mal {3}*: **S'esquinter le tempérament.** **Sich abrackern.**

essuyer les plâtres *loc. Etre le premier à essayer une nouveauté, à s'occuper d'une affaire nouvelle, surtout pour une maison neuve qu'on habite pour la première fois, et en subir les conséquences* [*souvent au sens figuré*] *{1}*: J'ai eu une des toutes premières voitures de la série, et bien sûr, j'ai essuyé les plâtres. *Ich hatte eines der allerersten Autos der Serie und habe natürlich* **all** (**seine**) **Kinderkrankheiten** *miterlebt.*

estampes *f.pl.* **Avoir une merveilleuse collection d'estampes japonaises** *loc. Formule classique pour inviter à une aventure érotique {3}*: J'ai une merveilleuse collection d'estampes japonaises. Vous n'avez pas envie de la voir? **Darf ich Ihnen meine Briefmarkensammlung zeigen?**

estomac *f.* **Avoir de l'estomac** *loc. Avoir du courage, du* toupet* *{3}.* **Mumm haben.** ♦ **Avoir l'estomac sur** / **dans les talons** *loc. Avoir très faim {1}.* **Kohldampf schieben.**

estomaquer *V.t. Étonner vivement {2}*: Cette réflexion m'a estomaqué. *Diese Bemerkung hat mich* ***von den Socken gehaun.***

estourbir *V.t. Tuer, assommer {2}*: Il l'a estourbi avec une matraque. *Er hat ihn mit einem Schlagstock* ***bewußtlos geschlagen / umgebracht.***

état *m.* **Etre dans tous ses états** *loc. Etre très excité,* → états d'âme* *{1}*. ***Außer sich sein.***

étendre *V.t. Refuser à un examen {2}*: Il s'est fait étendre au bac. *Er* ***sauste durch****'s Abi.* ♦ *Loc. Mettre K.O. {2}*: Il l'a **étendu net** d'un crochet du droit. *Er hat ihn mit einem rechten Haken* ***auf die Matte geschickt.***

et hop! *Interj. {2}*. ***Und zack!***

Étienne *N.pr.* **A la tienne Étienne!** *Loc. Formule prononcée en trinquant* [à la tienne! *et on remarque l'homophonie*] *{3}*. ***Prost.***

étincelles *f.pl.* **Faire des étincelles** *loc. Etre brillant {2}*. ***Glänzen.***

être *V.i. Dans la langue courante,* être *remplace dans les temps composés le verbe* aller *{1}*: Il y a été? *Ist er* ***gegangen / dort gewesen****? /* Il avait été chercher un livre. *Er war ein Buch holen* ***gegangen.*** ♦ **En être** *loc. Appartenir à un groupe qu'on hésite à désigner [police, homosexuels, prostituées etc.] {1}*: Il en est. *Er* ***gehört auch zu denen.*** ♦ **Etre de corvée de...** *loc. Pour une corvée {1}*: Je suis de corvée de patates. *Ich* ***muß*** *mich um die Kartoffeln* ***kümmern.*** ♦ **Etre à la noce** *loc. Se réjouir {2}*. ***Im siebten Himmel sein.*** ♦ **Ne pas être à la noce** *loc. Etre dans une situation pénible {2}*: Il n'est pas à la noce. *Das ist (für ihn)* ***kein Zuckerschlecken.*** ♦ **Etre de noce / d'enterrement** *loc. Etre obligé d'assister à une cérémonie {1}*: Vendredi je suis de noce. *Am Freitag* ***muß ich hin / dabei sein.*** ♦ **Etre du matin // du soir** *loc. Etre mieux disposé le matin ou le soir*: Je suis du matin. *Ich bin ein* ***Morgenmensch.*** / Je suis du soir. *Ich bin ein* ***Morgenmuffel*** */ eine* ***Nachteule.*** ♦ **Etre là, être un peu là** *loc. Etre solide, en connaître un bout {1}*: Point de vue ordinateur, il est un peu là. *Vom Computer* ***versteht*** *er* ***'nen Stiefel.*** ♦ **Etre au parfum** *loc. Etre au courant, savoir {2}*. ***Wind bekommen.*** ♦ **Etre tout feu tout flamme** *loc.* → feu. ♦ **C'est à prendre ou à laisser** *loc. Il faut prendre une décision, dire oui ou non {1}*. ***Entweder oder.*** ♦ **Ça y est!** *Loc. Pour exprimer que qc. est arrivé {1}*. ***Jetzt haben wir die Bescherung!*** ♦ **C'est ça!** *Loc. Pour confirmer {1}*: Vous m'avez rendu un billet de 100 francs? – C'est ça. *Sie haben mir einen 100-Francs-Schein herausgegeben? –* ***So ist es.*** ♦ **Si... (alors) moi je suis le pape / le président de la République / Napoléon / un archevêque** *loc. Formule pour marquer l'incrédulité {3}*: Ben, s'il est le patron, moi, je suis le Pape. *Also,* ***wenn*** *der der Boss ist,* ***bin ich der Papst / Kaiser von China.***

étude *f.* **Renvoyer qn. à ses chères études** *loc. Façon de dire que qn. doit retourner à une position antérieure {3}*. ***Jdn. dahin zurückschicken, wo er hergekommen ist.***

eux *Pr.pers. Ceux qu'on ne veut pas désigner autrement, par exemple le gouvernement, les patrons, les politiciens etc. {1}*: D'eux, j'en ai ras-le-bol. ***Von denen da*** (***oben, hinten***) *hab ich die Schnauze voll. /* → ils.

Eve *N.pr.* **En costume d'Eve** *expr.adv. Nue [d'une femme bien entendu] {2}*. ***Im Evakostüm.***

évident *Adj.* **C'est pas évident!** *Loc. Ce n'est pas certain {2} {B}*: Qu'il l'obtienne, c'est pas évident! *Ob er es kriegt,* ***ist noch lange nicht klar!***

ex *m./f. Époux divorcé, ex-femme, etc. {2}*: Mon ex. *Mein* ***Verflossener.***

exam [egzam] *Abrév. Examen {2}*. ***Prüfung.***

expliquer (s') *V.pr. Se battre {3}*: On va s'expliquer après! *Wir* ***reden*** *später miteinander, (Freundchen)!*

extra *Adj.inv. Extraordinaire, parfait {1}*: Une voiture extra. *Ein* ***tolles*** *Auto. /* On fait un voyage en Hollande. C'est extra! *Wir machen eine Hollandreise. Das ist* ***riesig!***

extra *m. Serveur que l'on prend pour une soirée quand il y a beaucoup de monde {3}*. ***Aushilfe.*** ♦ **Faire un extra** *loc. Manger plus ou mieux que d'habitude {2}*: Ce soir, on va faire un extra. *Heute abend* ***leisten wir uns 'was Besonderes.***

F

fabriquer *V.t. Faire {1}*: Qu'est-ce que tu fabriques? ***Was machst du*** (***denn da***)*/****stellst du denn da an****?*

fac *f. Faculté, université {1}*: Il est à la fac. *Er ist in // an der* ***Uni.***

façade *f.* **Pour la façade** *expr.adv. Avec le seul intérêt de montrer {2}*: Titou et moi, on roulait les mécaniques que pour la façade. *Titou und ich spielten* ***nach außen hin*** *den starken Mann.*

facho *m./Adj. Fasciste {2}*. ***Faschist / Fascho / Nazi.***

facile *Adv. Facilement {1}*: On en boit un litre

facile. *Von dem trinkt man einen Liter* ***wie nichts.***

fada *m./Adj. Simple d'esprit, fou, niais {2}*: Il est un peu fada. *Er ist ein bißchen* ***beknackt.*** / **Quel fada!** *So ein* ***Einfaltspinsel!*** ♦ *[Aussi avec une nuance de sympathie plus ou moins admirative] {2}*: **Quel fada!** ***Der hat vor nichts Angst!***

fafiot *m. Note de banque {3}*. ***Schein / Lappen.***

fagoté *Adj. Mal habillé {2}*: **Fagoté comme l'as de pique**. ***Angeschustert wie der letzte Mensch.***

faiblard *m./Adj. Faible {2}*. ***Mickerig.*** ♦ *Sans caractère {2}*. ***Schlappi.*** ♦ *Qui n'obtient pas les résultats nécessaires [élève par exemple] {3}*. ***Schlapper Vertreter.*** / Un faiblard en maths. *Eine* ***Mathenull.***

faire *V.t. Valoir {1}*: Ça fait deux cents Francs. *Das* ***macht*** *zweihundert Francs.* / Ça **fait dans les** cinquante Francs. *Das* ***macht so um*** *die fünfzig Francs.* ♦ *Travailler sur {1}*: Il fait l'Allemagne. *Er* ***macht*** *Deutschland.* / Ils ont fait une banque. *Sie haben eine Bank* ***ausgeraubt***. / Il fait les portefeuilles. *Er* ***klaut*** *Brieftaschen.* ♦ **On ne me la fait pas! / Faut pas me la faire!** *Loc. On ne me trompe pas si vite {2}*. ***Mit mir nicht!*** ♦ **Faut se la faire belle / douillette** *loc.* → belle. ♦ **Ce n'est ni fait ni à faire** *loc. Bâclé, mal fait {2}*: Cet article n'est ni fait ni à faire. *Dieser Artikel* ***ist von Grund auf Mist.*** ♦ **Ça commence à bien faire** *loc. Pour exprimer qu'il est nécessaire d'arrêter qc. {2}*: J'appelle les flics. Ça commence à bien faire! *Ich ruf die Bullen.* ***Jetzt ist aber Schluß!*** ♦ **Faire médecine / son droit / les langues modernes** *loc. Étudier la médecine, etc. {1}*. ***Medizin / Jura / Sprachen machen.*** ♦ *Parcourir {1}*: Vous avez fait la Suisse, l'année dernière? *Haben Sie letztes Jahr die Schweiz* ***gemacht?*** ♦ *Obtenir un rang {1}*: La France a **fait deuxième.** *Frankreich hat* ***den Zweiten gemacht.*** ♦ **Faites comme chez vous!** *Loc. Pour inviter qn. à prendre ses aises {1}*. ***Fühlen Sie sich wie zu Hause!*** ♦ **Faire des pieds et des mains** *loc. Faire son possible, travailler dur {3}*. ***Sich abrackern.*** ♦ **Faire comme si** *loc. Feindre {1}*. ***So tun, als ob.*** ♦ *Loc. Exclamation admirative {1}*: Décrocher un doctorat de Harvard, **faut le faire!** *In Harvard den Doktor machen* ***muß man erst einmal bringen.*** ♦ *Bien bâti {1}*: La fille est bien **faite.** *Das Mädchen ist* ***toll gebaut.*** ♦ *Voler {3}*: Tu te la ferais bien, cette bagnole. *Den würdest du gerne* ***klemmen***, *den Schlitten.* ♦ *Loc. {1}*: **Ça fait** chic. ***Das sieht*** *chic* ***aus.*** ♦ *Avoir trop de travail,* → planche *{1}*: Encore du boulot! Merci, j'**ai de quoi faire**. *Noch mehr Arbeit? Vielen Dank, ich* ***habe bereits beide Hände voll zu tun.*** ♦ *Loc. Paraître {1}*: Elle ne **fait pas son âge.** ***Man sieht ihr ihr Alter nicht an.*** ♦ *Loc. C'est bien mérité [on sous-entend une critique] {1}*: **C'est bien fait pour lui!** ***Geschieht ihm recht!*** ♦ **(se)** *V.pr.* **Se faire à qc.** *loc. S'habituer à {1}*. ***Sich daran gewöhnen.*** ♦ *Faire l'amour [pour une prostituée] {3}*: Elle **se fait un micheton.** *Sie* ***hat 'nen Freier.*** ♦ **Se la / le faire bien** *loc. Vouloir faire l'amour [souvent au conditionnel] {2}*: Regarde cette nénette, je **me la ferais bien.** *Guck dir 'mal die Kleine an,* ***mit der möchte ich auch mal.*** ♦ **Que peuvent-ils bien faire? / Mais enfin que font-ils?** *Loc. Pour exprimer son inquiétude et son désaccord quand on attend trop longtemps {1}*. ***Aber wo bleiben / stecken sie nur?*** ♦ **Ne pas s'en faire** *Loc. Ne pas s'exciter ou ne pas se faire de soucis {1}*. ***Sich nicht (künstlich) aufregen. // Sich keine Sorgen machen.*** ♦ **Se faire la main** *loc. S'exercer pour être plus habile {2}*: La coiffeuse se fait la main dans la famille. *Die Friseuse* ***übt*** *in der Familie.* ♦ **Il faut se le faire** *loc. Il faut le supporter, se le* farcir* *[en parlant d'une personne] {1}*: Ton père, faut s'le faire! ***Schwer zu ertragen***, *dein Vater!*

faisan *ou* **faisandier** *m. Escroc, individu suspect {3}*. ***Seltsamer Vertreter.***

faisandé *m./Adj. Suspect ou louche {3}*: Il y a du faisandé. *Es* ***ist*** *da* ***etwas im Busch***.

falloir *V.t.* **Ne faut-il pas que...** *loc. Par hasard {2}*: Figurez-vous, j'arrive chez elle, et ne faut-il pas que je tombe sur ce mec-là. *Stellen Sie sich vor, ich komme zu ihr und,* ***wie es der Zufall will***, *treffe ich auf diesen Typ.*

falzar *m. Pantalon {2}*. ***Hose.***

famille *f.* **Des familles** *loc. Sans prétentions, mais bien {2}*: Un petit gueuleton des familles. *Eine Mahlzeit* ***wie bei Muttern.***

fan [fan] *m. Admirateur {1}*: Les fans de la B.D. *Die Comics-****Fans***. / Ils ont **un fanclub**. *Sie haben einen* ***Fan-Club.***

fana *m./Adj. Fanatique, admirateur zélé {2}*: Un fana du rugby. *Ein* ***Rugbyfanatiker***.

fantasme *m. Envie, rêve, obsession {B}*: C'est un fantasme à deux pattes. *Das ist eine* ***Traumfrau.*** / Je n'ai pas de fantasmes particuliers. *Ich hab keine* ***besonderen Wünsche***.

fantasmer *V.i. Avoir des* fantasmes*, bander* *{B}*: Il fantasme sur une bière. *Er* ***schwärmt*** *von einem Bier.* / Cette musique me fait fantasmer. Diese Musik ***törnt mich an.***

faramineux *Adj. Exagéré, astronomique {1}*: Un prix faramineux. *Ein* ***Phantasiepreis / astronomischer Preis.***

farcir *V.t. Cribler de balles {3}*: Je te farcis de plomb. *Ich* ***pump'*** *dich* ***voll Blei.*** ♦ **(se)** *V.pr. Voler {2}*: Il se l'est farci. *Er hat es* ***sich unter den Nagel gerissen.*** ♦ *Posséder,* se taper* *{2}*: Elle est chouette, la petite. Tu voudrais bien te la farcir, hein? *Die ist süß, die Kleine. Die möchtest du wohl gerne* ***vernaschen?*** ♦ *Manger,* se taper* *{2}*: On va se farcir un petit rôti dont tu me diras des nouvelles. *Wir werden uns einen* *kleinen Braten* **einverleiben**, *den du in Erinnerung behalten wirst.* ♦ *S'octroyer, se payer* {2}: Celui-là, je vais **me le farcir**. **Den** *werd' ich mir* **kaufen.** ♦ *Loc. Etre obligé de supporter qn.*, → faire {2}: **Faut s' le farcir.** *Er ist* **nicht gerade ein Geschenk des Himmels.** / *Der* / *Die* **ist ja nicht auszuhalten.** ♦ **Se farcir le chou** *loc. Se soûler* {3}. **Sich die Rübe vollhauen.** ♦ **Se farcir la panse** *loc. Manger excessivement, se gaver* {3}. **Sich die Wampe vollschlagen.**

fard *m.* **Piquer un fard** *loc. Rougir de honte* {1}. **Knallrot werden.**

farfelu *m./Adj. Exagéré, original* {1}: Des prix farfelus. **Bescheuerte** *Preise.* / Il est un peu farfelu. *Er ist ein bißchen* **überspannt.**

farfouiller *V.i. Fouiller en mettant tout sens dessus dessous* {3}: Pourquoi tu viens farfouiller dans mes affaires? *Warum* **wühlst** *du hier in meinen Sachen* **herum?**

farine *f.* **Se faire rouler dans la farine** *loc. Se faire avoir, duper* {2}. **Sich einwickeln lassen.**

fast-food [fastfud] *m.inv. Restaurant rapide d'origine américaine* {B}: Les fast-food ont été appelés SDINI: sandwiches dégoulinants aux ingrédients non-identifiés. **Schnellrestaurants** *werden (in Frankreich) „KSZNI" genannt, etwa:* **K***lebende* **S***andwiches,* **Z***utaten* **n***icht* **i***dentifizierbar.*

fastoche *Adj.inv. Facile* {3}. **Leicht** / **geschenkt.**

fauche *f. Vol* {1}. **Klauen.**

fauché {1} *ou* **faucheman** [foʃman] {3} *m./Adj. Sans argent*, sans un*, sur le sable*: Je suis fauchée. *Ich bin* **blank.** ♦ **Etre fauché comme les blés** *loc. Même sens* {2}. **Total blank sein.**

faucher *V.t. Voler, chaparder* {1}: On lui a fauché son vélo. *Man hat ihm das Rad* **geklemmt** / **geklaut.**

faute *f.* **C'est de ma faute** / **ta faute** *loc. Pour* c'est ma faute, c'est ta faute, etc. {1}: C'est pas de ma faute. *Ich* **kann nichts dafür.** / C'est de ta faute. **Du bist schuld.**

fauter *V.i. Pour une jeune fille, se laisser séduire* {3}: La petite a fauté et maintenant elle est enceinte. *Die Kleine hat* **nachgegeben** *und jetzt ist sie schwanger.*

fauteuil *m.* **Arriver dans un fauteuil** *loc. Réussir facilement dans une compétition,* → doigt* {1}. **Im Schlaf** *etwas* **machen.** / Dans sa circonscription, le candidat est arrivé dans un fauteuil. *In seinem Wahlkreis hat der Kandidat* **im Schlaf gewonnen.**

faux *Adj.* **Faux jeton** {1} / **faux cul** {3} / **derche** {3} *expr. Sournois, hypocrite.* **Falsches Schwein** / **falscher Fuffziger.** ♦ **Fausse couche** *expr. Individu mal conformé, méprisable, lâche* {2}. C'est un salaud, une véritable **fausse-couche** / un **résidu de fausse-couche.** *Das ist ein Drecksack, eine richtige* **Mißgeburt.** ♦ **Fausse-barbe** *expr. Espion* {3}. **Spion.**

fayot *m.* Lèche-cul*, *qui* fayote* [*terme utilisé souvent à l'armée pour un soldat qui fait du zèle*] {3}. **Schleimscheißer.** / *Haricot blanc* {2}. **Weiße Bohne.**

fayotage *m. Action de* fayoter* {3}. **Eifern** / **Schleimen.**

fayoter *V.i. Faire du zèle, flatter ses supérieurs* {2}: Il est en train de fayoter auprès du chef. *Er* **schleimt** *gerade wieder beim Chef.*

feeling *m.sg. Sentiment* {B}. **Feeling.**

feignant *m./Adj. Pour fainéant*, cossard*, flemmard* {2}: Un élève feignant. *Ein* **fauler** *Schüler.*

feignasse *f./Adj. Feignant* {1}: Quelle feignasse, il en fout pas une rame. *So* **ein fauler Sack**, *er tut keinen Handschlag.*

feinte *f. Piège, coup simulé* {2}. **Finte** / **Trick.**

feinter *V.t. Tromper* {2}: Il faut feinter le goal. *Man muß den Torhüter* **täuschen.**

fêlé *Adj. Bête, idiot, farfelu* {2}: Elle est complètement fêlée. *Sie* **hat einen an der Waffel.** ♦ **Avoir le cerveau fêlé** *loc. Etre un peu fou* {2}. **Nicht ganz richtig im Oberstübchen sein.**

femme *f.* **Bonne femme** *expr. Femme quelconque* [*souvent prononcé avec une certaine condescendance*] {1}: T'as vu la bonne femme qui vend les journaux. *Hast du die* **Olle** / **„gute Frau"** *gesehen, die die Zeitungen verkauft?* ♦ *Épouse* {3}: Tu viens nous voir avec ta bonne femme. *Kommst du mit deiner* **Olschen** *vorbei?* ♦ *Femme facile* {2}. **„So eine".** ♦ *f.pl. Les femmes en général* {2}: Ah, tu sais, les bonnes femmes... Que des emmerdements! *Ach, weißt du, die* **Weiber**... *Nur Ärger!* ♦ **Femme du capitaine** *expr. Poupée gonflable* {3}. **Beate-Uhse-Puppe.** ♦ **Etre femme à** *loc.* → homme.

fendard {3} *m. Pantalon d'homme*: **Hose.** ♦ **C'est fendard** *loc. C'est marrant* {2}. **Das ist komisch.**

fend-la-bise *m. Qui est souvent très pressé* {2}. **Eiliger Peter.** ♦ *Se dit aussi pour qn. qui a le nez très aquilin* {3}: T'as vu passer fend-la-bise? *Hast du* **Adlernase** *vorbeikommen sehen?*

fendre (se) *V.pr. Rire* {2}: **Se fendre la gueule** / **la pipe** / **la pêche.** **Sich schimmelig** / **krümelig lachen.** ♦ *Loc. Se décider à payer, débourser, donner* {2}: Il **s'est fendu d'**une tournée. *Er* **hat** *eine Runde* **herausgerückt.**

fente *f. Vulve* {3}. **Spalte.**

fer *m.* **Nager comme un fer à repasser** *loc. Nager mal* {2}. **Wie eine bleierne Ente schwimmen.**

fermer *V.t.* **Ferme-la!** / **La ferme!** *Loc. Tais-toi,* boucle-la* {1}. **Mach zu!** / **Klappe!** ♦ Quand il a appris ça, j'avais plus qu'à la fermer. *Als er das erfuhr,* **hatte** *ich* **nichts mehr zu melden.**

ferraille *f. Pièces de monnaie* {2}: **Kleingeld** / **Geschribbels.** ♦ Sa voiture, c'est **un tas de ferraille.** *Sein Auto ist ein* **Schrotthaufen.**

fesse *f. Femme* [*macho*] {*3*}: 'Y a de la fesse ici, hein? **Fotzen** *hier, was?* ♦ *Pornographie*, cul* {*3*}: Un livre/film **de fesse**. *Ein* **Porno.** ♦ **Avoir qn. aux fesses** *loc. Etre poursuivi* {*2*}. **Jdn. am Arsch** (**hängen**) **haben.** ♦ **De mes fesses...** *Expr.adv. Dépréciatif qui sert à renforcer une constatation négative*, de mes deux*, de mes couilles*, de mon cul* [*exclusivement pour des personnes et à la première personne*] {*2*}: Cet abruti de mes fesses m'a abîmé la télé. *Dieser* **Scheiß***idiot hat meinen Fernseher ramponiert.* ♦ → chaud.

fête *f.* **Ça va être ta fête** *loc. Menace de correction* {*1*}: Si tu n'obéis pas immédiatement, ça va être ta fête. *Wenn du nicht sofort gehorchst,* **erlebst du ein blaues Wunder.** ♦ **Ne pas être à la fête** *loc. Etre dans une situation désagréable* {*2*}. **Kein Zuckerschlecken sein.**

feu *m. Revolver* {*2*}. **Ballermann.** ♦ **Péter le feu** *loc. Avoir l'air très vital, être énergique* {*1*}. **Vor Elan übersprudeln.** ♦ **Avoir le feu quelque part** {*1*} / **au derrière** {*2*} / **aux fesses** {*2*} / **aux miches** {*3*} / **au cul** {*1*} *loc. Etre en hâte*, → cul*. **Auf glühenden Kohlen sitzen.** ♦ *Etre chaud* [*en parlant d'une femme*] {*3*}. **Feuer im Hintern haben.** ♦ **'Y a pas l'feu** *loc. Rien ne presse* {*2*}. **Es** (**Das**) **brennt doch nicht.** ♦ **Donner** // **recevoir** (**le**) **feu vert** *loc. Donner ou recevoir une autorisation* {*1*}. **Grünes Licht geben** // **bekommen.** ♦ **Etre tout feu tout flamme** *loc. Approuver avec enthousiasme* {*2*}. **Feuer und Flamme sein.** ♦ **Se jeter dans le feu pour qn.** *loc. Lui être totalement dévoué* {*2*}. **Für jdn. durchs Feuer gehen.** ♦ **Mettre le feu aux poudres** *loc. Causer une explosion, un scandale, une bagarre, etc.* {*1*}. **Den Funken verursachen, der das Pulverfaß zum Explodieren bringt.** ♦ **Ne pas faire long feu** *loc. Etre vite terminé* {*3*}: Reste dans la voiture, ça ne fera pas long feu. *Bleib im Auto sitzen,* **das dauert nicht lang.** / T'as vu le nouveau? Il ne fera pas long feu. *Hast du den Neuen gesehen?* **Der bleibt nicht lange** / **wird** (**hier**) **nicht alt.** ♦ **Du feu de Dieu** *expr. Exceptionnel*, du tonnerre* {*2*}: ...une paire de lolos... des miches du feu de Dieu. *Einen Busen... und einen* **Pracht***hintern.*

feuille *f. Oreille* {*2*}. **Horchlappen.** ♦ **Etre dur** / **constipé de la feuille** *loc. Etre sourd, ne pas obéir* {*1*}. **Bohnen in den Ohren haben.** ♦ *Loc. Confier une information à qn.* {*1*}: Il me l'a **glissé dans la feuille**. *Er hat es mir* **geflüstert.** ♦ **Feuille de chou** *expr.* {*2*}. **Käseblatt.**

ficelé *Adj. Habillé* {*3*}: Elle est bien ficelée. *Sie ist toll* **angezogen.** ♦ *Écrit* [*en parlant d'un article ou d'un roman*] {*2*}: Un article bien ficelé. *Ein* **prima** (**geschriebener**) *Artikel.*

ficher *ou* **fiche** *V.t. Mettre, jeter*, foutre* {*1*}: Il m'a **fichu à la porte**. *Er hat mich* **vor die Tür gesetzt**. ♦ *Donner* {*1*}: Qui m'a **fichu** un imbécile pareil? *Wer hat mir so einen Dämlack* **geschickt?** / Mince! Il m'a encore fichu une pomme pourrie. *Verflixt! Er hat mir wieder einen faulen Apfel* **angedreht.** ♦ Il lui a **fichu une gifle** {*1*}: *Er hat ihm* **eine gelatscht.** / **Fiche-moi la paix** *loc. Laisse-moi tranquille* {*1*}. **Laß mich in Frieden.** ♦ **Ça m'a fichu un sacré coup** *loc. Cela m'a marqué* {*1*}. *Das hat* **mich ganz schön mitgenommen.** ♦ **Ficher dedans** → dedans. ♦ **Fiche le camp!** *Loc. Va-t-en*, fous le camp* {*1*}. **Hau ab!** ♦ **Va te faire fiche!** *Loc. Laisse-moi tranquille*, va te faire foutre* {*2*}: **Leck' mich doch...!** ♦ **S'en ficher** *V.pr. Se moquer de qc.*, s'en foutre* {*1*}: Je m'en fiche. *Es* **ist** *mir* **wurscht.** ♦ **Je te fiche mon billet que...** *loc. Je parie que...* {*2*}. **Ich wette, daß...** ♦ **Je t'en fiche oui** *loc.* Tu parles* {*2*}: Des économies? Je t'en fiche oui. Les députés viennent encore de s'augmenter. *Sparen?* **Denkste!** / **Du spinnst wohl!** *Die Abgeordneten haben sich gerade die Diäten erhöht.* ♦ *Loc. Pour désigner un désaccord profond* {*1*}: **Je t'en ficherais, moi**, des mesures de réinsertion sociale... ils feraient mieux de les laisser en taule. **Ich scheiß auf** *die gesellschaftliche Rehabilitation, die täten besser daran, die im Bau zu lassen.* ♦ *V.pr.* **Se ficher** / **se moquer du tiers comme du quart** *loc. Etre complètement indifférent* {*2*}. **Keinen Deut auf etwas** / **darauf geben.**

fichtre! *Interj.* {*3*}: *Pour exprimer l'étonnement ou l'admiration* [*souvent ironique, utilisé plutôt par les gens âgés*] {*2*}: Fichtre! **Mein lieber Schwan!**

fichtrement *Adv. Extrêmement, terriblement* {*3*}: Il a fichtrement raison. *Der hat* **verdammt** *recht.*

fichu *Adj. Capable*, foutu* {*1*}: Il est fichu d'arriver sans cravate. *Er* **bringt es fertig**, *ohne Krawatte zu kommen.* ♦ *Constitué* {*2*}: Elle est **bien** / **mal fichue.** *Die ist* **gut** / **schlecht gebaut.** / *Fait* {*2*}: Bien fichu! **Gut gelungen** / **gemacht.** ♦ *Malade* {*2*}. **Schlecht drauf sein** / **sich schlecht fühlen.**

fieffé *Adj. Qui a tel défaut au suprême degré* {*2*}: Un fieffé coquin. *Ein* **Erz***gauner.* / Un fieffé menteur. *Ein* **Erz***lügner.*

fier *Adj. Orgueilleux, qui ne salue pas, qui* pète plus haut que son cul*, *m'as-tu-vu* {*2*}. **Supervornehm**/**etepetete.** ♦ *Fort dans son genre* {*2*}: Un fier imbécile. *Ein* **Riesen***trottel.* ♦ **Et fier de l'être** *loc. Renforcement expressif* [*souvent ironique si l'adjectif qui précède est de la série* imbécile] {*2*}: Il a tout à fait raison: Je suis un fanatique et fier de l'être. *Er hat völlig recht. Ich bin fanatisch* **und fühle mich wohl dabei.** ♦ **Ne pas être fier** *loc. Se se sentir mal à l'aise à la suite d'une expérience désagréable* {*1*}: Quand il a été pris sur le coup, il n'était pas fier. *Als er ertappt wurde, war er* **gelackmeiert.**

fiérot *Adj. Vaniteux*, fier* *{3}*. ***Eingebildet.***

fiesta *f. Fête {2}*: Faire une fiesta. ***Ordentlich feiern.***

fifi *m. Oiseau, moineau {3}*: Allons, mon petit chat, faut pas bouffer les fifis. *So, mein Kätzchen, keine* ***Vögelchen*** *fressen.*

fifille *f. Fille [terme d'affection] {3}. [Etwa]* ***Süßes Ding / (mein) kleines Mädchen.***

fifties *m.pl. Les années cinquante {B}.* ***Fifties.***

fifti-fifti *aussi* **fifty-fifty** *loc.adv. Moitié-moitié {1}.* ***Fifty-fifty.***

fil *m.* **Etre cousu de fil blanc** *loc. Pour ce qu'on devine facilement {2}*: C'est cousu de fil blanc. *Das ist* ***leicht zu durchschauen.*** ♦ **Ne pas avoir inventé le fil à couper le beurre** *loc. Se dit d'une personne qui manque d'intelligence {2}.* ***Die Weisheit mit dem Schaumlöffel gefressen haben.*** ♦ **Se mettre le fil à la patte** *loc. Se marier {3}.* ***Sich in den Hafen der Ehe begeben.*** ♦ **Donner du fil à retordre à qn.** *loc. Lui créer des difficultés {2}*: Avec ça, on lui donne du fil à retordre. *Damit* ***geben wir ihm erst einmal was zu knacken.*** ♦ **De fil en aiguille** *loc.adv. En passant d'un sujet à l'autre {2}*: De fil en aiguille, il en est venu à parler de sa femme. ***„Von Höcksken auf Stöcksken"*** *kam er darauf, von seiner Frau zu erzählen.*

filer *V.t. Donner {1}*: File-moi une pipe. ***Tu*** *mir* ***mal*** *'n Stäbchen.* ♦ File-lui mille balles. ***Schieß*** *ihm zehn Francs.* / On lui a filé cinq ans de récluse. *Man hat ihm fünf Jahre* ***aufgebrummt / verpaßt.*** ♦ **Filer une avoine / danse / pâtée / trempe** *loc.* → avoine. ♦ **Filer droit** *loc. Prendre le bon chemin, marcher bien {2}*: Depuis que je lui ai filé une trempe, il **file droit**. *Seitdem ich ihm eine gescheuert habe,* ***tickt*** *er* ***richtig.*** ♦ **Filer le parfait amour** *loc. S'aimer longtemps et sans disputes {3}.* ***Ein glückliches Paar sein.*** / Les socialistes et les libéraux filent le parfait amour. *Sozialisten und Liberale sind ein* ***glückliches Gespann.*** */ Zwischen Sozialisten und Liberalen* ***ist es die große Liebe.*** ♦ *V.i. Partir {1}*: **Filez!** ***Hauen Sie ab***, *(Mensch)!* / Faut que je file. *Ich* ***muß (weg).*** ♦ **(se)** *V.pr. S'introduire {3}*: Elle s'est filée dans une drôle de combine. *Sie hat* ***sich*** *da in eine komische Sache* ***verwickeln lassen.*** ♦ **Filer à l'anglaise** *loc. Partir sans payer {2}.* ***Sich auf französisch verabschieden.***

filet *m.* **Monter au filet** *loc. Passer à l'offensive, prendre les devants [locution empruntée à la langue du tennis] {3}*: Cet élève monte au filet maintenant. *Dieser Schüler* ***kommt jetzt nach vorne / geht*** *jetzt* ***ran.***

fille *f. Prostituée {1}*: Les filles du Bois de Boulogne. *[Vgl.] Die* ***Mädchen*** *von Sankt Pauli.* ♦ **Elle serait fille à faire / accepter**... *loc. Elle a le courage de faire ou accepter {1}.* ***Sie ist Manns / Frau genug,*** *um...* ♦ → homme.

fillette *f. Bouteille plus petite que la normale,* mominette* *[champagne, par exemple] {1}*: Et 15 fillettes, s'il vous plaît. – Pas de **magnums**? *Und 15* ***Kleine*** *bitte. – Keine* ***Großen / Doppelten?***

filon *m. Situation lucrative et peu fatigante {3}*: Il a trouvé le filon. *Er hat* ***eine Quelle aufgetan.*** ♦ **Avoir un filon** *loc. Etre sur le bon chemin {2}.* ***Auf dem richtigen Weg sein / eine heiße Spur haben.***

filou *m. Tricheur, voleur adroit {1}*: Attention! C'est un filou. *Vorsicht! Er ist ein* ***Gauner.***

filouter *V.t. Voler, tricher, escroquer {2}*: Il s'est fait filouter. *Er hat sich* ***begaunern*** *lassen.*

filouterie *f. Petite escroquerie {2}*: Il est expert en filouterie. *Er ist Experte im* ***Begaunern.***

fils à maman *m. Fils qui reste dans les jupes de sa maman {1}.* ***Mam(m)asöhnchen.***

fils à papa *m. Fils d'un père riche et influent {1}*: C'est un internat pour fils à papa. *Das reinste Internat für* ***Schickeriasöhnchen.***

fin *Adj. Bon {3}*: Une fine occase. *Eine* ***prima*** *Gelegenheit.* ♦ **Un bec fin** *expr. Gourmet {2}.* ***Feinschmecker.*** ♦ **Avoir l'air fin** *expr. Ironique pour* beau *{1}*: Tu as l'air fin avec ce chapeau. *Mit diesem Hut* ***siehst*** *du aber* ***toll aus.*** / Et au moment où j'ai appris qu'on n'aurait pas de prime, j'avais l'air fin. *Und als ich dann erfuhr, daß wir keine Prämie kriegen,* ***sah ich drein wie ein begossener Pudel / lecker aus / alt aus.***

fin de mois *f. Prostituée occasionnelle,* → arrondir *{3}.* ***Gelegenheitsprostituierte.***

fiole *f. Tête {3}.* ***Kürbis.*** ♦ *Loc. Se moquer {2}*: Il **se paie ma fiole**. *Er* ***macht sich über mich lustig.***

fion *m. Anus {3}*: Quand Gisèle lave les carreaux, on peut la zieuter jusque dans le fion. *Wenn Gisèle Fenster putzt, kann man ihr bis* ***in den Arsch*** *glotzen /* ***siehst du alles.*** ♦ **Se casser le fion** *loc. Se donner beaucoup de mal {3}.* ***Sich den Arsch abrackern.*** ♦ **Avoir du fion** *loc. Avoir de la chance {3}.* ***Schwein haben.*** ♦ **Coup de fion** *m. Dernière touche apportée à un ouvrage quelconque {3}*: Il faut encore un coup de fion. *Es fehlt* ***noch der letzte Schliff.*** ♦ **Se donner un coup de fion** *loc. Se laver superficiellement {3}.* ***Sich frisch / Katzenwäsche machen.***

fissa! *Adv. Vite {2}*: Fais fissa, fissa! ***Husch, husch!***

fiston *m. Fils {1}.* ***Sohnemann.***

fixe *m. Piqûre, drogue {2}.* ***Schuß.***

fixer (se) *V.pr. Se piquer, se droguer,* shooter* *{2}.* ***Fixen / spritzen / drücken.***

flag [flag] *m. Flagrant délit {3}*: Les flics attendaient le flag pour l'alpaguer. *Die Polizei wartete mit dem Einbuchten, bis sie ihn* ***auf frischer Tat ertappten.***

flagada *Adj. Fatigué, sans force {2}*: Après cette marche forcée, je me sens tout flagada. *Nach* *diesem Gewaltmarsch fühl ich mich total* **groggy**.

flair *m.* **Avoir du flair** *loc.* → nez.

flambant *Adj. Du verbe flamber «brûler en jetant des flammes», brillant ou, au contraire, fâcheux {3}*: Ça serait flambant pour vous. *Das wäre* **riesig** // **ganz schlimm** *für Euch.* ♦ **Flambant neuf** *expr.adv. Tout neuf {2}.* **Brand-** / **funkelnagelneu.**

flambard *m./Adj. Orgueilleux {3}.* **Geck** / **geckenhaft.** / Il fait le flambard. *Er spielt den* **Gecken.**

flamber *V.i. Jouer avec passion {3}*: Il adore flamber. Pour avoir l'argent nécessaire, il serait prêt à vendre sa femme. *Er* **spielt** *unheimlich gerne. Um sich das nötige Kleingeld zu verschaffen, würde er sogar seine Frau verkaufen.* ♦ *Loc. Dépenser sans compter {2}*: Il a flambé tout son fric. *Der hat seine ganzen Flocken* **durchgebracht.** ♦ *Loc. Etre ruiné {2}*: Je **suis flambé**. *Ich bin* **abgebrannt.**

flambeur *m. Joueur {2}.* **Spieler.**

flan *m.* **C'est du flan!** *Loc. Ce n'est pas sérieux, c'est du bluff,* → du bidon* *{1}.* **Das ist Mache!** / Une combine **à la flan** *loc.adv. Même sens {1}.* Eine **laue** *Angelegenheit.* / Un travail à la flan. **Hingepfuschte Arbeit** / **Pfusch**. ♦ **En rester comme deux ronds de flan** *loc. Ébahi, stupéfait {2}*: Si tu l'avais vu, il en est resté comme deux ronds de flan. *Wenn du ihn gesehen hättest,* **er war platt wie eine Flunder.** ♦ **Faire qc. au flan** *loc. Au hasard, au petit bonheur,* au culot* *{2}*: J'y vais au flan. *Ich geh* **auf gut Glück** *mal hin.*

flanc *m.* **Tirer au flanc** *loc. Se soustraire à une obligation, être fainéant,* tirer au cul* *{1}.* **Sich verdünnisieren.** ♦ **Un tire-au-flanc.** *Qui tire au flanc {1}.* **Drückeberger.** ♦ **Rester sur le flanc** *loc. Garder le lit {3}.* **Das Bett hüten.**

flancher *V.i. Céder, ne pas persister, se* dégonfler* *{2}*: Les troupes qui devaient soutenir l'offensive ont flanché. *Die Truppen, die die Offensive aufhalten sollten, haben* **nachgegeben.** / Pendant l'anesthésie, le coeur a flanché. *Während der Anästhesie hat das Herz* **nicht mehr mitgemacht.** / **C'est pas le moment de flancher!** *Loc. Exhortation à continuer {2}.* **Reiß dich am Riemen!/Jetzt nicht nachgeben!**

flapi *Adj. Fatigué {2}*: Il se sent tout flapi. *Er fühlt sich* **flau** / **schlapp.**

flèche *m. Petit sou {2}*: **Pas un flèche**. **Keine müde Mark.**

flemmard *m./Adj. Paresseux {1}.* **Schlappe Type** / **Faultier.** / Dans le **genre flemmard**, on fait pas mieux. *Im* **Faulenzen** *ist er Weltmeister.*

flemmarder *V.i. Paresser {1}*: Il préfère flemmarder. *Er* **liegt** *lieber* **auf der faulen Haut.**

flemme [flɛm] *f. Paresse {1}.* **Faulenzerei** / **Gammeln.** / *Loc. {2}*: Il **tire sa flemme**. *Er* **faulenzt.**

fleur *f. Gratification, cadeau, service {1}*: Il m'a fait une fleur. *Er hat mir einen* **Gefallen** *getan.* ♦ **Arriver comme une fleur** *loc. Arriver naïvement {3}*: On était en train de mettre le projet sur pied quand il est arrivé comme une fleur. *Wir waren dabei, den Plan durchzuführen, als er* **angeschneit kam (wie ein Traumtänzer).** ♦ **Perdre sa fleur** *loc. Perdre son innocence ou sa jeunesse {3}*: Elle a perdu sa fleur. *Sie hat ihre* **„Frische"** / **Unschuld verloren.** ♦ **Fleur de nave** *expr. Imbécile naïf {2}.* **Naives Pflänzchen** / **Traumtänzer.**

flic *m. Membre de la police ou de la gendarmerie {1}.* **Bulle.** ♦ **C'est clair comme un pavé dans la gueule d'un flic** *loc. De ce qui ne laisse nul doute [formule soixante-huitarde] {3}.* **Sonnenklar.**

flicaille *f. Police {1}.* **Bullen.**

flicard *m. Agent de police {1}.* **Mistbulle.**

flingue *m. Fusil, arme à feu {2}.* **Knarre.**

flinguer *V.t. Tirer avec une arme à feu {2}*: Il l'a flingué. *Er hat ihn* **um-** / **abgeballert.** ♦ *Casser, démolir, bousiller {B}*: Ça y est, tu m'as tout flingué! *Jetzt hab'n wir's, du hast mir alles* **kaputtgemacht.**

flippant *Adj. Qui procure les effets de la drogue {3}*: Le sniff est flippant. Et comment! *Der* **Schnuff** *ist* **zum Ausflippen.** *Und wie!*

flippé *Adj. Un peu fou, drogué {2}*: Elle est flippée. *Sie ist* **high.**

flipper *V.i. Planer, délirer {2}*: Quand j'ai entendu ça, j'ai commencé à flipper. *Als ich das hörte,* **flippte** *ich langsam* **aus.** ♦ *Avoir peur, être désorienté {2}*: Depuis la mort de sa femme, il flippe. *Seit dem Tod seiner Frau* **ist** *er* **völlig daneben.** ♦ *Etre en état de manque [drogues] {3}*: Elle est en train de flipper. *Sie* **braucht Stoff.** ♦ **Flipper à mort** *loc. Flipper complètement {3}.* **Total ausflippen.**

fliquesse f. *Policier féminin [injurieux] {1}*: Attention, une fliquesse. Vorsicht Vorsicht, eine **Polizistin.**

flop *m. Échec, fiasco {B}*: C'est le flop total. *Das ist ein totaler* **Flop**.

floppée *f. Grande quantité {1}*: Elle a une floppée de gosses. *Sie hat einen* **Haufen** *Blagen.* / Il y en a des floppées. *Es gibt* **Unmengen** *davon.*

flotte *f. Eau {1}*: J'aime pas la flotte dans le pastis. *Ich mag kein* **Wasser** *im Pastis.* ♦ *Pluie {1}*: Se promener sous la flotte. *Im* **Regen** *spazierengehen.* ♦ *Café trop léger {1}*: Son caoua, c'est de la flotte. *Ihr Kaffee ist* **das reinste Wasser.**

flotter *V.i. Pleuvoir {1}*: Il flotte. *Es* **plästert** / **schifft.** ♦ *Bouger, chanceler {3}*: Le boxeur commence à flotter. *Der Boxer beginnt zu* **schwanken** / **steht nicht mehr fest auf den Beinen.**

flou artistique *m. Imprécision souvent voulue {3}*: Il nous laisse dans un flou artistique qui m'énerve et qui me fait peur. *Er läßt uns künstlich* **im ungewissen**, *was mich aufregt und mir Angst macht.*

flouer *V.t. Voler, duper* {*2*}: Il s'est fait flouer toute sa vie. *Er hat sich sein ganzes Leben lang* ***veräppeln*** *lassen.*

flouse *m. Argent* {*2*}: Du flouse. ***Knete.***

flûtes *f.pl. Jambes* {*2*}. ***Stelzen.*** ♦ **Jouer des** / **Se tirer des flûtes** *loc. Partir* {*3*}. ***Leine ziehen.***

foie *m.* **Avoir les foies** *loc. Avoir peur, la* trouille* {*3*}. ***Bammel haben.*** ♦ **Avoir les jambes en pâté de foie** *loc. Avoir les jambes molles* [*fatigue ou peur*], → compote* {*2*}. ***Beine wie Blei*** / ***ohne Gefühl haben.***

foin *m. Tabac* {*2*}. ***Knaster.*** ♦ **Ça va faire du foin** *loc. Cela va être un scandale, du vacarme* {*2*}: ***Das gibt ein Heidentheater.*** ♦ **Avoir du foin dans ses bottes** *loc. Etre riche* {*2*}. ***Schwer was an den Füßen haben.***

foire *f. Tumulte confus* {*2*}: ***Höllentheater.*** ♦ **Faire la foire** {*1*} / **la foiridon** {*3*} / **la foirinette** {*3*} *loc. S'amuser bruyamment*, faire la noce *ou* la java*. ***Einen drauf machen.*** ♦ *Diarrhée* {*2*}: *Ça* m'a foutu la foire. *Ich hab davon* ***Dünnschiß*** *gekriegt.*

foirer *V.i. Échouer, rater, manquer* {*2*}: Ça a foiré. *Es* ***ist im Arsch.***

foireux *m./Adj. Souillé d'excrément* {*2*}: Mais non, bébé n'a pas fait caca. Ce n'était qu'un petit pet foireux. *Aber nein, Baby hat nicht Kakka gemacht. Es war nur ein* ***kleiner Feuchter.*** ♦ *Sans sérieux, malhonnête* {*2*}: C'est un truc foireux. *Das* ***ist eine krumme Sache.*** ♦ *Peureux, lâche* {*2*}: C'est qu'un foireux. *Das ist ein* (***feiger***) ***Schisser.***

foiridon → foire.

foiron *m. Derrière* {*3*}. ***Kiste.*** ♦ **Avoir le foiron flottant** *loc. Marchant en ondulant les fesses* {*3*}. ***Mit der Kiste wackeln.***

fois *f.* **Des fois** *loc.adv. Quelquefois, parfois* {*1*}: Non mais, des fois, ça va pas. *Eh... Du bist wohl* ***ab und an*** *nicht ganz dicht?* / Des fois, il venait au cimetière. ***Ab und an*** *kam er auf den Friedhof.* ♦ **Des fois que** *Conj. Au cas où, si* [*souvent dans un contexte ironique*] {*2*}: Dépêche-toi, des fois qu'ils fermeraient plus tôt. Geh schnell hin, ***sollten*** / ***wenn die früher zumachen.***

folichon *Adj. Gai* [*s'emploie surtout négativement*] {*3*}: **C'est pas folichon!** ***Das ist nicht lustig!***

folingue *m./Adj. Fou, original* {*3*}. ***Überdreht.***

folklo *Adj. Pittoresque, sans importance, bizarre,* marrant*, *inattendu* {*2*}: Ça fait un peu folklo. *Das sieht ein bißchen* ***komisch*** *aus.*

folle *f. Homosexuel* {*2*}. ***Warmer Bruder.***

foncer *V.i. Aller très vite* {*1*}. ***Rasen.*** ♦ *Etre actif, efficace* {*2*}: Point de vue boulot, il fonce. *In der Arbeit* ***haut*** *er* ***voll rein.***

fonceur *m. Individu actif et efficace* {*1*}: Un sacré fonceur. *Ein tüchtiger* ***Arbeiter.***

fondre *V.i. Maigrir* {*2*}: T'as fondu. T'es pas malade? *Du* ***bist dünner geworden.*** *Du bist doch nicht krank?*

foot [fut] *m. Football* {*1*}. ***Fußball*** / On **joue au foot?** *Sollen wir* ***bolzen?***

forcé *Adj.* **C'est forcé** *loc. Inévitable, évident* {*1*}: Tu vas encore te casser la gueule. **C'est forcé.** *Du fällst auf die Schnauze.* ***Das ist sicher.***

forcir *V.i. Engraisser* {*2*}: La petite a vachement forci. *Die Kleine hat ganz schön* ***zugenommen.***

forfait *m.* **Déclarer forfait** *loc. Renoncer* {*2*}. *Das* ***Handtuch werfen.***

formidable *Adj. Extraordinaire, excellent* {*1*}. ***Klasse*** / ***super.***

formide *Adj.* Formidable* {*3*}. ***Irre*** / ***riesig.***

fort *Adj. Loc. Difficilement croyable, outré, exagéré* {*1*}: **Ça c'est fort.** ***Das ist stark.*** / **C'est un peu fort de café** *loc. C'est exagéré* {*1*}. ***Das ist starker Tobak.*** ♦ **Y aller fort** *loc. Exagérer* {*1*}: Vous y allez un peu fort avec vos prix. *Sie* ***übertreiben*** *vielleicht etwas mit Ihren Preisen.* ♦ **Faire fort** *loc. Réussir brillamment*, mettre le paquet* [*aussi avec une nuance d'exagération*] {*2*}: Dites donc, vous avez fait fort. *Sagen Sie mal,* ***da haben Sie sich aber angestrengt.***

fortiche *m./Adj. Malin, rusé, fort* {*2*}: Il **fait le fortiche**. *Er spielt den* ***starken Mann.*** / Vous êtes drôlement fortiches! *Ich seid* ***echt stark!***

fossile *m. Individu âgé et arriéré* {*3*}: A l'âge de trente ans, c'était déjà un fossile. *Schon mit dreißig war er ein* ***Fossil.***

foufou/fofolle *m./Adj. Écervelé* {*2*}. ***Meschugge.*** / Elle est gentille, mais un peu fofolle. *Sie ist nett, aber ein bißchen* ***überkandidelt.***

fouille *f. Poche* {*2*}: T'as sondé ses fouilles? *Hast du seine* ***Taschen*** *kontrolliert?* / *Loc.* {*2*}: On l'a **dans la fouille**. *Wir haben es* ***im Sack.***

fouille-merde *m. Espion, enquêteur, mauvais journaliste qui travaille pour un journal à scandales* {*2*}. ***Scheiß-Schnüffler!***

fouiller *V.i. Fouiner, perquisitionner* {*1*}: Fouiller dans ses poches. *In den Taschen* ***herumgraben.*** / Fouiller dans ses souvenirs. *In seinem Gedächtnis* ***herumkramen.*** ♦ **(se)** *V.pr.* **Tu peux te fouiller** *loc. Tu peux attendre longtemps* {*3*}. ***Da kannst du lange warten.***

fouinard *Adj. Indiscret, curieux* {*3*}. ***Schnüfflerisch.***

fouiner *V.i. Fourrer son nez partout, rechercher par curiosité* {*2*}: J'aime pas qu'on vienne fouiner dans mes affaires. *Ich mag es nicht, wenn man in meinen Sachen* ***herumschnüffelt.*** / Aux puces, les gens adorent fouiner. *Auf dem Flohmarkt* ***wühlen*** *die Leute unheimlich gerne* ***herum.***

fouineur *m. Personne qui* fouine* {*3*}. ***Schnüffler.***

foulant *Adj. Très fatigant* {*2*} [*Souvent à la forme négative*]: **Pas foulant, ton job!** ***Du arbeitest dich nicht gerade tot*** *in deinem Job!*

fouler (se) *V.pr. Se donner de la peine, travailler sans se ménager, s'emploie surtout négativement {2}*: Celui-là, il se foule pas les méninges. *Der* **überanstrengt** *seine grauen Zellen auch nicht.* / Te foule pas! **Beeil dich bloß nicht!** [*iron.*] ♦ *V.t.* **Fouler le bitume** *loc. Faire le trottoir {3}.* **Auf den Kiez gehen.**

foultitude *f. Croisement de* foule *et de* multitude, beaucoup *{3}*: 'Y a foultitude. *Es gibt eine* **Menge** / **einen ganzen Haufen.**

four *m. Échec complet {1}*: La pièce a **fait un four.** *Das Stück ist* **durchgefallen.**

fourbi *m. Toute espèce d'objets {1}*: Aux puces, il a acheté un de ces fourbis! *Auf dem Flohmarkt hat er vielleicht einen* **Krempel** *gekauft!* / J'aimerais me débarrasser de tout ce fourbi. *Ich möchte gerne den ganzen* **Krempel** *loswerden.*

fourchette *f.* **Avoir une bonne fourchette** *loc. Avoir un bon appétit {2}.* **Gut reinhauen.**

fourguer *V.t. Vendre à bas prix, écouler des objets volés {3}.* **Verhökern** / **verscherbeln.**

fourgueur *m. Receleur {3}.* **Hehler.**

fourmi *f.* **Avoir des fourmis dans les jambes** *loc. Éprouver une sensation de picotement {2}.* **Eingeschlafene Beine** / **Kribbeln in den Beinen haben.**

fourré *Adj.* → coup, paix.

fourrer *V.t. Introduire, mettre {1}*: Fourre ça dans ton sac. **Steck'** *das in deine Tasche.* ♦ *Enfermer {1}*: On l'a fourré au ballon. *Man hat ihn in den Knast* **gesteckt.** ♦ **Fourrer son nez dans les affaires des autres** *loc. Se mêler de leurs affaires {2}.* **Seine Nase in anderer Leute Angelegenheiten stecken.** ♦ *Loc. Se tromper totalement {2}*: **Tu te fourres le doigt dans l'oeil jusqu'au coude.** **Du bist total auf dem Holzweg.** ♦ **(se)** *V.pr.* **Ne pas savoir où se fourrer** *loc. Ne pas savoir comment se dérober à la confusion, être très gêné {2}*: Il avait tellement honte qu'il ne savait plus où se fourrer. *Er schämte sich so sehr, daß er* **nicht mehr wußte, wie/wohin er sich lassen sollte.** ♦ *Loc. S'imaginer {1}*: Il **s'est fourré dans la tête** que son patron ne l'aime pas. *Er hat* **sich in den Kopf gesetzt,** *daß sein Chef ihn nicht mag.* ♦ *Faire entrer {1}*: **Fourre-toi ça dans le crâne!** **Schreib dir das hinter die Ohren!** ♦ **Se fourrer dans un guêpier** *loc. Etre mêlé à une sale affaire {2}*: Elles se sont fourrées dans un guêpier. *Sie haben* **sich da in ein Wespennest gesetzt.**

fourre-tout *m. Endroit où l'on laisse toute sorte d'objets {1}*: Notre cagibi, c'est le véritable fourre-tout. *Unser Kabäuschen ist die reinste* **Rumpelkammer.** / Regarde dans le tiroir fourre-tout. *Guck in der* **Müllschublade** *nach.* ♦ *Gros sac {2}.* **Beuteltasche.**

foutaise *f. Vétille {1}*: C'est de la foutaise. *Das ist* **Tinnef.**

foutoir *m. Chambre en désordre,* bordel* *{1}*: Tu verrais la chambre de mon fils, c'est un vrai foutoir. *Würdest du das Zimmer von meinem Sohn sehen, eine wahre* **Rumpelkammer** / *ein* **Schlachtfeld.** ♦ *Habitation ou pièce en mauvais état {2}.* **Bruchbude.**

foutre *m. Sperme {3}.* **Samen.**

foutre *V.t. Forniquer {2}.* **Bumsen.** ♦ *Faire,* ficher* *{1}*: Qu'est-ce que ça fout? *Was* **macht** *das denn schon?* / *Loc. Etre extrêmement paresseux {1}*: Elle **n'en fout pas une rame.** *Die* **tut keinen Schlag.** ♦ **Foutre qn. en boîte** *{1}* / **caisse** *{2} loc.* → mettre. ♦ *Mettre {1}*: Foutre en taule. *In den Knast* **stecken.** / Fous le gosse au lit! **Steck** *den Put ins Bett!* ♦ *Jeter ou limoger {1}*: On l'a **foutu à la porte.** *Er wurde* **vor die Tür gesetzt.** / Elle a tout foutu par terre. *Sie hat alles auf den Boden* **geschmissen.** ♦ **Foutre en l'air** *loc. Démolir, battre {2}.* **Kaputtmachen.** ♦ **Ça la fout mal!** *Loc. C'est une honte ou bien cela a l'air assez affreux {2}. Das ist eine* **Schande für sie!** ♦ **Das steht ihr absolut nicht.** ♦ **Va te faire foutre!** *Loc. Va te faire* baiser* *{2}.* **Leck mich doch (am Arsch)** / **Fuck off!** ♦ **Qu'est-ce que ça peut te foutre?** *Loc. Cela ne te regarde pas {1}.* **Das geht dich einen (feuchten) Dreck an!** ♦ **(se)** *V.pr. Se moquer {1}*: Il **se fout du** sport? – Il **s'en fout et s'en contre-fout.** *Ist ihm Sport* **schnuppe?** - *Ist ihm* **wurscht und dreimal wurscht.** ♦ *Loc. Se tromper {1}*: Je **me** suis **foutu dedans.** *Ich habe* **mich selbst überlistet.** ♦ **S'en foutre plein la lampe** *loc. Manger et boire copieusement,* → mettre *{3}.* **Sich die Wampe vollschlagen.** ♦ → zone.

foutu *Adj. Perdu, condamné {1}*: Avec son cancer, il est foutu. *Mit seinem Krebs hat er* **keine Chance.** ♦ *Bien ou mal fait,* roulé* *{1}*: La nana est bien foutue. *Die Kleine ist toll* **gebaut.** ♦ *Loc. Habillé {1}*: Elle est **foutue comme l'as de pique.** *Die ist* **angeschustert wie eine Kuh.** ♦ *Capable {2}*: Le candidat est **foutu de** porter plainte. *Der Kandidat* **hat noch die Stirn** *zu klagen.* / Ils sont encore foutus de marquer! *Die schießen* **tatsächlich** *noch ein Tor!* ♦ *Sacré, rude {1}*: Un foutu imbécile. *Ein* **armer** *Irrer.* / Comme dirait Odile: «Tu fais encore ton foutu dico?» – *Und Odile würde sagen: „Machst du immer noch dein* **Scheiß***wörterbuch?"*

fraîche *f. Argent liquide {3}*: T'as de la fraîche? *Hast du* **Bares?** ♦ *Carafe d'eau {3}*: ... et une fraîche, s'il vous plaît. ... *und* **(eine Karaffe) Wasser** *bitte.* ♦ **A la fraîche** *expr.adv. De très bonne heure le matin {2}*: On partira à la fraîche. *Wir fahren* **in aller Herrgottsfrühe.**

fraîchement *Adv. Avec peu de chaleur {2}*: On m'a reçu fraîchement. *Ich wurde* **cool** / **kühl** *empfangen.*

fraise *f. Visage {1}.* **Rübe.** ♦ **Ramener sa fraise** *loc. Se mêler de qc., rouspéter {2}.* **Sich in etwas reinhängen** / **Seine Nase in etwas hineinstek-**

ken. ♦ **Envoyer qn. sur les fraises** *loc. Éconduire*, envoyer sur les roses* *{2}*. ***Jdn. abblitzen lassen.*** ♦ **Sucrer les fraises** *loc. Trembloter {2}*: Les viocs sucrent les fraises. *Die Alten haben die* ***Zitteritis*** */ den* ***Tatterich.***

français *m.* **En bon français** *expr.adv. Clairement et sans ambages {2}*: En bon français, Monsieur, je vous dis... ***Auf gut deutsch*** *sage ich Ihnen, mein Herr,...* ♦ **Français de cuisine** *expr.m.* → cuisine. ♦ **En français dans le texte** *expr.adv. Pour souligner le caractère inattendu, textuellement*, → texto *{1}*: En français dans le texte: tes produits ne valent rien. ***Auf gut deutsch***: *deine Waren sind/taugen nichts.*

France f. De France et de Navarre loc. De toute la France *{2}*: Le plus grand de France et de Navarre. Der Größte von ***ganz Frankreich.***

franco *Adv. Franchement, sans réticence {2}*: **Y aller franco.** ***Voll drauf losgehen.*** ♦ *Adj. Sûr, loyal {2}*: Un type franco / **franco de port**. *Ein* ***prima*** */* ***patenter Kerl.*** ♦ **Franco de port et d'emballage** *expr.adv. Sans détours, franchement {3}*: Franco de port et d'emballage, combien as-tu payé? Nun mal ***frei heraus, wieviel hast du bezahlt?.***

frangin *m. Frère, camarade, ami [aussi au sens religieux] {2}*. ***Bruderherz*** */* ***Ordensbruder.***

frangine *f. Soeur {2}*. ***Schwesterherz.*** ♦ *Prostituée {3}*. ***Heiße Schwester.***

franquette *f.* **A la bonne franquette** *loc.adv. Manger en toute simplicité, sans prétention {1}*: Ce soir, on fera ça à la bonne franquette. *Heute abend* ***machen wir Karo einfach.***

fransquillon *m./Adj. Français* (4); [*en Belgique*] *{3}*. ***Frenchy*** *//* ***französisch.***

fransquillonner *V.i.* [*En Belgique*] *Parler à la française {3}*. ***Gestelzt sprechen.*** *//* ***„Wie ein Franzose sprechen"*** [*nur für nicht-französische Sprecher*].

frappe *f. Petit voyou dangereux {3}*. ***Gauner.***

frappé *Adj. Fou {3}*. ***Behämmert.*** ♦ **Champagne bien frappé** *expr. A la bonne température {3}*. ***Wohl temperierter*** (***kühler***) ***Champagner.***

freak [frik] *m. Marginal sans sociabilité {3}*: Débouler **chez les freaks**. *In der* ***scene*** [*engl. Aussprache*] *auftauchen.*

frérot *m. Petit frère {2}*. ***Brüderchen.***

fric *m. Argent {1}*. ***Moneten*** */* ***Knete.***

fric-frac *m. Vol avec effraction {3}*. ***Bruch.***

frichti *m. Repas, plat cuisiné {3}*: Le frichti est prêt? *Ist das* ***Essen*** *fertig?* ♦ **Etre de frichti** *loc. Etre chargé de la cuisine {3}*: Aujourd'hui je suis de frichti. *Heute bin ich* ***mit dem Kochen dran.***

fricky *m. Sorte de Hippie {3}*. ***Aussteiger.***

fricoter *V.t. Faire cuire un plat, préparer {3}*: Tu fricotes de l'agneau? ***Machst*** *du Lamm?* ♦ *Manigancer une affaire louche {2}*: Je ne sais pas ce qu'il fricote... *Ich weiß nicht, was der* ***ausheckt.***

Fridolin *m. Allemand {3}*: Il avait fait son beurre à l'époque des Fridolins. *Der hat sein Vermögen zur Zeit der* **Deutschen** [*1940–44*] *gemacht.*

frigo *m. Réfrigérateur {1}*: Mets la viande au frigo. *Tu das Fleisch in den* ***Kühlschrank.*** ♦ *ou* **frig** [*plus rare*] *Morgue {3}*. ***„Kühlraum"*** [*Leichen*]. ♦ *Adj.inv. Froid {3}*: Brrr... il fait frigo. *Brrr... ist das* ***saukalt.***

frime *f. Feinte, fausse apparence, chose futile {1}*: C'est de la frime. *Das ist* ***Pfusch.*** / Il fait ça **pour la frime.** *Er macht das nur* ***zum Schein.*** ♦ *Visage {3}*: Montre ta frime. *Zeig dein* ***Schnäuzchen.***

frimousse *f. Visage {2}*: Elle a une belle frimousse. *Sie hat ein hübsches* ***Schnäuzchen.***

fringué *Adj. Habillé {2}*: Elle **est bien fringuée.** *Sie* ***trägt tolle Klamotten.***

fringuer *V.t. Habiller {2}*: Fringuer les gosses, c'est cher. *Die Kinder* ***einzukleiden***, *ist teuer.* ♦ (**se**) *V.pr. S'habiller {2}*: Où est-ce que tu te fringues? *Wo* ***kaufst du deine Klamotten****?*

fringues *f.pl. Habits, vêtements {3}*. ***Klamotten.***

friperie *f. Ensemble des fripes ou boutique où l'on vend des fripes {3}*. ***Secondhand*** *//* ***Secondhandshop.***

fripes *f.pl. Vêtements, souvent d'occasion {3}*. ***Klamotten*** *//* ***Secondhandklamotten.***

fripier *m. Qui vend des* fripes* *{2}*. ***Secondhandkleidershop*** *bzw.* ***-händler.***

Frisé *m. Allemand*, → Fridolin *{3}*. ***Fritz.***

frit *Adj. Pris, perdu*, fichu*, cuit* *{3}*: On **était frits.** *Wir waren* ***fällig*** */* ***saßen in der Tinte.***

frite *f.* **Avoir la frite** *loc. Etre en forme, avoir du* tonus* *{2}*: Il était content que je sois là. Il n'avait évidemment pas la frite. *Er war froh, daß ich da war. Er* ***war*** *sichtlich* ***nicht in Topform.***

Fritz *m. Allemand*, Fridolin, Mange-tout, Frisé, boche *{2}*: Autrefois, les Fritz étaient disciplinés. *Früher waren die* ***Fritzen*** *diszipliniert.* ♦ *La langue allemande {3}*: Tu parles le fritz? *Sprichst du* ***Deutsch****?*

froc *m. Pantalon {1}*. ***Hose.*** ♦ *Loc. Se soumettre, s'humilier {1}*: Tout le temps, il gueule contre le patron, mais dès qu'il le voit, il **baisse son froc.** *Die ganze Zeit über meckert er über den Alten, aber sobald er ihn sieht,* ***zieht er den Schwanz ein.*** ♦ **Jeter le froc aux orties** *loc. Abandonner son métier {3}*. *Den Beruf* ***an den Nagel hängen.***

froid *Adj.* **Avoir froid dans le dos** *loc. Se douter de qc., avoir peur {2}*: Vu leur compétitivité, je commence à avoir froid dans le dos. *Angesichts ihrer Wettbewerbsfähigkeit* ***wird mir angst und bange.*** ♦ **Battre froid à qn.** *loc. Etre froid ou distant avec lui {2}*: Sa mère lui bat froid. *Seine Mutter* ***läßt ihn links liegen.*** ♦ **Etre en froid avec qn.** *loc. Même sens {2}*. ***Die Beziehungen eingefroren haben.***

frôler *V.t. Échapper de peu {3}*: Il a **frôlé la mort.** *Er ist dem Tod* ***von der Schippe gesprungen.***

frôleur *m./Adj. Maniaque qui cherche à toucher, à frôler les femmes, par exemple dans le métro parisien* {3}: Il est un peu frôleur ton ami. – Ah oui, il a la main balladeuse. *Der* ***packt einen gerne an****, dein Freund. – Oh ja, der kann die Hände nicht bei sich halten.*

fromage *m.* **Faire un fromage de qc.** *loc. Exagérer*, en faire tout un plat {2}. ***Aus einem Furz einen Donnerschlag machen.***

frome {3} / **frometon** {2} *m. Fromage.* ***Käse.***

frotter *V.i. Danser en serrant de très près* {3}. ***Auf Tuchfühlung gehen / tanzen.*** ♦ *V.t.* **Frotter les oreilles** *loc. Réprimander* {3}: Le prof lui a frotté les oreilles. *Der Lehrer hat ihm die* ***Ohren langgezogen.*** ♦ **(se)** *V.pr. Danser, se caresser* {2}: **Un tango pour se frotter**. *Ein* ***Nahkampftango.*** ♦ *S'attaquer* {2}. Il n'ose pas se frotter à lui. *Er traut sich nicht,* ***ihm was zu sagen.*** ♦ **Frotte-frotte que ça brille** *Formule qu'on utilise lorsqu'on nettoie qc.* {3}: Ramasse les miettes, enfin! – Toujours moi, *répond le petit Nicolas*, frotte-frotte que ça brille. Jamais Jérôme! *Mach die Krümel zusammen. Immer ich:* ***blitzblank, scheure scheure, blank-blitz blank****. Jérôme nie!*

frotteuse *f. Allumette* {3}. ***Stricki.***

froussard *m./Adj. Poltron, peureux* {1}. ***Angsthase.***

frousse *f. Peur*, trac*, trouille* {1}. ***Schiß.***

frusques *f.pl. Habits* {2}: Qu'est-ce que t'as pris comme frusques pour le voyage? *Was hast du an* ***Klamotten*** *für die Reise eingepackt?*

frusquin *m.* **A la Saint-Frusquin** *loc.adv.* → Saint Frusquin.

fuite *f. Indiscrétion, révélation d'un secret* {2}: Il y avait une fuite. *Es gab eine* ***undichte Stelle.*** ♦ *Loc.* {2}: Le gosse **a une fuite,** faut qu'on lui change les couches. *Der Junge* ***„hat eine undichte Stelle"****, wir müssen ihm die Windeln wechseln.*

fumant *Adj. Extraordinaire, étonnant* {2}: Un coup fumant. *Eine* ***irre*** *Angelegenheit.*

fumasse *Adj.* **Etre fumasse** *loc. Etre en colère* {2}: J'étais fumasse. *Ich war* ***stocksauer.***

fumée *f. Éjaculation, sperme* {3}. ***Ladung.*** ♦ **Avaler la fumée** *loc. Pratiquer la spermophagie* {3}. ***(Samen) schlucken.*** ♦ Il lui a **envoyé une fumée.** *Er hat* ***ihr eine Ladung reingetan****.*

fumer *V.i. Etre en colère* {2}: Il fumait. *Er* ***kochte.*** ♦ *Causer des troubles ou des difficultés*, barder* {2}: Ça va fumer. *Das wird* ***stinken / dampfen.***

fumier *m. Individu méprisable, insulte grave* {1}: Quel fumier, ce type! *So ein* ***Drecksack****!*

furax [fyraks] *Adj.inv. Furieux* {3}: Il était furax. *Er war* ***auf hundert.***

furibard *Adj. Furieux, furibond.* ***Stocksauer.***

fusil *m.* **Le coup de fusil** *expr. Pour un prix surfait* {2}: Attention! Dans ce restaurant, c'est le coup de fusil assuré. *Vorsicht! In diesem Restaurant wird man garantiert* **voll geneppt.**

fusiller *V.t. Démolir*, bousiller* {2}: Les ressorts de la tire sont fusillés. *Die Stoßdämpfer der Karre* ***sind im Eimer / hin.*** ♦ *Faire payer très cher, donner le coup de fusil* {3}: Au restaurant, on s'est fait fusiller. *Im Restaurent wurden wir total* ***ausgenommen.*** ♦ *Tuer* [*sens figuré*] {2}: Elle l'a fusillé du regard. *Sie hat* ***ihn mit Blicken getötet.***

futal *m. Pantalon*, → bénard* {3}: Ma nénette s'est payé un futal. *Mein Schnuckel hat sich eine* ***Hose*** *gekauft.*

fute-fute [fytfyt] *Adj.inv. Malin, intelligent* [*toujours employé de façon négative*] {2}: Il est pas fute-fute. *Der ist* ***nicht gerade helle / der Groschen fällt bei ihm aber langsam.***

G

gabarit [gabari] *m. Dimension physique respectable, corpulence* {2}: Un gabarit énorme. *Ein enormes* ***Kaliber.*** / Elle a un sacré gabarit. *Sie hat eine irre* ***Karosserie.*** ♦ *Dispositions morale ou intellectuelle* {2}: L'enfant ne dépasse pas le gabarit d'un élève moyen. *Das Kind kommt über* ***das Niveau*** *eines mittelmäßigen Schülers nicht hinaus.* ♦ **Mon / ton gabarit** *loc. C'est exactement ce qu'il me faut, qu'il te faut, etc.* {2}: C'est mon gabarit. *Das ist* ***meine Kragenweite.***

gâchis *m. Gaspillage* {1}: Quel gâchis! *So eine* ***Verschwendung****!*

gadin *m.* **Ramasser un gadin** *loc. Ramasser une* pelle*, *faire une chute* {2}. ***Auf die Schnauze fliegen.***

gadoue *f. Boue épaisse, mêlée ou non d'ordures* {2}: Depuis la fonte des neiges, on est dans la gadoue. *Seit der Schneeschmelze sitzen wir im* ***Morast / Schlick / Matsch.***

gaffe *f. Maladresse, impair* {1}: J'ai fait une gaffe. *Ich hab* ***einen Schnitzer gemacht.*** ♦ **Faire gaffe** *loc. Faire attention* {1}: **Fais gaffe!** Une voiture. ***Paß auf!*** *Ein Auto.* / Fais gaffe aux gosses! ***Paß*** *auf die Kinder* ***auf!***

gaffer / **gafer** *ou* **gafrer** [*rare*] *V.t. Regarder ou surveiller* {*2*}: Il gaffait la rue. *Er* **überwachte** *die Straße.* ♦ *V.i. Faire une* gaffe* {*2*}: Il a gaffé. *Er hat* **Mist gebaut.**

gaffeur *m. Qui commet facilement des* gaffes* {*2*}: Quelle gaffeuse! *So eine* **dumme Tucke!** ♦ *Guetteur ou surveillant* {*2*}. **Aufpasser.**

gaga *Adj. Tombé en enfance, sénile, gâteux* {*1*}: Il lui faut une baby-sitter. Il est complètement gaga. *Der braucht einen Babysitter. Der ist total* **verkalkt.** ♦ *Ne plus être raisonnable* {*2*}. **Plemplem.** ♦ Il **est** complètement **gaga avec** sa fille. Il lui passe tout. *Er* **hat an** *seiner Tochter* **einen Narren gefressen**. *Er läßt ihr alles durchgehen.*

gagneur *m. Bon vendeur* {*3*}. **Verkaufsas.** ♦ *Qui est habituellement celui qui gagne, par exemple au football* {*2*}: Une équipe de gagneurs. *Eine* **Erfolgsmannschaft.** / Charlot est un gagneur / **a un tempérament de gagneur**. *Charlot ist ein* **Gewinner** / **der geborene Gewinner.**

gagneuse *f. Prostituée qui fait de gros gains* {*3*}. **Tolle Anschafferin.**

gai *Adj. Légèrement ivre* {*1*}: Légèrement gai. *Leicht* **angesäuselt.**

gale *f. Personne de mauvais caractère, qui parle mal des autres* {*3*}. **Giftnudel.** / *Loc.* {*2*}: Elle **est mauvaise comme la gale.** *Das* **ist eine** (**falsche**) **Schlange.** ♦ **Ne pas avoir la gale aux dents** *loc. Manger de bon appétit,* avoir une bonne fourchette* {*3*}. **Einen großen Magen haben.**

galère *f./Adj. Métier ou travail très dur,* bagne* {*1*}: Mon boulot, **c'est galère**. *Meine Arbeit* **ist die reinste Schinderei.** / **La galère! Schinderei!** / **Sklavenarbeit!** / **Putain, la galère! Mein lieber Schwan, rosige Aussichten!** ♦ **Monter une galère** *loc.* Monter* *un bateau* {*3*}. **Einen Bären aufbinden.** ♦ *Situation ou lieu peu sympathique* {*2*}: Mais qu'est-ce que je fais dans cette **galère?** *Was hab ich* **hier nur** *verloren?*

galerie *f. Ensemble de ceux qui regardent les spectateurs* {*2*}: Il travaille / pose uniquement pour la galerie. *Er* **macht nur auf Wirkung**/ **Schau.** / Il dit ça **pour la galerie**. *Er sagt dies aus* **Effekthascherei** / **zum Schein.** / → amuser.

galérien *m. Qui était condamné à travailler sur une galère* {*1*}. **Galeerensklave.** ♦ **Travailler comme un galérien** *loc. Travailler très dur* {*2*}. **Wie ein Galeerensklave** / **Irrer arbeiten.**

galette *ou* **galtouse** *f. Argent* {*2*}. **Kohle.** / **La grosse galette.** *Ein* **Vermögen.**

galipette *f. Cabriole,* culbute*, *roulade, pirouette* {*1*}: Il **fait des galipettes**. *Er* **macht Purzelbäume** / **Luftsprünge.** ♦ *Écart de conduite* {*2*}. **Faire des galipettes. Krumme Touren machen.** / *Accepter une aventure hors du mariage ou simplement aimer* {*2*}. **Seitensprung machen.**

galoche *f.* **Rouler une galoche** *loc. Embrasser sur la bouche* {*3*}. **Zungenschlag machen** / **abknutschen.**

galoper *V.t. Courir partout* {*2*}: Passer sa journée à galoper dans Paris. *Den ganzen Tag lang durch* **Paris** *rennen.*

galopins *m.pl. Garçons entre trois et six ans* [*qui cavalent tout le temps*] {*1*}: Où sont les galopins? Dans le bac à sable. *Wo sind die* **Kurzen**? *Im Sandkasten.*

galure *ou* **galurin** *m. Chapeau* {*2*}: **Hut** / **Deckel.**

gamberge *f. Réflexion, capacité intellectuelle* {*2*}: Pour ce qui était de la gamberge, tout le monde savait qu'ils étaient des nullards. *Was das* **Denken** *angeht, so wußte jeder, daß sie Nieten waren.* ♦ *Flânerie* {*3*}. **Bummel.** ♦ **A la gamberge** *loc.adv. Après la révision d'une question* {*3*}: A la gamberge, je t'assure que la chose paraît moins avantageuse qu'auparavant. **Richtig** / **Genau betrachtet**, *versichere ich dir, daß die Sache doch nicht so günstig aussieht wie zuvor.*

gamberger *V.i. Réfléchir, imaginer, méditer, combiner* {*2*}: Tout en faisant la plonge, elle gambergeait à ce bel hôtel qu'elle aurait plus tard. *Beim Spülen* **träumte** *sie von dem schönen Hotel, das ihr einmal gehören würde.*

gambette *f. Jambe* {*1*}. **Bein.** ♦ **Tricoter des gambettes** *loc. Aller plus vite, accélérer* {*2*}: Quand elle a entendu le type derrière elle, elle s'est mise à tricoter des gambettes. *Als sie den Typ hinter sich hörte,* **legte sie einen Schritt zu.** ♦ **En avoir plein les gambettes** *loc. Etre fatigué ou excédé* {*3*}. **Es in den Beinen haben.**

gamelle *f.* **Ramasser** / **prendre une gamelle** *loc. Ramasser un billet de* parterre*, *tomber* [*personne*] {*2*}. **Hinfallen.** ♦ **Gamelle de motard** *expr.f. Casque du motocycliste* {*3*}. **Motorradhelm.**

gamin *m. Fils* {*1*}. **Filius.** ♦ *Jeune garçon* {*1*}: C'est le gamin d'en face. *Das ist der* **Kleine** *von drüben.* ♦ *Enfant en général* {*1*}: Nos gamins. *Unser* **Nachwuchs.**

gamine *f. Fille ou fillette* {*1*}. **Töchterchen.** ♦ Vise un peu la gamine. *Guck mal die* **Kleine** *da.* ♦ *Fille qui n'est pas encore une femme* {*1*}: Mais non! C'est encore une gamine. *Aber nein! Sie ist doch noch ein* **Mädchen.**

gamme *f.* **Toute la gamme** *loc. Toute la série* {*1*}. **Das ganze Sortiment.** ♦ *Ironiquement pour et cetera* {*2*}. **Und die ganze Sammlung.**

ganache *f.* **Vieille ganache** *expr. Imbécile* {*3*}. **Alter Esel.**

gant *m.* **Aller comme un gant** *loc. Convenir parfaitement* {*1*}. **Wie angegossen sitzen.** ♦ **Prendre des gants** *loc. Traiter très prudemment* {*1*}: Quand tu parles avec elle, faut prendre des gants. *Wenn du mit der sprichst,* **mußt** *du* **Samthandschuhe anziehen.**

gapette *ou* **gâpette** *f. Casquette* {*3*}. **Schirmmütze** / **Kappe.**

garce *f. Femme méchante ou vicieuse {1}*: Oh la garce! *Ah, dieses* **Frauenzimmer!** / *[ironisierend]* **So eine / Du Schlimme!** / Tudieu la belle garce! **Irres Weib!** ♦ **Garce de vie!** *Excl. {2}*. **Scheißleben!**

garçon *m. Fils {1}*: T'as vu mon garçon? *Hast du meinen* **Sprößling** *gesehen?* ♦ *Homme célibataire {2}*: Il est encore garçon. *Er ist noch* **unverheiratet.** ♦ **Vieux garçon. Eingefleischter Junggeselle.** ♦ *Expr. Dans le milieu pour désigner ses hommes {3}*: Les garçons vont participer au casse? *Die* **Jungs** *machen bei dem Bruch mit?*

garde-chiourme *m. Surveillant dur et brutal {1}*. **„KZ-Wächter".**

garder *V.t.* **On n'a pas gardé les vaches / cochons ensemble** *loc. Pour souligner ses distances vis-à-vis de qn., également pour refuser le tutoiement {2}*. **Wir haben doch noch nicht zusammen die Schweine gehütet.**

garer *V.t./i.* **gare!** *Interj. Sert à prévenir d'un danger ou à menacer {1}*: Gare à toi! **Wehe dir!** ♦ **Sans crier gare** *loc. Sans prévenir {2}*: Il est arrivé sans crier gare. **Ohne Vorwarnung** *ist er gekommen.* ♦ **Se garer dans un mouchoir** *loc. Se garer dans le plus petit créneau {2}*. **Sich in die kleinste Parklücke reinquetschen / reinbugsieren.**

gargariser (se) *V.pr. Se délecter {2}*: Il se gargarise de ses succès. *Er* **berauscht sich** *an seinen Erfolgen.*

gargote *f. Restaurant médiocre et bon marché {2}*. **Kaschemme.**

gars [ga] *m. Garçon, jeune homme {1}*. **Kerl.** / Pas mal, les gars! *Nicht schlecht, die* **Burschen!** / **Allez, les gars! Kommt, Jungs!** / Par ici, les gars! *Hierher,* **Jungs!**

gaspard *m. Rat {3}*: Ils ont des gaspards dans la cave. *Die haben* **Ratten** *im Keller.*

gâteau *m.* **Se partager le gâteau** *loc. Se partager le profit {1}*. **Sich den Kuchen teilen.** ♦ *Loc. {1}*: Il veut **avoir sa part du gâteau.** *Er will* **sein Stück vom Kuchen.** ♦ **C'est du gâteau** *loc. C'est très facile {2}*. **Das ist ein Kinderspiel.** ♦ *Adj. Indulgent, agréable,* super* *{1}*: Les **papas gâteaux.** *Die* **Superpapis.**

gâteux *Adj. Se dit d'un vieillard qui diminue intellectuellement ou d'une personne qui manque de lucidité,* gaga* *{1}*. **Plemplem / „verkalkt".**

gauche *f.* **Passer l'arme à gauche** *loc. Mourir {1}*. **Den Löffel abgeben.** ♦ **En mettre à gauche** *loc. Économiser {2}*. **Auf die hohe Kante legen.**

gaucho *m. Gauchiste {3}*. **Linker.**

gaufre *f. Visage {3}*. **Schnauze.** ♦ **Sucrer les gaufres** *loc. Devenir sénile {2}*. **Verkalkt sein.** ♦ **Se sucrer la gaufre** *loc. Se maquiller, se poudrer {3}*. **Sich das Schnäuzchen anmalen.**

gay [ge] *m. Homosexuel mâle {B}*. **Gay.** / La radio gay. *Der* **Schwulensender.**

gaz *m.* **Lâcher un gaz** *loc. Péter {2}*. **Einen fahren lassen.** ♦ **Éteindre son gaz** *loc. Mourir {3}*: Il a éteint son gaz. **Ihm ist die Lampe ausgegangen.** ♦ **Mettre les gaz** *loc. Foncer, accélerer {2}*. **Rasen.** / Mets les gaz! **Leg zu!** ♦ *Faire un effort, mettre le paquet {2}*: Faut mettre les gaz! **Man muß aber ran!** / **A plein gaz** *loc.adv. Aussi vite que possible {2}*. **Volles Rohr / volle Pulle.** ♦ **Il y a de l'eau dans le gaz** *loc. Il y a qc. qui ne va pas [surtout quand un couple ne s'entend plus] {2}*: Entre eux, il y a de l'eau dans le gaz. **Mit** *ihnen* **stimmt es nicht mehr (so richtig).**

gazer *V.i. Aller à toute vitesse {2}*. **Voll aufdrehen.** ♦ **Ça gaze?** *Loc. Ça va {2}?* **Alles in Butter?** ♦ *Aller bien {2}*: Faut que ça gaze. *Es muß* **klappen.**

gazier *m. Homme quelconque {3}*: Tu connais ce gazier? *Kennst du diesen* **Heini?**

gazon *m. Cheveux {3}*: Plus de gazon sous le chapeau. *Keine* **Haare** *mehr unterm Hut.* ♦ *Toison pubienne {3}*. **Urwald.**

G.D.B. *Abrév.* [**Gueule De Bois**] *Dont on souffre après une* cuite*, *après avoir consommé trop d'alcool {3}*. **Kater.**

gelé *Adj. Ivre {1}*: Il était gelé, le mec. *Der war* **zu,** *der Typ.* ♦ *Fou {1}*. **Bekloppt.**

gêner (se) *V.pr.* **Je vais me gêner / je me gênerais!** *Loc. Pour signifier par antiphrase une conduite énergique qui donne libre cours aux sentiments {3}*: Ne le lui dis pas. – Je vais me gêner! *Sag es ihm nicht.* – **Klar doch, (sag ich es ihm)! / Und ob (ich es ihm sage)!**

génial *Adj. Intéressant, très bon,* super* *{1}*: Un type génial. *Ein* **wahnsinniger** *Typ.* / Un film génial. *Ein* **irrer** *Film.* / **Genial!** *(Ist ja)* **irre!** / La mer est bonne? – Génial! *Das Wasser ist nicht zu kalt?* – **Klasse!**

genou *m. Crâne chauve {3}*. **Platte.** ♦ **Faire du genou** *loc. Faire un appel du genou sous la table {2}*: Pourquoi m'as-tu fait du genou? *Warum hast du mich* **mit dem Knie angestoßen?** ♦ **Etre sur les genoux** *loc. Etre épuisé {1}*: Après cette corvée, on était tous sur les genoux. *Nach dieser Plackerei* **gingen** *wir alle* **auf dem Zahnfleisch.**

géo *f. Abrév. Géographie {1}*. **Geo.**

gerber *V.i. Vomir {3} {B}*. **Göbeln.**

gerce *f. Jeune femme de petite vertu {3}*. **Allerweltsmädel.** ♦ *Femme en général {3}*: 'Y avait la gerce d'en dessous. *Da war die* **Olle** *von unten.*

ghetto *m. Groupe catégoriel quel qu'il soit {B}*: Le ghetto des communistes. *Die Kommunistenszene.* / Il faut sortir le rock français de son ghetto. *Man muß den französischen Rock aus seiner* **Isolation** *nehmen.*

gibier de potence *m. Loc. Personne peu recommandable {3}*: **C'est du gibier de potence. Galgenvogel.**

giclée *f. Éjaculation,* fumée* *{2}*. **Ladung / Schuß.** ♦ *Rafale de mitraillette {3}*. **Garbe.**

gicler *V.i. Se dépêcher, [armée] {2}*: **Allez! Gicle!**

Bewegung! Bewegung! ♦ *Partir, être renvoyé {3}*. **Die Sause machen.**

giga *Adj.inv. Magnifique (B)*: Un CD giga. *Eine* **echt geile** *CD.*

gigolo *m. Jeune homme entretenu par une femme {1}*. **Gigolo.**

gigot *m. Cuisse ou fesse importante, jambe {1}*: Elle a de ces gigots. *Die hat vielleicht* **Schenkel.**

gigoter *V.i. S'agiter {1}*: Le bébé gigote. *Das Baby* **strampelt / zappelt.** / *Danser {2}*: Ils ont passé la nuit à gigoter dans les discos. *Sie haben die ganze Nacht in den Diskos* **abgerockt / abgezappelt.**

gingin *m.* → jinjin.

girafe *f.* **Faire ça ou peigner la girafe** *loc. Perdre son temps à un travail inutile {3}*. **Das ist wie Fässer ohne Boden füllen.**

girond *m. Joli garçon*, giton* *[pédérastie] {3}*. **Steppke.** ♦ **gironde** *Adj.f. Belle, bien faite, séduisante [ne s'emploie qu'au féminin] {2}*. **Schnuckelig.** ♦ *f. Fille séduisante {3}*. **Toller Käfer.** ♦ *Maîtresse {3}*: T'as vu ma gironde? *Hast du meine* **Freundin** *gesehen?*

girouette *f. Individu qui change souvent d'opinion, d'avis {1}*. **Wetterfähnchen.**

giton *m. Jeune homosexuel soumis*, girond* *{3}*. **Warmes Würstchen.**

givré *m./Adj. Fou {1}*. **Bescheuert.** / *Ivre {1}*: Ils sont rentrés complètement givrés. *Die sind* **stockvoll** *nach Hause gekommen.*

glaise *f. Terre {2}*. **Schlick / Watt / Mutt.**

glaiseux *m. Paysan {3}*. **Bauerntölpel.** / [*Qu'on compare le début de la fable de la Fontaine* Le laboureur et ses enfants *en «argot»*]: Un vieux glaiseux *sur le point de calancher fit radiner ses lardons,...* (*etwa:*) *Als der alte Bauer am abkratzen war, rief er die Rotznasen zu sich...*]

gland *m. Imbécile {2}*: Quel gland! *So ein* **Trottel**! ♦ **Faire un aller et retour sur le gland** *loc. Fellation {3}*. **Einen abblasen.**

glander *V.i. Flâner, perdre son temps*, → glandouiller* *{1}*: On a glandé toute la matinée. *Wir haben den ganzen Morgen* **gegammelt.** ♦ *Faire [vague et sans précision] {2}*: Qu'est-ce que tu vas glander aujourd'hui? *Was* **stellst du** *heute* **an**?

glandouiller *V.i. Perdre son temps, se promener sans but*, glander* *{2}*. **Gammeln.**

glandouilleur *m. Qui* glandouille* *{3}*. **Bummelant / Gammeltype.**

glandouilleux *Adj. Pas clair, difficile {3}*: Une question glandouilleuse. *Eine* **heikle** *Frage.*

glaviot *m. Crachat {1}*. **Grüner / Gelber / Yellow.**

glavioter *V.i. Cracher {2}*. **Rotzen.**

glisser *V.t.* **Glisser en douce** *loc.* → douce.

globe *m. Ventre {3}*. **Wampe.** ♦ **Se faire arrondir le globe** *loc. Se faire mettre enceinte {3}*. **Sich dick machen lassen.**

gloire *f.* **C'est pas la gloire!** *Loc. C'est médiocre [euphémisme] {3}*: Évidemment, c'est pas la gloire, mais ça va quand même. *Klar*, **nicht gerade glänzend**, *aber es geht trotzdem.*

glousser *V.i. Rire à petits cris {2}*. **Kichern.**

gnôle [njo] *f. Eau de vie {1}*: Tu veux un coup de gnôle? *Willst du ein* **Schnäpschen**?

gnon [ɲõ] *m. Choc, coup, jeton {1}*: Il m'a filé un gnon. *Er hat mir einen* **Hieb** *verpaßt.* / J'ai un gnon sur l'aile gauche. *Ich hab eine* **Delle** *im linken Kotflügel.*

go [*dans la formule*] **tout de go** *loc.adv. Directement, sans détour {1}*: J'aime pas que vous entriez tout de go. *Ich mag nicht, wenn Sie* **mir nichts, dir nichts / ohne Umschweife** *eintreten.*

gober *V.t. Croire naïvement {1}*: Il gobe tout ce qu'on dit. *Der* **glaubt** *alles, was man sagt.* ♦ *Avoir de l'antipathie {1}*: Je n'arrive pas à la gober. *Ich kann sie nicht* **verknusen.** ♦ **Gober les mouches** *loc. Ne rien faire, paresser {2}*: Il passe sa journée à gober les mouches. *Er* **guckt** *den lieben langen Tag* **Löcher in die Luft.**

godasse *f. Soulier, chaussure {2}*. **Pantine / Treter.**

gode *ou* **godemiché** *m. Membre viril artificiel {1}*. **Dildo / Godemiche.**

goder *V.i. Etre en érection*, bander* *{3}*. **Einen stehen haben.** ♦ **Goder pour qc.** *loc. Désirer ardemment {3}*: Il gode pour cette toile. *Er* **steht auf** *dieses Bild.*

godet *m. Verre à boire, consommation {1}*: Écluser un godet. *Ein* **Gläschen** *kippen.*

godiche *Adj. Gauche, maladroit {2}*: Qu'est-ce qu'il peut être godiche! *Ist der* **linkisch!**

godillante *adj.f. Se dit d'une femme sexuellement incitative {B}*: T'es mignonne, dans ta petite combinaison? Tu serais **même un peu godillante!** *Du bist süß in deinem Unterrock?* **Echt zum Anbeißen / Sogar ein bißchen aufreizend.**

godille *f.* **A la godille** *loc. Sans méthode, qui marche mal {3}*: C'est un truc à la godille. *Das* **hat weder Hand noch Fuß.** / Un système à la godille. *Ein* **Mist***system.*

godillot *Adj. Fidèle sans mesure {3}*: Les députés godillots. *Die Abgeordneten* **mit Kadavergehorsam.**

gogo *m. Individu crédule {3}*. **Naivling.** ♦ **A gogo** *loc.adv. A satiété {2}*: On aura du vin à gogo. *Wir können Wein trinken* **nach Herzenslust.**

gogues *ou* **goguenots** *m.pl. Lieux d'aisances {3}*. **Lokus.**

goinfre *m./Adj. Qui mange beaucoup et salement {2}*. **Freßsack.**

goinfrer *V.i. Manger comme un goinfre {1}*: Cesse de goinfrer comme un dégueulasse. *Hör auf*, **wie ein Schwein** *zu* **fressen.** ♦ **(se)** *V.pr. Manger salement et beaucoup {1}*. **Sich vollfressen.** ♦ *S'accroître, faire des profits {1}*: On dit que les multinationales ne se sont pas mal goinfrées. *Es heißt, die Multis haben* **sich fett gefuttert.**

gomme *f. Pneu* [*auto*] {*1*}: Va falloir que tu changes tes gommes. *Du mußt deine* **Decken** / **Schluppen** *wechseln.* ♦ **Mettre toute la gomme** *loc. Accélérer* {*2*}. **Volle Pulle fahren.** ♦ **A la gomme** *loc.adj. Sans valeur, sans efficacité* {*2*}: Une idee à la gomme. *Eine* **Schnapsidee.** / Un projet à la gomme. *Ein Projekt* **zum Vergessen**. / → combine.

gond *m.* **Sortir de** / **mettre qn. hors de ses gonds** *loc. Le mettre en colère* {*2*}: Cela m'a mis hors de mes gonds. *Das hat mich* **aus der Fassung gebracht.**

gondolant *Adj. Très drôle, amusant* [*mot guère en usage chez les jeunes*] {*3*}: Une histoire gondolante. *Eine Geschichte* **zum Totlachen.**

gondoler *V.i. Se tordre de rire,* [*guère en usage chez les jeunes*] {*3*}. **Sich eiern vor Lachen.**

gonflant *Adj. Amusant ou bien insupportable* {*2*}: Ce qu'il dit c'est gonflant. *Was er sagt, ist* **nicht auszuhalten.**

gonflé *Adj. Courageux, résolu* {*1*}. **Stark** / **mutig.** ♦ **Moteur gonflé** *expr. Moteur* truqué* {*2*}: **Aufgemotzter Motor.**

gonfler *V.t. Rendre enceinte* {*3*}: Il la gonfle tous les ans. *Er* **macht** *sie jedes Jahr* **dick.** ♦ **(Les) gonfler à qn.** *loc. L'importuner vivement* [*pour certains,* les *remplace* couilles*] {*2*}: Ce type me les gonfle. *Der Typ* **geht mir auf die Eier.** ♦ **(se)** *V.pr. Devenir gonflé, enflé* {*2*}: Il a besoin de se gonfler. *Er muß* **sich** *einfach* **aufblasen.** / Une affaire gonflée. *Eine* **aufgebauschte** *Sache.*

gonflette *f.* **Faire de la gonflette** *loc. Faire du body-building* {*3*}. **Bodybuilding betreiben.**

gonfleur *m. Bluffeur, prétentieux* {*3*}. **Bluffer** / **Angeber.**

gonzesse *f. Femme, épouse* {*1*}. **Kleine** / **Biene.** ♦ Il a des ennuis avec sa gonzesse! *Er hat mit seiner* **Kleinen** / **Alten** *Schwierigkeiten!* ♦ *Prostituée* {*2*}. **Pferdchen.** ♦ *Homosexuel efféminé* {*3*}: Quelle gonzesse, ce Monsieur! *Welch ein* **Tüntchen,** *der Herr!*

gorge *f.* → chat.

gorgeon *m. Gorgée, verre à boire* {*2*}: Qu'est-ce que tu penses d'un petit gorgeon? *Was hältst du von einem* **Gläschen** / **Schlückchen**?

gorille *m. Garde du corps* {*1*}. **Gorilla.**

gosier m. Se rincer le gosier → dalle.

gosse *m./f. Enfant* {*1*}: Mais, c'est encore une gosse. *Aber, sie ist doch noch ein* **Kind.** / T'as vu les gosses? *Hast du die* **Kinder** *gesehen?* / *Jeune homme* [*l'acception est réservée aux jeunes hommes; pour des personnes féminines, l'usage exige* elle est belle fille]: Il est **beau gosse.** *Er ist ein* **hübscher Junge.**

goth *m.* → ostrogoth.

gouailler *V.i. Rire de façon vulgaire* {*3*}. **Dreckig lachen.**

goualante *f. Chanson* [*surtout du temps de Piaf*] → gueulante {*3*}. **Liedchen** / **Schlager.** / Pousser une goualante. *Eine* **Schnulze** / *ein* **Liedchen trällern.**

gouape *f. Voyou, vaurien* [*titre d'une b.d. dont le héros est un chien.* **Strolch**] {*2*}: Le métro était plein de gouapes. *Die Metro war voller* **zwielichtiger Gestalten.**

gouine *f. Lesbienne* [*les femmes détestent le mot*] {*1*}. **Lesbe.**

gouiner (se) *V.pr. Faire l'amour* [*homosexualité féminine*] {*3*}. [*Etwa*] **Sich gegenseitig einen abzupfen.**

goulée *f. Grande gorgée* {*2*}: On **prend une goulée d'air**? *Gehen wir* **Luft schnappen?** / Tu veux une bonne goulée? *Willst du einen* **Schluck?**

goulot *m.* **Refouler** {*2*} / **taper du goulot** {*3*} *loc. Avoir mauvaise haleine.* **Aus dem Maul riechen.**

goupiller *V.t. Arranger, faire* {*1*}. **Deixeln.** ♦ **(se)** *V.pr. S'arranger* {*1*}: Ça s'est bien goupillé. *Das* **hat prima hingehau'n.**

goupillon *m. Membre viril* {*3*}. **Schwanz.**

gourance *f. Erreur* {*3*}. **Patzer.**

gourbi *m. Habitation misérable* {*3*}. **Bruchbude.**

gourde *Adj.f.inv. Fou, imbécile* {*1*}. **Bescheuert.** / *N.f. Femme* {*1*}. **Dumme Ziege.**

gourdin *m.* **Avoir le gourdin** *loc. Etre en érection* {*3*}. **Einen stehen haben.**

gourer (se) *V.pr. Se tromper* {*1*}: Je me suis gouré. *Ich habe mich* **vertan.**

gourme *f.* **Jeter sa gourme** *loc. Se dit d'un jeune qui fait ses premières frasques* [*vieux, aucun complément n'est admis*] {*3*}. **Erste Erfahrungen (mit Frauen) machen.**

gourou *m. Chef, le grand* manitou* {*B*}: Le gourou du café de la Gare. *Der* **Guru** *aus der Bahnhofsschänke.*

goutte *f. Alcool* {*1*}: Je vous donne encore une petite goutte? *Darf ich Ihnen noch ein* **Tröpfchen** *geben?* ♦ *Loc. Subir une perte d'argent* {*3*}: Ils ont **bu la goutte**. *Sie haben* **Federn gelassen.** ♦ *Se noyer* {*2*}: J'ai failli **boire la goutte.** *Fast wär' ich* **abgesoffen.** ♦ **N'y voir goutte** *loc. Ne rien voir* {*2*}. **Nicht die Hand vor Augen sehen.** ♦ **Avoir la goutte au nez** *loc. Avoir le nez qui coule* {*2*}. *Eine* **laufende Nase** / **einen Tropfen an der Nase haben.** ♦ **C'est une goutte d'eau dans la mer** *loc. C'est (trop) peu, cela reste sans effets* {*1*}. **Das ist ein Tropfen auf den heißen Stein.**

gouzi-gouzis *f.pl. Chatouilles, à propos des petits enfants* {*1*}: On va faire gouzi-gouzis? *Machen wir* **Killekille**?

grabuge *m. Bruit, bagarre* {*1*}: Il y a du grabuge. *Es gibt* **Knatsch.**

grade *m.* **En prendre pour son grade** *loc. Réprimander sévèrement, recevoir une remontrance* {*2*}: Il en a pris pour son grade. *Er hat* **bekommen, was er brauchte.**

graille *f. Repas* {*3*}: Il s'occupe de la graille. *Er kümmert sich um die* **Fressalien.**

grailler *V.t. Manger {3}*: Qu'est-ce qu'on graille? *Was* **futtern** *wir?*

grain *m.* **Avoir un grain** *loc. Etre un peu fou,* débloquer* *{1}*: Il a un grain. *Er* **hat nicht alle Tassen im Schrank** / **hat sie nicht alle.** ♦ **Y mettre son grain de sel** *loc. Ne pas pouvoir se taire {1}*: Ce gosse doit obligatoirement y mettre son grain de sel. *Dieses Kind* **muß immer seinen Senf** *dazutun.*

graine *f.* **Casser la graine** *loc. Manger {2}.* **Ein „Häppchen" essen.** ♦ **En prendre de la graine** *loc. Prendre pour modèle {2}*: Prends-en de la graine. **Von ihm / ihr / Davon kannst du dir eine Scheibe abschneiden.** ♦ **Tous de la graine de...** *loc. Pour exprimer une potencialité en parlant d'un groupe de personnes {2}*: Tous de la graine de fachos. *Alles* **verkappte** *Faschisten.*

graisser la patte *loc. Donner de l'argent pour obtenir de bons offices, donner un pot-de-vin {1}*: Graisser la patte au personnel. *Das Personal* **schmieren.**

grand *Adj.* **Comme un grand** *expr.adv. Avec aisance {1}.* **Wie eine Eins / wie ein Großer.** ♦ → beau. ♦ → cour.

grandissime *Adj. Grand, grandios {B}*: Un film grandissime. *Ein* **riesiger** *Film.*

grand-mère *f.* **Est-ce que je te demande si ta grand-mère fait du vélo / de la planche à voile / de la moto**? *Loc. Mêle-toi de tes propres affaires,* → heure* *{3}*: Combien tu gagnes? – Est-ce que je te demande si ta grand-mère fait du vélo? *Wieviel verdienst du? –* **Frag ich dich etwa** *(wieviel du verdienst)?* ♦ → mémère.

grappin *m.* **Mettre le grappin sur** *loc. Accaparer {1}*: Une fois qu'il a mis le grappin sur vous, vous n'arrivez plus à vous en défaire. *Wenn er Sie* **erst einmal in Beschlag genommen** *hat, kommen Sie nicht mehr los.*

gras *Adj.* **Gras du bide** *expr.* → bide. ♦ **Gras double** *expr.m. Qui est gros {2}*: Vise un peu gras double! *Guck dir mal den* **Fettsack** *an!* ♦ **En faire des choux gras** *loc. En profiter beaucoup {2}*: De cette affaire, il en fait des choux gras. *Mit dem Geschäft* **macht er den großen Reibach.** ♦ **Il n'y a pas gras** *loc. Il n'y en a pas beaucoup {2}.* **Es gibt nicht gerade Unmengen davon.** ♦ **Discuter le bout de gras,** → bout. ♦ **Faire la grasse matinée** *loc. Dormir tant qu'on veut {1}*: Le dimanche, on fait la grasse matinée. *Sonntags* **schlafen** *wir* **aus / bis in die Puppen.** ♦ **Etre gras de la feuille** *loc. Entendre mal {3}*: Elle est **grasse de la feuille.** *Sie hat* **Bohnen in den Ohren.**

gratin *m. La haute société, le tout-Paris {1}.* **Hautevolée / Hautevolaute / die feine Gesellschaft.** ♦ *La meilleure qualité {2}*: Il n'aime que le gratin. *Er mag nur vom* **Feinsten.**

gratiné *Adj. Extraordinaire, outré {1}*: Une cuite gratinée. *Ein* **erstklassiges** *Besäufnis.* / Une histoire gratinée. *Eine* **gepfefferte** *Geschichte.*

gratos *Adv. Gratuit {1}*: Pour nous, elle travaille gratos. *Für uns arbeitet sie* **gratis.**

gratte *f. Gratification, prime {1}*: Pas de gratte pour Noël cette année. *In diesem Jahr kein* **Weihnachtsgeld.** ♦ *La gale, les démangeaisons {3}.* **Krätze.** ♦ *f.pl. L'épargne {2}*: J'ai ramassé toutes mes grattes. *Ich hab die letzten* **Krümel** *zusammengekratzt.* ♦ **Faire de la gratte** *loc. Faire de petits profits plus ou moins licites {2}.* **Geschäftchen machen.**

gratter *V.i. Travailler,* bosser* *{2}*: Je gratte de huit heures à midi. *Ich* **schaffe** *von acht bis zwölf.* ♦ **Gratter les fonds de tiroirs** *loc. Réunir ses dernières économies {1}.* **Die letzten Pfennige zusammenkratzen.** ♦ → guitare.

greffier *m. Chat {2}.* **Kralle / Raubtier.**

grelot *m. Téléphone ou jeton {2}.* **Strippe / Telefonmünze.** ♦ **Un coup de grelot** *expr. Coup de téléphone {3}.* **Anruf.** / Passez-moi un coup de grelot. **Rufen Sie doch mal durch.** ♦ **Avoir les grelots** *loc. Avoir peur, la* trouille*, *le* trac* *{3}.* **Muffe haben.**

grelotter *V.i. Avoir peur {3}.* **Vor Angst schlottern.**

greluche *f. Femme, épouse {2}*: Faut pas donner le trac aux greluches. *Du darfst den* **Weibern** *keine Angst machen.*

grenouillage *m. Intrigues douteuses, combines, médisances, complots {3}*: Les grenouillages électoraux. **Wahlmachenschaften.**

grenouillard *m. Qui ne touche pas à des boissons alcoolisées {3}.* **Antialkoholiker.**

grenouille *f.* **Grenouille de bénitier** *expr. Femme bigote qui va sans arrêt à l'église {2}.* **Kirchenmaus.** ♦ **Manger la grenouille** *loc. S'approprier une caisse qu'on est chargé de gérer {2}.* **Mit der Kasse durchbrennen.**

grenouiller *V.i. Participer aux* grenouillages* *{3}*: Ils ont pas mal grenouillé. *Die haben nicht schlecht* **mitgemischt.**

griffe *f. Marque [surtout au sens figuré] {2}*: C'est sa griffe. *Das ist seine* **Handschrift.** ♦ **Sortir ses griffes** *loc. Devenir agressif {1}*: Peugeot sort ses griffes. *Peugeot* **zeigt seine Krallen.** ♦ *Armée {3}.* **Barras.**

grifton *aussi* **griveton** *m. Soldat {2}.* **Stoppelhopser.**

grigri *m. Bijou porté en pendatif [à l'origine amulette africaine] {3}*: Elle ne sort jamais sans ses grigris. *Sie geht niemals ohne* **Klunker** *aus.*

gril *m.* **Retourner sur le gril** *loc. Enquiquiner {2}*: Le prof l'a retourné sur le gril en lui posant une colle après l'autre. *Der Pauker hat ihn* **gepiesackt / ihm die Hölle heiß gemacht**, *indem er ihm Fangfrage auf Fangfrage stellte.*

griller *V.t. Fumer une cigarette {1}*: On en grille une? **Qualmen / schmauchen** *wir eine?* ♦ *Dépas-*

ser, devancer {2}: Le coureur s'est fait griller à l'arrivée. *Der Läufer hat sich kurz vor dem Ziel* **überholen** *lassen.* ♦ *Se faire avoir* {2}: Vous avez lu le journal? Il y a encore un espion de grillé. *Haben Sie schon die Zeitung gelesen? Es ist schon wieder ein Spion* **aufgeflogen.** ♦ **Griller un feu rouge** *loc. Ne pas respecter*, brûler* *un feu rouge* {2}. **Eine Ampel überfahren.** ♦ **C'est grillé!** *Loc. C'est raté, manqué*, loupé* {2}. **Das ist im Teich!**

grimpant *m. Pantalon* [*vieux*] {3}. **Beinkleider.**

grimper *V.t. Posséder sexuellement* {2}: Il la grimpe avec le consentement de son mari. *Er* **besteigt** *sie mit Einwilligung ihres Mannes.*

grimpette *f.* Passe* {3}: Un gars qui ne pense qu'à faire des grimpettes. *Einer, der nur daran denkt,* **Nummern** *zu schieben.*

gringue *m.* **Faire / jeter du gringue** *loc. Faire la cour* {2}: Il fait du gringue à la patronne. *Er* **raspelt** *bei der Chefin* **Süßholz.**

grippe *f.* **Prendre qn. en grippe** *loc. Avoir une antipathie soudaine* {2}: Il m'a pris en grippe. Je ne sais pas pourquoi. *Er* **hat** (**auf einmal**) **was gegen mich.** *Ich weiß nicht weshalb.*

grisbi *m. Argent* {1}. **Kohle / Flocken / Knete.**

groggy [grɔgi] *Adj. Épuisé, à plat* {2}. **Groggy.**

grognasse *f. Péjoratif pour femme* {2}: Cette grognasse! *Dieses* **Miststück!** / On va faire la foire, mais sans grognasses. *Wir machen einen drauf, aber ohne* **Weiber.**

grolles *f.pl. Chaussures* {1}. **Treter.** ♦ **Etre à l'aise / bien (mal) dans ses grolles** *loc. Etre en forme,* → baskets, pompe {3}. **Sich wohlfühlen.**

gros *m.* **Les gros** *expr.pl. Les riches* {1}. **Pfeffersäcke.** ♦ *Adj.* **C'est un peu gros!** *Loc. C'est exagéré* {1}. **Das ist stark.** ♦ *Loc. Beaucoup* {1}: **Ça rapporte gros. Das bringt was ein.** ♦ **Gros comme une maison** *loc. C'est évident* {2}: Quelle erreur! Ça se voit gros comme une maison. *Welch ein Fehler! Den* **sieht doch ein Blinder.**

gros-cul *m. Camion* {3}: Que des gros-culs sur l'autoroute. *Nur* **Brummis** *auf der Autobahn.*

grosse *Adj.f. Peu élégant pour* enceinte *en parlant d'une femme* {3} [*pour un animal, le terme est courant*] {2}. **„Dick".**

grosse légume *f. Personne importante* {1}: Dans ce restau, vous ne rencontrez que des grosses légumes. *In diesem Restaurant treffen Sie nur* **große / hohe Tiere.**

grouiller *V.i. Ou* **se grouiller** *V.pr. Se dépêcher, se hâter* {1}: Grouille-toi! **Mach voran!**

groupie *f. Femme qui se livre à des* partouzes* {3}. **Groupie.** ♦ *Admiratrice d'un chanteur qui le suit partout* {3}. **Groupie.**

grue *f. Prostituée* {2}: Dans ce manteau, on va te prendre pour une grue. *In diesem Mantel hält man dich für eine* **Bordsteinschwalbe.**

guêpe *f.* **Pas folle la guêpe** *loc. Se dit à propos de soi-même ou d'une personne fine et habile* {1}: Il voulait que je travaille à sa place. Pas folle la guêpe! Il n'en est pas question. *Er wollte, daß ich an seiner Stelle arbeite.* **Ich bin doch nicht blöd!** *Kommt überhaupt nicht in die Tüte.* / Il s'est pas laissé faire. Pas folle la guêpe! *Er hat sich nicht reinlegen lassen.* **Ganz schön helle!** ♦ **Taille de guêpe** *expr.f. Taille très fine* {1}. **Wespentaille.**

guêpier *m. Position difficile, désagréable ou dangereuse* {2}: Il s'est fourré dans un guêpier. *Er hat sich in eine* **ganz miese Situation** *gebracht.*

gueulante *f. Chanson* → goualante {3}: **Pousser une gueulante. Ein Liedchen schmettern.** ♦ *Protester, hurler* {2}: A la fin du discours du ministre, l'opposition s'est mis à pousser une gueulante. *Am Ende der Rede des Ministers* **erhob** *die Opposition* **ein Protestgeschrei.**

gueulard *m. Homme qui rouspète fort et souvent* {2}. **Schreihals / Meckerbruder.** ♦ *Gourmand* {3}. C'est un gueulard. *Das ist ein* **Schleckermaul.**

gueule *f. Visage* {1}. **Schnauze / Schnäuzchen / Visage / Fresse.** ♦ **Gueule d'amour** *expr. Visage d'ange* [*toujours ironique*] {2}: As-tu vu gueule d'amour? *Hast du den* **Kinderschreck** *gesehen?* ♦ **Gueule de bois** *expr. Bouche pâteuse après l'ivresse* {1}, → G.D.B. **Kater.** ♦ **Gueule de raie** *expr. Laid, antipathique* {3}. **Verbrechervisage / ekelhafte Fresse.** ♦ **Gueule de vache** *expr. Visage brutal* {2}. **Killerfresse.** ♦ **Gueule noire** *expr. Mineur* {3}: Trois générations de gueules noires. *Drei Generationen* **Kumpel.** ♦ **Avoir de la gueule** *loc. Etre beau, avoir de l'allure* {1}: Un manteau qui a de la gueule. *Ein* **schicker** *Mantel.* ♦ **Casser la gueule** *loc. Battre, blesser, ruiner* {1}: Il voulait me casser la gueule. *Er wollte mir* **eine reinhauen.** ♦ *Er wollte mich* **in die Pfanne hauen.** / Attention! Tu risques de te casser la gueule. *Vorsichtig!* **Fall nicht.** ♦ **Crever la gueule ouverte** *loc. Mourir* {3}: Qu'il crève la gueule ouverte! *Soll er doch* **krepieren!** ♦ **Faire la gueule** *loc. Rouspéter*, bouder* {1}. **Eine Flappe ziehen.** ♦ **Se fendre la gueule** *loc. Rire à gorge déployée* {2}: Avec lui, on se fend la gueule. *Mit ihm* **lacht man sich schimmelig.** ♦ **(Ferme) ta gueule!** *Loc. Tais-toi* {1}. **(Halt die) Schnauze!** ♦ **En prendre plein la gueule** *loc. Se faire engueuler, devoir pas mal encaisser* {2}. **Voll eine vor die Fresse kriegen.** ♦ **S'en mettre plein la gueule** *loc. Manger bien* {3}. **Sich die Wampe vollschlagen.** ♦ **Se saouler la gueule** *loc. S'enivrer totalement* {2}: Il s'est saoulé la gueule. *Er hat sich* **vollaufen lassen.** ♦ **C'est pour ma gueule / pour ta gueule** *etc. Loc. C'est pour moi, pour toi, etc.* {2}. **Das ist für mich / dich / meine Wenigkeit.** ♦ **Ma gueule!** *Expr. Terme d'affection ou d'admiration* {2}. Ma gueule! Qu'elle est belle!

Mein lieber Schwan! *Ist die schön!* ♦ **Fine gueule** *expr. Gourmet* {2}: C'est une fine gueule. *Er ist ein* ***Feinschmecker.*** ♦ **Grande gueule** *expr. Qui parle haut, mais tient moins qu'il ne promet* {2}. ***Großmaul.***

gueulement *m. Cri de protestation* {3}. ***Geschrei/Aufschrei.***

gueuler *V.i. Crier, protester* {1}: Elle gueule tout le temps. *Sie* ***meckert/mault*** *die ganze Zeit.*

gueuleton *m. Repas copieux* {1}. ***Schmaus / Fresserchen.***

gueuletonner *V.i. Faire un bon repas* {2}: On gueuletonne chez Yves. *Wir* ***schmausen*** *bei Yves.*

guibolle *f. Jambe* {2}: Tu tiens même plus sur tes guibolles. *Du kannst dich nicht mal mehr auf den* ***Beinen*** *halten.* / Elle a de sacrées guibolles. *Sie hat ein* ***irres Fahrgestell.***

guichet *m.* **Jouer à guichets fermés** *loc.* {2}: Bordeaux et Nantes vont jouer à guichets fermés. *Bordeaux und Nantes* ***spielen im ausverkauften Stadion // vor ausverkauftem Haus*** [*Theater*].

guigne {2} *f. ou* **guignon** {3} *m. Malchance,* poisse*: Le vendredi me porte toujours la guigne. *Der Freitag bringt mir immer* ***„Glück“.***

guignol *m. Gendarme* {2}: Fais gaffe, les guignols! *Paß auf,* ***Polente!*** ♦ *Excentrique, pas sérieux, ridicule* {1}: Ton voisin, c'est un guignol. *Dein Nachbar ist ein* ***komischer Heini.*** ♦ *Loc.* {2}: Cesse de faire le guignol. *Hör auf,* ***den dummen August / Hanswurst zu spielen.***

guiliguili *ou bien* **guiliguiliguili** *m.pl. Onomatopée qui imite le rire de l'enfant qu'on chatouille,* → gouzi-gouzis, chatouilles {2}. ***Killekille / Killikilli.***

guimbarde *f. Voiture en mauvais état, on dit souvent* {2}: **Une vieille guimbarde**. ***Alte Schrottkarre***.

guincher *V.i. Danser* {2}: Le quatorze juillet, à la mairie, on guinche. *Am 14. Juli wird vor dem Rathaus* ***getanzt.***

guincheur *m. Danseur* {3}. ***Tänzer.***

guitare *f.* **Avoir une belle guitare** *loc. Avoir les hanches larges* {3}. ***Ein gebärfreudiges Becken haben.*** ♦ **Toujours la même guitare!** *Loc. Toujours la même histoire* {2}. ***Immer dieselbe Leier.*** ♦ **Se gratter la guitare** *loc. Se masturber* [*femme*] {3}. ***Sich die Harfe zupfen.***

guitoune *f. Petite tente pour deux personnes* {2}: T'as ta guitoune sur le dos? *Hast du dein* **Zelt** *im Rucksack?*

gusse *m. Individu quelconque* {2}: Qu'est-ce que c'est que ce gusse? *Was ist das für ein* ***Kauz?***

gym *f. Gymnastique* {1}. ***Sportunterricht // Turnen.*** / **Le hall de gym.** ***Turnhalle.***

H

'H [aʃ] *m. Haschisch* {1}. ***Hasch.***

'hanneton *m.* **Pas piqué des hannetons / des vers** [papikedeantɔ̃] *loc. Conforme et non inférieur à ce qu'on doit en attendre, astucieux* {2}: Sa réflexion était dure? - Ah oui, c'était pas piqué des hannetons. *Seine Bemerkung war hart? – Oh ja,* ***bombig / bärenstark.***

'hareng *m.* **Etre serré(e)s comme des harengs** *loc. Etre très serrés, comme des* sardines* {2}. ***Wie die Heringe (zusammengepfercht sein).***

'haricot ['arıko] *m.* **Des haricots** [dezarıko] *loc.adv. Rien* {2}: Combien t'as gagné? – Des haricots. *Wieviel hast du verdient?* ***Nicht die Bohne.*** ♦ **La fin des haricots** *loc. La fin définitive* {2}: Si la banque ne nous accorde pas le crédit, **c'est la fin des haricots**. *Wenn die Bank uns nicht den Kredit einräumt,* ***sind wir fix und foxi/ist es das Ende vom Lied.*** ♦ **Courir (sur le haricot)** *loc. Agacer, importuner, énerver* {2}: Tu commences à me courir (sur le haricot) avec tes pleurnicheries. *Du* ***fällst mir langsam*** *mit deinem Geflenne* ***auf den Wecker.*** ♦ **Etre maigre comme un haricot** *loc. Très maigre,* maigre comme un clou {2}. ***Spindeldürr sein.*** ♦ **Secouer le haricot** *loc. Battre ou corriger qn.* {2}. ***Verwalken.*** // Va falloir lui secouer le haricot. Dem ***müssen wir mal an die Jacke fassen,*** ♦ **Un haricot vert** *expr. Soldat de la Wehrmacht* {3}. ***(Deutscher) Landser.***

'harnacher ['arnaʃe] *V.t. Habiller, arranger, maquiller* {2}: Elle est vachement bien harnachée. *Sie ist unheimlich toll* ***aufgedonnert.*** ♦ **(se)** *V.pr. S'arranger, s'habiller, se maquiller* {2}: Elle sait se harnacher. *Sie versteht es* ***sich zurechtzumachen.***

harnaque *f.* → arnaque.

harnaquer *V.t.* → arnaquer.

'harponner *V.t. Arrêter au passage* {1}: Du côté de la Madeleine, une femme seule risque fort de se faire harponner le soir. *Im* [*Pariser*] *Madeleine-Viertel läuft eine Frau ohne männliche Begleitung abends Gefahr,* ***angemacht*** *zu werden.* / En rentrant chez lui, le voisin s'est fait harponner par les flics qui lui ont fait passer un alcootest. *Auf dem Nachhauseweg wurde unser Nachbar von den Bullen* **erwischt** / ***aufgegabelt***, *die bei ihm einen Promilletest durchführten.*

'hasch *m.* → H.

'haute *f. La haute société* {2}: Les snobinards de la haute. *Die Snobs der* ***High Society.***

'hauteur *f.* **Etre à la hauteur** *loc. Etre capable* {1}. ***Auf der Höhe sein.***

hébreu *m.* **C'est de l'hébreu** *loc. C'est inintelligible* {2}: Ils ont parlé technique. C'est de l'hébreu pour moi. *Sie haben über Technik gesprochen. Das* **sind** *für mich* **böhmische Dörfer** / ***ist mir Spanisch.***

hélico *m. Hélicopter* {3}: Regarde l'hélico avec la pub! *Guck mal den* **Hubschrauber mit der Reklame!**

herbe *f. Tabac* {3}: Qu'est-ce que tu fumes comme herbe? *Was rauchst du denn für ein* ***Kraut?*** ♦ *Drogue, haschisch* {2}. **Stoff.**

héro *f. Héroïne* {3}. **Heroin.**

heure *f.* **A cette heure / à c't heure / à l'heure qu'il est** *loc. Maintenant, en ce moment* {1}: A l'heure qu'il est, le gouvernement a tout intérêt à faire qc. contre la pollution. ***Jetzt wird es langsam Zeit***, *daß die Regierung etwas gegen die Umweltverschmutzung unternimmt.* ♦ **L'heure H** *expr. Le moment de la décision* {1}. ***Die Stunde X.*** ♦ **L'heure du berger** *expr. L'heure propice pour l'amour* {3}. ***Zeit für ein Schäferstündchen.*** ♦ **L'heure de l'apéritif** *expr. Le moment où l'on prend le pastis ou autre chose* {3}. [*Etwa*] ***Zeit für einen Aperitif*** / **L'heure du repas** *expr. Midi* {2}. ***Zwölf*** / ***Essenszeit!*** ♦ **Je ne vous demande pas l'heure qu'il est** *loc. Mêlez-vous de ce qui vous regarde,* → grand-mère* {1}. ***Ich hab Sie nicht nach Ihrer Meinung gefragt.*** ♦ **S'emmerder à cent sous de l'heure** *loc. Énormément* {2}: Au burlingue, on s'emmerde à cent sous de l'heure. *Im Büro* ***langweilt man sich kaputt.*** ♦ **Avant l'heure, c'est pas l'heure, après l'heure, c'est plus l'heure!** *Dicton* {1}. ***Alles zu seiner Zeit.*** ♦ **A la bonne heure** *expr. Bravo* {2}: A la bonne heure! Bravo! Tant mieux! ***Klasse!*** *Bravo! Um so besser!*

heureux *Adj. Content de lui* [*se prononce souvent en accentuant les deux syllabes*: [ø-rø] {1}: Un **imbécile heureux.** *Ein* ***glücklicher Trottel***. / Un propriétaire heureux. *Ein* ***glücklicher*** *Besitzer.*

hic *m.* **C'est là le hic** *loc. C'est le problème* {2}. ***Da liegt der Hase im Pfeffer / der Hund begraben***.

hier *Adv.* **Pas né d'hier** *loc. Qui a de l'expérience, qui n'est pas tombé de la dernière pluie* {2}: Il n'est pas né d'hier. *Er* ***ist nicht von gestern.***

high [aj] *Adj.* **Etre high** *loc. Planer aux amphétamines* {1}. ***High.***

hippie *m./Adj.* {1}. ***Hippie.*** / Ça fait hippie. *Das sieht nach* ***Hippie*** *aus.*

hirondelle (bleue) *f. Gendarme* {3}. Flic* [*frz. Polizist*].

histoire *f.* **C'est toujours la même histoire!** *Loc. C'est toujours la même chose, le même* topo* {1}. ***Immer dieselbe Geschichte!*** ♦ **C'est des histoires** *loc. Ce sont des mensonges* {1}. ***Das sind nur Geschichten.*** ♦ *Loc. Faire tout pour arriver à son but* {2}: Il a **fait toute une histoire pour** pouvoir partir. *Er hat ein* ***Riesentheater veranstaltet***, *um fahren zu können.* ♦ **Faire des histoires** *loc. Faire des façons, faire des* ragots* {1}: **Fais pas d'histoires!** ***Mach doch keine Geschichten! / Sieh' das doch nicht so eng!*** ♦ *Loc. Ennuis* {1}: Elle **s'attire des histoires**. *Sie* ***zieht die Schwierigkeiten geradezu an.*** ♦ **Qu'est-ce que c'est que cette histoire?** *Loc. Formule qui exprime le doute et l'agressivité à la fois* {1}. ***Was soll das denn nun wieder?*** ♦ **Histoire de** *expr. Dans la seule intention de, pour,* {2}: Je suis sortie, **histoire de** fumer. *Ich bin rausgegangen,* ***weil*** *ich rauchen wollte/****um zu*** *rauchen.* ♦ *En ce qui concerne*: **Histoire de** femmes, il est réticent. ***Was*** *Frauen* ***angeht***, *so ist er zurückhaltend.* / Histoire de cigarettes, c'est fini. ***Mit*** *den Zigaretten ist es vorbei.* ♦ **Histoire de (bonnes) femmes** *expr. Histoire qui intéresse surtout les femmes* {2}. ***Weibergeschichte***. ♦ *f.pl. Aventure érotique* {2}: Lui, avec ses histoires de (bonnes) femmes. *Der mit seinen* ***Weibergeschichten.*** ♦ **Histoire de fesses** *expr. Porno* [*vulgaire*] {3}: *Il n'aime pas les* **histoires de fesses**. *Er mag keine* ***Pornos***. ♦ **Une histoire à dormir debout** *loc. Histoire incroyable* {3}. *Eine* ***unglaubliche Geschichte.***

homasse *Adj. Péjoratif pour femme d'allure masculine* {1}. **Mannweib.**

homme *m. Homme digne de ce nom* {1}. ***Ein ganzer Kerl.*** ♦ **Homme à femmes** *expr. Homme qui entretient de nombreuses liaisons* {2}. ***Weiberheld*** / ***Frauentyp***. / Cet instinct d'homme à femmes lui faisait pressentir leurs goûts et leurs penchants. *Mit dem Instinkt des* ***Frauenkenners*** *erkannte er ihre Wünsche und Neigungen.* ♦ **Homme d'attaque.** *Un homme d'action* [*souvent au sport*] {1}. ***Angriffsspieler***. ♦ **Homme de goût** *expr. Homme de bon goût* {2}. ***Mann mit Geschmack.*** ♦ **Homme de main** *expr. Homme qui agit pour le compte d'un autre* {2}. ***Handlanger.*** ♦ **Homme-orchestre** *expr. Qui est bon pour tout* {2}. ***Alleskönner.*** ♦ **Homme de paille** *expr.* {1}. ***Strohmann***. ♦ **Homme de poids** *expr. Personnalité masculine importante* {2}: C'est un homme de poids. *Er ist ein* ***wichtiger Mann.*** ♦ **Comme un seul homme** *loc.adv. En plein accord, à l'unanimité* {2}: Nous avons agi comme un seul homme. *Wir haben* ***wie ein Mann*** *gehandelt.* / Ils travaillent comme un seul homme. *Sie arbeiten* ***Hand in Hand.*** ♦ **D'homme à homme** *loc.adv. En toute franchise* {1}: Parlons d'homme à homme. *Sprechen wir* ***von***

Mann zu Mann. ♦ **Etre homme / femme à** *loc. Etre capable de faire {2}*: Il est homme à le faire. *Er ist* ***Manns genug,*** *es zu tun.* ♦ **Ça fait beaucoup pour un seul homme** *loc. C'est trop [expression que les femmes utilisent aussi en parlant d'elles-mêmes] {3}*: Mon fils ne fout rien, ma femme me cocufie et mon patron vient de me foutre à la porte. Ça fait beaucoup pour un seul homme. *Mein Sohn tut nichts, meine Frau geht fremd, und mein Boss hat mich vor die Tür gesetzt. Das ist* **einfach zuviel für einen (*einzelnen*)** ***Mann.***

homo *m./Adj. Homosexuel {2}.* ***Homo.***

horaire *m. Travailleur payé à l'heure [existe de moins en moins] {3}*: C'est un horaire. *Er wird* ***nach Stunden bezahlt.***

horizontale *f. Prostituée {3}.* ***Eine vom horizontalen Gewerbe.***

horreur *Interj. {1}*: **Quelle horreur!** ***Wie furchtbar!*** ♦ *f.pl. Obscénités {2}*: Il ne raconte que des horreurs. *Er erzählt nur* ***Scheußlichkeiten / Sauereien.*** ♦ **J'ai vu assez d'horreurs pendant la guerre / j'ai assez vu d'horreurs pendant...** *loc. Exprime que qc. ou qn. déplaît {3}*: Mais enlève ce manteau, j'ai vu assez d'horreurs pendant la guerre. *Zieh bloß den Mantel aus,* ***der ist ja wie vierzehn-achtzehn.*** / Rhabille-toi, Huguette, j'ai assez vu d'horreurs pendant la guerre. *Zieh dich bloß wieder an, Huguette, ich hab* ***im Krieg schon genug Furchtbares erlebt.***

hosto *m. Hôpital {1}.* ***Krankenhaus.***

'h.s. *Abrév. Hors service, malade, qui ne fonctionne plus {2}*: Télé = h.s. Prière de ne pas s'en servir. *Fernsehen* ***außer Betrieb.*** *Bitte nicht einschalten.* / Je peux pas assister à votre réunion. Je suis h.s. *Ich kann an eurer Versammlung nicht teilnehmen, ich bin* ***kaputt.***

'hue *Adv.* → dia.

huile *f. Personnage important qui prend des décisions {1}*: Toutes les huiles étaient dans la tribune. *Die* ***ganze Prominenz*** *war auf der Tribüne.* / Les huiles. ***Die, die oben schwimmen.*** ♦ **Mettre de l'huile sur le feu** *loc. Exciter, envenimer une querelle {2}*: Cette réflexion va mettre de l'huile sur le feu. *Diese Bemerkung ist* ***Öl auf's Feuer.***

huit *m. invar.* **Faire des huit** *loc. Zigzaguer {3}.* ***Schlangen / Achten fahren.***

huitre *f. Personne stupide {3}.* ***Depp.*** ♦ *Crachat*, glaviot*. ***Gelber.***

humecter (s') *V.pr.* **S'humecter le gosier** *loc. Boire {2}.* ***Sich den Gaumen anfeuchten.***

'huppé *Adj. Riche et snob {2}*: Une famille huppée. *Eine* ***schnieke*** *Familie.* / Un type huppé. ***Piekfeiner*** *Pinkel.*

'hure *f.* **Se gratter la hure** *loc. Se raser {3}.* ***Sich den Bart abnehmen / sich rasieren.***

'hurler *V.t.* **Hurler de rire** *loc. Éclater de rire {B}*: Un spectacle à hurler de rire. *Eine Geschichte* ***zum Schreien.*** ♦ **Hurler avec les loups** *loc. Se conformer aux opinions d'un groupe ou faire comme si {1}*: Beaucoup ont préféré hurler avec les loups. *Viele haben lieber* ***mit den Wölfen geheult.***

'hussarde *f.* **A la hussarde** *loc. Brutalement, sans faire de préliminaires {2}*: Un gars qui prend les femmes à la hussarde. *Einer, der die Frauen* ***ohne Umschweife*** *nimmt.*

hyper [ipɛr] *Adj.* Super*, dingue*, méga* *{B}*: Une voiture hyper. *Ein* ***super Auto.***

hystéro *m. Hystérique, nerveux, excité {B}*: Au volant, c'est un hystéro. *Am Steuer ist er* ***hysterisch.***

I

i *m.* → mettre.

icigo/icicaille *Adv. Ici {3}.* ***Hier.*** / Je le vois pas icigo. ***Hier*** *ist er nicht.*

idée *f.* **Se faire des idées** *loc. Se faire des illusions {1}*: Tu te fais des idées. *Du* ***machst dir (selbst) was vor.*** ♦ **Avoir de la suite dans les idées** *loc. Réfléchir logiquement, être persévérant {2}*: Il a de la suite dans les idées. ***Er weiß, was er will. // Der denkt geradeaus.*** ♦ **On n'a pas idée de ça.** *Loc. C'est fou, ce n'est pas imaginable {2}.* ***Das übersteigt alle Begriffe.*** ♦ **Avoir des idées noires** *loc. Avoir une vue pessimiste, triste, mélancolique,* broyer du noir* *{1}.* ***Schwarzsehen.***

illico *{2} ou* **illico presto** *{1} Adv. Immédiatement.* ***Dalli!***

ils *Pr.pers. Ceux qu'on ne veut pas désigner autrement, par exemple le gouvernement, les patrons, les politiciens etc. {1}*: Ils m'ont vidé. ***Die*** *haben mich rausgeschmissen.* ♦ → eux.

imbibé *Adj. Ivre {3}.* ***Stockbesoffen.*** / Il est imbibé de bière. ***Ihm läuft das Bier aus den Knopflöchern 'raus.***

imbuvable *Adj. Insupportable {2}*: Un mec imbuvable. *Ein* ***ungenießbarer*** *Typ.*

impair *m. Maladresse, incorrection grave {1}*: J'ai fait un impair. *Ich hab einen* ***Schnitzer gemacht.***

impasse *f. Partie de programme non apprise pour un examen, possibilité mise sciemment à l'écart {2}*: J'avais fait l'impasse en géo. *In Geo* **hatte ich es drauf ankommen lassen.**

impayable *Adj. Comique, ridicule {1}*: Qu'est-ce qu'il peut nous faire rigoler. Il est impayable! *Kann der uns zum Lachen bringen. Er ist* **unbezahlbar***!*

impec [ɛ̃pɛk] *Abrév. Impeccable, impeccablement {1}*: Un travail impec. *Eine* **Klassearbeit.**

imper [ɛ̃pɛr] *m. Imperméable {2}*: Prenez votre imper, il pleut. *Nehmen Sie Ihren* **Regenmantel***, es regnet.*

impossible *Adj. Très désagréable {1}*: Une situation impossible. *Eine* **unmögliche** *Situation.* / Quand il a bu, il devient impossible. *Wenn er getrunken hat, wird er* **unmöglich.**

in [in] *Adj.inv.* **Etre in** *loc. A la mode {2}.* **In sein.**

incendier *V.t. Accabler de reproches et d'injures {2}*: Il s'est fait incendier par son patron. *Sein Chef* **hat ihm alles Mögliche an den Kopf geworfen.**

incollable *Adj. Qui peut répondre à toutes les questions {2}*: Un candidat incollable. *Ein* **bombensicherer** *Kandidat.*

incontournable *Adj. Inévitable {B}*: L'incontournable collègue. *Der* **unvermeidliche** *Kollege.*

indécrottable *Adj. Impossible à améliorer {1}*: Un cossard indécrottable. *Ein* **unverbesserlicher** *Faulpelz.*

indic [ɛ̃dik] *m. Indicateur de police {1}*: Dans les milieux de drogués, la police se sert de plus en plus d'indics. *In der Drogenszene bedient sich die Polizei zunehmend* **Spitzel.**

indisposée *Adj. Avoir ses règles {2}*: T'es indisposée? **Bist du unpäßlich?**

infâme *Adj. Mauvais {2}*: Tu mangerais cette bouillie infâme? – *Würdest du diese* **Mist***pampe fressen?* / Quelle voiture infâme! *So ein* **Mist***auto!*

info [ɛ̃fo] *f. Information {1}*: L'Elysée vient de publier une info. *Der Elyseepalast hat gerade ein* **Info** *veröffentlicht.* / Les infos de 8 heures. *Die 8-Uhr-***Nachrichten.**

inox [inoks] *m. Métal inoxydable {1}.* **Inox.**

inspecteur des travaux finis *expr. Pour qn. qui arrive quand le travail est terminé {3}*: Tiens! C'est maintenant qu'il arrive! L'inspecteur des travaux finis! *Haha! Jetzt kommt der auch schon!* **Das Arbeiterdenkmal!** / **Der Held der Arbeit!**

installer *V.t.* **En installer** *loc. Se faire valoir {3}*: La jeune vedette voulait en installer. *Das Starlet wollte* **sich in Pose setzen** / **Eindruck schinden.**

instit [ɛ̃stɪt] *m. Instituteur {1}.* **Grundschullehrer.**

intello *m./f. Intellectuel {1}.* **Intelligenzbestie.** / C'est pas l'intello qui gagnera alors le plus. *Dann werden nicht mehr die* **Studierten** *das meiste verdienen.* / Les intellos de la Fac. *Die* **Alleswisser** / **Besserwisser** *von der Uni.* ♦ **Intello de service** *expr. {2}.* **Klugscheißer (in).**

interdit de séjour *expr.m./Adj. Qui n'est pas accepté dans un lieu public ou dans une ville {1}*: Marcel **est interdit de séjour** à Paris. *Marcel hat* **Aufenthaltsverbot** *für Paris.*

interpellé *Adj. Sollicité, ému, touché {B}*: «C'est un voyage qui, comme beaucoup de Français, m'a interpellé» [*Laurent Fabius, Premier Ministre (nach Merle)*]. „*Das ist eine Reise, die mich, wie viele Franzosen,* **beeindruckt** *hat.*"

interro *f. Interrogation {1}.* **Klausur.**

intimes *m.pl.* **Pour les intimes** *loc.adv. Pour qualifier une appellation [souvent ironique] {3}*: Max Greffier, pour les intimes le grand Max, en était à son cinquième casse. *Max Greffier,* **für Eingeweihte** / **im Milieu** *der große Max, war bei seinem fünften Bruch.*

intox *f. Intoxication, action d'influencer les esprits, fausse information {2}.* **Vergiftung** / *Propaganda.* / Difficile pour les populations de résister à l'intox. *Für die Bevölkerungen wird es schwierig sein, der* **Lügenpropaganda** *zu widerstehen.* ♦ *Intoxication alimentaire.* **Nahrungsmittelvergiftung.**

invalo *m. Invalide {2}.* **Invalider.**

inventer *V.t.* **N'avoir pas inventé le fil à couper le beurre** *loc. Ne pas avoir inventé la poudre {2}.* **Das Pulver nicht erfunden haben.** ♦ **S'il n'existait pas, il faudrait l'inventer** *loc. Indique de façon admirative ou ironique que qn. est unique dans son genre {1}.* **Gäbe es den nicht, er müßte geboren** / **erfunden werden.**

iroquois *m. Adepte de de la coupe de cheveux hérissé sur crâne rasé, punk {1}.* **Irokese** / **Punker.**

italo *m./Adj. Italien [vieux, plus rare* Italboche*] (3).* **Italiener.**

itou *Adv. Idem, aussi {1}*: Toi itou. – **Mitou**? *Du* **auch**. – **Ich auch?**

J

Jacques *N.pr.* **Faire le Jacques** *loc. Faire l'imbécile {2}*: Cesse de faire le Jacques. *Hör auf, den* **dummen August** *zu* **spielen.**

jacter *V.i. Parler, médire {2}.* **Sich das Maul zerreißen.**

jalons *m.pl.* **Poser des jalons** *loc. Préparer le terrain {3}.* **Erste Kontakte knüpfen.**

jambe *f.* **La jambe!** *Interj. Tu m'ennuies {3}.* **Jetzt reicht's!** ♦ **Faire une belle jambe** *loc. Sans donner un véritable avantage {2}*: Le pompier tué a été décoré à titre posthume. Ça lui fait une belle jambe. *Der getötete Feuerwehrmann wurde posthum ausgezeichnet.* **Dafür kann er sich auch nichts (mehr) kaufen.** ♦ **Faire une partie de jambes en l'air** *loc. Amour physique {2}.* **Eine Nummer schieben.** ♦ **Par-dessous** *ou plus souvent* **par-dessus la jambe** *loc. Avec condescendance ou en se moquant {2}*: Il m'a traité par-dessus la jambe. *Er behandelte mich* **von oben herab.** ♦ **Prendre ses jambes à son cou** *loc. Courir, se dépêcher {1}.* **Die Beine in die Hand nehmen.** ♦ **S'en aller sur une jambe** *loc. Invitation à prendre encore un alcool {2}*: Tu peux pas t'en aller sur une jambe. **Auf einem Bein kannst du nicht stehen.** ♦ **Ça se fait sur une jambe** *loc. Très facile {2}.* **Das macht man mit links / einer Hand.** ♦ **Tenir la jambe** *loc. Importuner par une conversation {2}*: Désolée d'être en retard, le propriétaire m'a tenu la jambe. *Tut mir leid, daß ich zu spät bin, der Vermieter hat mich* **in ein Gespräch verwikkelt.** ♦ **Etre dans les jambes** *loc. Gêner {1}*: Les enfants sont sans arrêt dans mes jambes. *Die Kinder* **sind mir dauernd im Weg** / *[für Frauen]* **hängen mir dauernd am Rockzipfel.**

jar *m. L'argot des malfaiteurs [«sans usage social réel» {Cellard/Rey 449}] {3}.* **Gaunerargot.**

jaser *V.i. Médire, parler trop {2}*: Ses visites continuelles font déjà jaser les voisins. *Über seine ständigen Besuche* **quatschen** *schon die Nachbarn.*

jaspiner *V.i. Médire,* jaser* *{3}.* **Tratschen.**

jauger *V.t. Estimer {1}*: Il l'a jaugée à sa juste valeur. *Er hat sie richtig* **eingestuft.**

jaune d'œuf *expr.m. Crâne rasé {3}*: Yul Brunner était connu pour son jaune d'œuf. *Yul Brunner war wegen seiner* **Glatze** *bekannt.*

jaunisse *f.* **En faire une jaunisse** *loc. S'inquiéter, être bouleversé,* → maladie *{2}*: On ne va pas en faire une jaunisse. *Deshalb* **kriegen wir doch nicht die Gelbsucht! / ärgern wir uns doch nicht die Gelbsucht an den Hals!**

java *f.* **Faire la java** *loc. Faire la* bombe*, *la* foire* *{1}.* **Rambozambo / Rambazamba machen.**

javanais *m. Langage artificiel, réservé aux initiés {1}.* **Kauderwelsch / Fachchinesisch.** / L'informatique c'est du javanais pour moi. *Informatik ist für mich* **ein Buch mit sieben Siegeln.**

jean-foutre [ʒɑ̃futr] *m. Imbécile, crétin, bon à rien {2}.* **Blödmann / Spinner.**

jeans [dʒin] *m.pl. Pantalon {1}*: Les jeans délavés sont toujours in. *Verwaschene* **Jeans** *sind immer noch in.*

je dirais *loc. Tic de langage. Cette formule introduit une réponse {B}*: «La pilule avec un grand P, dans les années 1965–1966, met la femme, je dirais, dans une autre perspective.» *„Gerade die Pille eröffnet der Frau,* **würde ich doch sagen,** *andere Perspektiven."* [*Merle*].

jèse *m. Jésuite {3}*: Il a fait ses études chez les jèses. *Er hat die Schule bei den* **Jesuiten** *besucht.*

jésus *m. Adolescent efféminé ou homosexuel passif {3}.* **Süßer.** ♦ *Enfant mignon [surtout vocatif] {3}*: Mon petit jésus. *Mein kleines* **Leckerchen.**

jeter *V.t. Chasser, mettre à la porte {2}*: Ils l'ont jeté. *Sie haben ihn* **rausgeschmissen.** ♦ **N'en jetez plus. La cour est pleine** *loc. Assez, cela suffit {2}*: Cher ami, vos toiles sont tellement extraordinaires, époustoufflantes, étonnantes, merveilleuses... – N'en jetez plus, la cour est pleine. *Lieber Freund, Ihre Bilder sind dermaßen außergewöhnlich, beeindruckend, überraschend, wunderbar, daß... –* **Danke, danke, es reicht, es reicht.** ♦ **Jeter du jus / (en) jeter** *loc. Attirer l'attention {2}*: Son vison a jeté du jus. *Ihr Nerz hat* **Aufsehen erregt / war die Attraktion.** ♦ *V.pr.* **S'en jeter un** *loc. Boire {2}*: On s'en jette un? **Kippen wir einen? / S'en jeter un derrière la cravate** *loc.* → cravate. ♦ → bonnet. ♦ → pommade.

jeton *m. Coup {1}*: Prendre un jeton. *Einen* **Hieb** *einstecken.* ♦ *Petit coup {2}*: Il m'a filé un jeton à l'aile. *Er hat mir eine* **Delle** *in den Kotflügel gemacht.* ♦ **Avoir / foutre les jetons** *loc. Avoir ou faire peur {1}.* **Bammel haben / kriegen / Angst machen.** ♦ **Prendre un jeton** *loc. Regarder comme un voyeur {3}*: Et pendant qu'ils baisaient, lui, il prenait un jeton. *Und er* ***guckte*** *ihnen beim Vögeln* ***zu***. / Regarde-la sur la balançoire. **Ça vaut le coup de se payer un jeton.** *Guck mal die auf der Schaukel.* ***Bei der sieht man alles.*** ♦ **Faux jeton** *expr. Qui est malhonnête, hypocrite {1}.* ***Falscher Fuffziger.*** ♦ **Beau jeton** *expr. Jolie fille {3}.* ***Schönes Ding.*** ♦ **Vieux jeton** *expr. Homme d'un certain âge {2}.* ***Alter Knacker.***

jeu *m.* **Avoir beau jeu** *loc. Etre dans les conditions particulièrement favorables pour {2}.* ***Leichtes Spiel haben.*** / Vous avez beau jeu de me le conseiller. *Sie können mir* ***leicht*** *dazu raten/haben* ***gut reden***, *mir dazu zu raten.* ♦ **Cacher son jeu** *loc. Dissimuler ses intentions {1}.* ***Mit verdeckten Karten spielen.*** ♦ **Etre de jeu** *loc. Appartenir aux règles du jeu [uniquement à la forme négative] {2}:* **C'est pas de jeu!** ***Das ist nicht fair!*** ♦ **Faire / sortir le grand jeu** *loc. Étaler toutes ses aptitudes {2}:* Il a sorti le grand jeu pour séduire la fille. *Um das Mädchen zu verführen, hat er* ***alle Register gezogen.*** ♦ **C'est vieux jeu** *loc. Ce n'est rien de nouveau {1}.* ***Das ist kalter Kaffee.***

jeudi *m.* **La semaine des quatre jeudis** *expr.f. Jamais {3}.* ***Wenn Weihnachten und Ostern auf einen Tag fällt.***

jeunabre *m./Adj. Jeune, →* jeune *{3}.* ***Jung.***

jeune *Adj. Insuffisant {2}:* Une brique seulement? C'est un peu jeune. *Zehntausend nur? Das ist ein bißchen* ***mager.*** / Pas ce steak-là, c'est un peu jeune. *Das Steak nicht, das ist ein wenig* ***klein***.

jeunesse *f. Jeune fille {2}:* Il a épousé une jeunesse. *Er hat ein* ***junges Ding*** *geheiratet.*

jeunot *m./Adj. Jeune, adolescent {1}:* Le petit jeunot qui travaille chez l'épicier. *Der* ***Kleine***, *der beim Lebensmittelhändler arbeitet.*

jinjin *ou* **gingin** *m. Cerveau {3}:* Il n'a rien dans le jinjin. *Der hat nichts im* ***Kopf.***

j'm'en-fichisme *{2} ou* **j'm'en-foutisme** *{1} m. Insouciance {1}:* Elle fout rien à la maison. Le j'm'en-fichisme total. *Die tut zu Hause keinen Schlag. Eine völlige* ***„Leck-mich-doch...-Haltung"***.

j'm'en-fichiste *{2} ou* **j'm'en-foutiste** *m. Qui s'en* fout* *{3}.* ***Jmd., dem alles schnuppe ist / jmd. mit einem „leck-mich-am-Arsch-Standpunkt".***

job *m. Emploi temporaire ou/et bien rémunéré {1}.* ***Job.***

jobard *m. Crédule, dupe, fou {2}.* ***(Leichtgläubiger) Trottel.***

jobarderie *ou* **jobardise** *f. Bêtise, crédulité, niaiserie {2}.* ***Trottelei.***

jobber *V.t. Avoir un job {2}:* Il jobbe à la librairie. *Er* ***jobbt*** *in der Bücherei.*

joie *f.* **C'est pas la joie!** *Loc. Euphémisme pour désigner une situation difficile {2}:* Travailler avec elle, c'est pas la joie! *Mit ihr zu arbeiten* ***ist nicht gerade ein Vergnügen.***

joint [ʒwɛ̃] *m. Cigarette de haschisch {2}:* ***Joint.***

joisse [ʒwas] *Adj.inv. Content, joyeux {3}:* Il n'était pas joisse. *Er war nicht gerade* ***entzückt.***

jojo *m./Adj. Enfant {2}:* **Un affreux jojo.** ***Ein Satansbraten.*** ♦ *Adj. Joli {2}:* Il n'est pas jojo. *Er ist nicht gerade* ***schön***. / C'est pas très jojo! *Ist ja nicht so* ***toll!*** ♦ *Dans une situation désavantageuse, être acculé {1}:* **Me voilà jojo.** ***Jetzt sitz' ich in der Patsche/bin ich gelackmeiert.***

joli *Adj.* **C'est pas joli joli!** *Loc. C'est plutôt désagréable [euphémisme] {2}:* Le mariage, c'est pas toujours joli joli! *Die Ehe* ***ist nicht immer das reinste Zuckerschlecken.***

jouasse → joisse.

jouer *V.t.* **Jouer des flûtes / en jouer un air** *loc.* → air, → flûtes. ♦ **Jouer à la châtaigne / la castagne** *loc. Jouer dur, au sport {2}:* 'Y a pas que les Anglais qui jouent à la châtaigne. *Nicht nur die Engländer* ***gehen voll rein.*** ♦ **Jouer pour du beurre** *loc. Jouer sans compter {2}.* ***Aus Spaß / nicht ernst spielen.***

jouir *V.i. Éprouver l'orgasme {2}:* Elle a beaucoup joui. *Sie* ***„war*** *total* ***weg"***. ♦ *Subir une grande douleur {2}:* Le dentiste m'a fait jouir. *Der Zahnarzt hat mich* ***gepiesackt.*** / Quand je me suis coincé le doigt, j'ai joui. *Als ich mir den Finger geklemmt habe,* ***hab ich die Engel singen hören.***

jouissif *Adj. Qui fait jubiler ou donne de très fortes sensations, surtout des douleurs {2}:* Se faire extirper une dent de sagesse, c'est jouissif. *Sich einen Weisheitszahn ziehen lassen, ist* ***„reizend"***.

jour *m.* **Ça craint le jour** *loc. C'est une marchandise louche qui ne doit pas être montrée {3}.* ***Das scheut das Licht der Sonne.*** ♦ **Demain il fera jour** *loc. Pour: On remet un travail à demain {1}.* ***Morgen ist auch noch ein Tag!*** ♦ **Au jour d'aujourd'hui** *expr. De nos jours {1}:* Au jour d'aujourd'hui, les jeunes se foutent des personnes âgées. ***Heutzutage*** *pfeifen die Jungen auf die Alten.* ♦ **D'un jour à l'autre** *expr.adv. Bientôt {1}:* Le patron n'est pas encore de retour. Mais il viendra d'un jour à l'autre. *Der Chef ist noch nicht wieder da. Aber er muß* ***jeden Tag / bald*** *kommen.*

journée *f.* **Toute la sainte journée** *expr.adv. Pendant toute la journée {2}.* ***Den lieben langen Tag lang.***

joyeuses *f.pl. Testicules {2}.* Filer un coup dans les joyeuses. *In die* ***Eier*** *hauen.*

juif *Adj. Avare {2}.* ***Knauserig.***

jules *m. Époux ou concubin,* marcel* *{1}:* T'amènes ton jules? *Bringst du deinen* ***Macker*** *mit?* ♦ *Vase de nuit {3}:* Il lui faut un jules, il vient d'être opéré. *Er braucht* ***eine Flasche***, *er ist frisch operiert.*

julot *m. Homme dont on ne connaît pas le nom,* mec* *{3}*: Tu connais ce julot? *Kennst du den* ***Kauz****?*

junkie *m. Habitué aux drogues {B}*. ***Junkie.***

jupette *f. Jupe très courte, s'arrêtant à mi-cuisse {1}*. ***Röckchen.***

Jupiter *N.pr.* **Se croire sorti(e) de la cuisse de Jupiter** *loc. Etre très orgueilleux {3}*. ***Sich für Graf Rotz / etwas Besonderes halten.***

jurer *V.t.* **Jurer ses grands dieux** *loc. {1}*: Il avait juré ses grands dieux qu'il n'avait rien vu. *Er hatte* **hoch und heilig geschworen,** *daß er nichts gesehen hatte.*

jus *m. Courant électrique {1}*: 'Y a plus de jus. *Es ist kein* **Saft** *mehr drauf.* ♦ *Eau, bain {2}*: Plonge-toi dans le jus. *Steig ins* ***Bad.*** ♦ *Café {1}*: On prend un jus? *Trinken wir ein* ***Käffchen****?* ♦ **Ça vaut le jus** *loc. Cela vaut la peine {1}*. ***Das ist die Sache wert.***

juste *Adj.* **Comme de juste** *expr.adv. Évidemment {2}*: Comme de juste, il ne voulait pas me donner les informations. ***Wie erwartet / natürlich*** *wollte er mir die Informationen nicht geben.* ♦ *Qui suffit à peine {1}*: Pour dix personnes, le gigot est un peu juste. *Für zehn Personen ist die Keule* **ein bißchen wenig**. / *Ton manteau est un peu juste. Dein Mantel ist* **ein bißchen eng.** ♦ *Adv.* **Arriver un peu juste** *loc. Arriver un peu tard {1}*. **Ein bißchen spät kommen.** ♦ **Très juste, Auguste!** *Expr. {3}*. *[Etwa]* ***So ist es! / Du sagst es!***

juteux *Adj. Épatant, bien payé {2}*: Une copie juteuse. *Eine* **eins-a** *Klausur.* / Un boulot juteux. *Ein* **prima** (**bezahlter**) *Job.* ♦ Une histoire juteuse. *Eine Geschichte,* **die Folgen haben wird** / **Skandalgeschichte**.

j'veux dire *loc. Tic de langage [selon Pierre Merle «inévitable dans toutes les conversations branchées»] {B}*: «Tu vois, j'veux dire, à la limite, je crois que je l'aime quelque part...» *„Guck mal,* **ich meine**, *vielleicht, ich glaube, ich liebe ihn irgendwo auch..."*

K

kasbah *f. Maison {3}*: Ah, cette kasbah! Toujours du boucan. *Ah dieses* ***Irrenhaus****! Immer Krach.*

kès *m.* → caisse.

khâgne *f. Classe préparatoire à l'École Normale Supérieure, section lettres, ou* cagne *{2}*. ***Vorbereitungsklasse der „Normale Sup".***

khâgneux *m. Élève de* khâgne* *{2}*. ***Khâgne-Schüler.***

kif *m. Chanvre indien mélangé au tabac {2}*. ***Kif.***

kif-kif *Adv. Autant, pareil {1}*: Que ça te plaise ou non, c'est kif-kif. *Ob es dir gefällt oder nicht ist* **Jacke wie Hose.**

kiki *m. Cou {2}*: Il lui a serré le kiki. *Er hat ihm den* ***Hals*** *zugedrückt.* ♦ **C'est parti mon kiki!** *Loc.* Ça y est, ça marche *{2}*. ***Es klappt, mein Gutster!***

killer [kılœr] *Tueur {B}*. ***Killer.***

kilo *m.* → déposer.

kino *m. Cinéma {3}*. ***Kino.***

Kishi Du(h)oduma [kiʃidyodymɑ] *N.pr. Japonais [jeu de mots à partir d'un nom japonais authentique; on remarque l'homonymie avec* qui chie du haut du mât*] {3}* → Yamamoto Kaderaté. ***Mitsubishi***. [*Da* Kishi *als Vorname behandelt wird, ist keine Pluralbildung möglich.*] / T'as téléphoné à Kishi Duoduma? *Hast du mit dem* ***Mitsubishi*** *telephoniert?*

knockout [nɔkawt] *m. L'abréviation en est* K.O. *{2}*. ***Knock out.***

knockouter *V.t. Battre par* knockout* *{3}*: Il l'a knockouté. *Er hat ihn* ***ausgeknockt / k.o. geschlagen.***

kopeck *m.* **Pas un kopeck** *loc. Sans sous, sans* un* *{2}*. ***Keinen grünen Heller / keine Kopeke.***

krack [krak] *et plus souvent* **crack*** *m. Champion dans sa spécialité {1}*: C'est un crack. *Das ist ein* ***Könner.***

L

là *Adv.* **Se poser là** *loc. Etre à la hauteur {2}*: Comme emmerdeur, **il se pose un peu là.** *Als Quälgeist* ***funktioniert er schon wie eine Eins.***

là-bas *Adv. Lieu qu'on préfère ne pas nommer [prison, camp, asile d'aliénés, etc.] {2}*: Pierre est là-bas? ***Ist Pierre drin?*** ♦ *Se réfère à un lieu connu de l'interlocuteur {1}*: Quand est-ce que Papa revient de là-bas? *Wann kommt Papa von* ***da unten*** *zurück?*

labo *m. Laboratoire {2}.* ***Labor.***

lac *m.* **Etre dans le lac** *loc. Etre ruiné, échouer {2}*: Son projet est tombé dans le lac. *Sein Plan ist* ***im Teich.*** / Il est dans le lac. *Er ist* ***am Ende.***

lâchage *m. Abandon, rupture {2}*: Le lâchage de ses enfants, elle le lui pardonnera jamais. *Das* ***Im-Stich-Lassen*** *der Kinder verzeiht sie ihm nie.*

lâcher *V.t. Quitter, rompre, abandonner {1}*: Le soldat avait lâché son poste. *Der Soldat hat seinen Posten* ***im Stich gelassen.*** / Il a lâché ses études. *Er hat sein Studium* ***geschmissen.*** ♦ **A toi de les lâcher** *loc. A toi de payer {1}*: ***Du bist dran mit Löhnen.*** ♦ **Les lâcher avec un élastique** *loc.* → élastique. ♦ **Lâcher le morceau** *loc. Avouer, se mettre à table {3}*: Après trois nuits d'interrogatoire, il a lâché le morceau. *Nach drei Nächten Verhör hat er* ***ausgepackt.*** ♦ **Lâcher** *{1}* / **lâcher une perle** *{2} loc. Péter, lâcher un vent {2}*: Qui a lâché? *Wer hat* ***einen ziehen lassen*** / ***Schirm stehen lassen****?* ♦ → baskets. ♦ → lest.

lâcheur *m. Qui ne tient pas ses engagements {2}*: Tu ne sors pas avec nous? Lâcheur! *Gehst du nicht mit uns aus? Du* ***treulose Tomate!***

laid *Adj.* **Laid comme un pou** *loc.adv. Etre très laid {1}.* ***Potthäßlich.***

laine *f.* **Petite laine** *expr.f. Vêtement de laine {1}*: N'oublie pas ta **petite laine.** *Vergiß deine* ***Strickjacke*** *nicht.* ♦ **Se laisser manger la laine sur le dos** *loc. Se laisser dépouiller ou injurier sans résistance {2}.* ***Sich alles gefallen lassen.*** / Il gagnerait énormément s'il ne se laissait pas manger la laine sur le dos. *Er würde enorm verdienen, wenn er* ***sich nicht das Fell über die Ohren ziehen ließe.***

laisser *V.t.* **laisser choir** / **glisser** / **tomber** *loc. Abandonner, ne plus s'intéresser à qc. {1}*: Il a laissé tomber sa femme. *Er hat seine Frau* ***in den Wind geschossen.*** ♦ **Laisser pisser (le mérinos)** *loc. Laisser faire, ne pas intervenir {1}*: Il s'en fout maintenant. Il laisse pisser. *Es ist ihm jetzt wurscht.* ***Er läßt alles laufen.*** ♦ **Laisser des plumes** *loc. Perdre [souvent de l'argent] {1}*: Dans cette affaire, la banque a laissé pas mal de plumes. *Bei diesem Geschäft hat die Bank ganz schön* ***Federn gelassen.*** ♦ **C'est à prendre ou à laisser** → être.

lait *m.* **Boire du petit-lait** *loc.* → petit-lait.

laïus [lajys] *m. Discours, allocution, article [étudiants] {1}*: A la fin du banquet, tu fais un laïus. *Am Ende des Banketts hältst du eine* ***kleine Rede.*** ♦ *Baratin* {2}*: C'est que du laïus. *Das ist nur* ***Larifari.***

laïusser *V.i. Prononcer un discours, une conférence, un cours magistral {3}*: Un prof de lycée qui aime laïusser. *Ein Studienrat, der gerne* ***„Vorlesungen" hält.***

lame *f. Couteau {3}.* ***Messer.*** ♦ *Homme valable [milieu] {3}.* ***Kerl.***

lampe *f.* **S'en mettre plein la lampe** *loc. Boire et manger copieusement {1}*: Chaque fois qu'ils sont invités, ils s'en mettent plein la lampe. *Immer wenn sie eingeladen sind,* ***hauen*** *sie* ***sich den Wanst voll*** / ***saufen*** *sie* ***sich voll.***

lampiste *m. Employé subalterne {2}*: C'est toujours le lampiste qui trinque. *Der* ***kleine Mann*** *muß es immer auslöffeln.* / Ils ont arrêté quelques lampistes. *Sie haben einige* ***Handlanger*** / ***kleine Fische*** *verhaftet.* ♦ **Il faut toujours un lampiste** *loc. On a toujours besoin d'un coupable {3}. Man braucht immer* ***einen, dem man alles anhängen kann.***

lance-pierre *m.* **Manger avec un lance-pierre** *loc. Manger très vite et mal {1}*: Il ne prend jamais le temps de dîner, il mange toujours avec un lance-pierre. *Er nimmt sich nie die Zeit, zu Mittag zu essen, er* ***ißt*** *immer* ***hopp-hopp.*** ♦ *Ne rien manger du tout ou bien suivre un régime très sévère {1}.* ***Tapeten essen.***

lancer *V.i. Élancer, avoir des élancements, des douleurs subites {1}*: Ma jambe me lance. *Mein Bein* ***tut mir weh.*** / *Ich habe* ***Stiche in den Beinen.***

langouse *f. Langue {3}*: Quelle langouse! *Welch eine* ***Sprache!*** ♦ **Filer une langouse à qn.** *loc. L'embrasser sur la bouche {3}.* ***Küssen.***

langue *f.* **Donner sa langue au chat** *loc.* → chat. ♦ **Ne pas avoir sa langue dans sa poche** *loc. Savoir se défendre {2}*: ***Nicht auf den Mund gefallen sein***/***Haare auf den Zähnen haben.*** ♦ **Avoir la langue trop longue** *loc. Ne pas savoir* *garder un secret {2}*. ***Nicht dicht halten.*** ♦ **Avoir la langue bien pendue** *loc. Avoir la parole facile et hardie [souvent des femmes] {2}*. ***Haare auf den Zähnen haben.*** ♦ **Avoir une langue de vipère** *loc. Etre très médisante {2}*: Elle a une langue de vipère, ta voisine. *Das* ***ist*** *eine* ***Giftspritze****, deine Nachbarin.* ♦ **Avoir un mot sur le bout de la langue** *loc. Avoir du mal à se souvenir d'un mot {2}*. ***Das Wort auf der Zunge haben.***

languir (se) *V.pr. Souffrir d'une attente, d'une absence {1}*: Elle se languit d'un mec. *Sie* ***braucht einen*** *Mann.*

lanterne rouge *expr.f. Le dernier dans un peloton, une course, etc. {1}*: Voilà la lanterne rouge. *Da kommt das* ***Schlußlicht.***

lap *Adv. Rien {3}*: Bon à lap. *Zu* ***nichts*** *nutze.*

lapin *m. Coureur de jupon [pour une femme, on dit* chaude, nymphomane] *{2}*: Un **fameux lapin**. *Ein* ***toller Hecht.*** / Un **chaud lapin** *expr. Homme qui court les femmes ou femme qui aime les hommes {1}*. ***Heißer Typ / heiße Hexe.*** ♦ **Mon petit lapin en sucre!** *Expr. [Mot tendre] {3}*. ***Mein Zuckerschnäuzchen / Sugarbaby.*** ♦ **Poser un lapin** *loc. Manquer volontairement un rendez-vous {1}*: Il m'a posé un lapin. *Er hat mich* ***versetzt.*** ♦ **Faire le coup du lapin** *loc. Coup sur la nuque brisant les vertèbres {1}*: Il a eu le coup du lapin. *Er hat sich* ***das Genick gebrochen.*** / Il lui a fait le coup du lapin. *Er hat ihm einen* ***Genickschlag verpaßt.*** ♦ **Ça sent le lapin** *loc. Cela pue {3}*. ***Es stinkt.*** ♦ → courir.

larbin *m. Domestique {3}*: Il me prend pour son larbin. *Er hält mich für seinen* ***Lakaien.***

lard *m. Peau*: **Sauver son lard.** ***Seine Haut retten.*** ♦ **Se gratter le lard** *loc. Se gratter {3}*. ***Sich kratzen.*** ♦ **Se faire du lard** *loc. S'engraisser, ne rien faire {2}*. ***Speck ansetzen / (vor Faulheit) dick und fett werden.*** ♦ **Tête de lard** *f. Personne obstinée {1}*. ***Dickkopf / Querkopf.***

lardon *m. Jeune enfant {1}*. ***Knirps / Put / Balg.***

large *m./Adj. Généreux {3}*. *Großzügig.* ♦ **L'avoir large** *loc. Avoir de la chance [pour certains le pronom remplace* cul*, trou* de balle*] {3}*. ***Schwein haben.*** ♦ **Prendre le large** *loc. S'enfuir {1}*. ***Türmen.*** ♦ **Ne pas en mener large** *loc. Etre dans une situation embarrassante et avoir peur {3}*. ***Sich nicht wohl in seiner Haut fühlen.***

largeurs *f.pl.* **Dans les grandes largeurs** *loc.adv. Largement, grandement {3}*: Il se fout de moi dans les grandes largeurs. *Der veräppelt mich* ***nach Strich und Faden.***

larguer *V.t. Abandonner, rompre {1}*: Quand il a vu la tournure que ça prenait, il a largué tout ce qui le gênait. *Als er erkannte, wie sich das Blatt wendete, hat er alles* ***drangegeben****, was ihm hinderlich war.* ♦ **Larguer les amarres** → amarres.

larmichette *f. Petite larme {3}*. ***Tränchen.*** ♦ *Toute petite quantité {3}*: Vous reprenez bien un peu de cognac? – Juste une larmichette. *Nehmen Sie noch etwas Cognac? – Nur ein* ***Tröpfchen.***

larmicheur *m. Personne larmoyant {3}*. ***Flenner.***

lascar *m.* Débrouillard* *{1}*: Quant à toi, mon lascar, je t'aurai un jour. *Und dich, mein* ***Bester****, erwisch' ich eines Tages.* / C'est un sacré lascar. *Das ist ein* ***gerissener Hund.*** / **Drôle de lascar** *expr. Drôle de type {2}*. ***Seltsamer Vertreter.*** ♦ *Type {1}*: Quand je pense au lascar du marché... *Wenn ich an den* ***Burschen*** *vom Markt denke...*

latin *m.* **Etre au bout de son latin** *loc. Ne plus savoir s'en sortir {1}*. ***Mit seinem Latein am Ende sein.*** ♦ **Y perdre son latin** *loc. N'y rien comprendre {1}*: On y perd son latin! ***Daraus soll einer klug werden!***

latte *f. Chaussure {1}*. ***Treter.*** ♦ **Coup de latte** *expr. Coup de pied {1}*: Filer une paire de baffes et un coup de latte. *Einen Satz Ohrfeigen und einen* ***Tritt*** *verabreichen.* ♦ *Ski {2}*: N'oublie pas tes lattes. *Vergiß deine* ***Bretter*** *nicht.* ♦ **En avoir plein les lattes** *loc. Etre très fatigué {1}*: J'en ai plein les lattes. J'ai envie de dormir. *Ich bin* ***todmüde****. Ich will schlafen.* ♦ **Traîner ses lattes quelque part** *loc. Séjourner {3}*. ***Sich irgendwo herumtreiben.***

laurier *m.* → reposer.

lavasse *f. Café ou potage trop liquide {2}*. ***Bodensehkaffee / Spülwasser.***

lavedu *m./Adj. Imbécile, bon à rien,* cave* *{3}*: C'est une lope, un lavedu, un rien du tout. *Das ist eine Qualle, eine* ***Null****, ein Nichts.*

laver la tête *loc. Réprimander {3}*: Il lui a lavé la tête. *Er hat ihm den* ***Kopf gewaschen.***

lavette *f. Personne molle et sans énergie {2}*. ***Waschlappen / feiger Hund.***

lazingue *m. Portefeuille,* → récal *{3}*. ***Brieftasche.***

léchard *m.* → lécheur.

lèche *f. Flagornerie, basse flatterie {2}*: Elle va encore **faire de la lèche.** *Sie geht wieder* ***schleimen.*** / C'est de la lèche. *Das ist* ***Speichelleckerei.***

léché *Adj. Exécuté minutieusement [exclusivement avec le mot* tableau] *{2}*: **Un tableau léché.** ***Ein picobello Bild.***

lèche-bottes *{2}* / **lèche-cul** *{2} m. Flatteur, flagorneur, un «suspect»* [suce-pet!]. ***Stiefellekker / Arschlecker / Speichellecker.***

lèche-vitrines *m.* **Faire du lèche-vitrines** *loc. Regarder les étalages dans les vitrines {1}. Einen* ***Schaufensterbummel machen.***

lécher *V.t. Pratiquer le cunnilingus {3}*. ***Lecken.*** ♦ **Lécher les amygdales** *loc. S'embrasser sur la bouche, rouler une* galoche* *{2}*. ***Knutschen.*** ♦ **Lécher les bottes** *{2} ou bien* **le cul** *{3} loc. S'abaisser par flagornerie. Die* ***Stiefel*** */ den* ***Arsch ablecken.*** ♦ **Lécher les vitrines** *loc.*

S'attarder aux étalages, les regarder avec plaisir {1}. ***Schaufenster gucken.*** ♦ *V.pr.* **S'en lécher les doigts** *ou bien* **les babines** *loc. Manger un plat succulent avec un vif plaisir {2}.* ***Nach Herzenslust essen.*** ♦ *Attendre qc. ou qn. avec un vif plaisir*: Quand je pense à la soirée de demain, je m'en lèche déjà les babines. *Wenn ich an den morgigen Abend denke,* ***läuft mir schon das Wasser im Munde zusammen.***

lécheur *ou* **léchard** *m. Flatteur, flagorneur {1}.* ***Speichellecker / Stiefellecker.***

légitime *f. Epouse {3}*: Je te présente ma légitime. *Ich stelle dir meine* ***Angetraute*** *vor.*

légume *f. {3}*: J'ai de la bonne légume, ma p'tite dame. *Ich hab prima* ***Gemüse,*** *gute Frau.* ♦ *Personne sans aucun élan {2}*: Depuis son accident, il **n'est plus qu'une légume**. *Seit seinem Unfall ist er* ***ein Schlappmann.*** ♦ **Une grosse légume** *expr. Un personnage important {1}.* ***Ein hohes Tier.***

lerche *Adj. Cher [s'emploie surtout à la forme négative] {2}*: Ça vaut pas lerche. *Das ist* ***nichts*** *wert / taugt* ***nicht viel.*** ♦ *Adv. Beaucoup {1}*: 'Y en a pas lerche. *Davon gibt's* ***keine Unmengen.***

les *Pron. Remplace testicule dans certaines tournures, par exemple*: → cailler, → casser, → gonfler.

lessivé *Adj. Épuisé de fatigue {1}*: Je suis lessivé. *Ich bin* ***ausgelaugt.***

lest *m.* **Lâcher du lest** *loc. Faire de petites concessions {2}*: Le gouvernement a lâché du lest. *Die Regierung hat* ***Zugeständnisse gemacht.***

lettre *f.* **Passer comme une lettre à la poste** *loc. Passer sans problème, sans obstacle {2}.* ***Durchgehen wie nichts.***

levage *m. Racolage {3}*: La frangine est une excellente gagneuse. Elle fait ses dix levages par nuit. *Die Schwester ist eine unheimliche Anschafferin. Sie macht so ihre zehn* ***Aufreißer / Freier*** *pro Nacht.*

lever *V.t. Racoler, séduire {2}*: Lever une poulette. *Eine Maus* ***aufreißen / angraben.*** ♦ **Lever le coude** *loc. Aimer boire {1}.* ***Gerne einen heben.*** ♦ → lièvre.

levis [levɪs] *m. Pantalon, blue-jeans, souvent de la marque Levis {3}.* ***Levis.***

levrette *f.* **En levrette** *loc.adv. Se dit du coït, more canino, a tergo {3}*: Il l'a prise en levrette. *Er hat sie* ***von hinten*** *genommen.*

lézard *m. Fainéant {1}.* ***Faultier.*** ♦ **Faire le lézard** *loc. Se chauffer paresseusement au soleil {1}.* ***Sich in der Sonne aalen.***

lézarder *V.i. Fainéanter, souvent en s'exposant au soleil {1}*: On va lézarder pendant trois jours. *Drei Tage lang werden wir* ***uns in der Sonne schmoren lassen.***

Libé *m. Le journal «Libération» {3}.* ***Libération*** [*Zeitung*].

libéré *m./Adj. Se dit de toute personne qui a su apparemment se libérer de certains tabous {B}*: Un mec libéré. *Ein Typ* ***ohne Komplexe.***

libre à toi *loc. A toi de décider {1}*: Si tu préfères y aller, libre à toi. *Wenn du hingehen willst,* ***tu's doch...*** / ***von mir aus...***

licher *V.t. Boire {2}*: On va licher un coup? ***Süffeln*** *wir einen!*

licheur *m. Buveur {3}.* ***Saufkopf.***

lieues *f.* **A cents lieues (d'ici)** *loc. Très loin, quelque part {1}*: A cent lieues vers le nord. ***Irgendwo oben*** *im Norden.*

lieute *m. Lieutenant {3}.* **Leutnant** [*dt.* [luːˈtenənt] *amerikanische Aussprache*].

lièvre *m.* ***Avoir une mémoire de lièvre*** *loc. Tout oublier {1}.* ***Ein Gedächtnis wie ein Sieb haben.*** ♦ **Lever un lièvre** *loc. Poser une question imprévue et embarrassante {3}.* ***Den Stein ins Rollen bringen / schlafende Hunde wecken.***

limace *f. Chemise {2}.* ***Hemd.***

limer *V.t. Baiser {3}.* ***Rammeln.***

linge *m.* **Du beau linge** *loc. Du beau monde {2}*: Les P.D.G., quelques mandarins de la fac, un journaliste d'Antenne 2, et même Madame le Ministre, il y avait du beau linge. *Generaldirektoren, einige Starprofessoren von der Uni, ein Journalist von Antenne 2, ja sogar Frau Ministerin, es waren viele* ***hohe Tiere*** *da.* ♦ **Laver son linge sale en famille** *loc. Ne pas échanger des arguments compromettants devant une troisième personne {1}*: Vous feriez mieux de laver le linge sale en famille. *Sie täten besser daran,* ***Ihre schmutzige Wäsche zu Hause zu waschen.***

linger *V.t. Vêtir {3}*: Il linge les gosses chez René. *Er* ***kleidet*** *die Kinder bei René* ***ein.***

lino [lino] *m. Linoléum {1}.* ***Linoleum.***

lion *m. Homme énergique et courageux {1}.* ***Tiger.*** ♦ **Avoir bouffé du lion** *loc. Etre très énergique {2}.* ***Einen Tiger im Bauch haben.*** ♦ *Bien réussir grâce à son énergie {1}*: Il **se défend comme un lion.** *Er* ***kämpft wie ein Löwe.***

liquette *f. Chemise {3}.* ***Hemd.***

liquide *m. Argent disponible immédiatement, cash* {1}*: Du liquide ou on se barre. ***Bares*** *oder wir hauen ab.*

liquider *V.t. Se débarrasser {1}*: Il a liquidé tout l'argent non-lavé. *Er hat das ganze nicht-gewaschene Geld* ***weggeschafft.*** ♦ *Ruiner {1}*: Il a liquidé son concurrent. *Er hat seinen Konkurrenten* ***allegemacht.*** ♦ *Tuer {1}*: Jo la Balafre a liquidé tous ces concurrents. *Joe, die Narbe, hat alle seine Konkurrenten* ***liquidiert.***

lisbroquer *V.i. Uriner {3}.* ***Schiffen.*** / On va lisbroquer un coup? Gehen wir ***pissen?***

Lisette *N.pr.* **Pas de ça Lisette** *loc. Refus, négation {3}*: Pas de ça Lisette. Donnez-moi plutôt *des* (pêches) fraîches. ***Von denen da nicht! / Das nicht!*** *Geben Sie mir lieber von den frischen (Pfirsichen).* / Je te surveille. Pas de ça, Lisette! *Ich paß auf dich auf.* ***So nicht!***

lit *m.* **Etre tombé du lit** *loc. S'être levé très tôt, contrairement à son habitude* {*3*}: Mais qu'est qui t'arrive, d'être debout à cette heure-ci, t'es tombé du lit? *Was ist denn mit dir los? Um die Zeit schon auf den Beinen.* ***Bist du aus dem Bett gefallen?*** ♦ **S'il / elle tombait dans mon lit, j'irais pas coucher dans la baignoire** *loc. Je serais enclin à faire l'amour avec lui/elle* {*3*}. ***Den / Die würd' ich auch nicht von der Bettkante schubsen.***

litron *m. Bouteille d'un litre de vin* {*1*}: Ramène un litron! *Bring einen* **Liter** *mit!*

locdu *m. Bizarre, fou,* timbré* {*2*}: Regarde ce locdu. *Guck dir den* **Penner** / **Spinner** *an.* ♦ *Bon à rien* {*2*}: Quel locdu! *So ein* **Penner**!

lolo *m. Lait* {*1*}: Fais dodo, t'auras du lolo. *Mach Heia, du kriegst auch* **Milla** [*Wiegenlied*]. ♦ *Seins* {*1*}. ***Titten.***

longuet *Adj. Un peu (trop) long, en parlant d'un film ou d'un livre* {*2*}: Une histoire un peu longuette. *Eine etwas* **langatmige** *Geschichte.*

look *m. Apparence, allure* {*2*} {*B*}: Son look farfelu. *Ihr überdrehter* **Look.** / Le new look de la diplomatie soviétique. *Der neue* **Look** *der Sowjetdiplomatie.*

lope {*1*} / **lopette** {*2*} *f. Homosexuel.* **Schwuli.** ♦ *Lâche, dégonflé, faible* {*2*}. **Weichling.**

loque *f. Personne sans énergie* {*2*}: La peur en avait fait une véritable loque. *Die Angst hatte einen* **Schlappschwanz** *aus ihm gemacht.* / Se sentir comme une loque. *Sich ausgelaugt fühlen.*

loquedu *m.* → locdu.

loquer *V.t. Habiller* {*2*}: Elle est toujours bien loquée. *Sie* **trägt immer tolle Klamotten.** / Comment tu t'es loquée aujourd'hui? *Wie hast du dich denn heute* **angeschustert**? ♦ **(se)** *V.pr. S'habiller* {*2*}: Ils se loquent en v.p.c. *Sie* **kaufen** *ihre* **Klamotten** *im Versandhandel.*

loques *f.pl. Vêtements* {*2*}. **Klamotten.** / *Vêtements usés*: Son fils est revenu en loques. *Ihr Sohn ist in* **Lumpen** *zurückgekommen.*

lorgner *V.t. Regarder,* loucher* *avec convoitise* {*2*}: Il lorgne la fille? Penses-tu! Il lorgne surtout du côté de son fric. *Er* **gafft** *dem Weib nach? Denkste! Er ist eher auf ihr Geld* **scharf**.

lot [lo] *m. Jeune femme désirable et susceptible d'être facilement séduite* [*toujours avec un qualificatif*] {*1*}: Un joli / petit / beau lot. *Ein* **Klasseweibchen.** ♦ **Gagner le gros lot** *loc. Faire fortune subitement, bénéficier d'une chance énorme* {*1*}: Avec elle, il a gagné le gros lot. *Mit ihr hat er* **das große Los gezogen.**

loterie *f. Entreprise dans laquelle semble intervenir le hasard* {*1*}: Le mariage, c'est une loterie. *Die Ehe ist ein* **Lotteriespiel.**

loti *Adj. Etre favorisé ou désavantagé par le sort* {*1*}: Avec le fils du voisin, elle est bien // mal lotie. *Mit dem Nachbarssohn ist sie* **eins-a** // **schlecht bedient.**

loto *m. Sorte de loterie* {*1*}. **Lotto.** ♦ **Des yeux en boules de loto** *expr.adv. Des yeux ronds* {*1*}. ***Augen wie Karrenräder.***

loub *m. Abréviation de* → loubard* {*B*}. **Junge.**

loubard {*1*} *ou* **loubar** {*2*} *m. Jeune voyou, jeune marginal,* loulou*: Du côté des Halles, que des loubards. *Im Hallenviertel nur* **junge Ausgeflippte.** / Les loubards avaient fait le rodéo avec la voiture volée. *Die* **Rocker** / **Punker** *haben mit dem gestohlenen Wagen ein Rodeo veranstaltet.*

louche *f. Main* {*3*}. **Flosse.** ♦ *Adj. Obscur, dangereux** {*1*}: Une affaire louche. *Eine* **undurchsichtige** *Sache.* / Un individu louche. *Ein* **undurchsichtiger** *Typ.*

louchébème *ou* **loucherbem** *m. Boucher* {*3*}: Je vais au loucherbem acheter la barbaque. *Ich geh' zum* **Metzger**, *Fleisch holen.*

loucher *V.i. Regarder avec convoitise, en douce,* lorgner* {*2*}: Il louche sur sa voisine. *Er* **schielt** *nach seiner Nachbarin.*

louf *Adj.* {*2*} *ou* **loufoque** *Adj.invar.* {*1*} *Fou*: Une histoire loufoque. *Eine* **verrückte** *Geschichte.* / T'es pas un peu louf, *non? Du bist nicht ein bißchen* **bekloppt**, *wie?*

loufoquerie *f. Bizarrerie* {*2*}. **Verrücktheit.**

louftingue *Adj.inv. Fou,* louf* {*1*}: Un film louftingue. *Ein* **verrückter** / **überdrehter** *Film.*

loulou(te) *m./f. Loubard** {*3*}. **Rocker** / **Punker.** ♦ *Terme d'affection* [*souvent réservé aux femmes* {*2*}: Alors ma **louloute**, on va au ciné ce soir? *Na, mein* **Schatz**, *gehen wir heute abend ins Kino?*

loup *m.* **Se jeter dans la gueule du loup** *loc. Ne pas éviter un danger* {*2*}. ***Sich in die Höhle des Löwen begeben.*** ♦ **Etre connu comme le loup blanc** *loc. Etre connu partout* {*2*}. ***Bekannt sein wie ein bunter Hund.*** ♦ **Marcher à pas de loup** *loc. De manière à n'être pas entendu* {*1*}. ***Auf Zehenspitzen gehen.***

loupage *m. Action de* louper* {*3*}. ***Verhunzerei/ Verpassen*** *usw.*

louper *V.t. Manquer, rater** {*1*}: J'ai loupé le tram. *Ich hab die Bahn* **verpaßt**. / C'est loupé. *Das ist* **im Eimer.** ♦ *Mal exécuter* {*1*}: Il a loupé sa maison. *Er hat sein Haus* **verhunzt.** ♦ → coche.

loupiot *m. Jeune enfant, garçonnet* {*2*}: Où sont les loupiots? *Wo sind die* **Kleinen**?

loupiote *f. Petite fille* {*2*}: Pierre est parti, et la **loupiote** est restée chez les grands-parents. *Pierre ist weg, und die* **Kleine** *ist bei Oma und Opa geblieben.* ♦ *Lampe, ampoule, souvent de faible intensité* {*2*}: Allume la loupiote! *Mach die* **Funzel** *an!*

lourd *Adj. Riche* {*3*}: Il est lourd de plusieurs millions. *Er ist mehrere Millionen* **schwer.** / Ce boxeur est dans la catégorie **poids lourds**. *Dieser Boxer ist* **Schwergewicht.**

lourde *f. Porte* {*3*}: Ferme la lourde! ***Tür** zu!*

lourder *V.t. Mettre à la porte {2}*: Elle s'est fait lourder. *Sie wurde* ***gefeuert.*** ♦ *Fermer la porte {2}*: Il y a courant d'air. Lourde. *Es zieht.* **(Mach die) Tür zu!**

lourdingue *Adj.inv. Lourd, manque de finesse {3}*: Un pacson lourdingue. *Ein* ***schweres*** *Paket.* / Un humour un peu lourdingue. *Ein* ***schwer verdaulicher Humor.*** / Un esprit lourdingue. *Ein* ***„Schnelldenker".***

loute *f.* → loulou(te)

loyal *Adj.* **A la loyale** *expr.adv. Sans tricherie {3}*. **Ehrlich.** / Jouer à la loyale. *Ehrlich spielen.*

Lu → beurré.

lune *f. Cul {2}*: Quelle lune! *Was für ein* ***Hintern!*** ♦ **Comme la lune** *ou bien* **con comme la lune** *loc. Sot, bête {2}*. **(Sau)doof.** ♦ **Etre dans la lune** *loc. Penser à autre chose {2}*. Tu n'écoutes jamais. Tu es toujours dans la lune. *Du hörst nie zu. Du* ***bist immer mit den Gedanken woanders.***

luné *Adj.* **Etre bien // mal luné** *loc. De bonne ou de mauvaise humeur {2}*: Le patron est bien luné aujourd'hui? *Ist der Boss heute* ***gut drauf?***

lunette *f. Ouverture ronde, la* lunette *de la cuvette {1}*. **Klobrille.**

lurette *f.* **Il y a / depuis belle lurette** *loc. Il y a depuis longtemps [on rencontre aussi la déformation* il y a belle heurette*] {2}*: Il y a belle lurette que je lui dis de s'en occuper. *Ich habe es ihm* ***schon hundertmal*** *gesagt, daß er sich darum kümmern soll.*

M

maboul [mabul] *m./Adj. Fou, inconscient {1}*: Complètement maboule, la fille. *Total* ***meschugge****, die Kleine.*

mac [mak] *m. Proxénète, maquereau {2}*. **Lude.**

macab *m. Abréviation {2}* → macchabée.

macache *Adj./Interj. Jamais {3}*: Tu ferais ça aussi? – Macache! Il n'en est pas question. *Würdest du das auch machen? –* ***Nie und nimmer! / Kommt überhaupt nicht in die Tüte!***

macadam [makadam] *m. Trottoir,* bitume* *{2}*. **Bürgersteig.** ♦ *Loc. {3}*: **Faire le macadam. Auf den Strich gehen.**

macaron *m. Rosette de décoration ou insigne porté à la boutonnière, par exemple la «légion d'honneur» {3}*: Il porte un macaron. *Er trägt einen* ***Orden.***

macaroni *m. Italien, rital* {2}*. **Makkaroni (fresser).**

macchabée [makabe] *m. Cadavre {1}*: Les poulets ont trouvé un macchabée. *Die Bullen haben eine* ***Leiche*** *gefunden.*

macdo → mcdo.

mâcher *V.t.* **Ne pas mâcher ses mots / paroles** *loc. Dire franchement ce qu'on pense {1}*. **Frei heraus sein / ohne Umschweife sprechen.**

machin *{1}* / **machin-chose** *{3}* / **machin-chouette** *{2} m.inv. Chose ou personne dont on ne connaît pas le nom*: T'as vu machin? *Hast du den* ***Dingsbums*** *gesehen? / T'as vu* ***le machin****? Hast du das* ***Ding*** *gesehen?* / J'ai rencontré la mère machin. *Ich hab die* **(alte) Dingsbums** *getroffen.*

machine *f.* Machin* *{1}*: Ça y est, la machine est en route. *Geschafft, das* ***Ding*** *läuft.* ♦ *Avion {2}*: Une belle machine. *Ein schöner* ***Vogel.*** ♦ *Motocyclette {2}*. **Maschine.** ♦ **Faire machine arrière** *loc. Reculer {2}*. **Klein beigeben / einen Rückzieher machen.**

machiner *V.i. Faire,* fabriquer* *{1}*: Qu'est-ce que tu machines? *Was* ***stellst*** *du denn* ***da an?***

macho [matʃo] *m. Mâle, phallocrate {1} {B}*: Son mec est vachement macho. *Ihr Macker ist ein ganz schöner* ***Macho.***

mâchouiller *V.i. Mâcher sans avaler {3}*. **Mummeln.**

Madame *f. Patronne d'une maison de prostitution {3}*: Madame tient une maison avec treize filles. ***Madame*** *hat ein Haus mit dreizehn Mädchen.* ♦ **Jouer à la madame** *loc. Affecter des airs de grande dame {2}*. **Die vornehme Dame / (dicke) Madame spielen.**

Mademoiselle *f. Homosexuel {2}*. **Tuntchen.**

magner (se) *V.pr. Se dépêcher {1}*: Magne-toi! *Los,* ***Bewegung!*** / **Magne-toi le train** *loc. Même sens {2}*: Magne-toi le train! **Beweg deinen Hintern!**

magnéto *m. Magnétophone ou magnétoscope {1}*. **Tonband-** *oder* **Videogerät.**

magot *m. Argent, économies cachées dans un lieu jugé sûr {2}*. **Versteckte Ersparnisse.**

magouiller *V.t. Faire simuler, tricher, truquer* {3}*: Qu'est-ce que tu magouilles dans ton coin? *Was* ***fummelst*** *du da* ***rum?*** / Magouiller une affaire. **Ein Ding drehen.**

magouilles *f.pl. Intrigues, luttes d'influence, combinaison douteuse {1}*: Dans cette boîte, c'est comme dans la politique, c'est magouilles et tripotages. *In dieser Firma ist es wie in der Politik, nur* ***Tricks****,* ***Machenschaften*** *und* ***Hintenrum.***

mahomed *m. Désignation xénophobe pour Arabe {3}.* **Abdullah.**

maigrichon *m./Adj. Un peu maigre {1}*: Elle a les jambes un peu maigrichonnes. *Sie hat* **zu dünne** *Beine.* ♦ Un maigrichon. *Ein* **Federgewicht.**

main *f.* **Avoir à sa main** *loc. A sa merci, à son bon vouloir {1}*: Il l'a à sa main. ***Er hat ihn in der Hand.*** ♦ **Avoir la main balladeuse** *loc. Faire des caresses indiscrètes {2}.* ***Die Finger nicht bei sich halten.*** ♦ **Avoir la main heureuse** *loc. Etre heureux dans son choix {1}.* ***Eine glückliche Hand haben.*** ♦ **Avoir la main verte** *loc. Avoir beaucoup d'habileté avec les plantes {3}. Der* ***reinste Gärtner sein.*** ♦ **Avoir les mains libres** *loc. Etre libre pour {2}*: J'ai les mains libres maintenant pour m'en occuper. *Ich* ***hab'*** *jetzt* ***die Hände frei****, mich darum zu kümmern.* / **Avoir les mains liées.** *Die* ***Hände gebunden haben.*** ♦ **Avoir la haute main sur qc.** *loc. Diriger dans une affaire, avoir autorité sur qc. {2}*: Il a la haute main sur tout ce qui touche à la publicité. *Bei allem, was mit Werbung zu tun hat,* ***hat er den Daumen drauf.*** ♦ **Change pas de main!** *Loc. Continue [le locuteur ajoute parfois* je sens que ça vient, *allusion au domaine du sexe] {3}*: Change pas de main, refais-nous une tournée. ***Mach weiter,*** *noch eine Runde!* / Tu arrives à débloquer le boulon! Change surtout pas de main! Il bouge. *Du hast ihn!* ***Hör bloß nicht auf*** *zu drehen! Der Bolzen kommt.* ♦ **Changer de main** *loc. Changer de propriétaire {2}.* ***Den Besitzer wechseln.*** ♦ **Etre en main** *loc. Pour une prostituée: avoir un client {2}*: Elle est en main. *Sie* ***hat einen Freier*** / ***ist „oben".*** ♦ *Etre occupé avec qn. {2}*: M. Durand est en mains. *Herr Durand* ***hat gerade jdn.*** ♦ **Coup de main** → coup. ♦ **Etre de la main gauche** *loc. Se dit d'une personne sans statut officiel {2}*: Et cette femme, qui est-ce? – C'est sa sœur de la main gauche. *Und wer ist die Frau? Das* ***Gespusi*** *seines Bruders* / *seine* ***Möchte-gern-Schwägerin.*** / Femme de la main gauche. ***Nebenfrau.*** ♦ **Etre en bonnes mains** *loc. Etre entre les mains d'une personne honnête et compétente {1}*: Il y est en bonnes mains. *Da* ***ist er gut aufgehoben*** / ***in guten Händen.*** ♦ **Faire main basse sur** *loc. S'emparer sans en avoir le droit, voler {2}.* ***Sich etwas unter den Nagel reißen.*** ♦ **En venir aux mains** *loc. Arriver à se battre {1}.* ***Handgreiflich werden.*** ♦ **Ne pas y aller de la main morte** *loc. Frapper rudement, user de procédés excessifs, d'expressions violentes {1}.* ***Voll draufhauen/reingehen.*** ♦ → pâte. ♦ **Passer la main** *loc. Renoncer, ne pas insister {2}.* ***Es sein lassen.*** ♦ M. T.J. n'est absolument pas décidé à passer la main en dépit de ses soixante-sept ans. *Herr T.J. ist keinesfalls entschlossen,* ***aufs Altenteil zu gehen****, trotz seiner siebenundsechzig Jahre.* ♦ **Agir en sous main** *loc. A l'insu des autres {2}*: Il l'a acheté en sous main. *Er hat es* ***unter der Hand gekauft.*** ♦ → promettre. ♦ **A pleines mains** *loc. Abondamment, largement, sans compter, plutôt au sens de prendre que de donner {2}*: Ils se sont servis à pleines mains. *Sie haben sich* ***aus dem Vollen*** *bedient.* ♦ **Souscrire qc. des deux mains** *loc. Soutenir avec force {2}.* ***Voll hinter etwas stehen.*** ♦ **Se laver les mains de qc.** *loc. Décliner sa responsabilité {2}.* ***Seine Hände in Unschuld waschen.*** ♦ **(se)** *V.pr.* **Elles peuvent se donner la main.** *Loc. Ils sont de la même valeur [péjoratif] {2}.* ***Die können sich die Hand geben.*** ♦ **Se prendre par la main** *loc. Faire soi-même {1}*: Il est trop bête. Je préfère me prendre par la main. *Er ist zu dumm. Ich* ***mache*** *es lieber* ***selber.*** ♦ **De première main** *loc.adv. Directement {1}*: Il a eu la voiture de première main. *Er hat den Wagen* ***aus erster Hand.*** ♦ **De seconde main** *loc.adv. D'occasion {2}*: Une voiture de seconde main. *Ein Auto* ***aus zweiter Hand.*** *Ein* ***Gebrauchtwagen.*** ♦ **De la main à la main** *expr.adv. Sans formalités {2}*: Vous me le payez de la main à la main. *Wir machen es* ***ohne Rechnung.***

maison *f. Firme, bureau {1}*: Le patron n'est pas à la maison. Der Chef ist nicht im **Hause** . ♦ *Désigne tout un groupe {1}*: La **maison poulaga.** *Die* ***Polente.*** / Toute la maison fait une excursion. *Die ganze* ***Firma*** *macht einen Ausflug.* ♦ **Travailler en maison** *loc. Pour une prostituée: Travailler dans une maison de prostitution {3}.* ***Nicht auf der Straße arbeiten.*** ♦ **Gros comme une maison** *loc. De façon visible, évidente, indiscutable {1}*: C'était une erreur monumentale, grosse comme une maison. *Das war ein ungeheurer Irrtum,* ***unübersehbar.*** ♦ *Adj.inv. De premier ordre, fait selon les recettes traditionnelles {1}*: Tu veux une fessée maison? *Willst du eine Tracht* ***nach Art des Hauses*** / ***alter Väter Sitte.*** / Un potage maison. *Eine Suppe* ***nach Art des Hauses.*** / *Authentique {1}*: Un imbécile maison. *Ein* ***echter*** *Blödmann.*

mal *m./Adv.* **Etre mal vu** *loc. Ne pas être apprécié {1}*: Ne le fais surtout pas. C'est mal vu. *Mach es bloß nicht. Das* ***wird nicht gerne gesehen.*** ♦ **Pas mal** *expr.adv. Joli, agréable {1}*: C'est pas mal. *Das ist* ***nicht übel.*** / Elle est pas mal. *Sie ist* ***nicht schlecht.*** ♦ **('Y a) pas de mal** *loc. Cela ne fait rien {2}*: Pardon Monsieur! – Pas de mal! *Entschuldigung, mein Herr! –* ***Keine Ursache!*** ♦ *Adv. de quantité: Beaucoup, en assez grande quantité {1}*: Il y a pas mal de gens. *Es sind* ***viele*** *Leute da.* / Il gagne pas mal. *Er verdient* ***nicht schlecht.*** ♦ **Etre mal** *loc. Etre évanoui {1}*: Elle est mal. *Sie ist* ***ohnmächtig.*** ♦ **Se trouver mal** *loc. {2}.* ***Ohnmächtig werden.*** ♦ **Se sentir mal** *loc. Se sentir mauvais {1}.* ***Sich schlecht fühlen.*** ♦ → marquer. ♦ **Ça te (lui) ferait mal** *loc. Question rhétorique pour marquer le mécontente-*

ment causé par l'attitude d'autrui {2}: Ça t'aurait fait mal de m'attendre. **Das wäre aber schwer gewesen**, *auf mich zu warten.* ♦ **Ça va faire mal!** *Loc. Cela va être un succès éblouissant ou provoquer la convoitise des autres* {1}. **Das wird schwer zu verdauen sein**. ♦ → cheveu. ♦ **C'est tout le mal que je / qu'on lui souhaite** *loc. Désirer qc. pour autrui* {1}: Chouette, cet appartement avec vue sur la Seine. Si Pat' pouvait l'avoir... C'est tout le mal que je lui souhaite. *Toll die Wohnung mit Seineblick. Wenn Patrick die bekäme.* **Ich würde es ihm** (**von Herzen**) **gönnen.** ♦ **Prendre mal** *loc. Comprendre de façon agressive, ne pas pouvoir digérer* {1}: Une observation qu'elle a mal prise. *Eine Bemerkung, die ihr* **sauer aufgestoßen** *ist/die sie* **übelgenommen** *hat.* ♦ **Bon an mal an** *expr.adv.* → an.

malabar *m./Adj. Grand, robuste* {1}: C' est un malabar. *Er ist ein* **Mann wie ein Bär.**

malade *Adj. Fou* {1}: T'es pas un peu malade de faire ça, non? *Bist du denn* **krank**, *sowas zu tun?* ♦ *En mauvais état, ne pas fonctionner* {3}: Le frigo est malade. *Der Kühlschrank ist* **kaputt.** ♦ **En être malade** *loc. Se faire des soucis* {1}: Quand il a appris ça, il en était malade. *Als er das erfuhr,* **hielt er es nicht aus**. ♦ **Se faire porter malade** *loc.* → pâle.

maladie *f. Manie* {2}: Elle a la maladie de la propreté. *Sie hat den* **Sauberkeitsfimmel** / **Putztick.** ♦ **Avoir la maladie de neuf mois** *loc. Etre enceinte* {3}: Pourquoi elle bosse pas aujourd'hui? – Elle a la maladie de neuf mois. *Warum malocht die heute nicht? – Die* **ist schon wieder dick**. ♦ **En faire une maladie** *loc. Exagérer sa contrariété* {2}: Elle a oublié de le tenir au courant, il va en faire une maladie. *Sie hat vergessen, ihn auf dem laufenden zu halten, jetzt* **macht er ein Drama daraus**.

mal-baisée *f. Femme qui ne paraît pas avoir son content au point de vue sexuel* {3}: Vous savez ce que le général a dit à la féministe sur Antenne 2? – Que c'est une mal-baisée, et les gens se sont marrés. *Wissen Sie, was der General der Feministin in Antenne 2 gesagt hat? –* **Daß sie im Bett nicht auf ihre Kosten kommt.** *Und die Leute haben gegrient.*

maldonne *f.* **Il y a maldonne** *loc. C'est un malentendu* {2}: Ne t'en fais pas. 'Y a maldonne. *Mach dir keine Sorgen. Das ist ein* **Mißverständnis.**

malfrat [malfra] *m. Voyou, truand, nuisible* {2}: C'est un petit malfrat. *Das ist ein kleiner* **Betrüger.**

malheur *m. Réussite, succès* {3}: Avec son show, il va faire un malheur. *Mit seiner Show wird er einen* **Riesenerfolg** *haben.* ♦ *Incident, éclat, scandale* {1}: Retenez-moi ou je fais un malheur. *Haltet mich bloß zurück,* **oder es geschieht ein Unglück.** ♦ **de malheur** *complément: maudit, funeste, qui porte malheur* {2}: Ce flic de malheur vient de me filer un pv. *Dieser* **verfluchte** *Bulle hat mir ein Knöllchen verpaßt.* / Cet oiseau de malheur. *Dieser* **Unglücksrabe** / **Pechvogel**.

malheureux *Adj. Sans importance, médiocre* {1}: Tu vas pas te mettre en boule à cause de ces malheureux cent balles? *Du kriegst ja wohl wegen der* **läppischen** *hundert Eier keinen Anfall?* ♦ **Avoir la main malheureuse** → main heureuse. ♦ **C'est pas malheureux** *loc. Pour marquer l'indignation* {2}: Si c'est pas malheureux de voir une chose pareille... **Wenn das nicht furchtbar ist,** *so was zu sehen...* / N'est-il pas malheureux de la laisser tomber comme ça? **Ist das nicht schlimm,** *sie einfach so sitzenzulassen?* ♦ **C'est-y pas malheureux** *loc. A l'origine régionalisme qui s'emploie généralement dans un sens ironique*: Il a été élu. C'est-y pas malheureux d'avoir un con pareil? *Er wurde gewählt.* **Ist es nicht eine Schande**, *so ein Arschloch zu kriegen?* ♦ **Etre malheureux comme les pierres** *loc. Etre très triste* {2}. **Tieftraurig sein.**

malle *f.* **Se faire la malle** *loc. partir, faire la valise* {2}: Sa chère épouse s'était fait la malle pour partir avec son jules. *Seine teure Gattin hatte* **die Koffer gepackt** / **das Bündel geschnürt,** *um mit ihrem Liebhaber durchzubrennen.* / Et pendant ce temps-là, mon sac s'est fait la malle. *Und währenddessen wurde mir meine Handtasche* **geklaut** / **kam** *mir meine Handtasche* **abhanden.** ♦ **Fermer sa malle** *loc. Se taire* {3}. **Die Schnauze halten.**

mama *f. Mère de famille nombreuse* [*on écrit aussi* mamma] {1}. **(Dicke) Mamma.**

mamie *f. Grand-mère,* → mémé {2}. **Omi.**

mamours *m.pl.* **Faire des mamours** *loc. Faire des flatteries, des caresses* {3}: Dès qu'on lui fait des mamours, il est content. *Sobald man ihm* **ein paar Streicheleinheiten verabreicht**, *ist er glücklich.* / Ton chien aime qu'on lui fasse des mamours. *Dein Hund läßt sich aber gerne* **kraulen.**

manard *m. Péjoratif pour manifestant* {3}. **Scheißdemonstrant.**

manche *m. Membre viril* {3}. **Pimmel**. ♦ **Avoir le manche** *loc. Etre en érection,* bander* {3}. *Eine* **Latte haben.** ♦ **Ça branle dans le manche** *loc. Etre dans une situation compromise, être mal assuré* {2}. *Das ist* **nicht hundertprozentig** / **ziemlich flau.** ♦ **Tomber sur un manche** *loc. Sur un obstacle imprévu* {2}. **Über einen Strohhalm stolpern.** ♦ **Jeter le manche après la cognée** *loc. Abandonner tout après le premier échec* {2}. **Gleich die Flinte ins Korn werfen.** ♦ **Etre du côté du manche** *loc. Bien placé, du côté des puissants* {2}: Il est toujours du côté du manche. *Er ist* **immer auf der richtigen Seite.** ♦

Comme un manche *expr.adv. Maladroit,* → balai {2}: Tu t'y prends comme un manche. *Du stellst dich vielleicht* **trottelig** / **doof** *an.* ♦ *Idiot* {2}: Quel manche! *So ein* **Idiot**!

manche *f.* **Faire la manche** *loc. Mendier* {1}. **Betteln.** ♦ **Avoir qn. dans sa manche** *loc. Pouvoir disposer pour ses intérêts personnels du crédit ou de l'autorité d'une autre personne* {2}: Il a toujours plusieurs grosses légumes dans sa manche. *Der* **hat** *immer ein paar Einflußreiche* **im Rücken** / **hinter sich.** ♦ **C'est une autre paire de manches** *loc. C'est tout différent, plus difficile* {2}. **Das ist eine ganz andere Geschichte.** ♦ Pour gagner cette partie, ça va être une autre paire de manches. *Ob wir diese Partie gewinnen,* **(das) steht auf einem ganz anderen Blatt (Papier).** ♦ → retrousser.

manchette *f.* **Un coup de manchette** *expr. Coup donné avec l'avant-bras* {2}. **Handkantenschlag.**

manchot *Adj.inv. Privé ou estropié d'un bras* {1}. **Einarmig.** ♦ **Ne pas être manchot** *loc. Etre fort, adroit [plutôt manuellement]* {1}: T'es pas manchot! *Du verstehst es,* **deine Hände zu gebrauchen** / **kannst aber zupacken!**

mandarine *f. Petit sein* {3}: Elle a de toutes petites mandarines. *Sie hat ganz kleine* **Äpfelchen.**

mandibules *f.pl. Les mâchoires* {2}. **Kauwerkzeuge.** ♦ *Loc. Manger* {3}: Allons **jouer des mandibules.** *Gehen wir* **futtern.** / Dès que je serai sorti de l'hosto, je vais chez René **jouer la polka des mandibules.** *Sobald ich aus dem Krankenhaus raus bin, gehe ich zu René, um* **mal wieder richtig zu essen.**

mandoline *f.* **Jouer de la mandoline** / **un air de mandoline** *loc. Se masturber [femme]* {3}. *Die* **Harfe zupfen.**

manège *m. Manière d'agir habile et rusée* {2}: Tu t'es fait avoir par son manège? *Bist du auf seine* **Masche** *reingefallen?*

mangeaille *f. Nourriture* {3}: Qu'est-ce que tu as prévu comme mangeaille? *Was machst du zu* **futtern**?

manger *V.t.* **En manger** *loc. Etre un indicateur de police ou* en croquer* {3}: Il en mange. *Er* **ist ein Spitzel.** // **Er kassiert mit.** ♦ **Manger le morceau** *loc. Avouer, dénoncer, faire des révélations* {1}: Il a mangé le morceau. *Er hat* **ausgepackt.** ♦ **Manger un morceau** *loc. Manger frugalement, casser la* graine* {1}: On va manger un morceau? *Gehen wir* **eine Kleinigkeit essen**? ♦ **Ne pas manger de ce pain-là** *loc. Ne pas y consentir* {2}: Je ne mange pas de ce pain-là. Vous ne faites que tricher. *Ich* **mach da(s) nicht mit.** *Ihr pfuscht nur.* ♦ **Manger à tous les rateliers** *loc. Tirer profit de toutes les situations, sans fidélité à qui que ce soit* {2}: Il mange à tous les rateliers. *Er* **nimmt mit, was er kann** / **läßt nichts aus.** ♦ **Manger** / **bouffer de la vache enragée** *loc. Etre obligé de mener une vie modeste* {2}. **Tapeten essen.** ♦ **Manger des yeux** *loc. Regarder avidement* {2}: Il l'a mangée des yeux, la petite. *Er hat die Kleine* **mit den Augen verschlungen.** ♦ **Manger de baisers** *ou de* **caresses** *Loc. Couvrir de baisers* {2}: Il a mangé le bébé de caresses. *Er hat das Baby* **„regelrecht aufgefressen"** ♦ **Manger de** [*partitif*] *loc. Ne pas aimer* {2}: **Manger du curé. Die Pfaffen nicht verknusen können** / **gefressen haben.** ♦ **Manger sur le pouce** *loc.* → pouce. ♦ **Il y a à boire et à manger** *loc. Il y a de tout [négatif]* {2}. **Es gibt Vor- und Nachteile.** // *Assez* {2}. **Genug** / **Für jeden etwas.** ♦ **Manger comme un ogre** / **comme quatre** *loc. Manger énormément* {1}. **Wie ein Scheunendrescher fressen.** / **Fressen für vier.** ♦ **A quelle sauce sera-t-il mangé?** *Loc. Qu'est-ce qu'on va faire de lui, avec une nuance de menace* {2}: Je ne sais pas à quelle sauce je vais être mangé. Ils vont peut-être me foutre à la porte. *Ich weiß nicht, was* **die mit mir anstellen.** *Vielleicht schmeißen sie mich raus.* ♦ **Il ne te mangera pas** *loc. Il ne te fera pas de mal* {1}. **Er wird dich nicht gleich fressen.** ♦ → pain. ♦ **(se)** *V.pr.* **Se manger le nez** / **pif** *loc. Se quereller* {3}: Les politiciens se sont mangé le nez. *Die Politiker* **hatten sich vielleicht in der Wolle.**

manger son blé en herbe *loc. Dépenser d'avance son revenu* {3}. **Schon vorher ausgeben.**

mangeur de curés *m. Violent adversaire de l'église* {3}. **Priesterfresser.**

mangeuse d'hommes *f. Nymphomane* {2}. **Männerfressendes Ungeheuer.**

manieur de fonte *m. Haltérophile* {3}. **Gewichtheber.**

manif *f. Manifestation* {1}. **Demo.**

manigance *f. Petite manoeuvre suspecte* {3}: Qu'est-ce qu'elle fait encore comme manigances pour arriver à ses fins? *Was macht sie noch für* **Zicken**, *um ihr Ziel zu erreichen?*

manigancer *V.t. Combiner, tramer un secret* {2}: Les voleurs ont bien manigancé leur coup. *Die Diebe haben ihr Ding prima* **gedreht** / **eingefädelt.** / **Qu'est-ce qu'il manigance? Was hat er nur vor?** ♦ **(se)** *V.pr. Se préparer* {2}: J'aimerais bien savoir ce qui se manigance. *Ich wüßte gerne,* **was da vor sich geht.**

manipes *f.pl. Manipulations, tripotage* {3}: C'est des manipes. *Das ist* **Manipulation.** / Les manipes électorales. **Wahlschwindeleien.**

manitou *m. Personnage important* {2}: Il se prend pour le grand manitou. *Der hält sich für den* **lieben Gott.**

manivelle *f. Chose ennuyeuse* {3}: C'est toujours la même manivelle. **Immer die gleiche Leier.** ♦ *f.pl. Jambes, surtout en parlant des cyclistes* {3}:

Il tourne drôlement des manivelles. *Er* **pedalt** / **pedaliert wie ein Uhrwerk.**

manœuvre *f.* **Et ça y va à la manœuvre!** *Loc. Se dit à propos d'une activité quelconque* {2}: **Und jetzt geht's los!/Zur Sache!** ♦ **Aller un peu vite à la manœuvre** *loc. S'engager trop rapidement, faire trop vite* {3}: Déjà à la première rencontre, il le lui avait proposé. Il allait peut-être un peu vite à la manœuvre. *Schon beim ersten Treffen schlug er es ihm vor. Der* **ging ran wie Blücher**.

manouche *m. Gitan* {2}: **Zigeuner.**

manque *m.* **Etre en état de manque** *loc. Subir une insuffisance* {2}: *Die* **haben sexuellen Notstand**. / Le toxico est en état de manque. *Der Fixer* **braucht dringend was**. ♦ **A la manque** *expr. Mauvais, ridicule, défectueux,* à la gomme* {2}: Un produit à la manque. **Mist** / **lächerliches** *Erzeugnis.* ♦ **Manque de** *loc. Faute de,* → pot {2}: Manque de pot, c'est loupé! **Pech gehabt! Unglücklicherweise** *ist es im Teich.*

maousse [maus] *Adj. Gros, grand, fort* {3}: Un cigare maousse. *Eine* **Riesenzigarre**.

maquer *V.i. Vivre en concubinage* [*surtout pour femmes*] {3}: Cette fille-là est maquée avec un type. *Die* **lebt** *mit einem Kerl* **zusammen**.

maquereau *m. Proxénète,* → maquerelle* {1}. **Zuhälter.**

maquereautage *m. Proxénétisme* {2}. **Zuhälterei.**

maquereauter *V.i. Vivre du proxénétisme* {3}. **Sich aushalten lassen** / **von Nutten leben.**

maquerelle *f. Proxénète féminin* {2}: La mère maquerelle. *Die* **Puffmutter**. ♦ *Femme* [*injurieux*] {2}: Qu'est-ce que c'est que cette maquerelle? *Was ist das denn für eine* **Trulla** / **Schrulle**?

maquiller *V.t. Truquer, falsifier,* magouiller* {3}: Maquiller les brèmes. *Karten* **zinken**. / Une voiture maquillée. *Ein* **„umgespritztes"** *Auto.* / Qu'est-ce qu'il a encore maquillé comme affaire? *Was hat er denn noch* **vorgeschoben**?

maraude *f. Recherche de clients par les taxis en dehors des stations* {2}: Le bahut **est en maraude**. *Die Taxe ist* **auf Kundenfang.**

marauder *V.t. Pour un taxi*: être en maraude {3}. **Kunden aufgabeln.**

marcel *m. Petit ami* [*selon Pierre Merle le mot remplace* jules] {B}: C'est ton marcel? *Das ist dein* **Typ**?

marchand *m.* **Marchand de canons** *expr. Vendeur d'armes* {2}. **Waffenhändler.** ♦ **Marchand de sommeil** *m. Hôtelier qui offre des lits et non les chambres* {2}. **Schlafstellenvermieter.** ♦ **Marchand de soupe** *m. Mauvais restaurateur* {2}: C'est un marchand de soupe. *Der* **hat doch keine Küche.**

marchandise *f.* **Faire valoir sa marchandise** *loc. Présenter les choses sous un jour agréable* {2}. **Seine Ware zu verkaufen wissen.** / Ah oui alors, et elle fait valoir sa marchandise. *Oh ja, und die* **zeigt, was sie hat**.

marcher *V.i. Accepter* {1}: Il marche? - Non. **Macht** *er* **mit**? *Nein.* / **Je ne marche pas** à moins de cent Francs. *Unter hundert Francs* **tu ich's nicht**. ♦ *Croire naïvement* {1}: Tu peux lui sortir des vannes, il marche à tous les coups. *Du kannst ihm den größten Stuß erzählen, der* **fällt** *immer* **rein.** ♦ **Ça marche pas** *loc. Cela ne va pas* {1}. **Das geht nicht.** ♦ **Ça marche!** *Loc. Dans le langage des cafés, la formule indique que la commande est enregistrée* {3}. **In der Mache** / **Ist gebongt.** ♦ **Marcher sur les pieds de qn.** *loc. Empiéter sur un domaine réservé* {1}: Ne lui marche pas sur les pieds. **Komm** *ihm bloß* **nicht ins Gehege**! / **Tritt ihm nicht auf den Schlips.** ♦ **Faire marcher qn.** *loc. Faire obéir* {2}: Va falloir que je le fasse marcher. **Dem muß ich** (**mal**) **die Flötentöne beibringen.** ♦ *Induire en erreur pour se moquer de qn.* {1}: Viens, on va le faire marcher. On va bien rire. *Komm, den wollen wir jetzt mal* **verkackeiern**. *Da kriegen wir was zu lachen.* ♦ *Se moquer de qn.* {2}: Arrête tes salades, tu me fais marcher. *Hör auf mit deinen Erzählungen, du* **willst mich nur veräppeln.** ♦ *Loc.* {1}: Faut le faire **marcher au doigt et à l'œil.** *Er* **soll aufs Wort parieren.** / Fais-le marcher. *Guck, daß er* **pariert.** ♦ **Marcher sur la corde raide** → corde. ♦ **Marcher comme un escargot** / **une tortue** *loc. Marcher très lentement* {1}. **Im Schneckentempo gehen.**

margoulin *m. Commerçant peu scrupuleux* {2}. **Halsabschneider.**

Marianne *f. La République française.* **Marianne.** ♦ **Travailler pour Marianne** *loc. Faire un bébé* {3}: Vous ne voulez pas travailler pour Marianne? – Nous en sommes à notre troisième gosse. *Wollt Ihr denn nicht* **etwas für Vater Staat tun?** – *Wir sind beim dritten* (*Kind*).

marie-couche-toi-là *f. Femme facile* {1}. **Flittchen.**

mariée *f.* **La mariée est trop belle** *loc. Se dit d'une chose dont on devrait se féliciter, mais qu'on juge excessive* {3}: Vous n'allez pas maintenant vous plaindre que la mariée est trop belle. *Jetzt fangen Sie aber nicht an zu jammern,* **daß es zu gut geht** / **zu schön ist.**

marie-pisse-trois-gouttes *f. Fille très jeune* {3}. **Pißnelke, Pi** (**pi**) **mädchen.**

marie-salope *f. Salope ou femme facile* {3}. **Schlampe** *bzw.* **Flittchen.** ♦ *Boisson „bloody Mary"* {3}: File-lui une marie-salope. *Schick ihm eine* **Bloody Mary.** ♦ *Bateau qui drague la vase* {3}. **Schmutzliese** / **Prahm.**

mariner *V.i. Attendre longtemps et à contrecœur, être sur les* charbons ardents* {3}: Il l'a **laissé mariner** (**dans son jus**) pendant deux heures. *Er hat ihn zwei geschlagene Stunden* (**im eigenen Saft**) **schmoren lassen.**

mariole *m./Adj. Adroit, rusé, dangereux, pas très sérieux {2}*: C'est un mariole. *Das ist ein* **durchtriebener Bursche**. ♦ *Clown {1}*: **Cesse de faire le mariole.** ***Hör auf, den dummen August zu spielen.***

marlou *m. Voyou {2}*. **Schuft**.

marmelade *f.* **Avoir les pieds en marmelade** *loc. Avoir les pieds fatigués*, → compote *{1}*. **Beine wie Blei haben.** ♦ **En marmelade** *expr.adv. En compote {2}*: Après l'accident, il avait la main en marmelade. *Nach dem Unfall war seine Hand* **Brei**.

marmite *f.* **Faire bouillir la marmite** *loc. Assurer la subsistance de la famille {2}*: C'est son beau-père qui fait bouillir la marmite. *Ihr Schwiegervater* **bringt die Familie durch.**

marner *V.t. Travailler dur*, boulonner* *{2}*. **Malochen.**

marquer *V.t. Faire une marque {1}*: Les cartes sont marquées. *Die Karten sind* **markiert** / **gezinkt.** ♦ *Faire ou avoir une marque infamante sur le visage {3}*: Ils l'ont marquée. *Sie haben sie* **gezeichnet** / **entstellt.** ♦ *Au sport [football, hokkey sur glace] faire un point {1}*: Toulouse a marqué. *Toulouse hat* **ein Tor geschossen.** ♦ **Marquer le coup** *loc. Souligner volontairement ou involontairement l'attention qu'on attache à une chose {1}*: Quand j'ai fait allusion à l'accident, il a marqué le coup. *Als ich auf das Unglück anspielte,* **war er sichtlich betroffen.** ♦ **Marquer mal** *loc. Faire mauvaise impression {3}*: Ton petit copain, il marque mal. *Dein Freund* **macht einen miesen Eindruck.**

marrant *Adj. Drôle, amusant {1}*: C'est pas marrant du tout. *Das ist überhaupt nicht* **komisch.** / Aujourd'hui, ça va pas être marrant. *Heute wird's nicht* **lustig**. / Fais gaffe, il n'est pas du tout marrant, hein? *Paß bloß auf,* **mit ihm ist nicht gut Kirschen essen**. ♦ Elle est marrante. *Sie ist* **drollig.**

marre *Adv. Trop, assez {1}*: J'en ai marre maintenant! *Mir* **reicht**'*s!* / **C'est marre!** *Loc. Cela suffit {2}*: **Das reicht!** / **'Y en a marre!** *Loc. C'est assez {1}*. **Das reicht!** / Bosser pour les croulants? 'Y en a marre! *Für die Gruftis schuften?* **Bin ich bekloppt?**

marrer (se) *V.pr. S'amuser, se tordre de rire {1}*: On se marre bien avec lui. *Mit dem* **kriegt man was zu lachen.** / Qu'est-ce qu'on s'est marrés! *Haben wir* **gelacht!**

marron *m. Coup de poing {2}*. **Faustschlag.**

marron *m. Adj.inv. Escroqué, dupé {3}*: Il m'a fait marron. *Er hat mich* **geneppt** / **gelinkt**.

Marseille *N.pr.* **Venir de Marseille** *loc. Se dit d'une personne qui exagère toujours {3}*: N'y crois pas, il vient de Marseille. *Glaub nicht daran, der* **spinnt immer.**

martel *m.* **Se mettre martel en tête** *loc. Se faire du souci [souvent au négatif impératif] {2}*: C'est pas la peine de se mettre martel en tête, il va s'en remettre. *Kein Grund,* **sich verrückt zu machen**, *er kommt schon durch.*

maso *m./Adj. Masochiste {1}*. **Maso.**

massacre *m.* **Jeu de massacre** *expr. Concours très éprouvant {2}*: Quel jeu de massacre! *Welch ein* **Geknüppel***!*

massacrer *V.t. Mal exécuter, mutiler, défigurer {1}*: Le pianiste a massacré le concerto. *Der Pianist hat das Concerto* **vermasselt**. ♦ Mettre qn. à mal *{1}*: Il l'ont massacré. *Sie haben ihn* **übel zugerichtet.** ♦ *Battre [sport] {2}*: Bordeaux a massacré Paris six à un. *Bordeaux hat Paris sechs zu eins* **geputzt**.

massacreur *m. Qui exécute mal un travail {2}*. **Stümper.** ♦ Un véritable massacreur, ce goal. *Ein* **Berserker**, *der Torwart.*

masse *f.* **Etre à la masse** *loc. En électricité, faire masse {1}*: La batterie est à la masse. *Die Batterie* **hat Masse.** ♦ *Etre fou {2}*: Ne t'étonne pas. Il est **à la masse**. *Wunder dich nicht. Der* **hat 'nen Schlag weg.** ♦ **C'est le coup de masse** *loc. Prix excessif, coup de barre {2}*: N'allez pas dans ce restaurant, c'est le coup de masse. *Geht nicht in dieses Restaurant. Da* **kriegt ihr einen Schock** (**wenn die Rechnung kommt**). ♦ **Recevoir le coup de masse** *loc. Électrocuter {1}*: Il a eu le coup de masse. *Er hat* **eine gewischt gekriegt.** ♦ *Quantité énorme {2}*: Toute une masse de choses. *Eine ganze* **Masse** *von Dingen.* ♦ **'Y en a pas des masses** *loc. Il n'y en a pas beaucoup {1}*: Prends-le vite, 'y en a pas des masses. *Nimm es schnell,* **es gibt keine Unmengen davon**/**das gibt es nicht en masse**. / Une masse d'amis. **Massig** *Freunde.* ♦ **Tomber comme une masse** *loc. Tomber directement, par exemple de fatigue {1}*: Quand il a vu son lit, il est tombé comme une masse. *Als er sein Bett sah, ist er* **wie ein nasser Sack umgefallen.** / Je me suis endormi comme une masse. *Ich bin* **todmüde eingeschlafen.**

massue *f.* **Coup de massue** *expr. Choc émotif, contrariété soudaine {2}*: Pour elle, la mort de son mari, ça a été le coup de massue. *Für sie war der Tod ihres Mannes ein* **harter Schlag.**

mastard *Adj. Gros, énorme*, maousse* *{3}*: Un type mastard. *Ein* **Koloß** / *Ein* **Kerl wie ein Baum.**

mastoc [mastɔk] *Adj.inv. Lourd {1}*: Ça me plaît pas. C'est trop mastoc. *Das gefällt mir nicht. Das ist zu* **klobig.** / Il est mastoc, ton pote. *Der ist ein* **Brecher**, *dein Kumpel.*

m'as-tu-vu *m./f./Adj.inv. Vaniteux, cabotin {1}*: T'as vu son manteau? Il est un peu m'as-tu-vu. *Hast du seinen Mantel gesehen? Der ist ganz schön* **protzig.** / Son frère **est assez m'as-tu vu.** *Ihr Bruder* **will partout auffallen**/**ist sehr aufs Äußere bedacht**.

mat [mat] *Adj. Fatigué {3}*: Je suis mat. *Ich bin* ***erschossen.*** ♦ **C'est mat** *loc. C'est fini {2}.* ***Es ist aus / zu Ende.*** ♦ **Échec et mat** *loc. Terme technique {1}.* ***Schachmatt.***

mat' [mat] *m. Matin {2}*: A six heures du mat', j'suis pas frais et dispos. ***Morgens*** *um sechs bin ich noch nicht in „Hochform".*

mataf *m. Marin {3}.* ***Seemann.***

matelas *m. Femme facile {3}*: Sa secrétaire est le matelas de la boîte. *Seine Sekretärin* ***pennt mit allen*** *in der Firma.* ♦ **Matelas / un bon matelas** *expr. Portefeuille bien bourré {3}.* ***Dicke Brieftasche.***

mater *V.t. Épier, guetter, regarder sans être vu {2}*: Il mate les nénettes à la jumelle. *Der* ***glotzt heimlich*** *den Mädchen mit dem Feldstecher* ***nach.***

matériel *m. Le nécessaire, par opposition au superflu {2}*: Il *assure* **le matériel**, et moi je m'occupe du superflu. *Er* ***verdient, was man so braucht,*** *und ich kümmere mich um das, was hinzukommt.*

mateur *m. Voyeur {3}.* ***Spanner.***

matheux *m. Personne douée pour les mathématiques ou qui les étudie {2}*: Mon fils n'est pas un **matheux**. *Mein Sohn ist kein* ***Matheas.***

maths *f.pl. Mathématique {1}.* ***Mathe.*** / **Il a la bosse des maths**. ***Der ist ein Matheas.***

matière grise *expr.f. Intelligence {1}*: Question matière grise, il n'est pas gâté. *Was die* ***grauen Zellen*** *betrifft, so ist er nicht gerade verwöhnt worden.*

matin *m.* **Des ... comme toi, j'en fais deux tous les matins** *loc. Pour souligner sa propre supériorité {3}.* ***So einen wie dich eß ich zum Frühstück.*** ♦ → être.

maton *m. Gardien de prison {3}*: Un maton nous fourgue des pipes. *Ein* ***Knastaufseher*** *versorgt uns mit Stäbchen.*

matou *m. Amant ou mari {2}*: Avec son matou, elle marche bras dessus dessous. *Sie geht untergehakt mit ihrem* ***Kater.***

matraquage *m. Répétition de messages publicitaires ou de chansons, à la radio par exemple {2}*: Cette pub', c'est du matraquage. *Diese Reklame* ***klotzt voll rein.***

matraquer *V.t. Faire payer très cher {1}*: Je me suis fait matraquer. *Ich habe mir* ***das Fell über die Ohren ziehen*** *lassen.* ♦ *Infliger une lourde peine {2}*: Ils l'ont matraqué avec 5 ans de réclusion criminelle. *Sie haben ihm fünf Jahre Haft* ***aufgebrummt.*** ♦ *Répéter pour faire entrer en mémoire, faire du matraquage* {1}*: Il faut matraquer! ***Nicht kleckern: klotzen!*** ♦ *Mettre la matraque, mettre tout en oeuvre, mettre le paquet* {3}*: Qn. qui matraque. *Jd., der* ***reinklotzt.***

matraqueur *m. Sportif brutal {2}*: Dans le temps, ce goal passait pour un matraqueur. *Seinerzeit galt dieser Tormann als* ***Brutalo.***

matricule *m.* **Ça va barder pour ton matricule** *loc. Menace de correction {2}.* ***Du kriegst gleich Schwierigkeiten.***

Matthieu *N.pr.* → Pascal.

mauvais *Adj.* **L'avoir mauvaise** *loc. Etre indigné, vexé, déçu, en colère {1}*: Le patron l'a mauvaise. *Der Alte* ***ist stocksauer.*** ♦ **Etre de mauvaise foi** *loc. Ne pas accepter une évidence {1}*: Inutile de discuter avec lui, il est de mauvaise foi. *Unnütz mit ihm zu reden, er* ***will partout nicht/will es einfach nicht wahrhaben.*** ♦ **Etre de mauvais poil** *loc. Etre de mauvaise humeur {1}.* ***Schlecht aufgelegt sein.***

max *m. Pour maximum {1} {B}*: Ça coûte un max. *Das kostet* ***riesig.***

maxi *m. Pour maximum {1}*: J'ai écopé du maxi. *Ich hab* ***unheimlich*** *eingesteckt/die* ***Höchststrafe verpaßt gekriegt.*** ♦ *La mode maxi {1}*: Qu'est-ce que tu préfères: Mini ou maxi? *Was hast du lieber? Mini oder* ***Maxi?***

maximum *m.* **Au grand maximum** *loc.adv. Au maximum {1}*: Au grand maximum, nous mettons dix heures pour aller à Marseille. ***Allerhöchstens*** *rechnen wir zehn Stunden für die Fahrt nach Marseille.*

mcdo [makdo] *m. Abrév. Nom propre d'une grande firme du fast-food [McDonald] qui désigne de plus en plus un certain type de restauration particulièrement apprécié par les* ados, *snack, fast-food [enfants] {2}.* ***McDonald.***

mec *m. Homme {1}*: 'Y a des nanas et des mecs. *Es gibt* ***Jungs*** *und Mädels.* / Qu'est-ce qu'il fabrique, ce mec? *Was stellt der denn an, der* ***Macker?*** / Fais gaffe, mec! *Paß auf,* ***Mann!*** / Un **pauv'mec** *{1}. Ein* ***armer Typ.*** / Un drôle de mec. *Ein* ***komischer Typ.*** / **Le mec des mecs.** *Der* ***Obermacker*** *||* ***Supermann.*** / **Mon mec** *va venir demain.* ***Mein Oller / Typ*** *kommt morgen.* / Un grand blond, dans le style supermec. *Ein großer Blonder, so eine Art* ***Supermann.*** / Eh mec! *Äh, (du)* ***Macker!***

mécanique *f.* **C'est de la belle mécanique** *loc. Une belle voiture {3}.* ***Ein toller Schlitten.*** ♦ **Rouler les mécaniques** *loc. Rouler les épaules en marchant {2}*: *Einen* ***stakenden / pantherhaften Gang haben.*** Le mannequin roule les mécaniques. *Das Mannequin* ***bewegt sich wie ein Tiger.*** ♦ *Vouloir se mettre en scène {2}*: Devant les nénettes, Lulu roule les mécaniques. *Vor den Weibern* ***spielt*** *Lulu* ***den starken Mann / hängt er den großen Macker raus.*** || **Rouler les mécaniques seulement pour la façade** *loc. Se donner des airs de supériorité {2}.* ***Den starken Mann spielen / Bluffen.***

mécano *m. Mécanicien {1}.* ***Automechaniker.***

méchamment *Adv. Très, beaucoup {3}*: C'est méchamment bath. *Das ist* ***verdammt*** *schön.*

méchant *m.* **Faire le méchant** *loc. Violent, emporté {1}*: Dès qu'on ose le critiquer, il fait le méchant. *Sobald man ihn zu kritisieren wagt,* **wird er pampig.** ♦ *Adj. Fameux*, sacré* [*souvent dans le sport*] {*1*}: C'est une méchante équipe. *Eine* **irre** *Mannschaft.*

mèche *f.* **Il n'y a pas mèche** *loc. Il n'y a pas moyen de réussir*, {*3*}: On l'aura pas. 'Y a pas mèche. *Wir kriegen es nicht.* **Es gibt nicht die geringste Chance.** ♦ **Etre de mèche** *loc. Etre complice, être au courant* {*2*}: Ils ont toujours été de mèche. *Sie* **steckten** *schon immer* **unter einer Decke.** ♦ **Vendre la mèche** *loc. Trahir, dire un secret* {*2*}: Te fais pas d'illusions. Il leur a vendu la mèche. *Mach dir doch nichts vor, der hat* **gesungen.**

mecton *m. Individu, petit mec** {*2*}. **Kerlchen.**

médaille *f.* **Porter la médaille** *loc. Porter le* → chapeau.

meeting *m. Réunion* {*2*}: Il y avait un meeting. *Es gab ein* **Meeting.**

méga *Préfixe. Grande quantité* [*fait partie du répertoire d'hyperboles qui caractérise le parigo-mondain* {*Schifres*}], → super, hyper. **Riesen-, Super-, Mega-.**

mégachiée *f. Très grande quantité*, → chiée {*3*}: Une mégachiée de gosses. *Ein* **riesiger Haufen** *Blagen.*

mégalo *m./Adj. Abréviation de mégalomane* [*Robert Merle met le mot en rapport avec* schizo (schizophrène), parano (paranoïaque), mytho (mythomane), *et on pourrait trouver d'autres exemples terminant en* [*o*]] {*B*}: Mégalo, comme film! **Riesig,** *als Film!*

méganote *f. Note très élevée* {*3*}: Ce prof donne des méganotes. *Der Lehrer gibt* **Traumnoten.**

mégot *m. Reste de cigarette ou de cigare* {*1*}. **Kippe** ♦ *Cigarette, clope*, pipe** {*1*}: File-moi un mégot. *Gib mir mal ein* **Stäbchen.**

mégotage *m. Mesquinerie, hésitation à donner ou à prendre* {*3*}. **Knauserigkeit.**

mégoter *V.i. Lésiner* {*2*}: Il ne mégote pas sur la marchandise. *Er* **knausert** / **feilscht** *nicht mit der Ware.*

mégoteur *m. Qui mégote* {*2*}. **Knauser.**

meilleur *m.* **Prendre le meilleur sur** *loc. Avoir l'avantage sur, surtout dans le sport* {*2*}: Au bout de dix minutes, les Stéphanois ont pris le meilleur sur les Parisiens. *Nach zehn Minuten* **hatte** *Saint-Etienne (schon)* **die Oberhand** *über die Pariser.*

mélanco *Adj.inv. Mélancolique* {*3*}: Un air mélanco. *Ein* **trauriges** *Lied.*

mélanger (se) *V.pr. Faire l'amour* {*3*}: Ils sont en train de se mélanger. *Die* **paaren sich** *gerade.* ♦ **Il ne faut pas mélanger les torchons avec les / et les serviettes** *loc. On ne peut comparer que ce qui est comparable* {*2*}. *Man darf nicht* **Äpfel mit Tomaten vergleichen.** ♦ *Pour désigner les oppositions extrêmes* {*2*}: Ne les invite plutôt pas. Il faut pas mélanger les torchons avec les serviettes. *Lade sie besser nicht ein. Man soll* **Katz und Maus nicht zusammenbringen.** / A la cantine, il y a une salle pour les cadres et une pour le reste du personnel. On ne mélange pas les torchons avec les serviettes. *In der Kantine gibt es einen Saal für die Leitenden und einen für den Rest des Personals. Die* **wollen unter sich sein.**

mélasse *f.* **Etre dans la mélasse** *loc. Infortune, misère, situation inextricable*, pétrin* {*2*}. **In der Patsche sitzen.**

méli-mélo *m. Confusion, désordre* {*3*}: Quel méli-mélo sur son bureau! *Was für ein* **Durcheinander** *auf seinem Schreibtisch!*

mélo *m. Mélodrame* {*1*}: **C'est du mélo.** *Das* **geht auf die Tränendrüse.** ♦ *Adj.inv. mélodramatique* {*1*}: Une chanson mélo. **Schnulze.**

melon *m. Tête* {*3*}. **Rübe.**

membre *m. Membre viril* {*2*}. **Glied.**

membré *Adj. Se rapportant à* → membre {*3*}: Il est bien membré. *Er hat* **„einen Großen"**.

même *Pron.indéf.* **C'est du pareil au même** *loc. C'est la même chose* {*2*}. **Jacke wie Hose sein.** ♦ **Tout de même** *loc. Néanmoins, pourtant* {*1*}: Tu vas me le dire tout de même? *Du sagst es mir* **doch**? / Cette veste est belle, mais tout de même un peu chère. *Die Jacke ist schön, aber* **doch** *ein bißchen teuer.*

mémé *f. Grand-mère*, mamie* {*1*}: On va voir mémé? Non, mamie. *Gehen wir zur* **Oma?** *Nein, zur* **Omi.** ♦ *Femme en général* {*2*}: Regarde la mémé. Elle les a à l'air. *Guck dir die* **Oma** *an. Sie ist oben ohne.*

mémère *f. Vieille femme* {*1*}: Vot'chatte a quel âge? – Douze ans. C'est déjà une mémère. *Wie alt ist Ihre Katze? – Zwölf. Sie ist schon* **ein altes Mütterchen.** ♦ *Grosse femme d'un certain âge* {*2*}: C'est une grosse mémère blonde. *Sie ist eine (blonde)* **Walküre.** ♦ **Faut pas pousser mémère dans les orties.** *Loc. Il ne faut pas exagérer, abuser de la patience* {*2*}: Cesse de lui poser des questions difficiles. Faut pas pousser mémère dans les orties. *Hör auf, ihm schwierige Fragen zu stellen.* **Übertreib nicht!**

mémo *m. Mémorandum* {*1*}. **Memo.**

mémoire *f.* **Avoir la mémoire comme une passoire** *loc. Se dit d'une personne qui oublie tout* {*1*}. **Ein Gedächtnis wie ein Sieb haben.** ♦ **Mémoire d'éléphant** *expr.f. Excellente mémoire* {*1*}. *Ein* **Gedächtnis wie ein Elefant.**

ménage *m.* **Faire le ménage** *loc. Mettre l'ordre* {*1*}: Les CRS ont fait le ménage. *Die CRS* [*Polizeitruppe*] *hat* **aufgeräumt.** ♦ **Se mettre en ménage** *loc. Vivre en union libre* {*2*}. **Zusammenziehen / -leben.** ♦ **Ménage à trois** *expr. Menage composé de trois personnes* [*mari, femme, maîtresse, par exemple*] {*2*}. **Dreiecksverhältnis.**

ménager la chèvre et le chou *loc. S'efforcer*

d'être en bons termes avec deux partis opposés {2}. ***Mit allen gut Freund sein wollen.***

mendigot *m. Mendiant {2}.* ***Bettler.***

mendigoter *V.i. Mendier {2}.* ***Die Hand aufhalten / betteln.***

mener *V.i.* **Mener en barque** *{1} ou* **en bateau** *{1} loc.* → barque *et* bateau. ♦ **Ne pas en mener large** *loc. Etre plein d'inquiétude, de peur, être dans une situation embarrassante,* → souliers *{3}.* ***Angst haben / sich in seiner Haut nicht wohl fühlen.***

méninges *f.pl. Cerveau {1}*: Tu t'es pas creusé les méninges. *Du hast deine* **grauen Zellen** *nicht überanstrengt.*

menotte *f. Petite main, pour enfant {1}.* ***Händchen.***

mentalité *{2} ou* **mentale** *{3} f.* **Avoir une bonne / de la mentalité** *loc. Suivre les règles et les opinions d'un milieu, d'un parti, etc.*: Et surtout monsieur, si vous voulez continuer à travailler chez nous, il faut **que vous fassiez preuve d'une bonne mentalité**. *Und vor allem, mein Herr: Wenn Sie weiterhin bei uns arbeiten wollen, müssen Sie* ***sich unseren Gepflogenheiten anpassen.***

menteries *f.pl. Mensonges {3}*: C'est des menteries. *Das sind* ***Lügengeschichten.***

menteuse *f. Langue {3}*: Sors ta menteuse. *Streck den* ***Lappen*** *raus.*

mentir comme on respire *loc. Mentir habituellement,* → arracheur *{1}* : Il ment comme il respire. ***Sobald er den Mund aufmacht, lügt er.***

mer *f.* **Ce n'est pas la mer à boire** *loc. Cela se fera sans trop de difficultés {2}.* D'accord, c'est pas mal de travail en plus. Mais c'est pas la mer à boire quand même. *Gut, das ist ziemlich viel Arbeit zusätzlich.* ***Aber so schlimm / viel ist es auch wieder nicht.***

merde *f Excrément {1}.* ***Scheiße.*** / **Une grosse merde.** *Eine* ***große Scheiße.*** ♦ **Laisser tomber qn. comme une vieille merde** *loc. Abandonner complètement {2}.* ***Jdn. wie eine heiße Kartoffel fallenlassen.*** ♦ **Avoir de la merde dans les yeux** *loc. Ne rien voir {2}.* ***Scheiße in / auf den Augen haben.*** ♦ **C'est toute une merde pour** *[infinitif] loc. C'est très difficile de {3}*: C'est toute une merde pour remettre le système d'aplomb. *Es ist* ***scheißschwer****, das System wieder in Gang zu bringen.* ♦ **Ne pas se prendre pour de la merde** *loc. Se prendre pour qn. d'important {2}.* ***Sich für Graf Rotz halten.*** ♦ **Foutre / mettre qn. dans la merde** *loc. Abandonner ou ruiner qn. {2}.* ***Jdn. in die Scheiße reiten.*** ♦ **Avoir un œil qui dit merde à l'autre** *loc.* → œil ♦ **Etre dans la merde** *loc. Etre dans une très mauvaise situation, dans l'embarras {1}*: Nous sommes dans la merde. *Wir* ***stecken in der Scheiße.*** ♦ **Semer la merde** *loc. Répandre le désordre {2}*: Les journalistes sèment la merde. *Die Journalisten* ***verbreiten*** (***nur***) ***Stunk.*** ♦ **Traîner dans la merde** *loc. Insulter, traîner dans la boue {1}.* ***Durch den Kakao ziehen.*** ♦ **Oui ou merde?!** *Loc. Oui ou non? {2}* ***Was denn nun, ja oder nein, oder was?!*** ♦ *Juron {1}*: **Merde!** ***Scheiße!*** / **Merde de merde!** ***Verdammte Scheiße!*** **Merde de merde et bordel de merde!** *[Etwa]* ***So eine Riesenscheiße!*** *[Alternative*: **Nom de Dieu de bon Dieu de vacherie de bordel de merde!**] ♦ **De merde** *expr.adv. Sans valeur {1}*: Cette foutue bagnole de merde. *Dieser elende* ***Scheißwagen.*** ♦ **Merde à la puissance treize** *loc. Souhait de réussite [étudiants] {2}*: Et surtout, merde à la puissance treize. *Und vor allem: ich* ***drück*** *dir* ***die Daumen.*** // *Loc. {1}*: **Je te dis: Merde!** ***Halt die Ohren steif!***

merder *V.i. Rater,* foirer* *{2}*: La mécanique a merdé. *Der Motor* ***ist im Arsch.***

merdeux *m. Enfant {3}*: A quelle heure tu couches les merdeux? *Wann bringst du die* ***Scheißer*** *ins Bett?* ♦ *Péjoratif pour homme ou femme {1}*: C'est une petite merdeuse, celle-là. *Sie ist ein* ***Arschloch.*** ♦ *Sali de* merde* *{3}*: Regarde la porte. Elle est toute merdeuse. *Guck mal die Tür. Sie ist* ***voll Scheiße.*** ♦ **Bâton merdeux** *expr. Individu méprisable dont on ne sait par quel but le prendre {2}.* ***Schmierige Type, an der man sich dreckig macht.***

merdier *m. Situation difficile, pétrin, embarras, désordre, pagaille {1}*: On est loin d'être sortis de ce merdier. *Aus dieser* ***Scheiße*** *sind wir noch lange nicht raus.*

merdique *Adj.inv. Ennuyeux, difficile, confus {1}*: Une histoire vraiment merdique. *Eine wirklich* ***beschissene*** *Geschichte.*

merdoyer *V.i. Hésiter, s'embrouiller,* vasouiller* *{2}*: Dès qu'on lui pose quelques questions, il merdoie. *Sobald man ihm einige Fragen stellt,* ***verheddert*** *er* ***sich.***

mère *f. Femme d'un certain âge {1}*: T'as vu la mère Machin? *Hast du die* ***alte*** *Dingsbums gesehen? [Bleibt im Deutschen oft ohne Entsprechung]*: J'ai fait un saut chez la mère Dupont. *Ich war mal schnell bei der Dupont.*

mère-poule *f. Femme qui exagère son rôle de mère {3}*: Lucienne est une véritable mère--poule. *Lucienne ist die reinste* ***Glucke.***

mérinos [merinos] *m.* **Laisser pisser le mérinos** *loc. Laisser faire, attendre le résultat sans rien faire {2}*: Ça vaut pas la peine de s'engager. Je laisse plutôt pisser le mérinos. *Es lohnt nicht, sich zu engagieren. Ich* ***laß die Dinge laufen.***

merlan *m. Coiffeur,* coupe-tifs* *{3}.* ***Barbier.*** ♦ *Poisson m.* **Faire des yeux de merlan frit** *loc. Avoir l'air* constipé* *{2}.* ***Dämlich aus der Wäsche glotzen.*** ♦ *Aussi pour le type qui regarde sa belle.* ***Die Augen verdrehen.***

messes basses *f.pl.* **Dire** *ou* **faire des messes basses** *loc. Parler en aparté, entretien entre* *deux personnes, à voix basse {1}*: Cessez vos messes basses. *Stellt euer* **Geflüster** *ein.*

métallo *m. Ouvrier métallurgiste {1}.* **Stahlarbeiter** / *evtl.* **Metaller** [*besetzt für „Angehöriger der IG-METALL“*].

météo *f. Mauvais temps {1}*: Le match n'aura pas lieu à cause de la météo. *Das Spiel wird wegen des* **Wetters** *nicht stattfinden.* ♦ **Monsieur** / **Madame Météo** *expr. Qui prédit le temps {1}.* **Wetterkartenmann** / **-frau** *bzw.* **„Wetterfrosch“.**

métro *m.* **Avoir un métro de retard** *loc. Comprendre très lentement {2}*: Il a toujours un métro de retard. – Un seulement? **Der hat eine lange Leitung.** – *Und ob!*

mettre *V.t. Servir* [*surtout à Paris*] *{2}*: Mettez-moi une côte de boeuf. **Geben** *Sie mir eine Côte de Boeuf.* ♦ **En mettre un coup** *loc. Se donner avec énergie {2}*: Va falloir qu'on en mette encore un coup. *Ist wohl so, daß wir noch* **einen Schlag ranhauen** *müssen.* ♦ **En mettre plein la vue** *loc. Paraître plus qu'on est {1}*: Avec leur nouvelle Porsche, ils essaient d'en mettre plein la vue aux voisins. *Mit ihrem neuen Porsche versuchen sie, bei den Nachbarn* **Eindruck zu schinden.** ♦ **Mettre le paquet** *loc. Faire le maximum {2}.* **Sein Bestes geben.** ♦ **Mettre les bouts** *{2}* / **les voiles** *{1} ou bien* **les mettre** *{2} loc. Partir {2}*: Ils ont mis les bouts vers deux heures cette nuit. *So gegen zwei diese Nacht sind sie* **abgehauen** / **haben sie die Segel gesetzt** / **sind sie abgedampft.** ♦ **Mettre les points sur les «i»** *loc. Dire aux gens ce qu'on pense, avec une idée de correction {2}.* **Jdm. die Meinung geigen.** ♦ *Insister lourdement {2}*: **Nägel mit Köpfen machen.** ♦ → rayon. ♦ **Mettre en boîte** *{2} ou* **en caisse** *{3} loc. Tromper, se moquer*: Il m'a mis en boîte. *Er hat mich* **veräppelt** / **verhohnepiepelt.** ♦ **Mettre en l'air** *loc. Casser, tuer, mettre en désordre, cambrioler {1}*: Les cambrioleurs ont mis tout en l'air. *Die Einbrecher haben alles* **kurz und klein geschlagen** / **auf den Kopf gestellt.** ♦ **La mettre en veilleuse** *loc. Se taire {2}*: Mets-la en veilleuse. Laisse-moi parler. *Nun* **halt mal die Luft an**, *laß mich sprechen.* ♦ **Mettre en veilleuse** *loc. Réduire son activité, ne plus en parler {2}*: Les patrons ont décidé de mettre le problème en veilleuse. *Die Arbeitgeber haben beschlossen, das Problem* (**erst einmal**) **unter den Teppich zu kehren.** ♦ **Mettre en pièces détachées** *loc. Casser {2}*: Numérote tes abattis. Je vais te mettre en pièces détachées. *Numerier' dir die Knochen. Ich* **nehm dich auseinander.** ♦ **Mettre qn. au pas** *loc. Faire obéir {1}*: Il faut le mettre au pas. *Den muß man* **auf Zack bringen.** ♦ **Mettre les pieds dans le plat** *loc. Commettre une gaffe, aborder une question délicate avec une franchise brutale {1}.* **Ins Fettnäpfchen treten.** ♦ **Mettre les petits plats dans les grands** *loc.* → plat. ♦ **Ne pas pouvoir mettre le nez** / **les pieds dehors** *loc. Ne pas pouvoir quitter la maison à cause du mauvais temps {1}*: Par ce temps de chien, on peut pas mettre les pieds dehors. *Bei diesem Sauwetter* **kann man keinen Schritt vor die Tür tun.** ♦ **Un temps à ne pas mettre un chien dehors** *loc. Mauvais temps {1}.* **Ein Wetter, bei dem man keinen Hund vor die Tür jagt.** ♦ **Mettre sur pied** *loc. Créer et réussir à faire marcher {1}*: Il l'a mise sur pieds tout seul. *Er hat sie ganz alleine* **aufgebaut.** ♦ **Ça lui fait les pieds** *loc. Cela lui donne une leçon {2}.* **Das wird ihm eine Lehre sein.** ♦ **(se)** *V.pr. Coïter* [*surtout dans un sens passif*] *{3}*: Elle **se fait mettre** sans détour. *Die* **legt** *sich ohne Umschweife* **hin.** ♦ *Manger ou boire énormément {1}*: **Qu'est-ce qu'ils ont pu se mettre!** **Was haben die sich alles reingetan!** ♦ **S'en mettre jusque-là** *loc. Manger en grande quantité {3}.* **Sich rundrum sattessen.** ♦ *Se battre {1}*: Qu'est-ce qu'ils se sont mis! *Haben die* **sich verdroschen!** ♦ **Se mettre à table** *loc.* → table. ♦ **Se mettre en branle** *loc. Commencer, démarrer {2}*: Regarde, ils se mettent en branle là-devant. *Guck mal da, sie* **gehen los** / **bewegen sich** (**endlich**). ♦ **Se mettre en quatre** → quatre. ♦ **Va te faire mettre!** *Loc. Va te faire enfiler,* → foutre, → baiser *{3}*: **Leck mich! Fuck off!** ♦ **S'en mettre plein la lampe** *loc. Manger et boire copieusement,* → foutre *{2}.* **Sich richtig vollstopfen.**

meule *f. Pour* moto [*«hyperemployé» par les jeunes selon Pierre Merle*] *{B}*: **Maschine.** / Avoir une meule, c'est son rêve. *Eine* **Maschine** *zu haben, ist sein Traum.*

meules *f.pl. Testicules {3}*: On se caille les meules ici. *Hier friert man sich die* **Eier** *ab.*

mézig *ou* **mézigue(s)** (tézig, sézig) [mezig] *Pron. Moi {3}*: C'est pour mézig. *Das ist für* **meine Wenigkeit.**

mi-figue, mi-raisin *expr.adv. Se dit de qc. qui n'est ni bon ni mauvais {3}.* **Durchwachsen.** / **Weder – noch.**

miauler *V.i. Se plaindre, protester {3}*: Ma femme a miaulé tout l'après-midi. *Meine Frau hat den ganzen Nachmittag* **geknatscht.**

miche *f. Fesse {1}*: Vise un peu ses miches! *Guck dir mal der ihren* **Hintern** *an.* ♦ **Avoir les miches à zéro** / **qui font bravo** *loc. Avoir peur, la* trouille* *{2}.* **Muffensausen haben.**

micheton *m. Client d'une prostituée {2}*: Elle est sous presse, elle a un micheton. *Die ist oben. Sie hat einen* **Freier.**

michetonner *V.i. Payer une femme en parlant du micheton ou se faire payer* [*femme*] *{3}*: Elle michetonne. *Sie* **nimmt Geld dafür.** ♦ Tu parles, il michetonne pour les poules. *Denkste, der* **bezahlt** *die Weiber.*

Mickey *m. Ringard, blaireau* [*héros de la fameuse b.d. de Walt Disney*] *{B}*: Pauv'Mickey! **Armer**

Typ! ♦ *Aussi pour enfant {2}*: Viens, mon Mikkey. *Komm her, mein* **Kleiner**.

microbe *m. Petit enfant {3}*: Où est le microbe? *Wo ist* **der Kurze?**

midi *m.* **C'est midi (sonné)** *loc. C'est fini, il n'y a plus rien à faire {3}*. ***Vorbei und Schluß.*** ♦ **Chercher midi à quatorze heures** *loc.* → chercher.

miel *m. Merde {3}*. **Schmutz.** ♦ *Juron {2}*: **Miel!** ***Schiet!*** ♦ **Avoir du miel dans les cliquettes** *loc. Ne pas entendre {3}*. ***Bohnen in den Ohren haben.*** ♦ **C'est du miel** *loc. C'est très facile {1}*. ***Das ist kinderleicht / puppeneinfach.***

miette *f. Petite quantité, un peu {1}*: Il faut **pas en perdre une miette**. *Du darfst kein* ***Krümelchen*** *verlieren.* / Racontez tout, je n'en perds pas une miette. *Erzählen Sie alles,* ***ich bin ganz Ohr.*** ♦ **Et des miettes** *loc. Et des* poussières* *{2}*: Ça fait mille balles et des miettes. *Das macht tausend (Eier) und* ***ein paar Zerquetschte.***

mieux *Adv.* **Ne pas demander mieux** *loc. Pour exprimer sa satisfaction {1}*: Vous pouvez me ramener à la maison? – Je ne demande pas mieux. *Können Sie mich nach Hause fahren? –* ***Nichts, was ich lieber täte.*** ♦ **A qui mieux mieux** *loc. Chercher à surpasser l'autre {1}*: Travailler à qui mieux mieux. ***Um die Wette*** *arbeiten.*

milieu *m. Le monde de la pègre {1}*. **Unterwelt**.

mille *m.* **Mettre dans le mille** *loc. Atteindre son but exactement {1}*: Il a mis dans le mille. *Er hat* ***(voll) ins Schwarze getroffen.*** ♦ **Gagner des mille et des cents** *loc. Gagner beaucoup {2}*. ***Tausende und Abertausende verdienen.***

mille-feuille *m.* **C'est du mille-feuille** *loc. C'est facile, du* gâteau* *{3}*. ***Das ist kinderleicht.***

mimi *m./Adv.inv. Mignon [légèrement ironique] {2}*: Il est mimi, ce chapeau. *Ist der* ***süß,*** *der Hut!* ♦ *Chat {2}*: Viens Mimi. *Komm* ***Miez,*** *komm.* ♦ *Petit câlin {2}*: On fait un petit mimi. *Machen wir* ***einen Schmusi-Schmusi?***

minable *m./Adj. Médiocre, insuffisant {1}*: Un travail tout à fait minable! *Eine total* ***indiskutable*** *Arbeit!* ♦ *Nullard, misérable {1}*: C'est un minable. *Der Mann ist eine* **Niete**.

mince! *Interj. Pour exprimer l'étonnement ou la surprise {1}*: Ah, **mince alors**! *Ah* ***verflixt nochmal!*** / *Suivi d'un complément pour exprimer l'admiration ou la déception {1}*: **Mince de** rigolade! ***Seltsames*** *Lachen!* / Une mince d'histoire. *Eine* ***komische / tolle*** *Geschichte.*

mine *f.* **Avoir bonne mine** *loc. Avoir l'air sain {1}*: T'as bonne mine à nouveau. *Du* ***siehst*** *wieder gut* ***aus.*** ♦ *Avoir l'air ridicule après une déconvenue {2}*: Tu lui as dit le contraire. T'as bonne mine maintenant! *Du hast ihm das Gegenteil gesagt.* ***Jetzt stehst du dumm da!*** ♦ **Avoir une mine de papier mâché** *loc. Etre pâle et fatigué {3}*. ***Total zerknautscht / groggy aussehen.*** ♦ **Faire mine de rien** *loc. Faire comme si rien ne s'était passé {1}*: Il arrive! On va faire mine de rien. *Er kommt!* ***Tun*** *wir* ***so, als ob nichts wäre.*** ♦ **Mine de rien** *Expr.adv. Sans en avoir l'air, comme si de rien n'était {1}*: Tâche de le cuisiner un peu, mine de rien. *Versuch, ihn garzukochen,* ***ganz locker.*** / Elle fait 200 à l'heure mine de rien. *Er fährt 200* ***wie nichts.*** ♦ **Faire une mine d'enterrement** *loc. Afficher sa déception {3}*: Cesse de faire ta mine d'enterrement! *Hör auf, so eine* ***Trauermine*** *zu machen!* ♦ **Faire grise mine** *loc. Accueillir une nouvelle ou qn. sans enthousiasme {3}*: Quand il nous a vu, il a fait grise mine. *Als er uns sah,* ***sah*** *er* ***nicht gerade erfreut aus.*** ♦ **Ne pas payer de mine** *loc. Ne pas avoir l'air {2}*: Pour un millionaire il ne paie pas de mine. *Der* ***sieht nicht gerade aus wie ein*** *Millionär.*

minet *m. Petit chat {1}*. ***Pussy.*** ♦ *Jeune homme à la mode {3}*: Regarde le minet, comme il est mignon. *Guck mal den* ***Süßen.*** *Ist der „schön".*

minette *f. Jeune fille {1}*: Une sacrée minette. *Ein* ***irrer Käfer.*** ♦ **Faire minette** *{3} loc. Pratiquer le cunnilingus {3}*. ***Die Pussy lecken.***

mini → maxi.

mini-jupette *f. Petite jupette {2}*. ***Miniröckchen.***

minus [minys] *m. Débutant {2}*. ***Blutiger Anfänger.*** ♦ *Crétin {1}*. ***Stümper.***

minute *Adj. Rapide [dans des tournures comme les suivantes] {1}*: Entrecôte minute, steak minute. ***Minutensteak.*** ♦ *Interj. Attends ou attendez un instant {1}*: **Minute!** ***Sekunde!*** ♦ **Minute!** *Excl. Cessez d'exagérer {1}*. ***Nun mal halblang!*** ♦ **Minute papillon!** ***Nur locker! / Immer (hübsch) langsam!*** ♦ **Ça va (bien)** *n* **minutes, mais ...** *loc. Pour indiquer qu'on ne saurait s'attarder trop longtemps à une chose [les expressions les plus usuelles pour* n *sont* deux *ou* cinq] *{2}*: Ça va bien dix minutes, mais après je m'en vais. ***Okay für*** *zehn* ***Minuten,*** *dann bin ich weg.*

mioche *m. Enfant {1}*: ***Steppke / Knirps / Göre.***

mirettes *f.pl. Yeux {1}*: Elle a de belles mirettes, la fille, dommage que ses esgourdes les cachent. *Die hat aber schöne* ***Gucker,*** *die Kleine, nur schade, daß die Horchlappen sie verdecken.*

miro *Adj.inv. Myope {1}*: J'y vois que dalle. J'suis vachement miro. *Ich seh nix. Ich bin ganz schön* ***blind.***

misères *f.pl.* **Faire des misères** *loc. Taquiner {1}*: On lui a fait des misères avec ces tracasseries administratives. *Man hat ihm mit diesen bürokratischen Sticheleien* ***das Leben ganz schön schwer gemacht.***

miso *m./Adj. Misogyne {B}*. ***Weiberfeind.***

mitan *m. Milieu {3}*: Un homme du mitan. *Einer aus dem* ***Milieu.***

miteux *Adj. Misérable {1}*: Un hôtel miteux. *Ein* ***mieses*** *Hotel.*

mitraille *f. Petite monnaie {1}*. ***Geschribbels / Kleingeld.***

mitrailler *V.t. Photographier sans arrêt {1}*: Le photographe mitraille ses modèles dans toutes les positions. *Der Fotograf* ***schießt*** *seine Modelle in allen Positionen.*
mob *m. Cyclomoteur ou mobylette {2}.* ***Mofa.***
mochard *{3}* / **moche** *{1}* / **mochetingue** *{2} Adj. Laid*: Elle est moche. *Sie sieht* ***beschissen*** / ***fies*** *aus.* ♦ **Etre moche avec qn.** *loc. Etre méchant ou mauvais avec qn. {2}*: Il a été moche avec elle. *Er war* ***fies zu*** *ihr.* / Fais pas ça, **c'est moche**! *Tu das nicht,* ***das ist gemein****!*
mochement *Adv. De façon laide {2}*: Il a été mochement arrangé. *Er wurde* ***übel*** *zugerichtet.*
mocheté *f. Femme laide {2}*: Quelle mocheté, sa femme. *Seine Frau* ***ist*** *vielleicht* ***eine Schreckschraube*** / ***die Häßlichkeit in Person.*** ♦ *Objet sans valeur ni beauté {3}*: Qu'est-ce que c'est que ces petites mochetés? *Was ist das für ein* ***Mist****?*
moelle *f.* **Avoir la moelle (de faire qc.)** *loc. Avoir l'énergie {3}.* ***Das Zeug haben zu etwas.*** ♦ **Etre vidé jusqu'à la moelle** *loc. Etre totalement épuisé {3}.* ***Ausgelaugt sein.*** ♦ → os.
mœurs [mœrs] *f. pl. Brigade de police judiciaire chargée de la répression du proxénétisme et du trafic des stupéfiants,* mondaine* *{2}*: Les mœurs ont débarqué cette nuit. *Die* ***Sitte*** *war diese Nacht da.*
moineau *m. Individu douteux {1}*: Un drôle de moineau. *Ein komischer* ***Vogel.***
moins *Adv.* **Au moins** *expr.adv. Ne pas espérer que {2}*: T'es pas malade au moins? *Du bist* ***doch nicht*** (***etwa***) *krank?* ♦ **En moins de deux** *expr.adv. Très vite {1}*: Il l'avait mis en l'air en moins de deux. *Er hatte es* ***im Handumdrehen*** *kaputt.* ♦ **Moins une** *ou* **moins cinq** *expr.adv. Presque {2}*: Il a bien failli ramasser une pelle, c'était moins cinq. *Er hätte fast eine eingefangen.* ***Es war fünf vor zwölf*** / ***knapp.***
moitié *f. Épouse {1}*: Vous avez vu ma moitié? *Haben Sie meine* ***bessere Hälfte*** *gesehen?*
mollard *m. Crachat {2}*: Il avait craché un de ces mollards sur le pavé. *Er hatte vielleicht einen* ***Grünen***/***Gelben*** *auf das Pflaster gerotzt.*
mollarder *V.i. Cracher {3}*: Il lui a mollardé dans la gueule. *Er hat ihm in die Fresse* ***gerotzt.***
mollasse *m./Adj. Mou, apathique {1}.* ***Tränentier.***
mollasson *m. Apathique, paresseux {2}.* ***Traumtänzer*** / ***Faultier.*** / C'est un mollasson. *Das ist ein* ***Kommst-du-heut-nicht – Kommst-du-morgen.***
mollo *Adv. Avec douceur, avec précaution {1}*: Vas-y mollo. ***Paß auf, sachte!***
mollusque *m. Individu apathique, lent {3}.* ***Lahmarsch.***
molosse *m. Grand, colosse {2}*: Regarde le chien. Quel molosse! *Guck dir bloß den Hund an. Das ist 'ne* ***Töle*** / ***ein Riesenköter****!*
môme *f. Fille, jeune femme {1}*: Il vient avec sa môme. *Er kommt mit seiner* ***Kleinen.*** ♦ *m. Enfant {1}*: T'as vu le môme? *Hast du den* ***Knirps*** *gesehen?* / Les mômes. ***Blagen.***
moment *m.* **A un moment donné** *loc. A un certain moment {1}*: Mais à un moment donné, il a piqué une crise. *Aber* ***dann*** *hat er den Rappel gekriegt.*
mômignard *ou* **mômichon** *m. Môme dans le sens d'enfant {3}.* ***Kleiner.***
môminette *f. Adolescente {3}.* ***Girl.*** ♦ *Bouteille de vin blanc plus petite que la normale,* fillette * *{3}.* ***Kleine Flasche Wein.***
mondaine *f. Brigade mondaine de la police, brigade des* moeurs* *{1}*: La mondaine a fait une descente dans ce bar. *Die* ***Sitte*** *hat in dieser Bar eine Razzia gemacht.*
monde *m.* **Le monde** *expr. Les gens {1}*: Il y avait du monde. *Es waren viele* ***Leute*** *da.* ♦ **Le beau monde** *expr. Le grand monde, les gens de la société {1}*: Il y avait du beau monde, le tout-Paris, si tu veux. *Da war eine* ***vornehme Gesellschaft****, die Pariser Schickeria sozusagen.* ♦ **En faire un monde** *loc. Exagérer {2}*: Il a tendance à en faire un monde. *Er neigt dazu,* ***einen Staatsakt daraus zu machen.*** ♦ **(se)** *V.pr.* **Se foutre du monde** *loc. Se moquer {2}*: Il se fout du monde. ***Die*** (***Leute***) *sind ihm* (*alle*) ***schnuppe.*** ♦ **Se faire un monde de qc.** *loc. Exagérer {2}*: ***Aus einem Floh einen Elefanten machen.*** ♦ **Se croire le centre du monde** / **se prendre pour le nombril du monde** *loc. Etre égocentrique {2}.* ***Sich für den Nabel der Welt halten.***
monter *V.t.* **Monter qc./qn. contre qn.** *loc. L'exciter contre un autre {3}*: Il l'a montée contre toi. *Er hat sie* ***gegen dich aufgebracht.*** ♦ **Monter un coup** *loc. Le préparer {1}*: ***Ein Ding vorbereiten.*** ♦ *Commettre un crime, par exemple un cambriolage ou un hold-up {2}*: Il a monté un coup/un hold-up. *Er hat* ***ein Ding gedreht***/*einen Überfall begangen.* ♦ **Monter un bateau** *loc. Mystifier, tromper {1}*: Il est champion lorsqu'il s'agit de monter un bateau. *Er ist ein As, wenn es darum geht,* ***etwas vorzugaukeln.*** ♦ **Monter à Paris** *loc. Pour des provinciaux* aller à Paris *{2}*: Tu vas monter à Paris? ***Fährst*** *du nach Paris* ***hoch?*** ♦ **Tu montes, chéri?** *Loc. Dit par des prostituées qui invitent un client à «monter» {3}.* ***Na Schatz, kommst du mit*** (***rauf***)*?* ♦ **Monter en graine** *loc. Se dit d'une jeune fille qui avance en âge sans se marier {2}*: Elle commence à monter en graine. *Sie* ***wird langsam zur alten Jungfer.*** ♦ → moutarde. ♦ → bourrichon.
moral *m. État d'esprit {1}*: Depuis son accident, son **moral** est atteint. *Seit seinem Unfall ist sein* ***Schwung*** *hin.* ♦ *Faire preuve d'un optimisme exagéré* [*aussi dans un sens ironique*]: Il veut continuer à vendre sa camelote? Eh bien, dis donc, il **a le moral**. *Will der seinen Mist weiterhin verkaufen? Mein lieber Mann,* ***der ist nicht***

kleinzukriegen. ♦ **Avoir le moral à zéro** *loc. Etre dépressif {1}.* ***Völlig durchhängen.*** ♦ **Remonter le moral** *loc. Aider qn. à surmonter une phase dépressive,* → retaper *{1}*: Il faut lui remonter le moral. *Man muß ihm* ***Mut machen.***

morale *f. Admonestation, leçon {2}*: Il nous a fait la morale. *Er hat uns eine* ***Gardinenpredigt*** */* ***Moralpredigt*** *gehalten.* ♦ → bonnet.

morbac *m. Petit enfant,* morpion* *{3}*: Le petit morbac. *Das* ***kleine Scheißerchen.***

morceau *m.* **Un beau morceau** *expr. Une belle fille {1}.* ***Ein schönes Kind / Tier.*** ♦ **Casser le morceau à qn.** *loc. Lui dire ses quatre vérités {3}.* ***Jdm. ungeschminkt die Wahrheit sagen.*** ♦ *Manger qc. {2}*: Est-ce qu'on va **casser un morceau**? *Wollen wir eine* ***Kleinigkeit essen?*** ♦ **Cracher** *ou* **manger le morceau** *loc. Avouer, dénoncer,* se mettre à table* *{2}*: Il a mangé le morceau? *Hat er* ***ausgepackt?*** ♦ **Emporter le morceau** *loc. Enlever une affaire {2}*: Il a emporté le morceau. *Er hat* ***das Rennen gemacht.*** / Le vendeur a emporté le morceau. *Der Verkäufer hat* ***das Geschäft gemacht.***

morcif *m. Morceau {3}*: Coupe-m'en un morcif! *Schneid mir ein* ***Stück*** *ab!*

mordicus [mɔrdikys] *Adv. Avec obstination {1}*: Il défend son bifteck mordicus. *Er kämpft* ***wie ein Verrückter*** *um seine Brötchen.* / Barbara a soutenu mordicus avoir écrit à Odile. *Barbara hat* ***stock und steif*** *behauptet, Odile geschrieben zu haben.*

mordre *V.t.* **Mords-le!** *Loc. Formule d'encouragement [sport, boxe] {1}.* ***Hau rein! Feste!*** ♦ **Mordre le guidon** *loc. Au cyclisme: Pédaler penché en avant {3}.* ***Auf dem Lenker liegen.*** ♦ **Etre mordu** *loc. Etre fou ou amoureux {1}*: Il est mordu. *Der ist* ***verknallt*** *//* ***vom wilden Mann / Affen gebissen.*** / Il est mordu de théâtre. *Er ist ein* ***Theaternarr.*** ♦ **A la mords-moi le dos** *{3} /* **le noeud** *{2} loc.adv. De façon risquée ou ridicule*: C'est à la mords-moi le dos, son truc. ***Das ist ja lächerlich / verrückt,*** *sein Ding!* / Une idée à la mords-moi le dos. *Eine* ***Schnapsidee.*** ♦ *V.i. Accrocher, se faire appâter {2}*: Il a mordu? *Hat er* ***angebissen?*** ♦ *V.i. Comprendre {3}*: Tu mords à la grammaire maintenant? *Hast du jetzt die Grammatik* ***intus / gerafft?*** ♦ *V.pr.* **C'est à se les mordre** *loc. C'est très drôle ou enrageant {3}.* ***Da könnte man sich vor Lachen // Wut in den Hintern beißen.***

morfale *m/f. Personne qui morfale {3}*: Vise un peu ce morfale. *Guck dir den* ***Vielfraß*** *an.*

morfaler *V.t. ou* **(se)** *V.pr.* Bâfrer*, *manger voracement {3}*: Il s'est morfalé tout le calendos. *Der hat* ***sich*** *den ganzen Camembert* ***reingestopft.***

moricaud *m. Nègre, noir {3}.* ***Mohr / Neger.***

morlingue *m. Porte-monnaie, portefeuille {3}*: Mon morlingue est à sec. *In meinem* ***Portemonnaie*** *ist / herrscht Ebbe.* ♦ **Etre constipé du morlingue** *loc. Etre avare {3}*: Il est constipé du morlingue. *Der* ***sitzt auf seinem Geld.***

mornifle *f. Gifle du plat ou du revers de la main {2}*: Il lui a filé une paire de mornifles. *Er hat ihm einen Satz* ***Backpfeifen*** *verabreicht.*

morpion *m. Pou de pubis {2}.* ♦ *Loc. Blennorragie,* chaude-pisse* *{2}*: Fais gaffe, elle **a des morpions.** *Paß auf, sie* ***hat 'nen Tripper.*** ♦ *Petit enfant {2}*: On couche le morpion tout de suite? *Stecken wir die* ***Rotznase*** *gleich ins Bett?* ♦ **Jouer aux morpions** *expr. Jeu d'écoliers qui se joue à deux avec une feuille de papier quadrillé,* → bataille navale* [*les morpions sont les signes marqués*], *les enfants parlent de* touché-coulé *{1}.* ***Schiffe versenken.***

mort *Adj. Inutilisable {1}*: Mes pompes sont mortes. *Meine Schuhe sind* ***hinüber.*** ♦ *Sans espoir ou sans argent {3}*: Pour aujourd'hui c'est mort. ***Für heute ist's gestorben.***

mort *f.* **Faire qc. la mort dans l'âme** *loc. Faire avec une tristesse profonde {1}*: Il a consenti la mort dans l'âme. ***Zu Tode betrübt*** *hat er zugestimmt.* ♦ **A mort** *loc. Fort, extrêmement {1}*: Pour trouver des clients, il faut prospecter à mort. *Um Kunden zu finden, muß man* ***unheimlich*** *rumreisen.* / Freiner à mort. *Eine* ***Vollbremsung*** *machen.* ♦ **Mourir de sa belle mort** *loc. D'une mort naturelle, de vieillesse {1}.* ***Eines natürlichen Todes sterben.*** ♦ **Mort aux vaches!** *Interj. A l'attention de la police {2}*: C'est alors qu'il a crié: «Mort aux vaches!» *Und genau dann schrie er:* ***„Scheißbullen!"***

mort *m.* **Faire le mort** *loc. Ne pas donner de nouvelles {2}.* ***Sich in Schweigen hüllen / nichts von sich hören lassen / auf Tauchstation gehen.***

morue *f. Prostituée {2}.* **Nutte.** ♦ *Injure {2}.* **Dreckschlampe.**

morveux *m. Enfant agaçant, vaniteux {1}*: Il me tape sur les nerfs, ce petit morveux. *Der geht mir auf den Wecker, die* ***kleine Nervensäge.*** ♦ *Gamin, gamine [terme d'injure] {2}*: Il n'est qu'un morveux. *Er ist doch nur ein* ***Rotzjunge.***

mot *m. Courte lettre {1}*: Tu m'écris un mot? *Schreibst du mir ein* ***paar Zeilen?*** ♦ **Mot de cinq lettres!** *Expr.* → Cambronne ♦ **Pas un mot à la reine mère!** *Loc. Ne dis ou ne dites rien à ma femme {2}.* ***Kein Wort (davon) zu meiner Frau!*** ♦ **Au bas mot** *loc.adv. Au moins {2}*: Elle gagne, au bas mot, 10.000 francs par mois. *Sie verdient,* ***vorsichtig geschätzt,*** *10.000 Francs im Monat.*

motiver *V.t. Remplace* donner envie de *{B}*: Ça me motive quelque part. *Irgendwie* ***macht es mir Lust.***

motte *f. Pubis, sexe de la femme {3}.* ***Bär.***

motus! [motys] *Interj. Ne pas souffler mot {2}.* ***Kein Wort darüber!*** / **Motus et bouche cousue!** ***Behalt es für dich!***

mou *Adv. Doucement, mollo* {2}*: Vas-y mou! *Mach weiter,* ***aber sachte!*** ♦ **Bourrer le mou** *loc. Bourrer le crâne {3}*: Il nous a bourré le mou. *Er hat uns* ***zugequatscht.*** ♦ **Rentrer dans le mou** *loc. Attaquer, frapper {2}*: Il nous est rentré dans le mou. *Er hat uns* ***verprügelt.***

mouchacha [mutʃatʃa] *f. Fillette {3}.* ***Muchacha.***

mouchacho *m. Enfant, jeune garçon {3}*: Alors, mon petit mouchacho, ça va? *Na mein* ***kleiner Freund,*** *wie geht's?*

mouchard *m.* Indic* *de la police {2}.* ***Spitzel.*** ♦ *Personne qui rapporte ou* moucharde* *{1}*: Les élèves ont entouré le mouchard pour lui casser la gueule. *Die Schüler haben sich um den* ***Petzer*** *herumgestellt, um ihm eine vor die Schnauze zu hauen.* ♦ *Judas {2}*: Une porte sans mouchard. *Eine Tür ohne* ***Spion.*** ♦ *Dans un camion le* tachographe *{3}.* ***Fahrtenschreiber.***

mouchardage *m. Action de moucharder* {2}.* ***Petzen.***

moucharder *V.t. Dénoncer {1}.* Il moucharde plutôt que de se laisser punir seul. *Er* ***petzt*** *eher, als sich alleine bestrafen zu lassen.*

mouche *f.* **Compter les mouches loc. Faire l'amour sans enthousiasme [femme]** *{3}*: Quand il vient, j'ai plutôt envie de compter les mouches. *Und wenn er kommt,* ***kann ich ein Buch dabei lesen.*** ♦ **Enculer les mouches** *loc. Etre tatillon, pinailler* {3}.* ***Korinthen kacken.*** ♦ **Ne pas faire de mal à une mouche** *loc. Se dit d'une personne inoffensive {2}.* ***Keiner Fliege etwas zuleide tun.*** ♦ **Prendre la mouche** *loc. Se mettre en colère {1}*: Il prend la mouche facilement. *Er* ***ist*** *schnell* ***auf hundert.*** ♦ **Tuer les mouches à quinze pas** *loc. Avoir mauvaise haleine {2}.* ***Aus dem Hals stinken.*** ♦ **Quelle mouche t'a piqué(e)?** *Loc. Qu'est-ce qui te prend {2}.* ***Bist du vom wilden Affen gebissen?*** ♦ **Faire / être la mouche du coche** *loc. Faire l'important sans rendre de véritables services {3}*: Il s'y connaît, hein? – Pas du tout, il fait la mouche du coche. ***Sich nur aufspielen.*** ♦ **Mourir comme des mouches** *loc. En grande quantité {1}.* ***Sterben wie die Fliegen.*** ♦ *Mouchard* {1}*: Tais-toi, il y a des mouches. *Sei ruhig,* ***die Wände haben Ohren.***

moucher *V.t. Réprimander {1}*: Cet élève ultrafainéant mérite d'être mouché. *Dieser stinkfaule Schüler verdient, daß man* ***ihm die Meinung geigt.*** ♦ *Remettre qn. à sa place, corriger {1}.* ***Jdm. die Flügel stutzen.*** ♦ **Moucher la gueule** *loc. Donner une correction {2}.* ***Jdm. das Maul stopfen.*** ♦ **Ne pas se moucher du pied** *loc. Se croire important, être précieux {3}*: Il se mouche pas du pied. *Der* ***kennt keine falsche Bescheidenheit.*** // *Demander un prix surfait {2}.* ***Es von den Lebendigen nehmen.*** ♦ *Loc.* **Mouche ton nez, et dis bonjour à la dame!** *Loc. Mêle-toi de tes propres affaires {2}.* ***Kümmer' dich um deinen eigenen Dreck!*** // ***Schluck' runter!***

mouchoir *m.* **Arriver dans un mouchoir** *loc. Arriver en peloton serré, au cyclisme ou au turf {2}.* ***Im Pulk ankommen.*** ♦ **Se garer dans un mouchoir** *loc. Stationner dans un tout petit créneau {2}.* ***In der kleinsten Lücke parken.***

moue *f.* **Faire la moue** *loc. Faire une grimace pour exprimer son désaccord {1}.* ***Eine Schnute ziehen.***

moufflet(te) *m/f. Enfant, garçon, fille {1}*: Elle amène son moufflet. *Sie bringt ihren* ***Balg*** *mit.*

moufter *V. Parler, protester {1}*: Moufte pas, hein! ***Sei bloß ruhig!*** / 'Y a intérêt à ne pas moufter! *Besser ganz still bleiben!*

mouillé *Adj.* → poule.

mouiller *V.i. Sécréter le liquide vaginal {3}*: Elle mouillait déjà. *Sie* ***war*** *schon* ***feucht.*** ♦ *Désirer {3}*: Il **mouille pour** cette nénette. *Er ist* ***verrückt nach*** *diesem Mädchen.* ♦ *Pleuvoir {2}*: **Il pleut, il mouille, c'est la fête à la grenouille.** [*Kinderreim, der dem folgenden vergleichbar ist*]: ***Es regnet, es regnet, die Pfannen werden naß, da kommen zwei Soldätchen, die werden pitschenaß.*** / Il mouille dehors, prends le parapluie! *Es* ***plästert,*** *nimm den Schirm.* ♦ *Compromettre qn. {2}*: Il est évident qu'on a voulu mouiller le Président. *Es ist doch klar, daß man dem Präsidenten etwas* ***anhängen*** *wollte.* ♦ **Mouiller son froc** *loc. Avoir peur {2}*: Il va encore mouiller son froc. *Er* ***macht sich noch vor Angst in die Hosen.*** ♦ **(se)** *V.pr. Baigner, nager, laver {1}*: Allez! Dans l'eau! On va se mouiller. *Los! Ins Wasser!* ***Baden wir!*** / Le dimanche les gens viennent se mouiller. *Sonntags kommen die Leute* ***baden.*** ♦ *Se compromettre dans une affaire louche {2}*: Il s'est mouillé dans une histoire de drogue. *Er war in eine Drogengeschichte* ***verwickelt.***

mouise [mwɪz] *f. Misère, embêtements {2}*: Depuis qu'il a quitté sa boîte, il est dans la mouise. *Seitdem er seine Firma verlassen hat,* ***sitzt er in der Tinte.***

moukère *f. Femme ou maîtresse* [*surtout d'origine arabe*] *{3}*: Ali va passer avec sa moukère ce soir. *Ali kommt heute abend mit seiner* ***Frau*** *vorbei.*

moule *f. Sexe de la femme {3}*: Et ses grosses cuisses avec la moule dans la fourrure. *Und ihre starken Schenkel mit der* ***Muschi*** *im Pelz.* ♦ *Imbécile, nouille* {3}.* ***Trottel.*** / **Moule à gaufre** *expr. Injure pour* imbécile* *{2}.* ***Volltrottel.***

moulin *m. Moteur {1}*: Le moulin est mort. *Die* ***Mühle*** *ist hinüber.* ♦ **Moulin à parole** *m. Personne qui parle sans arrêt {1}*: Cet enfant est un véritable moulin à parole. *Dieses Kind* ***redet wie ein Buch.*** ♦ → bonnet.

mouliner *V.i. Pédaler en souplesse {3}*: C'est une

route où il est conseillé de mouliner. *Auf dieser Straße ist es ratsam,* **weich anzutreten** [*Radsport*].

mouron *m. Souci, tracas* {*1*}: Avec sa retraite minable, elle a de quoi **se faire du mouron**. *Mit ihrer schmalen Rente hat sie allen Grund, sich* ***Sorgen zu machen.*** / **Te fais pas de mouron** pour moi. ***Laß dir*** *meinetwegen* ***keine grauen Haare wachsen.***

mouronner *V.i. ou* **se mouronner** *V.pr. Se faire du souci, du* mouron* {*3*}. ***Sich grämen.***

mouscaille *f. Excrément,* merde* {*3*}: Quelle mouscaille! *So eine* ***Kacke!***

mousse *f.* **Se faire de la mousse** *loc. Se faire du souci, du* mouron* {3}: Bien sûr, elle est enceinte. Mais elle se fait pas de mousse. *Natürlich ist sie schwanger. Aber* ***deshalb läßt sie sich keine grauen Haare wachsen*** / *das* ***bereitet ihr keine Kopfschmerzen.***

mousser *V.i.* **Se faire mousser** *loc. Vanter, se mettre en valeur* {*1*}: Il adore se faire mousser. *Er* ***schiebt sich*** *unheimlich* ***gerne in den Vordergrund.***

moutard *m. Petit garçon* {*2*}. ***Bübchen.***

moutarde *f.* **La moutarde lui monte au nez** *loc. Se dit de qn. qui commence à se mettre en colère* {*1*}. ***Langsam sauer werden.***

moutardier *m.* **Se croire le premier moutardier du pape** *loc. Se prendre pour qn. d'important* {*3*}. ***Sich für etwas Besonderes halten.*** ♦ → prendre.

mouton *m. Indicateur de police, mouchard placé parmi d'autres détenus pour les faire parler* {*3*}. ***Schnüffler.*** ♦ *Poussière* {*1*}: Partout des moutons. *Überall* ***Staubmäuse.*** ♦ **Mouton à cinq pattes** *expr. Chose extrêmement rare* {*3*}. ***Die (berühmte) Stecknadel (im Heuhaufen).***

moyen *m.* **Il n'y a pas moyen de moyenner**. *Loc. Il n'y a rien à faire* {*2*}. ***Da ist überhaupt nichts zu machen.*** / **Voyons s'il n'y a pas moyen de moyenner?** *Gucken wir mal, ob da nicht doch* ***etwas zu machen ist?*** ♦ *A la forme affirmative* {*3*}: Avec nous, t'auras toujours moyen de moyenner. *Mit uns* ***ist immer was drin.***

M'sieu *m. Monsieur* {*1*}. *Mein Herr.*

M'sieudames *m.pl. Mesdames, Messieurs* [*en saluant*] {*1*}: (Bonjour), M'sieudames! ***Tach zusammen.***

mufle *m. Individu grossier* {*2*}: Se conduire comme un mufle. *Sich wie ein* ***Flegel*** *benehmen.*

mur *m.* **Faire le mur** *loc. Partir sans permission en passant par-dessus le mur* {*2*}: Cette nuit, il a fait le mur. *Diese Nacht* ***ist er über die Mauer.*** ♦ ***Faire le pied au mur*** *loc. Faire tout son possible* {*3*}: T'as des gars qui feraient le pied au mur pour trouver un emploi. *Es gibt Typen, die* ***sich ein Bein ausreißen*** *würden, um einen Job zu kriegen.* ♦ **Mettre qn. au pied du mur** *loc. Acculer* {*2*}. ***Jdn. in die Enge treiben.*** ♦ **C'est pire que (de) parler à un mur** *loc. Pour qn. qui n'écoute ou n'obéit jamais* {*2*}. ***Wie wenn man zu einer Mauer spricht.***

mûr *Adj. Ivre,* bon* {*1*}. ***Reif / dicke / voll.***

museau *m. Visage* {*2*}: Il a un joli petit museau, le bébé. *Das Baby hat ein goldiges* **Gesichtchen.**

museler *V.t. Faire taire, réduire au silence* {*1*}: Essaie de le museler. *Versuch,* ***ihm einen Maulkorb anzulegen / ihn zum Schweigen zu bringen.***

musicien *m. Haricot blanc* {*3*}: On a bouffé des musiciens ce midi. [*Etwa*] **Jedes Böhnchen gibt ein Tönchen.** / **Heute gab es Bohnen.**

musicos [myzɪkos] *m. Musicien, on sous-entend de troisième ordre* {*B*}: C'est un musicos. *Der* ***spielt irgendwo.***

musique *f.* **Connaître (un peu) la musique** *loc. Avoir de l'expérience* {*1*}: Dans son job, il connaît la musique. *In seinem Job* ***weiß er Bescheid.*** ♦ **C'est une autre musique** *loc. C'est tout à fait différent* {*2*}. ***Das ist ein ganz anderes Lied.*** ♦ **Toujours la même musique** *loc. Toujours la même chose* {*1*}. ***Immer die alte Leier.*** ♦ **Baisse un peu ta musique** *loc. Parle moins fort* {*2*}. ***Red' leiser.***

must [mœst] *m. Un impératif, une obligation* {*B*}: Avoir un ordinateur est un must. *Einen Computer zu haben ist ein* ***Must / Muß.***

mystère *m.* **Mystère et boule de gomme [baratin et balatum]!** *Loc. C'est un secret* [*formule enfantine*] {*3*}. [*Etwa*] **Geheim, geheim...**

N

nabot *m. Petit homme de la taille d'un nain* {*2*}: Regarde-moi ce nabot! *Guck dir den* ***Gartenzwerg*** *an!*

nage *f.* **Etre en nage** *loc. Etre inondé de sueur* {*1*}. L'enfant est en nage. *Das Kind ist* ***völlig durchgeschwitzt.***

nager *V.i. Etre dans l'incertitude* {*1*}: En biologie, cet élève nage complètement. *In Bio* ***schwimmt*** *der Schüler völlig.* / Nous nageons dans la confusion la plus complète. *Wir* ***befin-***

den uns *in größter Verwirrung.* ♦ *Loc. Avoir une quantité remarquable à sa disposition {1}*: Il **nage dans l'or / dans l'argent / dans le bonheur.** *Er* **schwimmt im Gold / im Geld / im Glück.** ♦ *Flotter en parlant des vêtements {2}*: Son pantalon est trop large. Elle nage dedans. *Ihre Hose ist zu groß. Sie* **versinkt** *darin.* ♦ **Savoir nager** *loc. Savoir se débrouiller {1}*: Te fais pas de mouron pour lui, il sait nager. *Mach dir um den keine Sorgen, der* **geht nicht unter.** ♦ **Nager comme un poisson dans l'eau** *loc. Etre dans son élément, parfaitement adapté à une situation {1}*: Dans ce milieu-là, il nage comme un poisson dans l'eau. *In dieser Umgebung* **ist** *er* **wie ein Fisch im Wasser.** ♦ **Nager comme un caillou** *{3}* / **comme un chien de plomb** *{3}* / **comme une clef** *{3}* / **comme un fer à repasser** *{2} loc. Ne pas savoir nager.* **Wie eine bleierne Ente schwimmen.** ♦ **Nager entre deux eaux** *loc. Éviter de se décider, manoeuvrer entre deux partis {1}*: Mes deux patrons ne peuvent pas se blairer, et moi je nage continuellement entre deux eaux. *Meine Chefs können sich nicht riechen, und ich* **muß** *ständig* **einen Eiertanz / Drahtseilakt aufführen.** / Il aime les deux. Il nage entre deux eaux, et les enfants en souffrent. Er liebt beide. **Er kann sich nicht entscheiden , und die Kinder leiden darunter.**

nan! [nɑ̃] *Interj. Non! {2}. [Etwa]* **Nööh!** / Donne-moi le stylo! Nan, c'est moi qui l'ai acheté. *Gib mir den Kuli!* **Neeh**, *ich hab den gekauft.*

nana *f. Femme, compagne {1}*: Il a une de ces nanas... superbe! *Der hat vielleicht einen* **Käfer...** *Spitze!* / Où sont les nanas? – Elles sont parties faire du lèche-vitrine. *Wo sind denn die* **„Holden“**? *Sie sind einen Schaufensterbummel machen.*

narines *f.pl.* **En prendre plein les narines** *loc. Sniffer {3}.* **Ein Näschen voll nehmen.** ♦ **Prends ça dans les narines** *loc. Recevoir une correction,* écoper* *{2}*: Attends-toi à en prendre plein les narines. *Mach dich darauf gefaßt, daß du* **voll eine vor den Koffer kriegst.**

nase *ou* **naze** *m. Nez {1}.* **Knolle.** ♦ *Adj.inv. Etre en mauvais état, usé,* pourri*, foutu* *qui fonctionne mal [selon Pierre Merle très utilisé en français branché] {2}*: Le moulin est complètement nase. *Die Mühle* **ist** *total* **im Eimer.** / Je suis nase. *Ich bin* **im Eimer.** ♦ *Ivre {2}.* **Besoffen.**

nature *Adj.inv. Naturel, sans artifice {1}*: Café calva? Non, nature. *Einen Kaffee mit Calvados? Nein,* **pur.** / Ce gosse-là est sympa, il est nature. *Der Junge da ist sympathisch, der ist* **frei heraus.** ♦ *f. Santé, force, caractère {1}*: Il a une sacrée nature. *Der hat eine* **Natur (wie ein Pferd).**

nave *f. Imbécile, naïf {3}*: Quelle nave! *So ein* **Dummkopf!** / **Fleur de nave! Supertrottel! / Kleindoofi.**

navet *m. Film ou spectacle sans valeur {1}.* **Mistfilm.** ♦ **Avoir du sang de navet (dans les veines)** *loc. Etre lâche {2}.* **Ein Hasenherz haben.**

navette *f.* **Faire la navette** *loc. Naviguer régulièrement entre deux lieux {1}.* **Pendeln.**

naviguer *V.i. Se déplacer fréquemment {2}*: Les représentants naviguent beaucoup. *Vertreter* **sind** *viel* **unterwegs.**

nèfle *f.* **Des nèfles** *loc.adv. ou interj. Rien du tout, des* clous* *{2}*: Qu'est-ce qu'on a gagné? – Des nèfles! *Was haben wir gewonnen?* **Nix!** / L'épouser? Celle-là? – Des nèfles. *Heiraten? Die?* **Kommt (gar) nicht in die Tüte!**

nègre *m. Auteur anonyme qui travaille pour un autre {2}.* **Ghostwriter.** ♦ **Bosser comme un nègre** *loc. Travailler dûr ou comme un moine {1}.* **Wie ein Berserker arbeiten.** ♦ **Un combat de nègres dans un tunnel** *loc. Une affaire très obscure {3}*: Une histoire aussi claire qu'un combat de nègres dans un tunnel. *In der Sache* **blickt keiner mehr durch.** ♦ **Parler petit nègre** *expr. Parler un français approximatif {1}.* **Kauderwelsch / Türkendeutsch reden.** ♦ → trou.

négrier *m. Chef d'entreprise qui traite ses ouvriers comme des esclaves {3}.* **Menschenschinder.**

négro *m. Noir, nègre {3}.* **Nigger.**

neige *f. Cocaïne {2}.* **Schnee.** ♦ **Fondre comme neige au soleil** *loc. Perdre ou disparaître très vite {1}*: L'argent avait fondu comme neige au soleil. *Das Geld* **war direkt weg / zerrann zwischen den Fingern.**

néné *m. Sein {1}*: Ses nénés? Une merveille. *Ihr* **Busen**? *Wunderbar.*

nénette *f. Jeune femme {1}.* **Junges Ding.** ♦ *Tête {1}*: Tu te casses pas la nénette. *Du* **zerbrichst dir nicht gerade den Kopf.** / Il **s'est cassé la nénette.** *Er* **hat sich die Birne aufgeschlagen.**

nerf *m. Nerv {2}*: Je me suis **froissé un nerf.** *Ich hab mir einen* **Nerv** *eingeklemmt.* ♦ **Avoir les nerfs à fleur de peau** *loc. Etre surexcité, irascible, énervé {2}.* **Überempfindlich /eine Mimose sein.** ♦ **Taper sur les nerfs** *loc. Agacer {1}*: Tu commences à me taper sur les nerfs. *Du gehst* **mir langsam auf die Nerven.**

nettoyage *m. Action de nettoyer* {2}.* **Nepp** ♦ **Razzia / Säuberung.** ♦ **Nettoyage par le vide** *expr. Tout enlever, tout virer* {2}*: Si dans 10 minutes, ta chambre n'est pas rangée, je **fais le nettoyage par le vide.** *Wenn dein Zimmer in 10 Minuten nicht aufgeräumt ist,* **schmeiß** *ich* **den ganzen Krempel weg!**

nettoyer *V.t. Ruiner, voler {2}*: Il s'est fait nettoyer au poker. *Er hat sich beim Pokern* **ausnehmen** *lassen.* ♦ *Débarrasser de personnes dangereuses {2}*: La police a nettoyé le quartier. *Die Polizei hat das Viertel* **gesäubert.** ♦ *Provoquer une fatigue,* liquider* *{2}*: C'était éreintant, je suis nettoyé. *Das war anstrengend, ich bin* **erledigt.** ♦ **Nettoyer son assiette** *loc. Ne rien laisser dedans {1}*: Marc nettoie son assiette vite fait. *Marc* **ißt** *schnell* **seinen Teller leer.**

neuf *Adj.* **Etre tout neuf** *loc. Manquer d'expérience {2}*: Il est tout neuf, ce mec-là. *Der* **ist noch neu** *hier, der Typ.* ♦ **Briller comme un sou neuf** *loc. Paraître tout neuf, tout beau {2}*: Après la douche, tu brilles comme un sou neuf. *Nach der Dusche* **siehst** *du* **wie neu aus.** ♦ → peau neuve.

nez *m.* **Avoir du nez** *{2}*/ **le nez fin** *{2}* / **le nez creux** *{1} loc. Savoir déviner, être prévoyant, avoir du* flair*: Tu peux avoir confiance en ses décisions, il a du nez. *Du kannst seinen Entscheidungen trauen, er* **hat den richtigen Riecher.** ♦ **Avoir un verre / coup dans le nez** *loc. Etre légèrement ivre {2}*. **Einen Schwips haben.** ♦ **Avoir qn. dans le nez** *loc. Éprouver de l'hostilité ou de l'antipathie pour qn. {1}*: Le prof lui file de mauvaises notes, il l'a dans le nez. *Der Pauker gibt ihm schlechte Noten, er* **kann** *ihn* **nicht verknusen.** ♦ **Etre visible / se voir comme le nez au milieu de la figure** *loc. Etre flagrant {3}*. **Sonnenklar sein.** / Tu es en train de me raconter des histoires, ça se voit comme le nez au milieu de la figure. *Du bindest mir doch einen Bären auf, das* **sieht man dir an der Nasenspitze an.** ♦ **Faire un drôle de nez / un long nez** *loc. Marquer sa déception par une mimique {2}*. **Sichtlich sauer sein / sauer aus der Wäsche gucken.** ♦ **Fourrer / mettre le nez dehors** *loc. Sortir {1}*: Par un temps pareil, on ne peut pas fourrer le nez dehors. *Bei so einem Wetter* **kann man keinen Schritt vor die Tür tun.** ♦ **Fourrer son nez partout** *loc. Se mêler de tout {2}*. **Seine Nase überall reinstecken.** ♦ **Mener par le bout du nez** *loc. Tromper {2}*. **Jdn. um den (kleinen) Finger wickeln / an der Nase herumführen.** ♦ **Mettre son nez dans les affaires des autres** *loc. Se mêler indiscrètement de ce qui ne vous regarde pas {1}*. **Seine Nase in andrer Leute Angelegenheiten stecken.** ♦ **Claquer / fermer la porte au nez** *loc. Ne pas recevoir {1}*: Il nous a claqué la porte au nez. *Er hat uns* **nicht empfangen wollen / die Tür vor der Nase zugeschlagen. / Bei ihm blieb die Tür für uns verschlossen.** ♦ **Gagner les doigts dans le nez** *loc. Gagner sans faire le moindre effort {1}*: Ils vont gagner les législatives les doigts dans le nez. *Sie* **gewinnen** *die Parlamentswahlen* **im Schlaf.** ♦ **Garder son nez propre** *loc. Rester irreprochable {3}*. **Seine Weste sauberhalten.** ♦ **Mettre à qn. le nez dans sa merde** *{2}* / **dans son caca** *{3} loc. Le rabrouer, le remettre à sa place, lui fournir la preuve qu'il a tort.* **Jdm. zeigen, wo die Glocken hängen // Jdn. an seine eigene Scheiße erinnern.** ♦ **Mouche ton nez** *loc.* → moucher. ♦ **Passer devant le nez de qn.** *loc. Ne pas attendre son tour, passer devant les autres {2}*. **Sich vordrängen / vorpfuschen.** ♦ **Passer sous le nez de qn.** *loc. Lui échapper, alors qu'il aurait pu en profiter {1}*. L'affaire lui est passée sous le nez. *Das Geschäft ist ihm* **durch die Lappen gegangen.** ♦ **Piquer du nez** *loc. Tomber le nez en avant {1}*. **Auf die Nase fallen.** ♦ Le nouveau modèle freine sans piquer du nez. *Das neue Modell* **senkt** *sich beim Bremsen* **nicht vorne ab.** ♦ **Tirer les vers du nez** *loc. Arracher un secret par d'habiles questions {2}*: Ce sont des élèves auxquels on doit tirer les vers du nez. *Diesen Schülern* **muß man alles einzeln aus der Nase ziehen.** ♦ **Se bouffer le nez** → bouffer. ♦ **Se casser le nez** *loc. Échouer {2}*: J'espère ne pas me casser le nez. *Ich hoffe, nicht* **auf den Bauch zu fallen.** ♦ *Trouver porte close {1}*. **Vor die zue Tür kommen. / Abgewiesen werden.** ♦ **Se piquer le nez** *loc. S'enivrer {3}*: Il a l'habitude de se piquer le nez tous les soirs. *Gewöhnlich* **gießt er sich** *jeden Abend* **einen auf die Lampe.** ♦ **Pied de nez** *expr.m. Geste de moquerie qui consiste à appuyer le pouce sur le bout du nez, les doigts de la main étant écartés {1}*. **Eine (lange) Nase zeigen.** ♦ **A vue de nez** *loc.adv. Approximativement, en gros {2}*: A vue de nez, tu peux compter 200.000 Francs pour les réparations. **Über den Daumen gepeilt** *kannst du mit 200.000 FF an Reparaturen rechnen.* ♦ **Le nez en l'air** *loc.adv. Sans faire attention {2}*: Il marche le nez en l'air. *Er geht* **wie ein Traumtänzer / Hans-guck-in-die-Luft.** ♦ **Au nez de qn.** *loc.adv. Sans se cacher {1}*: Ils nous ont **ri au nez.** *Sie haben uns* **gerade ins Gesicht gelacht.** / Il me l'a **dit au nez.** *Er hat es mir* **klipp und klar gesagt.** ♦ **Nez à nez** *Loc.adv. Face à face {2}*. **Auge in Auge.** / Je me suis trouvé nez à nez avec une grosse Mercedes. *Auf einmal war ich* **frontal vor** *einem dicken Mercedes.* ♦ **Nez à piquer des gaufrettes** *expr. Nez long et pointu {3}*. **Pinocchio-Nase.** ♦ → moutarde.

niard / niasse *m. Enfant* [*on écrit aussi* gnasse] *{3}*. **Balg.**

nib [nib] *m./Adv. Rien {3}*: Quoi, deux cents balles seulement? Mais c'est nib! – Tu parles, c'est nib de nib! *Was, nur zweihundert? Das ist doch* **(so gut) wie nichts!** *Du sagst es: Es ist* **so gut wie überhaupt nichts.** / Nib de fric, on vit mal. **Ohne** *Flocken lebt man schlecht.*

nibards *m.pl. Seins {3}*. **Titten.**

nichon *m. Sein {3}*. **Nuckelpulle / Titte.**

nickel *Adj.inv. Propre {2}*: Chez elle, c'est nickel! *Bei ihr ist es* **blitzblank! / Meister Proper!**

nickelé [nɪkle] *adj.* **Avoir les pieds nickelés** *loc. Etre toujours paresseux, surtout occasionnellement {2}*. **Keinen Schlag tun / die Arbeit nicht erfunden haben.** / Il n'a pas les pieds nickelés. *Der* **haut** *aber* **rein.**

nipper *V.t. Habiller {2}*: Il est nippé comme un milord. *Er ist wie ein Lord* **herausgeputzt.** / Tu te nippes aux puces? ***Kaufst** du deine **Klamotten** auf dem Flohmarkt?*

nippes *f.pl. Vêtements {2}.* ***Klamotten.*** / **Marchand de nippes.** ***Klamottenladen / -händler.***

niquer *V.t. Forniquer, posséder une femme {2}*: Il n'était pas malheureux. Les pécnos lui donnaient de tout. Et en plus, il niquait leurs femmes. *Dem ging's nicht schlecht. Die Bauern gaben ihm von allem. Und darüber hinaus **nagelte** er noch ihre Weiber.* ♦ *Éconduire, avoir qn. {1}*: Tu vas te faire niquer. *Du **fällst noch rein**.* / Ils m'ont niqué. *Sie haben mich **reingelegt**.*

noce *f. Vie dissipée, souvent accompagnée d'excès d'alcool {1}*: Il fait la noce. *Er führt ein **Lotterleben.*** ♦ *Partie de plaisir {1}*: **On va faire la noce?** ***Machen wir einen drauf?*** ♦ *A la forme négative*: *Mécontentement et déception {1}*: Quand il apprendra ça, il ne **sera pas à la noce.** *Wenn er davon erfährt, **wird er nicht gerade überschäumen vor Glück.*** ♦ → être.

nœud *m.* **Tête de nœuds** *expr.f. Imbécile, crétin {1}.* ***Doofmann.***

noir *m.* **Acheter au noir** *loc. Acheter hors du circuit normal, au marché noir, par exemple {1}.* ***Schwarz / unter der Hand kaufen.*** ♦ **Laisser dans le noir** *loc. Ne pas donner des précisions {1}.* ***Im Dunkeln** lassen.* / Les alliés ont **mis un grand noir** sur les actualités de la guerre. *Die Alliierten haben eine **Nachrichtensperre** über den Kriegsschauplatz vereinbart.* ♦ **Etre dans le noir** *loc. Sans clarté {1}.* ***Im Dunkeln** sein.* / C'est resté complètement dans le noir. *Das liegt alles im Dunkeln.* ♦ **Travailler au noir** *loc. Travailler sans être légalement déclaré {1}.* ***Schwarzarbeiten.*** / **Travail au noir** *expr. Travail non-déclaré {1}.* ***Schwarzarbeit.*** ♦ **Voir tout en noir** *loc. Etre dépressif ou très pessimiste {2}*: Il voit tout en noir. *Er **sieht** immer **schwarz.*** ♦ **Petit noir** *expr. Café pris dans un débit de boissons {2}.* ***Ein Schwarzer / Brauner / Kaffee.*** ♦ *Adj. Ivre,* gris* *{2}*: Il était noir. *Er war **blau.*** ♦ **Une colère noire** *expr. {2}*: Il m'a mis dans une colère noire. *Er hat mich zur **Weißglut gebracht.***

noircif → noir.

noircir (se) *V.pr. S'enivrer {3}*: Il s'est noirci toute la nuit. *Er hat **sich** die ganze Nacht lang **vollaufen lassen**.*

noise *f.* **Chercher noise à qn.** *loc. Chercher un prétexte pour se disputer avec lui {2}*: Il est toujours en train de chercher noise à son frère. *Er versucht ständig, mit seinem Bruder **Zank / Streit.***

noisettes *f. Testicules {2}.* ***Nüsse.*** ♦ **Etre casse-noisettes** *loc. Etre* casse-pieds* *{3}.* ***Auf die Nüsse gehen.***

noix *f. Imbécile {1}*: Quelle vieille noix. *So eine **dumme Nuß.*** ♦ **A la noix** *loc. Sans valeur,* à la gomme* *{2}*: Une affaire à la noix. *Ein Geschäft **ohne Nährwert.***

nom *m.* **Petit nom** *expr. Prénom {2}.* ***Vorname.*** ♦ **Nom à charnière** *{2}* / **à rallonge** *{2} ou bien* **qui se dévisse** *{3} expr. Un nom composé ou à particule*: Comment il s'appelle? Vincent Philippe Lauro-du-Baf? – Un nom à charnière. *Wie heißt der? Vincent Philippe Lauro-du-Baf? – Welch ein **„einfacher“** Name.* ♦ **Un nom à coucher dehors** *expr.* → coucher ♦ *Formule introductive de juron {1}*: **Nom d'un chien / nom de Dieu / nom de nom / nom de bordel de merde.**

nombril *m.* **Se prendre pour le nombril du monde** *loc. Se croire très important {1}.* ***Sich für den Nabel der Welt halten.*** ♦ **Etre décolletée jusqu'au nombril** *loc. Avoir un décolleté très profond {1}. Einen Ausschnitt **bis zum Bauchnabel haben / sehr offenherzig (gekleidet) sein.***

non *Adv.* **...non?** *Adv. de négation dans des propositions interrogatives [souvent une sorte de tic verbal] {3}*: Intellectuel, non? ***Wohl** intellektuell, **wie?***

Noraf [noraf] *m. Africain du nord [raciste] {2}.* ***Scheißaraber.***

nord *m.* **Perdre le nord** *loc. Perdre toute orientation {2}*: Il semble avoir perdu le nord. *Er scheint, jede **Orientierung verloren zu haben**.*

nouba *f.* **Faire la nouba** *loc. Faire la* noce*, *faire* bombance* *{1}*: ***Einen draufmachen / auf die Pauke hauen.***

nougat *m. Pied {3}*: Plante tes nougats! *Zieh die **Käsequanten** ein!* ♦ **C'est du nougat** *loc. C'est facile, c'est du* gâteau* *{1}.* ***Das ist puppeneinfach / kinderleicht.***

nouille *f. Individu sans énergie ni intelligence {2}.* ***Tranfunzel.***

nounours *m. Ours [enfant] {1}*: La petite n'arrive pas à s'endormir sans son nounours. *Die Kleine kann ohne ihren **Teddy(bär)** nicht einschlafen.* ♦ *Mot tendre {2}*: T'aimes encore ton petit nounours? *Magst du deinen **kleinen Mausebär** noch?*

nourrir *V.t.* **Nourrir son homme** *loc. Apporter des revenus suffisants pour vivre {1}.* ***Seinen Mann ernähren.***

nouvelles *f.pl.* **Dont tu / vous me diras / direz les nouvelles** *loc. Se dit de qc. d'extraordinaire avec une nuance d'admiration {2}*: On va se farcir un petit gueuleton dont tu me diras des nouvelles. *Wir werden einen kleinen Schmaus veranstalten, der **dir in Erinnerung bleiben wird.***

novation *f. Pour innovation {3}.* ***Neuerung / Reform.***

noyer (se) **V.pr. Se noyer dans un verre d'eau / une goutte d'eau / un crachat** *loc. Abandonner tout de suite, être incapable de résoudre le moindre problème {2}.* ***Gleich die Flinte ins Korn werfen.*** ♦ **Se noyer dans qc....** *loc. Se perdre {1}*: Il se noie dans les phrases interminables. *Er **verliert sich** in nie endenden Sätzen.*

nozig / **nozigues** *Pr. Nous* [*après une préposition*] {*3*}: L'addition, c'est pour nozigues. *Die Rechnung ist für* **uns.**

nuages *f.pl.* **Etre dans les nuages** *loc. Rêver, somnoler, oublier la réalité,* → vapes* {*1*}: Pardon, je n'ai pas écouté, j'étais dans les nuages. *Entschuldigung, ich habe nicht zugehört, ich war gerade* **weggetreten.**

nues *f.pl.* **Porter** / **élever (jusqu')aux nues** *loc. Louer très fort* {*1*}. ***Bis in den Himmel loben.*** / La critique l'a porté aux nues. Die Kritik hat ihn **in den Himmel gehoben.** ♦ **Tomber des nues** *loc. Etre décontenancé par un évènement inopiné* {*1*}. ***Aus allen Wolken fallen.***

nuit *f.* **Nuit blanche** *expr. Nuit qu'on passe sans dormir* {*1*}: T'es le rêve de mes nuits blanches. *Du* ***bist der Traum meiner schlaflosen Nächte.***

nul *Adj./Pron.* **C'est nul!** *Loc. C'est sans valeur* {*1*}: T'es nul! Tu nous achètes même pas de glace. *Du* ***taugst nichts.*** *Du kaufst uns nicht einmal ein Eis.* ♦ **C'est nul de** [+ *infinitif*] *loc. C'est indigne* {*1*}: C'est nul de le frapper comme ça. *Das ist* ***schlimm,*** *ihn so zu schlagen.*

nullard *m./Adj. Qui est nul au point de vue intellectuel* {*1*}. **Niete.**

numéro *m.* **Un numéro, un drôle de numéro** *expr. Un personnage original* {*1*}: C'est un drôle de numéro. *Das ist* ***vielleicht*** *eine* ***Nummer.*** ♦ **Avoir tiré le bon numéro** *loc. Avoir de la chance, avoir un conjoint parfait* {*1*}: Avec elle, tu as tiré le bon numéro. *Mit ihr* ***hast du das große Los gezogen.*** ♦ **Faire son numéro habituel** *loc. Se faire remarquer* {*1*}. ***Seine (übliche) Schau abziehen.*** ♦ **Filer le bon numéro** *loc. Donner un renseignement utile, un tuyau** {*3*}: File-moi le bon numéro. ***Flüster'*** *mir mal* ***das richtige Stichwort.***

O

obligado *Adv. Obligatoirement* {*3*}: Mais il faut que tu viennes. C'est obligado. *Aber du mußt kommen!* ***Unbedingt!***

obsédé *m./Adj. Se dit pour obsédé sexuel* {*1*}: **C'est un obsédé.** *Der* ***hat*** *eine* ***Sexmacke*** / ***ist total versaut.***

occase *f. Circonstance favorable, occasion* {*1*}: **Profiter de l'occase.** ***Die Gelegenheit beim Schopfe packen.*** / **Une bagnole d'occase** *expr. Une voiture d'occasion* {*2*}. *Ein* ***Gebrauchtwagen.*** ♦ **A l'occase** *loc.adv. Si cela se présente, à l'occasion* {*2*}. ***Gelegentlich*** / ***falls.***

occuper (s') *V.pr.* **Occupe-toi de ton cul** / **tes fesses** *loc. Mêle-toi de ce qui te regarde* {*3*}. ***Kümmer dich um deinen eigenen Scheiß!*** ♦ **T'occupe!** *Loc. Ce n'est pas ton affaire* [*ellipse de* t'occupe pas] {*2*}: Ç'est pas à toi, dis donc. – T'occupe! *Das gehört dir doch nicht, sag mal.* – ***Verschwinde!*** / ***Geht das dich etwas an?***

octroyer (s') *V.pr. Prendre sans permission* {*2*}: Il s'est octroyé huit jours de vacances. *Er hat* ***sich*** *acht Tage Urlaub* ***verordnet.***

œil *m.* **Œil au beurre noir** {*1*} / **américain** {*3*} *expr. Œil tuméfié.* ***Veilchen.*** ♦ **Avoir l'œil à tout** {*1*} / **l'œil américain** {*3*} *loc. Etre très attentif.* ***(Auf alles) ein Auge haben*** / ***alles auf den ersten Blick sehen.*** ♦ Il a les yeux derrière la tête. *Er* ***sieht alles.*** / J'ai pas les yeux derrière la tête. *Ich kann nicht* ***alles sehen.*** ♦ **Avoir un œil qui dit merde à l'autre** {*2*} / **Avoir les yeux qui se croisent les bras** {*3*} *loc. Loucher, souffrir d'un strabisme assez fort.* ***Mit dem linken Auge in die rechte Westentasche schielen.*** ♦ **Les yeux lui sortent de la tête** *loc. Il est en colère* {*2*}. ***Die Augen stehen ihm vor dem Kopf.*** ♦ **Avoir les yeux plus grands** / **gros que le ventre** *loc. Se servir plus largement qu'on ne pourra absorber* {*1*}: Comme d'habitude, le petit a les yeux plus gros que le ventre. *Wie gewöhnlich* ***sind*** *bei dem Kleinen* ***die Augen wieder größer als der Bauch.*** ♦ **Ne pas avoir les yeux en face des trous** *loc. Ne rien voir* {*1*}: Décidément, tu n'as pas les yeux en face des trous. *Echt,* ***du siehst von drei Metern keinen Möbelwagen*** / ***hast Tomaten auf den Augen.*** ♦ **Ne pas avoir les yeux dans sa poche** *loc. Savoir observer* {*2*}. ***Alles sehen.*** ♦ **Ne pas avoir froid aux yeux** *loc. Ne pas être timide, sans peur* {*2*}: Les gars de la Marine n'ont jamais froid aux yeux. *Seeleute* ***kennen keine Angst*** / ***gehen ran.*** ♦ **Avoir qn. à l'œil** *loc. Surveiller ses faits et ses gestes* {*1*}: Fais gaffe, le prof t'a à l'œil. *Paß auf, der Pauker* ***hat*** *dich* ***auf dem Kieker.*** ♦ **Avoir le compas dans l'œil** *loc. Juger à vue et avec précision* {*2*}. ***Ein Auge haben.*** ♦ → battre. ♦ **Faire de l'œil** *loc. Faire une œillade, un* appel* *en clignant de l'œil* {*1*}: La petite en face te fait de l'œil. *Die Kleine drüben* ***zwinkert*** *dir* ***zu.*** ♦ **Faire les yeux doux à qn.** *loc. Le/la regarder de façon amoureuse* {*1*}. ***Jdm. verliebte Augen machen.*** ♦ **Faire les gros yeux** *loc. Regarder* *avec sévérité {1}*: Sur quoi il a fait les gros yeux. *Da* ***hat er aber geguckt.*** ♦ **Fermer les yeux sur qc.** *loc. Faire semblant de ne pas le voir {1}.* ***Über etwas hinwegsehen.*** ♦ **Obéir au doigt et à l'œil** *loc. Obéir au moindre geste et sans répliquer {1}.* ***Aufs Wort gehorchen.*** ♦ **Sortir par les yeux** *loc. Inspirer du dégoût à qn. parce qu'il en est rassasié {1}*: Il en a ras-le-bol, ça lui sort par les yeux. *Der hat die Schnauze voll davon. Er* ***kann es nicht mehr hören / sehen / Es hängt ihm zum Hals raus.*** ♦ **Taper dans l'œil** *loc. Plaire {1}*: Cette robe m'a tapé dans l'œil. *Das Kleid* ***gefiel mir auf Anhieb.*** ♦ **Tourner de l'œil** *loc. S'évanouir {1}*: Elle a tourné de l'œil. *Sie ist* ***aus den Latschen gekippt / hat die Augen verdreht.*** ♦ **Se mettre le doigt dans l'œil** *loc.* → doigt. ♦ **Se rincer l'œil** *loc. Assister à un spectacle grivois {1}*: Quand elle se met à poil, tu peux te rincer l'œil. *Wenn sie sich entblättert,* ***gibt's was zu sehen*** */ kriegst du* ***Stielaugen.*** ♦ **S'en battre l'œil** *loc. S'en moquer complètement {2}*: Qu'il se marie ou non, je m'en bats l'œil. *Ob er heiratet oder nicht, ist mir* ***völlig schnurz.*** ♦ **Pour les beaux yeux de qn.** *loc. Le faire gratuitement {2}.* Je ne le fais pas pour les beaux yeux du patron. *Ich mach das doch nicht* ***der schönen Augen*** *des Chefs* ***wegen.*** ♦ **A l'œil** *loc.adv. Gratuitement {1}*: On l'a eu à l'œil. *Wir haben es* ***umsonst*** *gekriegt.* ♦ **Frais comme l'œil** *expr. Très frais {3}*: Les œufs sont frais? – Frais comme l'œil. *Sind die Eier frisch? –* ***Aus deutschen Landen frisch auf den Tisch! / Taufrisch.*** ♦ **Une baise-à-l'œil** *expr. Une femme qui fait l'amour sans se faire payer [langage des prostituées] {3}*: C'est une baise-à l'œil. *Die* ***macht's umsonst.*** ♦ **Mon œil!** *Interj. Pour exprimer un refus {1}*: Il veut que je lui fasse le ménage. Mon œil! *Er will, daß ich ihm den Haushalt mache.* ***Pustekuchen!*** / T'es sûr que tu y es pour rien? **Et mon œil!** *Bist du sicher, daß du nicht mit drinhängst / nichts dafür kannst?* ***Das glaubst du doch selber nicht!*** ♦ **En un clin d'œil** *expr.adv. Très vite {1}.* ***Im Handumdrehen.*** ♦ **Jusqu'aux yeux** *expr.adv. De manière très intensive {1}*: Etre amoureux jusqu'aux yeux. ***Bis über beide Ohren*** *verliebt sein.* / Avoir honte jusqu'aux yeux. *Sich* ***bis über beide Ohren*** *schämen.* / Enceinte jusqu'aux yeux. ***Hochschwanger.***

œuf *m. Imbécile {1}*: **Fais pas l'œuf.** ***Spiel nicht den Blödmann.*** ♦ **Avoir des œufs sur le plat** *loc. Avoir de tout petits seins {2}.* ***Flach wie ein Brett sein.*** ♦ **Casser les œufs à qn.** *loc.* → casser. ♦ **Etre à peine sorti de l'œuf** *loc.adv. Sans expérience,* bleu* *{3}*: Il est à peine sorti de l'œuf. *Er ist* ***gerade erst aus dem Brutkasten gefallen.*** ♦ **Marcher sur des œufs** *loc. Marcher en touchant le sol avec précaution ou marcher maladroitement {2}.* ***Wie auf Eiern gehen.*** ♦ **On ne fait pas d'omelette sans casser les œufs** *loc.* → omelette. ♦ **Mettre tous les œufs dans le même panier** *loc. Tout risquer en prenant une décision {2}.* ***Alles auf eine Karte setzen.*** ♦ **Va te faire cuire un œuf!** *Loc. Va-t-en {1}.* ***Schieß ab!*** ♦ **Aux œufs** *expr.adv. Très bien {3}*: Cette soirée était aux œufs. *Dieser Abend war* **Spitze.** ♦ **Plein comme un œuf** *loc.adv. Complètement ivre {2}*: Il est rentré plein comme un œuf. *Er ist* ***voll wie ein Reiher*** *nach Hause gekommen.* ♦ **Jaune d'œuf** → jaune. ♦ → crâne.

officemar *m. Officier {3}.* **Offz.**

officiel *m.* **De l'officiel** *loc. De l'authentique {3}.* ***Das Original.*** ♦ **C'est officiel** *loc. C'est indiscutable {2}.* **Das ist amtlich.** ♦ *Adv.* **Officiel**! *Indiscutablement {3}.* ***Klar!***

oh! *Interj. Exprime la joie, la douleur, l'impatience, l'indignation, la surprise etc. {1}.* ***Oh! Eieiei.*** / Oh, c'est vous! **Ach,** *Sie sind's.* ♦ **Oh là, là...** *Interj. Exprimant l'admiration ou le mécontentement {1}*: Oh là, là qu'elle est belle. ***Oh la, la!*** *Ist sie schön.* // Va m'acheter des cigarettes. – Oh là, là, toujours moi! *Hol mir Zigaretten.* ***Mensch,*** *immer ich.*

ohé! *Interj. Appellatif {1}*: Ohé, vous écoutez? ***Heei,* (*Hallo*),** *hören Sie zu.*

oie *f. Personne sotte ou niaise {2}.* A cet âge-là, les filles sont souvent des oies. *In diesem Alter sind die Mädchen oft* **(*dumme*) *Gänse.*** ♦ **Oie blanche** *expr. Jeune fille candide et niaise {2}.* ***Dumme Gans.***

oignon *m. Anus, cul {3}.* ***Arsch / Hintern.*** ♦ **C'est pas tes oignons!** *Loc. Cela ne te regarde pas {1}.* ***Das ist nicht dein Bier!*** ♦ **Mêle-toi de tes oignons!** *Loc. Même sens {1}*: ***Kümmer dich um deinen eigenen Mist!*** ♦ **Tu peux te le carrer dans l'oignon!** *Loc. Tu ne l'auras pas {3}.* ***Das kannst du dir in den Wind schreiben!*** ♦ **Se mettre en rang d'oignons** *loc. Sur une ligne {1}.* ***Sich in Reih' und Glied aufstellen.*** ♦ **Aux petits oignons** *expr.adv. Excellent {1}*: Une soirée aux petits oignons. *Ein* ***ganz toller*** *Abend.*

oiseau *m. Individu louche, bizarre {1}*: Un drôle d'oiseau. *Ein* ***seltsamer Kauz.*** ♦ **Nom d'oiseau** *expr.m. Injure {2}*: Elle l'a abreuvé de noms d'oiseau. *Sie* ***hat ihn alles Mögliche genannt.*** / Qu'est-ce qu'elle lui a **donné comme noms d'oiseau!** ***Was hat sie ihn nicht alles geschimpft!***

o.k. [okɛ] *Interj. D'accord {2}.* ***O.K.***

olé olé *Adj.inv. Osé, aguichant [souvent ironique] {2}*: Un peu olé olé, son décolleté! *Kein bißchen* ***neckisch,*** *ihr Ausschnitt!* / La fille est plutôt olé olé. *Das Mädchen ist* ***ganz schön flott.***

ombre *f.* **Mettre à l'ombre** *loc. Écrouer {3}.* ***Aus dem Verkehr ziehen / hinter schwedische Gardinen bringen.***

omelette *f.* **Omelette soufflée** *expr. Femme enceinte {3}*: C'est une omelette soufflée. *Sie* ***hat***

einen Ball verschluckt. ♦ **On ne fait pas d'omelette sans casser les œufs** *loc. Dicton {1}.* ***Wo gehobelt wird, da fallen Späne.***

onde *f.* **Etre sur la même longueur d'onde** *loc. Se comprendre, partager les mêmes avis {1}*: Le Président et les étudiants sont sur la même longueur d'onde. *Der Präsident und die Studenten* ***sind auf derselben Wellenlänge.***

opiner du bonnet / de la tête *loc. Exprimer son acquiescement par un hochement de la tête [souvent pour plaisanter] {3}.* ***Ja und amen sagen.***

or *m.* **L'avoir en or** *loc. Avoir de la chance, avoir du* pot* *{3}.* ***Schwein haben.*** ♦ **Rouler sur l'or / être cousu d'or** *loc. Etre très riche,* → nager, pelle*, Crésus *{1}.* ***Im Geld schwimmen.*** ♦ **En or** *expr.adv. Pour exprimer qc. de très positif {1}*: **J'ai une femme en or.** ***Meine Frau ist ein Goldstück.*** / Une affaire **en or.** *Ein* ***Bomben****geschäft.* / Il a un **cœur d'or.** *Er hat ein* ***Herz aus Gold.***

orange *f. Petit sein {3}.* ***Äpfelchen.***

ordure *f. Individu capable de toutes les bassesses,* salopard* *{2}.* ***Schwein.***

oreille *f.* → allonger. ♦ **En avoir par-dessus les oreilles** *loc. En avoir assez {3}.* ***Über die Hutschnur gehen.*** ♦ **Dresser / tendre l'oreille** *loc. Faire un effort pour comprendre, écouter avec attention {1}.* ***Die Ohren spitzen.*** ♦ **Échauffer les oreilles de qn.** *loc. Le déranger à force de répéter la même chose {2}.* ***Jdm. in den Ohren liegen.*** ♦ **N'écouter que d'une oreille** *loc. Ne pas bien écouter {1}.* ***Nur mit halbem Ohr zuhören.*** ♦ **Fermer l'oreille** *loc. Ne pas vouloir entendre parler ou accepter {2}.* ***Nichts wissen wollen von.*** ♦ **Ça (lui) entre par une oreille et ça (lui) sort par l'autre** *loc. Oublier tout de suite {1}.* ***Ins eine Ohr rein, aus dem anderen raus.*** ♦ **Fatiguer les oreilles** *loc. Énerver {3}*: Cesse de me fatiguer les oreilles avec tes histoires. *Hör auf, mir mit deinen Geschichten* ***in den Ohren zu liegen.*** ♦ **Mettre la puce à l'oreille** *loc. Éveiller des soupçons {1}*: Ça m'a mis la puce à l'oreille. ***Das hat mich hellhörig gemacht.*** ♦ **Ce n'est pas tombé dans l'oreille d'un sourd** *loc. Cela aura des conséquences {2}.* ***Das hast du / hat man keinem Dummen gesagt.*** ♦ **L'oreille basse** *loc.adv. Etre humilié, mortifié {2}*: Il est sorti du bureau du patron l'oreille basse. *Er ist* ***mit eingezogenem Schwanz*** *aus dem Chefzimmer herausgekommen.*

orteil *m.* **Avoir les orteils / doigts de pied en éventail** *loc. Éprouver une grande satisfaction, amoureuse ou de tout autre ordre {2}*: Il veut se faire salarié avec quatre briques par mois, les doigts de pied en éventail. *Er möchte mit 40.000 Piepen im Monat Angestellter werden und* ***den lieben Gott einen guten Mann sein lassen.***

orties *f.pl.* **Faut pas pousser mémère dans les orties** *loc.* → mémère.

os [[ɔs] *au singulier,* [o] *au pluriel*] *m.* **Amène tes os!** *Loc. Viens ici,* amène-toi* *{2}.* ***Schlepp deine müden Knochen an!*** ♦ **Ça vaut l'os** *loc. Ça vaut le* coup* *{2}.* ***Das ist die Mühe wert.*** ♦ **Gagner son os** *loc. Gagner sa vie {2}*: Avec son petit commerce, il gagne son os. *Mit seinem kleinen Laden* **kommt** *er* **über die Runden.** ♦ **Il y a un os** *{1}* / **il y a un os dans le frometon** *{3} loc. Une difficulté, un obstacle, un problème.* **Da ist (noch) ein Haken.** ♦ **L'avoir dans l'os** *loc. Subir un échec et ses conséquences,* l'avoir dans le dos* *{3}.* ***Eine Schlappe erleiden.*** ♦ **Ne pas faire de vieux os** *loc. Ne pas vivre vieux {1}*: Les amateurs du boulot font pas de vieux os [*extrait d'une chanson populaire*]. *Wer die Arbeit zu sehr liebt,* **lebt nicht lange.** ♦ **Tomber sur un os** *loc.* → tomber. ♦ **Trempé jusqu'aux os** *loc. Complètement mouillé {1}.* ***Bis auf die Knochen naß.*** ♦ **Jusqu'à la mœlle (des os)** *loc. Pour des personnes*: complètement *{2}*: Etre gaulliste jusqu'à la moelle (des os). *Ein* **eingefleischter** *Gaullist sein.* ♦ **Un sac d'os** *expr. Personne très maigre {1}*: C'est un sac d'os. *Er ist nur* ***Haut und Knochen.***

oseille *f. Argent {1}.* ***Knete.***

oser *v.t.* **Oser faire qc.** *loc. Avoir le front de faire qc. {1}*: Vous osez appeler ça une voiture? *Nennen Sie das* ***im Ernst/etwa*** *ein Auto?*

osier *m. Argent {2}.* ***Kies / Zaster.***

osselets *m.pl.* **Tu commences à me courir / taper sur les osselets** *loc. Tu commences à m'éreinter,* → haricots* *{3}.* ***Du fällst mir langsam auf den Wecker.***

osto *m.* → hosto.

ostrogoth [ɔstrɔgo]/**goth** *m. Individu grossier, vulgaire {2}*: Quel ostrogoth! *So ein* ***Grobian!*** ♦ *Aussi*: *Allemand* [*on remarque l'homophonie dans la phrase suivante*] *{3}*: Pendant l'Occupation, on faisait la différence entre les Wisigoths, les Ostrogoths et les Saligoths [*saligauds / Drecks„goten"*]. / [*Aujourd'hui le mot n'exprime pas forcément de l'antipathie*]: Ils sont chouettes les ostrogoths. *Die sind lustig, die* ***Deutschen.*** / Astérix et les Goths. *Asterix bei den* ***Deutschen.***

ouais *Adv. Oui {1}*: Il est arrivé? – Ouais. *Ist er da? –* ***Jau / Jäh.***

oublier *V.t.* **Oublier de respirer** *loc. Mourir {3}.* ***Das Atmen vergessen.*** ♦ **Et comme par hasard, il a oublié de me payer** *loc. Formule ironique {3}.* ***„Rein zufällig" hat er vergessen,*** *mich zu bezahlen.* ♦ **Avoir oublié d'être** [*adj.*] *Loc. Ne pas être* [*adj.*] *{3}*: Ta voisine a oublié d'être bête. *Deine Nachbarin ist* ***überhaupt nicht*** *dumm.* ♦ **(se)** *V.pr. Péter, pour enfants*: *faire pipi ou caca dans sa culotte* [*vieilli*] *{2}.* ***Sich vergessen.***

ouf! *Interj. Onomatopée pour exprimer l'étonnement ou le soulagement {1}*: Ouf, il ne l'a pas découvert. **Puh,** *er hat es nicht entdeckt.* ♦ **Sans avoir le temps de dire ouf** *loc. Sans pouvoir répliquer {2}.* ***Ohne daß man einen Piepser hätte sagen können.***

ouïe *f.* **Je suis tout ouïe** *loc. Je vous écoute avec attention {2}.* ***Ich bin ganz Ohr.***

ouistiti *m. Fils gâté {3}*: Le v'là, le ouistiti, dans la grosse Mercedes de son papa. *Da ist ja das* ***Papasöhnchen*** *in Papis dickem Mercedes.*

outils *m.pl.* → remballer.

outre *f.* **Etre outre / plein comme une outre** *loc. Avoir trop mangé {3}.* ***Vollgefressen sein.***

ouvrier *m. Bon travailleur {1}*: C'est un ouvrier, il fait tout lui-même à la maison. *Das ist ein* ***echter Arbeiter***, *zu Hause macht er alles selbst.*

ouvrir *V.t.* **L'ouvrir** *loc. Avouer, parler {1}*: Et toi, t'as pas intérêt à l'ouvrir. *Und du* ***quatschst*** *besser nicht.*

overdose *f. Dose trop forte en parlant des drogues {1}*: Il est mort d'une overdose. *Er ist an einer* ***Überdosis*** *gestorben.* ♦ *Au sens figuré*: Sur la 5, on a une overdose de pub. *Im 5. Programm gibt's ein* ***Zuviel*** *an Werbung.* ♦ *En avoir trop {3}*: Dix ans de mariage! J'ai une overdose! *Zehn Jahre Ehe!* ***Das ist (mir) zuviel!***

oxygéner (s') *V.pr.* **S'oxygéner (les poumons)** *loc. Prendre l'air {3}.* ***Die Lungen durchlüften.***

P

pacha *m.* **Avoir une vie de pacha** *expr. Une vie fastueuse {3}.* ***Leben wie ein Pascha.***

pack *m. Groupe {3}*: Un pack de touristes. *Eine* ***Korona*** */ ein* ***Haufen*** *Touristen.*

pacson *{3} ou* **pacsif** *{2} m. Paquet**: Où est le pacsif de Mémé? *Wo ist Omas* ***Päckchen****?*

padoc [padɔk] *m. Lit {3}.* ***Falle.***

padoquer (se) *V.pr. Se coucher {3}.* ***Sich in die Falle hauen.***

paf *Adj. Ivre {2}*: Il est complètement paf. *Er ist* ***stockvoll.***

pagaille *f. Désordre, confusion {1}*: Et dans sa chambre, quelle pagaille! *Und in seinem Zimmer, welch ein* ***Durcheinander****!*

pagailleux *Adj. Désordonné {3}*: Ce gars-là est pagailleux. *Der Typ ist* ***verschlampt (bis ins letzte).***

page *f.* **Etre à la page** *loc. Etre au courant des dernières nouveautés {1}.* ***Auf dem letzten Stand sein.*** ♦ **Tourner la page** *loc. Passer à autre chose {1}*: On en a assez parlé. Maintenant il faut tourner la page. *Wir haben genug darüber geredet. Jetzt müssen wir* ***ein neues Kapitel aufschlagen.*** ♦ *Pratiquer le coït anal ou simplement retourner la/le partenaire {3}*: On tourne la page? *Jetzt* ***andersrum?***

page *{2} ou* **pageot** *{2} m. Lit.* ***Federn.*** ♦ **Se mettre au page** *loc. Se coucher {2}.* ***Sich in die Falle hauen.***

pager *V.t. {2} ou bien* **(se) pageoter** *{3} Coucher*: On page à l'hôtel? ***Pennen*** *wir im Hotel?* / Pager les gosses. *Die Kinder* ***in die Falle tun.*** ♦ **(se)** *V.pr. Partir, se coucher {3}*: Je me page tôt aujourd'hui. *Ich* ***geh*** *heute zeitig* ***in die Falle / Kiste.***

paie *ou* **paye** *f. Salaire des ouvriers {1}*: La paye n'est pas très grasse. *Der* ***Lohn*** *ist nicht bombig.* ♦ **Ça fait une paye** *loc. Il y a longtemps {2}*: Ça fait une paye que je l'ai pas vue. *Das* ***ist eine Ewigkeit her****, daß ich sie nicht gesehen habe.*

paillasse *f.* **Crever la paillasse** *loc. Tuer à l'arme blanche {3}.* ***Jdn. kaltmachen.***

paillasson *m. Fille ou femme facile {3}.* ***Flittchen.*** ♦ *Individu sans amour propre qui essuie rebuffades et insultes sans protester {2}.* ***Fußabtreter.***

paille *f. Presque rien, fort peu [iron.] {2}*: Il gagne six briques par mois. Une paille. *Er verdient sechzig Mille im Monat.* ***So gut wie nichts / Ein Klecks.*** ♦ **Homme de paille** *expr.m. Prête-nom {1}.* ***Strohmann.*** ♦ **Hacher de la paille** *loc. Prononcer le français avec un accent allemand {3}. [Etwa]*: ***Einen starken (deutschen) Akzent haben.*** ♦ **Mettre sur la paille** *loc. Ruiner {3}*: Il nous a mis sur la paille. *Er hat uns* ***das Dach überm Kopf weggenommen.*** ♦ *Loc. Chercher les fautes uniquement chez les autres {2}*: **Il voit la paille dans l'œil de son voisin, mais pas la poutre qui est dans le sien.** ***Er sieht den Splitter im Auge des Nachbarn, aber nicht den Balken im eigenen.***

pain *m.* **Avoir du pain sur la planche** *loc. Etre occupé {1}*: Le gouvernement a du pain sur la planche. *Die Regierung* ***hat alle Hände voll zu tun.*** ♦ **Ça se vend comme des petits pains** *loc. Cela se vend facilement {2}.* ***Das geht weg wie warme Semmeln.*** ♦ **Ça ne mange pas de pain!** *Loc. Cela ne présente aucun risque financier, cela ne coûte rien {2}.* ***Das kostet (doch) nichts!*** ♦ **Etre bon comme du pain blanc** *loc. Etre très bon, avoir un bon coeur {1}.* ***Ein gutes Herz haben.*** ♦ **Etre long comme un jour sans pain**

loc. Interminable [plutôt durée] {2}. ***Ewig dauern.*** / Cette ville est longue comme un jour sans pain. *Diese Stadt* ***endet nie.*** ♦ **Faire passer le goût du pain à qn.** *loc. Tuer {3}.* ***Jdn. um die Ecke bringen.*** ♦ **Foutre un pain sur la gueule à qn.** *loc. Frapper {3}.* ***Jdm. eine auf die Schnauze geben.*** ♦ **Oter le pain de la bouche à qn.** *loc. Le priver du plus nécessaire {2}.* ***Jdm. die Butter vom Brot nehmen.*** ♦ **Petit pain** *expr. Fesse {3}.* ***Brötchen.***

paire *f.* **Faire la paire** *loc. Harmoniser {2}:* Ces deux-là font la paire. *Die beiden* **passen** *zusammen.* ♦ **Se faire la paire** *loc. S'en aller, s'enfuir {3}.* ***Eine Fliege machen.*** ♦ **C'est une autre paire de manches** *loc. C'est autre chose {1}.* ***Das ist eine andere Geschichte/ein anderes Paar Schuhe.***

paître *V.i.* **Envoyer paître** *loc. Congédier ou simplement refuser {2}:* Il a demandé une augmentation, mais le patron l'a envoyé paître. *Er hat eine Gehaltserhöhung verlangt, aber der Alte hat ihn* **abblitzen lassen.**

paix fourrée *f. Une paix de courte durée {2}.* ***Fauler Frieden.*** ♦ → ficher.

pakson *m.* → pacson.

palanquée *f. Très grande quantité {3}:* Une palanquée d'andouilles. *Eine* **Armee** *von Vollidioten.*

pâle *Adj. Malade {1}:* Il a l'air un peu pâle. *Er sieht ein bißchen* **bleich** / **spitz** *aus.* ♦ **Etre pâle des genoux** *loc. Etre très fatigué {2}.* ***Erschossen sein.*** ♦ **Se faire porter pâle** *loc. Se faire porter malade {2}.* ***Sich krank melden.***

paletot *m. Pardessus {2}.* ***Mantel.*** ♦ **Sauter / tomber sur le paletot / poil** *loc.* → tomber.

pâlichon *Adj. Légèrement pâle {3}.* ***Bleichlich.***

palmées *adj.pl.f.* **Les avoir palmées** *loc. Etre paresseux* [les *remplace* mains] *{3}.* ***Die Arbeit nicht erfunden haben.***

palper *V.t. Toucher, recevoir de l'argent {3}:* Qu'est-ce qu'on a pu palper comme pognon! *Haben wir* ***Flöhe gemacht!***

palpitant *m. Cœur {2}.* ***Pumpe.*** / Il a des pépins avec le palpitant. *Er hat Malesse mit der Pumpe.* ♦ *Adj. Excitant {2}:* Un roman policier palpitant. *Ein* **nervenzerfetzender** *Krimi.*

paluche *f. Main {3}:* Elle a de belles paluches manucurées. *Sie hat schöne manikürte* ***Pfötchen.*** ♦ **Donner un coup de paluche** *loc. Aider {3}.* ***Mit anpacken.***

palucher *V.t. Pelotter, caresser {3}:* Il paluche toutes les employées. *Er* **betätschelt** *alle Frauen im Betrieb.*

panade *f. Misère {1}:* Ils sont dans la panade. *Sie sitzen in der* **Patsche.**

Paname *N.pr. Paris {3}:* Paname, c'est la Bastoche [*Bastille*], les Champs [*Champs-Élysées*], la Tour Cifelle [*Eiffelturm*], les Invaloches [*Invalidenviertel*], la Maube [*Place Maubert*], la Mouffe [*rue Mouffetard*], Ménilmuche [*Ménilmontant*], et tant d'autres coins.

panard *m. Pied {3}.* ***Quante.*** / **Traîner les panards** loc. *Traîner les pieds {3}.* ***Latschen / schlurfen.***

panier *m. Lit {3}.* ***Heia.*** ♦ **Coucouche-panier!** *Expr. Au lit {3}.* ***In die Heia! / Husch husch ins Körbchen!*** ♦ **Les mettre dans le même panier** *loc. Considérer que les uns ne valent pas mieux que les autres {2}.* ***In einen Topf werfen.*** ♦ **Mettre la main au panier** *loc. Passer la main sur les fesses d'une femme {3}.* ***Über den Hintern streicheln.*** ♦ **Panier de crabes** *expr. Un groupe d'individus qui cherchent à se nuire mutuellement {2}:* Dans cette boîte, l'un cherche à nuire à l'autre. Un véritable panier de crabes. *In dieser Firma versucht der eine, dem anderen zu schaden. Ein* **Kampf aller gegen alle.** ♦ **Panier à crotte / crottin** *expr. Derrière,* cul* *{3}.* ***Scheißkiste.*** ♦ **Panier à salade** *expr. Voiture cellulaire {2}.* ***Grüne Minna.*** ♦ **Panier percé** *expr. Personne dépensière {3}:* Sa femme est un véritable panier percé. ***Finanziell*** *ist seine Frau ein* ***Faß ohne Boden.*** ♦ **Con comme un panier** *loc. Très sot {1}.* ***Strohdumm.*** ♦ **Le dessus du panier** *expr.* Le gratin *{2}.* ***Das Feinste vom Feinsten // die oberen Zehntausend.***

pan(-)pan *m.* **Faire pan-pan cul-cul** *loc. Donner une fessée {2}.* ***Die Hosen voll kriegen / Haue-Haue kriegen.*** / [*Dans une chanson très populaire de Pierre Perret*]: «Vaisselle cassée, c'est la fessée, vaisselle foutue, pan-pan cul-cul».

panse *f. Ventre {2}.* ***Wampe.*** ♦ **Bouffer à s'en faire crever la panse** *loc. Manger énormément {3}.* ***Fressen, was reingeht.***

pantouflard *m. Homme casanier {2}.* ***Stubenhocker / Pantoffelheld.***

pantoufle *f.* **Raisonner comme une pantoufle** *loc. De manière stupide {2}. Nicht richtig denken (können)/Sich verdenken.*

papa *m. Père {1}.* ***Papi.*** ♦ **A la papa** *loc.adv. Sans hâte, simplement {1}:* Jouer à la papa. *Nach* **alter Herren Art** *spielen.* ♦ *Sans risque {2}:* Un placement à la papa. *Eine bombensichere (Geld)anlage.* ♦ **De papa** *loc. D'antan {1}:* Les avions de papa. **Opas** *Flugzeuge.* ♦ → gâteau.

pape *m. Type de première bourre {1}:* Dans son métier, c'est le pape. *In seinem Fach ist er der* ***King.***

papeau *m. Chapeau, langage enfantin {3}:* ***„Tut"*** [*Hut*].

papelard *m. Document {2}.* ***Wisch.*** / Il te faut un papelard? *Brauchst du ein* ***Papier?*** ♦ **C'est du papelard.** ***Das ist nur Papier.***

papi *m. grand-père {1}.* ***Opi.***

papier *m.* **Connaître le papier** *loc. Etre bien informé {2}.* ***Die Lage kennen.*** ♦ **Etre dans les petits papiers de qn.** *loc. Etre dans les bonnes grâces {2}.* ***Bei jdm. einen Stein im Brett ha-***

ben. ♦ **Sur le papier** *expr.adv. En principe, théoriquement* {*1*}: Sur le papier, ça fait très chouette, mais en réalité... ***Auf dem Papier** / **theoretisch** sieht das klasse aus, aber in Wirklichkeit...* ♦ **Papier-cul** *expr.m. Papier hygiénique*, p.q* *ou* péku {*2*}. ***Scheißhauspapier** / **Klopapier.***

papillon *m. Contravention* {*2*}: T'as un papillon sur le pare-brise. *Du hast ein **Knöllchen** auf der Scheibe.* ♦ **Minute, papillon!** *Loc. Attendez, un instant* {*2*}. ***Momentchen bitte!** / **Moment!*** [*beide Silben betont*]

papouilles *f.pl. Caresse, chatouillement indiscret* {*2*}: Il lui **fait des papouilles.** *Er **betätschelt** sie.*

paps [pap] *m.pl. Les papiers* {*3*}: T'as pas oublié les paps, hein? *Du hast doch die **Papiere** nicht vergessen?*

pâquerette *f.* **A / au ras des pâquerettes** *loc. Pour exprimer que qc. est médiocre* {*1*}: Ça ne volait pas très haut, ce qu'il a dit. Plutôt au ras des pâquerettes. *Nicht gerade anspruchsvoll, was er gesagt hat. Eher **tiefstes Niveau.***

paquet *m.* **Avoir son paquet** *loc. Avoir son compte* {*2*}: Après deux bouteilles de pinard, il avait son paquet. *Nach zwei Pullen Wein **hatte er sein Quantum.*** ♦ **Avoir / recevoir // donner / lâcher son paquet** *loc. Recevoir / faire une critique sévère et méritée* {*2*}: Tout compté, elle a reçu son paquet. *Am Ende hat sie doch **ihr Teil weggekriegt.*** ♦ **Faire ses paquets** *loc. Partir* {*2*}. ***Seine Siebensachen packen.*** ♦ **Lâcher le paquet** *loc. Avouer, révéler sans réserve*: Enfin, il a lâché le paquet. *Schließlich hat er (**voll**) **ausgepackt.*** ♦ **Mettre le paquet** *loc. Mettre toute son énergie dans une entreprise, donner le maximum* {*1*}. ***Ranklotzen.*** ♦ **Refiler / repasser le paquet** *loc. Transmettre une tâche pour s'en débarrasser* {*3*}, → bébé: Dupont n'est pas mécontent de m'avoir refilé le paquet. *Dupont ist nicht unglücklich darüber, **mir die Aufgabe zugeschustert** / **aufgehalst** zu haben.* ♦ **Risquer le paquet** *loc. S'engager dans une entreprise dangereuse en prenant tous les risques* {*2*}. ***Alles aufs Spiel** / **auf eine Karte setzen.*** ♦ **Paquet de** *expr. Personne* {*2*}: **Un paquet de nerfs.** ***Nervenbündel.*** / **Un paquet de graisse.** ***Fettkloß.*** / **Un paquet d'os** [pakɛdos]. *Ein **Bündel Haut und Knochen.***

para *m. Parachutiste* {*1*}: Paris a envoyé les paras. *Paris hat **Fallschirmjäger** geschickt.*

parachuter *V.t. Placer qn. à l'improviste à un poste-clef* [*souvent le mot s'emploie dans des contextes politiques*] {*2*}: Le boss l'a parachuté dans cette filiale. *Der Boss hat ihn in diese Filiale **reingesetzt** / **verfrachtet.***

parano *m.* ***Paranoïaque*** {*B*}. ***Paranoiker.***

parapluie *m.* **Avoir** *ou* **porter le parapluie** *loc. Porter la responsabilité*, porter le chapeau* {*3*}: C'est lui qui porte le parapluie. *Das **geht auf seine Kappe.*** ♦ **Ouvrir le parapluie** *loc. Se dégager de toute responsabilité* {*2*}. **Die Verantwortung wegschieben.**

paravent *m. Personne qui tient un rôle fictif, dissimulant la véritable activité ou les mœurs d'un autre* {*3*}: Il l'a épousée comme paravent. En vérité, il est pédé. *Er hat sie nur **zum Schein** geheiratet. In Wirklichkeit ist er schwul.*

pardingue *aussi* **pardosse** *ou* **pardeusse** *m. Pardessus* {*3*}: Qu'est-ce que t'as encore dans la poche de ton pardingue? *Was hast du nur in der **Mantel**tasche?*

pardon! *Excl. Terme qui exprime l'admiration* {*2*}: Le père était déjà un sacré numéro. Mais alors, le fils, pardon! *Der Vater war schon ein irrer Typ. Aber der Sohn, **mein lieber Schwan!***

paré *Adj. A l'abri du besoin* {*2*}: Elle est parée. *Sie **hat ihr Auskommen.*** ♦ **T'es paré?** *Loc. Tu es prêt* {*2*}. ***Bist du soweit?*** / Les pompistes peuvent faire grève tant qu'ils veulent. Nous, on est parés. *Die Tankwarte können soviel streiken, wie sie wollen. Wir **haben vorgesorgt.***

pare-brise *m.inv. Lunettes* {*3*}. ***Nasenfahrrad.***

pare-chocs *m.pl. Gros seins* {*3*}. ***Prellböcke.***

pareil *Adj.* **C'est du pareil au même** *loc. Cela revient à la même chose*, blanc bonnet et bonnet blanc* {*2*}. ***Das ist gehopst wie gesprungen**/ **Jacke wie Hose.*** ♦ **Allez dire ça à vos pareils** *loc. Pour exprimer l'incrédulité d'un énoncé* {*3*}. ***Das können Sie Ihrer Großmutter erzählen /Das glauben Sie doch selber nicht.*** ♦ **Pareil que** *Adv. Comme* {*2*}: Il fait ça pareil que son père. *Er macht das **genauso wie** sein Vater.*

parfum *m.* **Etre au parfum** *loc. Etre au courant* {*2*}. ***Wind von einer Sache haben.*** / Il avait **mis** les flics **au parfum**. *Er hatte die Bullen **eingeweiht.***

parigot *m./Adj. Parisien, parlure parisienne* {*2*}: Il faut pas confondre parigot et argot. *Man darf den **Pariser Dialekt** nicht mit dem Argot verwechseln.* / Mon beaufre est Parigot. *Mein Schwager ist **Pariser.***

Paris *N.pr.* → Paname.

parler *V.i. Loc. Formule qu'on met souvent à la fin d'un énoncé, par exemple pour exprimer le doute*, → penser {*1*}: C'est donné, hein? – **Tu parles (Charles)!** Ça coûte une fortune. *Das ist doch geschenkt, oder? – **Wer ('s) glaubt, wird selig!** / **Von wegen!** Das kostet ein Vermögen.* ♦ **Tu parles...** *loc. Formule qui introduit un juron*, → empaqueté [*La formule s'adresse à un interlocuteur fictif qui apparemment prend la place de l'interlocuteur réel*] {*2*}. **Ich kenne vielleicht...** / **Tu parles d'un con!** *Ich **kenne vielleicht Arschlöcher** [und Sie sind eines davon]!* ♦ **Qui parle derrière mon dos parle à mes fesses** {*2*} / **mon cul** {*3*} *loc. Pour exprimer le désintéressement vis-à-vis de celui qui parle derrière le dos de* *qn.* [*Etwa*] **Wer hinter meinem Rücken über mich herzieht, kann mich kreuzweise...** ♦ **Ça me parle** *loc. Cela me dit qc., cela me plaît* {*B*}: Cet air me parle. *Diese Melodie* **sagt mir etwas.** / Cette jupe me parle. Dieser Rock **sagt mir was.** ♦ **Tu parles d'un succès** {*2*} / **d'un cadeau** {*1*} *loc. Pour un succès, une surprise, etc.*: Ils ont tous applaudi. **Tu parles d'une surprise.** *Alle haben applaudiert.* **Das war vielleicht eine Überraschung!** ♦ **Parler de la pluie et du beau temps** *loc. Parler des choses insignifiantes* {*1*}. **Übers Wetter sprechen.**

parlote *f. Exercice oratoire, discussion de peu d'utilité* [*le mot s'utilise souvent au pluriel*] {*3*}: La réunion s'est passée en vaines parlotes. *Die Konferenz* **brachte nur leeres Geschwätz.**

paroisse *f.* **Changer de paroisse** *loc. Déménager, changer de café* {*2*}. **Einen Tapetenwechsel machen.**

paroissien *m. Individu* [*utilisé surtout dans la formule*] {*2*}: Un drôle de paroissien. *Ein* **seltsamer Heiliger.**

parole *f.* **Parole d'homme / de femme!** *Interj. Parole d'honneur* {*1*}. **Mein Wort als Mann/ Frau! / Ma parole! Mein Wort drauf!**

part *f.* → gâteau.

partant *Adj. Disposé, prêt, d'accord* {*2*}: Pour ce coup-là, je suis partant. *Was dieses Ding angeht*: **ich bin dabei / mit von der Partie!**

parterre *m.* **Prendre un billet de parterre** *loc. Faire une mauvaise chute* {*3*}. **Einen Langen machen.**

parti *Adj. Ivre* {*1*}: A sept heures, il était déjà parti. *Um sieben war er schon* **weggetreten.** ♦ **C'est bien / mal parti** *loc. Cela a bien ou mal commencé* [*la forme négative est plus fréquente*] {*1*}. **Jetzt sieht es gut // schlecht / (ganz) duster aus. // Das fängt ja gut an.** [*iron.*]

partie *f. Soirée dansante* {*1*}. **Party.** ♦ *f.pl. Les organes génitaux* [*vieux*] {*3*}: Il a reçu un coup dans les parties. *Er hat einen* **unter die Gürtellinie / in die Weichteile** *gekriegt.* ♦ **Faire une partie de jambes en l'air** *loc. Faire l'amour* {*3*}. **Eine Nummer schieben.** ♦ **Une partie de plaisir** *expr. A propos d'un événement* [*souvent utilisé dans un sens négatif*] {*2*}: La réunion ne sera pas une partie de plaisir. *Das Treffen wird* **kein Zuckerschlecken.** ♦ **C'est une partie de plaisir!** *Loc. C'est une occupation pénible, délicate* [*euphémisme*], c'est pas le → pied, de la → tarte {*2*}: La maison qu'on avait pendant les vacances, c'était pas une partie de plaisir. Rien ne marchait: robinet bouché, réfrigérateur tombé en panne, etc. *Das Haus, das wir in den Ferien hatten,* **war nicht gerade ein Vergnügen**: *Wasserhahn verstopft, Kühlschrank ausgefallen usw.*

partir *V.i.* **Partir au quart de tour** *loc.* → quart, ♦ → anglaise.

partousard *ou* **partouzard** *m. Personne qui participe à des partouzes* {*2*}. **„Gruppensexler".**

partouse *ou* **partouze** *f. Séance collective de débauche sexuelle* {*2*}: Il fréquente les partouses où il fait du triolisme ou du quadriolisme. *Er geht gern auf* **Gruppensexparties**, *wo er dann flotte Dreier oder Vierer macht.*

partouser *ou* **partouzer** *V.i. Participer à des partouses* {*2*}: Elle partouse? **Macht** *sie* **Gruppensex**?

pas *m.* **Faire un faux pas** *loc. Faire un écart de conduite* {*1*}. *Einen* **Schnitzer machen.** ♦ **Mettre qn. au pas** *loc. Corriger qn., le réduire à l'obéissance* {*1*}. **Jdn. auf Vordermann bringen / Jdm. die Flötentöne beibringen.**

pas *Adv. Ellipse de* n'est-ce pas {*3*}: Vous y avez été aussi, pas? *Sie sind auch da gewesen,* **nicht?** ♦ *Particule de négation* {*2*}: Il connaît Londres **comme pas un.** *Er* **kennt** *London* **wie keiner.** ♦ **Pas mal** *expr.adv. Beaucoup* {*1*}: Il a pas mal de fric. *Der hat* **einen Haufen** *Zaster.* / Là-bas, je connais pas mal de types. *Da unten kenn ich* **eine ganze Menge** *Typen.* ♦ → peu. ♦ **Pas possible** *Adj.inv. Comme on n'en a jamais vu, très fort* {*1*}: Un type pas possible. *Eine* **unglaubliche / unmögliche** *Arbeit.* ♦ **Pas triste** *expr.adv. Euphémisme pour dire excellent, amusant, etc.* {*1*} {*B*}: C'est pas triste, le film. **Kein Trauerspiel**, *der Film.* / Viens avec mois ce soir, ce sera pas triste! *Komm heute abend mit mir,* **es wird lustig!**

Pascal(e) *N.pr.* **Pas mal, Pascal(e) / Pas dégueu, Matthieu!** *Loc. Exprime l'admiration* {*3*}. **Nicht schlecht, Herr Specht.**

passe *m. Passe-partout* {*3*}. **Dietrich.** ♦ *f. Acte sexuel rapide, souvent avec une prostituée* {*2*}: Il a **fait une passe.** *Er hat* **einen auf die Schnelle gemacht.** ♦ **Faire la passe** *loc. Pour un hôtelier, louer des chambres aux prostituées* {*3*}. *Ein* **Stundenhotel betreiben.** ♦ **Hôtel de passe** *expr.m. Hôtel où l'on loue les chambres par heures, hôtel* borgne* {*1*}. **Stundenhotel.**

passé *m.* **Avoir un passé** *loc. Avoir commis un délit* {*2*}: Il **a un passé chargé.** *Der* **hat allerhand auf dem Kerbholz.** ♦ Un passé magnifique. *Eine glänzende* **Vergangenheit.**

passe-lacet *m.* **Etre raide comme un passe-lacet** *loc. N'avoir plus d'argent* {*3*}. **(Total) auf dem trocknen sitzen.**

passer *V.t. ou i. Mourir* [*vieux*] {*2*}: Il agonise. Il va passer bientôt. *Es* **ist** *bald* **vorüber mit ihm.** / Il a passé la nuit dernière. *Er ist letzte Nacht* **gestorben.** ♦ **Y passer** *loc. Mourir* {*1*}: Si tu continues à conduire comme un pied, nous y passerons tous. *Wenn du weiter so blöde fährst,* **gehen wir alle hops.** ♦ *Subir une épreuve* {*2*}: Elles y passent toutes, l'une après l'autre. *Sie* **kommen** *alle* **dran**, *eine nach der anderen.* ♦ **Tout le monde y passe** *loc. Cela arrive à tout le* *monde {2}*. ***Das muß jeder (einmal) durchmachen / mitmachen.*** ♦ **Le sentir passer** *loc. Subir qc. de pénible {3}*: Ah, le coup des impôts à la source. 'Y en a qui vont le sentir passer. *Ah, die Quellensteuer, die werden manche* **(ganz schön) merken.** ♦ **Passer la main** *loc. Renoncer, ne pas persévérer, couper court {3}*: Ils étaient trop vieux pour continuer, alors ils ont passé la main. *Sie waren zu alt weiterzumachen, da haben sie* **aufgehört.** ♦ **Passer l'arme à gauche** *loc. Mourir {1}*. ***Den Löffel abgeben.*** ♦ **Passer le mur (du çon)** *loc. Exagérer ou bien être vraiment idiot ou* con* [= *çon*] *{2}*. ***Alles in den Schatten stellen.*** / Non mais! Tu l'entends? Ah oui, il passe le mur (du çon). *Mensch, hörst du das? Oh ja, der stellt alles in den Schatten.* ♦ **Passer de la pommade** *loc. Flatter qn. {2}*: Tu l'appelles par son titre? Ah oui. Faut lui passer un peu de pommade. *Redest du ihn mit Titel an? Aber klar. Er will* **ein bißchen Schleim.** ♦ **Passer un savon à qn.** *loc. Le corriger, réprimander {3}*. ***Jdm. ordentlich die Meinung sagen.*** ♦ **Ne pas passer la nuit dessus** *loc. Formule qui indique qu'on n'a pas l'intention de s'attarder sur une question {2}*. ***Nicht die ganze Zeit damit zubringen.*** ♦ **Passer à l'as** *loc. Disparaître sans laisser de traces {3}*: Quatre mille balles, passées à l'as. *Vier Mille* ***wie vom Erdboden verschluckt.*** ♦ **Passer à tabac** *loc. Frapper brutalement un adversaire sans défense ou inférieur en nombre*, tabasser*, *aussi subir qc. d'à priori désagréable {3}*. Ils l'ont passé à tabac. *Sie haben ihn* ***zusammengeschlagen.*** ♦ **Passer au travers** *loc. Éviter une expérience plutôt désagréable {2}*: Il n'est pas allé au service militaire. Il a réussi à passer au travers. *Er ist nicht zum Bund gegangen. Er konnte* ***drumherumkommen.*** ♦ **Passer sous une voiture** *loc. Se faire renverser par une voiture {1}*. ***Unters Auto kommen.*** ♦ **Passer comme une lettre à la poste** *loc.* → lettre. ♦ **Passer sous le nez** *loc. Échapper, passer hors de portée {2}*: La belle affaire lui est passée sous le nez. *Das tolle Geschäft ist ihr* ***durch die Lappen gegangen / an der Nase vorbeigegangen.*** ♦ **Passez-moi un coup de fil** *loc. Téléphonez-moi [souvent une façon de parler qui n'engage à rien] {1}*. ***Rufen Sie mich (doch) mal an.*** ♦ **'Y a que le train / l'autobus / le tramway qu'est pas passé dessus / sur toi** *loc. Pour qualifier une femme qui a eu de nombreux amants {3}*. ***Mit der hat schon das ganze Regiment / die ganze Firma / Armee / jeder... mal. / Bei der war schon jeder drauf.***

passeur *m. Contrebandier {3}*. ***Schmuggler.***

passion *f.* **Un gars à passions** *expr. Érotomane qui a des tendances perverses {3}*. ***Blaubart.*** / **Femme à passions** *expr. {3}*. ***Heiße Schnecke.***

passoire *f.* **Transformer qn. en passoire** *loc. Le cribler de balles {3}*. ***Ein Sieb aus jdm. machen.*** ♦ **Avoir bronzé à travers une passoire** *loc. Etre couvert de taches de rousseur {3}*. ***Unheimlich Sommersprossen haben.***

pastille *f. Projectile d'arme à feu {3}*: Avoir une pastille dans le buffet. *Eine* ***blaue Bohne*** *in der Brust haben.*

patachon *m.* → vie.

patapouf *m. Individu gras et lourd mais sympathique {2}*. ***Dickerchen / Speckstück.***

patate *f. Pomme de terre {1}*. ***Kartoffel.*** ♦ *Imbécile {2}*. **Va donc, eh patate!** ***Mach voran, du Eimer / Pflaume / Lahmarsch!*** ♦ **En avoir gros sur la patate** *loc. Avoir des regrets, avoir des remords {1}*: Qu'est-ce qui t'arrive? T'en as gros sur la patate? *Was ist los mit dir?* ***Wo drückt dich denn der Schuh?***

pâte *f.* **Une bonne pâte (d'homme)** *expr. Personne accommodante et bonne {2}*. ***Eine Seele (von Mensch) / aus gutem Holz geschnitzt.*** ♦ Je le connais. C'est une bonne pâte. *Ich kenne ihn. Er ist* ***eine Seele.*** ♦ **Pâte molle** *expr.f. Personne sans caractère et sans tonus {2}*. ***Schlappschwanz.*** ♦ **Mettre la main à la pâte** *loc. Aider {2}*. ***Mit Hand anlegen / mal anpakken.***

pâtée *f. Correction {3}*: Son père lui a **collé une pâtée** maison. *Sein Vater hat ihm eine* ***Tracht Prügel*** *nach Art des Hauses verabreicht.* / → avoine.

patelin *m. Petit village, localité {1}*. ***Kaff?***

paternel *m. Père {2}*: J'ai rencontré ton paternel. *Ich bin deinem* ***Alten/alten Herrn*** *begegnet.*

patin *m. Chaussure {3}*. ***Latsche.*** ♦ **Rouler un patin** *loc. Embrasser profondément sur la bouche, rouler une* galoche* *{3}*: Tu m'as pas vu puisque t'étais occupé. T'étais en train de rouler un patin à ta souris. *Du hast mich nicht gesehen, weil du gerade beschäftigt warst. Du* ***knutschtest*** *gerade mit deiner Maus* ***rum / warst gerade*** *mit deiner Maus* ***am Knutschen.***

patriotard *m./Adj. Patriote {3}*: Et le quatorze juillet, que des patriotards. *Und am 14. Juli, nur* ***„Vaterlandsverräter".***

patron *m. Chef de toute sorte d'entreprise {1}*. ***Chef.*** / N'engueulez pas le patron, la patronne s'en charge. *Meckert den* ***Alten*** *nicht aus, die* ***Chefin*** *macht das schon.*

patte *f. Main.* **Bas les pattes!** *Loc. N'y touche pas, cela ne t'appartient pas {2}*: ***Halt die Finger bei dir! / Pfoten weg!*** ♦ **Faire aux pattes** *loc. Faire prisonnier {3}*: Les flics l'ont fait aux pattes. *Die Bullen haben ihn* ***gekascht.*** ♦ **Graisser la patte à qn.** *loc. Corrompre {2}*. ***Jdn. schmieren.*** ♦ **Avoir de la patte** *ou bien* **le coup de patte** *loc. Avoir de l'habileté manuelle {3}*: Pour faire de la bonne cuisine, il faut avoir de la patte. *Um gut kochen zu können,* ***braucht*** *man ein* ***Händ-***

chen. / Ce peintre a un sacré coup de patte. *Dieser Maler* ***hat ein Händchen.*** ♦ **Donner un coup de patte** *loc. Lancer un trait critique malveillant {3}*: De temps en temps, faut lui donner un coup de patte. *Von Zeit zu Zeit braucht er einen* ***Stupser.***

patte *f. Pied, jambe {1}*: Pas mal, les pattes de la nénette. *Nicht schlecht, die* ***Beine*** *von der Kleinen.* ♦ **Avoir une patte folle** *loc. Boîter légèrement {2}.* ***Humpeln / nicht richtig gehen können. // Ein lahmes Bein haben.*** ♦ **Aller à pattes** *loc. Aller à pied {2}*: On y va à pattes? ***Latschen*** *wir hin?* ♦ **Marcher sur trois pattes** *loc. Avoir un moteur qui fonctionne mal [par exemple seulement deux ou trois cylindres sur quatre] {2}.* ***Auf drei Töpfen laufen.*** ♦ **Retomber sur ses pattes** *loc. Se tirer sans dommage d'une situation difficile {1}*: Il retombe toujours sur ses pattes. *Er* ***fällt*** *immer wieder* ***auf die Füße.*** ♦ **Tirer dans les pattes** *loc. Créer sournoisement des difficultés à qn. {1}*: Méfie-toi de lui, C'est le genre qui te tire dans les pattes. *Nimm dich vor ihm in Acht, der gehört zu denen, die dir* ***Knüppel zwischen die Beine werfen.*** ♦ *Braquer sur les jambes {1}.* ***In die Beine schießen.*** ♦ **Se fourrer dans les pattes de qn.** *loc. Le déranger de façon importune {2}*: Ce gosse est toujours fourré dans mes pattes. *Dieses Kind* ***hängt mir ständig am Rockzipfel / steht mir ständig im Weg.*** ♦ *Faire confiance à qn. à mauvais escient {3}*: Depuis qu'il s'est fourré dans les pattes de ce charlatan, il va à la dérive. *Seitdem er* ***sich mit diesem*** *Typ* ***eingelassen*** *hat, geht's mit ihm bergab.* ♦ **Ça ne casse pas trois pattes à un canard** *loc. Ce n'est rien d'extraordinaire, c'est peu convaincant {1}.* ***Das ist nichts Besonderes.*** ♦ **Ça me scie les pattes** *loc. Cela m'étonne vivement {2}*: Pour une fois, il était à l'heure. Ça m'a scié les pattes. *Er war sogar diesmal pünktlich.* ***Das hat mich vom Hocker gehau'n!*** ♦ *Susciter des difficultés {1}.* ***Knüppel zwischen die Beine werfen.*** ♦ **Traîner la patte** *loc. Boiter {2}*: Depuis mon accident, je traîne la patte. *Seit meinem Unfall* ***hinke*** *ich.* ♦ **Etre court sur pattes** *loc. Avoir de petites jambes*, être bas du cul* *{3}*: Cette fille est courte sur patte. *Das Mädchen* ***hat kurze Beine.*** ♦ **Une deux-pattes** *expr. Une deux chevaux {3}. Eine* ***Ente.***

paumé *m./Adj. Inadapté, médiocre {1}*: C'est une paumée. *Das ist eine* ***Traumtänzerin.***

paumer *V.t. Perdre, égarer un objet {1}*: Elle a encore paumé sa clef. *Sie hat schon wieder ihren Schlüssel* ***verlegt.*** ♦ *Perdre de l'argent, par exemple au jeu {1}*: J'ai paumé cent mille balles. *Ich hab einen Tausender* ***draufgekloppt / durchgebracht.*** ♦ **(se)** *V.pr. Se perdre, s'égarer {1}*: Je me paume régulièrement. *Ich* ***verlaufe / verfahr' mich*** *ständig.*

pauvre *m./Adj. Pitoyable {1}*: Oh, mon pauv'lapin, tu t'es fait mal? *Oh mein* ***armes*** *Häschen, hast du dir weh getan?* / Eh toi, **pauv' con!** Tu conduis comme une andouille. *Eh du, du* ***armes Arschloch!*** *Du fährst wie der letzte Mensch.* ♦ **Pauvre de moi / de toi** *etc. expr. Pour exprimer de la pitié {2}*: Pauvre de moi, qu'est-ce qu'il m'est arrivé? ***Ich Ärmster,*** *was ist mir passiert?*

pavé *m. 10.000 Francs anciens [de moins en moins usité] {3}*: Ça vaut un pavé. *Das kostet* ***100*** *(neue)* ***Francs.*** ♦ **Clair comme un pavé dans la gueule d'un flic** *loc. C'est clair, c'est évident [slogan soixante-huitard] {3}*: ***Das ist doch sonnenklar.*** ♦ **Battre le pavé** *loc. Marcher sans but, errer dans les rues {1}.* ***Durch die Straßen laufen.*** ♦ **Etre sur le pavé** *loc. Etre dans la rue {1}.* ***Auf der Straße liegen.***

pavoiser *V.i. Manifester sa joie {2}*: **'Y a pas de quoi pavoiser.** ***Da gibt es nichts zu lachen.*** ♦ *De quoi être fier {2}.* ***Da gibt es nichts Vorzeigbares.*** ♦ *Dans la boxe: Avoir un œil tuméfié ou bien saigner, souvent du nez {3}*: Le boxeur vient de recevoir un crochet. Il pavoise. *Der Boxer hat einen Haken mitgekriegt. Er* ***blutet.***

payant *Adj. Pour: Qui rapporte {2}*: **C'est payant.** ***Das bringt was ein.*** / **C'est pas payant.** ***Das bringt nichts ein.***

paye *f.* → paie.

payer *V.t. Expier {3}*: J'ai payé deux ans, nous sommes quittes. *Ich habe mit zwei Jahren* ***bezahlt,*** *wir sind quitt.* ♦ **Ça paie** *loc. C'est drôle, c'est impayable {3}.* ***Das ist vielleicht lustig.*** ♦ *Rapporter, procurer un bénéfice {2}*: Un commerce, ça paie. *Ein Laden* ***bringt 'was ein.*** ♦ *Offrir {1}*: Tu me paies une glace? ***Gibst*** *du mir ein Eis* ***aus?*** ♦ **Payer les pots cassés** → pots. ♦ **(se)** *V.pr. S'offrir {1}*: Je vais me le payer. ***Den werd' ich mir vorknöpfen.*** ♦ *Loc. S'offrir {1}*: On **se paie** une petite bière? ***Trinken wir uns*** *ein Bierchen?* / Il s'est payé une nouvelle voiture. *Er hat* ***sich*** *ein neues Auto* ***gekauft.*** ♦ **S'en payer une tranche** *loc. S'amuser {2}.* ***Sich riesig amüsieren.*** ♦ **Se payer la tête de qn.** *loc. Se moquer de lui {2}. Jdn.* ***verhohnepiepeln.*** ♦ **Ne pas payer de mine** *loc. Ne pas avoir l'air {2}*: Méfie-toi, il ne paie pas de mine, mais il est très fort. *Sei vorsichtig, er* ***sieht nicht danach aus,*** *aber er ist sehr stark.* ♦ **Payer en monnaie de singe** *loc. Payer par de belles paroles {2}.* ***Mit warmen Worten bezahlen.***

peau *f.* **Peau de balle** *{2}* / **peau de zob** *{3}* / **la peau** *{2} expr. Rien*: J'ai bossé pour la peau. ♦ → balai, → balle. ♦ **Peau de...** *introd. d'une injure {1}*: **Peau d'hareng** *{1} expr. Personne autoritaire qui n'accepte aucun compromis {1}.* ***Autoritärer Knochen.*** / **Peau de fesse** *expr. Formule qui exprime un mépris particulier {2}.* ***Armes Arschloch.*** / **Peau de vache** *expr. Personne dure et très rigoureuse {1}.* ***Fieser Hund / Schleifer / Bastard.*** ♦ **Peau de banane!** *Interj.*

Attention au piège {1}. ***Vorsicht Falle!*** ♦ **Vieille peau** *expr. Femme âgée*, vieille taupe* {2}: C'est déjà une vieille peau maintenant. *Sie ist jetzt auch schon ein* ***alter Schraubendampfer.*** ♦ *Prostituée âgée {3}.* ***Altes Mädchen || alte Schraube.*** ♦ **Coûter la peau des fesses / du cul** *loc. Coûter très ou trop cher {1}.* ***Sündhaft teuer sein.*** ♦ **Faire peau neuve** *loc. Changer complètement de conduite ou de manière de vivre {2}*: Depuis qu'elle le connaît, elle fait peau neuve. *Seit sie ihn kennt,* ***ist sie wie ausgewechselt.*** / ***Partez à la mer! Faites peau neuve. Fahrt ans Meer! Tankt wieder auf!*** ♦ **Vouloir la peau de qn.** *loc. Vouloir le tuer {2}*: ***Jdm. ans Leder wollen.*** ♦ **Risquer sa peau** *loc. S'exposer à un danger {2}*: Il risque pas sa peau pour peau de balle. *Für nichts* ***riskiert*** *er nichts.* ♦ **Avoir qn. dans la peau** *loc. Etre amoureux de lui {2}*: Elle l'a dans la peau. *Sie ist* ***ihm verfallen / total verknallt in ihn.*** ♦ **Se mettre dans la peau de qn.** *loc. Se mettre à sa place, adopter son comportement {2}.* ***Sich in einen anderen versetzen.*** ♦ **Vendre cher sa peau** *loc. Se défendre aussi vigoureusement que possible {2}.* ***Seine Haut so teuer wie möglich verkaufen.*** ♦ **N'avoir que la peau et les os** *loc. Etre très maigre {2}.* ***Nur Haut und Knochen sein.*** ♦ **Avoir des peaux de saucisson / sauss' sur les yeux** *loc. Ne rien remarquer {2}.* ***Tomaten auf den Augen haben.***

pébroc *ou* **pébroque** *m. Parapluie {3}.* ***Schirm.***

pêche *f. Coup {2}*: Il lui a foutu une pêche en pleine poire. *Er hat ihm voll* ***eine*** *in die Schnauze gegeben.* ♦ **Avoir la pêche** *loc. Avoir la* frite*, *être en forme [jeune] {3}.* ***Top (drauf) sein.***

pêcher *V.t. Puiser, prendre, chercher {2}*: Où a-t-il pêché tout ça? *Wo hat er denn das alles* ***aufgegabelt?*** ♦ **Pêcher en eau trouble** *loc. Chercher à réaliser son avantage au frais d'un autre {2}.* ***Im Trüben fischen.***

pécnaud *m.* → péquenot.

pécore *m. Paysan [péjoratif] {3}.* ***Bauerntölpel.***

pédale *f. Homosexuel {1}*: Il est parti avec sa pédale. *Er ist mit seinem* ***Schwuli*** *ab.* / **Etre de la pédale** *loc. Appartenir au groupe des homosexuels {2}*: C'est le roi de la pédale. *Er ist* ***stockschwul.*** ♦ **Lâcher les pédales** *loc. Renoncer, abandonner {2}*: Lâche pas les pédales! ***Halt durch!*** ♦ **Perdre les pédales** *loc. Perdre la tête, s'affoler {1}*: A son âge, pas mal de gens commencent à perdre les pédales. *In ihrem Alter* ***sind*** *schon viele Leute* ***nicht mehr richtig da / klar (im Kopf).***

pédaler *V.i. Aller très vite, courir {2}*: Pédale pas comme ça! ***Wetz nicht so!*** ♦ **Pédaler dans la choucroute / semoule** *loc. Avancer avec difficulté {2}*: En anglais, il pédale dans la choucroute. *In Englisch* ***hängt er durch.*** [*En français branché* pédaler *tout court remplace* pédaler dans la choucroute*] ♦ **Pédaler dans l'huile** *ou* **dans le beurre** *loc. Avancer avec facilité {2}*: En allemand, par contre, il pédale dans le beurre. *In Deutsch dagegen* **läuft es** *(bei ihm)* ***wie geschmiert.***

pédé *m. Pédéraste {1}.* ***Homo.***

pédibus *Adv. A pied {3}*: On y va pédibus? *Gehen wir* ***per pedes?***

pédigrée *m. Casier judicier {3}*: Il a un de ces pédigrées. *Der hat eine* ***Latte von Vorstrafen.*** / Ça y est. J'ai son pédigrée. *Da ist es. Ich hab seine* ***Akte.***

pedzouille [pɛdzuj] *m. Paysan*, pécore* *{3}.* ***Dummer Bauer.*** ♦ *Sot {3}*: Ce gars-là n'est pas affranchi, un véritable pédzouille. *Der Typ ist wirklich nicht der hellste. Ein echter* **Depp.**

pègre *f. Le milieu des truands {1}.* ***Gesocks / Gesindel.***

peigner *V.t.* **Peigner la girafe** *loc. Exécuter un travail inutile {2}*: Faire ça ou peigner la girafe... *Das tun oder* ***für die Katz arbeiten...*** ♦ **Il se peigne avec une éponge** *loc. Se dit pour* il n'a plus de cheveux *{2}.* [*Etwa*] ***Er kann sich den Friseur sparen.***

peinard *Adj. Tranquille, sans peine {1}*: Avec cinq briques par mois, je serais peinard. *Mit fünfzig Mille im Monat* ***wär ich fein raus.***

peinardement *Adv. Tranquillement, sans souci {2}*: Il vit peinardement dans sa belle bicoque. *Er lebt in seinem schönen Haus* ***wie ein Pascha.***

peinture *f.* **Ne pouvoir voir qn. / qc. qu'en peinture** *loc. Éprouver une antipathie forte {2}.* ***Jdn. / Etwas zum Verrecken nicht sehen / ausstehen können.***

peinturlurer *V.t.* Barbouiller* *sans le goût des couleurs {3}*: L'enfant a peinturluré son livre. *Das Kind hat sein Buch* ***vollgeschmiert.*** / Mon Dieu, qu'elle est peinturlurée! *Mein Gott, ist sie* ***angetüncht / angemalt.***

pelé *m.* **Trois pelés et un tondu** *expr. Peu de monde et de peu d'intérêt {2}*: Il n'y avait pas un chat. Tout juste trois pelés et un tondu. *Da war kein Mensch,* ***nur ein paar uninteressante Typen.***

peler *V.i.* **Peler (de froid)** *loc. Avoir froid*, cailler* *{2}.* ***Schnattern (vor Kälte).*** ♦ **(se)** *V.pr.* **Se peler les fesses / les miches** *loc. Avoir très froid*, → cailler *{2}.* ***Sich den Arsch abfrieren.***

pelle *f.* **Ramasser une pelle** *loc. Faire une chute {2}*: Il a ramassé une pelle à bicyclette. *Er ist mit dem Fahrrad* ***hingeflogen.*** ♦ *Échouer {2}*: Le Racing a ramassé une pelle. *Racing-Paris hat* ***eine Abfuhr gekriegt.*** ♦ **Remuer l'argent à la pelle** *loc. Etre très riche*, → or. *{2}.* ***Im Gelde schwimmen / Geld schaufeln.*** ♦ **Rouler une pelle** *loc. Rouler un* patin* *{3}.* ***Knutschen*** [*Zungenschlag*]. ♦ **A la pelle** *expr.adv. En grande quantité {1}*: Il en achète à la pelle. *Das kauft er* ***haufenweise*** *ein.* / T'en trouves pas à la pelle. *Das findest du nicht* ***überall.***

pelotage *m. Caresse {1}:* **Pas de pelotages avant le mariage!** *Loc. Pour interdire des intimités {2}. [Etwa]* ***Keine Intimitäten vor der Ehe! / Finger weg!***

pelote *f. Fortune {3}:* Il **a fait sa pelote** en fourguant les vidéos pirates. *Er* ***hat sein Schäfchen*** *durch den Schwarzverkauf von Videos* ***ins Trock'ne gebracht. / Er hat sein Moos mit dem Schwarzverkauf von Videos gemacht .*** ♦ **Envoyer aux pelotes** *loc. Éconduire*, envoyer promener *ou* paître*, sur les roses* *{3}.* ***In die Wüste schicken.*** ♦ **Avoir les nerfs en pelote** *loc. Etre hypernerveux {2}.* ***Ein Nervenbündel sein.***

peloter *V.t. Caresser, palper {1}:* Elle n'aime pas prendre le métro parce qu'elle a peur de se faire peloter. *Sie fährt nicht gerne mit der Metro, weil sie Angst hat,* ***angepackt / betatscht*** *zu werden.* / Il adore peloter les femmes. *Er* ***tätschelt*** *unheimlich gerne Frauen.*

pelure *f. Individu sans envergure {3}.* ***Saftsack / Schlappmann / dumme Kuh.*** ♦ **Papier pelure** *expr.m. Papier avion, papier très fin et translucide {2}.* ***Durchschlag- / Luftpostpapier.***

pénard *Adj.* → **peinard.**

pencher *V.i.* **Pencher du côté où ça va/l'on va tomber** *loc. Exprime la fragilité d'un équilibre {3}.* ***Das fällt!*** / Attention à la télé, elle penche du côté où elle va tomber. *Paß auf, der Fernseher,* ***der fällt gleich****!*

pendouiller *V.i. Pendre mollement {2}:* Chez elle, ça pendouille. *Bei ihr* ***hängt*** *alles.* / La pancarte pendouille. *Das Schild* ***flattert rum.***

pendre *V.t.* **Ça lui pend au nez (comme un sifflet de deux ronds)** *loc. C'est un danger qui le menace {2}:* Si tu continues à ne pas travailler, tu vas redoubler. Ça te pend au nez. *Wenn du weiterhin nicht arbeitest, bleibst du sitzen.* ***Das bleibt nicht aus.***

pendu *m.* Avoir une veine de pendu *loc.* → cocu. ♦ → langue.

pénible *Adj. Difficile à supporter {1}:* Son père est pénible. *Ihr Vater ist* ***kaum zu genießen.***

penser *V.i.* **Penser bien** *loc. Etre «bien pensant», partager les opinions {2}:* Tu peux l'embaucher. Il pense bien. *Den kannst du* ***nehmen****, der* ***hat die richtige Einstellung / ist O.K.*** ♦ **Ce que je pense...** *loc. Ce qu'on n'ose dire [merde] {2}.* ***Im Stillen (denke ich)...*** ♦ **Marcher dans ce que je pense** *loc. Marcher dans la merde {3}.* ***Ins Glück treten.*** ♦ Si ça te plaît pas, **tu peux manger ce que je pense.** *Wenn dir das nicht gefällt,* ***friß doch, was du willst!*** *[Von mir aus: Scheiße.]* ♦ **Ne penser qu'à ça** *loc. Etre très porté sur le sujet {1}.* ***Nur an Thema 1 denken.*** ♦ **Où je pense** *loc. Pour éviter un mot qu'on ne veut pas dire {2}:* De temps en temps, il faut lui donner un coup de lattes où je pense. *Von Zeit zu Zeit muß man ihn mal* ***irgendwohin*** *treten.* ♦ **Tu penses! / Pensez-vous! / Penses-tu!** *loc. C'est peu probable [tandis que* tu parles* *exprime plutôt le doute] {1}:* Est-ce qu'il lui a donné un bon pourboire? – Penses-tu! *Hat er ihm ein dickes Trinkgeld gegeben? –* ***Du machst Witze!***

pente *f.* **Avoir la dalle en pente** *loc.* → dalle. ♦ **Remonter la pente** *loc. Aller mieux {2}:* Petit à petit, sa boîte remonte la pente. *Langsam* ***geht es*** *seiner Firma* ***besser.***

pépé *m. Grand-père ou ironiquement pour homme âgé {1}.* ***Opa.***

pépée *f. Femme, fille,* nénette* *qui se donne des airs de poupée {3}:* Regarde-moi cette pépée! *Guck dir diese* ***Puppe*** *an!*

pépère *m. Grand-père [terme d'affection] {1}:* Alors, pépère, comment ça va? *Na* ***Väterchen****, wie geht's?* ♦ *Adj. Tranquille {1}:* Il est pépère, maintenant. *Er* ***ist aus dem Schneider / fein raus.*** ♦ **Il a un boulot pépère.** ***Er schiebt eine ruhige Kugel.***

pépette *f. Femme ou fille quelconque ou terme général pour femme ou fille,* pépée* *{3}.* ***Käfer / Schnecke.*** ♦ *f.pl. Argent,* sous* *{2}:* Il est bourré de pépettes. *Der stinkt vor* ***Zaster.***

pépin *f. Accident, panne, désagrément, ennui {1}:* T'as eu des pépins? *Hast du* ***Malesse*** *gekriegt? /* Il a eu un pépin avec la voiture. *Er hatte* ***etwas*** *mit dem Wagen.* ♦ *Parapluie {2}:* Tu prends le pépin? *Nimmst du den* ***Schirm****?*

péquenot *ou* **péquenaud** *m. Paysan, rustre {2}:* Les péquenots réclament toujours du fric. *Die* ***Bauern*** *wollen immer Geld.*

perche *f.* **Tendre la perche** *loc. Inciter à exprimer qc. {2}:* Je voulais le savoir et donc je lui ai tendu la perche, mais rien, elle n'a pas lâché le morceau. *Ich wollte es wissen und habe* ***versucht, es aus ihr herauszukriegen*** */ es* ***ihr leichter zu machen****. Aber umsonst, sie hat dichtgehalten.* ♦ *Fournir une occasion de se tirer d'embarras {2}:* Je serais resté tout court, s'il m'avait pas tenu la perche. *Ich wäre steckengeblieben, wenn er mir nicht* ***Hilfe (stellung) gegeben*** *hätte.* ♦ **Une grande perche** *expr. Une femme grande et maigre {2}.* ***Eine Bohnenstange.***

percher *V.i. Habiter, loger,* crécher* *{2}:* Où tu perches? *Wo* ***wohnst*** *du?* / Il perche quelque part dans la banlieue. *Er* ***haust*** *irgendwo in der Vorstadt.*

perco *m. Percolateur {3}.* ***Kaffeeautomat*** *[im Restaurant].*

perdre *V.t.* **Elle l'a perdue** *loc. Elle a perdu sa virginité {3}.* ***Sie hat „sie" / „es" nicht mehr.***

père *m.* **Petit père** *expr. Terme d'affection qui peut désigner toute personne masculine {1}:* Alors, mon petit père, qu'est-ce qui se passe, hein? *Na,* ***mein Lieber****, was ist denn los?* ♦ **Père peinard** *expr. Qui ne se presse pas {2}:* C'est le père peinard. *Der* ***reißt sich kein Bein aus.*** ♦

Croire au père Noël → croire. ♦ **Le coup du père François** *expr. Attaque par-derrière avec étranglement* {3}: Il lui avait fait le coup du père François. *Er hat ihn* **von hinten stranguliert.** ♦ **Le père fouettard** *expr. Personnage légendaire muni d'un fouet et dont on menace parfois les enfants* {3}. **Knecht Ruprecht.**

périf *ou* **périph** *m. Boulevard Périphérique, à Paris*: {1}. **Pariser Ring.**

périscope *m.* **Faire coup de périscope** *m. Lancer un coup d'œil prudent* {3}. *Vorsichtig* **rundum äugeln.**

perle *f. Le meilleur dans sa catégorie* {1}: Ta bonne est une perle. *Dein Mädchen ist eine* **Perle.** ♦ *Prostituée spécialisée dans les rapports contre nature* {3}. *Ein* **Spezi.** ♦ **Relever des perles dans un devoir** *loc. Trouver des erreurs ridicules* {2}: Quand il corrige les copies de ses élèves, il se moque de leurs perles. *Wenn er die Arbeiten seiner Schüler korrigiert, amüsiert er sich über ihre* **Stilblüten.** ♦ **Enfiler des perles** *loc. Perdre son temps, s'ennuyer* {2}. **Seine Zeit (mit unnützer Arbeit) verplempern.** ♦ **Lâcher une perle** {1} *ou* **perlouze** {2} *loc. Péter.* **Einen Schirm stehenlassen.**

perme *f. Permission* {3}: Il a quitté la caserne sans perme. *Er hat die Kaserne ohne* **Urlaubsschein** *verlassen.*

Pérou *N.pr.m.* **Ce n'est pas le Pérou** *loc. Ce n'est pas une somme énorme* [*toujours à la forme négative*] {2}. **Das ist nicht die Welt.**

perpète *abrév. Perpétuelle*: **A perpète** *ou* **à perpette** *expr.adv. A vie, pour toujours* {2}: On l'a condamné à perpète. *Man hat ihm* **„lebenslänglich"** *aufgebrummt.*

pervenche *f.* **Contractuelle,** aubergine* [ce mot disparaît de plus en plus à la suite d'un changement d'uniforme] {2}: Cette garce de pervenche vient de me filer un p.v. Diese verdammte **Politesse hat mir doch einen Strafzettel verpaßt.**

pesé ♦ Tout bien pesé *loc. Tout bien calculé* {2}: Tout bien pesé, je vais accepter. **Nach reiflicher Überlegung** *stimm' ich zu.*

pet *m.* **Filer / glisser / partir comme un pet (sur une toile cirée)** *loc. Rapidement et discrètement* {1}. **Heimlich still und leise...** ♦ **Ça ne vaut pas un pet (de lapin).** *Loc. C'est absolument sans valeur* {1}. **Das ist absolut nichts wert / bringt absolut nichts.** ♦ **Avoir un pet de travers** *loc. Se sentir mal, être désagréable* {1}: **Der hat was. / Ihm sitzt was quer.** ♦ *Danger* {3}: 'Y a pas de pet. **Die Luft ist rein.**

Pétaouchnock [petauʃnɔk] *N.pr. Bourgade imaginaire et très loin de toute civilisation* {3}. **Hintertupfingen.**

pétard *m. Cul* {2}: Un gros pétard. *Ein dicker* **Arsch.** ♦ *Revolver* {2}. **Artillerie.** ♦ *Scandale, bruit* {3}: Une histoire qui fait du pétard. *Eine Geschichte, die* **Staub aufwirbelt / viel Wind macht.** ♦ **Etre en pétard** *loc. Etre brouillés* {2}: Ça fait des années qu'ils sont en pétard. *Die* **haben** *schon seit Jahren* **Stunk.** ♦ *Etre en colère* {2}: Il est en pétard. *Er* **ist auf Hundert.**

pétardier *m./Adj. Colérique* {3}. **Einer, der sofort in die Luft geht.**

pétasse *f. Femme* [*péjoratif*] {3}. **Schlampe.**

pété *Adj. Ivre* {3} {B}: Complètement pété. **Stockvoll.**

péter *V.t. Faire éclater, briser* {1}: Péter une porte. *Eine Tür* **einschlagen.** / Les soupapes ont pété. *Die Ventile sind* **durchgeknallt.** ♦ **Péter le feu** *loc. Déborder de dynamisme, d'ardeur* {1}. Il pète le feu. *Er* **ist voller Tatendrang.** ♦ **Péter de santé** *loc. Avoir l'air d'une santé robuste* {2}. **Vor Gesundheit strotzen.** ♦ **Péter plus haut que ses fesses / son cul / qu'il a le cul.** *Loc. Avoir des prétentions exagérées, se faire passer pour ce qu'on n'est pas, vivre au-dessus de ses moyens* {1}. **Stinkvornehm tun / sich für Graf Rotz halten.** ♦ **Péter dans la soie.** *Loc. Vivre dans le luxe* {2}. **In Samt und Seide gehen.** ♦ **Il faut que ça pète ou que ça dise pourquoi!** *Loc. Il faut tenter le tout pour le tout* {2}. **Jetzt geht's auf's Ganze!** ♦ **S'en faire péter la sous-ventrière** *loc. Manger trop et sans retenue* {2}: Dans ce resto, on risque de manger à s'en faire péter la sous-ventrière. *In diesem Lokal riskiert man,* **soviel zu fressen, bis man platzt.** / On a ri à s'en faire péter la sous-ventrière. *Wir haben gelacht,* **bis uns der Bauch weh tat.** ♦ **Faire péter les boutons de la braguette** *loc. Pour une femme, être désirable* {3}: Elle est sexy à te faire péter les boutons de la braguette. *Die ist so sexy, daß dir* **automatisch alle Knöpfe aufspringen.** ♦ **Faire péter le conomètre** *loc.* → conomètre. ♦ **(se)** *V.pr. Se casser* {2}: Il s'est pété la gueule. *Er ist* **(voll)** *auf die* **Fresse geflogen.**

pète-sec *m./Adj. Personne sèche et autoritaire* {2}: C'est un pète-sec. *Der ist* **knallhart und frei heraus** / ein **richtiger Feldwebel.**

péteux *m. Personne qui pète* {1}. **Furzer.** ♦ *Personne prétentieuse* {3}. **Ein Windmacher.** ♦ *Qui a peur* {2}. **Schisser.**

petiot *m. Petit, aussi pour enfant* {2}. **Winzling.**

petit *m./Adj. Pour indiquer la modestie* {1}: Cette année, la RFA a envoyé une toute petite équipe. *In diesem Jahr hat die Bundesrepublik nur eine* **bescheidene** *Mannschaft geschickt.* / On s'offre un petit rouge? *Trinken wir einen* **kleinen** *Roten?* / Où est ta petite? *Wo ist deine* **Kleine?** ♦ **Mener le petit au cirque** *loc. Faire l'amour* {3}. **Einen schieben.** ♦ **Faire des petits** *loc. Se reproduire* {2}: Les chats, ça fait des petits tous les ans. *Katzen* **kriegen** *alle Jahre* **Junge.** ♦ **S'ils font des petits, gardez-m'en un.** *Loc. Pour dire qu'un couple est particulièrement* *laid et/ou mal assorti {3}*. ***Die sind dermaßen schön, daß ich ein Bild von ihnen brauche.*** ♦ *Adv. Peu, avec un résultat modeste {1}*: Ça rapporte pas gros, plutôt petit. *Das bringt nicht viel ein, eher* ***wenig.*** / Il gagne petit. *Er verdient* ***nur ein paar Kröten.*** / Les vélo-moteurs, ça roule petit. *Mofas* **schleichen.** ♦ **Gagne-petit** *expr.m. Qui gagne petit {2}*. **Kleinverdiener.** ♦ *{1}*: Un petit rouge / un petit canon / une petite bière. *Eine* ***kleinen*** *Roten / ein Gläs****chen*** */ ein Bier****chen.*** ♦ *Pour exprimer le mépris {1}*: C'est un petit con. *Das ist ein* ***armes*** *Arschloch.* / C'est un petit rien du tout! *Das / der ist* ***überhaupt nichts.***

petit-lait *m.* **Boire du petit-lait** *loc. Éprouver une douce satisfaction, se montrer très content {2}*: Il multipliait ses louanges et moi je buvais du petit-lait. *Er lobte und lobte und* ***mir ging es runter wie Milch und Honig.***

pétoche *f. Peur, trouille* {2}*: Elle a la pétoche. *Sie hat* ***Schiß.***

pétocher *V.i. Avoir peur {3}*. ***Schiß haben.***

pétocheur *m. Qui a la* trouille* *{3}*. ***Schisser.***

pétoire *m. Moto {2}*. ***Maschine / Ofen / Feuerstuhl.*** ♦ *Revolver, à l'origine vieux fusil {3}*. ***Ballermann.***

pétouille *f. Peur,* pétoche* *{3}*. ***Schiß.***

pétrin *m.* **Etre dans le pétrin** *loc. Etre coincé {2}*. ***In der Klemme sitzen.***

pétrolette *f. Motocyclette de petite cylindrée {2}*. ***Moped.***

pétrus *m. Postérieur {3}*. ***Hintern.***

peu *Adv.* **Un peu** *Adv. Beaucoup, assez [litote] {1}*: C'est un peu bath. *Das ist ein* ***bißchen / echt*** *stark.* / Tu dis qu'il est bourré de fric. **Et pas qu'un peu!** *Du sagst, er stinkt vor Geld. –* ***Und (das) nicht wenig!*** / T'es crevé? – **Un peu, mon neveu!** *Bist du groggy?* ***Nicht gerade wenig!*** ♦ **C'est pas un peu fini...?** *Loc. C'est bientôt fini {2}*: C'est pas un peu fini, ces gueulantes? *Ist das* ***vielleicht bald zu Ende****, diese Schreierei?* / C'est pas un peu fini de gueuler comme un âne? ***Bist*** *du* ***bald*** *mit dem dämlichen Schreien* ***fertig?*** ♦ **Sous peu** *loc.adv. Bientôt {1}*: Je vous téléphone **(incessamment) sous peu**, (et peut-être avant). *Ich rufe Sie* ***demnächst*** *an.* ♦ **Un peu là** *expr.adv. Qui sort de l'ordinaire,* → là *{2}*: Un type un peu là... ***Schon*** *ein Typ...*

peuh! *Interj. Marque de scepticisme [expiration rapide et sonore] {2}*: Peuh! Ça me laisse totalement froid. ***Och,*** *das läßt mich völlig kalt.*

peur bleue *expr.f. Une peur extrême {1}*. ***Heidenangst.***

pèze *m. Argent {1}*: Il a **fusillé tout son pèze**. *Er hat* ***sein ganzes Moos verpulvert.***

pézette *ou* **pésette** *f. Sou, monnaie [plutôt au pluriel] {2}*: T'as pas quelques pézettes en trop? *Hast du nicht einige* ***Märker*** *zuviel?*

pharmaco *m. Pharmacien {2}*. ***Pillendreher.***

philo *f. Philosophie {1}*: Tu fais philo? *Machst du* ***Philo?***

PHS *abrév.m. Réunion «Pour Hommes Seulement» {3}*: ***„For Men Only".***

piaf *m. Oiseau, moineau {2}*: Un drôle de piaf. *Ein komischer* ***Vogel.*** / Le chat a bouffé un piaf. *Die Katze hat einen* ***Vogel*** *gefressen.* / [*Vgl. Edith Piaf – „Der* ***Spatz*** *von Paris".*]

piano *m. Denture {3}*: Il n'a plus de ratiches dans son piano. *Er* ***ißt auf dem Zahnfleisch.*** ♦ *Comptoir de café {3}*. **Tresen.** ♦ **Piano du pauvre / piano à bretelles** *expr. Accordéon {3}*. ***Schifferklavier.***

piaule *f. Chambre, pièce {2}*: Pendant les vacances, on avait une belle piaule. *In den Ferien hatten wir ein klasse* ***Zimmer.***

pic *m.* **A pic** *expr.adv. A propos {2}*: Cet argent arrive à pic. *Dieses Geld kommt* ***wie gerufen.*** / Ça **tombe à pic**. *Das* ***fällt goldrichtig.***

picaillon *m. Argent [plutôt au pluriel] {2}*. ***Moneten.*** / J'ai plus un picaillon. *Ich hab* ***keine müde Mark*** *mehr.* / Il me faut des picaillons. *Ich brauche* ***Flöhe.***

picoler *V.i. Boire plus que de raison {1}*: On a pas mal picolé hier. *Wir haben gestern ganz schön* ***einen gehoben.*** / Il picole. *Er* ***säuft.***

picoleur *m. Qui* picole* *{1}*: Vous me traitez de picoleur? *Sie schimpfen mich einen* ***Säufer?***

picouse *ou* **piquouse** *f. Piqûre {2}*: Le médecin va te faire une picouse. *Der Arzt macht dir einen kleinen* ***Piekser / gibt dir eine Spritze.*** ♦ *Shoot {2}*. ***Shoot / Ladung.***

picrate *m. Vin, à l'origine de mauvaise qualité {1}*: Tu apportes le picrate? *Bringst du (den)* ***Wein*** *mit?* / Tu bois de la bière ou du picrate? *Trinkst du Bier oder* ***Wein?***

picton *ou* **piqueton** *m. Vin {3}*. ***Wein.***

pie *f.* **Jaser comme une pie** *loc. Bavarder comme une pie qui «jacasse» {1}*. ***Reden wie ein Buch.***

pièce *f.* **Pièce de dix sous** *expr. Anus {3}*. ***Kupfermünze.*** ♦ **Ne pas être aux pièces** *loc. Ne pas être pressé {2}*. ***Nicht mit den Minuten in der Welt sein.*** ♦ **Mettre qn. en pièces** *loc. Le frapper très fort {3}*. ***Jdn. auseinandernehmen.*** ♦ **Jouer une pièce à qn.** *loc. Lui jouer un mauvais tour {2}*: Il nous a joué une pièce. *Er hat uns* ***etwas vorgemacht.***

pied *m.* **Avoir pied** *loc. Pouvoir, en touchant du pied le fond, avoir la tête hors de l'eau {1}*: T'as pied? ***Kannst du stehen?*** ♦ **Perdre pied** *loc. Ne plus avoir pied ou perdre le contrôle {1}*: Pour ne pas perdre pied, on doit absolument mettre au point un plan détaillé. *Um* ***auf dem Teppich zu bleiben / nicht den Boden unter den Füßen zu verlieren****, müssen wir einen detaillierten Plan entwerfen.* ♦ **Avoir bon pied bon œil** *loc. Etre en forme [se dit plutôt de personnes âgées] {3}*. ***(Noch) auf dem Posten sein.*** ♦ **Avoir les pieds nickelés** *loc.* → nickelé. ♦ **Avoir son pied** *loc.*

Avoir son content {2}: Il a son pied. *Er* ***hat sein Teil weg.*** ♦ **Avoir les pieds retournés** *loc. Etre paresseux* {3}. ***Die Arbeit nicht erfunden haben.*** ♦ **C'est le pied / c'est pied** *loc. C'est agréable, fantastique* {2}: Ce boulot, c'est le pied. *Diese Maloche* ***ist bombig.*** / Ce film, quel pied! *Dieser Film.* ***Einfach toll!*** ♦ **C'est bien fait pour tes pieds!** *Loc. C'est bien fait pour toi* {3}. ***Das geschieht dir recht!*** ♦ **Couper l'herbe sous le pied de qn.** *loc. Le ruiner* {2}. ***Jdm. das Wasser abgraben.*** ♦ → emmerder. ♦ **Faire le pied de grue** *loc. Attendre longuement* {2}: J'ai fait le pied de grue pendant deux heures. *Ich habe* ***mir zwei geschlagene Stunden lang die Beine in den Bauch gestanden.*** ♦ **Etre sur le pied de guerre avec qn.** *Etre brouillé avec qn.* {2}. ***Mit jdm. auf Kriegsfuß stehen.*** ♦ **Sur le pied de guerre** *expr.adv. Prêt à* {3}: A cinq heures du matin, on était sur le pied de guerre. *Um fünf Uhr morgens waren wir* ***startklar.*** ♦ **Faire du pied à qn.** *loc. Flirter en* faisant un appel* du pied {3}: Et pendant que mon mari parlait avec Michel, Marcel me faisait du pied. *Und während mein Mann mit Michel sprach,* ***füßelte*** *Marcel mit mir.* ♦ **Faire des pieds et des mains** *loc.* → faire. ♦ **Lever le pied** *loc. Disparaître avec la caisse* {2}: Le caissier a levé le pied. *Der Kassierer ist* ***mit der Kasse durchgebrannt.*** ♦ *Ralentir* {2}: Il y a un carrefour. Tu ferais mieux de lever le pied. *Da ist eine Kreuzung. Du solltest* ***den Fuß vom Gas nehmen.*** ♦ → marcher. ♦ **Mettre les pieds dans le plat** *loc.* → mettre. ♦ **Mettre les pieds dehors** *loc. Sortir* {1}: Par ce temps de chien, il est impossible de mettre les pieds dehors. *Bei diesem Sauwetter ist es unmöglich,* ***einen Schritt vor die Tür zu tun.*** ♦ **Mettre sur pied** *loc. Organiser, mettre en état* {1}: Il n'en a pas hérité, il a tout mis sur pied lui-même. *Er hat es nicht geerbt, er hat alles selber* ***aufgebaut / auf die Beine gestellt.*** ♦ **Mettre qn. au pied du mur** *loc. Le forcer à agir* {1}. ***Jdm. das Messer an die Kehle setzen / jdn. in die Enge treiben.*** ♦ **Ne pas se laisser marcher sur les pieds** *loc. Ne pas se laisser emberlificoter* {3}. ***Sich nichts gefallen lassen.*** ♦ **Ne pas se moucher du pied** {3} *ou* **du coude** *loc.* → moucher. ♦ **Ne pas savoir sur quel pied danser** *loc. Ne pas savoir prendre une décision, tergiverser* {2}: L'un tire à hue et l'autre à dia. Je ne sais plus sur quel pied danser. *Der eine sagt hü und der andere hott. Ich weiß* ***nicht aus noch ein / wem ich's recht machen soll.*** ♦ **Prendre son pied** *loc. Avoir un orgasme, jouir* {2}: Elle a pris son pied. *Sie* ***hob einfach ab.*** ♦ *Plus communément trouver plaisir à qc.* {2}: La neige était exactement comme il faut: on a pris notre pied. *Der Schnee war genau wie er sein sollte.* ***Es war riesig.*** ♦ **Ne plus y remettre les pieds** *loc. Ne plus y aller* {2}: Après ses réflexions à mon sujet, je n'y remettrai plus les pieds. *Nach dem, was er über mich gesagt hat,* ***geh'*** *ich* ***da nicht mehr hin.*** ♦ **Retomber sur ses pieds** *loc. Se tirer d'affaire sans subir un dommage* {2}: Il retombe toujours sur ses pieds. *Er* ***fällt*** *immer wieder* ***auf die Füße.*** ♦ **Sécher sur pied** *loc. Se morfondre* {3}. ***Vor Langeweile eingehen.*** ♦ → souhaiter. ♦ **S'être levé(e) du pied gauche** *loc. Etre de mauvaise humeur*, mauvais → poil {2}. ***Mit dem linken Fuß zuerst aufgestanden sein.*** ♦ **Trouver chaussure à son pied** *loc. Trouver une situation ou un partenaire qui convient* {2}: Tout le monde trouve chaussure à son pied. *Jeder* ***Topf findet seinen Deckel.*** ♦ **Vivre sur un grand pied** *loc. Vivre au-dessus de ses moyens* {2}. ***Auf großem Fuße leben.*** ♦ **Les pieds devant** *expr.adv. Mort* {2}: J'irais pas dans cet hosto. Ils sortent tous les pieds devant, là-dedans. *Ich ginge nicht in dieses Krankenhaus. Die da einmal reingehen,* ***kommen*** *erst* ***als Tote wieder raus.*** ♦ **Comme un pied** *expr.adv. De façon stupide* {1}: Ton frère conduit comme un pied. *Dein Bruder fährt* ***wie der letzte Mensch.*** / Il se débrouille comme un pied. *Er stellt sich an* ***wie der letzte Mensch.*** ♦ **pied de nez** *expr.* → nez. ♦ **Des pieds à la tête / de pied en cap/de la tête aux pieds** *loc. Entièrement en parlant des personnes* {2}: Elle s'est rhabillée de pied en cap. *Sie hat sich* ***vom Scheitel bis zur Sohle*** *neu eingekleidet.*

pied-noir *m. Français d'Algérie* {1}. ***Algerienfranzose / pied noir.***

piège *m.* **É-lec-tions / piège-à-cons!** *Slogan* {2}: *[Etwa]* ***Wäh-le-rei – Bau-ern-fän-gerei!*** ♦ *Prison* {3}. ***Bau.*** / **Etre au piège.** ***Im Bau sitzen.*** / **Etre dans le piège.** ***In der Falle sitzen.***

piéger *V.t. Surprendre par ruse* {2}: On n'a jamais pu le piéger. *Man hat ihn nie* ***erwischen*** *können.* / Je me suis fait piéger à 150 à l'heure. Ich bin mit 150 Kilometer ***erwischt worden.***

pierre *f.* **Faire d'une pierre deux coups** *loc. Réaliser deux avantages avec un seul effort* {2}. ***Zwei Fliegen mit einer Klappe schlagen.***

pierrot *m. Moineau* {1}. ***Spatz.***

piétonnière *f. Prostituée pedestre* [*par opposition à* → amazone *et* → siroteuse] {3}. ***Bordsteinschwalbe.***

pieu *m. Lit* {1}. ***Falle.*** / **Se mettre au pieu** *loc. Se coucher* {1}. ***Sich in die Falle hauen.***

pieuter *V.i. Coucher* {1}: Elle a pieuté avec tous les mecs du secteur. *Die hat schon mit allen* ***gepennt.*** ♦ **(se)** *V.pr. Se coucher* {1}: A quelle heure vous vous êtes pieutés? *Wann seit ihr* ***in die Falle gegangen****?*

pif *m. Nez* {1}. ***Knolle.*** ♦ **Agir au pif / au pifomètre** *loc. A vue de nez* {1}: ***Nach Gutdünken handeln.*** / Tu prends pas de mètre pliant? – Non, je fais ça au pif. *Nimmst du keinen Meter-*

stab? Nein, ich mach das **nach Augenmaß** / **mit Daumenpeilung.** ♦ **Se manger le pif** *loc.* {*3*} se → bouffer le nez.

pif paf! *Interj. Qui exprime un bruit sec* {*2*}: Pif paf! Deux gifles sonores. ***Klitsch klatsch!*** / ***Zack zack!*** *Zwei schallende Ohrfeigen.*

piffer *V.t.* **Ne pas pouvoir piffer qn.** *loc. Ne pas pouvoir le sentir,* blairer* {*2*}: Il ne peut pas la piffer. *Er* ***kann*** *sie* ***nicht verknusen.***

pige *f. An, année,* berge* {*1*}: Elle est pas mal pour quarante piges? *Sie ist nicht schlecht für vierzig* (**Lenze**)*?* / Il a passé vingt piges en taule. *Er hat zwanzig* ***Jahre*** *gebrummt.* ♦ **Etre payé à la pige** *loc. Se dit d'un journaliste qui est rémunéré pour chaque article* {*3*}: Qui est payé à la pige? – Le pauv' **pigiste**! *Wer wird* ***pro Artikel bezahlt****? Der* ***arme Schreiberling!*** ♦ **Faire la pige à qn.** *loc. Le dépasser, le surpasser* {*2*}: Pour ces travaux-là, il leur faisait la pige à tous. *Was diese Arbeiten anging,* ***steckte er sie alle in den Sack.***

pigeon *m. Dupe* {*2*}: Tu ne me prendrais pas pour un pigeon par hasard? *Du hältst mich nicht zufällig für einen* ***Depp****?*

pigeonner *V.t. Duper, tromper, escroquer* {*2*}: Ne te fais pas pigeonner. ***Laß dich nicht über's Ohr hauen.***

pigeonnier *m. Appartement modeste* {*3*}: Elle s'est retirée dans son pigeonnier. *Die hat sich in ihren* ***Taubenschlag*** *zurückgezogen.*

piger *V.t. Comprendre,* entraver* {*1*}: Tu piges? ***Kapiert?*** / Il ne pige rien à ce qu'on lui dit. *Der kapiert nichts von dem, was man ihm sagt.* ♦ *Regarder avec admiration* {*3*}: Pige-moi cette drôle de tronche. *Nun* ***guck*** *dir den 'mal an.* ♦ *Attraper* {*2*}: La petite a pigé la grippe. *Die Kleine hat* ***sich*** *die Grippe* ***eingefangen.***

pigiste *m.* → pige.

pignouf *m. Imbécile mal élevé* {*2*}: C'est qu'un pignouf. *Das ist ein* ***armer Trottel.*** / Ce pignouf bouffe comme un dégueulasse. *Der* ***Penner*** *frißt wie ein Schwein.*

pile *f.* **Prendre la pile** *loc. Etre vaincu* {*1*}: Le Bayern de Munich a pris la pile. *Bayern München hat eine* ***ordentliche Schlappe eingesteckt.*** ♦ *Adv. Juste* {*1*}: Il est quatre heures pile. *Er ist* ***Punkt*** *vier.* ♦ *Au bon moment* {*1*}: Ça tombe pile. *Das kommt* ***goldrichtig.***

piler *V.i. S'arrêter juste* {*2*}: Le bus a pilé sec pour éviter le gamin. *Der Bus hat* ***voll gebremst*** / ***eine Vollbremsung gemacht,*** *um den Jungen nicht zu überfahren.*

pilon *m. Pied ou jambe de bois* {*3*}: Il a un pilon. *Er hat einen* ***Stumpf.***

pilule *f. Contraceptif empêchant la fécondation* {*1*}. ***Pille.*** ♦ → avaler.

pinaillage *m. Action de* pinailler* *ou son résultat* {*2*}. ***Korinthenkackerei*** / ***Nörgelei.***

pinailler *V.i. Ergoter, s'arrêter à des vétilles, être minutieux avec excès* {*1*}: D'ordinaire, il pinaille sur la nourriture. *Im allgemeinen* ***nörgelt*** *er über's Essen.*

pinailleur *m. Qui* pinaille* {*1*}. ***Nörgelfritze.***

pinard *m. Vin* {*1*}: Un excellent pinard! *Ein ausgezeichneter* ***Wein.***

pinardier *m. Bateau-citerne transportant du vin* {*2*}. [*Etwa*] ***„Weintransportschiff".*** ♦ *Négociant de vin* [*dépréciatif*] {*2*}. ***Weinfritze.***

pince *f. Main* {*1*}: Les politiciens se sont serré la pince pour la télé. *Für's Fernsehen haben die Politiker* ***Shakehands*** *gemacht.* ♦ *Expr.adv. A pieds* {*2*}: On se tape le chemin **à pinces**? *Machen wir den ganzen Weg* ***per pedes?*** ♦ **Un chaud de la pince** *expr. Qui a toujours envie de faire l'amour,* pointe*, chaud* {*3*}. ***Ganz heißer Typ.***

pince-fesses *ou* **pince-cul** *expr.m. Bal, soirée dansante ou bien maison de tolérance* {*3*}. ***Bumslokal.***

pinceau *m. Pied* {*1*}. ***Quante.*** ♦ **Accroche-toi au pinceau!** *Loc. Exhortation plaisante au courage, à la bravoure* [*formule qui invite à l'association* j'enlève l'échelle] {*3*}: Attends, que je te raconte la dernière, et accroche-toi au pinceau! *Warte, ich muß dir das Neueste erzählen,* ***und jetzt hol' tief Luft*** / ***halt dich fest!***

pincée *f. Forte somme* {*3*}: Une sacrée pincée! *Ein* ***schönes Sümmchen!***

pincer *V.t. Prendre, se faire surprendre, arrêter* {*3*}: Le voleur s'est fait pincer. *Der Dieb hat sich* ***schnappen*** *lassen.* ♦ **En pincer pour qn.** [*ou, plus rare*] **pour qc.** *loc. Etre amoureux* {*2*}: J'en pince bougrement pour ce manteau. *Ich bin* ***ganz wild auf*** *diesen Mantel.*

pine *f. Membre viril* {*2*}. ***Riemen.*** / Il est revenu la pine sous le bras. *Er kam* ***mit eingezogenem Schwanz*** *zurück.*

piner *V.t. Posséder une femme* {*3*}: Tu l'as pinée? *Hast du sie* ***gepimpert****?*

pinocumettable *Adj. Désirable* [*quelques-uns ne font plus le moindre rapport avec les différents éléments de ce mot composé*] {*3*}: Une nana pinocumettable. ***Eine kesse Motte.*** / ***Scharf*** / ***Zum Anbeißen.***

pinter *V.t*/*V.i.* / **(se)** *V.pr. Boire beaucoup* {*3*}. ***Saufen.*** / Il pinte pas mal. *Er* ***säuft*** *nicht wenig.*

piocher *V.t. Travailler, étudier avec ardeur* {*2*}: Il doit piocher pour son exam. *Er muß für sein Examen* ***büffeln.***

pion *m. Surveillant à l'école* {*2*}. [*Die französischen Schulen beschäftigen* ***„pions"****, zumeist Studenten, die die Schüler während der „étude" oder der Pausen beaufsichtigen. In Internaten überwachen sie des weiteren die Nachtruhe.*] ♦ **Damer le pion** *loc. Déclasser qn.* {*3*}: Il n'a pas été reçu premier à l'examen, une fille lui a damé le pion. *Er bestand das Examen nicht als Bester. Ein Mädchen hat* ***ihm den Rang abgelaufen.***

pioncer *V.i. Dormir* {*1*}: J'ai pioncé un bon coup. *Ich hab'* ***eine Mütze voll Schlaf genommen.***

pipe *f. Cigarette* {*1*}: File-moi une pipe! *Schieb' mir mal ein* **Stäbchen**! ♦ *Loc. Fellation* {*2*}: Elle lui a **taillé une pipe**. *Sie hat ihm* ***einen geblasen.*** ♦ **Casser sa pipe** *loc. Mourir* {*2*}. ***Den Löffel abgeben.*** ♦ **Faire une pipe** *loc. Jouer une fausse note, en musique,* faire un couac* {*3*}. ***Eine falsche Note spielen.*** ♦ **Se fendre la pipe** *loc. Rire excessivement* {*2*}. ***Sich eirig lachen.*** ♦ **Par tête de pipe** *expr.adv. Tête, personne* {*2*}: Ça fait mille balles **par tête de pipe**. *Das macht tausend* ***pro Nase.*** ♦ **Porte-pipe** *expr.m. Bouche* {*2*}: T'as qc. au porte-pipe. *Du hast 'was am* ***Mund.*** ♦ **Nom d'une pipe!** *Interj. Pour marquer sa surprise ou simple juron familier* {*2*}: ***In drei Teufels Namen! / Junge, Junge!***

pipé *Adj. Truqué en parlant des dés ou des cartes* {*2*}. ***Gezinkt.***

pipeau *m.* **C'est du pipeau** *loc. C'est une blague,* c'est pas vrai* {*2*}: Sa théorie, c'est du pipeau. *Seine Theorie* ***ist*** (***reine***) ***Spinnerei*** / ***Stuß.***

pipelet *m. Concierge,* pibloque* {*3*}. ***Concierge.***

piper *V.t. Sentir,* blairer*, piffer* {*3*}: Elle ne peut pas le piper. *Sie kann ihn nicht* ***ausstehen.*** ♦ *Regarder avec admiration* {*3*}: Pipe-moi cette drôle de tronche! ***Guck'*** *dir bloß den* ***an!*** ♦ **Se faire piper** *loc. Se faire prendre* {*2*}. ***Sich linken lassen.*** ♦ **Ne pas piper (mot)** *loc. Ne rien dire* {*2*}: **Et tâche de ne pas piper (mot)!** ***Und daß ich dich nicht höre! / Kein Wort!***

pipeuse *f. Spécialiste de la fellation* {*3*}. ***Bläserin.***

pipi *m. Urine, d'abord en parlant d'enfants,* → pisser {*1*}: T'as fait pipi? *Hast du* ***Pipi*** *gemacht?* / J'**ai envie de faire pipi**. *Ich muß mal* (***pinkeln***). ♦ **La dame-pipi** *expr. Femme préposée aux toilettes* {*2*}. ***Klofrau.***

pipi-room [pipirum] *m. Cabinet d'aisance* {*3*}. ***Toiletten / Pinkelatorium.***

Pipo *N.pr. École Polytechnique* {*3*}. *Grande École. Hochschule für Ingenieurwesen.* ♦ *Élève de cette école* {*3*}. *Kandidat der Ecole Polytechnique.*

pique *f.* **Chatouiller** {*3*} / **taquiner** {*2*} / **faire valser** {*3*} **la dame de pique** *loc. Jouer aux cartes.* ***Karten kloppen.***

piqué *Adj. Fou* {*2*}: Il est piqué. *Er ist* ***vom wilden Mann gebissen.*** ♦ **Ce n'est pas piqué des hannetons / des vers** *loc.* → hanneton.

pique-assiette *m./Adj. Qui adore manger dans les assiettes des voisins* {*3*}: Elle est pique-assiette. *Sie* ***ißt ständig von fremden Tellern.*** / Cesse d'être pique-assiette. Je préfère boire ma bière moi-même. *Hör auf,* ***aus anderer Leute Gläser(n) zu trinken. Ich trink mein Bier lieber selbst.*** ♦ *Personne qui s'invite de préférence à l'heure des repas* {*3*}: Elle est pique-assiette. *Sie* ***kommt immer „zufällig" zur Essenszeit.***

piquer *V.t. Percer* {*2*}: Les loubards ont piqué les pneus. *Die Rocker haben die Reifen* ***zerstochen.*** ♦ *Donner un coup de couteau* {*3*}: Ensuite il a piqué. *Dann hat er* ***zugestochen.*** ♦ *Voler* {*1*}: Ils t'ont piqué combien? *Wieviel haben sie dir* ***geklaut?*** ♦ *Ramasser* {*2*}: Piquer des clopes. *Stumpen* ***sammeln.*** ♦ *Prendre, arrêter, appréhender* {*1*}. ***Erwischen.*** / Où tu l'as piqué? *Wo hast du es genommen?* ♦ **Piquer une crise** *loc. Se mettre en colère* {*1*}: Attention! Elle va encore piquer une crise. *Vorsicht! Jetzt* ***kriegt sie wieder einen Anfall.*** ♦ **Piquer le coup de bambou** *loc. Avoir une insolation* {*2*}: Après trois heures en plein soleil, il a piqué le coup de bambou. *Drei Stunden in der prallen Sonne und er hat* ***einen Sonnenstich gekriegt.*** ♦ **Piquer un fard / soleil** *loc.* → fard, → soleil. ♦ **Piquer un roupillon** *loc. Dormir* {*3*}. ***Eine Mütze voll Schlaf nehmen.*** ♦ **Piquer une tête** *loc. Plonger tête en avant* {*1*}. *Einen* ***Kopfsprung / Köpper machen.*** ♦ → nez. ♦ **(se)** *V.pr. Se droguer, se* shooter {*1*}. ***An der Nadel hängen/drücken.*** ♦ **Se piquer le nez** *loc.* → nez. ♦ *S'offrir qc.* {*2*}: On se pique un petit rouge. ***Leisten wir uns ein Gläschen Rotwein?***

piqueton *m.* → picton.

piquette *f. Vin de mauvaise qualité,* pisse d'âne* {*1*}: A la cantine, il n'y a que de la piquette. *In der Kantine gibt es nur* ***Schlabberwein.*** ♦ **Ramasser une piquette** *loc. Se faire battre complètement au jeu,* → carton {*2*}: Le Racing Club de Paris a ramassé une piquette. *Racing Paris hat* ***eine Schlappe erlitten.***

pis [pi] *Adv. Puis* {*1*}. ***Dann.*** / Et pis, il est parti. *Und* ***dann*** *ist er weg.*

pissat *m. Boisson qui fait penser à l'urine* {*3*}: Imbuvable! Du vrai pissat. *Untrinkbar! Die reinste* ***Schiffe.***

pisse *f. Urine* {*2*}. ***Pisse/Schiffe.*** ♦ **Chaude-pisse** → chaude-lance.

pisse-d'âne *expr.f. Boisson de mauvais goût* {*2*}: C'est de la pisse d'âne, ta bière. *Dein Bier ist* ***Aufwischwasser*** / *die reinste* ***Schiffe.*** / Cette bière-ci, **c'est pas de la pisse d'âne**. *Dieses Bier hier, da* ***ist was hinter.***

pisse-froid *m. Individu à l'humour glacial dont la présence éteint toute gaieté* {*1*}. ***Miesmacher / Einer, der vor hundert Jahren zum letzten Mal gelacht hat.***

pisse-vinaigre *m. Journaliste médisant* {*3*}. ***Sensationsjournalist / Skandalkleckser.*** ♦ *Personne ennuyeuse ou avare* {*2*}. ***Beschissener Typ.***

pissée *f.* **Une bonne pissée** *expr. Qui exprime le soulagement et un certain aspect de quantité* {*3*}: Une bonne pissée, ça fait du bien quand même. ***Anständig pinkeln*** *tut aber gut!*

pissenlits *m.pl.* **Bouffer les pissenlits par la racine** *loc. Etre mort* {*1*}. ***Sich die Radieschen von unten ansehen.***

pisser *V.t. Uriner {1}*: J'ai envie de pisser. *Ich muß mal* **pinkeln.** ♦ **Pisser sa copie** *loc. Terminer un article {3}*: T'as pissé ta copie? *Hast du deinen Artikel* **ausgewürgt?** ♦ **Pisser un coup** *loc. Aller aux toilettes {1}.* **Pinkeln.** ♦ **Pisser des lames de rasoir** *loc. Etre atteint de blennorragie {1}.* **Einen Tripper haben.** ♦ **Pisser le sang** *loc. Saigner très fort {3}.* **Bluten wie ein Schwein.** ♦ **Pisser dans son froc** *loc. Se mouiller {2}.* **In die Hose pinkeln.** ♦ **En pisser dans son froc** *loc. Rire beaucoup {1}*: On en a pissé dans not' froc. **Wir haben uns vor Lachen in die Hosen gemacht.** ♦ **Pisser sa côtelette / des os** *loc. Accoucher {3}.* **Werfen.** ♦ **Pisser au cul / à la raie de qn.** *loc. Montrer un mépris total pour qn.* (*2*: Ils te pissent au cul. **Die kannst du am Arsch lecken.** ♦ **Ça pisse pas loin** *loc. C'est sans intérêt {3}. Das ist* **scheißegal.** ♦ **Il pleut comme vache qui pisse** *loc. Il pleut à verse {1}.* **Es plästert wie verrückt.** ♦ **C'est comme si on pissait dans un violon** *loc. Se dit d'une action, d'une démarche complètement inutile {2}.* Quand je parle, c'est comme si je pissais dans un violon. *Wenn ich spreche,* **ist das für die Katz.** ♦ **Envoyer pisser qn.** *loc. Envoyer paître* {2}.* **Jdn. in den Wind schießen.** ♦ **Laisser pisser** *loc. Ne plus s'en occuper {1}*, → merinos: Laisse pisser! **Scheiß doch drauf!** ♦ **Ça nous / les a pris comme une envie de pisser** *loc. Subitement {3}*: Pour acheter la voiture, ils ne se sont pas posé trop de questions. Ça les a pris comme une envie de pisser. *Als sie sich das Auto kauften, haben sie nicht lange hin- und herüberlegt. sondern* **einfach zugegriffen.** / D'un coup il a fermé sa boîte. Ça lui a pris comme une envie de pisser. *Auf einmal hat er seine Firma dicht gemacht,* **Hals über Kopf / urplötzlich.**

pisseuse *{2} ou* **pissouse** *{3} f. Fillette.* **Pipimädchen.** ♦ **Pisseuse de côtelettes** *m. Femme féconde {3}.* **Gebärmaschine.**

pissoir *m. Urinoir, vespasienne {1}.* **Pinkelatorium.**

pistard *m. Cycliste sur la piste [sport] {3}.* **Bahn (rad)fahrer.**

piste *f. Scène {3}*: Regardez Mireille, ce très beau modèle sur la piste. *Sehen sie nur Mireille, dieses wirklich schöne Modell auf der* **Bühne.** ♦ **Cédez la piste!** *Loc. Dégagez {2}.* **Bahn frei!** ♦ **Etre sur sa piste** *loc. Trace {2}*: La police est sur sa piste. *Die Polizei* **ist ihm auf der Spur .** ♦ **Etre sur la piste** *loc. Etre en route {2}*: En pleine campagne électorale, le candidat était, aujourd'hui aussi, sur la piste. *Mitten im Wahlkampf war der Kandidat auch heute* **unterwegs.** ♦ **Etre en piste** *loc. Etre en train d'être travaillé {2}*: Le candidat est en piste. *Der Kandidat wird gerade* **bearbeitet.** ♦ **Tirer une piste** *loc. Faire la fête, aller en boîte {3}.* **Einen Lokalbummel machen.**

pisteur *m. Rabatteur de clients pour une boîte de nuit {3}.* **Schlepper.**

pistolet *m. Individu bizarre ou douteux {3}*: Un drôle de pistolet. *Ein* **seltsamer Zeitgenosse.**

Piston *m. École Centrale des Arts et Manufactures [étudiants] {3}.*

piston *m. Recommandation, protection {2}*: Ça ne **marche qu'à coups de piston** là-bas. *Das* **geht da nur mit Beziehungen.** ♦ *Capitaine dans l'armée {3}*: **Hauptmann / Käpten.**

pistonner *V.t. Protéger {1}*: Pour faire carrière, il vaut mieux se faire pistonner. *Um Karriere zu machen, ist es besser,* **Beziehungen für sich spielen zu lassen.** / Son pote l'avait pistonné pour ce poste. *Sein Kumpel hatte* **ihn dahineinprotegiert / ihm den Weg dahin geebnet.**

pitaine *m. Capitaine dans l'armée,* piston* *{2}.* **Hauptmann / Käpten.**

placard *m. Prison {3}*: On l'a mis au placard pour deux ans. *Man hat ihn für zwei Jahre* **eingelocht/aus dem Verkehr gezogen.** ♦ *Endroit qui met qn. hors du circuit et qui l'empêche de progresser {3}.* Pauvre Dupont, ce poste est une **mise au placard.** *Armer Dupont, der Job ist ein* **Abstellgleis.** ♦ **Chacun a un cadavre dans le placard** *loc. Chacun a lieu de cacher qc. {2}.* **Jeder hat Dreck am Stecken.**

plafond *m. Crâne {1}*: Il n'a rien dans le plafond. *Der hat nichts im* **Oberstübchen.** ♦ **Avoir une araignée dans le plafond** *loc. Etre fou,* débloquer* *{1}.* **Nicht alle Tassen im Schrank haben.** ♦ **Etre bas de plafond** *loc. Etre stupide {3}.* **Nichts auf dem Kasten haben.** ♦ *Météo pour* nuages *{3}*: **Le plafond est bas.** *Die* **Wolken hängen tief.** ♦ **Se faire sauter le plafond** *loc. Se suicider {2}.* **Sich eine Kugel in den Kopf jagen.**

plafonnard *m. Crâne,* plafond* *{3}.* **Oberstübchen / Kasten.**

plaire *V.i.* **Avoir tout pour plaire** *loc. Avoir tout pour déplaire [antiphrase ironique] {2}*: Un véritable salaud. Il a tout pour plaire. *Ein richtiger Drecksack.* **Der gefällt einem auf Anhieb.**

plan *m.* **Laisser en plan** *loc. Laisser qn. sur place, sans s'en occuper {1}*: Il nous a laissés en plan. *Er hat* **uns im Regen stehen lassen.** / Il a laissé son devoir en plan pour aller jouer. *Er hat seine Hausaufgaben* **liegenlassen,** *um spielen zu gehen.* ♦ **Se faire un plan** *loc. Avoir l'intention [jeune] {2}*: Il veut pas aller au restaurant, il se fait un plan ciné. *Er geht nicht essen, er* **ist auf dem Kinotrip.** ♦ **Tirer son plan** *loc. Se débrouiller [belgicisme] {3}. Etwas* **hindeichseln.**

planche *f. Interrogation, souvent au tableau [étudiants] {1}*: Faire une bonne planche. **Eine Aufgabe gut machen / stellen.** ♦ **Avoir du pain sur la planche** *loc.* → pain. ♦ **Faire la planche** *loc. Nager sans faire de mouvements en restant sur le dos {1}*: **Toter Mann machen.** ♦ **Planche à pain**

{*2*} / **planche à repasser** {*3*} *expr.f. Femme aux formes peu saillantes.* ***Brett.*** ♦ → pourri.

plancher *m.* **Aller au plancher** *loc. Toucher le sol en parlant boxe* {*2*}. ***Zu Boden gehen.*** ♦ **Débarrasser le plancher** *loc. Etre forcé de quitter un lieu* {*1*}: La salle est à vous maintenant, je vais débarrasser le plancher. *Der Saal gehört jetzt Ihnen, ich werde* ***das Feld räumen.*** ♦ **Rouler (pied) au plancher** *loc. Appuyer à fond sur la pédale de l'accélérateur* {*2*}: On ne peut pas aller plus vite. Nous roulons déjà pied au plancher. *Schneller geht's nicht. Wir* ***fahren*** *schon* ***Bleifuß.*** ♦ **Plancher des vaches** *expr. Chez les marins et les aviateurs*: la terre ferme {*3*}: Nous voilà sur le plancher des vaches. *Jetzt haben wir wieder* ***festen Boden unter den Füßen.***

plancher *V.i. Subir une interrogation , faire un exposé* [*seulement en parlant de l'école*] {*3*}. Pierre est en train de plancher. Pierre ***wird gerade geprüft .*** // Je suis en train de plancher sur mon rapport mensuel. *Ich bin gerade* ***mit meinem Monatsbericht beschäftigt*** / ***in meinen Monatsbericht vertieft.***

planer *V.i. Etre sous l'effet de la drogue, être inconscient de ses actes, rêvasser* {*2*}: Tiens-moi! Je plane. *Halt mich fest, mir ist* ***schwummrig.*** ♦ **Ça plane!** *Loc. Tout va très bien* {*3*}. ***Alles läuft prima!*** ♦ **Planer à trois mille mètres** *loc. Ne pas avoir le sens des réalités* {*1*}. ***In Wolkenkukkucksheim wohnen.***

planque {*1*} / **planquouse** {*3*} *f. Cachette*: Je connais une bonne planque. *Ich kenne ein gutes* ***Versteck.*** ♦ *Place où l'on est à l'abri de tous les soucis* {*1*}. ***Ruhiges Plätzchen.*** ♦ *Loc. Travail qui n'exige pas trop d'efforts* {*1*}: Son boulot, **c'est la planque**. *Mit seiner Arbeit* ***schiebt*** *er* ***eine ruhige Kugel.*** ♦ **Faire la planque** *loc. Surveiller un lieu suspect* {*1*}: Les poulets font la planque devant ce resto. *Die Bullen* ***überwachen*** *diese Kneipe.* / Il **est en planque**. *Er* ***ist auf Posten.***

planquer *V.t. Cacher, mettre en réserve, mettre à l'abri* {*1*}: Il a planqué son argent à l'étranger. *Er hat sein Geld ins Ausland* ***gebracht.*** / Où as-tu planqué le vin? *Wo hast du den Wein* ***versteckt?*** ♦ **(se)** *V.pr. Se cacher* {*1*}: Il s'est planqué quelque part en Amérique latine. *Er* ***ist*** *irgendwo in Südamerika* ***untergetaucht.***

planter *V.t.* **Planter un drapeau** *loc. Dans un restaurant partir sans payer* {*1*}. *Die* ***Zeche prellen.*** ♦ **Planter son drapeau** *loc. Faire l'amour à une femme* {*3*}: Il lui a planté son drapeau. *Er hat* ***ihr einen 'reingetan.*** ♦ *Abandonner qn.* {*2*}: Il a planté sa femme. *Er hat seine Frau* ***im Stich gelassen.*** ♦ **(se)** *V.pr. Sortir de la route par accident*, valser dans les décors* {*1*}: Il s'est planté dans le fossé. *Er ist im Graben* ***gelandet.*** ♦ *Avoir un trou de mémoire* {*1*}: Je savais mon texte par coeur, mais ensuite, je me suis plantée quand même. *Ich kannte meinen Text auswendig. Aber dann bin ich trotzdem* ***steckengeblieben.*** ♦ *Se tromper* {*1*} {*B*}: On s'est planté dans le piège bille en tête. *Wir sind Hals über Kopf* ***in die Falle getappt.***

plaque *f.* **Etre à côté de la plaque** *loc. Etre à côté du sujet* {*2*}. *Das* ***Thema verfehlen.*** / ***Daneben liegen.***

plaquer *V.t. Abandonner* {*1*}: Elle s'est fait plaquer. *Man hat sie* ***sitzenlassen.*** / On avait envie de **tout plaquer**. *Man hatte Lust,* ***alles hinzuschmeißen.***

plat *m./Adj.* **En faire (tout) un plat** *loc. Donner trop d'importance* {*1*}: Il faut pas que je rentre trop tard. Sinon elle va en faire tout un plat. *Ich darf nicht zu spät nach Hause kommen. Sonst* ***macht sie ein Riesentheater daraus.*** ♦ **Faire du plat** *loc. Faire la cour, flatter* {*2*}: Ah bon, il te fait du plat. *Ach so, er* ***bezirzt dich.*** ♦ **Etre à plat** *loc. Sans énergie, épuisé* {*1*}: J'suis complètement à plat. ***Ich bin total erschossen.*** ♦ **Mettre à plat** *loc. Déprimer* {*1*}: Ça l'a mis à plat. *Das hat ihn* ***umgehauen.*** ♦ *Pour un projet ou un concept*: *Étudier sous tous les angles* {*3*}: On va mettre ton projet à plat. *Wir werden deinen Plan* ***auf Herz und Nieren prüfen.*** ♦ **Mettre les petits plats dans les grands** *loc. Se donner du mal pour servir un repas de qualité à ses invités* {*2*}: Mon patron vient dîner demain, va falloir qu'on mette les petits plats dans les grands. *Mein Chef kommt morgen zum Abendessen. Da müssen wir* ***etwas Anständiges auf den Tisch bringen.*** ♦ **Mettre les pieds dans le plat** *loc.* → mettre. ♦ **Se mettre / être à plat ventre devant qn.** *loc. Se montrer très servile* {*2*}. ***Vor jdm. kriechen*** / ***buckeln.*** ♦ **Courir à plat ventre** *loc. Courir le plus vite possible* {*3*}. ***Wetzen.*** ♦ **Plate comme une limande** {*2*} / **sole** {*3*} / **planche à pain** {*2*} *expr.adv. Pour une femme qui a des seins peu développés,* → planche, → œufs {*2*}. ***(Platt) wie eine Flunder.***

platane *m.* **Embrasser un platane** *loc. Rentrer dans un arbre* → embrasser.

plates-bandes *f.pl.* **Marcher sur** {*3*} *ou bien* **piétiner les plates-bandes** {*2*} *loc. Empiéter sur les attributions, le domaine de qn.*: Ne piétine pas mes plates-bandes. ***Laß deine Nase aus meinen Angelegenheiten.***

plat-ventre *m. Plongeon raté, sur le ventre* {*3*}. ***Bauchflatscher.***

plein *Adj. Ivre* {*1*}: Il était déjà plein avant la fin du banquet. *Er war schon* ***voll,*** *noch ehe das Bankett zu Ende war.* ♦ **Etre plein comme un boudin** {*2*} / **une bourrique** {*2*} / **une huître** {*3*} / **un œuf** {*3*} *loc. Etre totalement ivre.* ***Voll sein wie ein Reiher*** / ***den Kanal voll haben.*** ♦ **Etre plein aux as** *loc. Riche* {*1*}: Il est plein aux as. *Er* ***stinkt vor Geld.*** ♦ **En avoir plein la bouche de**

qn. *ou* **de qc.** *loc. En parler sans arrêt* {2}: Depuis l'année dernière, il en a plein la bouche de ce projet-là. *Seit letztem Jahr* **redet** *er* **nur noch von** *diesem Projekt.* ♦ **En avoir plein les bottes** *loc. Etre fatigué* {1}. **Groggy sein.** ♦ **En avoir plein le dos** {1} / **le cul** {2} *loc. En avoir assez,* ras-le-bol*. **Die Schnauze (gestrichen) voll haben.** ♦ **En mettre plein la vue à qn.** *loc. Impressionner, éblouir,* → vue {2}: Il nous en a mis plein la vue avec ses histoires. *Er hat* **uns** *mit seinen Geschichten* **geblendet** / **Sand in die Augen gestreut**. ♦ **A pleins tubes** *expr.adv. Avec le maximum de puissance* {1}: La radio gueule à pleins tubes. *Das Radio spielt* **aus vollem Rohr.** / Il fonce à pleins tubes. *Er* **fährt volles Rohr**. / Elle déconne à pleins tubes. *Die spinnt* **aus vollem Rohr.** ♦ **Plein pot** *loc.adv.* → pot. ♦ **Tout plein** *expr.adv. Extrêmement* [*après* beau *ou* mignon] {2}: Le bébé est mignon tout plein. *Das Baby ist* **einfach** *süß.*

pleurer *V.i.* **Pleurer (pour avoir qc.)** *loc. Réclamer* {2}: Donne-le-lui, ou il va encore pleurer. *Gib es ihm,* **oder er flennt wieder.** / Ils sont encore en train de pleurer pour avoir des subventions. *Die* **schreien** *gerade mal* **wieder** *nach Subventionen.* ♦ **Etre bête à (en) pleurer** *loc. Etre très sot* {2}. **Zum Schreien dämlich sein.** ♦ **Pleurer dans le gilet / dans le giron de qn.** *loc. Se pleindre auprès de qn.* {1}. **Sich bei jdm. ausheulen.**

pleurs *m.pl.* **Le bureau des pleurs** *expr. Service des réclamations* {2}. **Beschwerdestelle / „Kummerkammer".**

pleuvoir *V.i. Le verbe exprime qu'on trouve une musique, un chant ou un air totalement insupportable* {1}: Si tu continues à chanter, il va pleuvoir. *Wenn du weiter singst,* **wird die Milch sauer.** ♦ **Pleuvoir des cordes** *loc. Très fort* {1}. **Es regnet Bindfäden.** / **Il pleut comme vache qui pisse** {1}. **Es regnet Bausteine.** / **Il pleut à seaux** {2}. *Es regnet* **eimerweise.** / **Il pleut / tombe des hallebardes** *loc.* {2}. *Es* **plästert wie verrückt**.

pli *m.* **Ça (ne) fait pas un pli**. *Loc. C'est clair, c'est net* {2}. **Das ist sonnenklar.** / Si tu prends ce virage-là à 120, ça fait pas un pli. *Wenn du die Kurve da mit 120 nimmst,* **bist du reif.** / Tu feras comme on t'a dit. Ça ne fera pas un pli. *Du tust es, wie wir gesagt haben. Das wird* **klappen wie geschmiert.** ♦ **Prendre le pli** *loc. Prendre l'habitude de faire le bien ou le mal* {2}: Les enfants prennent aisément de mauvais plis. *Kinder* **nehmen** *schnell* **schlechte Gewohnheiten an.** / Elle avait pris le pli de venir chez moi pour téléphoner. *Sie hatte* **sich angewöhnt**, *bei mir telephonieren zu kommen.*

plier *V.t.* **Ça me plie!** *Loc. Cela m'amuse, me fait rire* {2}. **Ich könnte mich eiern.** ♦ **Etre plié(e) en deux** *loc. Même sens* {1}: Quand il m'a raconté ça, j'étais pliée en deux. *Als er mir das erzählte,* **konnte** *ich* **nicht mehr (vor Lachen).**

plombard *m. Plombier* {3}. **Klempner**.

plombe *f. Durée d'une heure* {2}: Ça a duré trois plombes. *Das hat drei* **geschlagene Stunden** *gedauert.* ♦ *Loc. Heure* {2}: Il est cinq **plombes et** vingt **broquilles**. *Es ist zwanzig nach fünf.*

plombier *m.* **C'est le plombier!** *Loc. Réponse à la question* qui c'est? {3} [*dans un sketch célèbre*]: Qui c'est? – C'est le plombier! – Ah, c'est toi! *Wer ist da?* – **Der Klempner!** - *Ach, du bist's!*

plonge *f.* **Faire la plonge** *loc. Laver la vaisselle* {1}: On fait la plonge? *Sollen wir* **spülen**?

plongeon *m.* **Faire le plongeon** *loc. Faire faillite, subir une grosse perte d'argent* {2}. **Bruch bauen / Pleite machen.**

plonger *V.i. Etre incarcéré* {3}: Son mari a plongé à nouveau. *Ihr Mann* **sitzt wieder**. ♦ *Faire faillite* {3}: Il a plongé avec cent mille balles. *Er ist mit 100.000 Eier* **unter Wasser gegangen.**

plongeur *m. Laveur de vaisselle dans un restaurant* {2}. **Tellerwäscher.**

plouc *m. Paysan ou individu dont les moeurs laissent à désirer* {1}: Ne mange pas comme un dégueulasse. On n'est pas **chez les ploucs**. *Iß anständig. Wir sind hier nicht* **bei Hempels.** / Mets pas cette chemise! T'as l'air d'un plouc. *Zieh nicht dieses Hemd an. Du sieht wie ein* **Prolet** *aus.* / **Plouquesse** *f. La forme féminine est beaucoup plus rare* {3}. **Proletenweib / Bauerntrampel**. / Lui et sa grosse plouquesse. *Der und sein dicker* **Trampel.**

plouf! *Interj. Onomatopée exprimant le bruit que fait un objet tombant dans un liquide* {1}. **Platsch!**

plouquesse *f.* → plouc.

plumard *m. Lit* {1}. **Falle.**

plume *f. Cheveu* {2}: Pépé n'a plus de plumes. *Opa hat kein* **Haar** *mehr auf der Platte.* ♦ **Y laisser des plumes** *loc. Perdre de l'argent* {2}: La boîte y a laissé pas mal de plumes. *Da hat die Firma* **schwer Federn gelassen.** ♦ **Craindre pour ses plumes** *loc. Craindre pour sa vie ou existence* {2}. **Um sein Leben fürchten.** ♦ **Voler dans les plumes de qn.** *loc. L'attaquer brusquement* {2}: Et alors, dès qu'il a aperçu le mec, il lui a volé dans les plumes. *Und dann, sobald er den Typ sah,* **schlug er auf ihn ein / ist er ihm ans Leder.**

plumeau *m.* **Envoyer chez plumeau / plumepatte** *loc. Éconduire* {3}. *Jdn.* **zum Teufel schicken.**

plumer *V.t. Escroquer, dépouiller* [*surtout au jeu*] {2}: Si tu vas dans les quartiers chauds, fais gaffe de ne pas te faire plumer. *Wenn du in heiße Viertel gehst, paß' bloß auf, daß man dich nicht* **ausnimmt.** ♦ **(se)** *V.pr. Se battre,* se voler dans les plumes* {1}: Ils se sont pas mal plumés. *Die* **hatten sich** *vielleicht* **in der Wolle.** ♦ *Se coucher* {2}: Je vais me plumer. *Ich* **geh in die Federn.**

plus *m. Aspect positif, supplément {B}*: Croyez-vous qu'il apporte un plus à son équipe? *Glauben Sie, daß er seiner Mannschaft ein* **Plus** *bringt?* ♦ **Plus** *Adj.* **que** [+ *Nom./Pron.*] **tu meurs** *loc. Il n'y a pas plus... que... {2}*: Plus beau que moi tu meurs. *Einen schöneren als mich* ***hältst du nicht aus.*** ♦ **En plus** *expr.adv. Pour exprimer son mécontentement {1}*: Comment? Il faudrait en plus payer pour ça? *Was? Dafür soll man* **auch noch** *bezahlen?*

pochard *m. Ivrogne {1}*: Il est givré dès le matin, ce pochard. *Der ist schon morgens schicker, der* ***Saufsack.***

poche *m. Livre de poche {2}*: Regarde dans les poches. Guck' bei den ***Taschenbüchern nach.*** ♦ **En poche** *expr.adv. Sous forme de livre de poche {3}*: Tous les grands romans sont en poche. *Alle großen Romane gibt es als* ***Taschenbuch.***

poche *f.* **C'est dans la poche** *loc. C'est gagné, c'est fait {1}*. ***Das ist im Sack.*** ♦ **Connaître comme sa poche** *loc. Très bien connaître {1}*: Il connaît Paris comme sa poche. *Er* **kennt** *Paris* ***wie seine Westentasche.*** ♦ **S'en mettre plein les poches** *loc. Gagner une fortune {3}*. ***Ein Vermögen machen.*** ♦ **Se remplir les poches** *loc. Gagner beaucoup d'argent en usant de procédés peu scrupuleux {2}*: Dans les colonies, pas mal de gens se sont rempli les poches. *In den Kolonien haben sich nicht wenige* ***die Taschen gefüllt.*** ♦ → œil.

pochetée *f. Personne féminine laide ou sotte, souvent dans le sens d'ivrogne {3}*: Va donc, eh, pochetée. *Schieß ab, du* ***dämliche*** (***versoffene***) ***Kuh.***

pochette-surprise *f. Wundertüte.* ♦ **Il a eu son permis de conduire dans une pochette-surprise.** *Loc. Il conduit très mal {2}*. ***Der hat seinen Führerschein bei Neckermann gemacht.***

pocket *f. Poche*, poquette* *{3}*. ***Tasche.*** / C'est / it is **in the pocket** *loc. C'est facile, c'est gagné {2}*. ***Das ist im Sack.***

pogne *f. Main {2}*: Se serrer la pogne. *Sich die* ***Flosse*** *schütteln.* ♦ **Se faire** / **se taper une pogne** *loc. Se masturber [homme] {2}*. ***Sich einen wichsen.***

pogner (se) *V.pr. Se masturber [homme] {2}*. ***Sich einen wichsen.***

pognon *m. Argent {1}*. ***Knete.***

poids *m. Loc. Vieillir, mûrir {2}*: Il a **pris du poids.** *Er ist* ***älter geworden.*** ♦ **Faire le poids** *loc. Avoir atteint l'âge de la majorité légale {3}*: Il commence à faire le poids. *Er wird so langsam* ***erwachsen.*** ♦ *Avoir l'expérience nécessaire pour une entreprise {2}*: Ils prennent Dupont comme directeur général? Mais il **ne fait pas le poids!** *Sie nehmen Dupont als Direktor? – Aber der* ***hat doch gar nicht das Format!*** ♦ **Prendre du poids** *loc. Devenir plus influent {2}*: Il a pris du poids. *Er hat* ***an Gewicht*** / ***Bedeutung gewonnen.*** ♦ **Poids mort** *expr. Un individu inutile et incombrant {2}*: Lui, c'est un poids mort. *Der ist nur* ***Ballast.***

poigne *f. Énergie {2}*: Avoir de la poigne. ***Schmackes*** *haben.* ♦ **Un homme à poigne** *expr. Un homme fort ou musclé {2}*. ***Ein Mann mit Schmackes.*** / **Un patron à poigne** *expr. {2}*. *Ein* ***stockautoritärer Chef.***

Poignet *N.pr.* **Se taper la veuve Poignet** *loc. Se masturber [homme] {3}*. ***Sich einen runterholen.***

poil *m.* **Avoir un poil dans la main (qui sert de canne)** *loc. Etre paresseux {1}*. ***Die Arbeit nicht erfunden haben.*** ♦ **Ne pas avoir un poil sur le caillou** *loc. Etre chauve {2}*. ***Kein einziges Haar (mehr) auf der Platte haben.*** ♦ **Etre de bon** // **de mauvais poil** *loc. Etre de bonne // de mauvaise humeur {1}*. ***In einer Klasse-*** // ***Mistlaune sein.*** ♦ **Reprendre du poil de la bête** *loc. Reprendre des forces ou de l'énergie {2}*: Le gouvernement a repris du poil de la bête. *Die Regierung* **hat** *sich* **wieder bekrabbelt.** ♦ **Tomber sur le poil de qn.** *loc. L'aborder ou l'attaquer à l'improviste, également rendre visite à l'improviste {2}*: Il m'est tombé sur le poil quand je suis sorti du troquet. *Er* **fiel mich an** / **kam angeschneit**, *als ich aus der Kneipe kam.* ♦ **A poil** *expr.adv. Nu {1}*: La pub ne montre que des filles à poil. *Die Werbung zeigt nur* **nackte** *Weiber.* / J'suis à poil. *Ich* **hab nichts an.** / Elle **s'est mise** / **foutue à poil**. *Sie hat* **sich ausgezogen** ***/freigelegt.*** ♦ **A poil l'arbitre!** *Excl. injurieuse {3}*. [*Etwa*] **Schiedsrichter, du Arsch!** ♦ **De tout poil** *ou* **de tous poils** *expr.adv. De toute espèce en parlant des gens {1}*: Ils reçoivent des gens de tous poils. *Sie empfangen* **alle möglichen** *Leute.* ♦ **Au poil** *{1}* / **petit poil** *{1}* / **au quart de millipoil** *{3}* / **de tous poils** *{2} expr.adv. Aussi exactement que possible, parfaitement*: Elle travaille au petit poil. *Sie arbeitet* **haargenau.** / Tout était au poil. *Alles war* **eins A.** ♦ **A un poil près** *{1}* / **au poil du cul près** *{3} expr.adv. Presque, de peu*: A un poil près je l'aurais loupé, mon train. ***Um ein Haar*** *hätte ich meinen Zug verpaßt.* ♦ **Il s'en est fallu d'un poil (que)** *loc. De peu {1}*. ***Es hätte nur wenig gefehlt (und...)***

poilant *Adj. Risible, comique {2}*: Une histoire poilante. *Eine* **ulkige** *Geschichte.*

poiler (se) *V.pr. Se tordre de rire {2}*. ***Sich eirig lachen.***

poilu *m. Soldat français de la première guerre mondiale {2}*. **Landser.** ♦ *Adj. Courageux {3}*: Il est poilu. *Er ist* **tapfer.** ♦ *Personne du sexe masculin {3}*. (**Echter**) ***Mann.*** ♦ **Etre poilu comme un œuf** *loc. Ne pas avoir un seul cheveu ou poil {2}*. ***Kein einziges Haar haben.*** ♦ **C'est poilu!** *Excl. C'est magnifique {3}*. (***Das ist***) ***Spitze!***

point *m.* **Un point, c'est tout! / c'est marre!** *Loc. C'est tout, une fois pour toutes,* point final* *{1}.* ***Schluß damit/jetzt!*** ♦ **Commencer à rendre les points** *loc. Vieillir {3}:* Elle commence à rendre les points. *Sie* ***wird älter.*** ♦ **Compter les points de qn.** *loc. Juger qui est vainqueur au tennis par exemple {2}.* Hier soir, j'ai vu une sacrée bagarre. – Tu y as participé? – Non, t'es fou? J'ai compté les points. *Gestern abend gab es eine dolle Schlägerei. – Hast du mitgemacht. – Was? Bist du verrückt? Ich* ***hab Zuschauer gespielt.*** ♦ **Marquer les / des points** *loc. Se dit d'un joueur qui gagne un avantage {1}:* Le «French Kiss» a marqué des points vis-à-vis de son premier concurrent, le yacht «America». *Die „French Kiss" hat im Vergleich zu ihrer Hauptkonkurrentin, der Yacht „America",* ***Punkte machen können.*** / Cet homme a pu marquer des points. *Dieser Mann hat* ***einen Vorteil verbuchen*** *können.* ♦ **Etre mal en point** *loc. Etre en mauvais état, malade {1}.* ***Gesundheitlich nicht auf der Höhe / schlecht dran sein.*** ♦ **Faire le point** *loc. Préciser la situation où l'on se trouve {1}:* Il faut faire le point. *Wir müssen* ***die Lage klären.*** / A cinquante berges, on a intérêt à faire le point. *Mit fünfzig sollte man* ***Bilanz ziehen.*** / On fait le point? ***Machen*** *wir* ***Kassensturz?*** ♦ ***Etre au point mort*** *loc. {1}.* ***Im Leerlauf sein***. / L'affaire est au point mort. *In der Sache* ***tut sich nichts.*** ♦ **Le mettre au point mort** *loc. Mettre le moteur sans enclencher une vitesse {3}:* Tu l'as mis au point mort? *Hast du den* ***Leerlauf*** *reingetan?* ♦ **Mettre les points sur les « i »** *loc.* → mettre. ♦ **Mettre au point** *loc. Régler ou effectuer {1}.* Il faut mettre le projet au point. *Wir müssen das Projekt* ***fertigmachen / zu Ende bringen.*** / **Mise au point** *expr.f. Remaniement {1}:* Ce projet demande une mise au point. *Dieses Projekt verlangt eine* ***Richtigstellung.*** ♦ **Rendre les points** *loc. Prendre un avantage sur qn. {2}:* Jérôme rend les points à son père. *Jérôme* ***holt*** *seinem Vater gegenüber* ***auf.*** ♦ **Point noir** *expr. Anus {3}:* Le point noir du chat n'est pas propre. *Der* ***Popo*** *von der Katze ist nicht sauber.* ♦ *Comédon {1}:* Elle adore enlever les points noirs. *Sie drückt unheimlich gerne* ***Mitesser*** *aus.* ♦ *Carrefour très dangereux {2}.* ***Neuralgischer Punkt.*** ♦ **Point de chute** *expr.m. Une habitation qui assure le contact avec un endroit,* → chute *{2}:* Ils ont acheté cet appartement pour avoir un point de chute à Paris. *Sie haben die Wohnung gekauft, um ein* ***Bein in*** *Paris zu* ***haben.*** ♦ *Destination:* J'ai pas encore de point de chute pour les vacances. *Ich weiß noch nicht,* ***wo*** *ich die Ferien verbringe.* ♦ **A point** *expr.adv. D'un steak: entre saignant et bien cuit {1}.* ***Medium.*** ♦ *Au moment importun {1}:* Tu arrives à point. *Du kommst* ***genau richtig.*** ♦ **Point final!** *Interj. Pour marquer la fin d'un débat: un point, et c'est tout {2}:* C'est dit, ce sera fait. Point final! *Es wird gemacht wie gesagt.* ***Punkt und Schluß!***

pointe *f.* **S'asseoir sur la pointe des fesses** *loc. Partager un siège avec un autre {2}:* Va encore chercher un pouf pour Mounie. – Mais non, la petite peut s'asseoir sur la pointe des fesses. *Hol noch einen Hocker für Mounie. Aber nein, die Kleine kann sich* ***auf nur eine Backe setzen.*** ♦ **Etre chaud de la pointe** *loc. Aimer faire l'amour, être assez porté sur la* bagatelle* *{3}:* Il est chaud de la pointe. *Ihm* ***„ist immer danach".***

pointer (se) *V.pr. Arriver, se rendre sur un lieu {1}:* Je me pointerai à six plombes. *Ich* ***tauch'*** *um sechs* ***auf.***

pointu *Adj.* **Accent pointu** *expr.m. Accent de Paris [pour les Méridionaux] {3}.* ***„Pariser Schnauze".*** ♦ *En branché* à l'avant-garde, développer son style *{B}:* «Soyez pointue!», titrait Femme d'Aujourd'hui. *Finden Sie* ***Ihren Stil****, titelte „Femme d'Aujourd'hui".*

poire *f. Visage, face {1}:* Il en a pris plein la poire. *Er hat voll eine in die* ***Schnauze*** *gekriegt.* ♦ *Un naïf, une dupe {1}:* Une poire, ce mec-là. *Eine* ***dumme Nuß****, der Typ.* / Est-ce que tu me prends pour une poire? *Hältst du mich für* ***meschugge?*** ♦ **Couper la poire en deux** *loc. Chercher et accepter un compromis {2}:* Allez, on va couper la poire en deux et la question sera réglée. *Kommen Sie,* ***wir kommen uns auf halbem Wege entgegen,*** *und die Sache ist aus der Welt.* ♦ **Etre poire** *loc. Même sens {1}.* ***Meschugge.*** ♦ **Etre bonne poire** *loc. Etre crédule {2}.* ***Leicht- / gutgläubig sein.*** ♦ **Garder une poire pour la soif** *loc. Se réserver qc. pour les besoins futurs {2}.* ***Sich einen Notgroschen aufheben.***

poireau *m. Décoration du mérite agricole {3}:* ***Landwirtschaftliche Auszeichnung.*** ♦ *Clarinette {1}. [Etwa]* ***Flöte.*** ♦ *Pénis {3}.* ***Flöte.*** ♦ **Faire le poireau** *loc. Attendre longuement et impatiemment {1}:* On a dû faire le poireau pendant deux heures. *Wir* ***haben uns*** *zwei geschlagene Stunden lang* ***die Beine in den Bauch gestanden.*** ♦ **Souffler dans le poireau / sucer le poireau** *loc. Pratiquer la fellation {3}:* Il se fait souffler dans le poireau par sa soi-disante secrétaire. *Er läßt sich von seiner sogenannten Sekretärin* ***einen blasen.***

poireauter *V.i. Attendre au-delà d'un temps fixé, attendre inutilement, faire le* poireau* *{1}:* Elle fait partie de ces femmes qui font poireauter leurs amants. *Sie gehört zu den Frauen, die ihre Liebhaber* ***schmoren*** *lassen.* ♦ **Poireauter après qn.** *ou* **qc.** *loc. L'attendre en vain {2}:* Ça fait plus de deux ans qu'elle poireaute après le téléphone. *Seit über zwei Jahren* ***wartet*** *sie schon* ***aufs Telefon.***

poirer *V.t. Prendre en flagrant délit {3}:* Le

cambrioleur s'est fait poirer au moment où il sortait de la maison. *Der Einbrecher wurde* ***erwischt****, als er aus dem Haus kam.*

poiscaille *m./f. Poisson* {*3*}: Tu ramènes le poiscaille pour ce soir? *Bringst du für heute abend* ***Fisch*** *mit?*

poisse *f. Malchance* {*1*}: On a eu la poisse. *Wir haben* **Pech** *gehabt.* ♦ **Porter (la) poisse** loc. {*1*}: Ne passez pas sous une échelle, ça porte la poisse. *Geht nicht unter eine Leiter,* ***das bringt Unglück.***

poisser *V.t. Arrêter, surprendre en flagrant délit* {*3*}: Te fais pas poisser. *Laß dich nicht* ***schnappen.***

poisson *m.* **Engueuler qn. comme du poisson pourri** *loc. Engueuler violemment* {*2*}. ***Jdn. unheimlich anschnauzen.*** / Ils se sont engueulés comme du poisson pourri. *Sie haben sich* ***wie die Kesselflicker gestritten.*** ♦ **Faire une queue de poisson** *loc. En doublant la voiture qui vous précède, se rabattre brusquement devant elle en l'obligeant à freiner* {*1*}: Il nous a fait une queue de poisson. *Er hat uns* ***geschnibbelt.*** ♦ **Faire des yeux de poisson** {*3*} / **merlan** {*2*} **frit** *loc. Avoir l'air idiot,* constipé*, → merlan. ♦ **Finir en queue de poisson** *loc. Se dit d'une chose qui se termine sans conclusion satisfaisante* {*2*}: Son projet a fini en queue de poisson. *Aus seinem Vorhaben ist* ***nichts geworden.*** ♦ **La sauce fait passer le poisson** *loc. Se dit d'une chose mauvaise et médiocre que certains détails rendent supportable* {*2*}: Le vin était excellent, mais le plat mauvais: La sauce fait passer le poisson. *Der Wein war ausgezeichnet, das Essen dagegen schlecht.* ***Das eine hilft über dans andere hinweg.***

poitrine de vélo *expr.f. Poitrine étroite* {*3*}. ***Hühnerbrust.***

poivre *m.* → réponse. ♦ **Etre poivre et sel** *loc. Avoir les cheveux grisonnants* {*1*}. **Grau werden.** / Il est poivre et sel maintenant. – Plutôt sel. Er ***hat jetzt graue Strähnen*** . – *Er ist eher weiß.*

poivré *Adj. Exagéré,* {*2*}: Des prix poivrés. ***Gepfefferte Preise.*** ♦ *Ivre* {*2*}: Il était poivré. *Er war* ***blau.***

poivrer (se) *V.pr. Se saouler* {*3*}. ***Sich einen reintun.*** ♦ **Se faire poivrer** *loc. Attraper une maladie quelconque, souvent vénérienne* {*2*}. ***Sich etwas einfangen.***

poivrot *m. Ivrogne* {*1*}. ***Trunkenbold.***

poivroter (se) *V.pr. Se griser* {*3*}. ***Sich besaufen.***

polac *m./Adj. Polonais* {*3*}. ***Polack.***

polar *m. Roman ou film policier* {*2*}. ***Krimi.***

polichinelle *m. Personnage bouffon et ridicule, en qui on n'a pas confiance* {*1*}: Ce vieux polichinelle. *Dieser alte* ***Hampelmann.*** ♦ **Avoir un polichinelle dans le tiroir** *loc. Etre enceinte* {*2*}. ***Einen Ball verschluckt haben.*** ♦ **Faire le polichinelle** *loc. Faire le clown* {*2*}: Cesse de faire le polichinelle. *Hör auf,* ***den Hampelmann zu spielen.***

polio *m. Malade atteint de poliomyélite* {*1*}. ***Poliokranker.*** ♦ *f. La maladie elle-même* {*1*}. ***Polio.***

polir *V.t.* **Se polir le chinois** *loc.* → chinois.

politesse *f. Fellation* {*3*}: Cette petite pute-là **te fait la politesse** pour 100 balles. *Das Nüttchen* ***besorgt es dir*** *für 100 Eier.* ♦ **Faire des politesses** *loc. Faire des simagrées, des manières, des* chichis* {*3*}. ***Bohei machen.***

politicard *m. Péjoratif pour politicien* {*1*}: 'Y a pas mal de politicards dans le pays, qui confondent l'Etat avec un self-service. *Es gibt im Land nicht wenige* ***Politathleten,*** *die den Staat mit einem Selbstbedienungsladen verwechseln.*

Polonais *m.* **Boire comme un Polonais** *loc. Boire beaucoup* {*3*}. ***Wie ein Russe schlucken.***

polychiée *f. Du verbe* chier*. *Très grande quantité* {*3*}: Au salon, il y avait une polychiée, une mégachiée de profs. *Auf der Messe gab es* ***riesige Unmengen*** *von Paukern.*

pommade *f.* **Passer de la pommade** *loc.* → passer.

pomme *f. Tête* {*2*}: Une belle pomme. *Ein hübsches* ***Schnäuzchen.*** **Une bonne pomme** *loc.* Une bonne → pâte d'homme {*2*}. *Eine* ***gute Seele.*** ♦ *Imbécile* {*2*}: Regarde l'autre pomme. *Guck dir mal den* ***Spinner an.*** ♦ **Etre haut comme trois pommes** *loc. Etre petit* {*1*}: Il est haut comme trois pommes. *Er ist ein* ***Dreikäsehoch.*** ♦ **Se sucer / lécher la pomme** *loc. S'embrasser* {*2*}. ***Knutschen.*** ♦ **Tomber dans les pommes** *loc. S'évanouir* {*1*}: Elle va encore tomber dans les pommes. *Sie* ***kippt*** *glatt* ***aus den Latschen.*** ♦ **Aux pommes** {*2*} / **bath aux pommes** {*3*} *expr.adv. Parfait.* ***Riesig / knorke / dufte.*** / Une nana aux pommes. *Eine* ***Klassefrau.*** ♦ **Ma / ta / sa pomme** *expr. Moi* {*2*}: Ça, c'est pour ma pomme. *Das ist für* ***meine Wenigkeit.***

pompe *f. Chaussure* {*1*}: As-tu vu mes pompes? *Hast du meine* **Treter** *gesehen?* ♦ **Avoir un coup de pompe** *loc. Ressentir une fatigue subite ou un petit malaise* {*1*}: J'ai un coup de pompe. Attends! ***Mir ist nicht hundertprozentig.*** *Warte!* ♦ **Marcher à côté de ses pompes** *loc. Etre inattentif, rêveur, ne pas être dans son état normal, dire des bêtises, ne pas voir la réalité,* déconner* {*1*}. ***Nicht richtig da sein.*** ♦ **Etre bien / à l'aise dans ses pompes** *loc. Etre en forme,* → baskets {*1*}. ***Sich echt wohlfühlen.*** ♦ **A toute pompe** *expr.adv. A toute vitesse* {*2*}: Il a foncé à toute pompe. *Er ist* ***gerast, was das Zeug hielt.***

pompé *Adj. Fatigué, épuisé* {*1*}. ***Groggy.***

pompelard *m.* → pomplard.

pomper *V.t. Boire beaucoup* {*1*}: Il pompe pas mal. *Der* ***trinkt*** *ganz nett.* ♦ *Copier* [*étudiants*]

{2}. ***Abpinnen.*** ♦ **Pompier l'air** *loc. Importuner {2}*: Tu me pompes l'air. *Du* ***gehst*** *mir* ***auf den Geist.*** ♦ **Se faire pomper le dard** *loc. Fellation, se faire* sucer* *{3}*. ***Sich einen blasen lassen.***

pompeuses *f.pl. Lèvres {3}*: T'as les pompeuses bleues. *Du hast blaue Lippen.*

pompier *m. Fellation {3}*: **Faire un pompier** *{2}*. ***Einen blasen.*** ♦ **Bombarder comme un pompier** *loc. Fumer excessivement, fumer comme un sapeur {2}*. ***Wie ein Schlot paffen.***

pomplard *m. Pompier {2}*. ***Feuerwehrmann.*** ♦ *Fellation {3}*. ***Blasen.***

pompon *m.* **Avoir décroché le pompon** *loc. Avoir atteint le comble*, → timbale *{2}*: En recevant ce job-là, il a décroché le pompon. *Mit diesem Job hat er* ***den Vogel abgeschossen.***

ponction *f.* **Faire une ponction** *loc. Prélever de l'argent*, ponctionner* *{2}*: ***(Geld) abheben.***

ponctionner *V.t. Prélever de l'argent {3}*. ***(Geld) abheben.***

pondeuse *f.* **Bonne pondeuse** *expr.f. Mère de nombreux enfants {2}*: Et votre chienne a encore eu des petits? – Ah oui, c'est une bonne pondeuse. *Hat ihre Hündin wieder Junge gekriegt? – Ja, ja, sie ist die* ***reinste Legehenne.***

pondre *V.t. Accoucher {2}*: Elle pondait (un enfant) tous les ans. *Jedes Jahr* ***bekam*** *sie* ***ein Kind.*** / *Sie* ***warf*** *jedes Jahr.* ♦ *Produire {1}*: Cet auteur **pond** les articles **en série**. *Dieser Autor* ***haut einen*** *Artikel* ***nach dem anderen raus.***

pont *m.* **Pont arrière** *expr. Derrière {2}*. ***Hinterteil.*** ♦ **Faire le pont** *loc. Ne pas travailler entre deux jours fériés quand la journée chômée est un jour ouvré {1}*: Le 14 Juillet tombait un mardi; on a fait le pont du samedi au mercredi. *Der 14. Juli fiel auf einen Dienstag; wir haben dann am Montag* ***einen Brückentag eingelegt.*** ♦ **Faire un pont d'or à qn.** *loc. Faire des offres exceptionnelles, souvent pour faciliter une décision {2}*: On lui a fait un pont d'or. *Wir haben* ***ihm goldene Brücken gebaut.***

ponte *m. Personnage important*, pontife* *{2}*. ***Papst.***

pontife *m. Homme gonflé d'importance, qui* pontifie* *{2}*: Il se prend pour le pontife dans sa discipline. *Er hält sich für den* ***Papst*** *in seinem Fach.*

pontifier *V.i. Parler avec emphase et vanité, se donner de l'importance {3}*: Il cherche à pontifier devant les ignorants. *Er versucht,* ***sich mit großen Reden*** *vor Ignoranten* ***aufzublasen*** / ***den großen Mann zu spielen.***

Popaul *m. Sobriquet pour le membre viril en général ou godemiché {3}*. [*Etwa*] ***Charly*** / ***Hänschen.*** / **Mener Popaul au cirque** *loc. Coïter* [*homme*] *{3}*: Ça fait trois semaines que j'ai pas vu de femme. Va falloir que je mène Popaul au cirque. *Seit drei Wochen hab' ich jetzt keine Olle mehr gesehen,* ***Charly braucht mal wieder was.*** ♦ **Étrangler Popaul** *loc. Masturber* [*homme*] *{3}*: **Crache, Popaul, ou je t'étrangle!** [*Feste Fügung, etwa*:] ***Spritz endlich!*** / Ginette leur étranglait Popaul avant de causer prix. *Ginette* ***holte*** *ihnen immer* ***einen runter,*** *bevor sie über den Preis sprach.*

Popof *m. Russe {1}*. ***Iwan.***

popote *f. Cuisine {1}*: Elle fait une excellente popote. *Sie hat eine ausgezeichnete* ***Küche.*** ♦ *Camarade* [*militaire*] *{3}*: Au moment de l'Algérie, De Gaulle a fait la «tournée des popotes» pour savoir ce que pensait l'armée. *Im Algerienkrieg hat De Gaulle eine* ***„Kameradschaftstour"*** *unternommen, um herauszubekommen, was die Armee dachte.* ♦ **Faire popote avec qn.** *loc. Partager les frais d'un repas commun {3}*: Si tu n'as pas assez d'argent, on fera popote. *Wenn du nicht genug Geld dabei hast,* ***schmeißen wir zusammen.*** ♦ *Adj.inv. Etre casanier, surtout pour les femmes {3}*: Elle est un peu popote. *Sie ist ein bißchen* ***hausbacken.***

popotin *m. Derrière {1}*: Magne-toi le popotin, on est en retard! *Beweg deinen* ***Hintern,*** *wir sind spät dran!* ♦ **En avoir plein le popotin** *loc. En avoir assez, en avoir plein le* cul* *{2}*. ***Die Schnauze gestrichen voll haben.***

popu *Adj.inv. Populaire*, populo* *{1}*: Le Front popu. *Die* ***Volksfront.*** / La Chine popu. ***Rotchina.***

populo *m. Les gens, le peuple, la foule {1}*: Et le populo, qu'est-ce qu'il pense réellement? *Und die* ***Masse,*** *was denkt sie wirklich?* / 'Y a du populo ce soir. *Heute abend ist allerhand* ***Volk*** // ***Pöbel*** *da.* ♦ *Adj./Adv. Prolétaire {1}*: Ça fait pas b.c.b.g., ta chemise, plutôt populo. *Das sieht nicht gerade chic und angezogen aus, dein Hemd, eher* ***proletenhaft.*** / Un quartier populo. *Ein* ***Arbeiterviertel.***

poquette *f. {3}*. → pocket.

porc *m. Homme peu apprécié {2}*: Ce gros porc. *Dieses* ***fette Schwein.***

porcherie *f. Lieu très sale {2}*. ***Saustall.***

porcif *f. Portion {3}*: Demi-porcif. *Halbe* ***Portion.***

porno *f./Adj. Pornographie ou pornographique {1}*: Une histoire porno. *Eine* ***Pornogeschichte.*** / Un porno. *Ein* ***Porno.***

porte *f.* **Faire du porte à porte** *loc. Pour un représentant, vendre chez le consommateur {1}*. ***Klinken putzen.*** ♦ **Porte à côté** *expr.adv. Tout près d'ici {1}*: C'est la porte à côté. *Das ist* ***direkt nebenan.*** ♦ **Etre aimable comme une porte de prison** *loc.* → prison.

porter *V.t.* **Porter des cornes** *loc. Etre cocu {1}*: Il porte des cornes depuis longtemps. *Er* ***trägt*** *schon seit langem* ***Hörner.*** ♦ **Porter la culotte** *loc. Donner le ton* [*pour une femme*] *{2}*. C'est elle qui porte la culotte. *Sie ist es, die* ***die Hosen anhat.***

portillon *m.* **Ça se bouscule au portillon** *loc. Se dit de qn. qui parle trop vite et qui bafouille {2}.* ***Sich verheddern / verhaspeln.***

portion *f.* **Demi-portion** *expr.f. Individu petit et maigre {2} ou qui ne fait pas son poids, demi-sel {2}.* ***Halbe Portion.***

porto [porto] *m. Vin du Portugal très renommé {1}.* ***Porto.*** ♦ *Portugais {3}.* ***Portugiese.***

portrait *m. Figure {1}*: Il t'a abîmé le portrait. *Er hat dir das* **Gesicht** *zerkratzt.* ♦ **Etre le portrait de qn.** *loc. Lui ressembler {1}*: Ton fils est tout à fait le portrait de son père (tout craché). *Dein Sohn* ***ist seinem Vater wie aus dem Gesicht geschnitten.*** ♦ **Abîmer le portrait** *loc. Passer à tabac*, tabasser* *{2}.* ***Jdn. schlimm zurichten.***

portugaises *f.pl. Oreilles {2}*: **T'as les portugaises ensablées?** ***Hast du Bohnen in den Ohren?***

poser *V.t. Asseoir la réputation {1}*: Le succès de son livre a posé ce jeune auteur. *Der Erfolg seines Buches hat den jungen Autor* ***großgemacht / in Szene gesetzt.*** / Des relations comme ça, **ça pose un homme.** *Verbindungen wie diese* ***machen den Mann.*** ♦ → là. ♦ → chique. ♦ → jalons.

positionner *V.t. Placer {B}*: Il se positionne pour les médias. *Er versucht, bei den Medien* ***unterzukommen.***

posséder *V.t. Tromper, duper {1}*: Ils m'ont possédée. *Sie haben mich* ***reingelegt.***

poste *m. Poste de télévision ou de radio {1}*: Ferme le poste. *Stell den* ***Apparat*** *ab.*

postère *m. Derrière {3}.* ***Hintern.***

postiche *m./Adj. Faux {1}*: Un talent postiche. *Eine* ***„angebliche"*** *Begabung.* / Il portait une barbe postiche. ♦ *Faux cheveux, perruque, fausse barbe {2}*: Il a un postiche. *Er hat* ***falsche Haare.***

postillon *m. Goutte de salive projetée en parlant {2}*: Un prof qui **lance des postillons** en parlant. *Ein Pauker* ***mit feuchter Aussprache.***

postillonner *V.i. Lancer des postillons {1}.* ***Eine feuchte Aussprache haben.***

pot *m.* Derrière*, Cul*, *anus {3}.* ***Hintern.*** ♦ **Avoir du pot** *loc. Avoir de la chance {1}*: On a du pot, hein? *Da* ***haben*** *wir aber* ***Schwein!*** ♦ **Boire / prendre un pot** *loc. Boire un verre {1}*: On va prendre un pot, ce soir? ***Gehen*** *wir heute abend* ***einen heben?*** ♦ **Découvrir le pot aux roses** *loc. Découvrir le secret d'une affaire {2}.* ***(Jdm.) auf die Schliche kommen / Einer Sache auf die Spur kommen.*** ♦ **Etre sourd comme un pot** *loc. Etre totalement sourd {2}.* ***Stocktaub sein.*** ♦ **Se faire casser le pot** *loc. Se faire sodomiser {3}.* ***Sich von hinten vögeln lassen.*** ♦ **En avoir plein le pot** *loc. Etre excédé, en avoir* ras-le-bol* *{3}.* ***Die Schnauze gestrichen voll haben.*** ♦ **Y aller plein pot** *loc. Travailler avec un maximum d'efficacité {2}.* ***Mit Volldampf rangehen.*** ♦ **Se magner le pot** *loc. Se presser {3}.* ***Den Hintern bewegen.*** ♦ **Manquer de pot** *loc. Manquer de chance {1}*: On a manqué de pot. *Wir* ***hatten kein Glück.*** ♦ **Payer les pots cassés** *loc. Faire les frais d'une situation qui tourne mal {1}.* ***Den Mist ausbaden / die Zeche zahlen.*** ♦ **Tourner autour du pot** *loc. Ne pas aller droit au but {1}.* ***Um den heißen Brei herumreden.*** ♦ **Manque de pot** *expr.m. ou adv. Manque de chance →* manque *{1}*: Manque de pot, il arrive juste au moment où j'suis sur le point de sortir. ***Wie das Leben so spielt,*** *kommt er genau in dem Moment, wo ich im Begriff stehe abzuhauen.* / Manque de pot, j'ai loupé le truc. ***Vermaledeiterweise*** *hab ich daneben gehauen.* ♦ **Plein pot** *loc.adv. Au maximum {2}*: Ils avaient mis le transistor plein pot. *Sie hatten das Radio (auf)* ***volle Pulle*** *gestellt.* ♦ **Pot de colle** *expr.m. Se dit d'une personne qui ne vous laisse pas tranquille {2}.* ***Klette.*** / Le commissaire est un pot de colle. *Der Kommissar* ***ist eine Klette.*** ♦ **Pot de vin** *expr.m. Somme en sus du prix convenu*, bakchich* *{1}*: Faut lui donner des pots de vin, sinon rien ne marche. *Man muß ihm* ***Schmiergeld (er)*** *zahlen, sonst läuft nichts.*

potable *Adj. Acceptable, qui passe à la rigueur*: Un bouquin juste potable. *Ein gerade noch* ***genießbares*** *Buch.*

potache *m. Élève d'un collège ou d'un lycée {2}.* ***Pennäler.***

potasser *V.i. Étudier avec application*, bûcher* *{1}*: Elle n'a pas cessé de potasser pour son examen. *Sie hat nicht aufgehört, fürs Examen zu* ***büffeln.***

pot-au-feu *Adj.inv. Etre trop attaché à sa maison [vieux] {2}*: Elle est très pot-au-feu. *Sie* ***klebt an ihrem Herd.***

pote *m. Camarade, ami {1}*: Touche pas à mon pote. *Mach meinen* ***Kumpel*** *nicht an.* / Salut, mon pote! *Sei gegrüßt,* ***mein Freund!***

poteau *m. Camarade, ami,* pote* *{2}.* ***Kumpel.*** ♦ *Pl. Grosses jambes {2}.* ***Dicke Stempel.***

potence *f.* → gibier.

potin *m Commérage, bavardage {2}*: Il est rentré de Paris où il a appris les derniers potins. *Er ist aus Paris zurückgekommen, wo er die letzten* ***„Neuigkeiten" / Histörchen*** *erfahren hat.* / Certains potins courent sur lui... *Einige* ***Histörchen*** *sind über ihn in Umlauf...* ♦ *Bruit, vacarme {2}*: Quel potin dans ce troquet! *Welch ein* ***Krach*** *in dieser Kneipe!* ♦ **Faire du potin** *loc. Élever de vives protestations, faire un scandale, du* ramdam* *{2}.* ***Trouble machen.***

potron-minet *m.* **Dès potron-minet** *expr.adv. Très tôt le matin, →* fraîche *{3}.* Il est parti dès potron-minet. *Er ist* ***in aller Herrgottsfrühe*** *weg.*

pou *m.* **Chercher des poux (dans la tête) à qn.** *loc. Le chicaner à propos de rien {1}*: L'aîné cherche toujours des poux à son frère cadet. *Der ältere versucht ständig, seinen jüngeren Bruder zu* **schikanieren.** ♦ **Moche comme un pou** *expr.adv. Etre très laid {2}.* **Potthäßlich.** ♦ **Sale comme un pou** *expr.adv. Etre très sale {2}.* **Wie ein Dreckspatz.**

poubelle *f. Automobile usagée {1}.* **Schrotthaufen.**

pouce *m.* **Donner un coup de pouce** *loc. Favoriser la réussite,* pistonner* *{1}*: Tu aurais le poste depuis longtemps, si l'on avait donné un coup de pouce. *Du hättest längst die Stelle, wenn* **man nachgeholfen** *hätte.* ♦ **Manger sur le pouce** *loc. Manger un petit qc. à toute vitesse {1}*: Sur l'autoroute, on a mangé un sandwich sur le pouce. *Auf der Autobahn haben wir ein Sandwich* **im Stehen gegessen.** ♦ **Mettre les pouces** *loc. Renoncer, avouer sa défaite {2}.* **Das Handtuch schmeißen.** ♦ **Se tourner les pouces** *loc. Ne pas travailler {2}*: Ça fait deux mois qu'il se tourne les pouces. *Seit zwei Monaten* **dreht er jetzt Däumchen.** ♦ **...et le pouce** *expr.adv. Et un petit peu {2}*: Ça coûte deux cents balles et le pouce. *Das kostet zweihundert* **und ein paar Zerquetschte.** ♦ **Pouce!** *Interj. Pour enfants, pour arrêter un jeu {1}*: Pouce! T'as plus (le) droit de me toucher. **Frieden!** / **Pause!** / **Gilt nicht!** *Du darfst mich nicht mehr abschlagen.*

poudre *f. Héroïne ou cocaïne {2} {B}.* **Stoff.** ♦ **Jeter de la poudre aux yeux** *loc. Tromper {1}.* **Sand in die Augen streuen.** ♦ **C'est de la poudre aux yeux** *loc. C'est pour tromper {1}.* **Das ist nur Schein** / **Mache** / **Sand in die Augen** [*sic*]. ♦ → feu.

pouf(f)iasse *f. Injure pour femme facile ou prostituée du dernier rang {2}.* **Drecksnutte.**

pouic *Adv. Rien,* couic*. ♦ **N'entraver que pouic** *loc. Ne rien comprendre, piger que* dalle* {2}: Cet élève n'entrave que pouic. *Dieser Schüler* **versteht nur Bahnhof.**

pouilleux *m./Adj. Misérable {2}*: ... complètement pouilleux. **...***total* **verkommen.** / Cette maison est habitée par quelques pouilleux. *Dieses Haus wird von einigen* **Pennern** *bewohnt.*

poulaga *Adj.* **La maison poulaga** *expr. La police {2}*: Où est-ce qu'il travaille? - Toujours à la maison poulaga. *Wo arbeitet er? – Noch immer bei der* **Polente.**

poule *f. Femme entretenue, compagne, aussi prostituée {2}*: Chaque fois que sa femme part en vacances seule, il ramène des poules à la maison. *Jedesmal, wenn seine Frau allein verreist, bringt er* **Weiber** *mit nach Haus.* / Une poule de luxe. *Ein* **Luxusweibchen.** ♦ **Poule mouillée** *expr. Lâche,* trouillard* *{3}.* **Angsthase.** ♦ **Chair de poule** *expr.f. frissons {1}.* **Gänsehaut.** ♦ **Quand les poules auront des dents...** *loc. Formule qui exprime une invraisemblance totale {2}.* **Wenn die Fische fliegen lernen...** ♦ **Se lever comme les poules** *loc. Se lever très tôt {2}.* **Mit den Hühnern aufstehen.** ♦ **Se coucher avec** / **comme les poules** *loc. Se coucher tôt {1}.* **Mit den Hühnern ins Bett gehen.** ♦ **Tuer la poule aux œufs d'or** *loc.* → arbre *{1}.* **Das Huhn, das goldene Eier legt, schlachten.** ♦ *Police,* poulaga* *{3}.* **Polente.** ♦ **Aller à la poule** *loc. Porter plainte {2}.* **Zur Polente gehen.**

poulet *m. Policier en civil {1}.* **Zivilbulle.** ♦ **Et mon cul, c'est du poulet?** *Loc. Refus ou réponse à l'interjection*: Mon cul! *{1}*: [*Etwa*] *Na und,* **ist das etwa nichts?** [*mit gestischem Hinweis, oft Schlag mit der flachen Hand auf den betreffenden Körperteil*].

poulette *f. Fille ou femme séduisante {3}*: Il a levé une poulette. *Er hat eine* **Schnecke** / **Maus** *angegraben.*

pouliche *f. Fille {3}.* **Biene.** ♦ *Prostituée {3}*: Les plus belles pouliches de la rue Saint-Denis. *Die schönsten* **Frauen** *der rue Saint-Denis.*

poulmann *f.* **Maison poulmann** *expr.f.* Poulaga* *{3}.* **Polente.**

poupe *f.* **Avoir le vent en poupe** *loc. Avancer avec aisance {1}.* **Den Wind im Rücken haben.**

poupée *f. Femmelette, souvent très soignée {1}.* **Modepüppchen.** ♦ *Femme mignonne, en général {1}.* **Püppchen.**

pour *Prép.* **C'est pour de bon** / **vrai** *loc. C'est vrai, exact {3}*: **Ich mach keine Witze.** ♦ **Etre pour** *loc. Affirmer {1}*: La vente du France, le Gouvernement était pour. *Der Verkauf der France, die Regierung* **war dafür.** ♦ **C'est étudié pour** *loc. C'est fait dans cette intention, pour que cela fonctionne* [*souvent ironique*] *{2}*: Pour fermer la porte, faut la soulever en la tournant. C'est étudié pour... *Um die Tür zuzukriegen, mußt du sie anheben und drehen.* **Das ist eingebaut...** ♦ *Pour insister {1}*: Pour un succès, c'était un succès! Et pour danser, elle sait danser. **Das war aber** *ein Erfolg! Und tanzen* **kann sie.**

pourcif *m. Pourboire,* pourliche* *{3}.* **Trinkgeld.**

pourliche *m. Pourboire {2}*: On lui file combien de pourliche? *Wieviel* **Trinkgeld** *lassen wir für ihn springen?*

pourquoi *Pron.interr.* **Il faut que ça marche ou que ça dise pourquoi!** *Loc. Il faut absolument que cela marche {3}.* **Das muß (jetzt einfach) klappen!**

pourri *m. Individu corrompu,* pourriture*, → ripoux *{1}*: Les politicards? – Tous des pourris. *Die Mistpolitiker? – Alles* **verkommene Subjekte** / **korrupte Typen.** / Quelle bande de pourris! *Was* **für verkommene Typen!** ♦ *Adj. Corrompu ou qui n'est pas solide, se dit à propos de personnes, de choses ou de situations {1}*: Méfie-toi, c'est une **planche pourrie.** *Sei vorsichtig, das ist ein* **fauler Kunde.** ♦ *En mauvais état, usé,* nase* *{1}*: La batteuse est pourrie. *Die Dreschmaschine ist* **im Eimer.**

pourriture *f. Corruption {2}*: La pourriture qui règne dans un certain milieu social. *Die* ***Korruption*** *in einer gewissen Schicht.* ♦ *Injure très forte: individu corrompu et ignoble*, pourri*, *ordure {2}*: Lui, c'est une pourriture. *Der ist ein* ***Dreckschwein.***

pousse-au-crime *expr.m. Alcool fort ou mauvais vin {2}*: C'est un pousse-au-crime. *Der* ***weckt Tote wieder auf.***

pousse-au-vice *expr.m. Aphrodisiaque {3}.* ***Potenzmittel.***

pousse-bière *expr.m. Verre d'alcool consommé après une chope de bière {3}.* ***Verdauungsschnaps.*** / *Evtl.* ***Kurzer*** / ***Scharfer.***

pousse-café *expr.m. Alcool qu'on boit après le café, à la fin d'un repas {1}.* ***Verdauungsschnäpschen.***

pousser *V.t. Exagérer, abuser {1}*: Faut pas pousser! *Man sollte nicht* ***zu weit gehen.*** / Tu pousses un peu loin ta plaisanterie. *Du* ***treibst*** *dein Scherzchen zu* ***weit.*** ♦ *Aller plus loin {1}*: Tu dois pousser tes recherches. *Du mußt deine Forschungen* ***vorantreiben.*** ♦ **Pousser son avantage** *loc. L'exploiter {3}.* ***Seinen Vorteil nutzen.*** ♦ **Pousser un moteur** *loc. Faire marcher un moteur au maximum de sa capacité {2}*: Ton moteur toussote? – Pousse à fond. *Dein Motor läuft nicht rund.* ***Tret durch.*** / T'as déjà poussé ton moteur? *Hast du dein Auto schon mal* ***ausgefahren?*** ♦ *Trafiquer un moteur {2}. Einen Motor* ***aufmotzen.*** ♦ **Il faut pas pousser grand-mère dans les orties** *loc.* → mémère. ♦ **En pousser une** *{2}* / **pousser une goualante** *{3} loc. Chanter une chanson*: On en pousse une? ***Schmettern*** *wir* ***ein Lied?*** ♦ **(se)** *V.pr. Se retirer d'un endroit pour laisser sa place {1}*: Pousse-toi un peu. ***Rück*** *ein Stückchen.* ♦ **A la va-comme-je-te-pousse** *expr.adv. Sans soins particuliers, sans se laisser le temps {2}*: Il a fait ça un peu à la va-comme-je-te-pousse. *Er hat das* ***mehr schlecht als recht*** *gemacht.*

poussette *f. Aide apportée à un cycliste en le poussant {1}*: Faire une poussette. ***„Schieben".*** ♦ *Coup de pouce donné à une balance par un commerçant malhonnête {3}*: Il fait des poussettes, c'est comme ça qu'il fait son beurre. *Er* ***wiegt*** *immer* ***mit dem Daumen nach.*** *So kommt er auf seine Kosten.*

poussière *f.* **Et des poussières** *expr.adv. Complément de somme qu'on néglige de préciser {1}*: Vous avez payé combien? Cinq mille et des poussières. *Wieviel habt ihr bezahlt? – Fünftausend* ***und ein paar Zerquetschte.*** ♦ **Mordre la poussière** *loc. Mourir, être jeté par terre, K.O. {1}.* ***Ins Gras beißen*** // ***auf den Teppich gehen.*** ♦ *Subir une défaite sensible {2}*: Son arrogance lui a servi à rien. Il a quand même mordu la poussière. *Seine Hochnäsigkeit hat ihm nichts genutzt. Er* ***mußte*** *trotzdem* ***in den sauren Apfel beißen*** / ***ging trotzdem unter.***

pouvoir *V.t.* **Etre on ne peut plus** *loc. Pour exprimer un maximum {2}*: Elle écrit on peut plus bien. *Besser schreiben als sie* ***kann man nicht.***

p.p.d.c. / **au p.p.d.c.** *Abrév.adv.* Au petit poil du cul* *{3}*: Il a fait ça **au p.p.d.c.** *Er hat das* ***hundertprozentig prima*** *gemacht.*

p.p.h. *Abrév. Passera-Pas-l'Hiver, donner l'impression de mourir bientôt [plutôt démodé, toujours à la 3 personne] {3}*: Il va comment? – P.p.h. *Wie geht es ihm? Er* ***kommt nicht über den Winter.***

p.q. *m. Faux sigle de* papier cul *pour papier hygiénique {3}*: 'Y a pas de p.q. – Prends la langue alors. *Es ist kein* ***Papier*** *da. – Nimm doch die Zunge.*

praline *f. Balle d'arme à feu {3}*: Il a eu une praline dans le buffet. *Er hat eine* ***blaue Bohne*** *in die Wampe gekriegt.* ♦ **Cucu(l)-la-praline** *expr.m. Imbécile {3}.* ***Klein-Doofi-mit-Plüschohren.***

précautions *f.pl.* **Prendre ses précautions** *loc. Pratiquer le coït interrompu ou se servir d'une autre méthode contraceptive {2}*: Vous prenez la pilule? Non, mais on prend nos précautions. *Nehmen Sie die Pille? Nein, aber wir* ***passen auf.***

précieuses *f.pl. Testicules*, joyeuses* *{3}.* ***Eier.***

première *Adj.* **De première** *expr.adv. De première qualité {2}*: Ça c'est de première. *Das ist* ***allerbeste Qualität*** / ***allererste Wahl.*** / Un mec de première. *Ein* ***irrer*** / ***erstklassiger*** *Typ.* ♦ **De première bourre** → bourre.

prendre *V.t. Subir {1}*: Qu'est-ce qu'il a pris! *Was hat der alles* ***abgekriegt*** / ***mitgekriegt.*** ♦ → bec. ♦ **Prendre l'eau** *loc. Ne pas être étanche {1}*: Les chaussures prennent l'eau. *Die Schuhe* ***lassen Wasser durch*** / ***ziehen Wasser.*** ♦ **Prendre les jambes à son cou** *loc. Courir très vite {1}.* ***Die Beine in die Hand nehmen.*** ♦ **Prendre ses cliques et ses claques** *loc. Partir à tout allure, filer, déguerpir {2}.* ***Fersengeld geben*** / ***abhauen.*** ♦ **Prendre la tangente** *loc. Partir, s'enfuir {3}.* ***Das Weite suchen.*** ♦ **Prendre la poudre d'escampette** / **la clé des champs** *loc. S'enfuir, filer en douce {2}.* ***Verduften.*** ♦ **Prendre à la rigolade** *loc. Ne pas prendre au sérieux {2}.* ***Auf die leichte Schulter nehmen.*** ♦ *V.i. Marcher {1}*: Ça prend toujours. *Das* ***klappt*** *immer.* ♦ **Ça ne prend pas (avec moi)** *loc. Cela ne marche pas avec moi {2}.* ***Das zieht bei mir nicht.*** ♦ **C'est à prendre ou à laisser** *loc.* → être. ♦ **Prendre qn. la main dans le sac** / **sur le fait** *loc. En flagrant délit {2}.* ***Auf frischer Tat ertappen.*** ♦ **Ne pas se prendre pour une merde** *loc.* → merde. ♦ **Se prendre pour** *[personne très importante]* **le pape/le président des Etats-Unis/le roi de Chine** *loc.*

→ moutardier, → Jupiter, → roi *{1}*. ***Sich für den Papst / Präsidenten der USA / den Kaiser von China halten.*** ♦ **Ne pas savoir s'y prendre** *loc. Etre totalement inefficace, ne pas comprendre {1}.* ***Von Tuten und Blasen keine Ahnung haben.***

près *Prép.* **Etre très près de ses sous** *loc.* → sou.

presse *f.* **Etre sous presse** *loc. Pour les prostituées «être occupée» {3}*: Jojo est sous presse. *Jojo* **hat gerade einen Freier.** ♦ *Etre très énervé {2}*. Je dois me dépêcher. Je suis sous presse. *Ich muß voranmachen. Ich* **steh' unter Druck.** ♦ *En train d'être fabriqué {2}*: Elle a deux enfants, un troisième est sous presse. *Sie hat zwei Kinder, ein drittes ist* **in der Mache.** ♦ **Il y a presse** *loc. Il y du monde qui attend pour obtenir qc. {3}.* ***Man reißt sich darum / steht Schlange.***

presse-bouton *Adj.inv. Automatique {3}*: C'est compliqué? Tu parles! C'est presse-bouton. *Ist das kompliziert? Aber nein.* ***Man drückt nur aufs Knöpfchen.*** / Nous sommes dans une civilisation presse-bouton. *Wir leben in einer Kultur, in der man* ***nur noch aufs Knöpfchen zu drücken braucht/alles auf Knopfdruck haben kann.***

presser *V.t.* **Se presser le citron** *loc. Réfléchir {2}.* ***Sich die Rübe zerbrechen.***

presto *Adv. Vite {2}*: **Illico presto / rapido presto!** ***Zack, zack!***

prêt *m. Somme versée par une prostituée à son souteneur {3}*: T'as déjà reçu ton prêt? *Hast du schon* **(die Pferdchen) abkassiert***?*

princesse *f.* **C'est aux frais de la princesse** *loc. C'est payé par l'Etat, la boîte ou par une collectivité,* → gratos [*jamais utilisé dans le sens: faire un effort en faveur de l'état,* → Marianne] *{1}.* ***Vater Staat / die Firma zahlt.***

prise *f. Pincée de cocaïne qu'on aspire par le nez {3}.* ***Prise.*** ♦ *Mauvaise odeur {1}*: **Quelle prise!** ***Welch ein Düftchen!*** ♦ **Etre en prise directe avec** *ou* **sur** *loc. Avoir un contact étroit {1}*: Nous sommes en prise directe avec le client. *Wir sind mit dem Kunden* ***in engem Kontakt.*** ♦ **Faire une belle prise** *loc. Saisir un gangster important ou un stock de haschisch important par exemple {2}*: La police a fait une belle prise. *Die Polizei hat* ***einen tollen Fund getan.*** ♦ **Prise de bec** *expr.f.* → bec.

prison *f.* **Etre aimable comme une porte de prison** *loc. Se dit de qn. de très peu aimable {2}.* ***Liebenswert wie Frankenstein sein.***

Prisunic *m. Chaîne de magasins, comme Leclerc, Continent, etc.* / Ça s'achète dans un Prisunic/ Leclerc. *Das kriegst du bei* **Horten** */ im* **Kaufhof** [*oder ähnlich*]. ♦ **De Prisunic** *expr.adv. Pour marquer le peu d'estime pour une marchandise {2}*: Lui avec son vin de Prisunic. *Der mit seinem Wein* **von Aldi***.*

pro *Abrév.m./f. Joueur professionnel* [*sport*] *{1}.* ***Profi.*** ♦ *Professionnel en général {1}*: Elle se sert de la machine comme une pro. *Sie geht* ***wie ein Profi*** *mit der Maschine um.*

problématique *f. Problème* [*Pierre Merle trouve l'origine du mot dans les milieux intello de gauche*] *{B}*: Il a une problématique dure. *Er hat ein schwieriges* ***Problem.***

probloque *m. Propriétaire {2}*: Le probloque habite dans la maison? *Wohnt der* **Besitzer** *im Haus?*

prof *m. Professeur de faculté ou de lycée {1}*: Tu aimes ton prof? *Magst du deinen* **Pauker***?* / Est-il prof d'université? *Ist er* ***Professor?***

profiter *V.i. Se fortifier, grandir {2}*: Le petit a profité pendant les vacances. *Dem Kleinen haben die Ferien* **gut getan.**

projo *m. Projecteur {3}.* ***Spot.***

prolo *m. Prolétaire,* → plouc *{1}.* ***Prolet.*** / Avec cette chemise, t'as l'air d'un prolo. *In diesem Hemd sieht die wie ein* **Prolet** *aus.* / Toi et tes opinions de prolo. *Du und deine* ***Proletenansichten.*** / **Faire prolo** *loc. Avoir l'air prolétaire,* plouc* *{1}*: Tes fringues font prolo. *Deine Klamotten* ***sehen proletenhaft aus.***

prom'-prom' *f. Abréviation de promenade* [*enfants en bas âge*] *{2}*: Faire prom'-prom'. ***Teita gehen.***

promenade *f. Affaire ou entreprise facile à gérer,* de la tarte* *{1}.* ***Spaziergang.***

promener *V.t.* **Envoyer promener qn.** *loc.* → *envoyer.* ♦ **Va te promener / allez vous promener** *loc. Invitation à quitter la pièce {1}.* ***Zisch ab! / Zischen Sie ab,*** *Mann!*

promesse en l'air *expr.f. Promesse pas sérieuse {2}.* ***Leere Versprechung.***

promettre *V.t.* **Ça promet** *loc. Cela risque d'être pire encore {1}.* ***Jetzt geht's los. / Das kann ja heiter werden.*** ♦ **Promettre la main sur le cœur** *loc. Promettre avec la plus grande sincérité {2}.* ***Hoch und heilig versprechen.***

promo *f. Promotion* [*étudiants*] *{2}*: Un camarade de promo. *Ein* **Studienkollege** [*mit dem man das Studium an einer* Grande Ecole *abschloß*]: Le ministre et son secrétaire d'Etat sont de la même promo. ♦ *Promotion de vente {1}*: J'ai profité d'une promo intéressante. *Ich hab von einer interessanten* **Verkaufsaktion** *profitiert.*

prono *m. Pronostic sportif {3}*: Pour le derby, il y a pas de prono crédible. *Was das Derby angeht, so gibt es keine zuverlässigen* **Voraussagen.**

prophète *m.* **Pas besoin d'être prophète pour (savoir)...** *expr.adv. On sait déjà l'avenir {2}.* ***Man muß kein Prophet sein, um vorauszusehen...***

propre *Adj.* **C'est du propre** *loc. C'est exagéré, fort {1}.* ***Das ist allerhand / stark!*** ♦ **Nous sommes propres / nous voilà propres** *loc. Nous sommes dans une situation embarrassante {2}.* ***Jetzt hängen wir drin.***

proprio *m./f.inv. Propriétaire,* probloque* *{2}*: La proprio de la bagnole rouge a téléphoné. *Die* **Besitzerin** *von dem roten Karren hat angerufen.*

prout [prut] *m. Pet {2}.* **Furz.** ♦ **Lâcher un prout** *loc. Péter,* lâcher une perle* [*plutôt enfant*] *{2}.* **Einen ziehen lassen.** ♦ **Prout, prout!** *Interj. Pour taquiner les homosexuels {3}.* [*Etwa*] **Oh la, la...** (*Hast du denn schon einen Freund?*) ♦ *Formule qu'on utilise dans un jeu avec les bébés en les chatouillant {3}*: **Prout-prout-prout-cadet...** [*Etwa*] **Kilikilikiliki...** → guiliguili.

provoc *f. Provocation {B}.* **Provokation.**

proxo *m. Proxénète {3}.* **Lude.**

prune *f.* **C'est pour des prunes** *loc. C'est pour rien {1}*: On a travaillé pour des prunes. *Wir haben* **für lau** *gearbeitet.* ♦ **Des prunes** *expr.f.pl. Rien, des* clopinettes* *{1}*: T'as touché combien? – Des prunes. *Wieviel hast du gekriegt?* **'N Appel und 'n Ei!**

pruneau *m. Balle, projectile {1}*: Un pruneau dans la peau. *Eine* **blaue Bohne** *im Pelz.* / Ils ont **balancé une giclée de pruneaux**. *Die haben (wild)* **um sich geballert.**

psy *m. Psychanalyste {B}.* **Psychoanalytiker.**

puant *m. Fromage {3}.* **„Stinkkäse".** ♦ *Adj. Hautain, vaniteux, fat, désagréable {2}*: Ce type est puant. *Der Typ ist* **zum Kotzen**.

pub [pyb] *f. Publicité {1} {B}*: Rien que de la pub! *Nur* **Reklame**! ♦ *f.pl. En parlant de la publicité télévisée {1}*: Pendant les pubs, on peut aller pisser un coup. *Während der* **Reklame** *kann man ruhig pinkeln gehen.*

puce *f. Petit appareil électronique qui sert à l'espionnage acoustique {2}.* **Wanze.** ♦ *En électronique: petite cellule plate {1}.* **Knopfzelle.** ♦ **Mettre la puce à l'oreille de qn.** *loc. Éveiller ses doutes et ses soupçons {1}*: Quand j'ai vu ma femme avec ce type, ça m'a mis la puce à l'oreille. *Als ich meine Frau mit dem Typen sah, habe ich* **was läuten hören**. ♦ **Secouer les puces à qn.** *loc. Réprimander fortement {2}*: Va falloir qu'on lui secoue les puces. *Man muß* **ihm mal auf die Füße treten** / **ihm die Dollars aus dem Rückgrat leiern.** ♦ **Saut de puce** *expr.m. Vol de courte durée {1}*: C'est un saut de puce. *Das ist nur* **ein Katzensprung mit dem Flugzeug**. ♦ **Puces** / **marché aux puces** *expr.m. Marché où l'on vend des objets d'occasion {1}*: Aux puces. *Auf dem* **Flohmarkt**.

puceau *m. Garçon vierge {1}.* **Unschuldiger Knabe.** ♦ Il se conduit avec les filles comme un puceau. *Bei den Mädchen benimmt er sich* **wie ein grüner Junge.**

pucelage *m. Virginité {1}*: Le pucelage a perdu sa valeur d'antan. *Die* **Unschuld** *hat ihre frühere Bedeutung verloren.*

pucier *m. Lit {1}.* **Flohkiste.** / Tu mets les enfants au pucier? *Steckst du die Kinder in die* **Flohkiste**? ♦ *Personne qui travaille au marché aux puces {2}.* **Flohmarktler.**

pue-la-sueur *m. Ouvrier, travailleur manuel {3}.* **Malocher**.

punaise *f. Interj. Pour marquer l'étonnement {2}*: Punaise! Quelle bagnole! **Mein lieber Schwan!** *Ist das ein Auto!*

pur *m./Adj. Homme loyal, courageux, sincère, propre {2}*: Un socialo pur (et dur). *Ein* **hundertprozentiger** *Sozi.*

purée *f. Misère {2}*: Il est dans la purée. *Er sitzt in der* **Patsche.** ♦ *Balles {3}*: Il avait balancé toute sa purée. *Er hatte alles* **verballert.** ♦ **Jeter sa purée** *loc. Éjaculer {3}*: T'as jeté ta purée? *Hast du* **gespritzt**? ♦ **Purée de pois** *expr.f. Brouillard épais {2}.* **Suppe**. / Les avions ne pourront jamais atterrir dans cette purée de pois. *Die Flugzeuge können in dieser* **Waschküche** *nie landen.*

purge *f. Correction {1}*: Qu'est-ce que j'ai pris comme purge! *Hab ich eine* **Abreibung** *gekriegt!*

putain *{1}* / **putasse** *{2}* / **pute** *{1} f. Prostituée.* **Nutte** / **Hure.** ♦ *Adj. Qui cherche à plaire {3}*: Il est putain avec tout le monde. *Er* **tut** *mit jedermann* **gut Freund.** ♦ *Interj. Marquant du mépris ou de l'étonnement {2}*: **Putain!** C'est chouettos. **Himmel, Arsch und Zwirn!** *Ist das toll.* ♦ **Putain de...** *expr. Pour marquer le désaveu {1}*: Cette putain de guerre. *Dieser* **verdammte** *Krieg.* / Cette pute de vache qui ne veut pas se lever. *Diese* **verdammte Mistkuh,** *die nicht hoch will.* ♦ **Fils de putain** / **fils de pute** *expr. Injure grave pour personnes masculines {2}*: **Hurensohn.** ♦ **Putain d'Adèle!** *Loc. Pour exprimer les sentiments les plus variés: étonnement, joie, etc.* [*plutôt dans le Midi*] *{3}*: Putain d'Adèle, quelle joie de te revoir! **Himmel, Arsch und Zwirn,** *welche eine Freude, dich wiederzusehen!* ♦ **Putain de bordel de merde**! *expr.f. Juron {3}.* **So eine verdammte Riesenscheiße.**

putasserie *f. Saloperie {2}*: Quelle putasserie! *So eine* **Sauerei**!

P.V. *m. Abréviation de procès-verbal, contravention {1}.* **Knöllchen.**

Q

quart *m.* **Faire qc. au quart de poil** *loc. Le faire très bien,* au → poil *{2}.* ***Etwas picobello machen.*** ♦ **Partir au quart de tour** *loc. Facilement, sans effort {1}*: Le moteur est parti au quart de tour. ***Der Motor ist sofort angesprungen.*** ♦ *Se dit d'une femme qui aime faire l'amour {3}*: **Elle démarre au quart de tour.** ***Die ist im Nu heiß.*** ♦ **Passer un mauvais quart d'heure** *loc. Passer un moment difficile {2}.* ***Schreckliche Minuten verbringen.*** / Quand il a appris ça, on a passé un mauvais quart d'heure. *Als er das erfuhr,* ***haben wir ein Donnerwetter erlebt.*** ♦ **Les trois quart du temps** *expr.adv. La plupart du temps {2}.* ***Die meiste Zeit (über).*** ♦ **Un quart de Brie** *expr. Un grand nez {3}.* ***Zinken.*** ♦ → ficher.

quat' *Adj.num.* **Un d'ces quat'** *expr.adv. Un de ces quatre matins {3}.* ***Eines Tages.*** ♦ **A un d'ces quat'** *{3}.* ***Bis die Tage!*** ♦ **Entre quat'zieux** *expr.adv. Abréviation de la formule* entre quatre yeux [*cette prononciation ne se dit jamais*]. *De près et sans témoin {1}*: Il me l'a confié entre quat'zieux. *Er hat es mir* **unter vier Augen** *gesagt.* ♦ → zieux.

quatre *m./Adj.* **Couper un cheveu en quatre** *loc.* → cheveu. ♦ **Ne pas y aller par quatre chemins** *loc. Ne pas tergiverser {2}.* ***Ohne Umschweife zur Sache kommen.*** ♦ **Se mettre en quatre pour qn. ou qc.** *loc. Faire un très grand effort en faveur de qn. ou pour obtenir qc. {2}.* ***Sich für etwas / jdn. krummlegen / ein Bein ausreißen.***

quelque chose *Pron.* **Un petit qc.** *expr. Peu {1}*: Tu prends un petit qc.? Un pastis. *Nimmst du* **etwas?** *Einen Pastis.*

quelque part *Adv. Endroit qu'on n'ose pas mentionner, les toilettes par exemple {1}*: Je dois aller quelque part. *Ich muß mal* **irgendwohin.** / Tu risques fort qu'on te donne des coups de pied quelque part. *Dir kann es gleich passieren, daß man dich* **irgendwo hintritt.** ♦ *En français branché selon Pierre Merle: Abréviation de* quelque part dans l'inconscient *{B}*: Ça me plaît quelque part. *Das gefällt mir* **irgendwie.**

quelqu'un *Pron.indéf. Personnage important {1}*: **C'est déjà qn.!** *Das ist schon* **wer!** / **Il se prend pour qn.** *Der hält sich schon* **für etwas Besonderes.**

quenotte *f. Dent* [*souvent enfant*] *{1}.* ***Beißerchen.***

quéquette *f. Membre viril* [*d'un garçonnet ou alors de petite taille*] *{3}.* ***Zipfelchen.***

qu'est-ce que / qui / qu'il *Excl. Pour exprimer la reconnaissance {2}*: Qu'est-ce qu'il fait beau aujourd'hui! **Was** *ist es heute schön!* ♦ Qu'est-ce qu'on rigole avec lui! **Was** *man mit dem lachen kann!* ♦ *Pron.interr. Pourquoi {2}*: Qu'est-ce que tu avais besoin d'acheter ça? **Was** *mußtest du das* **denn** *auch kaufen?* ♦ *Pron.rel. Ce que {1}*: Tu te rappelles qu'est-ce qu'il t'a dit? *Weißt du noch,* **was** *er dir gesagt hat?*

qu'est-ce qui *Pron.interr. Qui {1}*: Je ne sais pas qu'est-ce qui m'avait filé un coup de fil? *Ich weiß nicht,* **wer** *mich angerufen hatte.*

question *f.* **Etre question de** *loc. Envisager {1}*: Aller en Espagne? – **Mais il n'en est pas question!** *Nach Spanien fahren?* ***Wir denken gar nicht daran! / Kommt überhaupt nicht in Frage!*** ♦ **Question** *Adv. Quant à, en ce qui concerne {1}*: Question pinard, c'était sensass. ***In puncto*** *Wein war es klasse.* / **Question de** [*+ infinitif*] *loc. Même sens {1}*: Question de rigoler, on n'a pas fait mieux. ***Mit dem*** *Lachen war es einsame Spitze.* / Question de fumer, c'est fini. ***Mit dem*** *Rauchen ist es vorbei.* ♦ **Question à cent balles** *expr. Question difficile ou délicate posée lors d'un jeu {2}.* ***Preisfrage.***

queue *f. Fin {2}*: La queue de l'orage. *Der* **Ausläufer** *des Gewitters.* / La queue du texte. *Das* **Ende** *des Textes.* ♦ *Membre viril {2}.* ***Schwanz.*** ♦ **Commencer par la queue** *loc. Commencer par la fin {2}.* ***Das Pferd beim Schwanz aufzäumen.*** ♦ **Etre en queue** *loc. Etre parmi les derniers {1}*: Il est en queue de classe. *Er ist* **unter den letzten** *in der Klasse.* / Ce cycliste **arrive en queue**. *Dieser Radrennfahrer kommt* **unter den Letzten** *an.* ♦ **Faire la queue** *loc. Attendre {1}*: J'ai pas envie de faire la queue. *Ich habe keine Lust* **anzustehen.** ♦ **Laisser une queue** *loc. Ne pas régler entièrement ce qui est dû {3}.* ***Etwas offen / anschreiben lassen.*** ♦ **Se taper une queue** *loc. Masturbation* [*homme*] *{3}.* ***Sich einen runterholen.*** ♦ **Quand on parle du loup, on en voit la queue** *loc. Se dit lorsqu'une personne arrive au moment où l'on parle d'elle {1}.* ***Wenn man vom Teufel spricht... (ist er nicht weit).*** ♦ **Tenir la queue de la poêle** *loc. Pour la personne qui prend les décisions {3}*: C'est sa femme qui tient la queue de la poêle. *Seine Frau* **hat das Heft in der Hand.** ♦ **A la queue leu leu** *expr.adv. A la suite, l'un derrière l'autre {1}*: Ils

arrivent à la queue leu leu. *Sie* **trudeln** (**einer nach dem anderen**) **ein**. ♦ **Queue de poisson** → poisson.

queutard *m. Obsédé sexuel {3}*. **„Spinner“** / **geiler Bock.**

queuter *V.i. Forniquer {3}*: Il queute partout. *Der* **vögelt** *überall rum.*

qui-vive *m.* **Se tenir** / **être sur le qui-vive** *loc. Etre attentif, surtout dans l'attente d'un danger {2}*. **Die Augen offenhalten** / **auf der Hut sein.**

quille *f. Fille, enfant {2}*. **Göre** / **Balg.** ♦ *Jambe {3}*: Il ne tient plus sur ses quilles. *Er kann sich nicht mehr auf den* **Beinen** *halten.* ♦ *La fin de qc., le plus souvent du service militaire {3}*: Attendre la quille. *Auf* **„den letzten Tag“** / **die Entlassung** *warten.* / Qu'est-ce qu'on a comme jour aujourd'hui? **La quille moins vingt.** [*Etwa*] *Was haben wir heute für einen Tag?* **Noch zwanzig Tage bis Matthäus am letzten** [*sic*]. ♦ **Vive la quille!** *Loc. Pour saluer la fin du service militaire {2}*. [*Etwa*] **Es lebe die Freiheit, zum Teufel mit dem Barras!** ♦ **Planté comme une quille** *loc. Rester sans bouger {3}*. **Wie eine Salzsäule.** ♦ **Etre reçu comme un chien dans un jeu de quilles** *loc. Etre mal reçu {2}*. **Empfangen werden wie ein Hund.** ♦ **Prendre son sac et ses quilles** *loc. Faire ses paquets pour partir {3}*. **Sich mit Kind und Kegel davonmachen.**

quiller *V.t. Abandonner {3}*. **Abhauen** / **im Stich lassen.**

quincaille *ou* **quincaillerie** *f. Brochette de décorations {3}*. **Lametta.** ♦ *Ramassis d'objets de peu de valeur {2}*: Elle en porte, de la quincaillerie! *Die trägt vielleicht* **Lametta**!

quinqua *m. Quinquagénaire {3}*. **Fünfzigjährige** (**r**).

quiqui *m.* → kiki.

quitte *Adj.* **Etre quitte** *loc. Libéré d'une obligation envers qn. {1}*: Nous sommes quittes maintenant. *Wir* **sind** *jetzt* **quitt.**

quitter *V.i. Quitter le lieu de travail {1}*: Je quitte à six heures. *Ich* **hab um sechs Schluß.**

quoi *Pron.rel.* **Avoir de quoi** *loc. Avoir qc. de remarquable, par exemple une silhouette extraordinaire ou beaucoup d'argent, etc. {2}*: Elle a de quoi. *Die hat* **was** (**drauf**). ♦ **(Il n') y a pas de quoi!** *ou* **pas de quoi!** *Loc. Cela ne vaut pas la peine d'en parler, formule de remerciement qui exprime* je vous en prie *{1}*. **Keine Ursache!** ♦ **Il y a de quoi** *loc. Il y a lieu de {1}*: Il y a de quoi être fier. **Es gibt Grund**, *stolz zu sein.* / [*Très souvent cette formule s'emploie à la forme négative*]: **'Y a pas de quoi être fier. Darauf kann man nicht gerade stolz sein.** ♦ **De quoi?** / **De quoi de quoi**? *Pron.interrog.* Et alors*, *exprime une menace {2}*. **Was denn?** / **Was willst du denn schon?** ♦ **Pas de quoi fouetter un chat** *loc. Il ne faut pas exagérer {2}*. **Kein Grund, so einen Zirkus zu veranstalten.** ♦ **Ou quoi?** *Loc. Formule qui se place à la fin d'un énoncé et qui, sous forme de question, dénote l'impatience {1}*: Tu veux y aller maintenant ou quoi? *Willst du jetzt dahingehen,* **oder was**? ♦ **Quoi** *Contact. Qui provoque l'attention de l'interlocuteur {1}*: Pas mal, quoi? *Nicht schlecht,* **was?**

R

r.a.b. [ɛrabe] *Abrév.* **R**ien **à b**ranler (**à b**attre / **à b**raire / **à b**rosser) *A propos de qc. dont on n'a rien à faire {3}*: Ils peuvent changer ce qu'ils veulent, moi, en ce qui me concerne, r.a.b. *Die können verändern, was sie wollen, ich* **hab damit nichts am Hut.** ♦ *Rien à faire {2}*: Il a un alibi en béton, r.a.b. *Er hat ein bombenfestes Alibi,* **nichts zu machen.**

rab [rab] *{1}* / **rabiot** *{2} m. Supplément, excédent,* rabiot* *{1}*: Qui veut du rab? *Wer will* **Nachschlag**? / J'ai de la soupe en rab. *Ich hab* **noch** *Suppe* **da**. / Avoir du sommeil en rabiot. *Noch* **müde sein.** ♦ *Effectuer un temps supplémentaire {1}*: J'ai fait du rab hier. *Ich habe gestern* **Überstunden gekloppt.** ♦ *Faire un temps supplémentaire au régiment {2}*: Le troufion a dû faire du rabiot. *Der Landser mußte* **länger dienen** / **nachdienen.** ♦ **Qc. en rab** *expr. Auquel on peut renoncer, en trop {1}*: T'as pas un clope en rab? *Hast du nicht ein Stängchen* **zuviel?** ♦ **Faire du rab** *loc. Gagner sans scrupules {3}*: Je joue plus avec toi, tu fais trop de rab. *Ich spiel nicht mehr mit dir. Du* **sahnst zuviel ab.**

rabat-joie *m. Personne qui vient troubler le plaisir des autres {2}*. **Spielverderber** / **Miesmacher.**

rabibocher *V.t. Raccommoder, reconcilier {3}*: Ils se sont rabibochés. *Sie haben* **sich wieder vertragen** / **zusammengerauft.**

rabioter *V.t. Rogner, déduire indûment pour soi sur la part de qn. {2}*: Il m'a rabioté deux francs. *Er hat mir zwei Francs* **abgeknöpft**. / Combien t'as rabioté? *Wieviel hast du* **abgezweigt**?

rabioteur *m. Qui fait du* rabiot* *{3}*. **Schnorrer** / **Abzweiger.**

râble *m. Postérieur {3}*: Lui rester sur le râble. *Ihm auf den* **Fersen** *bleiben.* / Il nous est **tombé sur le râble.** *Er ist uns* **auf den Pelz gerückt.**

raboter *V.t. Le frotter rudement {3}.* **Abhobeln.** ♦ Raboter le bord d'un trottoir avec les pneus. *Die* **Reifen** *an der Bordsteinkante* **ramponieren.** ♦ *Voler {3}*: Raboter le fric. *Das Geld* **klemmen.**

rabrouer *V.t. Repousser avec rudesse {2}*: Il s'est fait rabrouer par le vendeur. *Er wurde von dem Verkäufer* **angefahren.**

raccommoder *V.t. Réconcilier {1}.* **Versöhnen.** ♦ **(se)** *V.pr. Se réconcilier, se* rabibocher* *{1}*: Ils se raccommodent sur l'oreiller. *Im Bett* **vertragen** *sie* **sich wieder.**

raccord *m.* **Faire un raccord** *loc. Se remaquiller {3}.* **Das Make-up auffrischen.**

raccourcir *V.t. Décapiter {2}.* **Einen Kopf kürzer machen.**

raccrocher *V.t. Rattraper, ressaisir {3}*: Raccrocher une affaire. *Ein Geschäft* **(neu) an Land ziehen.** ♦ Raccrochez! *Loc. Quittez [téléphone] {1}.* **Legen Sie auf!** ♦ *Racoler {3}*: Avant, il y avait souvent une fille qui raccrochait. *Vorher gab es da oft ein Mädchen* **auf Kundenfang.** ♦ **(se)** *V.pr. Se relier à {3}*: Ça se raccroche mal avec le reste. *Das* **paßt** *wenig zu dem Rest.*

race *f.* **Avoir de la race** *loc. Avoir une élégance naturelle {1}.* Une fille qui a de la race. *Ein* **rassiges** *Mädchen.*

racket [rakɛt] *m. Extorquer de l'argent par intimidation [américanisme] {1}*: Victime d'un rakket. **Schutzgelderpressung.** ♦ *Association pratiquant le racket {1}.* **Erpresserbande.**

racketter *V.t. Pratiquer le* racket* *{3}.* **Schutzgelder erpressen.** / Racketter les piétonneuses. *Die Strichmädchen* **abkassieren.**

racketteur *m. Qui rackette {3}.* **Eintreiber.**

raclée *f. Volée de coups {1}.* **Tracht Prügel.**

raclette *f. Essuie-glace [auto] {2}.* **Scheibenwischer** // **Eisschaber.**

racontar *m. Nouvelle peu sérieuse [souvent au pluriel],* → belle *{2}*: Que des racontars. *Nur* **Geschwätz.**

radasse *ou* **radeuse** *f. Prostituée de bas étage,* → rade *{3}.* **Billige Nutte.** ♦ *Ironiquement pour femmes ou épouses en général [dans cette acception, surtout au pluriel] {2}*: Où sont nos radasses? Parties faire du lèche-vitrine. *Wo sind denn unsere* **Weiber**? – *Weg, Schaufenster gucken.*

rade *m. Bar,* troquet*, *comptoir d'un café {3}*: On va boire un coup au rade. *Trinken wir ein Gläschen in der* **Kneipe** // *an der* **Theke** / *am* **Tresen**?

rade *f.* **Etre en rade** *loc. Etre en retard, à la traîne {2}.* **Spät dran sein.** ♦ **Faire la rade** *loc. Racoler [prostitution] {3}.* **Auf den Kiez gehen.** ♦ **Laisser en rade** *loc. Abandonner, laisser sur place {2}*: Il a tout laissé en rade. *Er hat alles* **stehen- und liegenlassen.** ♦ **Tomber en rade** *loc. Tomber en panne {1}*: Il est tombé en rade du côté de Grenoble. *Er* **blieb** *bei Grenoble* **liegen.**

radin *m./Adj. Avare [la forme féminine est très peu usuelle] {1}*: Elle est radin. *Die* **dreht den Groschen dreimal rum.** / **Vieux radin! Alter Geizkragen!**

radiner *V.t. ou* **se radiner** *[plus rare] V.pr. Venir rapidement {2}*: Quand il y a du rabiot à la cuisine, le gros Léon n'est pas le dernier à radiner. *Wenn es in der Küche Nachschlag gibt,* **ist** *der dicke Leo* **sofort da** / **tanzt** *der dicke Leo* **sofort an.** ♦ Tu te radines? **Mach schon!**

radis *m.* **Bouffer les radis par la racine** *loc. Etre enterré {2}.* **Sich die Radieschen von unten angucken.** ♦ **Etre sans un radis** *loc. Etre démuni d'argent, être sans* un* *{2}.* **Ohne eine müde Mark sein.**

raffut *m. Tapage, bruit {1}*: Arrête ta trompette. Tu fais trop de raffut. *Hör auf zu trompeten. Du machst zuviel* **Krach.**

rafiot *m. Mauvais bateau {1}.* **Äppelkahn.**

rage *f.* **Avoir la rage** *loc. Éprouver un profond ressentiment, comme de la haine {3}*: Il avait la rage, alors il a tué ce fils de pute. *Er* **war in Rage** / **außer sich**, *da hat er diesen Hurensohn umgebracht.* ♦ **C'est plus de l'amour, c'est de la rage!** *Loc. Marque une passion violente [souvent ironique] {2}*: C'est Dupont au téléphone. – Encore lui! C'est plus de l'amour c'est de la rage! *Dupont am Telefon. Schon wieder der!* **Das ist der totale Liebeswahnsinn** // **die reinste Affenliebe.**

rageant *m. Irritant {1}*: C'est rageant. *(Das ist)* **zum Verrücktwerden.**

ragots *m.pl. Commérage généralement malveillant,* racontar* *[souvent au pluriel] {1}*: N'écoute pas les ragots. *Hör nicht auf die* **Stußgeschichten.**

raide *Adj. Étonnant, difficile à croire ou à accepter {1}*: **C'est raide. Das ist starker Tobak.** / Ses propos sont **assez raides.** *Seine Ausführungen sind* **schlichtweg unverschämt.** ♦ *Loc. Fort [sens figuré] {1}*: **C'est raide! Da hört (sich) doch alles auf!** ♦ → balle. ♦ **Etre raide (comme une barre)** *ou* **(comme un passe-lacet)** *[plus fort que* comme une barre] *loc. Démuni d'argent {2}.* **(Total) abgebrannt sein.** ♦ **C'est du raide!** *Loc. C'est de l'alcool pur {3}*: Tu prends encore un marc? – Non, merci, c'est du raide! *Nimmst du noch einen Trester? Nee, nee, lieber nicht.* **Das ist ja reiner Alkohol!** ♦ → corde.

raidir *V.i. Mourir {3}*: Il a raidi. *Er hat* **seinen Geist aufgegeben.**

raie *f. Sillon interfessier {3}.* **Popofalte.** ♦ *Derrière {3}.* **Hintern.** / Magne-toi la raie! *Beweg deinen* **Arsch!** ♦ **Pisser à la raie de qn.** *loc. Façon peu convenante d'envoyer promener qn. {3}*: Je te pisse à la raie! *Ich* **piß dich an!** ♦ **Taper dans la raie de qn.** *loc. Sodomiser {3}*: Il l'a tapée dans la raie. *Er hat sie* **in den Arsch gevögelt.** ♦ **Gueule de raie** *expr.f.* → gueule.

rail *m.* **Remettre sur les rails** *loc. Améliorer sensiblement la situation [surtout en parlant d'une entreprise] {1}.* **Wieder flottmachen.**

raisonner *V.i.* **Raisonner comme une pantoufle** *loc.* → pantoufle.

râler *V.i. Se mettre en colère {1}*: Au moindre ennui, il se met à râler. *Bei der geringsten Kleinigkeit* **schnauzt** *er* **los.**

râleur *m. Qui râle {1}.* **Meckerfritze.** ♦ *Adj. Qui aime râler {1}*: Elle est terriblement râleuse. *Sie* **schnauzt ständig** / **meckert für jeden Dreck.**

rallonge *f. Augmentation de salaire {1}*: Tu demandes une rallonge? *Verlangst du eine* **Gehaltsaufbesserung**? ♦ *Augmentation de durée {2}*: Le match a été décidé à la fin de la deuxième rallonge par énumération des penalties. *Das Spiel wurde am Ende der zweiten* **Verlängerung** *durch Elfmeterschießen entschieden.* ♦ *Augmentation de prix de vente {2}.* **Preisaufschlag.** ♦ *Augmentation de peine {2}.* **Nachschlag.**

ramasse *f.* **Etre à la ramasse** *loc. Etre à la traîne [sport] {3}*: Le numéro cinq est à la ramasse. *Die Nummer fünf* **hängt hinterher.**

ramasser *V.t.* **Ramasser une bûche** *loc. Recevoir une correction sévère {2}.* **Hiebe kriegen.** ♦ **Ramasser une pelle** / **un gadin** *loc. Tomber {1}.* **Hinfliegen** / **hinfallen.** ♦ **(se)** *V.pr. Tomber {1}*: Elle s'est ramassée. *Sie ist* **(lang) hingeflogen.** ♦ *Subir un échec, faire un* bide*, se planter *{2} {B}*: Avec cette affaire-là ils se sont ramassés. *Mit diesem Geschäft haben sie* **sich in die Nesseln gesetzt.** ♦ **Ramasser une veste** *loc.* → veste. ♦ **S'en ramasser une** *loc. Avoir droit à une gifle {1}*: Si tu continues, tu vas t'en ramasser une. *Wenn du so weitermachst,* **fängst du dir eine.**

rambour *m.* → rembour.

ramdam [ramdam] *m. Bruit, vacarme {1}.* **Höllenlärm!** ♦ **Faire du ramdam** *loc. Rouspéter {2}*: Elle va encore faire du ramdam. *Sie wird wieder* **maulen.**

rame *f.* **Avoir la rame** *loc. Etre paresseux {2}.* **Stinkfaul sein.** ♦ **Ne pas en foutre une rame** *loc. Même sens,* → foutre.

ramée *f.* **Ne pas en ficher une ramée** *loc. {1}.* **Überhaupt nichts tun.**

ramener sa fraise *ou* **la ramener** *loc. Protester, se mêler de ce qui ne vous regarde pas,* → fraise *{1}*: Dès qu'on lui fait une observation, il faut qu'il la ramène. *Sobald man ihm etwas sagt, muß er* **losmaulen.**

ramer *V.i. Travailler, faire de gros efforts,* bosser* *{2}*: Qu'est-ce que j'ai pu ramer aujourd'hui! *Hab ich heute* **gewulacht**!

ramier *m./Adj. Paresseux {3}.* **Fauler Bock** / **stinkfaul.**

ramolli *ou* **ramollo** *m./Adj..inv. Sans énergie, gâteux {1}*: Un ramolli du cerveau. *Ein* **„Geistesheld"**. / Un vieux ramollo. **Einer von gestern** / **Ein verkalkter** *Typ.* / Ce ramollo n'en fout pas une rame. *Dieser* **Saftsack** *macht keinen Schlag.*

rampe *f.* **Lâcher la rampe** *loc. Mourir {2}.* **Über die Wupper** / **den Jordan gehen** / **hopsgehen.** ♦ **Tiens bon la rampe!** *Loc. Fais attention à ta santé {2}*: **Paß auf dich auf!** / **Halt die Ohren steif!**

ramper *V.i. Rouler lentement {3}.* **Kriechen.** ♦ *S'abaisser, se soumettre {2}*: Il rampe devant n'importe qui. *Der* **kriecht** *vor allen.*

rancart *m.* **Mettre qn., qc. au rancart** *loc. Mettre de côté, au rebut {1}.* **Jdn. kaltstellen** / **aus dem Verkehr ziehen** / **etwas zu den Akten legen.** ♦ **Avoir rancart avec qn.** *loc. Avoir un rendez-vous {2}*: Elle a rancart avec son jules. *Die* **hat** *eine* **Verabredung mit** *ihrem Typ.* / → rencard.

rance *m.* **Etre du dernier rance** *loc. Ne plus être à la mode depuis longtemps {3}*: Chouette, son manteau. Il est du dernier rance. *Tuffig, ihr Mantel. Der* **letzte Schrei von anno tuf.** ♦ *Adj. D'antan {3}*: Un monsieur un peu rance. *Ein Mann* **von gestern.**

rangé des voitures *loc. Retiré de la vie active {2}*: Depuis fin mars, il est rangé des voitures. *Seit Ende März* **sitzt er auf dem Altenteil.**

rantanplan *m.* **Au rantanplan** *expr.adv. Bluff {3}*: Ils ont fait ça au rantanplan. *Sie haben es (nur)* **zum Schein** *gemacht.* / **Ist nur Mache.**

râpé *Adj.* **C'est râpé.** *Loc. C'est raté {1}.* **Das ist im Teich.**

râper *V.t. Posséder sexuellement {3}*: Jamais, il n'en avait râpé une comme celle-ci. *Noch nie hatte er eine wie die* **flachgelegt.**

rapiat [rapja] *m.inv./Adj.inv. Avide, cupide,* radin* *{2}*: La patronne est rapiat. *Die Chefin ist* **knauserig.**

rapide *m./Adj. Qui comprend vite ou qui travaille vite et avec efficacité {1}*: Mireille est une rapide. *Mireille ist* **von der schnellen Truppe.** ♦ **Rapide vite fait** *expr.m. Qui se fait sans effort,* vite fait* *{2}*: Mais non, pensez-vous, c'est du rapide vite fait. *Aber nein,* **das geht** *doch* **hopp hopp.**

rapido *ou* **rapidos** [rapidos] *Adv. Rapidement {1}*: Apporte deux verres, rapido. *Bring zwei Gläser,* **hopp.** ♦ **Rapido presto** *expr.adv. Même sens {1}*: Et après, tu reviens tout de suite. Mais rapido presto. *Und hinterher kommst du sofort zurück. Aber ein* **bißchen dalli.**

rapière *f. Arme blanche {3}.* **Messer.**

raplaplat *Adj.inv. Fatigué {1}*: J'étais complètement raplaplat. *Ich war total* **erschossen.**

rappliquer *V.t. {1} ou* **se rappliquer** *V.pr. {3} Venir, revenir*: Tu rappliques à quelle heure? *Du* **bist** *um wieviel Uhr* **hier** / **da**?

rapport à *loc.prép. A cause de {3}*: Je m'abstiens de toute remarque rapport à ta femme. ***Zu*** *deiner Frau enthalte ich mich jeglicher Äußerung.*

rapporter *V.t. Moucharder {1}*: Écoute, on n'aime pas les petits garçons qui rapportent. *Hör mal, kleine Jungen, die* **petzen**, *mögen wir nicht.*

rapporteur *m. Mouchard {1}*. ***Petzer.***

raquer *V.t. Payer {3}*: A toi de raquer! *Du bist dran mit* **Löhnen**!

rare *Adj.inv. Inattendu, surprenant {2}*: Ça serait rare qu'il accepte. *Das wäre* **neu**, *daß der einwilligt.* / *Claude est une perle rare! Claude ist eine* ***seltene Perle***!

ras *m.* **Ras-le-bol** *expr.m. Exaspération, lassitude {1}*: Le ras-le-bol universel. *Der allgemeine* ***Null-Bock.*** ♦ **En avoir ras le bol** *loc. En avoir vraiment assez, être excédé, en avoir plein le* cul* *{1}*. ***Die Schnauze gestrichen voll haben.*** ♦ **Ras de** *loc. Même sens {1}*: Ras des hommes mariés! ***Schluß mit*** *verheirateten Männern!* ♦ **Ras du cul** *expr.m./Adj. Mini-jupe très courte {1}*: Un ras du cul. *Ein* **Popokurzer.** / *Expr.adv. {1}*: Elle s'habille **au ras du cul**. *Sie trägt* ***popokurz.***

rasant *Adj. Ennuyeux {1}*: Qu'elle est rasante, la bonne femme! *Ist die* **irre**, *die „Gutste"* [*iron.*]!

raser *V.t. Énerver {1}*: Ça me rase. *Das* **nervt** *mich.* ♦ **(se)** *V.pr.* **Se raser à cent sous de l'heure** *loc. S'ennuyer énormément {2}*. ***Sich zu Tode langweilen.***

raseur *m./Adj. Importun {1}*: Ce qu'il peut être raseur! *Kann der* ***nerven!***

rasibus [razibys] *Adv. Ras, au ras, très près {3}*: Le projectile m'est passé rasibus de l'oreille. *Die Kugel flog mir* **haarscharf** *am Ohr vorbei.* ♦ **Et puis: rasibus!** *Interj. Et puis, tout est (était) fini {2}*: ***Und dann: Ende der Sendung!***

rasoir *m./Adj.inv. Ennuyeux {1}*: Un film rasoir. *Ein* **ätzender** *Film.* ♦ Quel rasoir. *So eine* ***Nervensäge.***

rasta *ou* **rastaquouère** *m.inv./Adj.inv. Étranger d'origine mal définie, surtout en provenance d'un pays du sud, de l'Afrique par exemple, et qui mène une grande vie [xénophobe] {3} {B}*. **Scheiche** [*Orientalen, Südamerikaner*]. ♦ Terrible, cette musique rasta. *Furchtbar, diese* **Neger***musik.* ♦ *Très proche de l'afro-look {3}*: Une coiffure rasta. **Dreadlocks.** / Le look rasta. ***Rastalook.***

rat *m.* **Face de rat** *expr.m. Visage désagréable {3}*. ***Rattengesicht.*** ♦ *Adj. Avare,* radin* *{1}*: Il est rat. *Der ist* **knauserig**. / C'est un rat. *Das ist ein* ***Pfennigfuchser.*** ♦ **Un rat de bibliothèque** *expr. Qui aime travailler dans les bibliothèques {2}*. *Ein* **Bücherwurm**. ♦ **Rat d'église** *expr.m. Qui fréquente l'église, qui a l'air très croyant {2}*. ***Kirchenmaus.*** ♦ **Nid à rats** *expr.m. {1}*. ***Rattennest.*** ♦ **Rat d'hôtel** *expr.m. {2}*. ***Hoteldieb.*** ♦ **Petit rat** *expr.m. Débutant(e) dans un ballet [Opéra de Paris] {3}*. ***Ballettmaus.*** ♦ **Mon petit rat** *expr. Ma petite chérie {3}*. ***Mein Mäuschen.***

rata *m. Ragoût de pommes de terre et de haricots {1}*. ***Brei.*** ♦ *Repas {2}*: Le rata n'était pas terrible, ce soir. *Heute abend gab es wieder einen* ***Fraß.*** / **C'est pas de la soupe, c'est du rata, c'est pas de la merde, mais ça viendra!** [*Refrain modelé sur une fameuse sonnerie militaire, chanté par les soldats ou les pensionnaires etc. au moment où le* frichti *arrive.*]

ratatiner *V.t. Tuer, écraser, anéantir {2}*: Je vais te ratatiner, mon pote. *Ich* ***mach Kleinholz aus dir***, *mein Bester.*

ratatouille *f. Ragoût grossier {3}*: Nous avons mangé une ratatouille dans une gargote. *Wir haben so einen* ***undefinierbaren Brei*** *in einer miesen Kneipe gegessen.*

rate *f.* **Se dilater la rate** *loc. Rire excessivement {1}*. ***Sich schimmelig lachen.*** ♦ **Ne pas se fouler la rate** *loc. Travailler sans ardeur, vivre en paresseux {1}*. ***Sich nicht überarbeiten.***

raté *m. Individu qui n'a pas réussi {1}*: Son fils, c'est un raté. *Ihr Sohn ist eine* ***Niete.*** ♦ → Yamamotokadesratés.

rateau *m. Peigne {2}*. ***Läuseharke / -rechen.***

rateliers *m.pl.* **Manger à tous les rateliers** *loc. Servir toutes les causes à son profit {1}*. ***Keine Möglichkeit auslassen.*** / Ce journaliste mange à tous les rateliers. *Dieser Journalist* ***nimmt mit, was er kann.***

ratiboiser *V.t. Rafler, prendre, ruiner {2}*: A la sortie du casino, il était ratiboisé. *Als er aus dem Casino kam,* ***war*** *er* ***blank.*** / On m'a ratiboisé mon portefeuille. *Man hat mir die Brieftasche* ***geklemmt.*** / Si tu ne me prêtes pas cette somme, je suis ratiboisé. *Wenn du mir diese Summe nicht leihst,* ***bin ich Matthäus am letzten.***

ratiche *f. Couteau {3}*: Tu me passes la ratiche, s'il te plaît? *Tu mir bitte mal das* ***Messer.*** ♦ *Dent {2}*: Ne plus avoir de ratiches dans le piano. ***Auf dem Zahnfleisch kauen.***

ration *f.* **Avoir sa ration** *loc. Avoir son compte {1}*: Cesse de cogner dessus, il a sa ration. *Hör auf draufzuhauen, er* ***hat sein Fett weg.*** / Cesse de boire, t'as ta ration. *Hör mit dem Trinken auf, du* ***hast dein Quantum.*** ♦ *Pour une femme: Etre comblée sexuellement {2}*: Madame a eu sa ration. *Madame* ***hat ihre Ladung gekriegt.***

ratisser *V.t. Rafler, escroquer, ruiner {3}*: On l'a ratissé au jeu. *Man hat ihn beim Spiel* ***ausgenommen.*** ♦ *Nettoyer en parlant de la police {2}*: La police a ratissé le quartier. *Die Polizei hat das Viertel* ***durchkämmt.*** ♦ **Ratisser large** *loc. Réunir le plus de données dans une recherche ou le plus de sympathisants {2}*: Cet argument permettra à l'opposition de ratisser large. *Dieses Argument* **bringt** *der Opposition* **massiv** *Stimmen/Sympathien* **(ein)**. / Il cherche du boulot dans n'importe quelle branche, il ratisse large. *Er sucht in egal welcher Branche Arbeit, er* ***läßt keine Möglichkeit aus*** / ***versucht es überall.***

raton *m. Maghrébin* [*raciste*] {*3*}: ***Mistaraber.***

ratonnade *f. Brutalités racistes envers les Arabes* {*1*}: [*Etwa*] **Ausschreitungen gegen nordafrikanische Einwanderer.** ♦ *Action brutale de la majorité contre une minorité en général* {*2*}: Selon les journaux, il y avait des ratonnades contre les partisans du colonel. *Die Zeitungen meldeten* (**schwere**) ***Ausschreitungen*** *gegen die Anhänger des Obersten.*

raugmenter *V.t. A la place de réaugmenter* {*3*}: Tu vas encore être raugmenté. *Du kriegst* ***wieder Gehaltserhöhung.*** / La viande raugmente. *Fleisch wird* ***teurer.***

ravage *m.* **Faire des ravages (dans les coeurs)** *loc. Provoquer des passions irrésistibles* {*2*}: Si tu lui achetais cette bagouse, ça ferait des ravages. *Wenn du ihr diesen Ring kaufen würdest, würdest du sie* ***in Verzückung bringen.***

ravagé *Adj. Fou* {*1*}. ***Bestußt.***

ravageuse *Adj.* **Souris ravageuse** *expr. Jeune femme vive, très séduisante et facile* {*2*}. ***Anmachermaus.***

ravalement *m. Maquillage* {*2*}: Elle fait son ravalement. *Sie trägt* ***Kriegsbemalung*** *auf.*

ravaler sa chique *loc.* → chique. ♦ **Se ravaler la façade** *loc. Se maquiller* [*surtout de femmes âgées*] {*2*}. ***Kriegsbemalung auftragen.***

ravigoter *V.t. Remettre en force, rechauffer les membres en hiver* {*1*}: Un 'tit verre va vous ravigoter. *Ein kleines Gläschen wird Ihre* ***Lebensgeister wieder wecken.*** / *Sie* ***wieder auf die Beine bringen.***

ravitaillement *m. Nourriture* {*2*}: Du ravitaillement pour une semaine. ***Verpflegung*** *für eine Woche.* ♦ **Carte de ravitaillement** *expr. Derrière* [*plutôt important*] {*3*}. ***Beachtlicher Hintern.***

ravoir *V.t. Remettre en état, récupérer* [*ne s'emploie qu'à l'infinitif*] {*2*}: T'en fais pas! Tu vas ravoir ton vélo. *Mach dir keine Sorgen. Du* ***kriegst*** *dein Fahrrad schon* ***wieder.*** ♦ *Redonner son aspect initial*: Tu vas sans doute arriver à ravoir l'argenterie. *Du kriegst das Silber bestimmt* ***wieder hin wie neu.***

rayon *m.* **En connaître un rayon** *loc. En savoir long, bien connaître la question* {*2*}. ***Einen Stiefel von etwas verstehen.*** ♦ **C'est mon rayon.** *Loc. Ça me regarde* {*2*}. ***Das ist mein Bier.*** / C'est pas (de) mon rayon! *Das ist doch nicht mein Bier!* ♦ *C'est ma spécialité* {*2*}. ***Das ist meine Spezialität.*** ♦ **En mettre un rayon** *loc. Y mettre toute son ardeur* {*3*}. ***Sich unheimlich Mühe geben.***

réac [reak] *m./Adj. Réactionnaire* {*1*}. ***Ultrarechter*** / ***ultrarechts*** / ***reaktionär.*** / Tu serais pas un peu réac, toi? *Bist du vielleicht ein bißchen* ***reaktionär?***

rebectage *m. Action de refaire une situation ou sa santé* {*3*}. **Erholung** / **Sanierung**.

rebecter (se) *V.pr. Se recréer* {*3*}: Se rebecter à la cambrousse. ***Sich*** *auf dem Land* ***wieder bekrabbeln.*** / La boîte s'est rebectée. *Die Firma hat* ***sich*** *wieder* ***bekrabbelt.***

rebelote! *excl. La même chose, on recommence* {*2*}. Allez, rebelote! ***Auf ein Neues!*** // ***Nochmal das gleiche!*** / Le lendemain matin rebelote. *Am nächsten Morgen* ***wieder dasselbe.***

rebiffe *f. Vengeance* {*3*}: Il ne voyait que la rebiffe. *Er wollte sich nur noch* ***rächen.*** ♦ *Révolte* {*3*}. ***Aufmüpfigkeit.***

rebiffer (se) *V.pr. Refuser d'obéir en protestant, regimber, se révolter* {*2*}: Cet enfant se rebiffe quand on lui demande qc. *Dieses Kind* ***wird aufmüpfig****, wenn man ihm etwas aufträgt.*

rebrousse: A rebrousse-poil *loc.adv. A l'opposé de ce qu'on fait d'ordinaire, d'une manière contraire au bon sens* {*1*}: Ça lui **va à rebrousse-poil**. *Das* ***geht*** *ihm* ***gegen den Strich.*** ♦ *Prendre qn. maladroitement* {*2*}: Dupont aurait eu son augmentation s'il n'avait pas pris le patron à rebrousse-poil. *Dupont hätte seine Erhöhung gekriegt, wenn er den Boss nicht* ***verkehrt angefaßt*** *hätte.*

récal *m./Adj. Récalcitrant, qui est difficile à manier* {*3*}: **Etre récal du lazingue.** ***Nicht mit den Moppen raus wollen.***

recalé *m.Adj. Refusé à un examen* {*1*}: Les recalés du bac. *Die* ***durchgefallenen*** *Abiturienten.*

recaler *V.t. Refuser à un examen* {*1*}: Il a été recalé. *Er ist* ***durchgesaust.***

recevoir *V.t. Comprendre, interpréter* [*selon Pierre Merle*: *langage* intello] {*B*}: J'ai reçu ça assez mal! *Das habe ich sehr übel* ***aufgefaßt.***

recharger *V.t./i. Remplir les verres à nouveau* {*1*}: Garçon! Rechargez! *Kellner!* ***Noch eine Füllung!*** ♦ **Recharger ses batteries** *loc. Se remettre en forme, se refaire une santé* {*1*}: Il faut que tu recharges tes batteries. *Du mußt mal wieder* ***richtig auftanken.***

réchauffé *m. Du déjà connu, de la neige d'antan* {*2*}: C'est du réchauffé. *Das ist doch* ***kalter Kaffee.***

récluse *f. Réclusion* {*3*}: Avec quatre ans de récluse c'est un vrai taulard. *Mit vier Jahren* ***Bau*** *ist er ein echter Knastologe.*

récré *f. Récréation* [*école*] {*1*}: On va en récré? *Gehen wir in die* ***Pause?***

recta *Adv. Ponctuellement* {*2*}: Payer recta. ***Prompt*** *(be)zahlen.* ♦ *Juste* {*2*}: C'est recta. *Das ist* ***korrekt*** / ***sauber.***

rectifier *V.t. Casser, tuer* {*2*}: Tu vas te faire rectifier. *Die* ***machen*** *dich* ***kalt.***

récupérer *V.t. S'approprier, prendre* {*1*}: Où t'as récupéré le stylo? *Wo* ***hast*** *du den Füller*

her? ♦ *Reprendre ses forces* {*2*}. ***Wieder zu Kräften kommen.***

redresse: Mec à la r'dresse *expr. Loubard, rouleur des mécaniques, proxénète, chef de bande* [*en tout cas qn. qui attire le mérite du milieu*] {*3*}: Les mecs à la redresse qui régnaient sur le quartier. *Die* ***Bosse*** / ***Obermacker****, die das Viertel beherrschten.*

refaire *V.t. Tromper, duper,* rouler* {*2*}: J'ai encore été refait! *Ich bin schon wieder* ***reingelegt*** *worden!* ♦ **(se)** *V.pr. ou* **se refaire la cerise** / **une santé** *loc. Reprendre ses forces, se soigner* {*3*}: Il se refait une santé à la cambrousse. *Er* ***spannt*** *auf dem Lande* ***aus.*** ♦ **Se refaire une beauté** *loc. Se coiffer, se maquiller* [*à propos d'une femme*] {*3*}. ***Sich aufdonnern.*** ♦ *Changer son comportement ou ses habitudes* {*2*}: A mon âge, on peut pas **se refaire**. *In meinem Alter kann man* ***sich*** *nicht* ***ändern.*** / Tu ne me referas pas. *Du* ***änderst*** *mich auch nicht.* ♦ **C'est fait et refait!** *Loc. Entendu* {*2*}. ***Abgemacht!***

refiler *V.t. Écouler, glisser, donner qc. dont on veut se débarrasser* {*1*}: Elle m'a **refilé** ses vieilles fringues. *Sie hat* ***mir*** *ihre alten Klamotten* ***angedreht.*** / Il m'a **refilé sa grippe.** *Er hat* ***mir seine Grippe angedreht.*** ♦ *Prêter, donner* {*1*}: Tu me **refiles** ta montre? ***Gibst*** *du mir deine Uhr?*

refouler du goulot *loc. Sentir mauvais de la bouche* {*3*}: Mon voisin refoulait du goulot. *Mein Nachbar* ***stank aus dem Hals.***

refrain *m. Loc. Rengaine,* → musique {*2*}: **C'est toujours le même refrain.** ***Immer die gleiche Leier.***

refroidi *m. Cadavre* {*3*}: Le parc des refroidis. *Der* ***Leichenacker.***

refroidir *V.t. Tuer* {*2*}. ***Kaltmachen.***

refus *m.* **C'est pas de refus!** *Loc. Répond affirmativement à la question* Vous prendrez bien (un petit verre, un morceau de gâteau, etc.) {*1*}: Oh, c'est pas de refus! ***Ja, da kann man (doch) nicht nein sagen!***

refuser (se) *V.pr.* **Ne rien se refuser** *loc. Ne se priver de rien* {*1*}: Pratiquement elle ne se refuse rien. *Praktisch* ***leistet sie sich, was sie will.*** / T'as vu sa nana? Dis donc, il se refuse rien. *Hast du seine Kleine gesehen, er* ***hat, was er will.***

regardant *Adj. Économe* [*souvent à la forme négative*] {*1*}: Une femme regardante. *Eine Frau,* ***die das Geld zusammenhält.*** / Il est pas regardant. *Der ist nicht* ***knauserig.***

regarder qn. de travers *loc. Manifester son désaccord par un regard peu propice* {*2*}: En m'entendant parler de la sorte, elle m'a regardé de travers. *Als sie mich so sprechen hörte,* ***guckte*** *sie* ***mich schief an.***

régime jockey *m. Régime alimentaire de basses calories* {*1*}: Tu **t'es mis au régime jockey?** ***Machst du F.D.H.?***

régiment *m.* **En avoir pour tout un régiment** *loc. En avoir en abondance* {*2*}. ***Eine ganze Armee mit etwas versorgen können.***

règle *f.* **Avoir ses règles** *loc. Menstruation* {*1*}. ***Ihre Regel / Tage haben.***

réglo *Adj./Adv. Normal, suivant les règles* {*1*}: La paye suit réglo. *Die Bezahlung folgt* ***prompt.*** / C'est réglo. *Alles ist* ***korrekt.*** / Un gars réglo. *Ein* ***korrekter*** *Bursche.* / Fifty-fifty, c'est réglo. *Halbe-halbe ist* ***gebongt.***

régule *Adj.* Régulier*, réglo* {*3*}. ***Korrekt.***

régulier *Adj. Correct, honorable, qui ne trompe pas* {*2*}. ***Korrekt.*** ♦ **A la régulière** *expr.adv. Sans tricher, correctement* {*2*}: On joue à la régulière! *Spielen wir* ***richtig!***

régulière *f. Épouse ou maîtresse en titre* {*3*}. ***Angetraute / „Stammfrau".***

reine *f. Homosexuel* [*souvent: qui se prostitue*] {*2*}. ***Stricher / Warmer.*** ♦ *Superlatif, analogiquement à* roi {*1*}: La reine des tantouses. ***Stockschwuler.*** / La reine des poufiasses. ***Obernutte.***

reins *m.pl.* **Tour de reins** *expr.m. Lumbago* {*1*}. ***Hexenschuß.*** ♦ **Avoir les reins solides** *loc. Etre suffisamment riche ou puissant pour faire face à une épreuve* {*1*}: Le président va sortir victorieux des élections. Il a les reins solides. *Der Präsident wird die Wahlen schon gewinnen. Er* ***sitzt fest im Sattel.*** / Cet échec ne les ruine pas. Ils ont les reins solides. *Diese Schlappe ruiniert sie nicht. Sie* ***haben ein ordentliches Polster.*** ♦ **Casser les reins à qn.** *loc. Briser sa carrière* {*1*}. ***Jdm. den Hals brechen.*** ♦ **Mettre l'épée dans les reins** *loc. Harceler sans répit, contraindre d'agir* {*1*}: Il m'a mis l'épée dans les reins. *Er hat mir* ***das Messer an die Kehle gesetzt.*** ♦ **Sonder les reins et le cœur de qn.** *loc. Chercher à connaître ses forces et ses sentiments intimes* {*3*}. ***Jdn. auf Herz und Nieren prüfen.*** ♦ **Avoir qc. sur les reins** *loc. Endosser malgré soi la responsabilité de qc.* {*3*}. ***An allerhand zu tragen haben.*** ♦ **Avoir une belle chute de reins** *loc. Rime avec* Chutes du Rhin [à Schaffhouse] *et, par là, invite à des jeux de mots* {*3*}. ***Einen irren Hintern haben.***

relancer *V.t. Rappeler à qn. ses engagements, importuner avec insistance* {*1*}: Pour qu'il paie, faut le relancer. *Damit er zahlt, muß man ihm* ***auf die Füße treten.***

relax [rəlaks] *Adj.inv. Détendu* {*1*}: Un mec très relax. *Ein* ***lässiger*** *Typ.* ♦ *Loc.* {*2*}: **Relax!** ***Lokker vom Hocker!***

reloquer (se) *V.pr. Se rhabiller* {*2*}: Reloque-toi, les voisins vont débarquer. ***Klamotten wieder an!*** *Die Nachbarn sind im Anmarsch.*

reluire *V.t.* **Manier la brosse à reluire** *loc. Flatter qn.* {*1*}: De mauvaises langues disent qu'ils ne font que manier la brosse à reluire. *Böse Zungen behaupten, daß die nichts anderes tun als* ***beweihräuchern.***

reluquer *V.t. Regarder avec intérêt et convoitise {1}*: Enfin il l'a acheté, ça fait un bout de temps qu'il le reluque. *Endlich hat er es gekauft, er* ***schielt*** *schon seit langem* ***danach****.* / Reluquer le magot de qn. *Nach jds. Ersparnissen* ***schielen****.* / Reluquer les filles. *Den Weibern* ***nachsehen.*** / Reluquer les voitures. Autos ***beäugeln.***

remballer ses outils *loc. Se reculotter {3}*: T'as déballé tes outils, maintenant tu peux les remballer à nouveau. *Du hast* ***deine „Siebensachen" ausgepackt*** *und jetzt kannst du sie auch wieder* ***einpacken.***

rembarrer *V.t. Remettre à sa place, éconduire {1}*: On s'est fait rembarrer. *Wir* ***haben eine Abfuhr gekriegt.***

rembour *m. Rendez-vous*, rancard* *{3}*: Rembour: A la vieille horloge. ***Verabredung****: An der alten Uhr.*

rembourré *Adj. Corpulent, dodu {1}*: Marie est **bien rembourrée**. *Marie ist* ***gut gepolstert.***

remettre *V.t.* **Remettre ça** *loc. Recommencer avec une histoire déjà trop connue {1}*: Ça y est. Je sens qu'il va remettre ça, avec ses histoires de guerre. *Es ist soweit. Jetzt wird er* ***schon wieder diese Platte auflegen****. Mit seinen Kriegsgeschichten.* ♦ *Prendre une nouvelle consommation {1}*: Garçon! **Remettez-nous ça**! *Kellner,* ***nochmal das gleiche für uns!*** ♦ **Ne plus y remettre les pieds** *loc.* → pied. ♦ **Remettre qn. à sa place** *loc. Le corriger {1}*. ***Jdn. zurechtweisen.*** ♦ **En remettre** *loc. Ajouter des détails mensongers, exagérer {1}*: Elle dit que son mari gagne trois briques par mois. Je crois qu'elle en a remis un peu. *Sie sagt, ihr Mann verdient dreißig Mille im Monat. Ich glaube, sie hat einiges* ***hinzugeflunkert.*** / Quand il raconte une histoire, il faut toujours qu'il en remette. *Immer wenn er eine Geschichte erzählt, muß er* ***etwas hinzudichten.***

remiser *V.t.* **Remiser (qn. à sa place)** *loc. Le remettre à sa place {3}*. ***Jdm. die Flügel stutzen.*** ♦ *Loc. Éloigner qn. d'un poste {2}*: Il a **été remisé au grenier**. *Er* ***wurde in die Wüste geschickt****.*

remonter le courant *loc. Rétablir la situation,* → pente *{1}*: Après la mort de son mari, elle a eu du mal à remonter le courant. *Nach dem Tod ihres Mannes hatte sie es schwer,* **(wieder) *zurechtzukommen.*** ♦ → moral.

rempiler *V.i. Se rengager [souvent pour les soldats] {2}*: Il a rempilé pour deux ans. *Er hat zwei Jahre* ***verlängert****.*

remplumer (se) *V.pr. Rétablir sa santé ou ses affaires {1}*: Il se remplume en province. *Er* ***schöpft*** *auf dem Land wieder* ***Kraft.*** ♦ La boîte s'est remplumée. *Die Firma hat* ***sich wieder eingekriegt.***

rempocher *V.t. Reprendre son argent {1}*: Rempoche-le donc! ***Steck*** *es doch wieder* ***ein****!*

remuer (se) *V.pr. Se dépêcher*, se magner* *{2}*: Remue-toi! ***Beweg dich!*** ♦ **Ne pouvoir remuer ni pied ni patte** *loc. Ne pas pouvoir bouger {2}*. ***Sich keinen Deut rühren können.***

renâcler *V.i. Refuser une contrainte, répugner {1}*: Il l'a fait sans renâcler. *Er hat es* ***ohne Murren /Meckern*** *getan.* ♦ **Renâcler à la besogne** *loc. Ne pas aimer le travail {1}*. ***Arbeitsscheu sein.***

rencard *aussi* **rencart** [→ rancart] *m. Rendez-vous {1}*: Filer un rencard. *Ein* ***Treffen*** *ausmachen.* ♦ *Renseignement plus ou moins confidentiel {2}*: Il n'est pas chiche en discours, avec ses rencards du secteur. *Er geizt nicht gerade mit seinen örtlichen* ***Vertraulichkeiten****, wenn er quatscht.*

rencarder *V.t. ou bien* **se rencarder** *V.pr. Renseigner, donner des tuyaux {2}*: Est-ce tu peux me rencarder? *Kannst du mir* ***einen Tip geben****?* / Rencarder les flics. *Den Bullen* ***einen Tip geben.***

rencontrer *V.t.* **Comme cela se rencontre!** *Loc. Comme cela se trouve {2}*. ***Wie es sich doch trifft!***

rendre *V.t./i.* **Ça rend bien** *loc. Rapporter gros {1}*. ***Da kommt was bei rum.***

rendu *m. Marchandise rendue à un commerçant et remboursée au client {1}*. ***Ausschuß- / Reklamationsware****.*

renifler *V.t. Flairer {2}*: Renifler une bonne affaire. *Ein Geschäft* ***riechen / wittern.*** ♦ *Supporter dans un contexte négatif,* → blairer *{3}*: Elle ne peut pas le renifler. *Sie kann ihn nicht* ***verknusen.*** ♦ *V.i. Sentir mauvais {2}*: Ça renifle ici. – Et comment! *Das* ***stinkt*** *hier. – Und wie!*

rentre-dedans: Faire du rentre-dedans *loc. Flirt pressant {1}*: Il voulait faire du rentre-dedans. *Er wollte* **(*ihr*)** ***gleich einen rein tun.***

rentrer dedans (dans le chou / le lard) *loc. Frapper, attaquer {1}*. ***Voll drauflos gehen.*** / Il va lui rentrer dans le chou. *Er wird ihm* ***zeigen, was 'ne Harke ist.***

renverser la vapeur *loc. Se reprendre, changer complètement d'opinion ou de tactique {2}*. ***Wie ausgewechselt sein / das Fähnlein*** **(*neu*)** ***in den Wind hängen.***

renvoi *m. Éructation {1}*. ***Rülpser.***

repasser *V.t. Escroquer, voler au jeu {2}*: Je me suis fait repasser. *Ich hab mich* ***beschummeln / linken*** *lassen.*

repêcher *V.t. Recevoir un candidat à un examen en majorant ses notes {1}*: Ils l'ont repêchée à cause de ses beaux yeux. *Sie haben sie wegen ihrer schönen Augen* ***durchkommen lassen.***

repérer *V.t. Surveiller, observer {1}*. ***Beschatten.*** ♦ *Trouver, retrouver {1}*: T'as repéré tes clefs? ***Hast*** *du deine Schlüssel* ***wieder?*** ♦ **(se)** *V.pr. S'orienter {1}*: Quand j'ai vu le porche, je me suis repéré. *Als ich den Bogen sah, hab ich* ***mich wieder zurechtgefunden.***

repiquer *V.i. ou* **repiquer au truc** *loc. Recommencer, revenir à qc., prolonger un contrat {2}*: Tu repiques au truc? Non merci, deux ans me suffisent. ***Nimmst*** *du* ***noch Nachschlag / verlängerst*** *du? Nein danke, zwei Jahre reichen mir.* ♦ *Reprendre d'un plat {2}*: Tu repiques encore? Te laisse pas abattre! ***Nimmst du noch nach****? Laß dich nicht lumpen!*

répondant *m.* **Avoir du répondant** *loc. Avoir des économies ou des capitaux servant de garantie {3}*: Elle a un sérieux répondant. *Sie* **hat schwer** ***was auf der hohen Kante.***

réponse poivre et sel *expr.f. Réponse peu aimable {2}*. **Gepfefferte Antwort / Abfuhr.**

repos *m.* **Le repos du guerrier** *expr. Femme disponible et compréhensive qui permet à son amant d'oublier ses soucis quotidiens {2}*. **Bettvergnügen.** / Pour lui, les femmes c'est tout juste le repos du guerrier. ***Für ihn sind Frauen fürs Bett da.***

reposer (se) *V.pr.* **Se reposer sur ses lauriers** *loc. Se contenter de ses succès {1}*. ***Sich auf seinen Lorbeeren ausruhen.***

repousser *V.i.* / **repousser du goulot** [*plus fréquent*] *loc. Sentir mauvais de la bouche, aussi pour qn. qui sent le vin ou la bière {3}*. ***Aus dem Hals stinken.***

reprendre *V.i. Se dit pour reprendre le travail {1}*: Je vais reprendre lundi. *Ich* **fange** *Montag* ***wieder an.***

reprise *f. Somme demandée par un locataire, un concierge, un propriétaire, pour succéder au locataire précédent, sous prétexte d'une installation d'équipements ou d'améliorations apportées au logement {1}*: 'Y a une petite reprise à payer, naturellement. *Es ist natürlich ein kleiner* ***Abschlag*** *zu zahlen.*

repro *f. Reprographie {1}*. **Repro.**

requin *m. Individu cupide et dangereux {1}*: Les requins de la finance. *Finanz***haie.**

requinquer *V.t. Remettre en forme {2}*: Par ce froid, un petit verre, ça te requinque. *Bei dieser Kälte* ***bringt*** *dich ein Gläschen* ***wieder in Form.***

resquille *f. Action de* resquiller*, *débrouillardise {1}*: Ce garçon est un spécialiste de la resquille. *Der Junge ist ein Spezialist im* ***Sich-Reinpfuschen // Vorpfuschen // Ergattern.***

resquiller *V.i. Entrer sans payer, passer sans aucun droit devant les autres {1}*: Il resquille. *Er* ***pfuscht sich vor // pfuscht sich rein.*** ♦ *Obtenir illicitement {2}*: Il a resquillé un plat. *Er hat eine Mahlzeit* ***erschwindelt.***

resquilleur *m. Qui* resquille* *{3}*. ***Vorpfuscher // „Sich-Reinpfuscher" // Schnorrer.***

restau *ou* **resto** *m. Restaurant {1}*: On dîne au restau? *Essen wir heute abend im* ***Restaurant****?*

reste *m.* **Ne pas demander son reste** *loc. Ne pas insister {3}*: Il n'a pas demandé son reste. *Er hat* ***nichts mehr gesagt.*** ♦ **Avoir de beaux restes** *loc. Se dit d'une femme qui est toujours attractive {3}*. ***Noch gut erhalten sein.*** ♦ **Et le reste et tout le reste** *loc.adv. Formule donnée à la fin d'une énumération pour signaler qu'on la laisse incomplète*, et cetera, et ainsi de suite *{1}*: Il est menteur, paresseux, et le reste. *Er lügt, ist faul* **und so weiter.** ♦ **Fichez-vous du reste.** *Loc. Ne vous occupez pas du reste {2}*. **Der Rest kann Ihnen egal sein.** ♦ *Foule d'objets ou de personnes qu'on ne veut pas mentionner*, bazar* *{1}*: Ils ont apporté leurs valises, le clébard, la grand-mère, et tout le reste. *Sie haben ihre Koffer, ihren Köter, die Großmutter und den* **ganzen Krempel** *mitgebracht.*

rester *V.i. Habiter* [*vieux*] *{2}*: Il reste rue de Clichy. *Er* **wohnt** *in der rue Clichy.* ♦ **Rester en carafe** *loc.* → carafe. ♦ **En rester comme deux ronds de flan** *loc.* → flan.

rétamé *Adj. Ivre mort {3}*: Elle est rentrée rétamée. *Sie ist* **stockvoll** *nach Hause gekommen.* ♦ *Ruiné {3}*: On est rétamés. *Wir sind* **erledigt.** ♦ *Très fatigué {3}*. ***Todmüde / Hundemüde.***

rétamer *V.t. Vider complètement*, nettoyer* *{2}*: Se faire rétamer au jeu. *Sich beim Spiel* ***das letzte Hemd ausziehen lassen.*** ♦ **(se)** *V.pr. Se tuer dans un accident {2}*: Il s'est rétamé à hauteur du pont de Grenelle. *Er ist auf der Höhe des Pont de Grenelle* **tödlich verunglückt.** ♦ *Se saouler complètement {2}*. ***Sich sternhagelvoll laufen lassen.***

retape *f.* **Faire la retape** *ou* **de la retape** *loc. Racoler* [*prostituées ou mendiants*] *{2}*. **Kunden anhauen.** ♦ *Faire le trottoir {2}*. **Anschaffen gehen.** ♦ *Ironiquement pour: Faire la collecte {2}*: Vous me devez vingt francs pour la cagnote, mon cher collègue. – Ah bon, vous faites la retape, ma chère? *Sie schulden mir zehn Francs für die Gemeinschaftskasse, werter Herr Kollege. – Wie, Sie* **schaffen an**, *meine Teure?*

retaper *V.t. Arranger sommairement {1}*: Il a retapé sa bicoque. *Er hat sein Haus* **renoviert.** ♦ Elle a retapé son ménage. Sie hat ***hopphopp*** *ihren Haushalt* **gemacht.** ♦ **Retaper le moral de qn.** *loc. Lui faire regagner son équilibre mental {2}*: Il faut que tu lui retapes le moral. *Du mußt ihn* **moralisch aufrichten.** ♦ **(se)** *V.pr. Recouvrir sa santé {1}*: Il s'est bien retapé. *Er hat sich* **gut bekriegt.** ♦ *Se remettre d'un échec, souvent financier {2}*: Il s'est retapé. *Er hat* **sich wieder eingekriegt.**

retenir (se) *V.pr. Différer la satisfaction d'un besoin naturel {1}*: **Tu peux te retenir encore**? ***Kannst du noch einhalten?***

retirer (se) *V.pr. Pratiquer le coït interrompu {1}*: Il se retire avant. *Er* ***geht vorher raus.***

retombées *f.pl. Conséquences {2}*: Avant de

prendre une décision, on a intérêt à considérer les retombées. *Ehe wir eine Entscheidung fällen, ist es ratsam, deren* **Folgen** *zu erwägen.*

retourne *f.* **Avoir les bras à la retourne / les avoir à la retourne** *loc. Etre paresseux {2}.* ***Ein Arbeiterdenkmal sein.***

retourner *V.t. Faire changer d'opinion ou de sentiment {2}*: Je l'ai **retournée comme une crêpe**. *Ich habe sie* ***völlig umgekrempelt / umgedreht.*** / Ça m'a retourné. *Das hat mich umgedreht.* ♦ **Retourner sa veste** *loc. Changer complètement d'opinion, surtout pour un intérêt particulier {1}*: Comment peux-tu voter pour lui? Il retourne sa veste à chaque occasion. *Wie kannst du nur für ihn stimmen? Er* ***hängt*** *bei jeder Gelegenheit* **sein Fähnlein (neu)** ***nach dem Wind.*** ♦ **Retourner qn. comme un gant** *loc. Le faire complètement changer d'opinion {2}.* **Jdn. völlig umkrempeln.** ♦ *Ne pas réussir à oublier une impression précise, être très ému {1}*: Je viens de voir un cycliste se faire écraser par le tramway. J'en suis encore tout retourné. *Ich hab gerade gesehen, wie ein Radfahrer unter die Bahn kam. Ich* **bin noch ganz fertig.** ♦ **(se)** *V.pr.* **Laisser à qn. le temps de se retourner** *loc. Laisser le temps pour se familiariser avec une situation {2}*: Laisse-lui le temps de se retourner. *Laß ihm Zeit,* ***sich erst einmal umzuschauen / warm zu werden.***

rétro *m. Rétroviseur {1}*: Conduire au rétro. *Mit dem* **Spiegel** *fahren.* ♦ *Adj. Effet rétrograde d'antan {1}*: Un look rétro. *Der Look* ***von anno dazumal.***

retrousser les manches *loc. S'attaquer à un travail {1}.* ***Die Ärmel hochkrempeln.***

retrouver *V.t.* **Une chienne / une chatte n'y retrouverait pas ses petits** *loc. A propos d'un lieu en désordre {3}. Dort* ***findet die Katze keine Maus.*** ♦ **(se)** *V.pr.* **S'y retrouver** *loc. Compenser ses frais par des avantages {1}*: Et vous vous y retrouvez? *Und Sie* ***kommen damit zurecht?***

revenir *V.i.* **Ne pas / plus en revenir** *loc. Etre profondément surpris {1}*: Elle n'en revenait pas. *Sie* ***kriegte sich nicht mehr ein.*** ♦ **Ne plus y revenir** *loc. Ne plus le refaire {3}*: N'y reviens plus! ***Tu es nicht mehr!*** ♦ **Avoir un (petit) goût de revenez-y** *loc. Se dit d'une chose à laquelle on aime revenir {3}*: Ce petit Calva a un goût de revenez-y. *Dieser Calvados* ***schmeckt nach mehr.*** ♦ **Revenir sur le tapis** *loc. Se dit d'une question ou d'un sujet qu'on aborde de nouveau {1}*: Si jamais la question revient sur le tapis, je m'en vais. *Sollte jemals die Frage* ***wieder auf den Tisch kommen****, gehe ich.* ♦ **Il s'appelle Reviens.** *Loc. Se dit d'un objet qu'on prête et dont on désire le retour {1}.* ***Wiedersehn macht Freude.***

revue *f.* **Etre de la revue** *loc. Ne pas profiter, être privé, manquer son coup {1}*: Il est de la revue. *Er* ***guckt in die Röhre.***

rhabiller (se) *V.pr.* **Aller se rhabiller** *loc. Etre congédié, manquer une affaire {2}*: Allez vous rhabiller, mon vieux! ***Packen Sie*** **(doch)** ***ein****, mein Gutster!* ♦ **Rhabiller les gamins** *loc. Remplir les verres, [branché parisien] {3}.* ***Eine neue Füllung machen.***

ribambelle *f. Grande série {1}*: Une ribambelle de gosses et de chats. *Ein ganzer* **Schwung** *von Kindern und Katzen.*

ribouldingue *f. Noce,* foire*, *fête,* bamboula* *{3}*: Pendant toute la nuit, ils ont fait la ribouldingue. *Die ganze Nacht lang haben sie* ***Klamauk gemacht*** */ eine* ***Orgie veranstaltet.***

ribouldinguer *V.i. Faire la noce {2}.* ***Feiern / einen drauf machen.***

Ricain *m. Américain {3}.* ***Ami.***

ric-à-rac *ou* **ric-rac** *expr.adv. Avec exactitude {3} {B}*: Il nous a payé ric-rac. *Er hat uns* ***auf den Heller*** *bezahlt.* / C'est compté ric-à-rac. *Es ist* ***haarklein*** *ausgezählt.* ♦ *Juste {3}*: On a eu le temps de filer, mais c'était ric-rac. *Wir konnten noch weg, aber das war* ***haarscharf.***

richard *m. Homme riche {1}.* ***Geldsack.***

riche *Adj. Bon, juste {1}*: Une riche idée. *Eine* ***tolle*** *Idee.* ♦ **Ça fait riche** *loc. Cela inspire l'idée de l'argent {1}*: Une voiture comme celle-ci, ça fait riche. *Ein Auto wie das da* ***sieht nach Geld aus.***

rideau! *Interj. Assez, cela suffit {2}.* ***Schluß jetzt!*** ♦ **Tirer le rideau sur qc.** *loc. Ne plus en parler, le cacher, le laisser à l'ombre {2}.* ***Etwas unter den Teppich kehren / auf sich beruhen lassen.***

rien *Adv. Se dit pour* tout à fait *[la litote caractérise le parigomondain] {3}*: C'est rien bath. *Das ist* ***unheimlich*** *stark.* / Il fait rien froid ici. *Hier ist es* ***„kein bißchen"*** *kalt.* ♦ **Il ne se croit pas rien** *loc. Il est imbu de sa personne {2}.* ***Er ist schwer von sich eingenommen.*** ♦ **N'avoir rien à braire avec...** *loc. Pour souligner son désintérêt [jeunes] {3}.* ***Nichts am Hut haben mit...*** ♦ *m.* **En un rien de temps** *expr.adv. Très vite {2}.* ***Im Nu.*** ♦ **Trois fois rien** *loc. Encore moins que rien {1}*: Ça coûte trois fois rien. *Das* ***ist spottbillig.*** / J'ai payé trois fois rien. *Ich habe* ***so gut wie nichts*** *bezahlt.*

rien-du-tout *m. Individu négligeable {1}*: Tu parles, dans sa boîte il n'est qu'un rien-du-tout. *Denkste, in seiner Firma ist er nur ein* ***ganz kleines Licht.***

rif *ou* **riffe** *f. Feu {3}*: T'as du rif? *Hast du* ***Feuer?***

rififi *m. Scandale, bagarre [vieux] {1}*: Tu cherches le rififi? *Suchst du* ***Stunk?***

rigolade *f. Action de* rigoler* *{1}*: Il aime bien la rigolade. *Er* ***lacht*** *gerne.* ♦ *Chose peu sérieuse {1}*: Son laïus était **une rigolade**. *Sein Vortrag war* ***ein Witz.*** ♦ **Etre une / de la rigolade** *loc.*

Etre facile, gâteau* *{2}*: Pour lui, l'exam c'est une rigolade. *Für ihn* **ist** *die Prüfung* **ein Spaziergang.** ♦ **Prendre à la rigolade** *loc. Sans y attacher d'importance {1}*: Elle se fait pas de mouron(s), elle prend tout à la rigolade. *Die läßt sich keine graue Haare wachsen, sie* **nimmt** *alles* **auf die leichte Schulter.** ♦ **Avoir le boyau de la rigolade** *loc. Aimer rire {3}*: Il avait le boyau de la rigolade. *Er* **lachte unheimlich gern.**

rigolard *m./Adj. Qui est amusant ou qui aime* rigoler* *{1}*. **Ulknudel.**

rigoler *V.i. S'amuser beaucoup, rire {1}*: On n'a pas mal rigolé. *Wir haben uns prima* **amüsiert.** ♦ *Wir haben* **vielleicht gelacht.** ♦ **Tu rigoles!** *Loc. Ce n'est pas sérieux {1}*: Tu me dois 1000 balles. – Tu rigoles. *Du schuldest mir 1000 Eier.* – **Machst du Witze?**

rigolo *ou* **rigolot/te** *m./f./Adj. Amusant*, marrant*, *tordant {1}*: C'est une rigolote. *Das ist eine* **Lustige.** / Une histoire rigolote. *Eine* **lustige** / **drollige** *Geschichte.* ♦ *Bizarre, étrange, peu crédible {1}*: Un peu rigolo, son histoire. *Ein bißchen* seltsam, *seine Geschichte.* ♦ → avoir. ♦ *Revolver {3}*: Tu crois qu'il l'a tué avec ce rigolot? *Glaubst du, er hat ihn mit dieser* **Spritze** *umgebracht?*

rikiki *Adv.inv.* → riquiqui.

rime *f.* **Ni rime ni raison** *loc.adv. Sans cohérence, aucun sens {3}*: Ses arguments n'ont ni rime ni raison. *Seine Argumente haben* **weder Hand noch Fuß.**

rimer *V.i. Loc. Qu'est-ce que cela veut dire {1}*: **Ça rime à quoi? – Ça rime à rien!** *Was soll das heißen? - Das ist ungereimtes Zeug!*

rince-cochon *m. Boisson [vin blanc additionné de citron et d'eau de Seltz] qu'on absorbe au lendemain de trop copieuses libations {3}*. [**Weißwein mit Selters und Zitrone**], *etwa*: **Katertrunk.**

rincée *f. Pluie torrentielle, averse {2}*. **Platzregen.** ♦ *Volée de coups {3}*: Prendre une rincée. **Hiebe** / **Keile** *kriegen.*

rincer *V.t.* **C'est moi qui rince!** *Loc. C'est moi qui offre à boire {2}*. **Das geht auf mich** / **meine Rechnung!** / **Ich werf' die Runde!** ♦ **Se rincer la dalle** / **le gosier** *loc.* → dalle. ♦ **Se rincer l'œil** *loc.* → œil.

rincette *f. Petite quantité d'alcool bue après le café dans la tasse {3}*. **Tröpfchen.**

ring [riŋ] *m. La boxe {2}*: Il est remonté sur le ring. *Er steht wieder im* **Ring.** / Un des cracks du ring américain. *Eines der Asse des amerikanischen* **Boxsports.**

ringard *Adj. Dépassé {3}*: Tout ce qui est années soixante-dix est ringard. *Alles was nach siebziger Jahre aussieht, ist* **von gestern.**

rip [rip] *m.* **Jouer rip** *loc. S'évader, s'en aller {3}*. (**Klammheimlich**) **abhauen** / **verduften.**

ripatons *m.pl. Pieds {2}*: Ça sent les ripatons. *Es riecht nach* **eingeschlafene Füße** [*sic*]. ♦ **Jouer des ripatons** *ou* **mettre les ripatons** *loc. S'évader {3}*. **Sich auf die Socken machen** / **verduften.**

riper *V.i. S'en aller, partir {3}*. **Abhauen** / **verduften.** / Allez, ripez! *Los,* **hau (en Sie) ab,** *Mensch!*

ripou(x) *m. Politicien ou fonctionnaire corrompu [verlan, de* → pourris, *souvent au pluriel. Selon Pierre Merle: toute personne bassement corrompue; titre d'un film de Claude Zizi (1968)] {2}*: Que des ripoux, dans cette administration! *Nur* **Mafiosi** *in dieser Verwaltung!*

riquiqui *Adj.inv. Tout petit, assez quelconque, sans beauté {1}*. **Unscheinbar** / **kümmerlich** / **hat nichts.**

rire *V.i.* **Vous me faites rire** *loc. Je ne peux pas prendre vos arguments au sérieux {1}*. **Das ist ja lachhaft.** ♦ **C'est pour rire** *loc. Ce n'est pas sérieux {1}*: Croyez-vous vraiment cela? – Non, ce n'était que pour rire! *Glauben Sie das wirklich? Aber nein,* **das war nur ein Witz!** ♦ **Rire au nez de qn.** *loc. Se moquer de qn. {1}*: Il vous rirait au nez! *Er würde* **Ihnen ins Gesicht lachen!** ♦ → ange. ♦ **Rire à gorge déployé** *loc. Rire très fort {1}*. **Aus vollem Halse lachen.** ♦ **Rire à ventre déboutonné** *loc. Rire sans se gêner {1}*. **Sich schimmelig lachen.** ♦ → côtes.

risettes *f.pl. Sourire d'un enfant {3}*: Ton bébé **me fait des risettes.** *Dein Baby* **lacht** *mir* **zu.** ♦ *Loc. Sourire de circonstance {2}*: Je déteste faire des risettes et des courbettes. *Ich mag es absolut nicht, jdm.* **um den Bart zu streichen und zu katzbuckeln.**

Rital *m. Italien {1}*. **Italiener** / **Spaghetti.**

ritournelle *f.* **C'est toujours la même ritournelle** *loc. C'est toujours la même* musique* *{2}*. **Immer die gleiche Leier.**

river son clou à qn. *loc. Le réduire au silence par une réplique*, clouer le bec* *{1}*: Je t'ai rivé ton clou, hein? *Jetzt hab ich dich* **geplättet,** *was?* / *Hat es dir* **die Sprache verschlagen?** / [*Souvent en parlant d'une tierce personne*]: L'autre lui a rivé son clou. *Der andere hat ihm* **das Maul gestopft.**

roberts *m.pl. Seins {2}*. **Titten.**

robinet *m.* **Fermer le robinet** *loc. Se taire {3}*: Tu parles comme un moulin à paroles. Ferme le robinet, à la fin. *Du quatschst wie eine Gebetsmühle.* **Halt** *endlich* **die Klappe.** ♦ *Cesser de soutenir financièrement {2}*: Le gouvernement leur ferme le robinet. *Die Regierung* **dreht ihnen den (Geld)hahn zu.**

rogatons *m.pl. Reste de mets {2}*: Ce soir, il y a des rogatons. *Heute abend gibt's* **den Rest vom Schützenfest.**

rogne *f. Mauvaise humeur, colère.* **Wut.** ♦ **Se mettre en rogne** *loc. Se mettre en colère {2}*. **Die Wut kriegen.**

rogner *V.i. Etre en colère {3}*: Il rogne tout le temps. *Er* **ist ewig auf 100.**

rognon *m. Rein {3}*: J'ai mal aux rognons. - Tu ne penses qu'à la bouffe. *Mir tun die* **Nierchen** *weh. – Du denkst nur ans Essen.*

roi *m. Le meilleur dans son genre {1}*: Le roi des frites. *Der* **Frittenkönig.** ♦ **Aller là où le roi va à pied** *loc. Aller satisfaire un besoin naturel {3}.* **Dahin gehen, wo auch der Kaiser zu Fuß hingeht.**

roidec *m. Le* roi* *des* cons* *{3}. Das* **Superarschloch.**

romaine *Adj.f.* **Etre bon comme la romaine** *loc. Etre astreint à une corvée, être fatalement victime {2}*: Avec ta gueule, t'es bon comme la romaine. *So wie du aussiehst,* **bist** *du* **ohnehin fällig.**

romano *m. Gitan, romanichel {1}.* **Zigeuner.**

rombière *f.* **Vieille rombière** *expr. Femme âgée {1}.* **Alte Fregatte.**

ronchon *m. Grognon, qui grogne ou rouspète par habitude, qui* ronchonne* *{2}.* **Meckerer / Nörgler.**

ronchonnement *m. Action de* ronchonner* *{2}*: Il nous casse les oreilles avec ses ronchonnements continuels. *Wir können ihn nicht mehr hören mit seiner ständigen* **Nörgelei.**

ronchonner *V.i. Manifester sa mauvaise humeur, son mécontentement en murmurant entre les dents {2}*: Il n'est jamais content, il est toujours en train de ronchonner. *Er ist nie zufrieden, er* **mosert** *ständig* **rum.** / Après qui tu ronchonnes? *Wem* **meckerst** *du jetzt schon wieder* **hinterher***?*

ronchonneur *m. Grognon, qui* ronchonne* *{2}.* **Nörgelfritze / Meckerbruder.** / Quelle ronchonneuse! *So eine* **Nörgeltante!**

ronchonnot *m. Grognon, qui* ronchonne*, ronchonneur* *{2}.* **Nörgelheini.** / Cette vieille ronchonnotte. *Die alte* **Meckerziege.**

rond *m. Sou {2}.* **Geld.** ♦ **Ne pas avoir un rond / être sans un rond** *loc. Etre privé d'argent, être sans* un* *{1}.* **Keine müde Mark haben.** ♦ **En baver des ronds de chapeau / des ronds de zinc** *loc.* → baver. ♦ **En rester comme deux ronds de flan** *loc.* → flan. ♦ **Faire des ronds dans l'eau** *loc. Ne rien faire d'utile {3}.* **Sinnloses Zeug machen.** ♦ *Adj. Ivre {1}.* **Voll.** ♦ **Etre rond comme une barrique** *{3}* / **un boudin** *{2}* / **une queue de poêle** *{3} loc.* **Sternhagelvoll sein.** ♦ **Tourner en rond** *loc. Ne pas savoir quoi faire {2}*: Il tourne en rond sans prendre de décision. *Er* **rennt/überlegt hin und her,** *ohne eine Entscheidung zu fällen.* ♦ **Tourner rond** *loc. D'une manière régulière {1}*: Le moteur ne tourne pas rond. *Der Motor* **läuft** *nicht* **sauber.** ♦ *Exprime une anomalie {1}*: Cette affaire ne tourne pas rond. *Die Sache* **ist** *nicht* **sauber.** ♦ **Rond de cuir** *expr.m. Employé de bureau, fonctionnaire {1}.* **Bürohengst.** ♦ **Tout rond** *expr.adv. Exactement {1}*: Ça fait quinze francs tout rond. *Das macht* **genau** *fünfzehn Francs.*

rondelle *f. Anus,* rosette* *{3}.* **Arschloch.** ♦ **Casser la rondelle** *loc. Sodomiser {3}.* **In den Arsch vögeln.** ♦ **Se magner la rondelle** *loc. Se dépêcher {3}.* **Den faulen Hintern in Schwung bringen.** ♦ **Un Perrier rondelle** *Une eau Perrier avec une tranche de citron {2}. Ein* **Wasser mit Zitrone.** ♦ → baver.

rondouillard *Adj. Grassouillet {1}*: Elle est un peu rondouillarde. *Sie ist ein bißchen* **mollig.**

ronfler *V.i.* **Ça ronfle** *loc. Ça va, ça marche bien {3}.* **Alles klar.**

ronflette *f.* **Faire / piquer une ronflette** *loc. Dormir un peu, faire un* somme* *{2}.* **Ein Nickerchen machen.**

ronfleur *m. Téléphone {3}*: La petite en train de chialer et le ronfleur qui n'arrêtait pas de sonner. *Die Kleine, die flennte, und das* **Scheißtelefon**, *das ständig läutete.*

roploplots *m.pl. Seins {3}*: Quand elle a mis les roploplots à l'air, t'aurais dû voir la tronche des mecs. *Als sie die* **Titten** *freilegte, hättest du die Visagen der Macker mal sehen müssen.*

rosbif *m. Anglais {3}.* **Tommy.**

rose *f.* **Envoyer sur les roses** *loc.* → envoyer. ♦ **Avoir le bouton de rose en délire** *loc. Éprouver un orgasme [femme], prendre son* pied* *{3}*: Elle avait le bouton de rose en délire. *Ihr* **ging der Kitzler eins zu tausend.** ♦ **C'est pas rose** *loc. Ce n'est pas agréable, ce n'est pas drôle {2}.* **Das ist nicht gerade rosig.**

rosette *f. Anus {3}.* **Rosette.**

rosse *f. Mauvais cheval {2}.* **Klepper.** ♦ *Personne méchante qui cherche à nuire et dont on subit les effets [dans ce sens le mot s'emploie surtout au pluriel] {2}*: Ah, les rosses! *Ah, die* **Schweine!** / C'est une sale rosse. *Das ist eine* **miese Type.** ♦ *Excl. Exprime l'admiration {1}*: T'as encore gagné! **T'es rosse!** *Hast du schon wieder gewonnen!* **Bist du schlimm!** / **Ah, les rosses! Oh, die Schlimmen!** ♦ *Adj. Intransigeant, sévère {1}*: Ce prof est rosse. *Dieser Lehrer ist* **fies.**

rossée *f. Volée de coups {1}*: Une bonne rossée. *Eine anständige* **Abreibung.**

rosser *V.t. Battre violemment, corriger très brutalement {1}*: Ses camarades l'ont rossé. *Seine Kameraden haben ihn* **verdroschen.** / Les gangsters les ont rossés. *Die Gangster haben sie* **zusammengeschlagen.**

rosserie *f. Petite méchanceté {1}*: Les gosses aiment bien se faire des rosseries pendant la récréation. *Die Kinder spielen sich gerne in der Pause* **Streiche.**

rossignol *m. Passe-partout {2}.* **Dietrich.** ♦ *Objet d'occasion sans valeur et dans la plupart des cas invendable {1}*: Rien que des rossignols! *Nur* **Ladenhüter***!*

rot *m. Éructation {1}.* **Rülpser.**

roter *V.i. Éructer {1}.* **Rülpsen.** / On ne rote pas, surtout pas à table. *Man* **rülpst** *nicht, vor allem nicht bei Tisch.*

roteuse *f. Bouteille de champagne {3}*: On va chercher une roteuse? *Holen wir eine* **Flasche Champagner***?*

rôti *m.* **S'endormir sur le rôti** *loc.* → endormir.

rotoplos *m.pl. Seins,* → roploplots *{3}.* **Lollos.**

rotules *f.pl.* **Etre sur les rotules** *loc. Etre très fatigué, être sur les* genoux* *{2}*: Après ça, on était sur les rotules. *Danach* **gingen wir auf dem Zahnfleisch.**

roublard *m./Adj. Rusé qui vous* roule* *{1}*: Un vieux roublard. *Ein alter* **Fuchs.**

roublardise *f. Ruse, acte de* roublard* *{1}*: Ses roublardises passaient complètement inaperçues. *Seine* **Gaunereien** *gingen durch, ohne daß einer etwas merkte.*

roucouler *V.t. Tenir des propos tendres {1}*: Des amoureux qui roucoulent. *Verliebte, die* **rumgurren.** / Qu'est-ce qu'il t'a encore roucoulé à l'oreille? *Was er dir denn noch an* **Süßholz geraspelt***?*

roue *f.* **Etre la cinquième roue du carrosse** *loc. Etre inutile {2}.* **Das fünfte Rad am Wagen sein.** ♦ **Mettre des bâtons dans les roues** *loc. Susciter des obstacles {1}.* **Knüppel zwischen die Beine werfen.** ♦ **Partir sur les chapeaux de roue** *loc.* → chapeau. ♦ **Pousser à la roue** *loc. Aider à la réussite d'une affaire {3}*: Il faut que tu pousses un peu à la roue pour que ça marche. *Du mußt mal ein bißchen* **dran drehen***, damit das läuft.* ♦ *Pousser qn. à agir dans le sens souhaité {3}*: Il a obtenu le job, parce que son père a poussé à la roue. *Er hat den Job ergattert, weil Vater* **dran gedreht** *hat.* ♦ **En roue libre** *expr.adv. Sans aucun effort {1}*: Il le fait en roue libre. *Er macht das* **mit links.**

rouflaquette *f. Pour un homme: mèche de cheveu collée sur la tempe, patte qui descend sur les joues {3}.* **Schmachtlocke.**

rouge *m. Vin rouge {1}*: Tu veux un coup de rouge? *Willst du einen* **Roten***?* ♦ *Communiste ou socialiste {2}*: Tu votes pas (pour) les rouges quand même? – Pourquoi pas? *Du wählst doch wohl nicht (für) die* **Roten***? – Warum nicht?* ♦ *Adj.* **Voir rouge** *loc. Se mettre en colère {1}.* **Rot sehen.**

roulant *Adj. Comique {2}*: Il est roulant. *Er ist* **zum Schreien.**

rouleau *m.* **Etre au bout du rouleau** *loc. A bout de force, sans énergie ou argent, à la fin de sa vie {1}*: Avec ses quatre-vingt-seize berges, elle est de toute façon au bout du rouleau. *Mit sechsundneunzig ist sie ohnehin* **am Ende der Fahnenstange.**

roulée *Adj.* **Bien roulée** *expr.adj. Etre bien faite {1}*: Ta frangine est bien roulée. *Deine Schwester* **hat eine irre Figur.**

rouler *V.t./i. Tromper, duper {1}*: Elle s'est fait rouler. *Sie hat sich* **reinlegen** *lassen.* / Il a roulé le client de mille francs. *Er hat den Kunden um tausend Francs* **übers Ohr gehauen.** ♦ **Rouler un patin** *ou* **une galoche** *loc.* → patin, → galoche. ♦ **Rouler la caisse** *loc. Entraîner le peloton à augmenter la vitesse [cyclisme] {1}.* **Geschwindigkeit machen/ziehen.** ♦ **Rouler les mécaniques** *loc.* → mécaniques. ♦ **Rouler sa bosse** *loc. Etre touche-à-tout, se déplacer ou changer souvent d'occupation surtout par caprice {3}*: Il a roulé sa bosse un peu partout. *Er hat* **sich** *so ziemlich* **überall rumgetrieben / hat so alles gemacht.** ♦ *Voyager {2}.* **Immer auf Reisen sein.** ♦ **En rouler une** *loc. Rouler une cigarette {1}*: Tu m'en roules une? **Drehst** *du mir* **eine***?* ♦ **Se les rouler** *loc. Fainéanter {2}.* **Auf der faulen Haut liegen.** ♦ **Rouler sur** *loc. Avoir pour objet {3}*: Ses conversations roulent ou sur le fric ou sur les nanas. *Seine Gespräche* **drehen sich** *entweder* **um** *Piepen oder um Weiber.* ♦ **Rouler sur l'or** *loc. Etre très fortuné {1}*: Elle roule sur l'or. *Sie* **ist stinkreich.** ♦ **Rouler sur la jante** *loc. Faire fiasco {2}.* Sa boîte roule sur la jante. *Seine Firma* **pfeift auf dem letzten Loch / geht auf dem Zahnfleisch.** ♦ **Ça roule?** *Loc. Ça marche {2}.* **Klappt's?**

roulettes *f.pl.* **Aller / marcher comme sur des roulettes** *loc. Marcher très bien {2}.* **Wie am Schnürchen gehen.**

roulure *f. Femme de mauvaise vie, prostituée {3}.* **Schlampe/Nutte.**

roupe *f. Roue de voiture {3}.* **Autorad.** ♦ **Roupes** *{3}* / **roupettes** *{2} f.pl. Testicules.* **Nüsse / Klötze.**

roupiller *V.i. Dormir,* crécher* *{1}*: On roupille ici? **Poofen / pennen** *wir hier?*

roupilleur *m. Qui est inattentif {3}.* **Nachtwächter.**

roupillon *m. Petit* somme*, *sommeil de courte durée {1}*: Je vais **piquer un roupillon.** *Ich* **mache** *ein* **Schläfchen / Nickerchen /leg mich ein bißchen aufs Ohr.**

rouquin *m. Vin rouge {3}*: Un litre de rouquin. *Ein Liter* **Rotwein.** ♦ *Qui a les cheveux roux {1}*: Il préfère les rouquines. *Er bevorzugt* **Rothaarige.** ♦ *Adj. Roux {1}.* **Rothaarig.**

rouscailler *V.i. Protester {3}*: Il n'est jamais content, toujours en train de rouscailler. *Er ist nie zufrieden und* **mault** *ständig* **rum.** ♦ *Parler Argot {3}.* **Argot sprechen.**

rouscailleur *m. Qui rouscaille {3}.* **Meckerer // Argotsprecher.**

rouspétance *f. Action de* rouspéter* *{2}.* **Mekkerei / Gemecker.**

rouspéter *V.i. Protester, parfois de mauvaise foi {1}.* **Nörgeln.**

rouspéteur *m. Qui* rouspète* *{1}*. ***Nörgelfritze.*** / Quelle rouspéteuse! *So eine Nörgeltante!*

rousse *f. Police {3}*: Il était pas joice de voir débarquer la rousse. *Er war nicht gerade hoch erfreut, als er die* **Polente** *kommen sah.*

roussi *m.* **Ça sent le roussi** *loc. L'affaire va rater, c'est mal parti, ça sent le* brûlé* *{2}*: J'aime pas son projet, ça sent le roussi. *Ich mag seinen Plan nicht.* ***Das ist nicht geheuer.***

roussin *m. Agent de police {3}*. ***Polyp.***

rouste *f. Volée de coups, correction {2}*: Ton père va te flanquer une rouste. *Dein Vater verpaßt dir eine* ***Tracht.***

roustons *m.pl. Testicules {3}*: Me bave pas sur les roustons! *Geh mir nicht auf die* ***Eier!***

royaliste *Adj.inv.* **Etre plus royaliste que le roi** *loc. Pour exprimer une obéissance à la lettre et souvent exagérée {1}*. ***Päpstlicher sein als der Papst.***

rudement *Adv. Beaucoup {2}*: C'est rudement bon! *Das ist* ***unheimlich*** *gut!*

rupin *m./Adj.inv. Riche {1}*: C'est un **quartier rupin.** *Das ist eine* ***Geldgegend.*** / Ils sont drôlement rupins! *Die sind verdammt* ***betucht!***

rupiner *V.i. Réussir [étudiants] {3}*: Il a rupiné à l'écrit. *Er hat im Schriftlichen* ***bestanden.***

Ruskof *ou* **Ruski** *m. Russe {2}*. ***Iwan.***

S

sable *m.* **Etre sur le sable** *loc. Etre sans travail et sans argent {2}*. ***Auf der Straße liegen.*** ♦ **Avoir du sable dans les yeux** *loc. Se dit aux enfants quand ils ont l'air fatigué [quand* le marchand de sable vient de passer] *{1}*. ***Sand in den Augen haben*** / ***Das Sandmännchen hat Sand in die Augen gestreut.*** ♦ **Bâtir sur le sable** *loc. Fonder sur des bases peu solides {1}*. ***Auf Sand bauen.***

sabler le champagne *loc.* → sabrer.

sabrer *V.t. Faire des coupures importantes dans un texte {2}*: Il faut sabrer votre article. *Sie müssen Ihren Artikel* ***radikal kürzen*** / ***zurechtkürzen.*** / La direction l'a sabré pour incompétence. *Die Direktion hat ihn wegen Unfähigkeit* ***abgesägt.*** ♦ **Sabrer le champagne** *loc. Couper le goulot d'une bouteille de champagne à force d'un coup de sabre {3}*: Dans le Paradis Latin, on sabre le champagne. *Im (Pariser) „Paradis Latin" **köpft** man den Champagner.*

sac *m. Somme de dix francs {3}*: Cent sacs. *[Etwa] Ein* ***Riese.*** ♦ **Avoir le sac** *loc. Etre riche {3}*. ***Moppen / Kies / einen Sack voller Geld haben.*** ♦ **Avoir la tête dans le sac** *loc. Etre sans le sou {3}*. ***Auf dem trocknen sitzen.*** ♦ **Etre dans le sac** *loc. Etre gagné, le succès est assuré {1}*: L'affaire est dans le sac. *Die Sache* ***ist im Sack.*** ♦ **Mettre dans le même sac** *loc. Considérer comme de même valeur [péjoratif] {2}*: Tu peux les mettre dans le même sac. Ils sont feignasses tous les deux. ***Die kannst du in denselben Topf werfen.*** *Die sind beide stinkfaul.* ♦ **Prendre qn. la main dans le sac** *loc. Sur le fait, en flagrant délit {2}*. ***Jdn. auf frischer Tat ertappen.*** ♦ **Vider son sac** *loc. Dire ce qu'on a sur le coeur {2}*: T'as l'air accablé? Vide donc ton sac. *Du siehst niedergeschlagen aus.* ***Schütt' doch*** **dein Herz mal aus.** ♦ **Sac à viande** *expr.m. Sac de couchage {3}*. ***Schlafsack.*** ♦ **Sac-à-vin** *expr.m. Ivrogne {2}*: Et les gosses scandaient: An-ge-vin – sac-à-vin... *Und die Kinder skandierten: An-ge-viner-pack -* ***Wein-sack*** / ***Sauf-sack...*** ♦ **Sac d'embrouilles** *ou* **sac de noeuds** *expr.m. Une affaire embrouillée {1}*: Personne n'y voit clair dans cette affaire. Un véritable sac de noeuds. *In dieser Sache blickt niemand durch. Das ist eine* ***verzwickte und verwickelte Angelegenheit.***

sachem *m. Chef, patron {3}*. ***(Großer) Boss.***

sacouse *m. Sac à main {3}*: Ne te laisse pas piquer ton sacouse! *Laß dir nicht deine* ***Handtasche*** *mopsen!*

sacquer *V.t.* → saquer.

sacré *Adj, Renforce le mépris ou, au contraire, l'adoration {1}*: Renault dit que le dernier modèle est une sacrée voiture. *Renault sagt, daß das letzte Modell ein* **toller** *Wagen ist.* / Un sacré menteur, ton mari. *Ein* ***ganz schöner*** *Lügner, dein Mann.* ♦ *Formule qui introduit des jurons {1}*: Ce sacré bordel de merde! *So eine* ***verdammte*** *Riesenscheiße!*

sacrément *Adv. Très {1}*: Il fait sacrément froid. *Es ist* ***verflixt*** *kalt.*

sado *m./Adj. Sadique {3} {B}*. ***Sadist / sadistisch.*** ♦ **Sado-maso.** ***Sadomaso / sadomasochistisch.***

sage *Adj. Chaste, honnête, obéissant, raisonnable {1}*: Sois sage. Fais ce qu'on te dit. *Sei* ***nett / lieb*** *und tu, was man dir sagt.* / Bon week-end et soyez bien sage! *Schönes Wochenende, und* ***bleibt sauber!*** / **Sage comme un pape / une image** *expr.adv. Très sage {1}*. ***Artig.***

sagouin *m. Enfant ou adulte malpropre {1}*: Le

petit sagouin. *Der kleine* **Dreckspatz.** ♦ *Individu qui travaille malproprement {2}.* **Murksbruder.** ♦ *Juron {3}*: Espèce de sagouin! *(Du)* **Drecksack!**

saignée *f. Sacrifice d'argent {1}*: Ce qu'il a dû payer, le mec, c'était une sacrée saignée! *Was der alles bezahlen mußte, (der Typ), das war der reinste* **Aderlaß**!

saigner *V.i. Rançonner, tirer du sang ou des richesses {2}*: L'Etat saigne les contribuables. *Der Staat* **schröpft** *den Steuerzahler.* ♦ **Ça va saigner** *loc. Il va y avoir du grabuge {3}*: Ferme ton claquet. **Je sens que ça va saigner.** *Halt die Klappe.* **Oder es setzt was.** ♦ **Saigner comme un bœuf** *loc. En abondance {2}.* **Bluten wie ein Schwein.** ♦ **(se)** *V.pr.* **Se saigner aux quatre veines** *ou* **se saigner à blanc** *loc. Faire tout son possible {2}*: Cette mère s'est saignée aux quatre veines pour financer les études de son fils. *Diese Mutter hat* **ihr Letztes gegeben**, *um das Studium ihres Sohnes zu finanzieren.* ♦ **Se ronger les sangs** *loc. Se faire du souci {2}.* **Sich verrückt machen.**

saint-frusquin *m. Toutes les affaires, tout le reste {3}*: ...les valoches, la cage de l'oiseau, le tapis de la grand-mère... tout le saint-frusquin. *...die Koffer, den Vogelkäfig, Großmutters Teppich...,* **den ganzen Krempel**.

Saint-Galmier: Avoir les épaules en bouteilles de Saint-Galmier *loc. Avoir les épaules étroites et tombantes {3}.* **Hängeschultern haben.**

Saint-Glinglin: A la Saint-Glinglin *expr.adv. Jamais, à une date indéterminée {2}*: Si tu lui prêtes qc., tu le reverras à la Saint-Glinglin. *Wenn du ihm etwas leihst, siehst du es an* **Sankt Nimmerlein** *wieder.*

Saint-Trou-du-Cul *expr.m. Jamais,* Saint-Glinglin *{3}.* **Nie.**

sainte-touche *f. Jour de la paie [où l'on touche de l'argent] {2}.* **Zahltag.**

salade *f. Mélange, confusion, complications, embrouille {1}*: Quelle salade, sa composition d'histoire! *So ein* **Durcheinander**, *sein Geschichtsaufsatz.* / Faire des salades. **Mist** *machen.* / Il m'est arrivé une salade. *Mir ist vielleicht ein* **Ding** *passiert.* ♦ *Explication peu crédible et mensongère [toujours au pluriel] {1}*: Cessez de nous débiter vos salades. *Hören Sie doch auf, uns Ihre* **Lügengeschichten** *aufzutischen.* ♦ **En salade** *expr.adv. En vrac, sans faire de choix {3}*: Tout était en salade. *Alles war* **durcheinander.** ♦ **Vendre sa salade** *loc. Soumettre un projet en cherchant à convaincre {1}*: Il sait vendre sa salade. *Er versteht es,* **seine Dinge an den Mann zu bringen.** ♦ *Gagner sa vie {1}*: Que veux-tu qu'il fasse? Il faut bien qu'il vende sa salade. *Was soll er denn deiner Meinung nach tun? Er muß doch* **seine Brötchen verdienen.** ♦ **Avec beaucoup de salade** *expr.adv. En provoquant beaucoup d'attention {2}*: Elle vend ses trucs avec beaucoup de salade. *Sie verkauft ihren Krempel* **mit viel Klamauk / Trara.**

salamalecs *m.pl. Loc. Manières affectées, politesses exagérées, surtout pour saluer qn. {3}*: **Faire de grands salamalecs. Viel Trara / Bohei machen.** / Qu'est-ce qu'il m'a fait perdre de temps avec ses salamalecs. *Hat der mir Zeit gestohlen mit seinem* **Begrüßungsbohei.**

salaud *m. Insulte,* salopard*, saligaud *{1}.* **Dreckschwein.** ♦ **Enfant de salaud** *expr. Pour marquer son profond mépris, fils de →* putain *{3}.* **Dreckschwein.**

salé *Adj. Grivois {1}*: Une histoire salée. *Eine* **gepfefferte** *Geschichte.* ♦ *Exagéré {1}*: Des Prix salés. **Gesalzene** *Preise.*

salive *f.* **Perdre sa salive** *loc. Parler en vain {3}.* **Reden für die Katz'.**

salonnard *m. Qui fréquente les gens du monde et les salons {3}.* **Salonlöwe.**

salopard *m. Salaud, personne malhonnête ou sale {1}.* **Drecksack.**

salope *f. Femme de mauvaise vie, [forme féminine de* salaud*] {1}.* **Dreckschlampe.**

saloper *V.t. Exécuter un travail très mal ou salir {1}.* **Schlampen.** / Ils ont tout salopé. *Sie haben alles* **versaut.**

saloperie *f. Acte ou parole malhonnête {1}*: Il m'a fait une de ces saloperies. *Er hat* **mir einen dreckigen Streich gespielt.** / **Quelle saloperie! So eine Sauerei!**

salopiot *m. Homme ou enfant sale qui fait des saloperies [en parlant d'un enfant, nuance affectueuse] {1}.* **Drecksack // Schmutzfink.** / Ah le petit salopiot! Il se roule dans la gadoue. *Ah, der kleine* **Dreckspatz**. *Er wälzt sich im Dreck.*

SAMU *m. Acronyme pour* Service d'Aide Médicale d'Urgence, *souvent pour désigner les moyens et le personnel qui assurent le transfert dans un centre hospitalier {1}*: Il faut appeler le SAMU. *Man muß den* **Krankenwagen / Notarzt** *rufen.*

sandwich *m.* **Se taper un sandwich** *loc. Action de faire à deux [hommes] l'amour à une femme {3}.* **Ein Sandwich / eine Biskuitfuhre machen.** ♦ **Prendre qn. / qc. en sandwich** *loc. Étroitement serré de deux côtés {2}.* **Einquetschen / in die Zange nehmen.**

sang *m.* **Coup de sang** *expr.m. Attaque d'apoplexie {1}* **Gehirnschlag.** ♦ *Loc. Se mettre dans une colère noire {1}*: Il a **piqué un coup de sang**. *Er ist* **vor Wut knallrot angelaufen.** ♦ *Loc. Avoir peur ou être très tendu {1}*: **Suer sang et eau. Blut und Wasser schwitzen.** ♦ **Avoir le sang chaud / du sang dans les veines** *loc. Etre irascible, être ardent {1}.* **Heißes Blut haben.** / Elle **a du sang dans les veines** *{1}. Sie* **hat es in sich.** ♦ **Avoir du sang de navet** *{1}. Ein* **Hasen-**

herz haben. ♦ **Se faire du mauvais sang** *loc. Se faire des soucis* {*1*}: **Ne te fais pas de mauvais sang.** ***Mach dir keine Sorgen.*** / **Il se ronge les sangs** {*2*}. ***Er macht sich Sorgen.*** ♦ **Bon sang!** *Excl. Pour indiquer la colère* {*1*}: Bon sang! Tu peux pas faire ce qu'on te dit? ***Mein Gott!*** *Kannst du nicht tun, was man dir sagt?*

sanguin *Adj.* **Elle était sanguine** *loc. Se dit lorsqu'une voiture passe un feu au dernier moment de la phase orange* {*2*}. (**Das war**) ***voll rot.***

sans un *Loc.adj. Complètement démuni d'argent* {*1*}: Tu peux me donner de l'argent? Je suis **sans un.** *Kannst du mir Geld geben? Ich* ***bin völlig blank*** / ***Mir wächst Gras aus der Hose.***

santé *f.* **Avoir la santé** *loc. Etre costaud, résistant* {*3*}. *Eine* ***Bombengesundheit haben*** / ***kerngesund sein.*** / [*Souvent ironique*]: Quoi? Il prend les cinq enfants avec lui en vacances? Eh bien, il a la santé! *Was? Der nimmt fünf Kinder mit in die Ferien? Mein lieber Mann, der* ***ist unverwüstlich!*** ♦ **Refaire une (petite) santé à qn.** *ou bien* **se refaire une santé** *loc. Remettre en forme ou à flot* {*2*}: File-lui un million, ça lui refera une santé. *Schieß ihm 'ne Million, das* ***bringt*** *ihn wieder* ***auf die Beine.***

saoul *Adj.* → soûl.

saouler *V.t* → soûler.

sape *f. Habillement* {*3*}. ***Klamotte*** (***n***). ♦ Il travaille **dans la sape** {*2*}. *Er arbeitet im* ***Textil.***

sapé *Adj. Habillé* {*2*} fringué*: Elle est bien sapée. *Sie ist Ia* ***gekleidet.***

saper (se) *V.pr. S'habiller* {*2*}: *Elle se sape chez Dior. Sie* ***kauft ihre Klamotten bei*** *Dior.*

sapin *m.* **Ça sent le sapin** *loc. La mort est proche* [*uniquement à la forme neutre*] {*2*}: Tu l'as entendu tousser? Ça sent le sapin. *Hast du ihn husten hören? Er* ***macht nicht mehr lange.***

saquer *V.t. Chasser, renvoyer, licencier* {*2*}: Les profs l'ont saqué. *Die Pauker haben ihn* ***abgeschossen.*** ♦ *Ne pas pouvoir supporter* {*2*}. ***Nicht verknusen können.***

sardine *f.* **Etre serrés comme des sardines** *loc. Très serrés dans un endroit* {*1*}. ***Wie die Ölsardinen.***

satané *Adj.* Sacré*, *maudit etc.* [*sert à former un superlatif péjoratif, mais avec sympathie*] {*3*}: Un satané farceur. *Ein* ***sagenhafter*** *Witzbold.*

satyre *m. Exhibitionniste* {*1*}: Les satyres du métro. *Die* ***Exhibitionisten*** *in der Metro.* / Ce vieux satyre. *Dieser alte* ***Wichser.***

sauce *f. Pluie, averse* {*2*}: On a reçu la sauce. *Wir sind in einen* ***Schauer*** *gekommen.* ♦ *Loc. Employer à toutes sortes d'usages* → accommoder: Le sachem **l'a mis à toutes les sauces.** *Der Boss hat* ***ihn für alles Mögliche benutzt.*** ♦ **Allonger la sauce** *loc. Délayer, augmenter un texte* {*2*}: Faut que j'allonge un peu la sauce. Ils ont demandé dix pages. *Ich muß ein bißchen* ***längen.*** *Sie haben zehn Seiten verlangt.* ♦ **Donner / mettre toute la sauce** *loc. Foncer*, rouler à fond la caisse* {*3*}. ***Mit Schmackes fahren.*** ♦ **Ne pas savoir à quelle sauce on va être mangé** *loc. Ne pas connaître son avenir proche* {*1*}: Les ouvriers ne savent pas à quelle sauce ils vont être mangés. *Die Arbeiter* ***wissen nicht, was mit ihnen geschehen wird.***

saucée *f. Averse* {*2*}: On a eu une de ces saucées. *Wir haben vielleicht einen* ***Guß*** *mitgekriegt.*

saucer *V.t. Mouiller par la pluie* {*1*}: Prends le parapluie, sinon tu risques de te faire saucer. *Nimm einen Schirm, sonst* ***wirst*** *du noch* ***pitschnaß.***

sauciflard *m. Saucisson,* ciflard* {*1*}: Passe-moi le sauciflard. *Schieb mir mal den* ***Aufschnitt*** *rüber.*

saucisse *f. Imbécile,* andouille* {*2*}. ***Blödmann.***

saucissonné *Adj. Mal habillé, serré dans ses vêtements 2*). ***Angeschustert.***

saucissonner *V.i. Prendre un repas sur le pouce* {*2*}: J'ai saucissonné sur l'autoroute. *Ich hab' mir auf der Autobahn* ***was zwischen die Zähne geschoben.*** ♦ *Pique-niquer* {*3*}. ***Picknicken.***

saut *m.* **Faire le saut** *loc. Prendre une décision qui engage l'avenir, sauter le pas* {*2*}: Enfin il a fait le saut. *Endlich hat er den* ***Sprung*** (***ins kalte Wasser***) ***gewagt.*** ♦ **Faire un saut** *loc. Aller voir* {*1*}: Cet après-midi je vais **faire un saut** chez la mère machin. *Heute nachmittag* ***gehe ich auf einen Sprung*** *zur Dingsbums.*

sauter *V.t. Posséder une femme* {*2*}: Une nénette qui se laisse sauter. *Eine, die sich* ***bumsen*** *läßt.* ♦ **Sauter du train en marche** *loc. Pratiquer le coït interrompu* {*3*}. ***Ihn vorher raustun.*** ♦ **Sauter le pas** *loc. Prendre la décision définitive* {*2*}. ***Den entscheidenden Schritt tun.*** ♦ **Sauter au plafond** *loc. Avoir un accès de colère,* piquer une crise* *ou bien être très surpris* {*2*}. ***An die Decke gehen.*** // ***Baff sein.*** ♦ **Et qu'ça saute!** *Loc.adv. Renforce une injonction* {*2*}. ***Aber*** / ***und*** (***ein bißchen***) ***dalli!*** / ***Jetzt aber!*** / Faites la chambre, et qu'ça saute! *Machen Sie das Zimmer fertig, aber* ***flott!***

sauterelle *f. Femme, plutôt maigre et dégingandée* [*péjoratif*] {*3*}. ***Flittchen.***

sauvette: A la sauvette *loc. Clandestinement, à la hâte, pour ne pas être surpris* {*1*}: Vendre à la sauvette. ***Hintenrum*** *verkaufen.* / **Vendeur à la sauvette** *m.* {*1*}. ***Fliegender Händler.***

savate *f.* **Traîner la savate** *loc. Ne rien faire, être sans travail, et sans argent* {*1*}. ***Rumgammeln.***

savoir *V.t./i.* **Ne plus savoir où donner de la tête** *loc. Avoir trop de choses à faire* {*1*}. ***Nicht mehr wissen, wo einem der Kopf steht.*** ♦ **Tu sais quoi?** *Loc. Tu connais la nouvelle?* {*B*}. ***Weißt du schon?***

savon *m.* **Passer un savon,** *réprimander* {*1*}: Elle lui a passé un savon. *Sie hat* ***ihm den Kopf gewaschen.***

savonné *Adj.* **Planche savonnée / savonneuse** {3} → savonnette.

savonner *V.t. Réprimander, passer un* savon* {2}: Va falloir le savonner. *Man muß ihm* ***den Marsch blasen / Kopf waschen.***

savonnette *f. Pneu lisse* {3}. ***Alte Decke.*** ♦ *Un type en qui on ne peut avoir confiance, une* planche savonnée* {2}. ***Aalglatter Typ.***

sax *m. Saxophone* {3}: Le numéro un du sax. *Die Nummer 1 am* ***Saxophon.***

sbire *m. Policier sans scrupule ou homme de main destiné aux sales besognes* {1}. ***Kinderschreck // Handlanger.***

scato *Adj.inv. Scatologique* {3}: Une histoire plutôt scato. *Eine etwas* ***skatologische / eklige*** *Angelegenheit.*

schizo *m./f./Adj.inv.* **Schizophrène** {B}. ***Schizophrener.***

schnaps *m. Eau de vie* {2}. ***Schnaps.***

schnouffe *f.* → chnouffe.

scie *f. Rengaine, chanson que l'on passe et repasse à la radio* {3}. ***„Ohrwurm".*** ♦ *Personne énervante* {1}: Quelle scie! *So eine* ***Nervensäge!***

scier *V.t. Congédier, éliminer* {3}: Ton pote est mûr. Il va être scié. *Dein Kumpel ist reif. Der wird* ***abgesägt.*** ♦ *Loc. Éreinter* {3}: Tu me **scies le dos**. / Tu commences **à me les scier** [*homme*]. *Du* ***raubst mir den letzten Nerv.*** ♦ → patte.

scoubidou *f. Stérilet, dispositif intra-utérin et permanent, utilisé par les femmes* {3}. ***Spirale.***

scribouillard *m. Qui écrit beaucoup et mal, ou bureaucrate* {2}. ***Vielschreiber // Schreibtischhengst.***

scribouiller *V.t. Écrire* {3}: C'est un bon écrivain? – Tu parles. Il scribouille. *Ist er ein guter Schriftsteller? – Denkste. Er* ***schreibt Mist.***

sec *Adj.* **Rester sec** *loc. Rester muet à une interrogation* {2}: Le prof lui a posé une colle et il est resté sec. *Der Pauker hat ihm eine Fangfrage gestellt, und da* ***hing*** *er* ***fest.*** ♦ *Loc. Sans un* {1}: Je suis **à sec**. *Ich bin* ***auf dem trocknen / blank.*** ♦ *Loc.* {1}: **Faire cul sec**. ***Auf ex trinken.*** ♦ *Adv. Précisément* {2}: C'est trois cents balles sec. *Das macht* ***genau*** *dreihundert Eier.* ♦ *Sans sursis* {2}: Il écope cinq ans sec. *Der brummt* ***volle*** *fünf Jahre.* ♦ *D'une manière rude et/ou rapide* {1}: Le boxer **frappe sec**. *Der Boxer* ***schlägt hart zu.*** ♦ *Étonnamment* {2}: Elle **boit sec**, ta frangine {2}. *Die* ***hat einen irren Schluck,*** *dein Schwesterherz.* ♦ *Loc.adv. Rapidement* {2}: **En cinq sec**. ***Im Nu / wie nichts.*** ♦ **Aussi sec** *expr.adv. immédiatement, sans tarder* {1}: Le flic l'a appréhendé aussi sec. *Der Polizist hat ihn* ***unversehens*** *festgenommen.*

sèche *f. Cigarette* {2}. ***Stengel.*** / Je suis antisèche. *Ich bin* ***Antiraucher.*** ♦ *Petit papier préparé avant d'aller à un examen* {1}. ***Spickzettel.***

sécher *V.i. Manquer volontairement un cours* [*étud.*] {1}. ***Blau machen.*** ♦ *Ne pas savoir répondre, rester* sec*, *à un examen* {2}: Il a séché en histoire. *Er ist in Geschichte* ***durchgerasselt.***

sécotine *N.pr. Etre* collant* [*la colle de la maison Sécotine*] {3}, *loc.*: **T'as fait ton apprentissage chez sécotine?** ***Du klebst an einem wie eine Klette.***

secouer *V.t.* **Se faire secouer le paletot / les puces** *loc. Réprimander* {3}: Quand il va rentrer, il va se faire secouer le paletot. *Wenn er nach Hause kommt,* ***kreist das Nudelholz.*** ♦ *V.pr.* {2}: **Secouez-vous!** ***Bewegung!***

Sécu *f. La Sécurité sociale, l'assurance sociale* {2}: Il est pris en charge par la Sécu. [*Seine Kosten werden*] *Er wird von der* ***Kasse*** *übernommen.*

Seigneur *m.* → vignes.

sélect [selɛkt] *Adj. Distingué* {2}: Un restau tout à fait sélect. *Ein* ***piekfeines*** *Restaurant.*

self *m. Magasin ou restaurant libre-service* {1}. ***Selbstbedienungsrestaurant.***

semer *V.t. Se débarrasser d'un importun, spécialement en le devançant* {1}: Il avait piqué un sprint et semé tout le peloton. *Er war losgesprintet und hatte das Feld* ***hinter sich gelassen.*** / Il a semé les flics. *Er hat die Bullen* ***abgehängt.*** ♦ **Semer la merde** *loc. Mettre le désordre, la confusion* {1}: Cette décision va semer la merde. *Diese Entscheidung* ***bringt Stunk.***

semoule *f.* → pédaler. ♦ **Etre dans la semoule** *loc. Ne pas disposer de ses moyens normaux* {2}: Il est un peu dans la semoule. *Er* ***hängt ein bißchen in der Luft.***

sens dessus dessous [sɑ̃sdysdsu] *Expr. En désordre* {1}: La maison était sens dessus dessous. *Im Haus herrschte ein* ***Riesendurcheinander.***

sensass *Adj.inv. Sensationnel* {1}. ***Toll / Spitze / klasse.***

sent-bon *m. Parfum* {2}: Tu t'es mis du sent-bon? *Hast du dir* ***Riechwasser*** *draufgetan?*

sentiment *m.* **Avoir / toucher qn. au(x) sentiment(s)** *loc. Obtenir qc. de lui, abuser de lui en faisant appel à sa générosité* [*souvent ironique*] {3}: S'il croit m'avoir aux sentiments, il se met le doigt dans l'oeil. *Wenn er meint,* ***ich werde weich / es ginge auf die weiche Tour,*** *Pustekuchen.* / On pourrait déjeuner ensemble? – Ah là, vous m'avez au sentiment. *Könnten wir zusammen essen? –* ***Da haben Sie meine Schwachstelle getroffen.*** ♦ **Faire du sentiment** *loc. Faire preuve d'une sentimentalité exagérée* {2}. ***Auf die Tränendrüse drücken / auf die Schmalzige kommen.***

sentinelle *f. Étron, excrément* {3}. ***Haufen.***

sentir *V.t. Aimer, apprécier,* blairer* [*toujours à la forme négative*] {1}: Je peux pas le sentir. *Ich kann ihn nicht* ***riechen.*** ♦ Je la sens pas. *Sie* ***sagt***

mir nichts. ♦ **(se)** *V.pr.* **Ne plus se sentir / Ne plus se sentir pisser** *loc. Perdre le sens des réalités {2}*: En vacances, il ne se sent plus. *Im Urlaub* ***läßt er alles hinter sich / vergißt er alles.*** / Depuis qu'il est directeur, il se sent plus pisser. *Seit er Direktor ist,* ***kennt er sich selbst nicht mehr.*** ♦ **Ça sent mauvais!** *Loc. Cela va prendre une mauvaise tournure {1}.* ***Da ist was faul!*** ♦ → roussi.

sérénade *f. Charivari, tapage nocturne {2}*: Ils ont fait la sérénade jusqu'à minuit. *Sie haben bis Mitternacht* ***Spektakel gemacht.***

sérieux *m. Chope de bière d'un litre {3}*: Apporte-nous un sérieux. *Bring uns ein* ***Maß.*** ♦ **Si pas sérieux, s'abstenir!** *Loc. {1}.* ***Nur ernstgemeinte Zuschriften erbeten!*** ♦ *Celui qui a de l'argent et qui paie {3}*: **C'est un sérieux?** ***Hat der Geld?***

seringue *f.* **Chanter comme une seringue** *loc. Chanter faux,* comme une casserole* *{3}.* ***Wie der letzte Mensch singen.*** ♦ **Jouer de la seringue** *loc. Se droguer {3}.* ***Sich spritzen.***

séropo *m./f. Malade du SIDA, séro-positif [néologisme (Schifres)] {3}.* ***Positive (r).***

serpillère *f. Péjoratif pour robe {3}*: Mais tu ne veux quand même pas que je mette cette serpillère? *Du willst doch wohl nicht, daß ich diesen* ***Fussel*** *anzieh'?*

serré *Adj. Démuni d'argent {2}*: En ce moment, je suis un peu serré. *Ich bin zur Zeit etwas* ***knapp (dran).*** ♦ *Fort {2}*: Un café bien serré. *Einen* ***starken*** *Kaffee.*

serrer *V.t.* **Serrer la vis à qn.** *loc. Le traîter avec sévérité {1}. Jdm.* ***Daumenschrauben anlegen.*** ♦ *Loc. Vivre une situation austère {1}*: Pendant la guerre, on devait **se serrer la ceinture**. *Während des Krieges mußte man* ***den Gürtel enger schnallen.*** ♦ *Loc. Avoir peur {3}*: Nom de Dieu! On a **serré les fesses**. *Verdammt! Da haben wir* ***die Arschbacken zusammengekniffen!*** ♦ → kiki.

service *m.* **Faire son service** *loc. Faire son service militaire {1}.* ***Seinen Wehrdienst machen.*** ♦ **Service service** *Adj.inv. Pointilleux {2}*: Elle est service service. *Sie ist* ***auf den I-Punkt genau.*** ♦ **Service trois pièces** *expr. Les organes génitaux de l'homme {3}.* ***Die Sachen.*** ♦ **En avoir autant à ton / son / votre service** *loc. Réponse à une remarque désobligeante {2}*: Tu conduis comme un pied. – J'en ai autant à ton service! *Du fährst wie der letzte Mensch. –* ***Du nicht besser! / Du auch! / Das könnte ich auch von dir sagen.***

seulâbre *Adj. Seul {1}.* ***Allein.***

sevrer *V.i. Cesser progressivement d'allaiter, par là le mot se réfère à des personnes pas encore mûres {3}*: Comment? Il veut se marier? Mais il n'est pas encore sevré! *Wie? Er will heiraten? Aber er ist doch noch nicht* ***trocken hinter den Ohren.***

sexy *Adj.inv. Aguichant {1}.* ***Sexy.***

sézig *Pron.pers. et n.m. Lui {2}.* ***Der / der Typ.***

shampo(o)ing maison *{3} ou* **shampoing à Charles le Chauve** *{3} expr.m. Fellation*: Elle lui **fait un shampoing maison**. *Sie* ***bläst*** *ihm* ***einen nach Art des Hauses.*** ♦ *Loc. Rectifier {1}*: Le patron lui a **passé un shampoing**. *Der Alte hat ihm* ***den Kopf gewaschen.***

shit *m. Haschisch {3}.* ***Shit.***

shitman *m. Fumeur de haschisch {3}.* ***Shitnase.***

shocking *Adj.* **C'est shocking!** *Loc. Anglicisme pour c'est surprenant [branché, jeunes] {2}.* ***Das ist shocking!***

shoot *m. Piqûre (drogue) {2}.* ***Shoot / Schuß.***

shooter (se) *V.pr. Se piquer, se droguer {2}.* ***Sich einen Schuß setzen / sich etwas drükken.*** ♦ *Par extension, se faire plaisir {B}, Pierre Merle donne l'exemple*: Il se shoote à la bourse. *Er* ***berauscht sich*** *an der Börse.*

shooteuse *f. Seringue pour piqûre {3} {B}.* ***Nadel.***

show-bize [ʃobiːz] *m. Show business {2}.* ***Show business.***

sidateux *m. Personne atteinte du sida,* → séropo, *ou présumée telle [péjorativ] {B}.* C'est une sidateuse. *[Etwa] Sie ist so eine* ***Aidstype.***

sifflard *m* → ciflard, → sauciflard.

siffler *V.t. Avaler d'un trait {2}*: Siffler un p'tit cognac. *Einen kleinen Cognac* ***wegputzen.***

sifflet *m.* **Couper le sifflet** *loc. Mettre hors d'état de répondre {2}*: Sa réflexion m'a coupé le sifflet. *Seine Bemerkung hat* ***mir das Wort im Halse stecken lassen.***

simagrées *f. Minauderies, manières affectées {2}*: Accepte cette invitation sans faire de simagrées. *Nimm die Einladung an und* ***mach keine Zicken.***

simple comme bonjour *loc. Simple, très facile {1}.* ***Kinderleicht.***

singe *m. Patron ou personne masculine peu appréciée {1}*: T'as vu le singe? *Hast du* ***den Alten*** *gesehen?* ♦ *Viande de boeuf en conserve {3}*: On va bouffer du **singe**. *Wir essen* ***vom Pferd.*** ♦ **La cage des singes** *{3}.* ***Lehrerzimmer.***

sinoque *Adj. Fou {3}*: Elle est complètement sinoque. *Die ist total* ***bestußt.***

sinoquet *m. Crâne {3}.* ***Birne.*** / *Loc. Déraisonner, être bête {3}*: **Avoir une case de vide dans le sinoquet**. ***Einen Sprung in der Schüssel haben.***

siphonné *Adj. Fou, abruti {1}.* ***Bescheuert.***

sirop *m. Remplace quelquefois* liquide *ou* boisson *{3}*: Qu'est-ce que tu prends comme sirop? – Un cognac. *Was nimmst du für* ***einen?*** *– Einen Cognac.* ♦ **Sirop d'homme / de paf** *expr. Sperme {3}.* ***Wonnekleister.*** ♦ *Loc. Etre ivre {3}*: Il a **un coup de sirop**. *Er hat* ***einen in der Krone.***

siroter *V.t. Boire à petits coups en dégustant ou*

en savourant {*1*}: Elle sirotait son petit jus. *Sie* **schlürfte (genießerisch)** *ihren Kaffee.* ♦ *Avoir tendance à être alcoolique* {*3*}: Il sirote pas mal. *Der* **süffelt** *ganz schön.*

siroteuse *f. Prostituée qui racole dans les cafés* {*3*}. ***Eine in Kneipen Arbeitende.***

sissite (faire sissite) *loc. S'asseoir* [*enfant*] {*2*}: Fais sissite. ***Hoppe, hoppe, setz dich!*** ♦ *En parlant au chien* {*1*}. ***Platz!***

situasse *f. Situation sociale* {*3*}: Chômedu, c'est pas une situasse. *Arbeitslos zu sein ist keine* ***rosige Situation.***

skin [skin] m. Skin-head {*B*}. ***Skinhead.***

slalom *m.* **Faire du slalom** *loc. Doubler en zigzaguant, se dit souvent des cyclistes qui passent entre les voitures* {*2*}: Faire du slalom, c'est dangereux. ***Slalom fahren*** *ist gefährlich.*

slibar *m. Slip* {*1*}: T'as vu mon slibar? *Hast du meinen* ***Slip*** *gesehen?*

smala *f. Famille nombreuse* {*1*}: Et à côté de chez nous habitait une de ces smalas! *Und neben uns wohnte* ***so ein halber Völkerstamm.***

smicard *m. Personne dont les revenus ne dépassent pas le smic* [*salaire minimum interprofessionnel de croissance*] {*1*}. ***Mindestlohnempfänger.***

smok *m. Smoking* {*3*}. ***Smoking.***

snack *m. Restaurant à service rapide* {*2*}: On a mangé dans un snack. *Wir haben in einem* ***Schnellrestaurant*** *gegessen.*

snif *m. Cocaïne* {*2*}. ***Schnee.***

sniffer *V.t. Renifler, prendre la poudre* [*héroïne*] {*B*}. ***Sniffen.***

sniffette *f. Prise d'héroïne* {*3*}: Ils allaient se faire une sniffette. *Sie gingen eine* ***Prise*** *nehmen.*

sniffeur *m. Qui sniffe* {*3*}. ***Sniffer.***

snob *m.*/*Adj. Qui se fait passer pour distingué* {*1*}: Une voiture snob. *Ein* ***Schickimicki-****Auto.*

snober *V.t. Faire mine de ne pas voir une personne qu'on connaît* {*2*}: Il m'a snobé. *Er ist an mir* ***vorbeigerauscht (ohne mich zu beachten).***

snobinard *m.*/*Adj. Un peu snob* {*1*}. Les snobinards du Tout-Paris. *Die Pariser* ***Schickeria.***

socialo *m. Socialiste* {*2*}. ***Sozi.***

sœur *f. Amie, maîtresse* {*2*}: ***„Schwester".*** ♦ **Et ta sœur?** *Loc. Mêle-toi de ce qui te regarde.* [*Attire souvent la réponse*: **elle bat le beurre** (*on sous-entend*: quand elle battra ce que je pense [*merde*], tu suceras le bâton *ou bien*: Elle est au Panthéon – où elle prie le Bon Dieu – pour que tu sois moins con)]. [*Etwa*] ***Ja und, was willst du denn schon?***

sœurette *f. Petite soeur* {*2*}. ***Schwesterherz / Schwesterlein.***

soft *m.*/*Adj.inv. Par opposition à* hard {*B*}: Un porno soft. *Ein* ***Soft****porno.* ♦ *Par extension pour tout ce qui est minet, gentil, etc.*: C'est un prof soft. *Das ist ein* ***softer*** *Lehrer.*

soi-disant que *loc. Il paraît que* [*avec une nuance de scepticisme*] {*2*}: Soi-disant que les salaires vont augmenter. ***Angeblich*** *sollen die Löhne steigen.*

soie *f. Symbole d'opulence, loc.* {*2*}: Elle **couche dans la soie**. *Sie geht in* ***Samt und Seide.*** / *Loc. Etre riche* {*2*}: Ils ont gagné au loto et maintenant ils **pètent dans la soie**. *Sie haben im Lotto gewonnen und jetzt* ***stinken*** *sie* ***vor Geld.***

soif *f.* **Jusqu'à plus soif** *loc. Jusqu'au bout* {*1*}: Il a téléphoné jusqu'à plus soif. *Er hat rumtelefoniert,* ***bis er nicht mehr konnte/wollte.***

soiffard *m. Qui boit trop* {*1*}. ***Säufer.***

soin *m.* **Etre aux petits soins avec qn**. *loc. Etre particulièrement attentif pour satisfaire les désirs de qn.* {*2*}: Sachant que la vieille pourrait rendre service, il était aux petits soins avec elle. *Da er wußte, daß die Alte nützlich sein könnte,* ***las er ihr jeden Wunsch von den Augen ab.***

soir *m.* → être.

soixante-neuf *m. Position érotique tête bêche* {*1*}: Elle adore faire le soixante-neuf. *Sie liebt* **69** / *es* ***französisch.***

soleil *m.* **Piquer un soleil** *loc. Rougir,* → fard {*2*}. ***Eine rote Birne kriegen.*** ♦ **Ça craint le soleil** *loc. Se dit d'une marchandise d'origine obscure, souvent frauduleuse* {*2*}. ***Das fürchtet das Sonnenlicht.*** ♦ **Un soleil de plomb** *expr. Un soleil accablant, dardant* {*3*}. *Eine* ***knallige Sonne.***

solo *Adj.*/*Adv. Seul* {*1*}. ***Solo.*** ♦ **Travailler en solo** *loc. Travailler seul pour certaines «professions»* {*2*}: Ce cambrioleur travaille en solo. *Dieser Einbrecher* ***arbeitet alleine.***

sonné *Adj. Étourdi par des coups, qui a perdu la raison* {*1*}. ***Bekloppt.***

sonner *V.t. Assommer, frapper durement à la tête* {*1*}: Il a été sonné et a roulé au tapis. *Er* ***bekam eine verpaßt*** *und ging zu Boden.* / La maladie l'a sonné. *Die Krankheit hat ihn* ***fertiggemacht.*** ♦ *Loc.* {*1*}: Le patron lui a **sonné les cloches**. *Der Chef hat ihm die* ***Leviten gelesen.*** ♦ **Je vous / t'ai pas sonné!** *Loc. Se dit de qn. dont on juge la venue mal à propos* {*2*}. ***Ich hab Sie / dich nicht gerufen!***

sono *f. Appareillage de sonorisation* {*2*}: La sono avait pété. *Der* ***Ton*** *war weg.* / Il avait mis la sono à fond. *Er hatte den* ***Ton*** *voll aufgedreht.* / Ton gosse est une sono portative. *Dein Balg ist die reinste tragbare* ***Stereoanlage.***

sorbonnard *m. Professeur ou étudiant de la Sorbonne* {*3*}. ***Sorbonne-Professor / -Student.***

sorcier *m.* **Ce n'est pas sorcier** *loc. Ce n'est pas difficile à comprendre* {*1*}. ***Das ist keine Geheimwissenschaft. / Dafür muß man nicht studiert haben.***

sort *m.* **Faire un sort à qc.** *loc. Se l'approprier, en finir d'une manière radicale* {*1*}: Faisons un sort à cette bouteille de vin! ***Machen*** *wir dieser Flasche Wein* ***ein Ende.*** / *S'en débarrasser en par-*

lant d'une personne {*1*}: On **lui a fait un sort!** ***Den sind wir los!*** / ***Mit dem ist Schluß!***

sortable *Adj. Que l'on peut «monter» en public, bien élevé* [*le plus souvent à la forme négative*] {*1*}: Vous et vos plaisanteries! Décidément **vous n'êtes pas sortable!** *Sie und Ihre Witze!* ***Mit Ihnen kann man sich*** *echt* ***nicht in der Öffentlichkeit sehen lassen!*** / ***Sie sind nicht vorzeigbar.***

sortie *f. Emportement contre qn., scène* {*2*}: Elle est capable de faire n'importe quelle sortie devant les gens. *Sie ist vor Leuten zu allen Arten von* ***Ausfällen*** *fähig.* / Le professeur lui **a fait une violente sortie** parce qu'il n'avait pas fait ses devoirs pour la énième fois. *Der Pauker hat ihn* ***furchtbar angeschnauzt****, weil er zum xten Male keine Hausaufgaben hatte.* ♦ **Etre de sortie** *loc. Manquer* {*3*}: Mes économies sont de sortie. *Meine Ersparnisse* ***sind gleich Null.*** ♦ **Etre de sortie** *loc. Avoir la permission de sortir* {*2*}: Tu es de sortie? ***Hast*** *du* ***Ausgang****?*

sortir *V.i.* **En sortir** *ou* **sortir du trou** *loc. Sortir de prison, être libéré* {*2*}: ***Gerade rauskommen*** / ***aus dem Bau raus sein.*** ♦ **Sortir de** *loc. Venir de* {*2*}: Je sors de téléphoner à ton ami. *Ich* ***habe gerade*** *mit deinem Freund telefoniert.* ♦ **Je sors d'en prendre** *loc. Je viens de vivre la même chose* {*2*}. ***Mir ist es gerade genauso ergangen.*** ♦ *Formule de refus*, merci, j'ai déjà donné* {*2*}: Tu lui fais encore un discours? Merci, je sors d'en prendre! *Schreibst du ihm noch eine Rede?* ***Danke! Sonst noch was?*** ♦ *Avancer* {*1*}: Il a **sorti** une de ces réflexions {*1*}. *Der hat* ***vielleicht*** *eine Bemerkung* ***gemacht*** / ***rausgeklotzt.*** ♦ **S'en sortir** *loc. Se tirer d'embarras* {*1*}: Elle ne s'en est pas mal sortie. *Sie ist nicht schlecht aus der Sache* ***rausgekommen*** / *hat sich nicht schlecht* ***aus der Affaire gezogen.***

sossot *Adj. Sot* {*1*}: Elle est un peu sossotte, la petite. *Sie ist ein bißchen* ***doof****, die Kleine.*

sou *m. Argent en général, par exemple dans les locutions suivantes* {*1*}: **Compter ses sous**. *Seine* ***Pfennige*** *zählen* ♦ Comment veux-tu qu'on l'achète? On **n'a pas le sou**. *Wie sollen wir es denn kaufen?* ***Wir haben keinen Pfennig.*** ♦ *Loc. Etre très avare* {*1*}: Il **est très près de ses sous.** *Er* ***sitzt auf seinem Geld.*** ♦ *Loc.* {*1*}: Je suis **sans le sou** {*1*}. *Ich habe* ***keinen grünen Heller.*** ♦ *Loc.* {*2*}: **C'est une affaire de gros sous.** ***Bei dieser Sache geht's um viel Geld.*** ♦ *Expr.adv.* {*2*}: Il a fait sa fortune en économisant **sou par sou/sou à sou**. *Er hat sein Vermögen gemacht, indem er* ***Pfennig auf Pfennig*** *legte.* ♦ **D'un sou / de quatre sous** *expr.adv. De peu de valeur* {*1*}: Un bidule de quatre sous. *Ein Ding* ***von ein paar Pfennigen.*** ♦ **Fichu comme quatre sous** *loc. Etre mal habillé,* → as {*2*}: La voisine est fichue comme quatre sous. *Die Nachbarin ist* ***schrecklich angeschustert.*** ♦ *Loc. S'ennuyer* {*1*}: J'ai pas envie de **m'ennuyer à cent sous de l'heure.** *Ich hab doch keine Lust,* ***mich zu Tode zu langweilen.***

soudure *f. Argent* {*2*}. ***Knete.*** ♦ **Envoyer la soudure** *loc. Payer* {*2*}: Il sort son larzingue et envoie la soudure. *Er zieht seine Brieftasche heraus und* **schickt** (**die**) **Knete.** ♦ **Faire la soudure** *loc. Disposer juste d'assez d'argent ou de marchandise pour subsister entre deux rentrées ou deux livraisons ou à la fin du mois* {*2*}: Je ne sais pas comment je vais faire la soudure ce mois-ci. *Ich weiß nicht, wie ich* ***über den Monat kommen*** *soll.* / C'est juste pour faire la soudure. *Das* ***ist gerade genug, um über den Berg zu kommen.***

soufflant *m. Pistolet* {*3*}: Fais gaffe, il a un soufflant. *Paß auf, der hat 'ne* **Puste.**

souffle *m. Courage*, culot*, *audace* {*2*}: Il manque pas de souffle! *Der* ***hat Traute!***

soufflé *Adj. Surpris, étonné* {*3*}: **J'en suis resté soufflé.** (*Daraufhin*) ***war*** *ich* ***baff.***

souffler *V.i. Prendre un peu de répit* {*1*}: Laisse-moi souffler. *Laß mich mal* ***verschnaufen.*** ♦ *Dire une réponse* {*1*}: Mais le journaliste lui a soufflé la bonne réplique. *Aber der Journalist hat ihm die richtige Antwort* ***geflüstert.*** ♦ **Souffler qc. à qn.** *loc. Prendre qc. au détriment de qn.* {*1*}: Il me l'a **soufflé sous le nez.** *Er hat es mir* (***vor der Nase***) ***weggeschnappt.***

soufflet *m. Poumon* {*3*}: Il fume comme un sapeur. Il n'a plus de soufflets. *Er raucht wie ein Schlot. Er hat keine* **Lunge** *mehr.*

souhaiter être à cent pieds sous terre *loc. Avoir terriblement honte* {*2*}. Je me suis souhaité à cent pieds sous terre. Ich bin ***vor Scham in den Boden versunken.***

souk *m. Grand désordre* {*3*}: Qu'est-ce que c'est que ce souk? *Was ist das denn für ein* ***Durcheinander?***

soûl [su] *Adj. Ivre* {*1*}. **Besoffen.** / Elle était **soûle comme une bourrique** {*1*}. *Sie war* ***voll wie eine Haubitze.*** ♦ *Loc. En avoir bu assez* {*2*}: Il **en a tout son soûl**. *Er* ***hat, was er braucht.***

soulager *V.t. Voler, dérober* {*1*}: Il est bourré de fric. On va le soulager? *Der stinkt nach Geld. Sollen wir ihn* ***erleichtern?*** ♦ (**se**) *V.pr. Satisfaire un besoin naturel* {*3*}: Arrête au prochain parking. J'ai besoin de me soulager. *Halt am nächsten Parkplatz. Ich muß mich mal* ***erleichtern*** / *muß mal* ***austreten.***

soûlard *m. Ivrogne* {*1*}. ***Säufer.***

soûlaud *ou* **soûlot** *m. Ivrogne* {*2*}. ***Saufkopf*** / ***Suffkopp.***

soûler *V.t. Faire trop boire qn.* {*1*}: Cesse de lui donner à boire sans arrêt. Tu veux le soûler? *Hör auf, ihm ständig zu trinken zu geben. Willst du ihn* ***besoffen machen?*** ♦ *Importuner par du bavardage ou du bruit* {*1*}: Quand tout le monde parle à la fois, ça me soûle. *Wenn alle durchein-*

andersprechen, **werd'** *ich* **wahnsinnig.** ♦ **(se)** *V.pr. S'enivrer {1}*: Il passe son temps à se soûler. *Er verbringt seine Zeit damit, sich* **zu besaufen.**

soûlerie *f. Sorte de débauche où l'on s'enivre {2}*: **Sauferei / Besäufnis.**

soulever *V.t. Voler {3}*: On lui a soulevé son portefeuille. *Man hat ihm die Brieftasche* **geklemmt.** ♦ *Séduire une femme {3}*: Celle-là, tu la soulèves comme tu veux. *Die* **reißt** *du* **auf**, *wie du willst.* ♦ **Ça me soulève le coeur!** *Loc. Cela me dégoûte {2}*. **Das dreht mir den Magen rum.**

souliers *m.pl.* **Etre dans ses petits souliers** *loc. Etre dans une situation difficile*, ne pas être fier* *{2}*: Quand il a vu arriver le flic, il était dans ses petits souliers. *Als er den Polizisten kommen sah,* **war er so klein mit Hut.** [*im Deutschen ist die Geste zur Bezeigung der Kleinheit erforderlich*] / **wurde er ganz klein.**

soûlographe *m. Ivrogne {3}*. **Säufer.**

soûlographie *f. Ivrognerie, alcoolisme {2}*. **Saufen.**

soupçon *m. Très petite quantité {2}*: Une tasse de café avec un soupçon de lait. *Eine Tasse Kaffee mit einem* **Ideechen** *Milch.*

soupe *f. Repas ou potage {2}*: T'as mangé ta soupe? *Hast du schon (deine Suppe)* **gegessen**? ♦ **A la soupe!** *Excl. A table! {2}*. **Essen (kommen)!** ♦ **Par ici la bonne soupe!** *Exclamation lancée à propos d'un gain qu'on encaisse {2}*. **Her mit dem Zaster / Schmuck** [*oder ähnlich*]. ♦ *Dans un sens ironique: Prépare-toi à écoper {3}*. **Jetzt mach dich auf was gefaßt!** ♦ **Trempé comme une soupe** *loc. Etre mouillé par la pluie {3}*. **Pitschnaß.** ♦ **Ça tombe comme un cheveu sur / dans la soupe** *loc. Mal à propos, surtout après une réflexion déplacée {1}*: Quant à cette réflexion, elle tombe comme un cheveu sur la soupe. *Und diese Bemerkung* **„kommt goldrichtig"** [*iron.*]. ♦ *Loc. Etre vexé {2}*: Comme je suis rentré assez tard hier soir, j'ai **mangé la soupe à la grimace**. *Als ich gestern abend spät nach Hause kam,* **kreiste das Nudelholz / sah ich ein langes Gesicht.** ♦ **Manger la soupe sur la tête de qn.** *loc. Le dépasser en taille {2}*. **Jdm. auf den Kopf spucken (können).** ♦ **Un gros plein de soupe** *loc. Un homme assez solide, trop bien nourri {2}*: Vise un peu ce gros plein de soupe. *Guck dir mal diesen* **vollgefressenen Sack** *an.* ♦ **Soupe au lait** *Adj.inv. Qui change très vite d'humeur, irascible {1}*. **Launisch.** / Il est soupe au lait. *Er ist ein* **Hitzkopf.**

souper *V.i.* **En avoir soupé** *loc. En avoir assez {1}*: Quant à tes éternelles histoires, j'en ai soupé! *Deine ewigen Geschichten* **stehen mir bis hier / hängen mir zum Hals raus!**

sourd *Adj.* **Comme un sourd** *loc.adv. Très fort {2}*: Il tape comme un sourd. *Er schlägt* **wie ein Verrückter.** ♦ **Ne pas tomber dans l'oreille d'un sourd** *loc. Etre bien compris {2}*: Ce que tu viens de me dire, c'est pas tombé dans l'oreille d'un sourd. *Was du mir gerade gesagt hast,* **hast du keinem Dummen gesagt.** ♦ **Sourd comme un pot** *loc.adv. Etre totalement sourd {1}*. **Stocktaub sein.**

sourdine *f.* **Mets-la en sourdine / Mets une sourdine** *loc. Tais-toi, parle plus bas {2}*. **Schalt einen leiseren Ton ein. / Schrei nicht so.** ♦ *Loc. Atténuer {2}*: Cela a mis une sourdine à sa fougue. *Das hat seine Begeisterung* **gedämpft.**

sourdingue *Adj. Sourd {1}*. **Schwerhörig.**

souricière *f. Piège tendu par la police {1}*: Les flics ont organisé une souricière. *Die Bullen haben eine* **Falle** *gestellt.*

souris *f. Fille ou jeune femme {1}*: Elle a du chien, la souris. *Die ist sexy, die* **Maus.**

sous-bite *m. Sous-lieutenant {3}*: Il est chiant, le sous-bite. *Der* **(Unter)leutnant / Fähnrich** *ist ein Arsch.*

sous-cul m. *Petit tapis qu'on met sur un banc, sur une chaise {3}*. **Sitzkissen.**

sous-fifre *m. Subalterne {1}*: Est-ce que t'as vu le patron ou seulement les sous-fifres? *Hast du den Boss oder nur die* **Handlanger** *gesehen?*

sous-lieute *m. Sous-lieutenant {3}*: Va voir le sous-lieute. *Geh mal zum* **Leutenant** [*amerikanische Aussprache*: [luːtenənt]]

sous-mac *m. Sous*-maquereau* *{3}*. **Kleiner Zuhälter.**

sous-main *Adj.* **En sous-main** *expr.adv. En cachette, clandestinement, secrètement {2}*: Il a été payé en sous-main. *Er wurde* **unter der Hand** *bezahlt.*

sous-off *m. Sous-officier {3}*: Les sous-offs sont les pires. *Die* **Uffze** *sind die schlimmsten.*

sous-ventrière *f.* **S'empiffrer / bouffer à s'en faire péter la sous-ventrière** *loc. Manger excessivement {3}*. **Fressen, bis man platzt.**

spaniche *m./Adj. Espagnol* [*surtout au pluriel, peu flatteur*] *{3}*. **Spanier.**

spécial *Adj. Vicieux, contre nature, pervers {3} {B}*: Il se régale à regarder des films spéciaux. *Er guckt sich unheimlich gerne* **perverse** *Filme an.* / *Adv. {2}*: C'est spécial cul. *Das ist* **hard-porn.**

spécialité *f. Perversité ou simplement pratique sexuelle {3}*. **Perversität.** / Sa spécialité, c'est le fouet. *Ihr* **Spezialgebiet** *ist die Peitsche.*

speed [spid] *m. Amphétamines* [*drogue*] *{3}*. **Speed.**

speedé *m./Adj. Qui se drogue au speed {3}*: Il est **toujours speedé.** *Er* **steht immer unter Dampf.**

speeder (se) *V.p. Pour tenir le coup, une personne plutôt jeune peut se droguer* [*à l'alcool, aux cigarettes ou à la télé...*], se défoncer* *{2}*: Il s'est speedé à son film favori. *Er hat sich seinen Lieblingsfilm* **reingezogen.**

sponsoriser *V.t. Commanditer, financer, an-*

ciennement faire du mécénat {*B*}: On est sponsorisés. *Wir werden* **gesponsert.**

sport *m.* **(Ça) c'est du sport!** *Loc. C'est difficile ou dangereux* {*1*}. ***Das ist doch ein Spaziergang!*** [*iron.*] / Faire un repas pour dix personnes avec seulement deux plaques, ça c'est du sport! *Für zehn Personen auf nur zwei Platten kochen,* **das ist Kunst**!

sprint *m.* {*1*}. ***Sprint.***

squatt *m. Occupation d'un logement vide* {*2*}. ***Hausbesetzung.***

squatter [skwatœːr] *m. Personne sans abri qui s'installe sans autorisation avec sa famille dans un logement inoccupé* {*1*} {*B*}. **Hausbesetzer.**

squattériser *ou* **squatter** *V.t. Occuper un logement vide* {*2*}. ***Wohnung besetzen.***

staff *m. Groupe formé par les dirigeants d'une entreprise, d'une organisation* {*3*}: Le ministre va débarquer avec tout son staff. *Der Minister kommt mit seinem ganzen* **Stab**.

sténo *N./Adj. Sténographe ou sténographie ou sténodactylographe* {*1*}: Il faut que je dicte du courrier à la sténo. *Ich muß der* **Tippse** *die Post diktieren.* ♦ Tu sais la sténo? *Kannst du* **Steno**?

stocker en kilos *loc. Engraisser* {*3*}: Elle a pas mal stocké en kilos. *Die hat ganz schön* ***Kilos angesetzt.***

stop *m. Auto-stop* {*1*}: Interdit de faire du stop. (*Per*) **Anhalter** (*fahren*) *verboten.*

stoppeur *m. Qui pratique l'auto-stop* {*2*}: Tu ramasses les stoppeuses? *Nimmst du* ***Anhalterinnen*** *mit?*

stress *m.* {*1*}. ***Streß.***

stressant *Adj. Qui est à l'origine du stress* {*1*}: Travailler, c'est stressant. *Arbeiten ist* **stressig.**

stressé *Adj. En proie au stress* {*1*} {*B*}: Stressé à mort. *Höllisch* **gestreßt.**

style *loc. adv. Comme* [*mot très jeune, après un substantif*] {*3*}: Elle porte une robe style Madonna. *Sie trägt ein Kleid* **à la** *Madonna.* / Il s'est endimanché, style épicier de province. *Er hat sich „staatsgemacht"* **wie** *einer vom Land.*

subito *Adv. Tout de suite, subitement* {*2*}: Maintenant tu obéis. Subito (presto)! *Und jetzt hörst du. Aber* ***ein bißchen plötzlich!***

suçage *m. Fellation* {*3*}. ***Blasen.***

suce-pet *m. Flagorneur* [*on remarque l'homonymie avec* suspect] {*3*}. ***Arschkriecher.*** / Monsieur est un suspect/suce-pet. *Der Herr ist* ***nicht echt*** / ***ein Arschkriecher.***

sucer *V.t. Pratiquer la fellation ou le cunnilingus* {*2*}. **Lecken** *bzw.* **blasen.** ♦ **Se sucer la pomme,** *s'embrasser* {*3*}. **Sich abknutschen.**

suceuse *f. Fille ou femme qui* suce* {*3*}. ***Bläserin.***

suçon *m. Marque de baiser ou de morsure amoureuse* {*1*}. **Knutschfleck.**

sucre *m.* **Du sucre** *expr.adv. Du meilleur* {*3*}: Les vacances, c'est du sucre. *Ferien sind* **Spitze.** ♦ **Casser du sucre sur le dos de qn.** *loc. Médire de qn.* {*1*}. **Über jdn. herziehen.** ♦ *Loc. Recevoir sa récompense* {*3*}. Il a **reçu son morceau de sucre**. *Er* ***hat sein „Zückerchen" gekriegt.*** ♦ **Etre en sucre** *loc. Etre fragile, délicat* {*2*}: N'aie pas peur, t'es pas en sucre. *Hab keine Angst, du* ***bist doch nicht aus Zucker.***

sucrer *V.t. Supprimer* {*1*}: On m'a sucré mes vacances. *Man hat mir meine Ferien* ***vermasselt*** / ***versalzen.*** ♦ *Loc. Trembler* {*3*}: Tu **sucres les fraises** maintenant? *Hast du jetzt den* ***Tatterich?*** ♦ **Sucrer les gauffres** {*3*} / **les fraises** {*2*} *loc. Etre sénile, amolli du cerveau*: Il sucre les gauffres. *Bei ihm* **rieselt der Kalk.** ♦ **(se)** *V.pr. S'octroyer de larges bénéfices, s'enrichir illicitement* {*2*}: Il a dû se sucrer confortablement. *Er hat ordentlich* **Reibach gemacht.** ♦ **Se sucrer la gauffre** *loc. Se maquiller* {*3*}: Elle perd un temps fou à se sucrer la gauffre. *Sie verplempert irre Zeit damit,* ***Kriegsbemalung aufzulegen.***

suée *f. Transpiration abondante sous l'effet du travail* {*2*}: On a attrapé une de ces suées. *Uns brach vielleicht der* ***Schweiß*** *aus.* ♦ *Loc.* {*2*}: **Piquer une suée**. ***Ins Schwitzen kommen.***

suer *V.i. Se donner beaucoup de peine* {*1*}: Il n'a pas mal sué pour mettre sur pied son affaire. *Er hat ganz schön* **geschwitzt**, *um seine Sache hinzukriegen.* ♦ *Loc. Importuner, embêter* {*2*}: **Il me fait suer**. ***Ich finde ihn ätzend.*** ♦ *Loc. Faire travailler durement* {*2*}: Il nous a **fait suer le burnous**. *Der hat uns vielleicht* ***rangenommen.*** ♦ *Loc.* Danser {2}: On va **en suer une**? ***Gehen*** *wir* ***einen zappeln?*** / ***Legen wir eine flotte Sohle aufs Parkett?*** ♦ **Suer sang et eau** *loc.* → sang.

suif *m. Réprimande* ♦ **Chercher du suif** *loc. Chercher querelle* {*3*}: Il lui a cherché du suif. *Er* ***war auf Streit*** *mit ihm* ***aus.***

Suisse *f.* **Boire en Suisse** *loc. De façon égoïste, manger ou boire tout seul, sans inviter des amis* {*3*}: Il est tellement chiche qu'il boit régulièrement en Suisse. *Der ist so geizig, daß er* ***immer für sich alleine trinkt.*** ♦ *Loc. Même sens* {*3*}: **Faire suisse.** ***Alleine trinken.***

suite *f.* **De suite** *Adv. Tout de suite* {*3*}: Tu arrives de suite? *Kommst du* **sofort**?

sulfateuse *f. Mitraillette* {*3*}: Il avait la sulfateuse braquée sur le bide du mec. *Seine* (***Kugel***)**spritze** *zielte auf die Wampe von dem Typ.*

sup *Adj.inv. Supplémentaire* {*2*}: Le patron veut que je fasse des **heures sup**. *Der Chef will, daß ich* **Überstunden** *kloppe.* / *f. École supérieure* {*2*}: Il sort d'une **école sup**. *Er kommt von einer* ***Hohen Schule.*** ♦ **Faire sup de co** *loc.* {*2*}. ***An der Ecole Supérieure de Commerce*** *studieren.*

super *m. Supercarburant* {*1*}: De l'ordinaire ou du super? *Normal oder* **Super**? ♦ *Adj./Adv. Formidable* {*1*}: C'est super! *Das ist ja* **super**!

surboum *{1} ou* **surpatte** *{2} f. Surprise-partie ou partie dansante.* ***Riesenfete.***

surface *f. Réapparaître après avoir disparu de son milieu pendant un certain temps, surmonter ses embarras financiers {1}*: Il refait surface. *Er* ***ist wieder aufgetaucht.*** / *Avoir les moyens intellectuels ou financiers {2}*: Il **a de la surface**. *Er* **hat Power.** / Quelle est la surface de cette entreprise? *Wie ist die* **Kapazität** *dieses Unternehmens?* ♦ *Étonner qn.* → coin *{3}*: Il lui **en a bouché une surface**. *Der hat ihn* ***baff gemacht.***

surgé *m. Surveillant général [lycée] qui en tant que fonctionnaire adjoint est responsable de la discipline dans un établissement d'enseignement {2}*: Vingt deux! Le surgé arrive. *Achtung! Die* ***Aufsicht*** *kommt.*

surin *m. Couteau {3}.* ***Messer.***

suriner *V.t. Tuer avec un couteau {3}*: Il s'est fait suriner au cours d'une rixe. *Der wurde in einem Messerkampf* ***abgestochen.***

surineur *m. Qui joue ou qui se sert d'un* surin* *{3}.* ***Messerstecher.***

surpatte *f.* → **surboum.**

sus [sys] *Adv.* **En sus** *expr.adv. Supplément {1}*: Le café est en sus. *Der Kaffee ist* ***zusätzlich.***

susucre *m. Sucre [chien] {2}.* ***Zückerchen.***

sympa *Adj.inv. Sympathique {1}*: Un restaurant sympa, un prof sympa, un film sympa. *Ein* ***nettes*** *Restaurant, ein* ***sympathischer*** *Lehrer, ein* ***prima*** *Film.*

syndrome *m. Ensemble de symptômes qu'on trouve un peu partout {3} {B}*: Le syndrome chinois est le titre d'un film très connu. *Das* ***China-syndrom*** *ist der Titel eines bekannten Films.* / Le syndrome Tchernobyl. *Das* ***Tschernobyl-Syndrom.***

syphilo *f. Syphilis {2}.* ***Syph.*** ♦ *m. Personne souffrante de la syphilis {3}.* ***Syphkranker*** / ***Syphnase.***

système *m. La société {B}*: Le système a toujours bon dos. *Das* ***System*** *ist immer schuld.* ♦ **Taper** *ou* **courir sur le système** *loc. Agacer, énerver, importuner {1}*: Le gosse me court sur le système. *Das Balg* ***bringt mich auf hundert.*** ♦ **Système D** *expr.* → D.

T

tabac [taba] *m. Pour bureau de tabac {1}.* ***Tabakladen.*** ♦ **Passer qn. à tabac** *loc. Malmener qn., le rouer de coups,* tabasser* *{1}*: ***Jdn. auseinandernehmen*** / ***zusammenschlagen.*** ♦ **Coup de tabac** *expr.m. Gros temps en mer {3}.* ***Schwere See.*** ♦ *Succès bien marqué d'une production théâtrale ou musicale {2}*: Cette pièce va **faire un tabac**. *Dieses Stück wird einen* ***Bombenerfolg*** *haben.* ♦ *Loc. Toujours la même histoire,* le même topo* *{2}*: **C'est (toujours) le même tabac.** ***(Immer) derselbe Brei*** / ***die gleiche Leier.***

tabassage *m. ou* **tabassée** *f. [plus rare] Correction, généralement collective {2}*: Cette classe **a droit au tabassage**. *Diese Klasse* ***verdient*** *einen* ***Denkzettel.***

tabasser *V.t. Rouer de coups, passer à* tabac* *{2}*: Après la deuxième bouteille, il a commencé à tabasser sa femme. *Nach der zweiten Flasche hat er angefangen, seine Frau* ***zusammenzuschlagen*** / ***zu verdreschen.***

table *f.* **Se mettre à table** *loc. Avouer, au terme d'un interrogatoire de police {1}.* ***Mit der Sprache rausrücken.*** ♦ **Faire rouler qn. sous la table** *m. Enivrer qn. {2}.* ***Jdn. unter den Tisch trinken.*** ♦ **Il n'a plus qu'à mettre les pieds sous la table** *loc. Il n'a pas à faire le moindre effort pour obtenir qc. {2}.* ***Er kann sich ins gemachte Bett legen*** / ***an den gedeckten Tisch setzen.***

tableau *m.* **Vieux tableau** *loc. Vieille femme très maquillée {2}*: ***Altes Schlachtschiff*** / ***aufgetakelte Fregatte.***

tablier *m.* **Rendre son tablier** *loc. Se démettre de ses fonctions {2}*: Il a rendu son tablier. *Er hat* ***aufgehört.***

tac *onomatopée. Bruit sec.* **Répondre** / **riposter du tac au tac** *loc. Riposter aussitôt, par un mot vif à un mot vif,* → aussi sec *{1}.* ***Sich schlagfertig zeigen*** / ***wie aus der Pistole geschossen antworten.***

tacot *m. Vieille automobile {2}.* ***Alte Karre.*** ♦ *Taxi {3}*: Héler un tacot. *Ein* ***Taxi*** *herbeiwinken.*

taf *m. Travail {3}*: Son taf, c'est sa passion. *Seine* ***Maloche*** *ist seine große Leidenschaft.*

tag *m. Graffiti qui montre la signature du tagueur {3}*: Les tags ont envahi les murs des grandes villes. *Die Graffiti haben die Mauern der großen Städte erobert.*

tagueur *m. Qui produit des tags {3}.* ***Graffitikünstler.***

taille *f.* → guêpe.

tailler → bavette, bout, pipe. ♦ **(se)** *V.pr. S'enfuir, partir rapidement {1}.* ***Abhauen.***

taloche *f. Gifle {3}*: **Filer une taloche à qn.** ***Jdm. eine tafeln.***

tambouille *f. Péjoratif pour cuisine* [*préparation*] {*2*}: C'est elle qui fait la tambouille. *Die* **kocht** (*den Fraß*).

tambour *m.* **Sans tambour ni trompette** *loc.adv. Sans attirer l'attention* {*2*}: Le directeur l'a achevé sans tambour ni trompette. *Der Direktor hat es* **ohne Pauken und Trompeten** *zuwege gebracht.* ♦ **Mener tambour battant** *loc. Mener rapidement une affaire* {*2*}: On mène l'affaire tambour battant. *Das Geschäft wird* **zügig abgewickelt.**

tampon *m.* **Coup de tampon** *expr.* {*1*}: File-moi un coup de tampon. *Drück mir mal 'nen* **Stempel** *drauf.*

tamponner *V.t. Faire l'amour* {*3*}: Elle se fait tamponner. *Sie läßt sich* **bumsen.** ♦ *Rentrer dedans* {*3*}: Il a tamponné notre scooter. *Er hat unseren Motorroller* **angedellt.** ♦ **S'en tamponner** *ou bien* **s'en tamponner le coquillard** *loc. S'en moquer, s'en désintéresser* {*2*}: Que l'assurance paie ou non, je m'en tamponne. *Ob die Versicherung zahlt oder nicht,* **ist** *mir* **schnuppe.** / **Tout le monde s'en tamponne.** ***Das interessiert kein' Schwanz.***

tam-tam *m.* **Faire du tam-tam** *loc. Faire une publicité tapageuse* {*2*}: Il fait un de ces tams-tams pour vendre son produit. *Der macht einen* **Riesenwirbel**, *um sein Produkt zu verkaufen.*

tandem [tɑ̃dɛm] *m. Association de deux personnes pour un même travail* {*2*}: Le tandem Président/Premier Ministre. *Das* **Zweiergespann** *Präsident/Premierminister.*

tangent *Adj. Tout* juste* {*2*}: Il a été reçu au bac. Mais c'était tangent. *Er hat das Abi bestanden, aber* (**nur**) **haarscharf.**

tangente *f.* **Prendre la tangente** *loc. S'enfuir, s'éclipser, prendre le large, se tirer d'affaire adroitement* {*2*}. ***Das Weite suchen*** / ***sich aus der Schlinge ziehen.***

tango *m. Bière additionnée de grenadine* {*2*}. [*Etwa*] **Weiße.**

tannant *Adj. Ennuyeux, importun* {*3*}: Avec ses réflexions stupides, il est tannant. *Mit seinem blöden Gerede ist er* **ätzend.**

tannée *f. Volée de coups* {*1*}: On s'est d'abord engueulés et ensuite je lui ai filé une tannée. *Zuerst haben wir uns angeschnauzt und dann habe ich ihm eine* **Abreibung** *verpaßt.*

tanner *V.t. Importuner qn.* {*2*}: Il m'a tanné jusqu'à ce que je lui aie donné cent balles. *Er hat mich solange* **genervt**, *bis ich ihm hundert Francs gegeben habe.* ♦ **Tanner qn.** / **le cuir à qn.** *loc. Lui infliger une correction* {*2*}. ***Jdm. das Fell versohlen.***

tante *ou* **tantouse** *f. Homosexuel* {*1*}: C'est une tante. *Das ist eine* **Tunte.**

tante *f. Mont-de-piété* {*2*}: Ma montre est chez **ma tante**. *Meine Uhr ist* **im Pfandhaus.**

tantine *f. Tante* {*2*}. **Tantchen.**

tapant *Adj. Sonnant* {*1*}: Il est midi tapant. *Es ist* **Punkt** *zwölf.*

tape *f. Échec, insuccès* {*3*}: J'ai reçu une de ces tapes. *Da hab ich vielleicht eine* **Schlappe** *erlitten.*

tapé *Adj.* **C'est** (**bien**) **tapé** *loc. C'est bien fait* {*2*}. **Das sitzt.**

tape-à-l'œil *Adj.inv. Qui attire l'attention* {*2*}: Pas mal leur villa, mais un peu tape-à-l'œil. *Nicht schlecht, ihre Villa, aber ein bißchen* **klotzig.**

tapecul *m. Voiture mal suspendue* {*2*}: **Schrottkarre.** ♦ *Train qui s'arrête à toutes les stations* {*3*}. **Bummelzug.** ♦ **Faire du tapecul** *loc. Monter à cheval* {*3*}. **Reiten.**

tapée *f. Grande quantité* {*3*}: Des cons, j'en connais une tapée. *Arschlöcher kenn' ich* **haufenweise.**

taper *V.t. Emprunter de l'argent* {*2*}: Il va encore me taper. *Der* **pumpt** *mich noch* **an.** ♦ *Sentir mauvais, puer* {*2*}: Il **tape des pieds.** *Der* **hat Schweißfüße.** ♦ **Taper le carton** *loc. Jouer aux cartes* {*2*}. **Karten kloppen.** ♦ *V.i. Il fait très chaud* {*1*}: **Le soleil tape dur.** ***Die Sonne knallt.*** ♦ **Taper dans qc.** *loc. En consommer une grande partie* {*2*}: Cesse de **taper dans les réserves**! *Hör auf,* **ans Eingemachte zu gehen!** ♦ **Taper dans l'œil** *loc. Plaire,* être tape*-à-l'œil {*3*}: Elle tape dans l'œil. *Die* **fällt auf.** ♦ **Taper à côté** *loc. Échouer* {*3*}: Question fric, il a tapé à côté. *Was Geld angeht,* **hat** *er* **voll daneben gehauen** / **hing er total daneben.** ♦ **Taper sur qn.** *loc. Médire, critiquer* {*1*}: Il tape sans arrêt sur son voisin. *Er* **mault** *ständig* **über** *seinen Nachbarn.* ♦ (**se**) *V.pr. Se moquer, faire peu de cas de qc.* {*1*}: Il va te foutre à la porte. Tu t'en tapes? Tant mieux! *Er schmeißt dich raus.* **Ist dir schnurz?** *Um so besser!* ♦ *V.pr. S'octroyer, s'administer, s'offrir* {*2*}: On va se taper une bière. *Knallen wir uns ein Bierchen?* / Il **s'est tapé une pute.** *Er* **ist zu einer Nutte gegangen.** ♦ *Faire qc. de pénible* {*1*}: **Je me suis tapé tout le boulot.** ***Ich hab die ganze Arbeit am Hals gehabt.*** ♦ **Se taper la cloche** *loc. S'offrir un bon repas* {*1*}. **Schlemmen.** ♦ On **s'en est tapé plein la lampe** {*2*}. *Wir* ***haben uns rundrum satt gegessen.*** ♦ **S'en taper** *V.pr. S'en moquer, s'en foutre* {*2*}: Tu t'en tapes? *Ist es dir* **schnuppe**? / Son invitation, je m'en tape. *Seine Einladung* **ist mir wurscht.** ♦ **S'en taper le cul par terre** *ou* **au plafond** *loc. Se tordre de rire* {*2*}. ***Sich vor Lachen auf den Hintern setzen.*** ♦ → nerf.

tapette *f. Homosexuel* {*1*}. **Schwuler.** ♦ *Langue* {*3*}. **Waschlappen.** ♦ **Avoir une sacrée tapette** *loc. Etre très bavard* {*3*}. **Ein Lästermaul sein.** ♦ *Petite gifle* {*1*}: Le premier de nous deux qui rira, aura une tapette. *Wer von uns beiden zuerst lacht, kriegt* **eine Watsch**(**e**)**n** [*Spiel, bei dem sich die Partner gegenseitig ans Kinn packen,* *sich tief in die Augen blicken und den folgenden Reim singen*: Je te tiens, tu me tiens par la barbichette, le premier...].

tapeur *m. Emprunteur* {2}: ***Pumpheini*** / ***Nassauer.***

tapin *m. Prostitution* {1}. ***Strich.*** ♦ *Prostituée* {3}: Un tapin fait le tapin. *Eine **Bordsteinschwalbe** geht auf den Strich.* ♦ *Loc. Se prostituer* {1}: Elle **fait le tapin.** *Sie **geht anschaffen.***

tapiner *V.i. Racoler*, faire le tapin* {2}. ***Anschaffen.***

tapineuse *f. Prostituée* {2}. ***Anschafferin.***

tapis *m.* **Mettre au tapis** *loc. K.O.* {1}: Il a été mis au tapis. *Er wurde auf die **Bretter geschickt**.* ♦ **Amuser le tapis** *loc. Miser au jeu* {3}: A Cannes, j'ai amusé le tapis. - Et t'as risqué combien sur le tapis vert? *In Cannes hab ich **gespielt**. Und wieviel hast du auf dem Glückstisch riskiert?*

tapisserie *f.* **Faire tapisserie** *loc. Rester seule* [*se dit exclusivement des femmes*] {3}: Avec sa silhouette, elle risque pas de faire tapisserie. *Mit ihrer Figur wird sie kein **Mauerblümchen** bleiben.*

taquiner *V.t.* **Taquiner le goujon** *loc. Pêcher à la ligne* {2}. ***Angeln.*** ♦ **Taquiner la dame de pique** *loc. Jouer aux cartes*, → carton {2}. ***Karten kloppen.***

tarabistouille *f. Situation confuse créée dans des buts peu évidents* {3}: Au lieu de nous faciliter les choses, il nous a mis sur le dos une de ces tarabistouilles. *Anstatt uns die Dinge zu vereinfachen, hat er uns eine **hochverzwickte Sache** aufgehalst.*

tarabuster *V.t. Tracasser, malmener* {3}: Il a tarabusté ses enfants. *Er hat seine Kinder **schroff behandelt.*** ♦ *Préoccuper vivement*, enquiquiner* {2}: Cette idée me tarabuste. *Die **Sache geht mir nicht aus dem Kopf.***

tarbouif *m. Nez* {3}. ***Gurke.***

taré *m./Adj. Crétin congénital, ridicule* {1}: C'est un taré! *Das ist ein **Hornochse**!* / Il est taré. *Er ist **beknackt**.*

targettes *f.pl. Chaussures* {3}: Il gratte ses grosses targettes sur le racloir. *Er tritt seine **Quadratlatschen** am Eisen ab.* ♦ *Loc.* {2}: File--lui un **coup de targettes** *dans le train. Gib ihm **einen Tritt** in den Hintern.*

tarin *m. Nez* {3}. ***Zinken.***

tarte *f. Gifle* {1}: Le père lui a **collé une tarte.** *Der Vater hat ihm **eine geschmiert.*** ♦ **C'est de la tarte** *loc. C'est facile*, c'est du gâteau* [*très souvent à la forme négative*] {1}: Travailler avec lui, c'est pas de la tarte. *Mit ihm arbeiten **ist** kein **Zuckerschlecken**.* / Se taper Paris-Sarrebruck et retour en une journée, **c'est pas de la tarte.** *An einem Tag Paris-Saarbrücken und zurück **ist kein Spaziergang.*** ♦ *Formule vide de sens et prétentieuse par laquelle on veut avoir réponse à tout* {3}: **Patati... patata... tarte à la crème.** ***Papperlapapp... leeres Gewäsch.***

tarte *Adj. Laid, ennuyeux, ridicule*, moche* {1}. ***Bescheuert.*** / Ils sont tartes. Sie sind ***beknackt.***

Tartempion *m. Individu quelconque dont on ne se rappelle pas le nom* {1}: Qui a dit ça? – Tu sais, Tartempion, aux Finances. *Wer hat das gesagt? – Weißt du, **Dingsbums**, der von den Finanzen.*

tartine *f. Long article, longue lettre* {1}. *Das **reinste Buch.*** / Celui-là, quand on lui demande son avis, il **en colle toute une tartine.** *Wenn man den um seine Meinung fragt, **macht der eine Doktorarbeit daraus.***

tartiner *V.i. Fabriquer une* tartine* {2}. **(Ganze)** ***Romane schreiben*** / **(*aus etwas gleich*)** ***eine Doktorarbeit machen.***

tas *m. Beaucoup* {1}: Il connaît un tas de gens. *Der kennt **(Un)mengen** Leute* [*sic*]. / Il y en a des tas et des tas. *Es gibt **Unmengen** davon.* ♦ *Lieu de travail* {1}: Faire la grève sur le tas. *Eine Fabrikbesetzung machen.* / Il a appris ça sur le tas. *Er hat das **von der Pike auf** / **vor Ort** gelernt.* ♦ **Prendre sur le tas** *loc. Prendre en flagrant délit* {3}. ***Vor Ort*** / ***auf frischer Tat erwischen.*** ♦ **Tas de ferraille** / **de tôle** / **de boue** *expr.m. Voiture usagée* {2}. ***Schrott-*** / ***Blechhaufen*** / ***Dreckskarre.*** ♦ **Faire le tas** *loc. Racoler* {3}. ***Auf den Kiez gehen.*** ♦ **Tirer dans le tas** *loc. Tirer dans la foule* {2}. ***In die Menge ballern.***

tasse *f. Verre, consommation* {1}: **Prendre une tasse.** ***Ein Gläschen nehmen.*** ♦ **Boire la tasse** *loc. Boire de l'eau en nageant* {1}: Le petit a bu la tasse. *Der Kleine hat **Wasser geschluckt.*** ♦ *Faire échec, déposer le bilan* {2}: La société a bu la tasse. *Die Firma **ist unter Wasser gegangen**.* ♦ **Ce n'est pas ma (ta, sa...) tasse de thé** *loc. Ce n'est pas ce que je préfère* {2}: Bosser comme ça, c'est pas ma tasse de thé. *So ranzuklotzen **ist nichts für mich.*** ♦ **La grande tasse** *expr.m. La mer* {3}. ***Meer.***

tassé *Adj. Bien servi* [*alcool*] {1}: Un verre bien tassé. *Ein **randvoll gefülltes** Glas.*

tasser (se) *V.pr.* **Ça se tassera** *loc. Cela va s'arranger* {2}. ***Das wird sich schon einrenken*** / ***da wird schon Gras drüber wachsen.***

tata *f. Tante* {1}: T'as déjà téléphoné à tata Marion? *Hast du schon mit **Tante Marion** telefoniert?* ♦ *Homosexuel* {2}. ***Tuntchen.***

tatane *f. Chaussure*, latte* {2}: **Un coup de tatane.** ***Tritt.***

tâter *V.t. Caresser, peloter* {3}: Tâter les lolos. *Die Lollos **tätscheln**.* ♦ *Interroger pour connaître ses intentions*: Tu l'as tâtée? *Hast du sie **ausgehorcht**?* ♦ *Essayer* {2}: Il a **tâté de** tous les métiers. *Der hat **schon alles gemacht.*** ♦ **Tâter le terrain** *loc. Sonder* {2}. ***Das Terrain sondieren/vorfühlen.*** ♦ **Va te faire tâter!** *Loc. Insulte*, fous le camp* {3}. ***Fuck off!*** ♦ **(se)** *V.pr. Hésiter* *à prendre une décision {1}*: Elle **se tâte**. *Sie* ***überschläft / überdenkt es noch.***

taudis *m. Habitation de mauvaise qualité {1}.* ***Bruchbude.***

taulard *m. Prisonnier {1}.* ***Knastbruder / Knastologe.***

taule *ou* **tôle** *f. Prison,* ballon* *{1}.* ***Knast.***

taulier *m. Chef d'entreprise, en parlant d'une boîte, d'un hôtel ou d'une maison close {1}.* ***Wirt // Obermacker.***

taupe *f. Classe de mathématique spéciale {3}.* ***Vorbereitungsklasse der Ecole polytechnique*** *bzw. der* ***Ecole Normale Supérieure.*** ♦ *Espion {2}*: ***Geheimagent / V-Mann / Maulwurf.*** ♦ **Vieille taupe** *loc. Femme qui n'est plus très jeune {1}*: J'ai tout de la vieille taupe. *Ich bin schon ein* ***altes Huhn.*** ♦ **Etre myope comme une taupe** *loc. {2}.* ***Blind [kurzsichtig] sein wie ein Huhn / ein blinder Vogel sein.***

taupin *m. Elève de* taupe* *{3}.* ***Angehöriger der Vorbereitungsklasse einer Hohen Schule.***

taureau *m.* **Prendre le taureau par les cornes** *loc. Affronter avec détermination {1}.* ***Den Stier bei den Hörnern packen.***

taxi *m. Véhicule quelconque, avion, etc. {3}.* ***Mühle.***

tchac! *Onomatopée: Même sens que* vlan* *{2}.* ***Zock!***

tchao! *Interj. Au revoir [peu utilisé par les personnes âgées] {1}*: ***Ciao!***

tchin'-tchin' *Interj. Formule de toast, santé! {1}*: ***Prösterchen / Chin-chin!***

télé *f. Télévision {1}.* ***Fernsehen / Glotze.***

téléguider *V.t. Inspirer les actes de qn. {1}*: Cette révolution est téléguidée. *Dieser Aufstand ist* ***ferngesteuert.***

téléphone *m.* **donner un coup de téléphone à qn.** *loc.* ***Jdn. anrufen*** → bigophone.

téléphone arabe *expr.m. Propagation d'une rumeur de bouche à oreille {2}*: Je l'ai appris par le téléphone arabe. *Ich habe* ***„Rauchsignale gekriegt". / Ich hab's aus dem Buschfunk.***

téléphonite *f. Manie de téléphoner {1}*: Une téléphonite aiguë. *Eine schwere* ***Telefonitis.***

téloche *f. Télévision {3}.* ***Glotze.***

température *f.* **Prendre la température** *loc. Prendre connaissance d'un état d'esprit, sonder le terrain {2}*: Au cours de cette émission, on va prendre la température de l'Assemblée. *In dieser Sendung* ***fühlen*** *wir der Nationalversammlung* ***den Puls.***

temps *m.* **Avoir fait son temps** *loc. Etre démodé, vieux, usé {1}*: Il a fait son temps. *Er* ***hat seine beste Zeit hinter sich.*** ♦ **Ça marche quand ça a le temps** *loc. Cela marche mal. A propos de qc. qui a des ratés {1}.* ***Mal klappt's, mal nicht.*** ♦ **Par les temps qui courent** *expr.adv. Dans les circonstances actuelles {2}.* ***In diesen Zeiten.*** ♦ **Dans le temps** *expr.adv. Autrefois {1}.* ***Früher.***

tenable *Adj.* **C'est pas tenable** *loc. Cela ne tient pas debout, insupportable {2}. Das ist* ***nicht zum Aushalten / unmöglich.***

tenir *V.t.* **En tenir** *ou* **en tenir une couche** *ou* **en tenir une** *loc. Etre bête ou ivre {1}*: Il en tient une. *Der* ***hat einen Schuß / einen in der Krone.*** ♦ **En tenir une bonne** *loc. Etre ivre {1}.* ***Einen im Kahn haben.*** ♦ **Tenir le crachoir** *loc. Écouter sans pouvoir dire un mot {2}.* ***Kein Wort anbringen können.*** ♦ *V.i.* **En tenir pour** *loc. Etre amoureux de qn. {2}*: Il en tient pour sa voisine. *Er ist* ***scharf auf*** *seine Nachbarin.* ♦ **Tenir au corps** *loc. Etre nourrissant {2}*: Une bonne soupe de lentilles, ça vous tient au corps. *Eine deftige Linsensuppe* ***hält Leib und Seele zusammen.*** ♦ **Tenir sa langue** *loc. Se taire {2}.* ***Dicht halten.*** ♦ → jambe. ♦ → tête. ♦ *V.pr.* **Se tenir qc. pour dit** *loc. Ne pas avoir besoin qu'on le rappelle [souvent avec une menace] {2}*: Interdit de fumer. Tenez-le-vous pour dit! *Rauchen verboten.* ***Denkt dran!*** ♦ **Tiens**! [*ou bien*] **Tenez!** *Impér. Marque d'étonnement pour attirer l'attention {1}*: Tiens, tiens! T'as été au cinéma. ***Sieh da / an!*** *du warst im Kino.*

terre *f.* **Jeter / ficher par terre** *expr.adv. Ruiner, anéantir* (2): Tout notre projet est fichu par terre. *Unser ganzes Projekt* ***ist im Eimer / in den Sand gesetzt.***

terreur *f. Individu redoutable {2}*: La terreur arrive. *Da kommt* ***„Iwan der Schreckliche".*** ♦ **Jouer les terreurs** *loc. Mettre la terreur {2}*: Il joue les terreurs dans tout le quartier. *Er* ***spielt den wilden Mann*** *im ganzen Viertel.*

terrible *Adj. Parfait, extraordinaire {1}*: Un gars terrible. *Ein* ***Teufelskerl.*** / Une voiture terrible. *Ein* ***Klasseauto.*** / **Pas terrible**, le film! ***Nichts Besonderes / Nicht gerade glänzend*** *der Film!* ♦ *Adv. Beaucoup, terriblement, de façon extraordinaire {1}*: **Ça chauffe terrible.** *Eine* ***Bombenstimmung*** (*im Saal*). / Il bricole terrible. *Der bastelt* ***irre.***

terrine *f. Tête, crâne {3}.* Elle souffre souvent de la terrine. *Ihr tut oft* ***die Birne*** *weh.*

têtard *m. Enfant qui tête,* moutard* *{2}.* ***Säugling.*** ♦ **Etre le têtard** *loc. Etre la dupe, la victime {3}*: On est toujours le têtard de qn. *Von irgendeinem* ***ist*** *man immer der* ***Blödmann.***

tétasses *f.pl. Seins flétris {3}.* ***Hängetitten.***

tête *f. Intellectuel, fort d'esprit {1}*: Elle, **c'est une tête!** *Die* ***hat Köpfchen!*** / *Sie* ***ist ein Kopf!*** ♦ *Loc. Avoir la compréhension lente et difficile {2}*: Il **a la tête dure.** *Das* ***ist ein Holzkopf.*** / *Der* ***ist schwer von Begriff.*** ♦ **Avoir la tête fêlée** *{2}* / **être tombé sur la tête** *{1} loc. Etre un peu bizarre, fou.* ***Ein bißchen seltsam sein.*** ♦ **Avoir la tête en compteur à gaz** *loc. Etre mal en point après avoir été roué de coups au visage {3}.* ***Ein Gesicht wie ein zerschlagener Feuermelder haben.*** / **Faire une grosse tête à qn.** *loc. Le* *rouer de coups {3}.* **Jdm. die Schnauze polieren.** ♦ **En avoir par-dessus la tête** *loc. Etre excédé {1}.* **Es bis obenhin haben.** ♦ *Loc. Avoir des intentions cachées {2}:* Il **a qc. derrière la tête.** *Er* **führt etwas im Schilde.** ♦ **Ça va pas, la tête?** *Loc. Formule de dénégation {1}.* **Wohl nicht ganz richtig im Kopf?** ♦ *Loc. Refus d'écouter {2}:* **Cause à mon cul, ma tête est malade! Leck' mich doch! Ich kann es nicht mehr hören.** ♦ *Etre obstiné, coûte que coûte {2}:* A quoi ça sert? **C'est vouloir donner de la tête contre les murs.** *Was soll das?* **Bloß mit dem Kopf durch die Wand (wollen).** ♦ **Faire une tête** *loc. Faire une grimace {1}.* **Ein Gesicht ziehen.** ♦ *Au football: taper dans le ballon avec la tête {1}.* **Einen Kopfball machen.** ♦ **Faire une drôle de tête** *loc. Avoir l'air étonné ou déçu {1}.* **Dumm aus der Wäsche gucken.** ♦ *Dans certaines expressions: vie {1}:* Il l'**a payé de sa tête.** *Er hat es* **mit dem Leben bezahlt.** / Il **risque sa tête.** *Er* **riskiert sein Leben / Kopf und Kragen.** ♦ **Se payer la tête de qn.** *loc. Se moquer de lui {1}:* Livraison dans trois mois? Est-ce qu'il **veut se payer ma tête?** *Lieferung in drei Monaten?* **Will der mich veräppeln?** ♦ *Loc. Couvrir d'insultes {2}:* Qu'est-ce qu'il a pu **me jeter à la tête**? *Was hat der* **mir nicht alles an den Kopf geworfen?** ♦ **Se casser la tête.** *Loc. Faire un effort {1}:* J'ai pas envie de **me casser la tête!** *Ich* **zerbreche mir doch nicht den Kopf!** ♦ *Énerver {3}:* Elle **me casse la tête.** *Sie* **geht mir auf den Geist.** ♦ *Loc. Réprimander:* Il **lui a savonné** *{3}* / **lessivé** *{3}* / **lavé** *{1}* **la tête.** *Er hat* **ihm den Kopf gewaschen.** ♦ **Ne pas savoir où donner de la tête** *loc. Etre débordé {1}.* **Nicht wissen, wo einem der Kopf steht.** ♦ **La tête me tourne** *loc. J'ai le vertige {1}.* **Mir dreht sich alles.** ♦ **Tourner la tête** *loc. Rendre amoureux ou hors de son état normal {1}.* **Den Kopf verdrehen.** / Le succès lui a tourné la tête. *Der Erfolg hat* **ihm den Kopf verdreht** *// ist* **ihm zu Kopf gestiegen.** ♦ *Loc. Avoir bonne mine {1}:* Tu trouves pas qu'elle **a une bonne tête** à nouveau? *Findest du nicht, daß* **sie** *wieder* **gut aussieht?** ♦ *Expr. Visage plus qu'antipathique {2}:* Ton patron **a une tête à coucher dehors.** *Dein Chef* **hat ein Gesicht wie ein Feuermelder (zum Reinschlagen).** ♦ *Loc. Etre intelligent {1}:* Elle **n'est pas tombée sur la tête.** *Sie ist* **nicht auf den Kopf gefallen.** ♦ **Tenir tête** *loc. Défier, résister {1}.* **Paroli bieten.** ♦ **Servir de / être la tête de Turc** *loc. Cible de la critique ou de la raillerie {1}.* **Prügelknabe.** ♦ **De la tête aux pieds** *loc.* → pied. ♦ **Par tête de pipe** *loc.adv. Par personne {2}:* Un sandwich **par tête de pipe.** *Ein Sandwich* **pro Nase.** ♦ **(P)'tite tête** *expr. Formule affectueuse souvent prononcée avec une certaine condescendance {2}:* Ça va **'tite tête?** *Wie geht's,* **mein Kleiner / mein Dummerchen?** ♦ *Insultes:* **Tête de lard** *{1}* / **de mule. Sturkopf/Holzkopp.** ♦ **Tête de noeuds** *expr. {2}.* **Blödmann / Wirrkopf.** ♦ **Tête de cochon** *expr. {2}.* **Saukopf.** ♦ **Tête d'œuf** *expr. Intellectuel {2}.* **Eierkopf.** ♦ **Tête à claques / gifles** *expr.f. Tête antipathique {2}.* **Fresse zum Reinhauen.** ♦ **... de tête** *expr. Qui raisonne bien [s'ajoute à homme ou femme] {2}:* **Femme de tête. Frau mit Verstand.** ♦ **Coup de tête** *expr.m. Décision dont le bien-fondé laisse à désirer {2}:* Il a fermé la boîte **sur un coup de tête.** *Die Firma dichtzumachen war von ihm eine* **Kurzschlußhandlung.**

téter *V.t. Boire sans modération {2}.* Il **tète.** *Er* **säuft.**

teuf-teuf *m. Auto [enfant], automobile d'autrefois {2}.* **Töfftöff.**

texto *Adv. Textuellement {2}:* Je répète texto ce qu'il m'a dit. *Ich wiederhole* **Wort für Wort,** *was er mir gesagt hat.*

thé *m.* **Marcher au thé** *loc. S'adonner à l'alcool, être alcoolique {3}.* **„Nur Tee trinken".**

thune *f. Cinquante francs [vieilli] {3}.* **50 Moppen.**

ticket [tikɛ] *m.* **Avoir le ticket** *loc. Plaire à qn., avoir une* touche* *{2}:* Depuis qu'il lui a dit ça, il a un ticket avec elle. *Seitdem er ihr das gesagt hat,* **steht sie auf ihn.** ♦ **Prendre un ticket de parterre** *loc. Faire une (mauvaise) chute {2}.* **Sich langlegen / hinfliegen.**

ticson *m. Ticket, billet (de spectacle ou de transport) {3}.* **Karte.**

tifs *m.pl. Cheveux {1}:* Va te faire couper les tifs. *Laß dir die* **Haare schneiden.** ♦ **Coupe-tifs** *expr.m. Coiffeur {3}.* **Haarkünstler.**

tige *f. Vieux monsieur {2}:* Vieille tige. **Alter Knochen.** ♦ **Brouter la tige** *loc. Pratiquer la fellation {3}.* **Einen blasen.** ♦ *Cigarette {3}.* **Sargnagel.**

tignasse *f. Chevelure mal peignée {1}:* Elle a une de ces tignasses. *Die hat* **die Haare zerzaust.**

tilt *m.* **Faire tilt** *loc. Comprendre soudainement {2}:* Enfin ça a fait tilt. *Schließlich ist* **der Groschen gefallen / hat es klick gemacht.**

timbale *f.* **Décrocher la timbale** *loc. Gagner le maximum,* → pompon *{2}.* **Den Vogel abschießen.**

timbre *f.* **Avoir le timbre fêlé** *loc. Déraisonner {2}:* Il a le timbre fêlé. *Er* **ist nicht ganz richtig im Kopf.**

timbré *Adj. Fou {2}:* Il est timbré. *Er ist* **bekloppt.**

tinette *f. Vieille auto {3}.* **Nuckelpinne / Finchen.**

tintin *m.* **Faire tintin** *loc. Etre privé {1}:* Tous les autres en ont eu. Moi, j'ai fait tintin. *Alle anderen haben davon abbekommen. Ich habe* **in die Röhre geguckt.**

tintouin *m. Bruit, inquiétude, embarras {2}:* Une affaire qui va faire du tintouin. *Eine Sache, die* **Staub aufwirbeln** *wird.* ♦ **Et tout le tintouin** *loc.*

Et tout le reste, et tout le bazar* {2}: Faut encore faire la cuisine, la chambre et tout le tintouin. *Ich muß noch die Küche, das Schlafzimmer* **und alles / und den ganzen Plunder** *machen.*

tiquer *V.i. Manifester sa surprise, son mécontentement par la physionomie ou par un mouvement involontaire* {2}: Ma proposition l'a fait tiquer. *Mein Vorschlag hat ihn* **sichtbar unangenehm überrascht.**

tir *m.* **Allonger le tir** *loc. Payer plus que prévu* {3}: **Überzahlen / überziehen.**

tirage *m. Difficulté, résistance* {3}: Il y a du tirage. *Es gibt* **Stunk / Knatsch.**

tiraillement *m. Conflit, désaccord* {2}: Tiraillement entre l'autorité municipale et celle du département. **Meinungsverschiedenheit / Hin und Her** *zwischen dem Rathaus und dem Departement.*

tire *f. Automobile* {2}: Où est ta tire? *Wo steht dein* **Schlitten?** ♦ *Expr. Vol dans les poches* {2}: **Vol à la tire. Taschendiebstahl.**

tire-au-cul *ou* **tire-au-flanc** *m. Paresseux, simulateur qui s'arrange pour éviter les corvées* {1}. **Verpisser / Drückeberger.**

tire-bouchonner (se) *V.pr. Se tordre de rire* {3}. Elle s'est tire-bouchonnée. *Sie hat* **sich schimmelig gelacht.**

tire-cul *m.* → tire-fesses.

tirée *f. Longue distance à parcourir, long trajet* {3}: Paris-Grenoble, **ça fait une tirée**. *Paris-Grenoble, das* **zieht sich (hin)**.

tire-fesses *m. Remonte-pente [ski]* {1}. **Skilift.**

tire-jus *m. Mouchoir* {2}. **Rotzfahne.**

tire-larigot *Adv.* **A tire-larigot** *expr.adv. Beaucoup, sans retenue* {3}: Il picole à tire-larigot. *Er säuft* **wie ein Loch.**

tirelire *f. Estomac* {3}: J'en ai plein la tirelire. *Ich hab den* **Bauch** *voll.* ♦ *Loc. Rire énormément* {2}: On **s'est fendu la tirelire**. *Wir haben* **gelacht, bis uns der Bauch wehtat.**

tirer *V.t. Subir une contrainte pendant un temps déterminé* {3}: Il a tiré deux ans dans l'Armée et quatre ans en prison. *Er hat zwei Jahre in der Armee* **abgerissen** *und vier im Gefängnis* **(ab)gebrummt.** ♦ **Tirer les vers du nez** *loc. Questionner habilement* {2}: Le commissaire lui tire les vers du nez. *Der Kommissar* **zieht ihm die Würmer einzeln aus der Nase.** ♦ **Tirer la couverture à soi** *loc. Se réserver tous les avantages* {1}. **Sich alles an Land ziehen.** ♦ **Etre tiré à quatre épingles** *loc. Etre élégamment habillé* {1}. **Wie aus dem Ei gepellt sein.** ♦ **Tirer les ficelles** *loc. Organiser* {1}: C'est lui qui **tire les ficelles**. *Er* **organisiert / schmeißt** *das alles.* ♦ *Coïter*, baiser* {2}: Ils ont **tiré un coup / une crampe**. *Sie haben* **gevögelt.** ♦ *Loc.* {2}: Il **tire au cul / au flanc**. *Er* **verpißt sich.** ♦ **Faut pas trop tirer sur la ficelle!** *Loc. Il ne faut pas exagérer* {2}. **Man sollte den Bogen nicht überspannen!** ♦ **(se)** *V.pr. S'éclipser, s'enfuir* {1}: Il s'est tiré en vitesse. *Er ist ganz schnell* **verduftet.** / **Tire-toi,** allez! **Zieh Leine,** *ab!* ♦ *Loc. Partir subitement* {3}: Il **se tire (des pieds)**. *Er* **haut ab.** ♦ *Loc. S'en sortir* {1}: Il s'en est tiré avec trois mois de prison. *Er ist mit drei Monaten Gefängnis* **weggekommen.** ♦ **Se tirer la bourre/une bourre pas possible** *loc. Concurrencer fortement [la dernière variante est plus accentuée]* {2}: Ils se tirent une bourre pas possible. *Sie* **machen sich eine irre Konkurrenz.**

tireur *m. Pickpocket*, voleur à la tire* {3}. **Taschendieb.**

tiroir *m.* **Avoir un polichinelle dans le tiroir** *loc.* → polichinelle.

tisane *f. Volée de coups, correction* {3}: Il lui a **filé une tisane** pour ça. *Er hat ihm dafür eine* **Abreibung verpaßt.**

titi *m. Gamin de Paris, jeune Parisien gouailleur* {2}. **Pariser Gossenjunge.**

titre *m.* **Maîtresse en titre** *f. Maîtresse officielle* {3}. **Offizielle Geliebte.**

toc [tɔk] *m. Faux, imitation, objet sans valeur* {1}: C'est du toc. *Das ist* **Tinnef.** ♦ *Avoir de l'aplomb, du courage* {2}: Il ne manque pas de toc. *Der hat* **Schneid.** ♦ **Toc!** *ou* **Toc toc** *Interj. Onomatopée exprimant plusieurs bruits secs* {1}. **Poch poch.** ♦ **Et toc!** *Expr. Se dit après une repartie prompte et bien formulée, synonyme: bien envoyé* {1}. **Und zack! / Das hat gesessen!**

tocante *ou* **toquante** *f. Montre-bracelet* {1}. **Wecker.**

tocard *m. Individu incapable* {2}. **Flasche.**

toctoc *Adj.inv. Fou* {2}: Elle est toctoc. *Sie ist* **plemplem.**

toiles *f.pl. [Lit]* ♦ *Loc. Drap de lit* {2}: Et maintenant, je vais **me mettre dans les toiles**. *Und jetzt* **hau ich mich in die Federn.** ♦ → araignée.

toise *f. Coup, correction* {2}: Ils m'ont **filé une toise.** *Sie haben mir* **eine verpaßt.**

toiser *V.t. Regarder de haut* {2}: Il l'a toisé. *Er hat ihn* **von oben herab angeguckt.**

toiture *f. ou* **toit** *m. Crâne ou chapeau* {3}: On va lui taper sur la toiture. *Wir hauen ihm eine aufs* **Dach.**

tôlard *m.* → taulard.

tôle *f.* → taule.

tomate *f. Nez rouge* {3}: Qu'est-ce que tu as comme tomate! *Was hast du denn für eine* **Erdbeere!** ♦ *Apéritif anisé additionné de grenadine* {2}. **Anisschnaps** *mit einem Schuß* **Granatsaft.**

tombeau *m.* **A tombeau ouvert** *expr.adv. Au risque de se tuer* {2}: Il fonce à tombeau ouvert. *Der rast,* **als ob er direkt ins Grab wollte.**

tomber *V.t. Abattre* {2}: Le boxeur les tombe un à un. *Der Boxer* **haut** *sie nacheinander* **um.** ♦ *Séduire les filles* {2}: Le gigolo les tombe toutes. *Der Gigolo* **legt** *sie alle* **um.** ♦ *V.i. Etre arrêté* {2}.

Sitzen. ♦ **Qu'est-ce qu'il tombe!** *Loc. Il pleut à torrents* {*1*}. ***Was kommt da runter!*** ♦ *Rencontrer un obstacle imprévu* {*2*}: Et après, on est **tombé sur un bec / os / manche.** *Und hinterher sind wir* ***über einen Strohhalm gestolpert.*** ♦ *Loc. S'évanouir* {*1*}: Grand-mère est **tombée dans les pommes.** *Oma ist* ***aus den Latschen gekippt.*** ♦ *Loc. Abandonner* {*1*}: Ils l'ont **laissé tomber.** *Sie haben ihn* ***aufgegeben / fallenlassen.*** ♦ *Ne plus s'occuper de qc.* {*1*}: Tu travailles encore sur l'Allemagne? – Non, j'ai **laissé tomber.** *Machst du noch Deutschland? Nein, ich hab's* ***sein lassen.*** ♦ **Laisse tomber!** *Loc. Ne t'en occupe plus,* laisse béton* {*2*}. ***Vergiß es / Laß doch!*** ♦ **Tomber bien / mal** *loc. Se passer, arriver bien* {*1*}: Ça tombe bien que tu arrives. *Das* ***trifft sich*** *gut, daß du kommst.* ♦ Le salon tombe mal. Je pourrai pas y aller. *Die Messe* ***fällt schlecht.*** *Ich kann nicht fahren.* ♦ **Tomber / sauter sur le paletot / poil à qn.** *loc. Assaillir qn.* {*2*}. ***Über jemanden herfallen.*** ♦ **Les bras m'en tombent** *loc.* → bras.

tondre *V.t. Couper les cheveux* {*2*}: Je vais me faire tondre. *Ich lasse mich* ***scheren.*** ♦ *Dépouiller de son argent* {*2*}: Le contribuable risque de se faire tondre. *Der Steuerzahler läuft Gefahr,* ***sich das Hemd über die Ohren ziehen zu lassen.***

tonneau *m. Accident au cours duquel la voiture roule sur elle-même* {*1*}: Elle a fait deux ou trois tonneaux. *Es hat sich zwei- oder dreimal* ***überschlagen.***

tonnerre *m.* **Le tonnerre** *ou* **du tonnerre (de Dieu)** *expr.adv. Très bien* {*1*}: Ton steak? – Du tonnerre! *Dein Steak? –* ***Einfach Spitze!*** / Une **fille du tonnerre – du tonnerre de Dieu.** *Eine* ***Klassefrau – eine unheimliche Klassefrau.***

tonton *m. Oncle* {*1*}: Quand est-ce que tu viens voir tata et tonton? *Wann kommst du denn nun Tante und* ***Onkel*** *besuchen.* ♦ *Le président de la République, François Mitterrand, pendant son deuxième septennat* {*2*}: Tonton l'a promis. ***Onkelchen*** *(Mitterrand) hat es versprochen.* || Homme âgé en général {3}. Quand est-ce que le patron rentre? – Tonton va venir vers cinq heures. Wann kommt der Chef zurück? Der ***Alte kommt gegen fünf.*** / Regarde tonton... Guck dir ***Onkelchen an...***

tonus [tɔnys] *m. Énergie, dynamisme* {*3*}: Il a du tonus. *Der hat* ***Schwung.***

too much *expr.adv. Trop* {*3*}: C'est too much. *Das ist* ***zuviel./It's too much.***

topo *m. Discours, rapport* {*2*}: Vous me ferez un topo. *Sie machen mir einen* ***Bericht.*** ♦ **Même topo** *loc. La même histoire*,* le même tabac* {*1*}. ***(Immer) die gleiche Story.***

toquade *f. Caprice, passade, goût vif et inexplicable pour qc.* {*3*}: Il a une toquade pour cette femme, les antiquités et son chien. *Er hat eine* ***Schwäche*** *für diese Frau, für Antiquitäten und seinen Hund.*

toqué *m./Adj. Fou, maniaque* {*1*}: Il est complètement **toqué. Toqué de** football. *Er ist total* ***bescheuert.*** *Er hat eine Fußball****macke.***

toquer (se) *V.pr. S'éprendre, avoir une* toquade* {*1*}: Il s'est toqué d'une petite danseuse. *Er hat sich in eine kleine Tänzerin* ***verknallt.***

torche *f.* **Se mettre en torche** *loc. Pour un parachute s'ouvrir sans se déployer [par là la signification faire une chute brutale]* {*3*}: Mon ancien patron s'est mis en torche. *Mein alter Chef hat* ***Bruch gebaut / hat eine Bauchlandung gemacht.***

torche-cul *m. Journal sans intérêt ou mal imprimé* {*2*}. ***Scheißblatt.***

torchée *f. Correction sévère,* cuite* {*3*}: Les torchées qu'il lui a flanquées... *Die* ***Abreibungen,*** *die er ihm verpaßt hat...*

torcher *V.t. Exécuter à la hâte et sans soin, bâcler* {*2*}: Non, ça me dit rien. C'est (mal) torché. *Nein, das sagt mir nichts. Das ist* ***zusammengeschustert / zusammengeknallt.*** ♦ *Bien fait [avec une intonation admirative]* {*2*}: C'est vraiment bien torché. *Das ist wirklich* ***Spitze gemacht.*** ♦ **Torcher le bébé** *loc. Lui faire sa toilette* {*2*}: Récurer les casserolles et torcher les gosses, tu crois que c'est une vie? *Töpfe blankputzen und* ***Babys trockenlegen,*** *glaubst du, das ist ein Leben?* ♦ **(se)** *V.pr. Se nettoyer l'anus* {*1*}: La petite se torche déjà toute seule? ***Putzt sich*** *die Kleine schon selber* ***ab?*** ♦ *Se saouler, prendre une* cuite* {*3*}. ***Sich vollaufen lassen.*** ♦ *Se moquer* {*3*}: Je **m'en torche.** *Ich* ***scheiß drauf.*** ♦ **Pouvoir toujours se torcher** *loc. Faire attendre volontairement en vain* {*3*}: Tu peux toujours te torcher! ***Da kannst du lange warten!***

torchon *m. Travail écrit mal fait, mal présenté* {*1*}. ***Wisch / Geschmiere.*** ♦ *Journal* {*3*}. ***Käseblatt / (Revolverblatt).*** ♦ **Un coup de torchon** *expr. Combat rapide et violent* {*2*}: Ils se sont **flanqué un coup de torchon.** *Sie haben* ***sich geprügelt.*** ♦ *Une rafle de police* {*2*}: Les flics ont **passé un coup de torchon.** *Die Bullen haben eine* ***Säuberungsaktion unternommen.*** ♦ *Loc. Nettoyer, épousseter* {*1*}: **Passe un coup de torchon** sur la table. ***Mach*** *den Tisch* ***sauber.*** ♦ **Etre fait comme un torchon** *loc. Etre fait négligemment [surtout des robes]* {*2*}. ***Zusammengeflickt*** *sein.* ♦ *Loc. Désaccord ou querelle entre les gens dont on parle, une brouille dans le ménage* {*1*}: **Le torchon brûle.** ***Der Haussegen hängt schief.***

torchonner *V.t. Exécuter mal et sans soin* {*2*}: Il l'a torchonné. *Er hat es* ***zusammengekloppt.***

tordant *Adj. Gai, drôle* {*1*}. Une histoire tordante. *Eine* ***irre*** *Geschichte.*

tord-boyaux *m.inv. Eau de vie très forte et de mauvaise qualité* {*3*}. ***Feuerwasser / Fusel.***

tordre (se) *V.pr. Rire {2}*: Quand elle en a entendu parler, elle s'est tordue (de rire). *Als sie davon hörte, hat sie* **sich gebogen** (**vor Lachen**). / C'est à se tordre. *Das ist* **zum Totlachen.**

tordu *m./Adj. Mal bâti, bossu {2}*: Regarde le tordu. *Guck dir den* **Buckel** *an.* ♦ *Imbécile, qui manque de savoir vivre, qui a l'esprit bizarre {1}*: Il faut vraiment être tordu pour inventer un plan pareil. *Man muß schon eine* **seltsame Nummer sein**, *um auf so einen Plan zu kommen.*

torgnole *f. Coup, gifle {2}*: J'ai pas envie de me laisser foutre des torgnoles. *Ich hab keine Lust,* **Schläge** / **Backpfeifen** *einzustecken.*

tortiller *V.t./V.pr. Faire toutes sortes d'efforts pour obtenir qc.*, se mettre en quatre* *{1}*: Il s'est tortillé pour avoir ce poste. *Er hat* **Verrenkungen gemacht**, *um den Job zu kriegen.* ♦ **'Ya pas à tortiller**... *loc. Il ne faut pas tergiverser ou hésiter, on ne peut pas faire autrement {2}.* **Es hilft** (**alles**) **nichts**...

tortue *f.* → marcher. ♦ **C'est une tortue** *loc. Se dit d'une personne qui est très lente {3}.* **Er ist langsam wie eine Schildkröte.**

total *Adv. Par conséquent {3}*: On n'a ni le rond ni le temps. Total, on part pas en vacances. *Wir haben weder Flocken noch Zeit.* **Also**/**Kurzum,** *wir fahren nicht in Urlaub.*

totale *f. Hystérectomie complète {3}*: Elle a eu une totale. *Sie hatte eine* **Totaloperation**.

toto *m. Pou {3}*: Le petit a des totos. *Der Kleine hat* **Einwohner**. ♦ *Personne qu'on ne prend pas trop au sérieux {2}*: Regarde, toto arrive. *Guck mal,* **Klein-Blödi** *läuft ein.* / [*Pour enfants*]: Viens, toto! *Komm' mal, mein* **Lieber**. / J'suis le toto de mon papa. *Ich bin der* **Beste** / **Liebste** *von meinem Papi.*

toubib *m. Médecin {1}*: T'as été chez le toubib? *Warst du beim* **Doktor**?

touche *f. Allure, attitude,* dégaine* *{1}*: Il **a une drôle de touche.** *Der* **sieht komisch aus.** ♦ **Rester sur la touche** *loc. Etre écarté d'une activité ou d'une affaire {3}*: Quand t'es au chômage à cinquante ans, tu restes sur la touche. *Wenn du mit fünfzig arbeitslos bist,* **bleibst du draußen vor.** ♦ *Rencontrer qn. qui répond à des invitations galantes de façon plus ou moins nette {3}*: Chaque soir qu'il va sur les grands boulevards, il **fait des touches**. *Jedesmal, wenn er auf den Boulevards flaniert,* **reißt** *er welche* **auf.** ♦ **Avoir une touche avec qn.** *loc.* → ticket.

touché-coulé *m. Jeu d'élèves: bataille navale,* → morpions *{1}.* **Schiffe versenken.** / Alors, je te dis 1A. – **A l'eau**, F6. – **Touché** – J10 à l'eau. – F7 – **Coulé**. *Also, ich sag dir 1A. –* **Wasser**, *F6. –* **Treffer**. *– J10 ist Wasser. – F7 –* **Versenkt.**

touffe *f. Toison pubienne {3}.* **Bär.** ♦ *Etre fou {3}*: Il **ondule de la touffe**. *Er* **hat 'ne Meise unterm Pony.**

touiller *V.t. Mélanger, remuer {1}*: T'as touillé la salade? *Hast du den Salat* **gemischt**?

toujours *Adv. Tant qu'on veut, sans provoquer le moindre effet {1}*: Tu peux toujours gueuler. *Du kannst meckern,* **bis du schwarz wirst.** / **Tu peux toujours attendre.** **Da kannst du lange warten.**

toupet *m.* **Avoir du toupet** *loc. Hardiesse {2}*: Il faut avoir du toupet pour y aller. *Man muß schon eine* **Portion Frechheit** / **Kühnheit besitzen,** *um dort hinzugehen.*

toupie *f. Vieille femme ennuyeuse {2}.* **Bescheuerte Olle**.

tour *m.* **Faire un tour** *loc. Faire une promenade, une excursion {1}.* **Eine Runde drehen** / **eine Tour machen.** ♦ **Avoir plus d'un tour dans le sac** *loc. Etre malin et rusé {2}.* **Gerissen sein.** ♦ **C'est reparti pour un tour** *loc. Façon d'exprimer que cela recommence {3}.* **Es geht von vorne los.**

tournailler *V.i. Rôder autour {3}*: Il **tournaille** et tournicote des heures entières. *Er* **rennt** / **fährt** *stundenlang* **herum.**

tournée *f.* **Offrir** / **payer une tournée** *loc. Un ensemble de consommations dans un café {1}*: Tu offres la tournée? **Wirfst du die Runde**? ♦ Raclée* *{2}*: Recevoir une tournée. **Die Jacke voll kriegen.**

tourner *V.t. Fonctionner, être en activité {2}*: L'usine tourne toute l'année. *Die Fabrik* **ist** *das ganze Jahr* **in Betrieb.** ♦ *De la nourriture immangeable {1}*: Le lait a tourné. *Die Milch ist* **schlecht.** ♦ **Avoir l'esprit mal tourné** *loc. Développer de mauvaises idées {2}.* **Auf dumme Gedanken kommen.** ♦ **Tourner la tête** → tête. ♦ **Tourner rond** *loc. Fonctionner, aller convenablement*: **Il y a qc. qui ne tourne pas rond.** **Etwas ist im Busch.** / Le moteur tourne rond. *Der Motor* **läuft rund.** ♦ *V.i.* **tourner autour du pot** *loc.* → pot.

tournicoter *V.i. Rôder autour, tourner irrégulièrement,* tournailler* *{3}*: Elle tournicote autour de la table. *Sie* **läuft** *um den Tisch* **herum.** / Il ne me dit jamais clairement ce qu'il veut. Il tournicote toujours. *Er sagt mir nie klar, was er will. Er* **redet** *immer* **um den heißen Brei herum.**

tournis *m. Vertige {3}*: Tout au sommet, elle a eu le tournis. *Ganz oben hat sie den* **Drehwurm** *gekriegt.*

tousser *V.i. Protester, rouspéter {3}*: 'Y a encore qc. à tousser? *Gibt's noch was zu* **mosern**? / Personne n'ose tousser devant la patron. *Beim Chef hat jeder Angst,* **sich zu räuspern.** / Il a un peu toussé quand il a reçu la piqûre. *Er hat ein bißchen* **gequengelt**, *als er die Spritze bekam.* ♦ *Pour un moteur, avoir des ratés,* toussoter* *{3}*: Elle tousse, ta bagnole. *Deine Karre* **läuft nicht rund** [*Fehlzündungen*].

tout *m./Adv.* **Comme tout** *loc.adv. Extraordinairement {1}*: Elle est heureuse comme tout. *Sie ist* ***unheimlich*** *glücklich.*

toutou *m. Chien [enfant] {2}*: **Wauwau.** ♦ *Petit chien trop soigné, enrubanné {2}*: Le toutou à sa mémère. *Mamas* ***Wauwauchen.***

tout-venant *m.* **C'est du tout-venant** *loc. Ce n'est pas du premier choix, rien d'extraordinaire {2}.* ***Das ist Dutzendware.***

toxico *m. Toxicomane {2}.* ***Süchtiger.***

trac *m. Peur {1}*: Mon Dieu, quand j'ai vu ça, j'ai eu le trac. *Mein Gott, als ich das gesehen habe, hab ich's* ***mit der Angst*** *(zu tun) ||* ***Lampenfieber*** *gekriegt.*

tracassin *m. Érection matinale {3}.* ***Morgenlatte.*** ♦ *Sujet d'inquiétude {3}*: Ils **traitaient du tracassin** de la politique actuelle. *Sie behandelten die* ***Gefahren*** *der aktuellen Politik.* ♦ **Avoir le tracassin** *loc. Humeur inquiète {3}.* ***Den Kopf hängen lassen.***

tracer (se) *V.i. ou V.pr. Aller vite, partir {3}*: Il prit sa veste et se traça. *Er nahm sein und* ***machte eine Fliege.***

trafiqué *Adj. Se dit d'un moteur dont la puissance a été augmentée par un bricolage ou bien d'un vin frelaté {1}.* ***Frisiert || gepanscht.***

trafiquer *V.i. Faire, fabriquer {3}*: Qu'est-ce qu'il trafique? *Was* ***macht*** */* ***stellt*** *er* ***an?***

train *m. Derrière, cul {3}*: Un coup de pompe dans le train. *Einen Tritt in den* ***Hintern.*** ♦ **Faire un train du diable** *loc.* → diable.

traînasser *V.i. Agir avec trop de lenteur, souvent par paresse, lambiner {2}.* Il est encore en train de traînasser. *Er* ***trödelt*** *mal wieder.*

traîne *f.* **A la traîne,** *loc.adv. Etre en retard {2}*: Jérôme est toujours à la traîne. *Jérôme* ***bummelt*** *immer* ***hinterher.*** ♦ *Laissé en désordre {2}*: Dans sa chambre, quel bordel, tout est à la traîne. *In seinem Zimmer, ein Riesendurcheinander. Alles* ***fliegt rum.***

traînée *f. Femme de mauvaise vie, fille des rues {3}.* ***Flittchen.***

traîne-lattes / traîne-pompes / traîne-savattes *m. Vagabond {3}.* ***Tippelbruder.***

traîner *V.i. Se promener sans but {2}*: Il ne fait que traîner dans les rues. *Er* ***lungert*** *nur in den Straßen* ***rum.*** ♦ **Ça traîne les rues** *loc. Cela se trouve partout {2}.* ***Das findet man überall.*** ♦ → savate. ♦ **Traîner dans la boue** *loc.* → boue.

traintrain *ou* **train-train** *m. Routine de tous les jours {1}*: Le traintrain quotidien. *Das tägliche* ***Einerlei.***

traître *Adj. Dangereux {2}*: Attention, l'escalier est traître. *Vorsicht, die Treppe* ***hat es in sich.*** / Une angine, c'est traître. *Eine Angina ist* ***nicht ohne.***

tralala *m. Affectations, manières recherchées {1}.* Il **en fait tout un tralala** *{1}. Der* ***macht vielleicht Wind deshalb.*** ♦ *Loc.adv {1}*: Ils nous ont reçu **en grand tralala.** *Sie haben uns* ***mit einem Riesentralala*** *empfangen.* ♦ **Et tout le tralala** *expr.adv. Et tout le reste {2}*: Ils ont débarqué avec tout le tralala: clébard, gosses, cinq valises, radio et la grand-mère. *Die sind* ***mit dem ganzen Krempel*** *angekommen: Köter, Blagen, fünf Koffer und Oma.* ♦ **Se mettre en grand tralala** *loc. S'habiller de façon élégante et recherchée {2}.* ***Sich in Schale werfen.***

tralalère [tralalɛrə] *Interj. Exprime la satisfaction d'avoir roulé qn. [on fait résonner le e final]* (*2*): Te voilà dans le baigneur, tralalère. *Jetzt hab ich dich am Kanthaken,* ***hähä*** */* ***ätsch.***

tram *m. Le tramway {1}*: J'ai pris le tram. *Ich bin mit der* ***Bahn*** *gekommen.*

tranche *f.* **S'en payer une tranche,** *loc. Bien s'amuser, rire beaucoup {2}.* ***Sich eiern (vor Lachen).***

tranquillos [trɑ̃kilo:s] *Adj.inv./Adv. Tranquille ou tranquillement {3}.* ***Cool.***

trans' *ou* **transpoil** *Adj. Parfait, excellent,* sensass*, transcendant* *{3}.* ***Irre / wahnsinnig / zum Abheben.***

transbahuter *V.t. Transporter, déménager {2}*: 'Y en a encore beaucoup à transbahuter? *Gibt es noch viel zu* ***schleppen?*** / On s'est fait transbahuter toute la journée. *Wir wurden den ganzen Tag lang* ***rumgefahren.***

transcendant *Adj. Extraordinaire,* trans'* *{3}*: Pas transcendant, ton histoire. *Nicht gerade* ***zum Abheben / Bäume ausreißen,*** *deine Geschichte.*

transfo *m. Transformateur {2}.* ***Trafo.***

trapu *Adj. Très fort [étudiants] {3}*: Elle est vachement trapue en anglais. *Sie ist* ***eine Kanone*** *in Englisch.* ♦ *Difficile {2}*: Un problème trapu. *Ein* ***kniffliges*** *Problem.*

traquette *f. Peur,* trac* *{3}.* ***Muffensausen / Bammel.***

travail *m. Résultat d'une activité manuelle et intellectuelle {2}*: Qu'est-ce que c'est que ce travail? *Was ist das denn für eine* ***Arbeit.?*** ♦ → artiste.

travailler du chapeau *ou* **de la touffe** *loc. Etre fou {3}*: C'est dingue ce qu'il dit. Il travaille du chapeau. *Das ist bekloppt, was er sagt.* ***Der spinnt.***

travelo(t) *m. Homosexuel travesti en femme {2}.* ***Transvestit.***

travers *Prép.* **Passer au travers / à travers** *loc. Ne pas profiter, être privé {2}*: Je passe encore au travers. *Ich* ***guck*** *wieder* ***in die Röhre / geh*** *wieder* ***leer aus.*** ♦ **Passer au travers** *loc. Eviter {2}*: Tu as fait ton service militaire? Non, j'ai eu du pot, j'ai réussi à passer au travers. *Warst du beim Bund? Nein, ich hatte Schwein, ich konnte* ***drumherumkommen / bin durchgerutscht.***

traviole *f.* **De traviole** *loc.adv. De travers {3}*: Son chapeau était tout de traviole. *Sein Hut saß* ***quer / verkehrt.***

tremblote *f. Fièvre {3}.* ***Fieber*** ♦ ***Tatterich.*** ♦ *Avoir peur {3}.* ***Das große Zittern.***

trembloter *V.i. Trembler {2}:* Quand il fait une crise de paludisme, il tremblote. *Wenn er seinen Malariaanfall hat,* ***kriegt er die Zitteritis.***

trempe *f. Une correction {2}:* Recevoir une trempe. *Eine* ***Tracht*** *kriegen.*

tremper *V.i. Participer à une affaire délictueuse {2}:* Même le ministre avait trempé dans le coup. *Sogar der Minister* ***hatte seine Finger darin.*** ♦ **Tremper son biscuit** *loc. Forniquer {3}:* Avec elle, t'es sûr de tremper ton biscuit. *Der* ***kannst*** *du mit Sicherheit* ***einen reintun.*** ♦ **(se)** *V.pr.* **Se tremper dans le potage** *loc. Prendre un bain {3}.* ***Ins Wasser steigen.***

trempette *f. Bain rapide {2}:* Avant de partir je **fais trempette**. *Ehe wir gehen,* ***schmeiß ich mich schnell in die Wanne.*** / Le dimanche ils vont à la mer faire trempette. *Sonntags fahren sie ans Meer zum* ***Baden.***

trente et un *Num.* **Se mettre sur son 31** *loc. S'habiller avec un soin extraordinaire {2}.* ***Sich in Schale werfen.***

trente-six *nombre* **Tous les trente-six du mois** *loc. A peu près jamais {3}:* Il vient ici tous les trente-six du mois. *Er läßt sich hier* ***so gut wie nie*** / ***alle Jubeljahre*** *sehen.*

tribu *f.* **Toute la tribu** *expr. Famille nombreuse {2}:* Venir avec toute sa tribu. *Mit der* ***ganzen Sippschaft*** *kommen.*

triche *f. Tricherie {3}:* Ce que tu fais, toi, c'est de la triche. *Was du machst ist* ***Beschiß.*** / Copier, c'est de la triche. *Abschreiben ist* ***Pfusch.***

tricoter *V.i.* **Tricoter des gambettes / des flûtes / des compas** *loc. Mouvoir des jambes à toute vitesse en marchant ou en dansant {3}.* ***Tippeln*** / ***Sich einen abzappeln.***

trifouiller *V.i. Fouiller en mettant du désordre {2}:* Je déteste que tu trifouilles dans mes affaires. *Ich kann nicht ausstehen, wenn du in meinen Sachen* ***herumkramst.***

Trifouillis-les-Oies *N. Village imaginaire,* bled*: Il habite à Trifouillis-les-Oies [*Präposition (à) ist in diesem Falle obligatorisch*]. *Er wohnt im* ***letzten Kaff.*** / A Paris, bien sûr, mais **du côté de Trifouillis-les-Oies**, c'est pas pareil. *In Paris sicherlich, aber* ***in der tiefsten Provinz*** *sieht es anders aus.*

trimard *m. Loc. Chemin {3}:* **Courir le trimard.** *Den* ***ganzen Weg abgehen*** / ***absuchen.*** ♦ *Vagabond {2}.* ***Tippelbruder.*** ♦ *Loc. {3}:* Maintenant il **fait le trimard**. *Jetzt* ***tippelt*** *er.* ♦ **Etre sur le trimard** *loc. Travailler dur {3}.* ***Ranklotzen.***

trimarder *V.i. Vagabonder, aller à pied sur les routes {3}.* ***Tippeln.*** ♦ *Se livrer à la prostitution {3}:* Elle trimarde du côté Saint-Lazare. *Sie* ***tippelt*** *im Saint-Lazare-Viertel.*

trimardeur *m. Vagabond, ouvrier nomade {3}.* ***Tippelbruder*** // ***Mitreisender*** *[Arbeiter, z.B. Kirmes-Arbeiter].*

trimbaler *V.t. Porter {1}:* Un représentant de commerce trimbale pas mal d'échantillons. *Ein Vertreter* ***schleppt*** *nicht gerade wenig Muster* (***durch die Gegend***). / *Loc. {3}:* **J'ai trimbalé ma viande.** *Ich hab* ***meinen Körper spazierengeführt.*** / Il **trimbale** toujours sa famille **avec** lui *{2}. Er* ***schleppt*** *immer seine Familie* ***mit sich rum.*** ♦ *Loc. Quel imbécile {1}:* **Qu'est-ce qu'il trimbale!** ***Welch ein Trottel!***

trimer *V.i. Travailler durement {1}:* Un gars qui trime. *Ein Typ, der* ***ranklotzt.***

tringle *f.* **Se mettre la tringle** *loc. Se priver, être privé {3}.* ***In die Röhre gucken.***

trinquer *V.i. Etre condamné, souffrir {3}:* Les parents boivent, les enfants trinquent [*slogan d'une campagne anti-alcoolique*]. *Die Eltern trinken, die Kinder* ***tragen die Folgen.*** / Toujours le peuple qui trinque. *Immer* ***ist*** *das Volk* ***dran.***

trip *m. «Voyage» au LSD ou bien à un autre paradisiaque {3}.* ***Trip.*** ♦ **C'est pas mon trip!** *Loc. Ce n'est pas ce que je préfère [jeunes]*, c'est pas ma tasse de thé* *{3}. Das* ***paßt mir nicht.***

tripaille *f.* Ventre, tripes* *{3}:* Filer un sacré coup dans la tripaille. *Einen (Schlag) in die* ***Wampe*** *verpassen.*

tripatouillage *m. Truquage d'une comptabilité {3}.* ***Bilanzschwindel.*** ♦ **Les tripatouillages électoraux** *{2}.* ***Wahlschwindeleien.***

tripatouiller *V.t. Manier avec maladresse {2}:* Si tu continues à tripatouiller l'appareil, tu vas finir par le dérégler. *Wenn du noch weiter an dem Apparat* ***herumfummelst,*** *verstellst du ihn noch.* ♦ *Manipuler {2}:* Tripatouiller le bilan. *Die Bilanz* ***türken.*** ♦ *Retoucher sans scrupules le texte d'un auteur {2}:* Un texte tripatouillé. *Ein* ***verhunzter*** *Text.*

tripatouilleur *m. Qui tripatouille* {3}.* ***Fälscher*** / ***Schwindler.***

tripes *f.pl. Les intestins {3}:* Les tripes te font mal? *Tut dir der* ***Bauch*** *weh?* ♦ *Loc. Etre viscéralement {1}:* Il **a la tripe républicaine**. *Er ist* ***durch und durch*** *Republikaner* / ***Erzrepublikaner.*** ♦ **Avoir des tripes** *loc. Etre courageux {3}.* ***Mumm haben.*** ♦ **Prendre aux tripes** *loc. Effrayer terriblement {2}:* Le bruit de la sonnerie d'alarme me prend toujours aux tripes. *Das Geräusch der Alarmschelle* ***geht mir immer durch Mark und Bein.***

tripette *f.* **Ne pas valoir tripette** *loc. Ne pas valoir pas grand-chose {2}.* ***Das ist keinen Pfifferling wert.***

tripotage *m. Opération financière plus ou moins honnête {3}:* C'est du tripotage. *Das ist* ***Schwindel*** / ***gezinkt*** / ***Gaunerei.***

tripotailler *V.t. Faire de petits* tripotages* *{3}:* Tout le monde tripotaille un peu. *Jeder* ***macht***

so seine Geschäftchen. ♦ *Toucher avec insistance et à plusieurs reprises {2}*: Cesse de tripotailler les fruits. *Hör auf,* **dauernd** *das Obst* **zu begrapschen**.

tripotée *f. Volée de coups {3}*. **Abreibung.** ♦ *Nombre important {3}*: Une tripotée de gosses. *Ein* **Schwarm** *Kinder.*

tripoter *V.i. Faire des opérations malhonnêtes, des* tripotages* *{2}*. **Gaunern / schwindeln/ dunkle Geschäfte machen.** ♦ **(se)** *V.pr. Se masturber {3}*: Il se tripote ç'ui-là. *Der* **wichst** *doch nur.* ♦ *Déraisonner,* débloquer* *{3}*: Tu te tripotes? **Spinnst** *du?*

tripoteur *m. Qui tripote {3}*. **Gauner / Schwindler / Geschäftemacher.**

trique *f. Gros bâton {3}*: On m'avait menacé d'une trique. *Man hatte mir mit einem* **Knüppel** *gedroht.* ♦ *Loc. Traiter rudement {2}*: Il l'a **menée à la trique**. *Er hat sie* **(brutal und) rüde behandelt**. ♦ *Loc. Avoir une érection {3}*: **Il a la trique**. **Er hat einen stehn.** ♦ *Interdiction de séjour {3}*: **Dix berges de trique** *{3}*. *Zehn Jahre* **Aufenthaltsverbot.**

triste *Adj.* **Etre triste comme un bonnet de nuit** *loc. Etre très triste {2}*. *Ein* **trauriger Tropf / Vertreter sein.**

tristounet *Adj.inv. Triste, pas gai {1}*: Une situation plutôt tristounet. *Eine eher* **traurige** *Situation.*

triturer *V.t.* **se triturer la cervelle** *loc. Faire des efforts intellectuels {3}*. **Sich umsonst den Kopf zerbrechen.**

trogne *f. Visage {2}*: Une bonne trogne. *Ein offenes und ehrliches* **Gesicht.** ♦ **Trogne d'ivrogne**. **Säufervisage.** ♦ **Trogne illuminée** *expr. Même sens {3}*. **Schnapsnase.**

trognon *m. Terme d'affection {3}*: Un petit trognon comme toi. *So ein kleines* **süßes Ding / Leckerchen / Knirps** *wie du.* ♦ *Expr.adv. Jusqu'au bout, complètement {2}*: Ils se sont fait avoir **jusqu'au trognon**. *Sie haben sich* **rettungslos / total** *veräppeln lassen.* ♦ *Adj.inv. Mignon {3}*: Elle est vachement trognon. *Sie ist verdammt* **schnuckelig**.

trolley [trɔlɛ] *m. Trolleybus {1}*. **Trolleybus.**

trombine *f. Visage, tête {2}*: Une drôle de trombine. *Eine komische* **Birne**.

trompette *f. Nez {3}*. **Gurke.** ♦ **Nez en trompette** *expr.m. {1}*. **Himmelfahrtsnase.** ♦ **En avoir un coup dans la trompette** *loc. Etre ivre {3}*. **Einen in der Krone haben.** ♦ *Visage {3}*. **Birne.**

tronc *m. Loc. Ne pas réfléchir; ne pas se faire de souci {3}*: **Ne te casse pas le tronc!** **Reg dich nicht auf / mach** *dir* **keine Gedanken!**

tronche *f. Tête, se combine souvent avec* sale *{3}*: Il a une **sale tronche** / Il a **une tronche à coucher dehors.** *Der hat vielleicht eine* **Fresse**. ♦ **Avoir sa tronche des mauvais jours** *loc. Ne pas dissimuler qu'on est de mauvaise humeur {2}*: Le patron a sa tronche des mauvais jours. *Der Alte* **hat heute wieder seinen „fröhlichen Tag"** / **„macht wieder sein freundliches Gesicht".** ♦ **Tronche (plate)** *expr.f. Imbécile {3}*. **„Intellektueller"** [*iron.*]. ♦ *Qn. qui est très intelligent {3}*. **Einer mit Grips.**

trône *m. Siège des lieux d'aisances {2}*: Sur le trône? *Auf dem* **Topf / Pott / Thron***?*

trop *Adv.* **N'avoir rien de trop** *loc. Ne pas avoir assez pour pouvoir donner {2}*. **Nichts zuviel / übrig haben.** ♦ *Etre maigre {2}*: **Tu n'as rien de trop.** **Du bist nicht der Dickste**.

troquet *m. Débit de boisson, petit café,* bistrot* *{1}*: C'est juste un petit troquet, très sympa. *Das ist nur eine kleine* **Kneipe**, *ganz sympathisch.*

trotte *f. Promenade, marche {1}*: Faire une sacrée trotte. *Einen* **Gewaltmarsch** *machen.* / Une belle petite trotte. *Ein schöner kleiner* **Spaziergang.**

trotter *V.i.* **Une idée / araignée / un air lui trotte dans la tête** *loc. Il a sans arrêt cette idée ou cet air dans l'esprit {2}*. *Diese Idee / Melodie* **geht ihm immer im Kopf herum.** ♦ **(se)** *V.pr. S'enfuir, s'en aller, se dérober {2}*: Ils se sont trottés. *Sie* **sind ab und weg.**

trottinette *f. Petite automobile de famille {3}*: **Kleines Auto / Gogomobil / Leukoplastbomber.**

trottoir *m.* **Faire le trottoir** *loc. Se prostituer {1}*. **Auf den Strich gehen.**

trou *m. Petite localité {1}*: Ton patelin, c'est un trou. *Dein Kaff ist* **das letzte Loch**. ♦ *Habitation ou lieu privé, en tout cas de mauvaise qualité {2}*: Il reste toujours dans son trou. *Er bleibt immer in seinem* **Loch.** ♦ *Prison, ballon**, taule* *{2}*: Son mari est au trou pour hold-up. *Ihr Alter ist wegen Raub im* **Loch.** ♦ *Tombe {3}*: Elle est déjà dans le trou. *Sie liegt auch schon in der* **Grube.** ♦ **Trou de balle** *expr. Anus {3}*. **Arschloch**. ♦ *Injure {2}*: *Espèce de* **trou du cul**. **Du Arschloch.** / Qu'est-ce que c'est que ce trou du cul? *Was ist das denn für ein* **Arschloch***?* ♦ **Se dévisser / se décarcasser / se démanteler le trou du cul** *loc. {3}*. **Sich den Arsch abrackern.** ♦ *Loc.adv. A n'en plus finir {3}*. On continue **jusqu'à (la) saint-trou-du-cul.** *Wir machen weiter,* **bis der Arsch ab ist.** ♦ **Y voir clair comme dans le trou d'un tunnel** *{2}* / **comme dans le trou du cul d'un nègre** *{3} loc. Ne pas pouvoir voir clair dans une affaire.* **Wieder mal den vollen Durchblick haben / total in der Scheiße tappen.** ♦ **Boire comme un trou** *loc. Boire énormément {2}*. **Saufen wie ein Loch.** ♦ **Avoir un / des trou(s) de mémoire** *loc. Avoir des absences de mémoire {1}*: A force d'avoir trop bu cette nuit-là, j'avais des trous de mémoire. *Weil ich in dieser Nacht zuviel getrunken hatte,* **hatte ich einen Filmriß.** ♦ → œil. ♦ **Ça te fera pas un (deuxième) trou au cul** *loc. C'est sans risque* [*on* *sous-entend: tu en as déjà un*] {*3*}. ***Das kann dir auch scheißegal sein** / **kann dir doch nicht schaden.***

trouduc *m. Imbécile*, trou du cul* {*3*}. ***Armleuchter.***

trouduculier *Adj. Qui est en rapport avec* cul*, *pornographique* {*3*}: Cessez avec vos histoires trouduculières. *Hören Sie mit Ihren **Schweinegeschichten** auf.*

troufion *m. Soldat* {*2*}: Quand j'étais troufion. *Als ich **beim Barras** war.*

trouillard *m. Peureux, poltron* {*1*}: Un trouillard comme 'y en a pas deux. *Ein **Angsthase** wie keiner sonst.*

trouille *f. Peur, crainte* {*1*}: J'ai eu une **trouille bleue.** *Ich bekam vielleicht einen **Heidenschiß**.*

trouillomètre *m.* **On avait le trouillomètre à zéro** *loc.* {*3*}. ***Uns ging die Muffe eins zu tausend.***

trousser *V.t. Posséder une femme* {*3*}: Il trousse tous les jupons. *Er **läuft jeder Schürze nach.***

trousseur de jupons *expr. Homme qui court après les femmes* {*2*}. ***Schürzenjäger.***

trouver la petite bête *loc.* Pinailler*, *ergoter* {*1*}: C'est un enculeur de mouches. Il cherche toujours (à trouver) la petite bête. *Das ist ein Korinthenkacker. Er **sucht immer ein Haar in der Suppe**.*

truand *m. Gangster* {*2*}. ***Gangster** / **Halsabschneider.***

truander *V.t. Escroquer qn. comme pourrait le faire un truand* {*3*}: Te fais pas truander. *Laß dich nicht **linken.***

truc *m. Savoir-faire, secret professionnel* {*1*}: Les **trucs du métier.** ***Berufsgeheimnisse.*** / 'Y a un truc. *Es gibt einen **Trick.*** / Il **connaît le truc.** *Er **kennt den Dreh**.* ♦ *Chose dont on a oublié le nom* {*1*}: Passe-moi ce truc-là. *Gib das **Ding** mal her.* ♦ *Pour une activité qu'on évite de mentionner* {*3*}: Elle fait le truc. *Sie macht **„es“**.* ♦ *Pour qc. dont on ne connaît pas le nom correct* {*1*}: Les danseuses du Moulin Rouge portent un truc en plumes. *Die Tänzerinnen des Moulin Rouge tragen so ein Feder**ding** [zu diesem Thema existiert ein bekanntes Chanson].*

truffe *f. Nez gros et épaté* {*3*}. ***Kartoffelnase**.* ♦ *Imbécile* {*2*}: Quelle truffe! *So eine **Pfeife**!*

tuant *Adj. Pénible, fatigant* {*1*}: Elle est tuante avec ses laïus. *Die ist **ätzend** mit ihren Vorträgen.*

tubard *m. Qui est atteint de tuberculose* {*3*}. ***Tb-Kranker.***

tube *m. Chanson à succès* {*2*}. ***Erfolgsmelodie** / **Schlager.*** ♦ **Donner un coup de tube** *loc. Téléphoner* {*3*}. ***Anrufen.***

tuer *V.t.* **Ça me tue** *loc. Cela me fatigue énormément* {*2*}. ***Das bringt mich um.***

tuile *f. Événement fâcheux ou imprévu* {*2*}: Une tuile va nous arriver. *Uns kommt **was** dazwischen.* / Quelle tuile! *Welch ein **Pech**! / So ein **Schlag**!*

turbin *m. Travail plus ou moins licite* {*3*}. ***Seltsame Geschäfte.*** ♦ Une fille qui fait le turbin {*2*}. *Ein Mädchen, das **anschafft.*** ♦ **Aller au turbin** *loc. Aller au boulot* {*2*}. ***Malochen** / **anschaffen gehen.*** / «Le samedi soir, après l'turbin...» – *„Samstagabends, nach der **Maloche**...“* [*Chanson*].

turbiner *V.i. Travailler, faire le* turbin* *ou aller au* turbin* {*2*}. Elle turbine jour et nuit. *Sie **schafft** Tag und Nacht **an**.* C'est dans ce troquet qu'il turbine. *Der **jobbt** in dem Schuppen da.*

turf *m. Lieu de travail des petits métiers* {*3*}. ***Pflaster.*** ♦ Elle **va au turf** {*3*}. *Sie **geht auf den Kiez** / **die Bahn.*** ♦ *Course des chevaux* {*1*}. ***Pferderennen.*** / Jouer au turf. *Auf ein Pferd **setzen**.*

turlupiner *V.t. Tracasser, tourmenter* {*2*}: L'idée que j'avais oublié de lui téléphoner m'a turlupinée toute la nuit. *Daß ich ihn nicht angerufen hatte, **ließ** mir die ganze Nacht lang **keine Ruh'** / hat mich die ganze Nacht lang **aufgeregt**.*

turne *f. Chambre sans confort* [*étudiant*] {*3*}. ***Bude.*** ♦ *Chambre malpropre* {*3*}. ***Bude** / **Stall.***

tutu *ou* **tutut** *m. Vin*, pinard* [*à l'origine: médiocre*] {*3*}. ***Wein.*** ♦ *Téléphone* [*onomatopée*] {*3*}.

tututer *V.i. Boire avec excès* {*3*}: Il tutute pas mal. *Der **bechert** ganz schön.*

tuyau *m. Renseignement confidentiel* {*1*}: Vous pouvez me donner un tuyau? *Können Sie mir einen **Wink** geben?*

tuyauter *V.t. Renseigner, donner des conseils, un* tuyau* {*2*}: Sa secrétaire pourra te tuyauter. *Seine Sekretärin kann dir **einige Tips geben.***

type *m. Homme quelconque* {*1*}: T'as vu le type? *Hast du den **Typ** gesehen.* ♦ *Individu original* {*1*}: Quel type! *So **eine Type**!* ♦ **Un chic type** *expr. Bon type, homme merveilleux* {*2*}. ***Fabelhafter** / **toller Typ**.*

typé *Adj. Dont on connaît le type* {*1*}: Un Espagnol typé. *Ein **typischer** Spanier.* ♦ *Qc. d'extraordinaire* {*2*}: **Il est typé.** ***Er hat so was.***

U

U *Adj. Abréviation pour universitaire* {3}. Cité U. ***Studentenwohnheime*** *bzw.* ***Studentenviertel*** [*z. B. im Pariser Süden*]. / Restau U. ***Mensa.***

un, une *Adj.num.* **II** / **c'était moins une** *loc. Indique que qc. a été fait au dernier moment possible* {*1*}. *Es war* ***fünf vor zwölf.*** ♦ **Etre sans un** → sans un. ♦ **Ne pas en branler une** *loc. Etre inactif* [*surtout hommes*] {*2*}: A cette époque-là, il n'en branlait pas une. *Zu dieser Zeit* ***tat er keinen Schlag.*** ♦ **D'abord et d'une** *expr.adv. Pour commencer* {*3*}: D'abord et d'une, j'aimerais vous dire qu'il faut respecter le règlement de cette maison. ***Zunächst mal*** *möchte ich Ihnen sagen, daß die Hausordnung einzuhalten ist.* ♦ **Et d'un** *expr.adv. Marque d'insistance* {*2*}: Ceux qui ne font pas partie de ce groupe, la bouclent, **et d'un**! *Die, die nicht zu der Gruppe gehören, halten die Klappe,* (***Punkt und***) ***Schluß!*** ♦ **Sur la une** // **à la une** *Expr.adv. Sur la première chaîne de télévision ou à la première page* {*1*}: Ce soir **sur la une**, on aura un bon film {*2*}. *Heute abend gibt es* ***im Ersten*** *einen guten Film.* / Qu'est-ce qu'on lit **à la une**? *Was bringt die Zeitung auf der* ***ersten Seite?*** ♦ *Loc. Sans tergiverser* {*2*}: Dans un tel cas, il **ne fait ni une ni deux**. *In so einem Fall handelt er* ***ohne Zögern und Zaudern.*** ♦ *Expr.adv. Exprime la nécessité de prendre une décision* {*1*}: **De deux choses l'une**, tu le prends ou tu le laisses! ***Entweder oder,*** *nimmst du es nun oder nicht!* ♦ **Un/une de ces** *expr. Formule qui sert à souligner* {*1*}: J'avais **une de** ces envies de faire pipi. *Ich mußte* ***vielleicht*** *mal.* / Il fait **une de ces** têtes. *Der zieht* ***vielleicht*** *ein Gesicht.* ♦ **En placer une** *loc. Arriver à dire qc.* [*souvent à la forme négative*] {*2*} Il n'a pas pu **en placer une** {*2*}. *Er* ***konnte kein einziges Wort anbringen.*** ♦ *Loc. Profiter de toutes les occasions* [*dans un sens positif ou négatif*] {*1*}: Il **n'en rate pas une**. *Er läßt* ***nichts aus*** // ***tritt in alle Fettnäpfchen*** // ***fällt immer rein.*** ♦ **Il n'y en a pas un** / **une pour racheter l'autre** *loc. Ils sont tous pareils, aussi peu intéressants les uns que les autres* {*2*}. ***Die sind alle gleich*** (***schlecht***). ♦ **T'en as vu un, t'en as vu cent** *loc. C'est toujours pareil* {*2*}: Ah vous savez, les pornos... T'en as vu un, t'en as vu cent. *Ach wissen Sie, Pornos...* ***Kennst du einen, kennst du alle.***

union libre *f. Concubinage* {*2*}. ***Ehe ohne Trauschein.*** / Ils vivent en union libre. *Sie* ***leben „so" zusammen.***

Untel *m.* **Monsieur Untel** *N. propre fictif* {*2*}. *Herr* ***Soundso.***

urger *V.i. Loc. Presser, être urgent* {*2*}: **Ça urge**. ***Das eilt.***

urticaire *m.* **Donner** / **filer de l'urticaire à qn.** *loc. Irriter, exaspérer, agacer,* donner des boutons*, *en faire une* → jaunisse* {*3*}: Ce type-là me file de l'urticaire dès que j'entends sa voix. *Der Typ* ***bringt mich auf die Palme,*** *sobald ich ihn nur höre.*

usiner *V.i. Travailler avec le sens de grande activité* {*2*}: Ils usinent. *Sie* ***hauen voll rein.*** ♦ *Travailler dur* {*2*}: **Ça usine ici. *Hier riecht's nach Arbeit.***

V

va *Impér. Du verbe* aller [*introduit souvent une injure*] {*1*}: **Va donc**, eh patate! ***Zisch ab,*** *du Penner!* ♦ **Va pour** *expr.adv. D'accord sur ces conditions, c'est bon pour* {*2*}: Va pour deux mille francs. ***Alles klar,*** *zweitausend.* ♦ **A la va vite** {*1*} / **à la va comme j'te pousse** {*2*} *loc.adv. Bâclé, sans soin*: Il a fait ce travail à la va vite. *Er hat diese Arbeit* ***hopphopp*** *erledigt.*

vacciné *Adj. Endurci, qui en a vu de toutes les couleurs* {*3*}: Tu peux y aller. Moi, je suis vacciné. *Du kannst ja hingehen. Ich bin* ***geheilt.***

vache *f./Adj. Agent, policier* {*3*}. ***Bulle.*** ♦ **Mort aux vaches!** *Interj.* {*1*}. ***Tod den Bullen!*** ♦ *Injure appliquée aux femmes* {*1*}: C'est une vieille **vache**. *Die ist eine* ***blöde Kuh.*** ♦ **Une peau de vache** / **une vache** *expr. Individu dur, sévère,* *cruel* {*2*}. Méfie-toi, il fait les coups par derrière. C'est une peau de vache. *Vorsicht, der schlägt hinterrücks zu. Das ist ein* ***fieser Hund.*** ♦ **Vache à lait** *Expr. Personne ou institution qui se laisse exploiter* {*2*} Il me prend pour **une vache à lait**. *Er hält mich für eine* ***Kuh, die man melken kann.*** ♦ *Adj. Dur, sévère, cruel* {*1*}: Quoi, tu lui as pas laissé de pourboire? T'es **vache.** *Was, du hast ihm kein Trinkgeld gegeben. Bist du* ***fies!*** ♦ *Difficile* {*2*}: Un problème vache. *Ein* ***ganz schönes*** *Problem.* ♦ **Ça lui va comme un tablier à une vache** *loc. Cela ne lui va pas du tout* {*2*}. ***Er sieht darin aus wie ein Pfingstochse.*** ♦ **Etre comme une vache qui regarde passer un train** *loc. Avoir l'air stupéfait* {*2*}. ***Wie der Ochse vorm Scheunentor* (*stehen*) / *dumm glotzen.*** ♦ **Il pleut comme vache qui pisse** *loc.* → pleuvoir. ♦ **Etre vache avec qn.** *loc. Etre méchant avec lui* {*1*}. ***Jdm. übel mitspielen.*** ♦ **En vache** *expr.adv. Méchamment* {*2*}: Faire des coups en vache à qn. ***Jdm. übel mitspielen.*** ♦ **La vache!** *Excl. Pour exprimer l'étonnement* {*1*}: Il m'a eue, oh la vache! *Er hat mich reingelegt,* ***booh / na so was / Donnerwetter!*** ♦ **Grosse vache** *expr.f.* **Femme obèse** {*1*}. ***Fette Kuh.*** ♦ **Gros comme une vache** *expr.adv. Très gros, monumental* {*3*}: Une erreur grosse comme une vache. ***Eine Riesendummheit.***

vachement *Adv. Beaucoup, extrêmement* {*1*}: Elle est vachement bath. *Die ist* ***unheimlich*** *schön.*

vacherie *f. Acte de méchanceté, perfidie* {*1*}: Il m'a fait une vacherie. *Er hat mir* ***einen üblen Streich*** *gespielt.*

vadrouille *f. Promenade souvent en bande, sans but défini* {*2*}, *loc.*: Ils **partent en vadrouille**. *Sie* ***machen eine Tour ins Blaue.*** ♦ Ils sont **en vadrouille**. *Sie* ***fahren / gehen ein bißchen rum.*** ♦ *Ne pas être disponible* {*2*}: Théo n'est pas à la maison, il est en vadrouille. *Theo ist nicht in der Firma, er ist* ***unterwegs.***

vadrouiller *V.i. Aller à l'aventure, se promener* {*2*}: Pendant toute la journée, il a vadrouillé dans les rues. *Den ganzen lieben langen Tag lang ist er in den Straßen* ***herumgebummelt.*** / On n'a rien fixé pour les vacances. On vadrouille. *Wir haben für die Ferien nichts festgemacht. Wir* ***fahren ins Blaue.***

valda *f. Feu vert de signalisation* [*à l'origine nom propre pour une pastille à base d'eucalyptus verte*], → cracher {*2*}: Eh, tu craches ta valda ou t'attends qu'elle mûrisse? [*Etwa*] ***Wann kommt denn endlich grün?***

valdinguer *V.t. Faire tomber, éconduire, chasser, renvoyer* {*2*}: Il l'a **envoyé valdinguer**. *Er hat ihn* ***auf die Matte / in die Wüste geschickt.*** ♦ *V.i. Tomber, s'étaler,* valser* {*2*}: J'ai valdingué. *Ich* ***hab' mich langgelegt / bin hingeflogen.***

valoche *f. Valise* {*2*}. ***Koffer.*** ♦ *Poches sous les yeux* {*3*}: Il a des valoches sous les yeux. *Er hat* ***Tränensäcke unter den Augen.***

valoir *V.t.* **Valoir le coup** *loc. Valoir la peine, avoir un certain intérêt* {*1*}: Venez! Ça vaut le coup. *Kommt!* ***Es lohnt sich.*** / Et tu crois que ça vaut le coup? *Und du glaubst, daß es* ***sich lohnt?*** ♦ **Ça vaut mieux que de se casser une jambe** *loc. Ce n'est pas trop grave* {*2*}. ***Ein Beinbruch wäre schlimmer.***

valse *f. Mouvement de personnel* {*3*}: La valse des ministres. ***Ministerkarussel.***

valser *V.i. Etre licencié* {*2*}: A l'arrivée du nouveau patron, j'ai valsé. *Als der neue Boss kam,* ***bin ich geflogen.*** ♦ **Faire valser l'argent** *loc. Dépenser ou perdre une quantité considérable d'argent* {*3*}: On va faire valser les sous? ***Geben wir mal richtig Geld aus? / Bringen wir Geld unter die Leute?***

valseuses *f.pl. Testicules,* joyeuses* {*3*}: Il lui a filé un coup dans les valseuses. Le type en a vu 36 chandelles. *Er haute ihm in die* ***Eier*** *und der Typ hörte die Engel singen.*

vamper *V.t. Faire de la séduction, prendre des allures de vamp* {*3*}: Elle adore vamper les types. *Sie* ***verführt*** *unheimlich gerne Männer.*

vanne *f. Parole outrageante, mensonge, réflexion ironique* {*2*}: Il ne raconte que des vannes. *Er erzählt nur* ***Lügengeschichten / Spinnereien.*** ♦ *Loc. Se moquer plus ou moins gentiment* {*2*}: Dès qu'il ouvre le bec, c'est pour **lancer des vannes**. *Sobald er den Schnabel auftut,* ***macht*** *er* ***(bösartige) Bemerkungen.***

vanné *Adj. Fatigué* {*2*}: Je suis rentré chez moi complètement vanné. *Ich bin* ***todmüde*** *nach Hause gekommen.*

vapes *f.pl. Hébété, rêveur, abruti d'ivresse ou de drogues* [de vapeurs], être dans les nuages* {*2*}: Elle était dans les vapes. *Sie* ***war weggetreten.***

vapeur *f.* **Retourner / renverser la vapeur** *loc. Changer de camp* {*2*}. ***Die Seiten / Partei wechseln.*** ♦ **Avoir ses vapeurs** *loc. Etre évanoui* {*2*}. ***Im Tran sein.*** ♦ *En parlant d'une femme au moment de la ménopause* avoir des bouffées de chaleur {*2*}. ***Die fliegende Hitze haben.***

vase *f. Pluie* {*3*}: Quelle vase! *So eine* ***Suppe!***

vaser *V.i. Pleuvoir* {*3*}: Il a vasé toute la nuit. *Es hat die ganze Nacht* ***geschifft.***

vaseux *Adj. Obscur, difficile à comprendre* {*2*}: Une histoire vaseuse. *Eine* ***verschwommene*** *Story.* / Une astuce vaseuse. *Ein* ***komischer*** *Witz.* ♦ *Etre fatigué, épuisé,* lessivé* {*2*}: Elle est rentrée toute vaseuse. *Sie ist vollkommen* ***groggy*** *nach Hause gekommen.*

vasouiller *V.i. Hésiter, s'empêtrer* {*3*}: Au début, j'ai vasouillé un peu. *Am Anfang hab ich ein wenig* ***hin- und hergezaudert.*** ♦ *Marcher mal* {*3*}: Avec sa thèse, ça vasouille. *Mit seiner Doktorarbeit* ***geht es nicht recht voran.***

veau *m. Voiture peu nerveuse {3}.* ***Lahme Kiste.*** ♦ **Pleurer comme un veau** *loc. Pleurer énormément {2}.* ***Heulen wie ein Schloßhund.***

vécés *m.pl. Lieux d'aisances, W.-C. {2}*: Où sont les vécés? *Wo ist die* ***Toilette****?*

veiller les morts *loc. Etre dans la pénombre {2}*: Pourquoi tu as fermé les rideaux? Tu veilles les morts? *Warum hast du die Gardinen zu und* **bist hier im Halbdunkel?**

veilleuse *f.* **La mettre en veilleuse** *loc. Baisser la voix, se taire {2}*: Tu peux pas la mettre en veilleuse. *Kannst du nicht* ***den Mund halten****?*

veinard *m. Chanceux {1}.* ***Glückspilz.***

veine *f. Chance {1}*: Il a de la veine! *Hat der* ***Schwein****!* / **Pas de veine!** ***So ein Pech!***

vélo *m. Bicyclette {1}*: Tu prends ton vélo? *Nimmst du dein* ***Rad****?* // **Vélo-moteur** *{1}.* ***Mofa.***

vendre *V.t. dénoncer {2}*: Il nous a vendus. *Er hat uns* ***ans Messer geliefert.*** / Pour trente deniers, Judas a vendu Jésus. *Für dreißig Silberlinge hat Judas Jesus* ***verraten.***

vendu *m. Traître {2}*: Va donc, eh, vendu! *Zisch ab, du* ***Ratte****!*

vent *m. Rien, néant {2}*: **C'est du vent.** ***Das ist nur Wind.*** ♦ *Bluff {2}*: **Il ne fait que du vent** *{2}.* ***Er macht nur Wind.*** ♦ *Expr. {1}*: **Du vent!** ***Raus jetzt! Verschwinde!*** ♦ Il fait un **vent à décorner les boeufs** *loc. Un vent très violent {2}. Das* ***stürmt vielleicht.***

ventre *m.* **Voir ce qu'il a dans le ventre** *loc. L'interroger {3}.* ***Jdm. auf den Zahn fühlen.*** ♦ **Avoir qc. dans le ventre** *loc. Avoir de l'énergie {2}.* ***Etwas in sich haben.*** / **Il n'a rien dans le ventre.** ***Mit ihm ist nichts los.*** ♦ **Cela me fait mal au ventre** *loc. C'est insupportable {2}.* ***Das tut mir zutiefst weh.*** ♦ **Taper sur le ventre à qn.** *Etre très familier avec lui {3}*: Ils se tapent sur le ventre. Das ***sind dicke Freunde.***

ventrée *f. Grande quantité de nourriture {2}*: **Se foutre une ventrée de fraises.** ***Sich die Wampe mit Erdbeeren vollschlagen.***

ventripotent *Adj. Qui a un gros ventre*, bedonnant* *{3}.* ***Dickbäuchig.***

ver *m.* **Avoir le ver solitaire** *loc. Manger sans arrêt et être maigre comme un clou {2}.* ***Einen Bandwurm haben.*** ♦ *Loc. Formule qu'on utilise avant de boire un alcool, surtout quand on le boit le matin à jeun {3}*: **Ç'est pour tuer le ver.** (***Das ist***) ***gegen den Bandwurm.*** ♦ *Loc. Faire parler une personne taciturne*, tirer* *{2}*: Un élève à qui il faut **tirer les vers du nez**. *Ein Schüler, dem man* ***die Würmer aus der Nase ziehen*** *muß.* ♦ **Nu comme un ver** *loc. Totalement nu {2}*: J'ai vu le voisin nu comme un ver. *Ich habe den Nachbarn* ***splitternackt*** *gesehen.* ♦ → hanneton.

verni *Adj. Chanceux, veinard {2}*: Il a gagné à la loterie. Il est verni. *Er hat in der Lotterie gewonnen. Er* ***ist fein raus.*** / Et en plus, j'ai raté le train. Je suis vraiment verni aujourd'hui. *Und dann hab ich auch noch den Zug verpaßt. Ich hab heute* ***nur Pech.***

vérole *f. Syphilis {3}.* ***Syph.***

vérolé *m. Syphilitique, qui a la* vérole* *{1}*: C'est un vérolé. *Der ist* ***versypht.*** ♦ Louche* *{2}*: Une affaire vérolée. *Eine* ***seltsame*** *Geschichte.*

vert *m.* **Se mettre au vert** *loc. Prendre du repos à la campagne {2}.* ***Ins Grüne fahren / ziehen.*** ♦ *Se planquer à la campagne en attendant que les recherches soient abandonnées {1}.* ***Untertauchen.*** ♦ *Loc. Raconter des histoires choquantes {2}.* Il en **raconte des vertes et des pas mûres.** *Der* ***erzählt aber krasse Sachen.*** ♦ → *feu.*

veste *f. Échec, perte d'argent {2}*: Il a failli **ramasser une veste.** *Er hätte beinahe* ***eine Schlappe eingesteckt / die Hosen vollgekriegt.*** ♦ *Changer d'opinion {1}*: Il a **retourné sa veste**. *Er hat* ***sein Fähnchen nach dem Wind gedreht / sich um 180 Grad gedreht.***

véto *m. Vétérinaire {3}.* ***Tierarzt.***

viande *f. Corps humain {3}*: Amène ta viande! *Schlepp deine* ***müden Knochen*** *an!* ♦ **Mettre la viande dans le torchon** *loc. Aller se coucher {2}.* ***In die Falle gehen.***

vibrer *V.i. Réagir comme par un tremblement intérieur ou une émotion vive,* [*Pierre Merle observe que les mots* vibrer/vibration *étaient très fréquents dans les années soixante, soixante-dix*] *{3} {B}*: Mais je suis pas seulement ému, je vibre. *Aber ich bin nicht nur bewegt, ich* **bebe.** / Après vingt ans de mariage, je vibre toujours pour toi. Nach zwanzig Jahren Ehe ***bin ich immer noch verrückt nach dir.***

vice *m.* **Avoir du vice** *loc. Etre débrouillard, rusé {3}*: Il a du vice. *Das* **ist ein Hai.** ♦ **Avoir le vice dans la peau** *loc. Etre «gouverné» par un mauvais esprit {2}*: Il a le vice dans la peau, le gamin. *Der* **hat den Teufel im Leib**, *der Kerl.*

vicelard *{2} ou* **viceloque** *{3} m./Adj. Personne de moeurs dépravées, voyeur, exhibitionniste.* ***Spanner // Exhibitionist.***

vider *V.t. Faire sortir, renvoyer, licencier {2}*: Ils nous ont vidés. *Die haben uns* ***rausgeschmissen.*** ♦ *Épuiser {2}*: Il m'a vidé. *Er hat mich* ***fertiggemacht.***

videur *m. Homme chargé d'expulser les clients indésirables ou ivres {3}.* ***Rausschmeißer.***

vie *f.* **Mener une vie de patachon / bâton de chaise** *loc. Mener une vie dissolue {2}.* ***Ein Lotterleben führen.*** ♦ **Ce n'est pas une vie** *loc. C'est une situation intenable {1}.* ***Das ist*** (**doch**) ***kein Leben.*** ♦ **Rater sa vie** *loc. Ne pas réussir dans sa vie {1}.* ***Sein Leben verpfuschen.*** ♦ *Expr.adv. Rien {1}*: **De ma vie**, j'ai vu ça! ***Noch nie*** *hab ich sowas gesehen.* ♦ **Jamais de la vie!** *Excl. Refus spontané {2}*: Jamais de la vie, il accepterait! ***Nie im Leben*** *würde er zustimmen.*

vieille *f. Mère {3}*: T'as parlé avec la vieille? *Hast du mit der* ***Alten*** *gesprochen?* ♦ *Personne* *supérieure, patronne, surveillante de prison, etc.* {*2*}. ***Alte.***

vieillerie *f. Qc. de démodé, qui n'est plus actuel* {*3*}. ***Klamotten von anno dazumal** / **Etwas aus der Mottenkiste.***

vieux *m. Père* {*3*}: Ton vieux m'a téléphoné. *Dein* **Alter** *hat mich angerufen.* ♦ *pl. Les parents* {*3*}: Comment vont tes **vieux?**. *Wie geht es deinen* **alten Herrschaften?** ♦ *Ami* {*1*}: Alors mon vieux, ça va? T'as terminé tes études? *Na,* ***mein Alter****, wie geht's? Bist du mit dem Studium fertig?* ♦ *Adj. Péjoratif* {*1*}: **Vieille** vache / **vieux** con / vieil abruti. ***Alte** Kuh* / ***altes** Arschloch* / alter Knallkopp . ♦ **Se faire vieux** *loc. Vieillir, prendre un coup de vieux** {*2*}: Il est temps que j'arrête, je commence à me faire vieux. *Es ist Zeit, daß ich aufhöre, ich* ***werde alt.***

vignes *f.pl.* **Etre dans les vignes du Seigneur** *loc. Etre ivre* {*2*}. ***Weggetreten sein.***

vilain *m. Scandale, ennui grave* {*2*}: Il va y avoir du vilain. *Es gibt* ***Stunk** / **Ärger** / **das wird heiter***.

vinaigre *m.* **Faire vinaigre** *loc. Se dépêcher* {*2*}: **Faut faire vinaigre**. ***Schnell, schnell! Mach voran!***

vinasse *f. Mauvais vin* {*1*}. ***Essigwasser***.

vingt-deux! *Interj. Attention!* {*3*}: **Vingt-deux!** ***Achtung!*** / Vingt-deux! V'là les flics! *Achtung! Bullen!*

vioc [vjɔk] ou **vioque** *m./Adj. Vieux* {*2*}: Ça fait vioc. *Das macht* ***alt.*** ♦ Il a pris un coup de vioc. *Er ist* ***alt*** *geworden.* ♦ *Les parents ou les personnes du troisième âge en général* {*2*}: J'ai vu tes viocs. *Ich hab deine* ***Alten*** *gesehen.* ♦ Maison de viocs *expr.f.* {*3*}. ***Altenheim.***

violon *m. Prison d'un poste de police ou d'un poste de garde* {*3*}: Passer la nuit au violon. *Die Nacht* ***auf der Wache** / **im Bau*** *verbringen.*

virage *m.* **Prendre le virage** *loc. Changer d'attitude, de façon d'agir, avant que les événements viennent contrarier vos projets* {*3*}: Il a pris le virage à temps. *Er hat* ***gerade noch die Kurve gekriegt.***

virée *f. Promenade seul ou en groupe* {*2*}: Lundi, on va faire une virée avec des copains. *Am Montag machen wir mit den Kumpeln eine* ***Tour***.

virer *V.t. Faire sortir, congédier, mettre à la porte* {*1*}. ***Rausschmeißen.***

vis *f.* **Serrer la vis à qn.** *loc. Étrangler* {*3*}. ***Jdn. erdrosseln.*** ♦ *Traiter de manière très sévère* {*2*}: Question discipline, je serre la vis et jamais de problèmes. *In puncto Disziplin* ***greife ich voll durch*** *und nix Probleme.*

viser *V.t. Regarder* {*2*}: Vise un peu la bagnole! ***Guck dir*** *mal den Schlitten* ***an!***

visible *Adj. Disposé à recevoir les visites* [*surtout à la forme négative*] {*3*}: Madame n'est pas visible. *Die gnädige Frau* ***„ist nicht da".***

visser *V.t. Contraindre, punir, serrer la vis ou donner un coup de vis* {*3*}: S'ils ne font pas ce qu'on leur dit, on va les visser un peu. *Wenn sie nicht tun, was wir sagen,* ***legen*** *wir* ***ihnen*** (***die***) ***Daumenschrauben an.***

vite fait *loc.adv. Rapidement* {*1*}: Viens, on prend un verre vite fait. *Komm, wir trinken einen* ***auf die Schnelle.*** ♦ **Vite fait, bien fait** *loc.* {*2*}. ***Schnell gehandelt, gut gehandelt!** / **Schnelle Hilfe, doppelte Hilfe!***

vitesse *f.* **A la vitesse grand V** *loc. Très vite, très rapidement* {*2*}: Il est parti à la vitesse grand V. *Er ist* ***auf die Superschnelle*** *verschwunden* / ***war wie vom Winde verweht***. / Il a fait à la vitesse grand V. *Er hat* (*es*) ***rucki-zucki*** *gemacht.*

vitriol *m. Mauvais alcool ou mauvais vin* {*2*}. ***Fusel*** *bzw.* ***Essig.***

vivoter *V.i. Vivre très modestement, avec juste le nécessaire* {*1*}: Elle vivote dans un taudis. *Sie* ***vegetiert*** *in einem Loch.*

vivre *V.i.* **Apprendre à vivre** *loc. Corriger qn., faire des remarques, lui donner des leçons* {*2*}: Il a voulu **nous apprendre à vivre,** c'est ridicule! *Er wollte uns* ***zeigen, wo's lang geht.*** *Lächerlich!*

vlan! *Interj. Exprime un bruit violent, en particulier celui d'un coup* {*1*}. ***Krach!** / **Zong!** / **Flatsch!*** / Et vlan, prends ça! *Und* ***Zong****, nimm das!*

voilà *Adv.* **Ne voilà-t-il pas que** *loc. Pour souligner un phénomène étonnant* {*3*}: Figurez-vous. Il revoit sa tendre épouse et ne voilà-t-il pas qu'il se met à gueuler. *Stellen Sie sich vor. Da sieht er seine holde Gattin wieder* ***und trotzdem*** *fängt er an zu schnauzen.*

voile *f.* **Mettre les voiles** *loc. S'en aller, s'enfuir* {*3*}: Ils ont mis les voiles vers minuit. *Sie haben gegen Mitternacht* ***die Segel gesetzt.*** ♦ **Avoir du vent dans les voiles** *loc. Etre ivre* {*3*}. ***Schlagseite haben.*** ♦ *Marcher mal* {*2*}: Sa boîte a du vent dans les voiles. *Seine Firma* ***läuft schlecht***. ♦ **Marcher à voile et à vapeur** *loc. Etre bisexuel* {*3*}. ***Bi sein** / **es mit Männlein und Weiblein treiben.***

voir *V.t.* **Va te faire voir** / **va te faire voir chez les Grecs** *loc. Va-t-en* [voir *évoque ici la sodomie*] {*3*}. ***Verpiß dich.*** ♦ **L'avoir assez vu** *loc. En être las* {*2*}: Et ça, je l'ai assez vu! *Und das hab ich* ***mir lange genug angesehen!*** ♦ *A l'impératif pour marquer l'encouragment* {*1*}: Mais viens donc, **voyons!** *Nun komm doch* ***endlich!*** / **Voyons!** Donnez-moi le truc! ***Kommen Sie!*** *Geben Sie mir das Ding!* ♦ **Vois-tu** / **voyez-vous** *loc. Pour souligner ce qui vient d'être dit ou pour attirer l'attention sur ce qui suit* {*1*}: C'est plus compliqué que ça, voyez-vous... ***Sehen Sie****, es ist doch nicht so einfach!* / Tu vois! Ça viendra! ***Siehst du****: Es wird kommen / klappen!* ♦ **Il faudrait voir à faire** *loc. Tâcher de faire* {*2*}: Il faudrait voir (à ce) que tu arrives à l'heure. ***Sieh zu**, daß du pünktlich bist.* ♦ → couleur.

voiture *f.* **En voiture, Simone, c'est moi qui conduis!** *Loc. Pour marquer qu'on va partir, par extension qu'on passe à l'action {1}.* ***Auf geht's!*** ♦ **Le jour où on (ne) vendra plus de voitures aux cons t'as pas fini de marcher à pied!** *Loc. Tu es bête*, si les → cons / andouilles volaient, tu serais chef d'escadrille *{3}*. ***Wenn Dämlichkeit weh täte, würdest du den lieben langen Tag lang schreien.***

voix de châtré *expr.f. Se dit d'un homme qui a une voix de femme {3}*: Comment veux-tu prendre au sérieux un ministre qui a une voix de châtré? *Wie soll man denn einen Minister mit einer **so weibischen Stimme** / **Kastratenstimme** ernst nehmen?*

volée *f. Correction, volée de coups {3}*: Il a pris une de ces volées. *Der hat eine ordentliche **Abreibung** gekriegt.*

voler *V.t. Loc. Il le mérite tout à fait {2}*: **Il ne l'a pas volé**. ***Er hat es verdient!*** ♦ *V.i.* **Voler haut** *loc. Etre très intelligent [toujours à la forme négative] {1}*: Elle ne vole pas très haut. *Sie **ist nicht gerade eine Intelligenzbestie**.* / Ça vole bas, tes plaisanteries, ce soir. *Deine Witze **sind** heute abend **nicht gerade anspruchsvoll.***

vous *Pr.pers.* **De vous à moi** *loc. Entre nous [militaire] {3}*. ***Unter uns* (*gesagt*).**

voyeur *m. Qui se plaît à regarder les spectacles érotiques {1}*. ***Voyeur** / **Spanner.***

vrai *m./Adj.* **Vrai de vrai** *expr.m. Homme du milieu sur lequel on peut compter {3}*. ***Hundertprozentiger** / **Echter.*** ♦ **Pour de vrai** *loc.adv. Pour de bon, véritablement, réellement [contraire*: pour rire] *{2}*: On ne joue plus pour du beurre, maintenant on joue pour de vrai. *Wir spielen nicht mehr um Laue, jetzt spielen wir **echt** / **ernst**.* ♦ **(C'est) pas vrai!** *Interj. Remarque qui exprime le doute, la surprise, l'admiration ou l'engagement {2}*. ***Nicht zu glauben!** / **Nicht möglich!*** / Mais il est prof de fac? Pas vrai! *Der ist sogar Universitätsprofessor? **Nicht möglich!*** ♦ *N'est-ce pas {2}*: Tu irais bien chez Grand-mère, pas vrai? *Du würdest doch gerne zur Oma gehen, **oder nicht**?*

vue *f. Expr.adv. Approximativement, à peu près {1}*: **A vue de nez** son bateau doit faire dans les 15 nœuds. ***Über den Daumen gepeilt** macht sein Boot so um die 15 Knoten.* ♦ **Avoir la vue courte** *loc. Ne pas voir plus loin que le but de son nez {1}*. ***Einen engen Horizont haben**.* ♦ *Loc. {1}*: **C'est bien vu**. ***Das wird gern gesehen**.* / Dans cette maison, il était bien vu d'aller à la messe le dimanche. *In dieser Firma **wurde es gerne gesehen**, daß man sonntags in die Messe ging.* ♦ *Juste {1}*: **C'est bien vu**. ***Das ist durchaus richtig gesehen**.* ♦ *Loc. {1}*: On a fait ça comme dit le proverbe: **ni vu ni connu**. *Wir haben nach dem Sprichwort gehandelt: **Was ich nicht weiß, macht mich nicht heiß.*** ♦ **Mettre** *[indication de distance]* **dans la vue** *loc. S'éloigner rapidement d'une distance de..., prendre un avantage soudain sur qn. {3}*: Il a travaillé comme un dingue et il leur a mis deux années dans la vue. *Er hat wie ein Bekloppter gearbeitet, und schließlich **war** er den anderen **um** zwei Jahre **voraus**.* ♦ **En mettre plein la vue** *loc. Attirer l'admiration {2}*: Avec cette voiture, il **en met plein la vue**. *Mit diesem Auto **streut** er **ganz schön.*** ♦ **M'as-tu-vu** *expr.* → m'as-tu-vu ♦ *Loc. S'intéresser à qn. {2}*: Il travaille bien. J'avais déjà **des vues sur lui** voilà deux ans. *Er arbeitet gut. Ich hatte schon vor zwei Jahren **ein Auge auf ihn.***

W

waters [watɛːr] *m.pl. Cabinet d'aisances {1}*: C'est dans les waters. *Es ist auf der **Toilette**.* / Les waters sont bouchés. *Die **Toilette** ist verstopft.*

X, Y

X *École polytechnique à Paris.* **Hochschule für Ingenieurwesen.** ♦ *Étudiant de l'École polytechnique.* ***Polytechnique-Student.***

Yamamoto Kaderaté *N.pr. Japonais [mot qui imite la richesse vocalique de la langue japonaise, on remarque l'homonymie avec* 'y a ma moto qu(i) a des ratés, → Kishi Duoduma] *{2}*. ***Japs*** / ***Mitsubishi.*** / Tu vas dîner avec Yamamoto Kaderaté? *Gehst du heute abend mit* ***Mitsubishi*** *essen? [Da Yamamoto als Vorname behandelt wird, ist der Plural nicht möglich!]*
yaourt *m.* **Pédaler dans le yaourt** → choucroute. ♦ **Avoir du yaourt dans la tête** *loc. Etre sot ou idiot {3}.* ***Mist*** / ***nur Grütze im Kopf haben.*** ♦ **Pot de yaourt** *expr.m. Voiture de très petite dimension {2}.* ***Leukoplastbomber*** / ***Flüchtlings-*** / ***Arme-Leute-Mercedes.***
yéyé *Adj. Pour qualifier ce qui fait penser aux Beatles [mot «peu jeune»] {3}*: Une atmosphère yéyée. *Eine* ***Beat (le)-Atmosphäre.*** / Les années yéyées. *Die Jahre* ***der Beatles.*** // Ta robe fait un peu yé yé. Dein Rock sieht so ein wenig ***gewagt*** / ***wild aus.***
yeux *m.pl.* → œil.
yougo *m. Yougoslave {3}.* ***Jugo.***
youpin *{2}* / **youtre** *{3} m. Juif [raciste].* ***Jude.***
yuppi [jypi]/[jupi] *m. Abréviation de* Young Urban Professional / Young upwardly mobile *{B}*. ***Yuppie.***

Z

z *loc.* **Boule à z** → zéro.
zapper *V.t. Changer de chaîne de télévision sans arrêt {1} {B}*: Avec toi, on ne peut jamais voir un film, tu zappes tout le temps. *Mit dir kann man nie einen Film gucken, du* ***schaltest (krankhaft) hin und her***.
zappeur *m. Qui zappe {1} {B}*: Une zappeuse de première. *Eine total krankhafte* ***Hin- und Herschalterin***.
zapping *m. Action de zapper {1}*: Elle déteste le zapping. *Sie mag die* ***ewige Hin- und Herschalterei*** *nicht.*
zeb *ou* **zébi** *m Membre viril {3}.* ***Pimmel.*** ♦ **Peau de zébi** *expr. Rien {3}*: Tu sais ce que t'auras? Peau de zébi *{3}*. *Weißt du, was du kriegst?* ***Das kannst du dir unter die Vorhaut jubeln.***
zèbre *m. Individu bizarre ou quelconque {1}*: Un drôle de zèbre, ce type. *Ein* ***komisches Tier,*** *der Typ.* ♦ → courir.
zèph *aussi* **zèf** *m. Zéphir, vent très fort {2}*: Il y aura du zèph. *Es gibt* ***Wind.***
zéro *m. Nullité, élève sans connaissance, individu sans valeur {1}*: C'est un zéro en histoire. *In Geschichte ist er eine* ***Null.*** ♦ *Loc. Etre tondu {2}*: Il **a la boule à zéro**. *Er* ***ist (fast) kahlgeschoren.*** ♦ **Avoir le moral à zéro** *loc. Etre déprimé, démoralisé {1}.* **Bei Null angekommen** / **total down sein.** ♦ *Loc. Avoir peur*: On **les avait à zéro** *{2}*. *Wir* ***hatten Schiß.*** ♦ **Mettre qn. à zéro** *loc. Le tuer {3}.* **Jdn. allemachen.** ♦ **Remettre les compteurs à zéro** *loc. Repartir sur de nouvelles bases {3}.* ***Von Null (an) neu anfangen.*** ♦ *Loc. Abandonner, refuser {1}*: En quelle année Christophe Colomb a-t-il découvert l'Amérique? - **Zéro pour la question.** *In welchem Jahr hat Kolumbus Amerika entdeckt? –* ***Ich passe.***
zieuter *V.t. Voir, regarder avec insistance {2}*: Il adore zieuter les filles. *Der* **begafft** *unheimlich gerne Frauen.* / Viens! On va zieuter les étalages. *Komm, wir* ***gucken*** *uns die Auslagen* ***an***.
zieux *m.pl. Yeux {2}.* ***Gucker.*** → quat'.
zig *ou* **zigue** *m. Individu quelconque, type, camarade {2}*: Un bon zig. *Ein guter* ***Kumpel*** / ***Typ.***
zigomar *m. Individu quelconque, joyeux* zig*, zigoto* *{2}*. ***Komischer Kunde*** / ***komischer Vertreter*** / ***Ulknudel***.
zigoto *m. Individu quelconque, joyeux* zig*: Dites donc, vous m'avez l'air d'être un drôle de zigoto. *Sagen Sie, Sie sind wohl ein* ***seltsamer Kauz.***

/ On met les zigotos au lit maintenant? *Stecken wir jetzt die* **Knilche** [*z. B. Kinder*] *ins Bett?*

zigouiller *V.t. Tuer, abîmer, casser* {*1*}: Il lui a dit qu'il irait le zigouiller. {*1*}. *Er hat ihm gesagt, daß er ihn* **kaltmacht** / **plattmacht.** / Il m'a zigouillé mon truc. *Der hat mir mein Ding* **ramponiert.**

zinc *m. Comptoir de café* {*2*}: Boire un petit sur le zinc. *Am* **Tresen** *ein Gläschen nehmen.*

zinzin *Adj. Fou, déséquilibré* {*2*}: Il est un peu zinzin. *Er* **spinnt** *ein bißchen.*

zizi *m. Membre viril de l'enfant* {*1*}: Le zizi te fait mal? *Tut dir der* **Piephahn** *weh?* ♦ **Faire zizi-panpan** *loc. Forniquer* {*3*}: Elle aime jouer à zizi-panpan. *Sie will immer* **remmeln.**

zizique *f. Musique* [*enfant*] {*2*}. T'entends la zizique? *Hörst du die* **Musi?**

zob *m. Membre viril,* zeb* {*1*}: **Pimmel.** ♦ **Mon zob!** *Loc. Rien* {*1*}. **Nix.** ♦ **Peau de zob** *expr. Même signification ou injure* → peau.

zonard *m. Sans abri ou habitant d'une banlieue sordide* {*2*}: C'est chez les zonards, à treize piges à peine, qu'elle avait atterri. *Kaum dreizehn, ist sie bei den* **Asozialen** *gelandet.*

zone *f.* **C'est la zone** *loc. Pour désigner un endroit dangereux ou désagréable* {*3*}: Tu veux pas plutôt faire demi-tour? C'est la zone ici. *Willst du nicht lieber umkehren? Das ist* **mulmig** *hier.* / C'est la zone ici. *Hier sind wir* **im richtigen Viertel.** ♦ *Loc. Différend* {*2*}: Je sais pas ce qui a **foutu la zone** entre vous. Mais c'est mal parti. *Ich weiß nicht, was zwischen Euch diesen* **Knatsch** *verursacht hat. Jetzt sieht es duster aus.*

zoner (se) *V.pr. Se coucher* {*3*}: Je vais me zoner. *Ich* **geh in die Federn.** ♦ *V.i.* Glander* {*B*}. **Gammeln.**

zouave *m. Individu original ou malin* [*dans quelques expressions*] {*1*}: Un drôle de zouave. *Ein* **ulkiger Typ.** / *Loc. Rigolo* {*1*}: **Il fait le zouave.** *Er* **spielt den Clown.**

zozo *m. Personnage instable, bizarre, malhonnête, déséquilibré* {*1*}: Qu'est-ce que c'est que ce zozo? *Was ist das denn für eine* **Type***?*

zut! [zyt] *Excl. Flûte! Pour marquer l'impatience ou le dépit par une interruption brusque de l'énoncé* {*1*}: Zut! J'ai perdu mon portefeuille. **Verflixt***! Ich hab meine Brieftasche verloren.*

zyeuter *V.t. Voir,* → zieuter.

Die Fotos wurden freundlicherweise vom
Designer-Büro Hagen Drasdo und dem Fotostudio
Reyermann zur Verfügung gestellt.

Tu les as à zéro! / La pétoche, hein? /
La trouille, hein?

Ras-le-bol! / Par-dessus de la tête!

Mon petit doigt me l'a dit.

Va te faire foutre! [bras d'honneur]

I' sont **comme** ça!

Cocu!

Chut!

On file? / On se taille?

Les boules! / I'm'les gonfle!

J'ai une idée!

Moi, relax ...

Se les rouler.

Mon œil! / A d'autres ... / Tu parles!

Ça va pas la tête? / Tu t'sens mal?

Un p'tit chouia.

Un cœur gros comme **ça**!

Pas ça! / Pas un radis!

La ferme! / Boucle-la!

C’est pas donné! / Faut douiller!

Dé – li – cieux!

T’as une clope?

On se téléphone?

Attention, mon petit père, ça marche pas comme ça!

J'm'en fous! / J'en ai rien à foutre!

Zut alors, qu'est-ce qu'on va prendre ...

Mince alors, pas mal!

Super! / Impec!

On va boire un coup?

Mais il est complètement dingue!

Et qu'est-ce qu'on a à manger ce soir? Ceinture! [en sifflant et en tirant le bras rapidement autour de la ceinture]

Ça, ça me manquait encore!

On a gagné!

C'est moche!

La barbe!

Couci-couça ... / Ça va léger ...

Tête de mule.

Pas ça! / Ah **non**, te ramènes pas avec ça! / Recommence pas avec ça! / Ça commence à bien faire! / Pas de ça, Lisette!

T'en veux un dans la gueule?

Je t'ai bien eu, tralalère!

Il est complètement nase.

Register

Die französischen Einträge im Register verweisen auf die entsprechenden Artikel aus dem Hauptteil. Sie sind also nicht als Äquivalente zum deutschen Eintrag zu verstehen, sondern geben das Stichwort an, unter dem der Benutzer im Hauptteil den gewünschten Ausdruck finden kann.

A

Alkohol (*das ist ja reiner ~*) raide
Alkoholiker alcoolo
alle (*nicht ~ haben*) araignée, grain
allein seulâbre, solo, (*wo selbst der König ~ ist*) roi
alleine (*~ essen/trinken*) suisse
allemachen crever, liquider, zéro
allerbeste (*~ Wahl*) première
allerhand (*das ist ~*) propre, (*~ zu tragen haben*) reins
allerhöchstens casser, maximum
Allerletzter (*„Schnaps“*) der
Allerteuerste bourgeoise
Allerweltsmädel gerce
alles (*schon ~ gemacht*) tâter, (*und ~*) tintouin, (*~ an sich ziehen*) couverture, (*~ klar*) ronfler, va, (*~ mitmachen*) bois, (*~ mitnehmen*) manger, rateliers, (*~ zu seiner Zeit*) heure, (*~ zu Tür und Fenster raus*) bout
Alleskönner homme
Alleswisser intello
als ob comme, faire, mine
alt argus, fossile, vioc, (*~ werden*) bouchon, bouteille, coup, vieux, (*der wird hier nicht ~*) feu, (*nicht ~ werden*) os, (*~er Herr*) dab, paternel, (*nach ~er Herren Art*) papa, (*~er Knacker*) clou, croûton, vieux, vioc, (*~es Ding*) clou, (*~es Haus*) branche
Alte singe, vieille
Alten ancêtre, croulants
Alten|heim vioc, **~teil** (*auf dem ~ sitzen*) rangé des voitures
Alter (*das ~ jdm. nicht ansehen*) faire
älter (*~ werden*) bouchon, poids, point
Alu alu
Ami Amerlo, Ricain
Ammenmärchen boniment, dormir
amtlich officiel
Anbeißen (*zum ~*) croquignolet, godillant
anbeißen croquer, mordre
anblinken appel
anbrüllen coup
andellen bigorner, tamponner
anderes (*das ist etwas ganz ~*) musique
ändern (*das ändert sich nie*) changer
andersrum page
andrehen ficher, paquet, refiler (*sich einen Balg ~ lassen*) cloque
anekeln cœur, débecter
anfahren (*jdn. ~*) rabrouer
Anfall (*einen ~ kriegen*) piquer
Anfang acompte, amuse-gueule (*von ~ an*) entrée, (*von ~ an feststehen*) couru
anfangen (*wieder ~*) reprendre
Anfänger (*blutiger ~*) bleu, minus
anfassen (*nicht ~*) crassouillard
Angeber crâneur, gonfleur
angeblich postiche, soi-disant
angegossen (*wie ~ sitzen*) gant
angehen (*geht das dich etwas an?*) occuper
angeln taquiner
angemalt peinturlurer
angesäuselt gai
angeschissen cocu, emmerdé
angeschneit kommen fleur
angeschustert fagoté, foutu, saucissonné
angesehen coté
Angetraute légitime, régulière
angezogen ficelé
angraben lever
Angriffsspieler homme
Angst trac, (*keine ~ kennen*) avoir, œil, (*verrückt vor ~*) coup, (*~ machen*) boules
angst (*~ und bange*) froid
Angsthase froussard, poule, trouillard
angucken piger, zieuter
anhalten caler
Anhalter stop, stoppeur
anhängen (*jdm. alles ~*) dos, lampiste
anklammern (*sich ~*) cramponner
ankleben biberonner
ankommen (*drauf ~ lassen*) impasse, (*gut ~*) arriver, débarquer
ankotzen chier
anlaufen emmancher
anlegen (*auf jdn. ~*) braquer
anmachen allumer, bandant, harponner
Anmachermaus ravageuse
anmalen (*sich das Schnäuzchen ~*) gaufre, peinturlurer
anmeckern enguirlander
anno (*von ~ dazumal*) rance, rétro, ringard
anöden cavaler
anpacken (*etwas richtig ~*) bout, (*mit ~*) paluche, pâte (*gerne Leute ~*) frôleur, (*~ können*) manchot
anpissen raie
Anruf bigophone, biniou
anrufen passer, téléphone, tube
ansaufen (*sich einen ~*) nez
anschaffen (*~ gehen*) bisness, défendre, retape, tapin, tapiner, turbin
Anschafferin (*prima ~*) gagneuse, tapineuse
anschnauzen assaisonner, engueuler, poisson, sortie
Anschnauzer engueulade
Anschrift coordonnées
anschustern (*schrecklich ~*) as, fagoté, loquer, sou
ansehen (*sich etwas lange genug ~*) voir
ansetzen (*jdn. ~ auf*) brancher
anspringen (*sofort ~*) quart
anspruchsvoll (*nicht gerade ~ sein*) voler
Anständiger adulte
Anständiges (*etwas ~ auf den Tisch bringen*) plat
anstellen (*was stellen wir mit ihm an?*) fabriquer, glander, machiner, manger, trafiquer
anstoßen (*mit dem Fuß ~*) appel
anstrengen (*sich ~*) fort
antanzen abouler, amener, radiner
Antialkoholiker grenouillard
Antifrauen miso
antörnen brancher, motiver
antreten (*weich ~*) mouliner
antünchen (*sich ~*) peinturlurer
anturnen → *antörnen*
Antwort (*gepfefferte ~*) réponse poivre et sel
anvertrauen douce

anwidern écœurer
Anzug costard
Aperitif apéro
Apfel (*in den sauren ~ beißen*) couleuvre, poussière, (*Äpfel und Tomaten vergleichen*) mélanger
Äpfelchen mandarine, orange
Apparat poste, (*„männl. Geschlechtsorgan"*) biroute, engin
Apparillo barreau de chaise, comac
Appel (*für 'n ~ und 'n Ei*) prune
Appetit (*guten ~*) bon ap', coup
Araber bic, bicot, crouille
Arbeit (*bei der ~ einschlafen*) endormir, (*die ~ nicht erfunden haben*) endormir, nickelé, palmées
Arbeit boulot, travail
Arbeitende (*eine in Kneipen ~*) siroteuse
Arbeiter (*tüchtiger ~*) bûcheur, fonceur
Arbeiter- populo
Arbeiterdenkmal inspecteur des travaux finis, retourne
Arbeits|haltung mentalité, **~lager** bagne, **~loser** chômedu, **~pferd** bosseur, cheval
arbeitsscheu renâcler
Ärger emmerde, vilain
ärgern asticoter
Argot argomuche
Argotsprecher rouscailleur
arm pauvre (*~es Arschloch*) pauvre, (*~er Typ*) mickey
Armbänder bracelets
Armee palanquée (*für eine ganze ~*) régiment
Arme-Leute-Mercedes yaourt
Ärmel (*die ~ hochkrempeln*) retrousser
Armleuchter cloche, cocu
Ärmster pauvre
Arsch cul, fion, oignon, rondelle, (*am ~ lecken können*) emmerder, (*auf dem faulen ~ rumsitzen*) branler, (*den faulen ~ nicht bewegen*) cul, (*den ~ lecken*) cul, lécher, (*den ~ voll haben*) popotin, pot, (*dicker ~*) pétard, (*im ~ sein*) cul, foirer, merder, (*in den ~ ficken*) enculer, entuber, rondelle, (*in den ~ stecken können*) carrer, cul, (*man sollte ihm lieber in den ~ treten*) coups, (*sich den ~ abarbeiten*) cul, fion, trou, (*wie ein ~*) con, (*~ der Welt*) trou
Arsch|ficker enculé, **~geige** empaqueté, entubé, **~kriecher** suce-pet, **~loch** bougre, con, cul, enculé, enfoiré, merdeux, peau, trou, trouduc
Art (*nach ~ des Hauses*) maison
Artikel (*nach ~ bezahlt werden*) pige
Arzt toubib
As as, calé, champion, gagneur, (*kein ~ sein in*) pédaler
Asozialer zonard
astronomisch (*~er Preis*) faramineux
Atmen (*das ~ vergessen*) oublier
ätzend suer, tannant, tuant
Au(a)! aïe
Aua-aua bobo
Audimax amphi
auf (*~ geht's!*) voiture, (*~ Nimmerwiedersehn*) adieu, (*~s neue*) rebelote
aufbauen mettre, pied
aufblasen (*sich ~*) chiqué, col, gonfler, pontifier
aufbringen (*gegen jdn. ~*) monter
aufbrummen matraquer
aufdonnern (*sich ~*) harnacher, refaire
aufdrehen gazer
Aufenthaltsverbot interdit de séjour, trique
auffallen taper, (*~ wollen*) afficher
auffällig m'as-tu-vu
auffassen recevoir
auffliegen coup, griller
auffressen (*jdn. ~*) manger
Aufgabe casquette (*eine ~ gut machen*) planche
aufgabeln dégoter, dénicher, harponner, pêcher, récupérer
aufgeben tomber
aufgehoben (*gut ~ sein*) main
aufgemotzt gonflé
aufhalsen bébé, paquet
aufhetzen bourrichon
aufholen point
aufhören (*da hört sich doch alles auf*) raide, (*hör bloß nicht auf*) main, passer, tablier, (*~ zu arbeiten*) dételer
aufklären affranchir
Aufknöpfer satyre
aufkreuzen afficher
aufladen dos
auflegen raccrocher
aufmotzen (*Motor ~*) pousser
aufmüpfig rebiffer
Aufnahmezeremonie bizutage
aufpassen accrocher, gaffe, précaution
aufräumen ménage
aufregen turlupiner, (*nicht ~*) tronc
aufregend émoustillant
aufreißen allumer, drague, draguer, harponner, levage, lever, soulever, touche, (*den Arsch ~*) cul
Aufreißer dragueur
Aufreißerin allumeuse
aufreizen émoustiller
aufreizend croquignolet, emoustillant, godillante
aufrichten (*moralisch ~*) retaper
Aufsatz disserte
aufschlitzen (*jdn. ~*) boutonnière
Aufschnitt sauciflard
Aufschrei gueulement
Aufsehen (*~ erregen*) jeter
Aufstand chambard, chambardement, (*~ machen*) brancards
aufstoßen (*sauer ~*) mal
auftanken accus, recharger
auftauchen débarquer
auftragen (*zu dick ~*) attiger
auftun décrocher
Aufwärmer antigel
aufwecken (*Tote wieder ~*) pousse-au-crime
Aufwischwasser pisse-d'âne
Auge (*ein ~ haben auf*) œil, vue, (*mit dem rechten ~ in die linke Westentasche*) œil, (*~ in ~*) nez, (*der schönen ~n wegen*) œil, (*die ~n sind größer als der Bauch*) œil, (*mit den ~n verschlingen*) manger,

Tomaten auf den ~*n haben*) œil, (*unter vier* ~*n*) *quat'*, (*verliebte* ~*n machen*) œil, (*die* ~*n offenhalten*) qui-vive, (~*n stehen vor dem Kopf*) œil, (~*n verdrehen*) œil
Augen|maß (*exaktes* ~ *haben*) œil, **~zwinkern** coup
August (*den dummen* ~ *spielen*) Jacques, mariole
aus (*darauf* ~ *sein*) chaud, (*es ist* ~) mat
Ausbildung classe
ausbooten doubler
ausbüchsen belle
ausbuhen emboîter
auseinanderbauen désosser
auseinanderfallen déglinguer
auseinandernehmen casser, chambouler, démantibuler, dépiauter, mettre, pièce, tabac
Ausfälle sortie
ausfindig machen repérer
Ausflippen (*zum* ~) flippant
ausflippen déphasé, flipper
Ausgabe distribe
Ausgang (~ *haben*) sortie
ausgeben (*jdm. einen* ~) bec, payer, (*nie etwas* ~) suisse, (~ *ehe es verdient ist*) manger son blé en herbe
ausgeflippt bambou, flippé
Ausgeflippter chenapan, flippé
ausgelaugt (*sich* ~ *fühlen*) loque, moelle
ausgewechselt (*wie* ~) peau
Aushalten (*nicht zum* ~) tenable
aushalten (*etwas nicht* ~) malade, (*nicht mehr* ~) coup, gonflant, (jdn. ~) michetonner
aushecken fricoter
Aushilfe extra
aushorchen tâter
auskennen (*sich* ~) canette
Auskommen (*sein* ~ *haben*) paré
auslachen nez
auslassen (*nichts* ~) ratisser
Ausläufer queue
ausmachen écorcher
ausmeckern enguirlander
ausnehmen nettoyer, plumer, ratisser
ausnüchtern dessoûler
auspacken (*voll* ~) allonger, cracher, croquer, déballer, franco, lâcher, morceau, paquet, table
ausschlachten casser
Ausschreitungen (*gegen eine Fremdgruppe*) ratonnade
Ausschußware rendu
aussehen faire, (*das sieht nicht aus*) désordre, (*gut* ~) mine, tête, (*prima* ~) gueule, (~ *wie ein junger Gott*) beau, (~ *wie Jesus*) beau, (~ *wie*) mine, (~ *wie Pik 7*) aller, (*nach nichts* ~) air
außen (*nach* ~ *hin*) façade
außer sich catastrophe, état
Äußere (*aufs* ~ *bedacht*) m'as-tu-vu
ausspannen refaire
ausspucken cracher, embrayer
ausstehen (*jdn. nicht* ~ *können*) peinture, piper
aussteigen (*aus einer Sache* ~) billes
Aussteiger fricky
austricksen doubler
auswachsen (*sich* ~ *zu etwas*) dégénérer
ausweinen (*sich* ~ *bei*) pleurer
auswürgen pisser
ausziehen (*sich* ~) déculotter, défrusquer, déloquer, tondre
Auto dodoche, guimbarde, (*unters* ~ *kommen*) passer, (*wie ein* ~ *gucken*) boule
autoritär (~*er Knochen*) peau
Auvergner bougnat

B

Backe (*sich auf nur eine* ~ *setzen*) pointe
Backpfeife mornifle, torgnole
Baden trempette
baff baba, sauter, soufflé, surface
Bahn tram, (*per* ~) dur, (~ *frei!*) piste
Bahnhof (*nur* ~ *verstehen*) bleu, couic, dalle, entraver, pouic
Bahnradfahrer pistard
bald (*ist das vielleicht* ~ *zu Ende?*) peu
Balg lardon, moufflet, quille
Balken (*im eigenen Auge*) paille
Balkon balcon
Ball (*einen* ~ *verschlucken*) ballon, omelette, polichinelle
Ballast poids
Ballermann artillerie, feu, pétoire
ballern allumer
Ballettmaus rat
Ballon caboche, (*einen* ~ *verschluckt haben*) ballon
Bammel foie
Bandwurm ver
Banknote biffeton
Bär cresson, motte, touffe, (*Teddy*) nounours, (*jdm. einen* ~*en aufbinden*) bateau, bobard
Barbier merlan
bärenstark fortiche, trapu
Bares fraîche, liquide
Barras (*Typ vom* ~) bidasse, (*wer beim* ~ *war*) troufion, (*zum Teufel mit dem* ~, *es lebe die Freiheit*) quille
Bart (~ *abnehmen*) couenne, hure
Bärtiger barbouseux
basta basta, un
Bastard peau
Batterie accus

Bau bloc, cage, récluse, (*sich ~ einhandeln*) aligner
Bauch tripes, (*auf den ~ fallen*) bide, nez, (*bis der ~ weh tat*) péter, tirelire, (*sich einen dicken ~ machen lassen*) globe
Bauch|flatscher plat-ventre, **~landung** nez, torche
Bauer (*dummer ~*) bouseux, pedzouille, péquenot
Bauern|fängerei piège, **~tölpel** glaiseux
Bauklötze (*es regnet ~*) pleuvoir
Baum (*gegen einen ~ fahren*) embrasser un platane
Bäume (*zum ~ ausreißen*) transcendant
bearbeiten piste
beäugeln reluquer
Beate-Uhse-Puppe femme
Beatle- yéyé
Beaujolais beaujol
beben vibrer
bechern avoir
Becken (*gebärfreudiges ~*) guitare
beeilen (*sich ~*) pot, grouiller, (*beeil' dich bloß nicht*) fouler
beeindrucken épater, interpellé
Beerdigungsmine mine
begaunern filouter
begeistern (*das kann mich nicht ~*) client
Begeisterung (*vor ~ geht jdm. einer ab*) bander
begießen arrosage, arroser
Begriffe (*das übersteigt alle ~*) idée
Begrüßungsbohei salamalecs
begutachten (*von allen Seiten ~*) couture
behämmert branque, frappé
behelfen (*sich ~*) débrouiller
Beichte confesse
Bein guibolle, jambe, patte, (*auf einem ~ nicht stehen können*) jambe, (*sich ein ~ ausreißen*) battre, quatre, (sich kein ~ ausreißen) casser, père, (*lahmes ~*) patte
beinahe moins
Beinbruch valoir
Beine (*auf die ~ schießen*) patte, (*kurze ~*) patte, (*zwischen die ~ laufen*) patte, (*die ~ breit machen*) éclater, (*sich die ~ in den Bauch stehen*) pied, poireau, (*die ~ in die Hand nehmen*) prendre, (*sich die ~ vertreten*) dérouiller, (*es in den ~n haben*) gambette, (*Kribbeln in den ~n haben*) fourmi, (*sich nicht auf den ~n halten können*) cannes
beißen (*nichts zu ~ haben*) buffet, croquer
Beißerchen croc, quenotte
Bekannter connaissance
bekloppt allumé, cinglé, détraqué, dingo, gelé, sonné, timbré
beknackt fada
beknien tanner
bekrabbeln (*sich ~*) poil, rebecter
bekriegen (*sich ~*) retaper
belämmert cintré
belasten enfoncer
Belegschaft (*die ganze ~ unterhalten*) amuser la galerie
Beleidigungen (*mit ~ überhäufen*) agonir
Belgier belgico
Bemerkungen sortir, (*bösartige ~*) vanne
benebelt chou
bequatschen baratiner
berappen balancer, banquer, casquer, envoyer
berauben faire
berauschen (*sich ~*) gargariser, soûler
bereisen faire
Berg (*über den ~ sein*) auberge, (*~ von einem Mann*) mastard, (*über alle ~e sein*) décaniller
Bericht topo
Berserker (*wie die ~*) casser, massacreur, nègre
Berufsgeheimnis truc
beruhen (*auf sich ~ lassen*) rideau
besaufen (*sich ~*) beurrer, poivroter, soûler
Besäufnis beurrée, biture
beschatten brûler
Bescheid (*~ wissen*) coup, musique
bescheiden petit
Bescheidenheit (*keine falsche ~ kennen*) air, moucher
Bescheinigung certif
Bescherung (*die ~ haben*) être
bescheuert bille, dingue, givré, gourde, siphonné, tarte, toqué, (*ich bin doch nicht ~*) guêpe,
beschissen con, deux, emmerdant, merdique, (*~ angezogen sein*) as, foutu, (*~ aussehen*) as, (*~ dreingucken*) air, (*~es Arschloch*) enfoiré
Beschlag (*in ~ nehmen*) grappin
beschummeln repasser
Beschwerdestelle pleurs
beschwippst éméché
Besen (*mit eisernem ~ auskehren*) balai
besetzen (*Haus ~*) squattériser
Besitzer probloque, proprio, (*den ~ wechseln*) main
besoffen bourré, nase, soûl, (*~ machen*) soûler
Besonderes extra, (*das ist nichts ~*) patte, terrible, (*sich für etwas ~ halten*) moutardier
besser (*um so ~*) heure, (*~ gehen*) pente, (*~e Hälfte*) moitié
bestehen rupiner
besteigen grimper
Bester coco
Bestes (*sein ~ geben*) mettre
Bestie bestiole
bestußt ravagé, sinoque
betasten tripotailler
betätscheln papouilles
betreten (*nicht wieder ~*) pied
Betrieb (*in ~ sein*) tourner, (*außer ~*) h. s.
betroffen marquer
Betrug arnaque
betrügen cocufier
Betrüger arnaqueur, malfrat
betrunken bourré
Bett édredon, (*Frauen gehören ins ~*) repos du guerrier, (*im ~ nicht auf seine Kosten kommen*) mal-baisée, (*jdn. ins ~ kriegen*) emballer, (*mir ihr ins ~ wollen*) botte, rentre-dedans, → *Falle*
Bettdecke couvrante
betteln chiner, manche, mendigoter
Bettler chineur, mendigot
Bettvergnügen repos du guerrier

bewaffnet (*~er Raubüberfall*) braquage
bewegen mettre, moufter
Bewegung! gicler, magner, secouer
beweihräuchern reluire
bewußtlos (*~ schlagen*) estourbir
bezahlen payer (*Frau, die sich ~ läßt*) micheton-ner
Beziehungen piston (*~ einfrieren lassen*) froid
bezirzen plat
bi biisme, voile
biegen (*sich ~ vor Lachen*) tordre
Biene gonzesse, pouliche
Bier (*das ist nicht dein ~*) oignon
Bilanz (*~ ziehen*) point
Bild (*nicht ins ~ passen*) désordre, (*so schön, daß man ein ~ braucht*) petit
Bilderladen (*eine vor den ~ kriegen*) aller
Bildfläche (*von der ~ verschwinden lassen*) liqui-der
Billigfleisch bidoche (*~ aus der Büchse*) singe
Binde (*hinter die ~ gießen*) cravate
Bindfäden (*es regnet ~*) pleuvoir
Binsen (*in die ~ gehen*) brioche
Birne bille, cigare, citron, terrine, trombine
bis (*~ demnächst*) bouffe, (*~ die Tage*) bouffe, quat'
Bisexualität biisme
Biskuitfuhre sandwich
bißchen chouïa, peu
Blabla blabla
blank (*völlig ~*) fauché, ratiboiser, sans un, sec
Blanker (*auf den Blanken*) déculottée
blasen (*einen ~*) pipe, poireau, shampoing, sucer, (*sich einen ~ lassen*) pomper
Blasen suçage, pomplard
Bläserin pipeuse
Blatt (*das steht auf einem anderen ~*) manche, (*kein ~ vor den Mund nehmen*) aller
blau (*~ machen*) sécher, (*~e Bohne*) bastos, dra-gée, pastille, praline, pruneau
Blaubart passion
Blaue (*das ~ vom Himmel erzählen*) charrier
Blauer bleu
Blechhaufen tas
Blei (*Beine/Füße wie ~*) compote, marmelade
bleiben (*der bleibt nicht lange*) feu, (*das bleibt sich gleich*) comme
bleichlich pâlichon
Bleifuß caisse, (*~ fahren*) plancher
Blende (*nur ~*) esbroufe
Blick (*auf den ersten ~*) nez, (*mit ~en töten*) fu-siller
Blickfänger accrocheur
blind bigleux, (*~er Vogel*) taupe
blitzblank frotter, nickel
blöde (*~ aus der Wäsche glotzen*) air
Blödmann abruti, couillon, ducon, jean-foutre, saucisse, têtard, (*den ~ spielen*) andouille
Blödsinn cafouillage, connerie
Bluff chiqué
bluffen mécaniques
Bluffer gonfleur
Blut (*heißes ~*) sang, (*~ und Wasser schwitzen*) sang
bluten pavoiser, (*~ wie ein Schwein*) pisser
blutig (*~er Anfänger*) minus
Bock (*geiler ~*) bandeur
Boden (*festen ~ unter den Füßen*) plancher, (*zu ~ gehen*) dam, plancher
Bodensehkaffee flotte, lavasse
Bodybuilding gonflette
Bogen (*den ~ überspannen*) tirer
Boh! ouf
Bohei politesse
böhmisch (*~e Dörfer*) hébreu
Bohne (*nicht die ~*) beurre, haricot, (*in den ~n sein*) chou, (*~n in den Ohren haben*) avoir, dur, feuille, (*blaue ~*) bastos, dragée, pastille, praline, pruneau
Bohnenstange asperge, bringue, perche
bolzen foot
Bombenerfolg cartonner, tabac
bombenfest béton
Bombengesundheit santé
bombensicher incollable
bombig hanneton, pied
bongen botter
Bordell bordel
Bordsteinschwalbe grue, piétonnière, tapin
böse (*~r Streich*) entourloupe
Boss boss, caïd, sachem
Boulevard Périphérique périf
Boxring ring
brandneu flambant
brauchen (*dringend etwas ~*) flipper, languir, manque
Brauner noir
Bravo bravo, heure
brechen (*jdm. den Hals ~*) reins
Brecher balaise, bras, mastoc
Brei marmelade, rata, (*immer derselbe ~*) tabac, (*um den heißen ~ herumreden*) tournicoter, (*unde-finierbarer ~*) ratatouille
breit (*~ sein*) noir, beurré
bremsen piler
brennen (*es brennt doch nicht*) feu, (*~ darauf*) brûler
Brett (*ein ~ vorm Kopf*) couche, bouché, (*flach wie ein ~*) œuf, planche
Bretter (*auf die ~ schicken*) tapis
Brezel bigleux
Briefmarkensammlung (*darf ich Ihnen meine ~ zeigen?*) estampes
Brieftasche (*dicke ~ haben*) matelas
Brillenschlange binoclard
Brot bricheton
Brötchen pain, (*die ~ verdienen*) bifteck, croûte, salade
Bruch cambriole, casse, fric-frac (*~ bauen*) plon-geon, torche
Bruchbude baraque, gourbi, taudis
Brückentag pont
Bruder (*warmer ~*) folle
Brüderchen frérot
Bruderherz frangin

brüllen (~ *wie am Spieß*) crier
Brüllerei bec
Brummi cul, gros-cul
Brust caisse, coffre
Brutalo matraqueur
Brutkasten (*gerade erst aus dem ~ gefallen*) œuf
Bübchen moutard
Buch bouquin, (*das reinste ~*) tartine, (*ein ~ beim Vögeln lesen können*) mouche, (*wie er/sie/es im ~e steht*) eau
Bücher bréviaire
Bücherwurm bouquineur, rat
Buchladen bouquinerie
buckeln aplatir, courbettes, plat
Bude turne (*die ~ zum Kochen bringen*) baraque
büffeln chiader, piocher, potasser
Bühne piste
Bulle bourre, cogne, condé, flic, vache
Bullen flicaille, poulaga
Bummelant glandouilleur
bummeln traîne
Bummelzug tapecul
Bums- pince-fesses
bumsen cul, foutre, tamponner
Bündel (*das ~ schnüren*) malle
Bürgersöhnchen blouson doré, fils à papa
Bürgersteig macadam
Büro burlingue, (*im ~ arbeiten*) écritures
Bürohengst rond
Bursche gars, lascar, (*durchtriebener ~*) mariole
Bus bus
Busch (*etwas ist im ~*) faisandé, gaz, tourner
Busen doudoune, roploplots, (*kleiner ~*) mandarine
Busenfreunde cochon
Butter (*alles in ~*) boumer, carburer, gazer, (*~ bei die Fische*) beurre
Butterbrot (*für ein ~*) bouchée
Bye-bye bye-bye

C

Calvados calva
Camembert calendo
C.A.P.E.S.-Inhaber capésien
Champagner champ', roteuse, (*~ köpfen*) sabrer
Champion caïd
Champs Elysées Champs
Chance (*es gibt nicht die geringste ~*) mèche, (*keine ~ haben*) foutu
Chaos cafouillage, chambardement, (*~ veranstalten*) chambarder
Charly popaul
cheese banane
Chef caïd, chef, patron
Chinamann Chinetoc
chinesisch chinetoc, (*~e Produkte*) chinoiserie
ciao ciao, tchao
clean clean
clever (*~er Typ*) démerdeur
Clochard clodo
Clou clou
Clown (*den ~ spielen*) polichinelle
Comic b. d.
Concierge bignole, pipelet
cool cool, fraîchement, tranquillos
Côtes du Rhône côtes
crac krach

D

da (*~ sein*) visible, (*du bist um vier ~*) rappliquer, (*nicht richtig ~*) frite, pompe
Dach toiture, (*~ überm Kopf wegnehmen*) paille
Dächern (*unter deutschen ~*) chaumière
Dad dab
dafür (*~ sein*) pour, (*~ können*) faute
dalli illico, rapido, sauter
Dämchen donzelle
Dame (*alte ~*) mémère, (*die vornehme ~ spielen*) chochotte, Madame
dämlich chameau, (*~ aus der Wäsche glotzen*) merlan, (*~e Kuh*) connasse, pochetée, vache
Dämlichkeit (*Nobelpreis für ~*) conomètre
Dampf (*unter ~ stehen*) speedé
dampfen (*~ vor Wut*) fumasse
danach (*ihm ist immer ~*) pointe
danebenhängen déboussolé
danebenhauen taper
danke donner
dann moment
darüber hinaus âge

das (~ *auch noch!*) donner, (~ *gleiche*) comme, (~ *kann man wohl sagen*) dire, (~ *nicht!*) Lisette
dasselbe (*immer* ~) changer
dauern (*es dauert nicht lange*) feu
Däumchen (~ *drehen*) pouce
Daumen pouce, (*den* ~ *drauf haben*) main, (*mit dem* ~ *nachwiegen*) poussette, (*über den* ~ *peilen*) cheval, cheveu, pif, vue, (~ *drücken*) merde
Daumenschrauben (*jdm.* ~ *anlegen*) serrer, visser
Daunenjacke doudoune
davon en
dazugehören ancien, bain, circuit, être
Deal bisness, coup, deal
Dealer dealer
Deck crasse
Decke (*die* ~ *fällt einem auf den Kopf*) enquiquiner, (*unter einer* ~) cheville, croquer, mèche, (*die* ~ *an sich ziehen*) couverture, (*direkt an die* ~ *gehen*) cocotier
Deckel galure
decken chapeauter, couvrir
Deckmäntelchen couverture
Deckung couverture
Delle gnon, jeton
Demagoge bourreur
demnächst peu
Demo manif
denken gamberger, (*nicht daran* ~) question
Denken gamberge
Denkzettel avoine, (~ *verpassen*) tabassage
Depp con, deb, huître, pedzouille, pigeon
deppert deb
der (~ *Typ*) sézig
Deut (*keinen* ~ *auf etwas geben*) ficher
deutsch chleu, (*auf gut* ~) français, (~*es* [*Nazi*]*schwein*) boche
Deutscher Chleu, Fridolin, Frisé, Fritz, ostrogoth
Deutschland bochie
Dia diapo
Diamanten caillou
dichthalten langue, tenir
dick (*sich* ~ *machen lassen*) globe, (*zu* ~ *auftragen*) attiger, charrier, (~*e Freunde*) cochon, ventre
dicke mûr, bille
Dickerchen patapouf
Dickkopf cabochard, cochon, lard
die da ils, eux
Diebesgut craindre
dienern courbettes
Dienstmädchen bonniche
diesmal coup
Dietrich passe, rossignol
Dildo gode
Ding bidule, coup, engin, truc, (*das ist vielleicht ein* ~) ébouriffant, (~ *drehen*) affaire, coup, magouiller, (*die* ~*e laufen lassen*) mérinos
Dinger (*vielleicht* ~ *bringen*) dire
Dingsbums duchnoque, machin, Tartempion
diplomatisch (*die* ~*en Beziehungen abbrechen*) casser
Direx dirlo
Dirne catin
Disko disco
Diskolook disco
doch même, (~ *gleich*) déjà, (~ *wohl nicht*) moins
Doktorarbeit tartine, (*gleich eine* ~ *daraus machen*) tartiner
Dokumentation doc
doof bébète, gourde, sossot, (~ *bleibt* ~...) déconner
Doofmann nœud
dopen doper
Doping dopage
Doping-Mittel dopant
Dorftrottel Dupont
Double doublure
down bourdon, déprime, zéro
Drahtesel bécane, clou
Drahtseilakt (*einen* ~ *aufführen*) nager
Drama (*ein* ~ *machen aus*) maladie
dran (*schlecht* ~) fichu, frit, trinquer
dranbleiben accrocheur, cramponner
drangeben larguer
drankommen (*alle kommen dran*) passer
drauf (*was* ~ *haben*) cap, connaître, (*einen* ~ *machen*) bamboula, noce, (*es* ~ *ankommen lassen*) impasse, (~ *scheißen*) torcher, (*schlecht* ~ *sein*) flipper, luné
draufkloppen paumer
draußen (~ *sein*) touche
Dreck (*geht dich einen feuchten* ~ *an*) foutre, (*in den* ~ *ziehen*) boue, (*kümmer dich um den eigenen* ~) moucher, (*sich vom* ~ *befreien*) décraspouiller, (~ *am Stecken*) cadavre
dreckig cochon, cracra, crade, crado, craspec, (*schön* ~ *schön klebrig*) B.C.B.G.
Dreckigkeit crasse
Dreck|sack bougre, dégoûtant, fumier, salopiot, **~schlampe** morue, pourriture, salaud, **~spatz** pou
Drecks|köter clébard, **~nutte** pouffiasse
Dreh (*den* ~ *raushaben*) truc
drehen manigancer, (*an etwas* ~) roue, (*eine* ~) rouler, (*sich* ~ *um*) rouler
Drehwurm tournis
dreschen (*aufeinander los*~) castagner
drin là-bas
drinhängen (~ *mit*) croquer, mouiller, propre
drinnen dedans, là-bas
drittklassig banlieue
drollig rigolo
Drückeberger flanc, tire-au-cul
drücken (*sich* ~) tirer, (*sich etwas* ~) piquer, shooter
Drum und Dran décorum
Drumherum (*das ganze* ~) décorum
drumherumkommen travers
drunter (~ *und drüber gehen*) aller, sens
du (~ *auch*) service, (~ *sagst es*) juste, (*du...*) espèce
Dudelsack biniou
Düftchen prise
dufte pomme
dumm (~ *dastehen*) mine, (*jn. für* ~ *verkaufen*)

blaireau, (*~e Kuh*) bourrique, vache (*~e Pute*) bécasse, (*~e Sau*) con, (*~e Ziege*) gourde, (*~es Zeug reden*) blaguer
Dummer (*etwas keinem Dummen sagen*) oreille
Dummerchen tête
Dummheit connerie, couillonnade, (*wenn ~ weh täte...*) con, voiture
Dummkopf nave
dünn maigrichon, (*~ gesät*) botte
Dünnen (*den ~ haben*) courante
Dünnschiß foire
Dunst (*ohne jeden blauen ~*) embarquer
durch (*~ und ~*) tripes
durchatmen (*einmal tief ~*) bol
durchblicken nègre, trou
durchbringen croquer, flamber, paumer
durchdiskutieren (*alles ~*) discuter le bout de gras
Durcheinander amalgame, bazar, bin's, bordel, boxon, cafouillage, embrouillamini, méli-mélo, pagaille, salade
durchfallen four, recaler
durchfummeln (*sich ~*) tripoter
durchgehen (*~ wie nichts*) lettre
durchgerasselt recalé
durchgeschwitzt eau, nage
durchhalten (*etwas nicht ~*) distance, pédale
durchhängen moral, pédaler
durchmachen passer
durchrasseln bouler, coller, recaler, sécher
durchsausen étendre
durchschauen fil
durchschlagen (*sich ~*) bricoler, défendre
durchsehen (*neu ~ müssen*) copie
Durchsuchung descente
durchtreten pousser
durchvögeln caramboler
durchwachsen mi-figue
Dusche douche
Dutzendware tout-venant

E

echt maison, vrai (*~ vornehm*) classe, (*~er Arbeiter*) ouvrier
Echter vrai
Ecke coin, (*um die ~ bringen*) pain
Ecole|Centrale Centrale, ~ **Normale Supérieure** sup, ~ **Supérieure de Commerce** sup
Edelsteine caillou
Effekthascherei galerie
Ego égo
Ehe (*~ ohne Trauschein*) union
ehrlich loyal
Ei (*das Gelbe vom ~*) cerise, (*wie aus dem ~ gepellt*) tirer, (*sich wie ein ~ dem andern gleichen*) craché
Eichkater (*wie der geheime ~*) constipé
Eier balloches, couilles, meules, précieuses, roupes, roustons, valseuses (*auf die ~ gehen*) briser, casser, couille, gonfler, (*wie auf ~n gehen*) œuf
eiern (*sich ~ vor Lachen*) pipe, plier, tranche
Eiertanz (*einen ~ aufführen*) nager
Eiffelturm cifelle
eilig (*~er Peter*) fend-la-bise
Eimer (*du ~*) patate, (*im ~ sein*) carotte, fusiller, nase, pourri, (*wie ein ~ singen*) chanter
ein (*~ bißchen spät|bißchen wenig*) juste, (*~ für allemal*) définitif
einarmig manchot
Einbrecher casseur
einbringen ratisser, (*nichts ~*) payant
einbuchten accrocher, boucler, coffrer
eindecken bombarder
eindellen emplafonner
Eindruck (*~ schinden*) bœuf, épate, installer, mettre, (*einen schlechten ~ machen*) marquer
eine (*~ einfangen*) ramasser, (*~n drauf machen*) foire, noce, (*~n heben*) pot, (*~n stehn haben*) trique, (*~n trinken*) coup, sirop
Einerlei traintrain
einfach plein, (*~ nehmen*) octroyer
einfädeln (*etwas ~*) manigancer
einfallen (*mir fällt nichts mehr ein*) court
Einfaltspinsel fada
einfangen (*sich eine Grippe ~*) chiper, choper, piger, (*sich etwas ~*) crève, poivrer
einflußreich (*~er Mann*) bras
eingebaut (*das ist ~*) pour
eingebildet cul, fier, fierot
eingefleischt os, tripes
Eingemachte (*ans ~ gehen*) taper
eingenommen (*von sich ~ sein*) rien
eingeschlafen (*~e Füße haben*) fourmi
eingreifen créneau
einhalten (*noch ~ können*) retenir
einhandeln aligner
einhauen amocher
einkalkuliert calculé
einkleiden fringuer, linger
einkriegen (*sich nicht mehr ~*) revenir, (*sich wieder ~*) remplumer
einlochen emballer
einmischen (*sich überall ~*) nez
einpacken (*Packen Sie doch gleich ein!*) rhabiller
einparken créneau
einrenken (*sich ~*) tasser
Eins (*wie eine ~*) grand
eins-a cousu, juteux, loti, poil
einsam (*ganz ~ dastehen*) duel

Einsatz (*voll im ~*) carburer
einschlafen (*beim Koitus ~*) endormir
einschläfern endormir
einschlagen péter
einstecken caisse, déguster, écoper, encaisser, rempocher
einstufen jauger
Eintreiber racketteur
eintrudeln queue
einverleiben farcir
einverstanden entendu
einwandfrei cent, cinq sur cinq, impec
einweihen affranchir, parfum
einwickeln (*sich ~ lassen*) entortiller, farine
Einwohner toto
eirig (*sich ~ lachen*) pipe, plier, tranche
eiskalt balle
ekelhaft dégoûtant, dégueu, écoeurant
Elan (*vor ~ übersprudeln*) feu
Elefant (*~ im Porzellanladen*) bousilleur, casseur,
~engedächtnis mémoire
Ellbogen (*seine ~ gebrauchen*) dent
Eltern (*nicht von schlechten ~*) bon, hanneton
empfangen (*jdn. nicht ~ wollen*) nez
Empfangskomitee comité d'accueil
Ende mat, (*am ~ der Fahnenstange sein*) rouleau, (*das ~ vom Lied*) haricot, (*ein ~ machen*) sort, (*~ der Sendung*) rasibus
enden (*nie ~*) pain
Endergebnis (*im ~*) total
Enge (*jdn. in die ~ treiben*) pied
Engländer bifteck
entblättern défrusquer
Ente canard, deuche, deux, patte, (*wie eine bleierne ~ schwimmen*) fer
entgehen (*um Haaresbreite ~*) frôler
entjungfern dépuceler
Entlassung quille
entstellen marquer
entweder – oder casser, un
entzückt joisse
Erdbeere tomate
Erdboden (*wie vom ~ verschluckt*) passer
erdrosseln vis
Erfahrungen (*erste ~ sammeln*) gourme
erfinden inventer
Erfolg (*spektakulären ~ haben*) cartonńer
Erfolgsmelodie tube
erfreut (*nicht gerade ~ aussehen*) mine
ergattern décrocher
erhalten (*noch gut ~*) reste
erhöhen raugmenter
Erholung rebectage
erholen (*sich ~*) pente
erkunden bourlinguer
erledigen nettoyer
erleichtern soulager
Ernst (*im ~*) oser
ernst (*nicht mehr ~ nehmen*) brûler, (*nicht ~ machen/spielen*) jouer
erpressen chanter
erreichen contacter
erschossen pâle, plat, raplaplat
Ersparnisse magot, (*auf jds. ~ scharf sein*) reluquer
Ersten (*im ~*) un
erstklassig bourre, gratiné
Erstsemester bizut
erwachsen poids
erwarten (*wie nicht anders zu ~*) entendu
erwartunsgemäß juste
erwischen (*schwer ~*) coton, cravater, cueillir, harponner, patte, piéger, piquer, poirer, poisser
Erzblödmann archi
es truc, (*sie macht ~ dir*) politesse
Esel âne, ganache
essen boulotter, mandibules, soupe, (*hopp hopp ~*) lance-pierre, (*mal wieder anständig ~*) mandibules
Essen bouffe, boustifaille, frichti, soupe
Essig vinasse
Eßlokal gargote
etepetete chochotte, doucettement
etwa oser
etwas (*das ist schon ~*) bière, (*für jeden ~*) manger, (*~ Besseres zu tun haben*) chat, (*~ Ernstes*) accroché, (*~ in der Rübe haben*) carafon, (*~ in sich haben*) ventre, (*~ rauskriegen*) accoucher
Euter boîte
Evakostüm Eve
Ewigkeit (*es ist eine ~ her*) bail, paie
ex (*auf ~*) sec
Exhibitionist satyre, vicelard

F

Fach (*vom ~ sein*) bâtiment
fachsimpeln boutique
Faden (*der ~ ist gerissen*) trou, (*den ~ verlieren*) campagne
Fähnlein (*sein ~ nach dem Wind hängen*) renverser la vapeur, retourner
Fähnrich sous-bite
fahren (*einen ~ lassen*) gaz, (*~ gegen*) embrasser, encadrer
Fahrgestell guibolle
Fahrkarte! chou, coté, nèfle
Fahrschein biffeton
Fährte piste
Fahrtenschreiber mouchard

Fall (*für alle Fälle*) cas
Falle padoc, plumard, (*in die ~ gehen*) page, pieuter, viande, (*in die ~ tun*) pager, (*in die ~ tappen*) planter, (*Vorsicht ~!*) peau, (*eine ~ stellen*) souricière
fallen chute, (*gleich fällt es*) pencher, chute, **~lassen** écrouler, tomber
fällig bon, cuit, (*ohnehin ~*) romaine
Fallschirmjäger para
falsch faux, (*~ spielen*) canard, (*~e Haare*) postiche, (*~er Fuffziger/Groschen*) air, faux
Fälscher tripatouilleur
Fan fan, fana
Fangfrage colle
Fascho facho
Fassung (*aus der ~ bringen*) gond
Fast-food fast-food
Faß (*~ ohne Boden*) girafe, panier
faul feignant, (*da ist was ~*) combine, défaut, sentir, (*~e Tante*) feignasse, (*~er Kunde*) pourri, (*~er Sack*) ramier, (*~er Scheck*) chèque en bois
faulenzen flemmarder, flemme
Faulenzerei flemme
Faultier flemmard, lézard, ramier
Faust (*eine ~ in der Tasche machen*) drapeau
Fäustchen (*sich ins ~ lachen*) cape
F.D.H. regime
Feder page, (*in die ~n gehen*) plumer, (*sich in die ~n hauen*) toile, (*~n lassen*) goutte, plume
Federgewicht maigrichon
Feeling feeling
Fehler (*~ machen*) fauter
feiern bombance, fiesta
feige (*~er Schisser*) foireux
feilschen chipoter, mégoter
fein (*raus sein*) peinard, pépère, verni
Feind (*sich jdn. zum ~ machen*) dos
Feinschmecker bec, gueule
Feinste gratin, (*das ~ vom ~n*) panier
Feld (*das ~ räumen*) débarrasser
Feldwebel adjudant, col
Fell (*jdm. das ~ abziehen*) dépiauter, (*~ über die Ohren ziehen*) carotter, écorcher, matraquer, (*~ versohlen*) tanner
Fellatio brouter, gland, pipe, poireau, politesse, pomper, pompier, shampoing, suçage, sucer
Ferienheim colo
fernsteuern téléguider
Fersengeld (*~ geben*) prendre
fertig (*ganz ~ sein*) cuillère, retourner
fertig|bringen fichu, **~machen** (*jdn. ~*) asticoter, casser, empoisonner, rectifier, sonner, vider
fest|halten (*halt dich gut fest!*) accrocher, **~hängen** sec, **~nageln** coller, **~nehmen** coiffer, **~stehen** erreur
Fete bombance, boum
Fett (*sein ~ weg haben*) dose, ration
fett gras, (*sich ~ futtern*) goinfrer, (*~ wie eine Tonne*) vache
Fettkloß paquet
Fettnäpfchen mettre, (*in jedes ~ treten*) un
Fettsack bide, gras
feucht (*~ werden*) mouiller, (*~e Aussprache haben*) postillon, postillonner
Feuchter foireux
Feuer rif, (*für jdn. durchs ~ gehen*) feu, (*~ im Hintern haben*) feu, (*~ und Flamme*) feu
Feuermelder (*Gesicht wie ein ~*) tête
feuern lourder
Feuer|stuhl cube, pétoire, **~wasser** tord-boyaux, **~wehrmann** pomplard
ff (*aus dem ~ kennen*) connaître
Fick baise
ficken baiser, foutre
Ficker baiseur
Fieber tremblote (*hohes ~*) cheval
fies mochard, mochement, rosse, vache, (*~er Hund*) peau, vache, (*~er Typ*) crapule
Fifties fifties
Fifty-fifty fifti-fifti
Figur (*eine irre ~ haben*) balancé, roulée
Filius gamin
Filzen barbotage
filzen barboter
Finchen tinette
finden (*überall ~*) pelle
Finger (*besser die ~ davonlassen*) casser, (*das hat mir mein kleiner ~ gesagt*) doigt, (*die ~ drin haben*) tremper, (*die ~ nicht bei sich halten*) baladeuse, (*jdn. um den ~ wickeln*) nez, (*keinen ~ krumm machen*) cheville, doigt, (*lange ~ haben*) doigt, (*mit dem kleinen ~*) doigt, (*~ weg!*) pelotage
Finstern (*im ~ stehen*) cirage
Finte feinte
Firma boîte, maison, (*die ~ zahlt*) princesse
Fisch poiscaille, (*dicken ~ gefangen*) prise, (*dicker ~*) légume, (*weder ~ noch Fleisch*) chair, (*wie ein ~ im Wasser*) nager, (*wenn die ~e fliegen können*) dent
fischen (*im Trüben ~*) pêcher
fix und foxi rouleau
fixen fixer
Fixer camé
flachlegen (*eine ~*) râper
Flappe (*eine ~ ziehen*) gueule
flau flapi
Flasche empoté, tocard
flatsch vlan
flattern pendouiller
flennen chialer, (*~ nach*) pleurer
Flenner larmicheur
Flennsuse chialeur
Flicken bleu, bleusaille
Fliege (*eine ~ machen*) paire, tracer, (*er sieht aus, wie wenn er keiner ~...*) Dieu, (*keiner ~ etwas zuleide tun*) mouche, (*zwei ~n mit einer Klappe schlagen*) coup, pierre
fliegen bomber, valser, (*~der Händler*) sauvette
Flinte (*die ~ gleich ins Korn werfen*) manche, noyer
Flittchen marie-couche-toi-là, paillasson, sauterelle, traînée
Flocken biscuit, blé, pèze, (*~ raus*) abouler
flockig cool

Flöhe (~ *machen*) palper
Flohkiste pucier
Flohmarkt puce
Flohmarktler pucier
Flop flop
Flosse aile, aileron, cuillère, louche, pince, pogne
Flöte poireau
Flötentöne (*die ~ beibringen*) pas, marcher
flott (*ganz schön ~*) olé olé
flottmachen (*wieder ~*) rail
Flucht cavale
Flügel (*die ~ stutzen*) aile, moucher, remiser
Flunder (*platt wie eine ~*) flan, plat
fluppen goupiller
flüstern (*ihm etwas ~*) douce, feuille, souffler
Föhn (*den ~ kriegen*) chèvre
Folgen retombées, (*mit ~*) juteux, (*die ~ tragen*) trinquer
Form (*in ~ bringen*) émoustiller, (*nicht in ~ sein*) assiette, pompe, (*wieder in ~ bringen*) requinquer, (*~en*) châssis
Format (*das ~ haben*) poids
Fossil fossile
Fötzchen conin
Fotze con, fesse
fragen (*frag' ich Dich?*) grand-mère
Francs balles
Frankenstein (*liebenswert wie ~*) prison
Frankreich (*ganz ~*) France
Fransen douilles
Franzose (*aus dem Département Nord*) ch'timi, chti
französisch fransquillon, soixante-neuf (*sich auf ~ verabschieden*) anglaise
Fraß bouffe, bouillie, rata
Frätzchen frimousse
Frau gonzesse, mère, moukère, pouliche, (*~genug sein*) fille
Frauen|kenner homme, **~liebhaber** amateur de gonzesses, **~typ** homme, **~zimmer** donzelle, garce
Frechheit toupet
Fregatte (*alte ~*) rombière
frei (*~ heraus sein*) franco, mâcher, nature, pète-sec
Freier cave, levage, micheton, (*einen ~ haben*) main, presse, faire
freilich (*aber ~*) Auguste
Fressalien graille
Fresse gueule, poire, tronche, (*auf die ~ fliegen*) péter, (*die ~ voll haben*) cul, (*ekelhafte ~*) gueule, (*in die ~ hauen*) casser, (*~ ziehen*) coin
fressen bâfrer, boulotter, (*er wird dich nicht gleich ~*) manger, (*~ bis zum Platzen*) goinfrer, sous-ventrière, (*~ für vier*) manger, (*~ wie ein Schwein*) goinfrer
Fresserchen gueuleton
Freßsack goinfre
Freude (*~ meines Alters*) repos
Freund (*gut ~ sein mit*) ménager, putain, (*mein kleiner ~*) mouchacho, (*dicke ~e sein*) ami-ami, cul, (*für ~e...*) intimes
Frieden (*fauler ~*) paix fourrée, (*in ~ lassen*) ficher, (*Frieden!*) pouce
Friedhof allongés
frieren cailler
frisch (*aus deutschen Landen ~ auf den Tisch*) œil
Frische (*die ~ verlieren*) fleur
Frischling bleu, (*~e*) bleusaille
Friseur (*sich den ~ sparen können*) peigner, (*zum ~ gehen*) déboiser la colline
frisiert (*Auto*) trafiqué
Frittenkönig roi
Frömmelei bondieuserie
Früchtchen coco
früh (*bist du ~ auf*) lit
Frühaufsteher couche-tôt
Frühstück (*den eß ich zum ~*) matin
Fuchs roublard
fuck off! enculer, foutre, tâter
Fuffziger (*falscher ~*) faux
fühlen (*sich schlecht ~*) mal, (*sich wie zu Hause ~*) faire
Führerschein (*~ bei Neckermann gemacht haben*) pochette-surprise
Füllung (*eine neue ~ machen*) accus, rhabiller
fummeln magouiller
Fund (*einen tollen ~ gemacht haben*) prise
fünf (*~ vor zwölf*) bifteck, moins
fünfblättrig (*~es Kleeblatt*) mouton
fünfzig (*~ Moppen*) thune
funkelnagelneu flambant
funktionieren carburer
Funzel loupiote
für (*~ alles mögliche verwenden*) accommoder, sauce, (*das ist ~ dich!*) narine, (*~ sich behalten*) motus
furchtbar atroce, malheureux
Furchtbares (*ich hab schon während des Krieges genug ~ gesehen*) horreur
Furz perle, pet, prout, (*aus einem ~ einen Donnerschlag machen*) fromage
Fusel vitriol
Fussel serpillère
Fuß pied, (*auf großem ~e leben*) pied, (*~ vom Gas*) pied, (*Füße*) ripatons, (*ihm mal auf die Füße treten*) puce, (*immer auf die Füße fallen*) nager, patte, (*jdm. auf die Füße treten*) relancer, (*nach eingeschlafenen Füßen riechen*) ripatons, (*auf eigenen Füßen stehen*) aile, (*jdm. zu Füßen liegen*) botte
Fußabtreter paillasson
Füße pied,
Futter bectaille, bouffe, graille
futtern becter, bouffer, casser, croûte, grailler, (*was zu ~*) bectaille, bectance

G

gaffen lorgner, zieuter
Galeerensklave galérien
Galosche croquenot
gammeln flemme, glander, glandouiller, zoner
Gammler glandouilleur, zonard
Gang mécanique
Gangster truand
Gans dinde, oie
Gänsehaut poule
ganz (*~ schön*) bougrement
Ganze (*aufs ~ gehen*) caisse
Garaus (*jdm. den ~ machen*) affaire
Gardinen (*hinter schwedischen ~*) ombre
Gardinenpredigt morale
Gartenzwerg asticot, bas, nabot
Gärtner (*der reinste ~*) main
Gaspedal champignon
Gassi (*~ führen*) balader
Gattin nana
GAU chambardement
Gaul carne
Gaumen (*sich den ~ anfeuchten*) amygdales, dalle, humecter
Gauner filou, frappe, tripoteur
Gaunerargot jar
Gaunerei filouterie, roublardise, tripotage
gebärfreudig pondeuse
gebaut (*irre ~*) balancé, carossé, faire, fichu
geben filer, mettre, (*es gibt was*) soupe
gebongt bon, réglo
geboren werden (*er müßte ~*) inventer
Gebraucht- occase
Geck flambard
geckenhaft flambard
Gedächtnis (*~ wie ein Elefant*) mémoire, (*~ wie ein Sieb*) lièvre
Gedanken (*mach dir keine ~*) tronc, (*mit den ~ woanders sein*) lune
Gefahren tracassin
Gefallen fleur, (*einen ~ tun*) avantage
gefallen (*auf Anhieb ~*) plaire, (*sich alles ~ lassen*) laine
gefaßt (*sich auf etwas ~ machen*) soupe
gefeit (*~ sein gegen*) blinder
Geflüster messes basses
gegen contre, (*etwas haben ~*) grippe
Gegend coin
Gehaltsaufbesserung rallonge
Gehege (*ins ~ kommen*) marcher
geheilt vacciné
geheim (~, ~) mystère
Geheim|polizist barbouse, **~rezept** cuisine, **~wissenschaft** (*keine ~*) sorcier
gehen aller, arquer, embrayer, être, (*nicht richtig ~ können*) patte, (*von uns ~*) aller, (*auf etwas zu~*) aller, (*das geht auf meine Rechnung*) rincer
geheuer (*das ist nicht ~*) roussi
Gehirn jinjin, **~schlag** sang, **~wäsche** bourrage de crâne
gehopst (*~ wie gesprungen*) caisse, pareil
geifern baver
geil génial, giga, (*~er Bock*) bandeur, queutard, (*~es Huhn*) bandeur
Geist (*auf den ~ gehen*) air, casse-bonbon, courir, emmieller, tannant, tête
geizig constipé
Geizkragen radin
Geknüppel massacre
gelackmeiert chocolat, fier, jojo
Gelackmeierte chouette
gelaufen (*von vornherein ~*) couru, cuit
Gelbe (*das ~ vom Ei*) cerise
Gelber glaviot, huître, mollard
Geld fric, rond, sou, (*anständig ~ ausgeben*) valser, (*~ dafür nehmen/bezahlen*) michetonner, (*auf dem ~ sitzen*) détente, élastique, (*im ~ schwimmen*) or, (*ins ~ gehen*) cuber, (*nach ~ aussehen*) riche, (*rausgeschmissenes ~*) cautère, (*vor ~ stinken*) plein, (*~ unter die Leute bringen*) valser, **~hahn** robinet, **~sack** richard, **~gegend** rupin
Gelegenheit (*bei ~*) occase
Gelegenheitsprostituierte fin de mois
gelegentlich occase
genau rond, (*~ richtig*) calculé, pile
genehmigen (*sich einen ~*) dalle, piquer
genial génial
Genickschlag coup
genießbar potable
genießen petit-lait, (*kaum zu ~*) pénible
genug ras, (*~!*) barca
Geo géo
gepfeffert gratiné, poivré
Gepflogenheiten (*sich den ~ anpassen*) mentalité
gepolstert rembourré
Gequatsche ragots
Gequetschte (*und ein paar ~*) miette, poussière
gerade (*~ etwas getan haben*) sortir
Gerede (*leeres ~*) baratin
gerissen tour, (*~er Hund*) lascar
Gerissener démerdard
gerne (*es wird ~ gesehen*) mal, vue
Geröll caillasse
Gerücht air
Geschäft bisness, coup, (*sein ~ verstehen*) barque
Geschäftchen (*~ machen*) gratte, tripotailler, tripoter
geschehen (*geschieht Dir recht!*) pied
Geschenk (*nicht gerade ein ~ des Himmels*) farcir, (*keine ~e machen*) cadeau
geschenkt beurre, donner
Geschichte (*das ist eine andere ~*) manche, (*ganz rührige ~*) chaumière, (*immer dieselbe ~*) histoire, topo, (*unglaubliche ~*) histoire, (*~n*) belle, (*das sind nur ~n*) histoire, (*mach doch keine ~n!*) histoire
geschickt bout
geschlagen (*sich ~ geben*) caler, (*~e Stunde*) plombe

Geschmack (*das ist nicht nach meinem ~*) tasse
Geschmiere torchon
geschmiert (*läuft wie ~*) pédaler
Geschrei gueulement
Geschribbels ferraille, mitraille
Geschütz (*das große ~ auffahren*) artillerie
Geschwätz parlote, racontar
Gesellschaft gratin
Gesicht portrait, (*wie aus dem ~ geschnitten*) craché, portrait, (*ehrliches ~*) balle, trogne, (*ins ~ lachen*) rire, (*~ ziehen*) allonger, tête, un
Gesichtchen museau
Gespann (*ein glückliches ~*) filer
Gespartes éconocroques
gespendet (*ich hab schon ~*) donner
Gespräch (*in ein ~ verwickeln*) jambe
gesprächig causant
Gespusi main gauche
gestern (*nicht von ~ sein*) hier, (*von ~*) rance, ringard
gestreßt stressé
gestrig rance
Gestriger barbe
Gesundheit (*vor ~ strotzen*) péter
gewagt olé olé, yéyé
Gewaltmarsch crapahut
gewappnet paré
Gewäsch boniment
Gewicht (*an ~ gewinnen*) poids
Gewichtheber manieur de fonte
Gewinner gagneur
gewischt (*eine ~ kriegen*) masse
Gewohnheit (*schlechte ~en annehmen*) pli
gezinkt pipé
Ghostwriter nègre
Giftspritze gale, langue
Gigolo gigolo
Gipfel (*das ist der ~*) bouquet
Girl môminette
Glänzen étincelles
glänzen épate
glänzend (*nicht gerade ~!*) bandant, dur, gloire, terrible
Gläschen canon, tasse
glasklar pli
Glatze bille, caillou, crâne, jaune d'œuf
glauben avaler, croire, gober, (*das kannst du mir ~*) aller, (*das glaubst du doch selber nicht*) œil, (*wer glaubt, ...*) autre
gleich (*wie heißt sie doch ~?*) déjà
gleichen air
Glied membre
Glocken (*jdm. zeigen, wo die ~ hängen*) nez
Glotze télé
Glück bol, guigne, veine, (*auf gut ~*) bonheur, flan, (*immer ~ haben*) doré, (*ins ~*) penser, (*kein ~*) pot, (*vor ~ schäumen*) noce
Glucke mère-poule
glücklich heureux
Glückspilz veinard
Glückssträhne baraka
göbeln dégueuler, gerber
Godemiche godemiché
Gogomobil (*Art ~*) trottinette
Gold (*aus ~*) or
golden (*~e Brücke*) pont
goldrichtig (*~ kommen*) boum, cheveu, pic
Goldstück or
gönnen (*ich würde es ihm ~*) mal
Göre quille
Gorilla bras, gorille
Gott (*bei ~ nicht*) diable, (*den lieben ~ einen guten Mann sein lassen*) orteil, (*der liebe ~*) manitou, (*erzählen, was ~ verboten hat*) dire, (*über ~ und die Welt diskutieren*) discuter le bout de gras, (*sich für ~ weiß wen halten*) avoir
Gottlosen (*für die ~*) boches
gottverdammte... Dieu
Götz von Berlichingen Cambronne, mot
Grab (*als ob er direkt ins ~ wollte*) tombeau
Graben (*im ~ landen*) décors
Graf Rotz (*sich für ~ halten*) avoir, cul, merde
Graffiti tag
Graffitikünstler tagueur
grämen (*sich ~*) mouronner
Granate (*volle ~*) pot
Granatsaft tomate
Gras (*ins ~ beißen*) poussière, (*~ wächst darüber*) écraser, tasser
gratis gratos
grau (*~ werden*) poivre, (*~e Zellen*) matière grise, méninges
grauenhaft atroce
Greifer bourre
Grips bigoudis, matière grise, méninges
Grobian ostrogoth
groggy barre, coton, crevé, flagada, groggy, plein, pompé, vaseux
Groschen (*den ~ dreimal rumdrehen*) radin, (*der ~ fällt aber langsam*) fute-fute, (*der ~ fällt*) tilt, (*falscher ~*) branche, (*seine ~ zählen*) billes
groß (*~ machen*) commission, (*~e Flasche*) fillette, (*~e Tiere*) linge, (*~es Tier*) bonnet, huile, légume
Großer (*wie ein ~*) chef, grand, (*zu den Großen gehören*) cour, (*einen Großen haben*) membré
großmachen (*jdn. ~*) poser
Großmaul gueule
Großmutter (*das können Sie Ihrer ~ erzählen*) pareil
Größte (*der ~*) caïd
großtun pontifier
großzügig large
Groupie groupie
Grube trou
Grufti amorti, croulant
Grün (*dasselbe in ~*) bonnet, (*wann kommt endlich ~*) valda
Grund quoi
Grundschullehrer instit
Grüne (*ins ~ ziehen*) vert
Grüner glaviot, mollard
Gruppensex partouse, (*~ praktizieren*) partouser
Gruppensexler partousard

Grütze (*nur ~ im Kopf haben*) yaourt
gucken viser, (*dumm ~*) œil, (*aus allen Löchern ~*) détails, (*guck' wie Du klar kommst!*) aller
Gucker châsse, mirette, zieux
Gummifrau femme
Gurke blase, tarbouif, trompette
Gürtel (*den ~ enger schnallen*) ceinture
Guru gourou
Guß bain, douche, saucée
gut (*es sich ~gehen lassen*) belle, couler, (*~ tun*) défouler, profiter, (*~e Nacht!*) bonsoir

H

Haar plume, (*kein einziges ~*) poil, poilu, (*um ein ~*) doigt, poil, (*~ in der Suppe*) cheveu, (*~ in der Suppe suchen*) chercher, trouver la petite bête, (*~e*) douilles, tifs (*sich keine grauen ~e wachsen lassen*) bonnet, mouron, mousse, (*~e stehen zu Berge*) cheveu, (*zerzauste ~e*) tignasse, (*~e auf den Zähnen haben*) langue, (*an den ~en herbeiziehen*) cheveu, (*sich in den en~ haben*) accrocher, chignon
Haarartist tifs
haar|genau poil, **~klein** miette, **~scharf** rasibus, ric-à-rac, tangent
Haarspalterei cheveu, chinoiserie
haben (*eine Frau ~*) emballer, (*etwas ~*) typé, (*immer zu ~ sein für*) bon, (*man kann nicht alles ~*) beurre, (*mit der hat jeder schon...*) passer, (*haste 'ne Mark?*) balle
Hafen (*im ~ der Ehe*) fil
Hagerer échalas
Hähä! tralalère
Hai requin, vice
Haken défaut, (*es gibt einen ~*) os
Halbdunkel (*im ~ leben*) veiller les morts
halb (*~e Portion*) demi-portion, demi-sel
Halbes demi
halblang (*mach ~!*) arrêter, (*nun mal ~*) minute
Hälfte (*bessere ~*) moitie
Hals kiki (*auf den ~ schicken*) ficher, (*aus dem ~ riechen*) goulot, mouche, repousser, (*aus vollem ~*) cœur, (*die ganze Arbeit am ~ haben*) taper, (*zum ~ raushängen*) souper, (*~ über Kopf*) but, catastrophe
Halsabschneider arnaqueur, margoulin, truand
halten coup, (*das hält für fünf Minuten*) minutes, (*die Fresse ~*) gueule, (*sich ~ für*) prendre, (*halt dich fest*) accrocher, pinceau
Hammer (*der absolute ~*) éclate
Hampelmann polichinelle, (*der ~ vom Dienst*) amuser la galerie
Hand (*aus erster ~*) main, (*aus zweiter ~*) main, occase, (*die ~ nicht vor Augen sehen können*) goutte, (*es in der ~ haben*) main, (*glückliche ~*) main, (*seine ~ ins Feuer legen für*) couper, (*sich die ~ geben können*) main, (*unter der ~*) as, main, noir, (*weder ~ noch Fuß*) godille, rime, (*~ anlegen*) pâte
Händchen menotte (*~ haben*) patte
Hände (*alle ~ voll zu tun haben*) faire, pain, (*in die ~ spucken*) collier, (*seine ~ gebrauchen können*) manchot, (*~ frei haben*) main, (*~ in den Schoß legen*) poil, (*in guten ~n*) main
handgreiflich main
Hand|kantenschlag coup, manchette, **~langer** homme, lampiste, sbire, sous-fifre, **~schellen** bracelets, **~schlag** (*keinen ~ tun*) foutre, **~schrift** griffe, **~tasche** sacouse, **~tuch** (*das ~ werfen*) éponge, forfait
hängen (*alles hängt bei ihr*) pendouiller, (*mit drin~*) bain
Hänge|schultern Saint-Galmier, **~titten** tétasses
Hans Guckindieluft (*wie ein ~*) nez
Hänschen popaul
hänseln chiner
Häppchen amuse-gueule, (*ein ~ essen*) graine
happig duraille
hard (porn) spécial
Harfe (*sich die ~ zupfen*) guitare, mandoline
Harke (*zeigen, was eine ~ ist*) appeler
hart (*~er Bursche*) dur, (*~er Schlag*) tuile
Hartgeld ferraille, mitraille
hartnäckig mordicus
Hasch chanvre, H
Hase (*da liegt der ~ im Pfeffer*) hic
Hasenherz navet
Häßlichkeit (*die ~ in Person*) mocheté
Hätschelkind chouchou
Haube (*unter die ~ bringen*) caser
Haubitze (*besoffen wie eine ~*) bourrique, œuf, soûl
Haufen bande, chiée, foultitude, sentinelle, tapée, (*mit einem ~ Trottel verwechseln*) canard
haufenweise pelle, tapée
Hauptgewinn lot
Hauptmann pitaine
Haus crèche, écurie, kasbah, (*irres ~*) baraque, (*vor leerem Haus/Stadion spielen*) banquettes
hausbacken popote
Haus|besetzer squatter, squatt, **~diebstahl** coulage, **~segen** (*der ~ hängt schief*) torchon
Haut (*auf der faulen ~ liegen*) flemmarder, orteil, rouler, (*mit heiler ~ davonkommen*) belle, (*sich in seiner ~ nicht wohl fühlen*) large, (*seine ~ retten* lard, (*mit ~ und Haaren*) cru, (*nur ~ und Knochen*) os, peau
Hautevolaute gratin
hautnah connaître
heben (*einen ~*) lever

Hecht vicelard
Hee (*Hallo*) ohé
Hehler fourgueur
Heia dodo, panier
Heiden|angst arc-en-ciel, bleu, **~lärm** (*einen ~ machen*) diable, **~theater** foin
heilig (*nicht im Sinne des ~en Vaters*) catholique
Heiligenbildchenverkäufer bondieuserie
Heimarbeit chambre
heimlich douce
Heini gazier
heiß chaud, chaleur, quart, (*~e Felge*) aile, (*~e Hexe*) lapin, (*~er Typ*) pince
heißen (*was soll das ~?*) rime
heiter (*das wird ~*) vilain
Held (*~ der Arbeit*) inspecteur des travaux finis, ramolli
helfen balle, coup, (*es hilft alles nichts*) tortiller
helle fute-fute, guêpe
Heller carat, dèche, kopeck, (*auf ~ und Pfennig*) ric-à-rac, (*ohne einen grünen ~*) sou
hellhörig oreille
Hemd limace, liquette, (*bis aufs ~ ausziehen*) déculottée, déculotter, (*das letzte ~ teilen*) cœur, (*sich das letzte ~ ausziehen lassen*) rétamer, (*sich ins ~ machen*) chichi, emmerder, (*~ über die Ohren ziehen*) tondre
Hemmungen (*ohne ~*) affranchi
Hempels plouc
her (*hinter jdm. ~ sein*) dos
herab (*von oben ~ angucken*) toiser, (*von oben ~*) jambe
herauskriegen (*etwas ~*) perche
herausputzen (*sich ~*) tralala
Herd (*am ~ kleben*) pot-au-feu
herfallen (*über jdn. ~*) tomber
Hering (*wie die ~e*) hareng
Heroin poudre
Herr M'sieu
Herrgottsfrühe (*in aller ~*) fraîche, potron-minet
Herrschaften (*die alten ~*) vieux
herum (*so um die ... ~*) eau, **~fahren** balader, tournailler, **~fuchteln** aile, **~fummeln** machiner, tripatouiller, **~graben** fouiller, **~kommen** couper, **~kramen** trifouiller, **~kraxeln** crapahuter, **~laufen** tournicoter, **~rennen** cavaler, tournailler, **~schneiden** charcuter, **~schnüffeln** fouiner, **~stöbern** chiner, **~stottern** cafouiller, **~treiben** (*sich ~*) lattes, **~wühlen** farfouiller
heruntergekommen miteux
Herz (*auf dem ~en haben*) cœur, (*ein gutes ~ haben*) pain, (*es liegt mir am ~en*) cœur, (*übers ~ bringen*) cœur, (*sein ~ ausschütten*) sac, (*auf ~ und Nieren prüfen*) plat, reins
herzensgut cœur
Herzenslust (*nach ~*) gogo
herziehen (*über andere ~*) casser, débiner, dégoiser
Herzschlag (*einen ~ kriegen*) baver
Heulen (*zum ~*) débilitant
heulen chialer, (*~ wie ein Schloßhund*) veau
Heulsuse larmicheuse
heute (*~ oder morgen*) jour
heutzutage jour
Hexe carne (*heiße ~*) pince
Hexenschuß reins
Hieb gnon, jeton
Hiebe casse, rincée, (*~ kriegen*) ramasser
hier icigo, (*zweimal ~ geschrien haben*) distribution
hieven catapulter
high flippé, high
High Society haute
Hilfestellung (*~ geben*) échelle, perche
Hilfslehrer pion
Himmel (*in den ~ heben*) nues, (*im siebenten ~ sein*) ange, jouir
hin und her (*~ überlegen*) cervelle, rond, (*~ diskutieren*) bout, (*~ schalten*) zapper, (*~ zaudern*) vasouiller
Hinundherschalter zappeur
hineinziehen (*in eine Sache ~*) embringuer
hinfallen bûche, dam, pelle
Hingerotztes glaviot
hinhauen goupiller
hinken patte
hinkommen (*mit etwas ~*) avec
hinlegen (*sich ~*) mettre
hinten (*von ~ vögeln*) pot, (*es ihr gleichzeitig von ~ und vorne besorgen*) sandwich
hintenrum sauvette
hinter (*da ist was ~*) pisse-d'âne, (*beste Zeit ~ sich*) temps, (*~ sich lassen*) semer, (*~ jdm. her*) dos
Hinterbacke miche
Hinterhältigkeit coup
hinterherbummeln traîne
hinterherhängen ramasse
Hintern arrière-train, balle, croupion, cul, fesse, lune, miche, oignon, pont, popotin, postère, pot, râble, raie, train, (*beachtlicher ~*) ravitaillement, (*den ~ von der Stelle bewegen*) pot, (*einen irren ~*) reins, (*in den ~ treten*) botter, (*in den ~ vögeln*) raie, (*mit dem ~ wackeln*) croupionner, (*sich auf den ~ setzen*) cul, (*sich in den ~ beißen vor ...*) mordre, (*sich vor Lachen auf den ~ setzen*) taper, (*über den ~ streicheln*) panier, (*den ~ zusammenkneifen*) serrer
hinüber sein gelé, mort
hinweghelfen poisson
hinziehen (*sich ~*) tirée
hinzudichten remettre
Hipo aubergine
Hippie hippie
Histörchen potin
Hitze (*die fliegende ~ kriegen*) vapeurs
Hobel dodoche
hoch (*~ und heilig*) jurer, (*hohes Tier*) légume
Hochbetrieb boum, coup
hochgehen brûler
Hochseil corde
Höchst- maxi
hochverzwickt (*~e Sache*) tarabistouille
Hocker (*nicht vom ~ reißen*) pattes
Höcksken (*von ~ auf Stöcksken*) → *Hölzchen*

Hoden meules
hoffentlich moins
Höhe (*auf der ~ sein*) hauteur, point
Holde nana
Hölle (*die ~ heiß machen*) gril
Höllen- diable
Höllenlärm beugler, diable, ramdam
höllisch (*~ aufpassen*) cramponner
Holz (*aus gutem ~*) pâte
Hölzchen (*von ~ auf Stöckchen*) coq, fil
holzen castagner
Holzweg (*auf dem ~ sein*) doigt, fourrer
Homo homo, pédale, pédé
Honig petit-lait
hopphopp dare-dare, rapide, va
hopsgehen avaler, clamser, passer, rampe
Horch|lappen feuille, **~löffel** chou, écoutille, esgourde
hören (*lassen Sie von sich ~*) contacter, (*was zu ~ kriegen*) Arthur
horizontal (*~es Gewerbe*) horizontale
Hörner (*~ tragen*) cocu, porter
Hörnerträger cornard
Hornochse encorné, taré
Horten Prisunic
Hose bénard, falzar, fendard, froc, futal, grimpant, (*in die ~ machen*) culotte, mouiller, (*Jacke wie ~*) bonnet, kif-kif, même, (*die ~n anhaben*) porter, (*die ~ voll geben*) pan-pan, (*in die ~ machen vor Lachen*) pisser, (*~ vollkriegen*) veste
Hoteldieb rat
Hottehüh dada
hotten gigoter
hü (*mal ~ und mal hott*) dia
Hubert (*auf den blanken ~*) déculottée
Hubschrauber hélico
Huhn (*altes ~*) taupe, (*ausnehmen wie ein ~*) citron, (*das ~, das goldne Eier legt, schlachten*) arbre, poule
Hühnchen (*ein ~ rupfen*) dent
Hühnerbrust poitrine de vélo
Hühner (*mit den ~n aufstehen/ins Bett gehen*) poule
humpeln patte
Hund (*armer ~*) cloche, (*bekannt wie ein bunter ~*) loup, (*feiger ~*) couille, lavette, (*fieser ~*) andouille, (*wie einen ~ behandeln*) chien, (*wie ~ und Katze*) chat, (*schlafende ~e wecken*) chat, lièvre
hundeelend chien
Hunde|leben chien, **~wetter** mettre
hundert (*auf ~ bringen*) système, (*auf ~ sein*) furax, mouche, pétard, (*vom Hundertsten ins Tausendste*) bâton, (*~ neue Francs*) pavé
hundertachtzig (*auf ~*) boule
hundertprozentig cinq sur cinq, (*mir ist nicht ~*) pompe, (*nicht ~*) manche, (*~ prima*) *p.p.d.c.*
Hundertprozentiger pur
Hunger creux, (*guten ~*) bon ap'
Hure putain
Huren|haus bobi, **~sohn** putain
husch fissa
Hut (*auf der ~ sein*) carreau, qui-vive
Hut galure, papeau, (*nichts am ~ haben mit*) r.a.b., rien, (*sich an den ~ stecken*) accrocher, (*~ ab!*) chapeau
Hutschnur (*über die ~ gehen*) borne, oreille
Hütte cabane
hysterisch hystéro

I

I-Punkt service
ich bibi, mézig, (*~ auch*) itou, (*~ sag es dir lieber nicht*) dire
Ideechen soupçon
Idiot branque, manche
igittigitt beuark
iiih beuark
Imbiß croûte
immun blinder
improvisieren bœuf
in branché, in, (*es ~ sich haben*) traître
indiskutabel minable
Inflationsgerüst dégingandé
Info info
informiert coule
Inox inox
in puncto côté, question
Intellektueller intello
Intelligenzbestie intello, (*keine ~ sein*) voler
Intimitäten pelotage
Invalider invalo
irgendwer quelque part, quelqu'un
irgendwohin coup, penser, quelque part
irre bandant, conséquent, dément, éclat, formide, fumant, génial, méchant, première, rasant, tordant, trans'
Irrenhaus kasbah
Irrer galérien
Isolation ghetto
Italiener Italo, Rital
Iwan Popof, Ruskof, (*~ der Schreckliche*) terreur

J

ja affirmatif, (*jä*) ouais, (*~ oder nein?*) être, merde, (*~ und amen*) opiner du bonnet
Jacke (*jdm. mal an die ~ fassen*) haricot
Jagd chasse
jagen (*zum Teufel ~*) chier
Jahre berges
Japs Yamamoto Kaderaté
Jasager béni-oui-oui
jau ouais
Jauche bibine
Jeans jeans
Jedermann Dupont
jemand (*sich für ~en halten*) quelqu'un, (*~en haben*) mains
Jesuit jèse
jetzt heure
Job bisness, job
jobben jobber, turbiner
Joint joint
Jubeljahre (*alle ~*) trente-six
Jude youpin
jugendfrei carré
Jugendverbot carré
jung jeunabre, (*~es Ding*) jeunesse, nénette
Junge gamin, gosse, loub, (*für kleine ~n gehen*) coin, (*die ~n*) ado
Junkie junkie

K

Kabäuschen cagibi
Kacke caca, mouscaille, (*die ~ ist am dampfen*) chier
Kadavergehorsam godillot
Käfer nana, nénette, pépette, (*irrer ~*) girond, (*VW*) coccinelle
Kaff bled, patelin, Trifouillis-les-Oies
Käffchen caoua
Kaffee caoua, jus, noir (*kalter ~*) réchauffé, (*wollen Sie noch einen ~ bei mir trinken?*) estampes
Kaffeeautomat perco
kahl déboisé, zéro, (*~ werden*) déplumer
Kahn (*einen im ~ haben*) avoir, tenir, (*Schuh*) croquenot
Kaiser (*der ~ von China*) être
Kaliber calibre, gabarit
Kalk (*rieselt der ~*) sucrer
kalt bon, frigo, (*das läßt mich ~*) chaud, (*~ abduschen*) doucher, (*~e Dusche*) douche, (*~er Kaffee*) réchauffé
kaltmachen (*jdn. ~*) crever, dessouder, rectifier, refroidir, zigouiller
Kameradschaftstour popote
Kampf (*~ aller gegen alle*) panier
Kampfhandlung empoigne
Kandidat (*wackeliger ~*) canard, (*~ der Ecole Polytechnique*) Pipo
Kanone artillerie, feu, (*mit ~n auf Spatzen schießen*) écraser
Kante (*auf der hohen ~*) répondant, (*auf die hohe ~ legen*) gauche
kapieren allumage, entraver, piger
Kapitel (*ein neues ~ aufschlagen*) page
Kappe (*auf seine ~ nehmen*) bonnet, parapluie
Käpt'n pitaine
kaputt capo, claqué, crevé, détraqué, h. s., lessivé, malade, mort, **~gehen** claquer, péter, **~machen** bousiller, esquinter, flinguer, mettre
Karacho (*mit ~*) berzingue, pot
Karambolage carambolage, (*~ haben*) caramboler
Karo (*~ einfach*) franquette
Karosserie chassis, gabarit
Karpaten Pétaouchnock
Karre bagnole, charrette, chignole, poubelle, tacot
Karte carton, ticson, (*alles auf eine ~ setzen*) œuf, (*rote ~*) carton, (*mit verdeckten ~n spielen*) jeu, (*mit offenen ~n spielen*) carte, (*~n kloppen*) carton, pique, taper, taquiner, (*~n mischen*) carte
Kartei (*in der ~ stehen*) carte
Kartoffel (*wie eine heiße ~ fallenlassen*) merde
Kartoffelnase truffe
Karussel valse
Kaschemme bastringue
kaschen embarquer, patte
Käse frome
Käseblatt babillard, baveux, feuille
Käsequanten nougat
Kasse Sécu, (*mit der ~ durchbrennen*) grenouille, pied, (*zur ~ bitten*) bassinet
Kasten plafonnard, (*nichts auf dem ~ haben*) plafond
katapultieren (*jdn. irgendwo hin~*) bombarder, catapulter
Kater bois, G.D.B., matou
Katertrunk rince-cochon
Katz (*für die ~*) beurre, peigner, pisser, (*~ und Maus zusammenbringen*) mélanger, (*da findet die ~ keine Maus*) retrouver
Katzensprung puce
Kauderwelsch javanais, nègre
kaufen payer, (*dafür kann man sich nichts ~*) jambe, (*sich jdn. ~*) farcir

Kaufhaus Prisunic
Kaufhof Prisunic
Kauwerkzeuge mandibules
Kauz (*komischer ~*) gusse, numéro, zigoto
Kavaliersstart chapeau
Kehle (*Messer an die ~ setzen*) reins
kehren (*vor seiner Tür ~*) balayer
kein (*~ bißchen*) rien, (*~ Wort anbringen*) crachoir
Keks (*jdm. auf den ~ gehen*) gonfler
kennen (*sich selbst nicht mehr ~*) coude, (*kenn ich doch*) connaître
Kerbholz (*allerhand auf dem ~ haben*) passé
Kerl bougre, gars, homme, mec, mecton
kerngesund santé
Kerze (*die ~ von beiden Seiten abbrennen*) bout
kess (*~e Motte*) pinocumettable
Kesselflicker (*wie die ~ streiten*) poisson
Khagne-Schüler khagneux
kichern glousser
Kieker (*auf dem ~ haben*) collimateur, œil
Kies artiche, fric, osier
Kiez (*auf den ~ gehen*) fouler, turf
kiffen envaper, fixer, piquer, shooter
killekille chatouilles, gouzi-gouzi, guiliguili
killen buter
Killer bousilleur, braqueur, killer
killikilli prout
Kilometer borne
Kilo (*~s ansetzen*) stocker en kilos
Kind gosse, microbe, (*unschuldig wie ein neugeborenes ~*) agneau, (*das ~ beim Namen nennen*) chat, (*jdm. ein ~ anhängen*) dos, (*ein ~ kriegen*) pondre, (*das ~ mit dem Bade ausschütten*) bébé, (*mit ~ und Kegel*) quille
Kinderkrankheiten essuyer
kinderleicht beurre, bonjour, chocolat, crème, gâteau, mille-feuille, nougat
Kinderschreck affreux, sbire
Kino ciné, cinoche, kino
Kippe clope, mégot
kippen (*einen ~*) enfiler, écluser, jeter
Kirchen|arsch cul, **~maus** grenouille, rat
Kirschen (*mit ihm ist nicht gut ~ essen*) coucheur, marrant
Kiste foiron
Kitzler clicli, clito, (*ihr ging der ~ eins zu tausend*) rose
Kladderadatsch bastringue
Klamauk ribouldingue, salade, (*~ veranstalten*) ribouldinguer
klamm chapardeur
Klammer (*in die ~ nehmen*) cravate
klammheimlich catimini, douce
Klamotten fripes, frusques, nippes, sape, (*~ kaufen*) fringuer, loquer, nipper, saper, (*tolle ~ tragen*) fringué, (*~ wieder anziehen*) reloquer
Klappe (*die ~ halten*) bouchon, boucler, robinet, (*halt die ~*) clapet, (*zwei Fliegen mit einer ~*) coup, (*~!*) fermer
klappen chier, gazer, marcher, pédaler, prendre, temps, (*es muß einfach ~*) gazer, pourquoi, (*es klappt*) kiki
klar évident, ronfler, (*alles ~?*) coller, (*~ doch!*) gêner, (*ist doch ~*) obligado, (*nicht mehr richtig ~ sein*) pédale, (*~ wie Klärchen*) Auguste, clair, flic, pavé, (*~!*) officiel
Klarheiten (*alle ~ beseitigen*) clair
klarkommen démerder
klasse bath, chic, chouette, classe, formidable, impec, pomme, sensass, terrible, tonnerre
Klasse|frau pomme, tonnerre, **~laune** poil
klassisch classique
Klatschblatt baveux
Klau barbot, fauche
klauen barbot, faire, faucher, piquer
Klauer barboteur
Klausur compo, disserte
kleben accroché, (*an jdm. ~*) coller
klecksen barbouiller
kleiden → *Klamotten*
Kleidershop friperie, fripier
klein (*das ist ein wenig ~*) jeune, (*so ~ mit Hut*) souliers, (*~ beigeben*) aplatir, caner, écraser, machine
Klein-Blödi toto
Klein-Doofi cucul-la-praline
klein (*~e Flasche*) fillette, (*~e Wohnung*) clapier, (*~es Arschloch*) conin, (*~er Mann ist immer dran!*) changer, lampiste
Kleine (*der ~*) jeunot, loupiot, Mickey, mômignard, (*die ~*) gamine, gonzesse, minette, môme, môminette, petit, (*die lieben ~n*) blond, Mickey
Kleingeld ferraille, mitraille
Kleinholz ratatiner
Kleinigkeit (*eine ~ essen*) casser, manger
kleinkriegen (*nicht ~*) moral
Kleinverdiener petit
Klemme (*in der ~ sitzen*) pétrin
klemmen agrafer, barboter, choper, farcir, malle, raboter, ratiboiser, soulever
Klempner plombard, plombier
Klepper bourrin, canasson, rosse
Klette (*wie eine ~*) collant, crampon, pot, sécotine
Klimperkasten commode
Klimpse crincrin
Klinge chlasse
Klinke (*~n putzen*) porte
klipp und klar bavure, nez
klitsch klatsch! pif paf
Klo trône
klobig mastoc
Klo|brille lunette, **~frau** pipi, **~papier** papier, p. q.
kloppen (*sich ~*) bagarrer
Kloß (*~ im Hals*) boule
Klöten burettes, roupe
Klötze (*auf die ~ gehen*) burettes, casser, chier, couille
klotzen matraquer
klotzig tape-à-l'œil
klug (*daraus soll einer ~ werden*) latin
Klugscheißer intello de service
Klunker diam, grigri
kabbeln (*sich mit jdm. ~*) frotter
knacken (*ein Schloß ~*) crocher, (*etwas zu ~ haben*) fil, baver

Knacker (*alter ~*) chnoque, (*alter ~*) jeton
knackig (*hübsches Schnäuzchen ~er Po*) B.C.B.G., croquignolet, godillante
knallen canarder, (*die Sonne knallt*) cogner, taper
knallhart pète-sec
knallig (*~e Sonne*) soleil
Knallkopp (*wie der letzte ~*) air
knallrot (*~ werden*) fard, sang, soleil
knapp (*~ bei Kasse*) court, serré
Knarre calibre, flingue, soufflant
Knast ballon, bloc, centrale, taule, trou, **~aufseher** maton, **~bruder** taulard
Knaster cul, foin
Knatsch grabuge, zone
knatschen miauler
Knauser mégoteur
knauserig chien, juif, rapiat, regardant
knausern mégoter
Knecht Ruprecht père
Kneipe bistro, boîte, crémerie, rade, troquet
Knete fric, grisbi, oseille, pognon, soudure
Knie (*~ werden weich*) froid
Kniff astuce
knifflig coton, trapu
Knilch gusse
knipsen mitrailler
Knirps lardon, mioche, môme, trognon
Knochen os, (*alle ~ einzeln fühlen*) capilotade, (*alter ~*) tige, (*die müden ~ anschleppen*) viande, (*etwas in den ~ haben*) crève, (*~ numerieren*) abattis
knock out knockout
Knöllchen biscuit, contredanse, papillon
Knolle nase, pif
Knopf (*nur auf den ~ drücken müssen*) presse-bouton
Knöpfe châsse
Knoten (*einen ~ in der Leitung haben*) allumage
Knüppel trique, (*~ zwischen die Beine schmeißen*) banane, patte
knutschen bécoter, galoche, lécher, patin, pelle, pomme
Knutschfleck suçon
Koch cuistot
Kochen frichti
kochen fricoter, tambouille, (*~ vor Wut*) fumasse, fumer
Kocher bouffarde
Koffeinfreier déca
Koffer valoche (*vor den ~ kriegen*) narines, (*~ packen*) malle
Kohl (*den ~ fett machen*) chou, épinard, (*~ in Australien züchten*) chou
Kohldampf (*~ machen*) creuser, (*~ schieben*) crever, croc, dent, estomac
Kohle braise
Kohlen (*auf glühenden ~ warten*) charbon, feu
Koje pieu
Kokain coco, neige
Kokotte cocotte
Koks coco
Kollaborateur collabo
Kollekte (*eine ~ veranstalten*) appel, retape
Koller (*einen ~ kriegen*) emballer
Koloß molosse
komisch drôle, fendard, folklo, (*~e Erklärung*) chinoiserie, (*~er Kauz*) branquignol, (*~er Vertreter*) citoyen, (*~er Vogel*) moineau, (*~er Witz*) vaseux, (*~es Tier*) zèbre
kommen (*nach vorne ~*) filet, (*es kommt so um die 100*) chercher
Kommst-du-heut-nicht-kommst-du-morgen molasson
Kommunist coco
Kompagnie (*und ~*) compagnie
König pape, roi
Konkurrenz (*irre ~ machen*) tirer
können pouvoir, (*bis man nicht mehr kann*) soif, (*etwas echt ~*) pour, (*nicht mehr ~ vor Lachen*) plier, (*nicht mehr ~*) coup
Könner krack
konsequent (*~ denken*) idée
Konsorten (*und ~*) compagnie
Kontakt contact, (*in engem ~*) prise, (*~ knüpfen*) jalons
Kontaktmann contact
Kontinente (*alle ~ kennen*) coin
Kopf caboche, caillou, cigare, jinjin, (*alles Mögliche an den ~ werfen*) incendier, (*auf den ~ stellen*) chambarder, (*den ~ hinhalten*) chapeau, (*~ und Kragen*) tête, (*den ~ in den Sand stecken*) autruche, (*den ~ waschen*) laver la tête, savon, shampoing, (*einen ~ kürzer machen*) raccourcir, (*mit dem ~ arbeiten*) chapeau, (*nicht ganz richtig im ~*) timbre, (*nicht mehr wissen, wo einem der ~ steht*) savoir, (*nichts im ~ haben*) chignon, jinjin, (*sich den ~ zerbrechen*) citrouille, (*sich etwas in den ~ setzen*) fourrer, (*von ~ bis Fuß*) pied, (*den ~ hängenlassen*) tracassin, (*~ wie ein Rathaus*) citrouille, (*sich den ~ zerbrechen*) casser
Köpfchen (*~ haben*) carafon, tête
köpfen sabrer
kopflos azimuté
Kopf|schmerzen (*sich keine ~ machen*) casser, **~sprung** (*einen ~ machen*) piquer, **~stoß** boule
kopfüber bille, cul
Kopfzerbrechen casser
Korb (*alle in den gleichen ~ werfen*) œuf, (*~ geben*) affront, bain
Korinthen (*~ kacken*) mouche, **~kacker** enculeur de mouches
Körper bifteck, (*den ~ spazierenführen*) trimbaler
korrekt (*alles ~*) bon, recta, réglo, régule, régulier
korrupt (*~e Beamte/Politiker*) ripoux
Kosten (*die ~ wieder reinkriegen*) couvrir
kosten (*kostet doch nichts*) pain
Kostüm costard
Kostverächter cracher
Kotau aplatir, courbettes
Köter cador, clébard, clebs
Kotze dégueulis, (*zum ~n*) débectant
kotzen dégobiller
Krach barouf, bastringue, boucan, chahut, potin, raffut
Kragenweite calibre, gabarit

Kralle greffier, griffe
Kranenberger château-la-pompe
krank fichu, malade, (*sich ~ melden*) pâle, (*~ schreiben*) convalo
Kranken|haus hosto, **~wagen** SAMU
Kranker invalo
Krätze gratte
kratzen lard
kraulen mamours
Kraut herbe
Krawall bagarre
Krawallo anar
Kreide (*in der ~ stehen*) chandelle
Krempel bazar, came, fourbi, (*mit dem ganzen ~*) tralala
krepieren crever
kreuzweise (*einen ~ können*) parler
kriechen plat, ramper
Krieg casse
Kriegs|bemalung (*die ~ anlegen*) ravalement, ravaler, sucrer, **~fuß** (*auf ~*) pied
Krimi polar
Krone (*einen in der ~ haben*) aile, carreau, sirop
Krong vlan
Krösus Crésus
Kröten (*ein paar ~*) petit, (*mit den ~ nicht rauskommen*) élastique
Krümel miette
krümelig (*sich ~ lachen*) fendre
krumm (*~es Ding*) foireux
krummlegen (*sich ~*) décarcasser, quatre
Küche cuistance, popote, (*der hat doch keine ~*) marchand
Kuchen (*sich den ~ teilen*) gâteau
Küchenfranzösisch cuisine
Kugel bastos, (*eine ruhige ~ schieben*) planque, (*~ in den Kopf jagen*) cervelle, plafond
Kuh vache, (*versoffene ~*) pochetée, (*wie eine ~ aussehen*) vache
kühl fraîchement
Kühlschrank frigo
Kummerkammer pleurs
kümmern (*sich ~ müssen um*) être
Kumpanei copinage
Kumpel (*dicke ~ sein*) ami-ami, aminche, cop, copain, pote, poteau, zig
Kunde (*komischer ~*) zigomar, (*~n aufgabeln*) marauder, retape
Kundenfang maraude, raccrocher
Kunst (*das ist ~*) sport, (*die ganze ~*) astuce
künstlich (*~ lachen*) dent
Kunstwerk artiste
Kupfermünze pièce
Kürbis carafon, chou, ciboulot, fiole
Kurs (*hoch im ~*) cote
Kurve (*die ~ kriegen*) virage
kurz (*~ und klein schlagen*) mettre
Kurzer court-jus, microbe
kurzschließen court-circuiter
Küßchen bécot, bise, bisou
Kußschnute (*eine ~ machen*) cul
KZ-Wächter garde-chiourme

L

Labor labo
lachen fendre, pavoiser, rigolade, rigoler (*aus vollem Halse ~*) rire, (*da lache ich drüber*) cogner, (*etwas zu ~ geben*) marrer, (*sich schimmelig ~*) gueule, pipe, poiler, rate, (*sich tot~*) gondoler, (*vulgär ~*) gouailler, (*zum Tot~*) gondolant
Lachen (*nicht mehr können vor ~*) écroulé, (*sich den Bauch halten vor ~*) côte,
lächerlich manque, mordre
lachhaft rire
Lackaffe bêcheur, enflé
Ladehemmung bloquer
Ladung chargé, décharge, fumée, giclée
Lage (*die ~ kennen*) papier, (*~ klären*) point
lahm (*~e Kiste*) veau, (*~es Bein*) patte
Lahmarsch patate
Lakai larbin
Lametta banane, quincaille
Lampe (*die ~ geht aus*) gaz
Lampenfieber trac
Land brousse, cambrouse, (*an ~ ziehen*) raccrocher, (*sich alles an ~ ziehen*) tirer, (*im ~ unbekannt*) bataillon
Landbewohner cambrousard
landen planter
Landser haricot, (*französischer ~*) poilu
landwirtschaftlich (*~e Auszeichnung*) poireau
lang (*~e Leitung*) allumage, détente, métro, (*~es Gesicht*) soupe
langatmig longuet
Langen (*einen ~ machen*) parterre, ramasser
längen sauce
Langeweile (*keine ~ haben*) ennuyer, (*vor ~ eingehen*) pied
langlegen (*sich ~*) aplatir, chute, valdinguer
langsam chouïa, minute
langweilen (*sich kaputt~*) heure, (*sich zu Tode ~*) barber, enquiquiner, sou
langweilig (*~er Typ*) chiant
Lappen (*durch die ~ gehen*) claquer, nez
Larifari laïus, (*~ reden*) laïusser
Lärm chambard
Lästermaul tapette
lassen (*laß doch!*) béton
Latein (*mit seinem ~ am Ende*) latin
Latschen (*aus den ~ kippen*) œil

Latte (*~ von Vorstrafen*) pédigrée
laufen (*es läuft prima*) planer, (*~ wie der Teufel*) courir
Laufenden (*auf dem ~ sein*) circuit, coup
Lausefänger rateau
Läuseharke crasseux
läuten (*etwas ~ hören*) puce
Leben (*das zum ~ Notwendige*) matériel, (*das ~ schwer machen*) misères, (*um sein ~ fürchten*) plume, (*wie das ~ so spielt*) pot
Lebendige (*es von den ~n nehmen*) emmerder
Lebensgeister (*~ wecken*) ravigoter
Lebensmittelheini épicemar
Leber (*durstige ~ haben*) dalle, (*frei von der ~ weg*) bâton
Leck-mich-doch-Haltung j'm'en-fichisme, j'm'en-fichiste
Leder barbaque, (*jdm. ans ~ wollen*) peau
Legehenne pondeuse
Lehrer prof, **~zimmer** singe
Leib (*~ und Seele zusammenhalten*) tenir
Leiche macchabée, refroidi, (*wie eine lebende ~ aussehen*) déterré, (*wandelnde ~*) cadavre
Leichen|acker refroidi, **~haus** morgue
leicht (*es fällt jdm. ~*) bosse, (*~ nehmen*) rigolade
leichtgläubig poire
leiden (*nicht ~ können*) sentir
leider manque
Leier (*die alte ~*) musique, (*immer die gleiche ~*) guitare, manivelle, refrain, ritournelle, tabac
Leine (*~ ziehen*) amarres, bouts, casser, flûtes, tirer
leiser (*~ reden*) musique
leisten (*sich alles ~*) refuser, (*sich ~*) payer
leiten chapeauter
Lenker (*auf dem ~ liegen*) mordre, (*goldener ~*) brosse à reluire
Lenz carat, pige
Lesbe gouine
Letzter queue
Letztes (*sein ~ geben*) saigner
Leuchte (*keine ~ sein*) aidé
Leukoplastbomber trottinette
Leute monde
Leutnant lieute, sous-bite, sous-lieute
Levis levis
Leviten (*jdm die ~ lesen*) cloche
Licht (*jdm. geht ein ~ auf*) puce, (*ganz kleines ~*) rien-du-tout, (*grünes ~ bekommen*) feu, (*hinters ~ führen*) barque, bateau
Lichthupe (*die ~ betätigen*) appel
lieb sage
Liebe (*die große ~*) amour, filer, (*~ machen*) amour
Liebe(r) chou, (*mein ~r*) père
lieben cheval
lieber (*etwas ~ selber machen*) main, (*~ mögen*) aimer
Liebeswahn (*der reinste ~*) rage
Liebling chouchou
Liebster (*er ist Papis ~*) toto
Lied (*das ist ein anderes ~*) musique, (*immer das gleiche ~*) chanter
Liedchen gueulante
liegenbleiben (*unterwegs ~*) carafe, rade
Lieschen Müller (*über ~ schreiben*) chien
link (*~er Typ*) gaucho
linken arnaquer, arranger, piper, repasser
linkisch empoté, godiche
links (*mit ~*) doigt, jambe, (*~ liegenlassen*) froid
Linoleum lino
Lippen pompeuses
Liste Argus
Liter litron
Loch trou, (*auf dem letzten ~ pfeifen*) aile, rouler, (*wie ein ~ saufen*) tire-larigot
Löcher (*~ in die Luft gucken*) gober
locker (*ganz ~*) mine, (*~ vom Hocker*) relax
Löffel (*den ~ abgeben*) clefs, déposer, passer, pipe
Lohn paie
lohnen coup
löhnen aligner, balancer, cracher, douiller, envoyer, lâcher, soudure
Lokalbummel piste
Lokus gogues
Lolita colis
Lol(l)os lolo, roploplots, rotoplos
Look look
los (*jdn. ~ sein*) sort, (*ich glaub, es geht ~*) croyable
Los lot (*das große ~ ziehen*) cocotier, (*das große ~*) numéro, pompon
los|gehen commencer, mettre en branle, (*auf jdn. ~*) plume, **~preschen** débouler, **~schnauzen** râler
Lot (*das kommt ins ~*) arriver à bon port
Lotterie loterie
Lotterleben vie
Lotto loto
Louis brochet
Löwe (*Höhle des ~n*) loup, (*wie ein ~ kämpfen*) lion
LP elpé
Lücke (*Erinnerungslücke*) trou, (*in der kleinsten ~ parken*) mouchoir
Lude barbeau, mac, proxo
Luft (*in der ~ hängen*) air, semoule, (*jetzt hol mal tief ~*) pinceau, (*nun halt die ~ an*) mettre, (*sich in ~ auflösen*) déguiser, (*wer gleich in die ~ geht*) pétardier, (*die ~ ist rein*) pet, (*~ schnappen*) air, bol, goulée
Luftsprünge galipette
lügen mentir
Lügen|geschichten bobard, menteries, salade, vanne, **~propaganda** intox
Lumpensammler biffe
Lunge caisse, éponges, soufflet, (*~ durchlüften*) oxygéner
Lust (*es macht mir ~*) motiver
Lustgroschen cadeau
lustig bidonnant, marrant, payer, rigolo, (*das ist nicht ~*) folichon, (*es wird ~*) pas
Lustiger rigolo
Lustknopf bouton, clicli
Luxusweibchen poule

M

Mache (*in der ~ sein*) marcher, piste, presse, (*nur ~*) flan, poudre, rantanplan
machen fabriquer, faire, (*da ist nichts zu ~*) moyen, R.A.B., (*den Ersten ~*) faire, (*es nicht mehr lange ~*) sapin, (*mach schon!*) radiner
Machenschaften grenouillage, magouilles, manège
Macher décideur
Macho macho
mächtig bourratif
Macke grain
Macker jules, mec, (*den großen ~ spielen*) mécaniques
Madame Madame
Mädchen fille, gamine, gonzesse, minette, (*für kleine ~ gehen*) coin
Made (*wie die ~ im Speck*) coq
Mafiosi ripoux
Magen buffet, (*im ~ liegen*) descendre, (*den ~ rumdrehen*) soulever, (*~ verderben*) détraqué
mager jeune
Maghrebiner bougnoul
Mahlzeit gueuleton
Make-up (*~ auffrischen*) raccord
Makkaroni macaroni
Mal (*zum xten ~*) énième
malen (*sich etwas ~ können*) brosser
Malesse pépin
Malheur(chen) accident
Maloche boulot, taf
malochen bosser, gratter, marner, turbin, turbiner
Malocher bosseur, pue-la-sueur
Mamma mama
Mammasöhnchen fils à maman
mampfen boulotter
manchmal fois
Mangel (*in die ~ nehmen*) cuisiner
Manitu caïd
Mann jules, mec, (*an den ~ bringen*) article, salade, (*den großen ~ spielen*) mouche, (*den lieben Gott einen guten ~ sein lassen*) orteil, (*den starken ~ spielen*) mécanique, (*den wilden ~ spielen*) terreur, (*einen ~ brauchen*) languir, (*seinen ~ ernähren*) nourrir, (*vom wilden ~ gebissen*) piqué, (*wichtiger ~*) homme, (*~ wie ein Bär*) malabar, (*~s genug*) fille, homme
Männer (*unter ~n*) homme
männerfressend (*~es Ungeheuer*) mangeuse
Männlein (*~ und Weiblein nehmen*) voile
Mannweib hommasse
Mantel paletot, pardingue
Märchen bidon
Marianne (*„Frankreich“*) Marianne
Mark (*keine müde ~*) carat, diable, flèche, radis, rond, (*durch ~ und Bein*) tripes
Märker pézette
Marsch crapahut, trotte, (*den ~ blasen*) savonner
Maschine machine, meule, pétoire
maso maso
Masse populo, (*~ haben*) masse
massig masse
Maß (*nach ~*) carte
Mathe maths
Matheas matheux
Matratze matelas
Matte (*auf die ~ schicken*) étendre, valdinguer, (*falsche ~*) barbouse
Matthäus (*~ am letzen sein*) ratiboiser
Mattscheibe (*~ haben*) assiette
Mauer (*über die ~ sein*) mur, (*wie wenn man zu einer ~ spricht*) mur
Mauerblümchen tapisserie
mauern bétonner
Maul (*aus dem ~ stinken*) bec, (*es würde ihm das ~ zerreißen*) écorcher, (*sich das ~ zerreißen*) jacter, (*das ~ stopfen*) bec, coin, moucher, river
maulen braire, gueuler, ramdam, rouscailler
Maulkorb (*~ anlegen*) museler
Maulwurf taupe
Maus poulette, souris
Mäuschen (*mein ~*) rat
Mausebär nounours
McDonalds mcdo
Mechaniker mécano
Meckerbruder gueulard, râleur, ronchonneur
Meckerei rouspétance
Meckerer ronchon
meckern braire, chanter, gueuler, ronchonner, rouspéter
Medium point
Meer (*blaues ~*) bleue
mehr (*~ oder weniger*) bord
meinen (*ich meine*) j'veux dire
Meinung (*ich hab Sie nicht nach Ihrer ~ gefragt*) grand-mère, heure, (*jdm. ordentlich die ~ sagen*) couleur, (*~ auswechseln*) renverser, (*jdm. die ~ geigen*) moucher, (*~ sagen*) passer, (*~ wechseln wie Hemden*) chemise, (*der ~ bin ich auch*) dire
Meise (*~ unterm Pony*) touffe
Meisterwerk (*kein ~ der Natur*) aidé
melden (*nichts mehr zu ~ haben*) fermer
Memo mémo
men (*for ~ only*) PHS
Menge foultitude, pas, tas
Mensch (*wie der letzte ~*) pied, seringue, (*~ in Not*) abois, (*~!*) oh
merken (*etwas ganz schön ~*) passer, (*nichts ~*) bleu, (*merk es Dir!*) crâne
meschugge barjot, foufou, maboul, poire
messen (*sich mit jdm. ~*) aligner
Messer lame, rapière, ratiche, surin, (*ans ~ liefern*) balancer, (*~ auf die Brust setzen*) couteau, pied
Messerstecher surineur
Metaller métallo
Metzger louchébème
miauen miauler
mich bibi, mézig

mickerig faiblard
mies miteux, mochard, (*~er Typ*) rosse
Miesmacher rabat-joie
Milch (*die ~ wird sauer, wenn du weitersingst*) pleuvoir, (*wie ~ und Honig*) petit-lait
Milchkaffee crème
Milieu mitan
Milla lolo
Mimose écorché vif, nerf
Mindestlohnempfänger smicard
Mini mini-jupette
Minuten broquilles, (*mit den ~ in der Welt sein*) pièce
mir bibi, mézig
mischen touiller
Misere panade
Mißgeburt faux
mißhandeln trique
Mißverständnis maldonne
Mist cochonnerie, mocheté, salade, (*und den ganzen ~*) bataclan, (*den ~ ausbaden*) pot, (*~ bauen*) boulette, gaffer, (*~ schreiben*) scribouiller, (*Mist-*) godille, infâme, **~araber** bicot, bique, raton, **~bulle** flicard, **~film** navet, **~kahn** rafiot, **~laune** poil, **~politiker** politicard, **~vieh** bestiau, **~weib** grognasse
mit (*~ allen Wassern gewaschen*) combinard, (*~ dem*) question, (*~ der Sprache rauskommen*) accoucher, (*~ mir nicht*) faire
mitgehen lassen chouraver
mitkriegen prendre
mitmachen marcher, partant, passer, (*nicht mehr ~*) flancher
Mitreisender trimardeur
mitspielen (*jdm. übel ~*) vache
Mitsubishi Yamamoto Kaderaté, Kishi Duhoduma
Mittel biscuit
Mittelfinger (*den ausgestreckten ~ zeigen*) doigt
Mitterrand (*Spitzname*) tonton
Möbelwagen (*du siehst von drei Metern keinen ~*) œil
Möchtegern- main gauche
Modepüppchen poupée
Mofa mob
mögen (*jdn. nicht ~*) encadrer, encaisser, (*mit der möchte ich auch mal*) faire, farcir
möglich (*nicht ~!*) vrai, (*alle ~en Leute*) poil
Mögliche (*alles ~ durchmachen*) couleur, (*für alles ~ benutzen*) sauce, (*jdn. alles ~ nennen*) oiseau
Möglichkeit (*keine ~ auslassen*) rateliers
Mohr moricaud
mollig rondouillard
Momentchen papillon
Monat (*über den ~ kommen*) arrondir ses fins de mois, soudure
Moneten flouse, fric, picaillon
Moped cyclo, pétrolette
Moppen (*mit den ~ nicht raus wollen*) récal, (*~ haben*) sac
mopsen chaparder
Moral (*auf die ~ pfeifen*) bonnet
Moralischer cafard
Moralpredigt morale
Morast gadoue, glaise
Mord duraille
morgen (*~ ist auch noch ein Tag*) demain
Morgen|latte tracassin, **~mensch** être, **~muffel** être
morgens mat'
mosern ronchonner, tousser
Motor moulin
much (*too ~*) too much
Muchacha mouchacha
Muckis biscottos
müde barre
Muffe grelot, (*die ~ geht eins zu tausend*) bravo, trouillomètre
Muffensausen miche, traquette
Mühe (*der ~ wert*) os, (*sich ~ geben*) rayon
Mühle (*alte ~*) coucou, meule, moulin, taxi
mulmig zone
Mumm accrochés, air, avoir, bide, cœur, couille, culotté, estomac, froid, tripe
mümmeln chipoter, dent
Mumpitz bique
Mund pipe, (*den ~ nicht mehr zu kriegen*) bras, (*nicht auf den ~ gefallen sein*) langue, (*~ halten*) veilleuse
Münze (*mit gleicher ~ heimzahlen*) ascenseur
Murks bricolage, cafouillis
Murksbruder sagouin
murksen cafouiller
Murren (*ohne ~*) renâcler
murren renâcler
Muschi chatte, moule
Musi biniou, zizique
Musiker (*~ zweiter Garnitur*) musicos
Musikwissenschaftler empoté
Muß must
müssen adorer, (*klein/groß ~*) commission, (*mal ~*) pipi
Must must
Mut (*~ machen*) coeur, moral
mutig avoir, gonflé
Mutt glaise
Mütterchen mémère
Muttersöhnchen ouistiti
Mütze (*eine ~ voll Schlaf nehmen*) piquer

N

'N (~ *Appel und n' Ei*) prune
na (~ *los*) abouler, (~ *so was*) vache
Nabel (*einen Ausschnitt bis zum* ~) nombril, (*sich für den* ~ *der Welt halten*) nombril
nach|denken carburer, **~geben** craquer, fauter, flancher, **~gucken** mater, **~helfen** pouce
Nachmittag aprèm'
Nachschlag rab, rallonge, (~ *nehmen*) repiquer
nachsehen reluquer
Nachsitzen colle
nachsitzen coller
Nachsommer démon de midi
Nacht (*die* ~ *durchmachen*) nuit, (*schlaflose* ~) nuit blanche, **~eule** être, **~wächter** roupilleur
Nachwuchspflänzchen colis
nackt poil
Nadel shooteuse, (*an der* ~ *hängen*) piquer, (~ *im Heuhaufen suchen*) aiguille
Nagel (*an den* ~ *hängen*) froc, (*unter den* ~ *reißen*) farcir, main, (*Nägel mit Köpfen*) clou
nageln niquer, sauter
Nahkampftango frotter
Nährwert (*ohne* ~) noix
naiv (~*es Pflänzchen*) fleur
Naivling gogo
Name blase, (*unaussprechlicher* ~) coucher, nom
Narr mordre, (*einen* ~*en gefressen haben*) gaga
Näschen (*ein* ~ *voll nehmen*) narines
Nase pif, (*alles aus der* ~ *ziehen müssen*) nez, (*an der* ~ *herumführen*) belle, cravater, (*auf die* ~ *fallen*) nez, (*eine lange* ~ *machen*) nez, (*laß deine* ~ *aus meinen Angelegenheiten*) plates-bandes, (*laufende* ~) goutte, (*pro* ~) tête, (*goldene* ~) culbute, (*vor der* ~ *wegschnappen*) souffler, (*die* ~ *voll haben*) bol, (*an der* ~ *vorbei*) passer
naselang (*alle* ~) bout
Nasen|fahrrad pare-brise, **~spitze** (*jdm. etwas an der* ~ *ansehen*) nez
Nassauer tapeur
Natur (~ *wie ein Pferd*) nature
natürlich juste
Nebel coton, (~ *zum Schneiden*) brouillard
nebenan porte
nebenbei (~ *gesagt*) dire
neckisch olé olé
nee! nan
Neger moricaud, **~krause** afro
nehmen (*Stoff* ~) envaper, (*nimm das!*) caisse
Neid (*vor* ~ *erblassen*) baver
neien! (*nein*) nan!
nein (*da kann man doch nicht* ~ *sagen*) refus
Nepp nettoyage
neppen fusil
Nerv nerf, (*auf die* ~*en gehen*) nerf, tanner
nerven casse-bonbon, courir, enquiquiner, raser, scier
Nervenbündel cran, paquet, pelote
Nervensäge briseur de nougats, emmerdeur, rasoir, scie, (*kleine* ~) morveux
nervenzerfetzend palpitant
Nesseln (*sich in die* ~ *setzen*) ramasser
Nestbeschmutzer empoisonneur public
nett sage
Netz (*ohne* ~ *und doppelten Boden*) corde
neu rare, (*noch* ~ *hier*) neuf, (*wie* ~) neuf
Neue bleusaille
Neuerung novation
Neues (*auf ein* ~) rebelote
Neuigkeiten potin
neulich autre
neunundsechzig soixante-neuf
neuralgisch (~*er Punkt*) point
nicht (~ *aufhören*) main, (~ *schlecht Herr Specht*) Pascal, (~ *schlecht*) cochon, mal, (~ *wenig*) peu, (~ *zu glauben*) vrai, (*nicht?*) pas
nichts lerche, rien, riquiqui, (~ *anhaben*) poil, (*ist das etwa* ~*?*) poulet, (*so gut wie* ~) nib, paille, (~ *werden*) poisson, (~ *wert*) pet, (~ *zu machen*) r.a.b.
Nickerchen (*ein* ~ *machen*) bulle, ronflette
nie macache, (~ *im Leben*) vie, (~ *und nimmer*) bernique
Niere rognon
Niete minable, nullard, raté
Nigger négro
Nimmerwiedersehen (*auf* ~) adieu
Niveau (*ohne* ~) pâquerette, (*tiefstes* ~) pâquerette, (*das* ~ *höher schrauben*) barre
nix balai, clopinettes, couic, dalle, haricot, nèfle, pouic, zob
noch (~ *nie*) vie, (~ *einmal!*) rebelote, remettre
Nordafrika-Franzose (*junger* ~) beur
Nordafrikaner Noraf
Nörgelei pinaillage, ronchonnement
Nörgelheini ronchonneur, ronchonnot
nörgeln chipoter, pinailler
Nörgler ronchon
Normale cousu
Notarzt SAMU
Note (*falsche* ~ *spielen*) pipe
Notgroschen (*sich einen* ~ *aufheben*) poire
Notstand (*sexueller* ~) manque
Nu (*im* ~) deux, quart
nüchtern (*wieder* ~ *machen*) dégriser
Nudelholz (*das* ~ *kreist*) secouer, soupe
Null cloche, faiblard, lavedu, minable, zéro, (*gleich* ~) sortie, (*von* ~ *an anfangen*) zéro, (*in* ~ *Komma nix*) cuillère, balai
Nullbock ras
Nummer (*komische* ~) numéro, tordu, (~ *schieben*) air, grimpette, levage
Nuß (*dumme* ~) noix, (*Nüsse*) bijoux de famille, couille, joyeuses, noisettes, (*auf die Nüsse gehen*) noisettes
Nüttchen branleuse
Nutte morue, putain, radasse, (*alte* ~) roulure, (*zu einer* ~ *gehen*) taper, (*von* ~*n leben*) maquereauter
nutze (*zu nichts* ~) bon
Nymphomanin mangeuse d'hommes

O

Obdachloser zonard
oben (*die ~*) eux, (*es bis ~ stehen haben*) avoir, classe, (*immer ~ schwimmen*) nager, (*von ~ herab*) jambe, („*oben*“) main
Oberblödmann toto
Oberhand (*~ gewinnen*) dessus, meilleur
Oberlude redresse
Obermacker mec, redresse
Oberstübchen ciboulot, plafonnard, (*nicht alle im ~ haben*) fêlé, plafond
Oberwasser (*~ haben*) belle
Och bôf
Ochse bœuf
oder (*~ was?*) quoi
Ofen pétoire
offen (*~ reden*) déboutonner
offenherzig (*~ gekleidet sein*) nombril
offenlassen (*Rechnung ~*) queue
offiziell (*~e Geliebte*) titre
Offz officemar
oh oh
ohne (*~ Umschweife*) hussarde
ohnmächtig mal
Ohr portugaises, (*ich bin ganz ~*) miette, ouïe, (*ins eine ~ rein, ...*) oreille, (*übers ~ hauen*) arnaquer, doubler, rouler, (*die Wände haben ~en*) mouche, (*Dreck in den ~en haben*) miel, (*jdm. in den ~en liegen*) oreille, (*noch nicht trocken hinter den ~en*) sevrer, (*~en lang ziehen*) allonger, frotter
Ohrfeige baffe, beigne, calotte, claque, mornifle, (*einen Satz ~ verabreichen*) calotte, mornifle
Ohrwurm scie
o.k. acc, banko, boulotter, o.k., va, (*der Mann ist ~*) penser
Öko écolo
Öl (*~ aufs Feuer*) huile
Olle bergère, femme, gerce, (*bescheuerte ~*) toupie
Ölsardinen (*wie die ~*) sardine
Olsche femme
Omi mamie
Onkel tonton
ooch bôf, peuh
Opa pépé
opfern (*sich ~*) donner
Opi papi
Orchester bastringue
Orden macaron
Ordentlicher (*einen ~ eingießen*) adulte
Organ coffre
organisieren tirer
Orgasmus envoyer, pied
Orgie ribouldingue
original officiel

P

paaren mélanger
Päckchen pacson
packen (*jdn. an die Jacke ~*) agriffer
Packung carton
paff aussi sec
Paketchen balluchon
paletti (*alles ~*) Anatole
Palme (*auf die ~ gehen*) cocotier, (*sich einen von der ~ wedeln*) branlette, chinois
Pampe bouillie
pampig méchant
Panikorchester beuglant
Panne rade
Pantine patin
Pantoffel savonnette
Papasöhnchen fils à papa
Papier (*auf dem ~*) papier
Papiere paps
Pappdeckel semelle
Papperlapapp tarte
Papst ponte, pontife
päpstlich (*~er sein als der Papst*) royaliste
Paranoiker parano
parieren marcher
Paris Paname
Pariser anglaise, capote anglaise, (*~ Gossenjunge*) titi, (*~ Mundart*) parigot, (*~ Akzent*) pointu
parken (*in der kleinsten Lücke ~*) mouchoir
Parklücke créneau
Partie (*mit von der ~*) charrette, croquer, manger
Partnertausch échangisme
Party partie
Pascha (*wie ein ~*) pacha, peinardement
passen aller, zéro
patent franco
Patsche débine, dèche, panade, purée, (*aus der ~ helfen*) démerder, dépanner, (*in der ~ sitzen*) bec, jojo, mélasse
Patzer gourance
Pauke (*auf die ~ hauen*) nouba
pauken bachoter
Pauken (*mit ~ und Trompeten*) tambour
Pauker prof
Paukerei bachotage
Pauktyp bûcheur
Pause récré, (*Pause!*) arrêt-buffet
Pech guigne, tuile, veine, (*nur ~ haben*) verni, (*wie ~ und Schwefel sein*) cul

pedalen manivelle
Pedell surgé
pedes (*per ~*) pédibus
Pelz (*auf den ~ rücken*) râble
pendeln navette
Penne bahut, boîte
pennen pager, roupiller, (*mit der haben schon alle gepennt*) passer
Penner cloche, clodo, locdu, pignouf, pouilleux
Pep chien
pervers spécial
Perversität spécialité
petzen cafarder, cafeter, moucharder, rapporter
Petzer cafeteur, mouchard, rapporteur
Petzerei cafardage
Pfaffen calotte
Pfandhaus tante
Pfanne (*in die ~ hauen*) gueule
pfeffern balancer
Pfeffersack gros, richard
Pfennig sou, (*~e zusammenkratzen*) gratter, (*hinter den ~en her sein*) sou
Pfennigfuchser rat
Pferd (*das ~ nicht vom Schwanz aufzäumen*) charrue
Pferdchen gonzesse
Pferdefleisch singe
Pferdepimmel braquemart
Pfiff (*~ haben*) arracher, chien
Pfifferling (*keinen ~ wert*) clou, tripette
Pflaster turf, (*gutes ~*) billard
Pfötchen paluche
Pfoten (*~ weg!*) patte
pfundig bath
Pfusch cafouillis, flan, frime, triche
pfuschen (*sich rein~*) resquille, flan
Pfuscher cafouilleur, resquilleur
Phantasiepreis faramineux
phantastisch dingue
Philosophie philo
Phrasendrescherei bois
Pi (*~ mal Daumen*) cheval
Pickel bobo
picobello léché, quart
piekfein B.C.B.G., huppé, sélect
Piekser picouse
piepegal balancer
Piephahn zizi
piepschnurzegal contreficher
piesacken chinoiser, gril, jouir
Pik 7 (*aussehen wie ~*) aller, as
Pike (*von der ~ auf*) tas
Pille (*die bittere ~ schlucken*) avaler, couleuvre
Pillendreher pharmaco
Pimmel calcif, manche, zeb, zob
pimpern piner
Pinkel (*feiner ~*) beau
Pinkelatorium pissoir
pinkeln coup, pipi, pissée, pisser
Pinkelpause pipi
Pinn (*auf den ~ treten*) champignon
Pipimädchen pisseuse
Pisse pissat
pissen (*es pißt wie verrückt*) pisser
Pißmädchen branleuse, marie-pisse-trois-gouttes
pitschnaß canard, saucer
plästern flotter, pisser, vaser
platt asseoir
Platte genou, (*dieselbe ~ auflegen*) remettre, (*eine andere ~ auflegen*) changer
plätten boucher, river
plattfahren aplatir
plattmachen bousiller, descendre, zigouiller
Platz (*den ~ räumen*) débarrasser le plancher, (*~!*) sissite
Plätzchen (*ruhiges ~*) planque
platzen (*fressen bis man platzt*) sous-ventrière
Platzregen rincée
Plauze éponges
plazieren positionner
Pleite bouillon, plongeon
plemplem gaga, toctoc
plötzlich (*aber ein bißchen ~*) subito
Plus plus
plustern (*sich auf~*) crâner
pofen pieuter, roupiller
Polack Polac
Polente maison, poule, rousse
Politesse pervenche
Politiker (*korrupte ~*) ripoux, (*Mist~*) politicard
Polizist hirondelle
Polster (*ein ordentliches ~ haben*) reins
Polyp bourre
Polytechnikum X
Pony (*nichts unterm ~ haben*) chignon, (*eine Meise unterm ~ haben*) touffe
Popofalte raie
popokurz ras
populär popu
Porno histoire, porno
Port(wein) porto
Portemonnaie morlingue
Portion porcif, portion
posaunen crier
Pose (*sich in ~ setzen*) installer
Positive(r) [*AIDS*] séropo
Post (*die ~ geht ab*) déménager
Posten (*noch gut auf dem ~ sein*) pied, (*auf ~ stehen*) planque
Potenzmittel pousse-au-vice
Pott trône
Potte (*zu ~ kommen*) accoucher
potthäßlich laid, pou
Power- choc
Pracht- feu
Prahm marie-salope
Prämie gratte
Preis (*astronomischer ~*) faramineux
Preisaufschlag rallonge
Preise (*~ brechen*) casser
Prellböcke (*„Busen“*) amortisseurs, pare-chocs
Presseheini briseur de nougats
prickelnd émoustillant
Priester|arsch cul, **~fresser** mangeur de curés
prima bathment, chef, fin, franco, juteux

Prinzipienreiter cheval
Prise prise, sniffette
Privatadresse clandé
pro chaque
problematisch problématique
Problem embrouille, problématique
Professor prof
Profi pro
Prognose prono
Prolet plouc, prolo
proletenhaft populo, prolo
Prominenz huile
prompt réglo
Propagandafeldzug bourrage
Propagandist bourreur
proper clean
Prophet (*kein ~ sein müssen, um...*) prophète
Prost Étienne
Prösterchen tchin'-tchin'
protegieren pistonner
Protestgeschrei gueulante
protzig m'as-tu-vu
Provinz (*tiefste ~*) Trifouillis-les-Oies
Provision comm'
Provokation provoc
Prüfer (*weicher ~*) coulant
Prüfung exam
Prügel castagne, dérouillée, pâtée, raclée, rincée, (*~ verabreichen*) dérouiller, (*~ beziehen*) assaisonner
Prügelknabe tête
prügeln torchon
Psychoanalytiker psy
PT-Fan (*Partner-Tausch*) échangisme
Pudel (*des ~s Kern*) âge, (*wie ein begossener ~*) constipé, fin
pudelnaß canard
pudelwohl (*sich ~ fühlen*) baskets
Puff bastringue, boxon, claque, **~mutter** maquerelle
Pulk mouchoir
Pulle (*volle ~*) pot
Puls (*den ~ fühlen*) température
Pulver (*das ~ nicht erfunden haben*) inventer
Pumpe battant, palpitant
pumpen (*Geld ~*) taper
Pumpenheimer château-la-pompe
Pumpheini tapeur
Punker loubard
Punkt pile, point, tapant, (*~e sammeln*) point
Püppchen poupée
Puppen (*bis in die ~ schlafen*) gras
puppeneinfach fastoche, miel, mille-feuille, nougat
pur nature
Purzelbäume galipette
pushen (*weg~*) dégommer
Pussy chatte, minet, (*~ lecken*) brouter, minette
Puste calibre, soufflant
Pustekuchen adieu, Berthe, œil
Put lardon
putzen couture
Putztick maladie

Q

Quadratlatschen écrase-merde, targettes
qualmen bombarder, griller
Quante arpion, panard, pinceau
Quantum (*sein ~ haben*) dose, paquet, ration
Quatsch charre
Quätschchen (*ein ~ halten*) bavette
quatschen bavasser, bavette, causer, jaser, (*besser nicht ~*) ouvrir
Quatsch|maul tapette, **~suse** babillard
Quelle (*~ auftun*) filon
quengeln chialer, tousser
quer (*etwas sitzt ~*) pet, traviole
Querkopf lard
quetschen (*sich ~*) entasser
quitt quitte

R

rächen rebiffe
Rad vélo, (*das fünfte ~ am Wagen*) roue
Radaubruder chahuteur
Radieschen (*sich die ~ von unten ansehen*) pissenlits, radis
raffen (*„verstehen"*) accrocher
Rahmen (*nicht in den ~ passen*) désordre, (*über den ~ nicht hinauskommen*) gabarit
Rambozambo java, ramdam
rammeln limer

rammen coup
Rampentiger cabotin
ramponieren air, esquinter, raboter, zigouiller
Ramschwarenhändler camelot
Rand (*halt den ~!*) boucler, fermer, sourdine
Randale chahut, chahuter
randalieren chahuter
Randalierer casseur, chahuteur
randvoll tassé
Rang (*jdm. den ~ ablaufen*) pion
ran|gehen filet, (*~ wie Blücher*) cuillère, manœuvre, **~halten** (*sich ~*) cramponner, **~klotzen** charbon, coup, paquet, trimard, trimer, **~nehmen** suer
rasen foncer, gaz
rasieren couenne, hure
rassig race
raten (*rate doch mal!*) Émile
Ratte gaspard, vendu, (*meine süße ~*) rat
Ratten|gesicht rat, **~nest** rat
ratzen dodo, écraser
Räuberleiter échelle
Raubtier greffier
Rauchsignale (*~ kriegen*) téléphone arabe
rauffahren (*nach Paris ~*) monter
raus air, balai, (*ich bin ganz ~*) déphasé, (*~ mit der Sprache!*) franco
Rausch (*seinen ~ ausschlafen*) cuver son vin
Rausch(e)bart barbe
raus|hauen pondre, **~kommen** (*aus dem Bau ~*) sortir, (*aus der Sache ~*) sortir, (*mit der Sprache ~*) embrayer, table
räuspern (*sich ~*) tousser
rausschmeißen balancer, débarquer, jeter, vider, virer
Rausschmeißer videur
raustun (*ihn vorher ~*) sauter
rausziehen (*ihn vorher ~*) retirer
Razzia coup, nettoyage
Reaktionär réac
rechnen (*jd., mit dem man ~ muß*) conséquent
Rechnung douloureuse, (*auf meine ~*) rincer, (*ohne ~*) main, (*offene ~*) ardoise
recht (*es jdm. ~ machen*) pied
Rechtsverdreher bavard
Rede laïus
reden (*über Gott und die Welt ~*) bout, discuter, (*wir ~ noch miteinander*) expliquer
Redensart parlote
Reform novation
Regen flotte
Regenmantel imper
Regiment (*schon das ganze ~ hat mal mit der ...*) passer
Register (*alle ~ ziehen*) jeu
Registrierte(r) carte
regnen mouiller
Reibach bénef, boni, (*~ machen*) sucrer
reichen (*es reicht*) complet, (*jetzt reicht's!*) barbe, jambe, marre
Reicher doré
reif bon, cuit, mûr
Reifen gomme, (*mit quietschenden ~*) chapeau
Reih und Glied (*in ~*) oignon
Reiher (*voll wie ein ~*) bourré, plein
reinbugsieren (*sich ~*) garer
Reinfall bide
rein|fallen niquer, un, **~gehen** (*voll ~*) main, **~hängen** (*sich in etwas ~*) fraise, **~hauen** (*Alkohol*) décoiffer, (*Appetit*) abattre, coup, dent, fourchette, (*hart ~*) matraqueur, sec, **~klotzen** boulonner, bûcher, mordre, **~legen** allumer, arnaquer, avoir, blouser, boîte, cocufier, couillonner, cravater, dedans, entuber, niquer, pigeonner, posséder, refaire, rouler, **~lutschen** (*sich einen ~*) brouter, **~pfuschen** (*sich ~*) resquiller
Reinpfuscher resquilleur
reinrutschen embarquer, **~schieben** (*einen ~*) banane
Reinschlagen (*Fresse zum ~*) buvable, chier
rein|schlingen enfourner, **~schneien** poil, **~setzen** parachuter, **~stecken** (*Nase ~*) fourrer, **~stopfen** (*in sich ~*) morfaler, **~tun** (*einer Frau einen ~*) planter, rentre-dedans, tremper, (*sich einen ~*) biture, poivrer, **~ziehen** (*sich etwas ~*) envoyer, speeder
Reisen (*auf ~ sein*) rouler
reißen claquer, (*sich um etwas ~*) presse
reiten tapecul
Reiterhose culotte
reizen brancher, chercher
reizend jouissif
Reklamationsware rendu
Reklamefeldzug bourrage
remmeln baiser, zizi
Rennbahn (*die reinste ~*) billard
rennen galoper
Rennen (*nicht im ~ sein*) course, (*das ~ machen*) morceau
renovieren retaper
Repro repro
Reserve (*aus der ~ locken*) dégeler
Rest reste, (*der ~ kann egal sein*) reste, (*der ~ vom Schützenfest*) rogatons
Restaurant restau
retro rétro
rettungslos trognon
richtig (*ich hab alles ~*) bon, (*wohl nicht ganz ~ im Kopf*) tête, (*~ betrachtet*) gamberge, (*~ spielen*) régulier, (*~ gesehen*) vue
Richtige (*flüster mir das ~ zu*) numéro
Richtiger décideur
Richtigstellung point
riechen (*ein Geschäft ~*) renifler, (*nicht ~ können*) blairer, sentir
Riecher (*den richtigen ~ haben*) nez
Riechwasser sent-bon
Riemen pine, (*reiß dich am ~*) flancher
rieseln (*Kalk*) sucrer
Riesen- comac, fieffé, fier, méga
Riesen|dummheit vache, **~erfolg** malheur, **~fete** surboum, **~scheiße** (*gottverdammte ~*) bordel, chierie, merde, putain, **~schwein** (*~ haben*) cocu, **~theater** histoire, (*~ machen*) plat, **~wirbel** tamtam, **~zigarre** maousse

riesig enfer, extra, formide, grandissime, mastard, mégalo, pied
Ring (*„Boxring“*) ring
Ringeltäubchen mouton
Röckchen jupette, (*den ~ nachlaufen*) courir
Rocker blouson noir, loubard
Rockzipfel (*am ~ hängen*) jambe, patte
Rohr (*aus vollem ~ spinnen*) plein
Röhre (*in die ~ gucken*) revue, tintin, travers
Rolle (*von der ~ sein*) bout
rollen (*~ lassen*) enrouler
rosig rose, (*~e Aussichten*) galère
Rot (*bei ~ über die Ampel fahren*) brûler
rot (*voll ~*) sanguin, (*~e Haare*) carotte, (*~e Birne*) fard, soleil
Roter coco, rouge, rouquin, (*einen Roten trinken*) rouge, (*die Roten sind da*) anglais
Rothaariger rouquin
Rotweinkir communard
Rotz (*sich für Graf ~ halten*) Jupiter
Rotze glaviot, mollard
rotzen glavioter, mollarder
Rotz|fahne tire-jus, **~junge** branleur, merdeux, morpion, **~nase** chandelle, goutte
Rübe boule, cafetière, carafon, fraise, melon, (*sich die ~ vollhauen*) farcir, (*sich die ~ zerbrechen*) presser
rüberschieben filer
ruck-zuck beauté
Rücken (*einen breiten ~ haben*) dos, (*jdn. im ~ haben*) manche
rücken pousser
Rückgrat (*die Dollars aus dem ~ leiern*) puce
rucki-zucki vitesse
Rück|sicht (*ohne ~ auf Verluste*) aller, **~spiegel** rétro, **~zieher** machine
ruckzuck beauté, coup, deux
rüde (*~ behandeln*) trique
rufen (*~ Sie mich doch mal an*) passer, (*ich hab Sie nicht ge~*) sonner
Rüffel engueulade
Ruhe (*keine ~ geben*) turlupiner, (*die ~ selbst*) Baptiste, (*jdn. in ~ lassen*) baskets, (*die ~ des Kriegers*) repos
ruhig (*sei bloß ~*) moufter
ruinieren amocher, ratisser
rülpsen roter
Rülpser renvoi, rot
rum|bummeln vadrouiller, **~fahren** transbahuter, vadrouiller, **~gammeln** savate, **~gurren** roucouler, **~knacken** baver, **~kommen** naviguer, **~lungern** traîner
Rumpelkammer cagibi, foutoir
rumvögeln queuter
Runde (*~ werfen*) rincer, tournée, (*kaum über die ~n kommen*) bout, ennuyer, os
rundkommen défendre
rundlich rondouillard
rundum azimut, (*~ äugeln*) périscope
runter (*~ sein*) décrocher
runter|hängen pendouiller, **~holen** (*sich einen ~*) colonne, popaul, queue, **~kommen** tomber, **~putzen** couler, **~schlucken** écraser
Ruski Ruskof
Russe (*saufen wie ein ~*) Polonais, (*für die ~n*) boches

S

Sache (*zur ~!*) manœuvre (*das ist die ~ wert*) jus, (*das ist meine ~ nicht*) tasse, (*einer ~ auf die Spur kommen*) pot, (*zur ~ gehen*) castagne, (*sagen, was ~ ist*) annoncer la couleur, (*~n „Geschlechtsorgane“*) service, (*~n machen*) belle
sachte mollo, mou
Sack couille, (*alter ~*) birbe, (*auf den ~ gehen*) botte, casse-bonbon, (*im ~*) fouille, poche, pokket, (*in den ~ stecken*) pige, (*wie ein nasser ~*) masse, (*~ voller Probleme*) embrouille
sadistisch sado
Saft jus
Saftsack couille, pelure, ramolli
sagen (*das sagt mir etwas*) parler, (*das kann man wohl ~*) dire, (*du sagst es*) bouffi, (*nichts mehr ~*) reste, (*sagt es Ihnen etwas?*) chanter, (*ich sag' Ihnen lieber nichts*) dire, (*wem sagst du das?*) dire, (*wie man so sagt*) autre, (*würde ich doch ~*) je dirais, (*sie sagt mir nichts*) sentir
sagenhaft craquant, satané
Salzsäule (*wie eine ~*) quille
Samen foutre, (*~ schlucken*) fumée
sammeln piquer
Sammeltransport balai
Sammlung (*die ganze ~*) gamme, (*eine ~ veranstalten*) retape
Samt (*in ~ und Seide*) péter, soie
Samthandschuhe (*mit ~n anpacken*) aller, gant
Sand (*~ in die Augen streuen*) poudre
Sandwich casse-bonbon
sang- und klanglos douce
Sanierung rebectage
Sankt-Nimmerleins-Tag Saint-Glinglin
Satansbraten diable, jojo
satt (*sich rundrum ~ essen*) taper
Sattel (*fest im ~*) reins
Sau (*schwarze ~*) chiottes, (*wie die Säue arbeiten*) cochon
Sauarbeit cochon
sauber blanc, (*bleib ~*) sage
Sauberkeitsfimmel maladie

saubermachen torchon
säubern nettoyer
Säuberung nettoyage
Säuberungsaktion torchon
saudoof chou, lune
saudumm balai
sauer dent, nez, (~ *werden*) moutarde
Sauerei cochonnerie, dégueu, putasserie
Saufbruder soûlographe
saufen biberonner, coude, picoler, pinter, pomper, soûler, téter, tututer, (~ *wie ein Loch*) tire-larigot
Saufen soûlographie
Säufer éponge, licheur, picoleur, pochard, sac, soiffard, soûlard, soûlaud
Säuferei soûlerie
Säugling têtard
Saukopf tête
Sause (*die* ~ *machen*) gicler
sausen (*einen* ~ *lassen*) prout
Saustall porcherie
sauteuer chéro, coûter, peau
schachmatt mat
Schaden casse
Schäfchen (*seine* ~ *ins Trockne bringen*) creuser, pelote
Schäferstündchen heure
schaffen brûler, décrocher, (*damit nichts zu* ~ *haben*) r.a.b., (*es nicht mehr* ~) classe, („*arbeiten*") gratter
Schale (*sich in* ~ *werfen*) trente et un
schalten (*ständig zwischen den Kanälen hin- und her*~) zapper
Scham (*vor* ~ *in den Boden versinken*) souhaiter
Schampus cham'
Schande foutre, malheureux
scharf bander, cul, pinocumettable, (~ *auf*) craquer
schassen cocotier
Schatten (*alles in den* ~ *stellen*) passer
Schatz or
Schätzung (*bei vorsichtiger* ~) mot
Schau cinéma, (*nur* ~ *machen*) galerie, (*seine übliche* ~ *abziehen*) numéro
Schauer sauce
Schaufenster (~ *gucken*) lécher
Schauspieler cabotin
scheel bigleux
Scheibchen (*davon kannst du dir ein* ~ *abschneiden*) graine
Schein biffeton, fafiot, (*zum* ~) frime, paravent, rantanplan
Schein- bidon
scheintot amorti, Argus
Scheintoter amorti
Scheinwerfer projo
Scheiß (~ *drauf*) balayette
Scheiß- con, connement, couilles, fesse, foutu, infâme, merde
Scheiß|arbeit chiant, ~**blatt** torche-cul, ~**bullen** mort, ~**demonstrant** manard
Scheiße chiant, chiasse, chienlit, merde, (*durch die* ~ *blickt keiner mehr durch*) nègre, (*in der* ~ *sein*) merde, (*in der* ~ *tappen*) trou, (*jdn. an die eigene* ~ *erinnern*) nez, (*jdn. in die* ~ *reiten*) merde, (~ *in den Augen haben*) merde, œil
scheißegal cirer, pisser
scheißen chier, (*drauf* ~) branler, ficher
Scheißer (*feiger* ~) foireux, merdeux
Scheißerchen chiard, morbac
Scheißerei chiasse
Scheißhaus chiotte, ~**papier** papier, p.q., ~**kiste** panier
scheißlangweilig emmerder
Scheißleben garce
scheißschwer merde
Scheiß|situation merdier, ~**wetter** chien
Scheitel (*vom* ~ *bis zur Sohle*) pied
Schenkel gigot
Scherben (*die* ~ *zusammenfegen*) chauffer
Schere (*eine* ~ *springen*) ciseaux
scheren tondre
Scherz (~ *beiseite*) coin
Scheunendrescher (*wie ein* ~ *fressen*) manger
Scheußlichkeiten horreur
Schickeria bourgeoise, chébran, snobinard
Schickeriatyp chébran
schickimicki snob
schieben (*einen* ~) crampe, petit, tremper
Schieben poussette
Schiebung arnaque
Schiedsrichter (~ *pfui!*) chiotte, (~, *du Arsch!*) poil
schief (*jdn.* ~ *angucken*) regarder, (~ *gewickelt sein*) doigt, œil
schiefgehen branler
schielen lorgner, loucher
Schieri chiotte
schießen beigne, filer, mitrailler
Schiet miel
schieteinfach miel
Schiffe pissat, pisse, (~*versenken*) bataille, morpion
schiffen lisbroquer
Schifferklavier piano
schikanieren pou
Schilde (*etw. im* ~ *führen*) tête
schimmelig (*sich* ~ *lachen*) rate, tire-bouchonner
schinden burnous
Schinder négrier
Schinderei galère
Schippe (*dem Tod von der* ~ *springen*) frôler
Schirm pébroque, pépin, (*einen* ~ *stehen lassen*) perle
Schisser péteux, pétocheur, trouillard
Schiß chiasse, frousse, pétoche, pétouille, trouille, (~ *haben*) buffet, déballonner, pétocher
Schizophrener schizo
Schlabberwein piquette
Schlacht corrida, ~**feld** foutoir, ~**schiff** (*sie ist ein altes* ~) tableau
Schlächterarbeit charcutage
Schlaf (*den* ~ *des Gerechten schlafen*) dormir, (*im* ~) fauteuil, nez
schlafen coucher, dormir, écraser, (*das läßt mich nicht* ~) chiffonner, (*sich aus*~) gras

Schläfchen roupillon
Schlafsack bidoche, sac
Schlafstellenvermieter marchand
Schlag pêche (*'nen ~ weg haben*) masse, (*harter ~*) massue, (*keinen ~ tun*) un, (*~ fünf*) coup, tapant, (*~ ins Leere/ins Wasser*) eau, (*~ ranhauen*) mettre
Schläge (*~ einstecken*) torgnole
schlagen cogner, (*alles kurz und klein ~*) mettre, (*bewußtlos ~*) estourbir
Schlager goualante, gueulante, tube
Schläger bagarreur
schlagfertig tac
Schlagseite voile
Schlampe marie-salope, pétasse
Schlange gale, (*~ stehen*) presse, (*~ fahren*) huit
schlapp flapi, (*Erektion*) débander
Schlappe Bérésina, carton, (*~ erleiden*) avoir, os, pile, piquette, tape
Schlappelle chique
schlapper (*~ Porno*) débander, (*~ Sack*) couille
schlappmachen déballonner
Schlappmann carpette, légume, pâte, pelure
Schlaraffenland (*wie im ~*) crème
schlauchen claquer, crevant
schlecht (*mehr ~ als recht*) pousser, (*mir ist ~*) cœur, (*nicht ~*) Pascal, (*plötzlich ~ werden*) bambou, (*~ gelaunt sein*) mauvais
Schleim passer
schleimen fayoter
Schleimen fayotage
Schleimer fayot
Schleimscheißer fayot
schlemmen taper
schleppen trimbaler
Schlepper pisteur
Schliche combine, (*jdm. auf die ~ kommen*) pot
Schlick glaise
Schliff (*den letzten ~ geben*) chiader, fion
schlimm malheureux, nul, (*bist du ~!*) rosse, (*~er Name*) coucher
Schlimmeres (*es gibt ~*) dégueu
Schlinge (*sich aus der ~ ziehen*) tangente
Schlips (*jdm. auf den ~ treten*) marcher
Schlitten girond, mécanique
Schlitzauge Chinetoc
Schlitzohr chenapan
Schlot (*rauchen wie ein ~*) pompier
schlottern grelotter, peler
Schluck gorgeon, goulee, (*einen guten ~ haben*) *dalle, descente, sec*
schlucken avaler, envoyer, („*glauben*") gober
Schlucker (*armer ~*) déchard
Schluppen boudin, gomme
schlürfen siroter
Schluß (*jetzt ist aber ~!*) faire, (*~ damit*) point, rideau, (*~ mit*) ras, (*um sechs ~ machen*) quitter, **~licht** lanterne rouge, queue, **~punkt** point
Schmacht|locke rouflaquette, **~welle** banane
Schmackes (*mit ~*) coude, poigne, sauce
Schmalzige (*auf die ~ kommen*) sentiment
schmauchen griller
Schmaus bouffe, gueuleton
schmausen gueuletonner
schmecken (*nach mehr ~*) revenir
schmeißen foutre, tirer, (*alles ~*) lâcher, plaquer
schmettern (*ein Lied ~*) pousser
schmieren (*jdm. eine ~*) allonger, tarte, (*jdn. ~*) graisser la patte
Schmiergeld dessous-de-table, pot
schmierig (*~e Type*) merdeux
Schmöker bouquin
schmökern bouquiner
schmoren (*im eigenen Saft ~ lassen*) mariner, poireauter, (*in der Sonne ~*) lézard
Schmuggler passeur
Schmusi-Schmusi mimi
schnallen baiser, entraver, piger
Schnäppchen cheval
schnappen agrafer, alpaguer, piéger, pincer, poisser
Schnaps gnôle, schnaps, **~idee** gomme
schnattern cailler
Schnauzbart (*à la Hitler*) balai à chiottes
Schnäuzchen bouille, frimousse, gaufre, pomme
Schnauze binette, gueule, (*auf die ~ fallen*) casser, gadin, gamelle, (*die ~ gestrichen voll haben*) casquette, plein, popotin, pot, ras (*die ~ halten*) bec, malle, (*eins auf die ~ hauen*) pain, (*jdm. die ~ einschlagen*) carré, tête
schnauzen râler
Schnäuzer bacantes
Schnecke (*heiße ~*) passion, pépette, souris, (*~ angraben*) lever
Schneckentempo marcher
Schnee neige, snif
Schneid toc
Schneider (*aus dem ~ sein*) auberge, pépère
schnell vinaigre, (*von der ~en Truppe*) rapide
Schnelldenker lourdingue
Schnelle (*auf die ~ einen machen*) passe, (*auf die ~*) vite fait
Schnellrestaurant snack
schnibbeln poisson
schnieke B.C.B.G., beau
Schnitzer bavure, gaffe, impair, pas
Schnorrer resquilleur
schnuckelig croquignolet, girond
Schnuff chnouffe
schnüffeln chnouffer, fouiner
Schnüffler fouille-merde, fouineur
schnüfflerisch fouinard
Schnulze goualante, gueulante
schnuppe (*es ist mir ~*) asseoir, battre, bol, contreficher, ficher, monde, tamponner, taper
Schnürchen (*wie am ~*) roulettes
Schnurrbart charmeuses
schnurren bête
Schnurrer rabioteur
schnurz → schnuppe
Schnute (*eine ~ ziehen*) moue
Schock masse
Schocker choc
Schokoladen|falte raie, **~nummer** enculer
schon (*~ wieder*) encore

schön chouette, (*~ und doof*) beau, (*~ wie ein Bahnhof*) beau, (*~es Kind*) morceau
Schönheit (*~ von gestern*) chef d'œuvre en péril
schönreden baratiner
Schoppen chopine
Schornstein (*in den ~ schreiben*) croix
Schoßhündchen chien-chien à sa mémère
Schotte juif
Schrank armoire à glace, malabar
Schraube (*eine ~ locker haben*) case
Schraubendampfer peau, rombière
Schreckgespenst dégingandé
Schreiberling pige, scribouillard
Schreibtischhengst scribouillard
Schreien (*zum ~ dämlich*) pleurer, (*zum ~*) hurler, roulant
schreien (*schrei nicht so*) sourdine
Schreihals chialeur, gueulard
Schritt (*den entscheidenden ~ tun*) sauter, (*einen ~ zulegen*) compas, gambette, (*keinen ~ vor die Tür tun können*) mettre
schroff (*~ behandeln*) tarabuster
schröpfen saigner
Schrott|haufen ferraille, poubelle, tas, **~karre** guimbarde, tapecul
Schuft marlou
schuld (*~ sein*) dos, faute
Schüler (*~ einer Vorbereitungsklasse*) taupin
Schulter (*auf die leichte ~ nehmen*) prendre
Schuppen cambuse
Schürzenjäger cavaleur, coureur, trousseur de jupons
schustern cuisine
Schuß fixe, shoot, (*einen ~ haben*) tenir, (*Getränk mit ~*) arroser, (*~ in den Ofen*) craindre, (*sich einen ~ setzen*) shooter
Schutzgelder (*~ erpressen*) racketter
Schutzgelderpressung racket
schwach (*~ werden*) craquer
Schwäche (*eine ~ haben für*) béguin, (*keine ~n kennen*) âme
Schwachkopf bille
Schwachstelle (*die ~ treffen*) sentiment
Schwager beauf
Schwägerin belle-frangine
Schwamm (*~ drüber!*) éponge
Schwan (*mein lieber ~!*) fichtre, pardon
schwanger maladie
schwängern cloque, gonfler
schwanken flotter
Schwanz bite, queue, (*das interessiert doch keinen ~*) tamponner, (*kein ~*) chat, (*mit eingezogenem ~*) pine, oreille, (*~ einziehen*) dégonfler, froc
schwärmen fantasmer
schwarz (*bis du ~ wirst*) toujours, (*~ kaufen*) noir, (*~er Peter*) balle
Schwarzarbeit noir
schwarzärgern (*sich ~ können*) doigt
Schwarze (*ins ~ treffen*) doigt
Schwarzer noir
Schwarzgeld dessous-de-table
schwarzsehen broyer, idée, noir
Schwatz (*einen ~ halten*) bavette, bout
Schwätzer baratineur
Schweigen (*sich in ~ hüllen*) mort, (*zum ~ bringen*) museler
Schwein ordure, rosse, (*voll wie ein ~*) bourré, (*wie ein ~*) cochon, (*~ haben*) baraka, cul, fion, large, or, pot, veine, (*haben wir zusammen die ~e gehütet?*) garder
Schweine|arbeit cochon, **~geschichte** trouducu-lier
Schweinerei cochonceté, dégueulasserie, (*~en erzählen*) embouché
schweinisch spécial
Schweißfüße (*~ haben*) taper
schwer lourd, lourdingue, (*~ verdaulich*) lourdingue, mal, (*~e Grippe*) carabiné, (*~e Beine haben*) marmelade, (*einen ~en Kopf haben*) cheveu
Schwergewicht lourd
schwerhörig sourdingue
Schwester sœur, (*heiße ~*) frangine
Schwesterherz frangine, sœurette
Schwiegermutter belle-doche
Schwiegervater beau-dab
Schwielen (*sich keine ~ an den Händen holen*) ampoule
schwierig coton, (*das wäre aber ~ gewesen!*) mal, (*~er Typ*) caractériel
Schwierigkeiten (*~ anziehen*) histoire, (*~ kriegen*) bricole, matricule
schwimmen (*im Geld ~*) nager, pelle
Schwindel esbroufe, tripotage
schwindelig tête
Schwindler tripoteur
Schwindsucht éponges, (*sich die ~ an den Hals ärgern*) jaunisse
Schwitzen (*ins ~ bringen*) burnous, (*ins ~ kommen*) suée
Schwitzkasten cravate
schwul gay, pédé, (*~er Arsch*) enfoiré
Schwuler pédale, tapette
Schwung moral, ribambelle, tonus, tripotée
Secondhand friperie, fripes, **~shop** brocante
Seele (*etwas auf der ~ haben*) patate, (*es tut jdm. in der ~ weh*) cœur, (*eine ~ von Mensch*) pâte
Seelenverwandtschaft esprit
Seemann mataf
Seemannsgang chaloupé
Segel (*~ setzen*) voile
sehen (*alles ~*) œil, (*das sieht doch ein Blinder*) gros, (*nicht recht ~*) *bras*, (*nicht so eng ~*) histoire, (*von drei Metern keinen Möbelwagen ~*) œil, (*siehst Du?*) voir, (*sieht jeder*) cul
sehr bigrement
seiden (*an einem ~en Faden hängen*) cheveu
Seifenkiste caisse à savon
Seite (*auf der ersten ~*) un, (*auf der richtigen ~ sein*) manche, (*von der anderen ~*) page, (*die ~ wechseln*) vapeur
Seitensprung galipette
Sekunde minute
Selbstbedienungsrestaurant self
seltsam mince, vérolé, (*~e Geschäfte*) turbin, (*~er Heiliger*) paroissien, (*~er Kauz*) zigoto, (*~er Vertreter*) lascar

Seltsamkeiten chinoiserie
Semmeln (*wie warme ~ weggehen*) pain
Senf (*seinen ~ dazugeben*) ajouter
Sensationsjournalist pisse-vinaigre
Sense! basta
setzen (*es setzt was*) saigner
sexuell (*~er Notstand*) affection
sexy sexy
Shakehands pince
Shocker (*der ~*) shocking
shocking shocking
Shoot picouse, shoot
Showgeschäft show-bize
sich (*für ~ trinken*) suisse
sicher (*das ist ~*) forcé, (*~ auftreten*) assurer
Sie... (*Fluch*) espèce
Sieb (*ein Gedächtnis wie ein ~*) mémoire, (*ein ~ aus jdm. machen*) passoire
Siebensachen barda, (*seine ~ packen*) paquet, remballer
Silberblick coquetterie
Silentium boîte
singen chanter, (*„auspacken"*) accoucher, morceau, (*falsch ~*) chanter
Sinnen (*von ~ sein*) rage
Sitte (*nach alter Väter ~*) maison, (*Polizei*) mœurs, mondaine
Situation (*miese ~*) guêpier
sitzen tomber, (*das hat gesessen!*) envoyer, (*sitzt Du gut?*) accrocher
sitzenlassen plaquer
Sitzkissen sous-cul
Skandalkleckser pisse-vinaige
Skier latte
Skilift tire-fesses
Skinhead skin
Sklavenschinder négrier
Skrupel (*ohne ~*) affranchi
Slalom slalom
Slip slibar
Slums bidon
Smoking smok
sniffen chnouffer, sniffer
Sniffer sniffeur
so (*~ sieht er auch aus*) air, (*~ eine*) femme, (*~ einen wie ... eß ich zum Frühstück*) matin, (*~ ist es*) être, air, (*~ nicht!*) Lisette, (*~ tun als ob*) aller, faire, (*nur ~ zusammenleben*) union libre
Socken (*das haut einen echt von den ~*) décoiffer, estomaquer
sofort suite, (*~ da sein*) radiner
soft soft
Sohnemann fiston
Soldat bidasse
sollen (*was soll das?*) histoire, (*sollten sie ...*) fois
solo solo
Sommersprossen passoire
Sonderzulage gratte
Sonne (*das Licht der ~ scheuen*) jour, (*~ ohne Schatten*) beurre
sonnen (*sich ~*) lézarder
sonnenklar clair, cousu, cul, flic, nez, pli
Sonnen|licht (*das ~ fürchten*) soleil, **~stich** coup, piquer, **~untergang** chien
Sonntags|klamotte dimanche, **~maler** barbouiller
sonst autre, (*~ noch was?*) sortir
Sorbonne sorbonnard
Sorgen (*sich ~ machen*) bile, sang, mouron
Sortiment gamme
Soundso Untel
soweit (*ist es schon ~*) bonjour, (*~ sein*) paré
Sozi socialo
Sozialhilfe allocs
Spalte fente
Späne (*wo gehobelt wird, da fallen ~*) omelette
Spanier spaniche
spanisch chinois, hébreu, spaniche
Spanner mateur
Spaß (*aus ~*) beurre, jouer, (*sie machen ~*) blague, (*~ beiseite!*) blague
spät (*zu ~ kommen*) bourre, (*~ dran sein*) rade
Spatz biche, piaf, pierrot
spazierengehen baguenauder
Spaziergang promenade, tour, trotte, (*das ist ein ~*) billard, sport, (*kein ~*) tarte
Speck (*~ ansetzen*) lard, **~stück** patapouf
Speed speed
Speichellecker lécheur, lèche-bottes, suce-pet
Speichelleckerei lèche
speiübel débecter
Spektakel sérénade
Spekuliereisen carreau
Spelunke boui-boui
Spenderherz (*ein ~ haben*) cœur
Sperrfeuer barrage
Spezialgebiet spécialité
Spezialität rayon
Spickzettel sèche
Spiel (*leichtes ~ haben*) jeu
spielen flamber, tapis, (*mit verdeckten Karten ~*) jeu
Spieler flambeur
Spielverderber rabat-joie
spindeldürr haricot
spinnen aller, chier, débloquer, déconner, déménager, ficher, Marseille, travailler du chapeau, zinzin, (*~ aus vollem Rohr*) plein
Spinner cave, déconneur, jean-foutre, locdu, pomme, (*es mit einem ~ zu tun haben*) avoir
Spinnerei déconnage, pipeau, vanne
Spinnweben araignée
spintisieren gamberger
Spion faux
Spirale scoubidou
spitz (*~ aussehen*) pâle
Spitze champion, œuf, oignon, poilu, sensass, sucre, tonnerre, torcher
Spitzel balance, cafeteur, donneur, indic, manger, mouchard
splitternackt ver
sponsern sponsoriser
Spot projo
Sprache langouse, (*jdm. die ~ verschlagen*) couper, river

sprechen causer, (*~ wie ein Franzose*) fransquillonner
Sprint sprint
Spritze sulfateuse
spritzen décharger, popaul, purée, (*sich ~*) fixer, seringue, shooter
Sprößling garçon
Sprung (*auf einen ~*) saut, (*einen ~ in der Schüssel*) case, (*einen ~ wagen*) saut
spülen plonge
Spülwasser lavasse
Spur (*eine ~ haben*) filon
sputen (*sich ~*) grouiller
Staatsakt (*einen ~ aus ... machen*) monde
Stab staff
Stäbchen clope, mégot, pipe, sèche
Stalingrad (*das reinste ~*) coup
Stall cabane, clapier, écurie, turne
Stammbaum (*einen ~ haben*) branche
Stammfrau régulière
stämmig baraqué
Stand (*auf dem letzten ~ sein*) page
stark calé, carabiné, carrée, fortiche, gonflé, propre, (*den ~en Mann spielen*) mécanique
stärker (*noch ~*) belle, (*~ werden*) filet
startbereit pied
Staub (*~ aufwirbeln*) tintouin, (*~ wischen*) cachemire
Staubflocke mouton
staubputzen cachemire
Steak bif
stechen boutonnière
stecken fourrer, (*in den Knast ~*) foutre, (*alles in eine Sache ~*) billes, (*wo steckt sie nur?*) faire
steckenbleiben planter
Steckenpferd (*sein ~ reiten*) dada
Stecknadel (*die ~ im Heuhaufen suchen*) mouton
stehen (*auf jdn. ~*) pincer, ticket, (*es steht mir bis hier*) souper, (*einen ~ haben*) goder, gourdin, (*es steht dir frei*) libre à toi, (*ganz traurig in der Landschaft ~*) duel, (*voll hinter etwas ~*) main, (*~ auf*) accrocher, goder, (*~ können*) pied
Stehen (*im ~ essen*) pouce
Stein (*einen ~ im Brett haben*) bon, papier, (*den ~ ins Rollen bringen*) lièvre
Steine caillasse, caillou, (*~ klopfen*) charbon
Steiß croupion
Stelle (*undichte ~*) fuite
stellen (*jdn. ~*) coincer
Stelzen baguettes, brancards, canne, flûtes
Stempel (*dicke ~*) poteau, (*~ draufdrücken*) tampon
Stengel clope, mégot, pipe, sèche
Steno sténo
Steppke mioche
sterben chique, gaz, sapin
sterbenskrank p.p.h.
Stereoanlage sono
Sterne (*~ sehen*) chandelle
sternhagelvoll rond
stibitzen chapardage, chaparder, chiper
Stich (*im ~ lassen*) lâchage, planter
Stiefel (*das ist ein ~ für einen Mann*) homme, (*einen ~ verstehen von*) être, rayon, (*~ lecken*) lécher, (*~lecker*) lécheur
Stielaugen œil
Stier (*den ~ bei den Hörnern packen*) taureau
Stift arpète
Stil (*seinen ~ haben*) pointu
Stilblüten perle
still (*~es Örtchen*) endroit
Stillen (*im ~ denken*) penser
Stimmung balancer
stink|dämlich air, **~einfach** chou
stinken bouc, chlingoter, chlinguer, cocotter, fumer, lapin
stinkend puant
stinkfaul cossard, poil, rame
Stinkkäse puant
stink|langweilig barbant, **~reich** as, bourré, rupin
Stinkstiefel emmerdeur
stinkvornehm (*~ tun*) péter
Stirn (*die ~ haben zu*) culot, foutu, toupet
Stock (*jdm. einen ~ zwischen die Beine werfen*) roue
stock (*~ und steif behaupten*) mordicus
stock|autoritär poigne, **~besoffen** imbibé, rétamé, **~sauer** fumasse, furibard, mauvais, **~taub** pot, **~voll** beurré, bourré, paf, pété
Stockschwuler reine
Stoff came, chnouffe, herbe, poudre
Stoppelhopser biffe, biffin, grifton
Story (*immer die gleiche ~*) topo
stoßen balancer
strampeln gigoter
strangulieren père
Straße (*auf der ~ liegen*) pavé, (*nicht auf der ~ arbeiten*) maison, (*von der ~ abkommen*) décors, (*durch die ~n laufen*) pavé
Strecke (*auf der ~ bleiben*) carreau, (*auf der ~ liegenbleiben*) carafe
Streich rosserie, (*böser ~*) couillonnade, (*dreckiger ~*) cochon, (*übler ~*) vacherie
Streicheleinheiten mamours
Streichhölzer alloufs, frotteuse
Streit (*auf ~ aus sein*) suif
streuen (*ganz schön ~*) vue
Streß stress
Strich (*auf den ~ gehen*) bitume, macadam, tapin, trottoir, (*gegen den ~ gehen*) rebrousse, (*nach ~ und Faden*) largeurs
Stricher reine
Stricki alloufs, frotteuse
Strickjacke laine
Strippe grelot
Stripperin effeuilleuse
Stroh (*Haare wie ~*) baguettes
strohdumm panier
Stroh|halm (*über einen ~ stolpern*) bec, manche, **~mann** couverture, doublure, homme
strotzen (*vor Gesundheit ~*) péter
Stubenhocker pantouflard
Stück morcif

Student (~ *der Ecole Centrale des Arts et Manufactures*) Piston
Studienkollege promo
studieren faire, (*dafür muß man nicht studiert haben*) sorcier
Stühle (*mit dem Arsch zwischen zwei ~n*) chaise, nager
Stumpen clope, mégot
Stümper massacreur, minus, tripatouiller
Stumpf pilon
Stunde plombe, (~ *X*) heure
Stundenhotel passe, borgne
Stunk pétard, rififi, zone, (*es gibt ~*) barder, chier, (~ *stiften*) merde, (~ *suchen*) crosses
Stuntman doublure
Stupser patte
Sturkopf tête
stürmen vent
Sturmgepäck barda
Stuß (~ *reden*) bavasser
Süchtiger toxico
süffeln licher, siroter
Sümmchen (*nettes ~*) pincée
super bath, hyper, super
Super- méga-
Superarsch archi, con, roidec, **~GAU** chambardement, **~papi** gâteau, **~typ** mec
Suppe purée, vase
Süßholz (~ *raspeln*) baratin, baratiner, gringue, roucouler
Süßer jésus, minet
süß mimi, (~ *und doof*) cucul, (*~es Ding*) fifille, trognon
swingen balancer
sympathisch sympa
Syndrom syndrome
Syph vérole, **~kranker** syphilo, **~nase** syphilo
System système
Szene freak

T

Tabakladen tabac
tafeln gueuletonner, (*jdm. eine ~*) taloche
Tag (*den lieben langen ~*) journée, (*seinen fröhlichen ~ haben*) tronche, (~ *zusammen*) M'sieur dames, (*seine ~e haben*) affaire, indisposée
Tantchen tantine, tata
Tante tata
Tanzschuppen beuglant
Tapeten (~ *essen*) brique, lance-pierre, manger
Tapetenwechsel crémerie, paroisse
tapfer poilu
Tasche fouille, (*sich die ~n füllen*) poche
Taschen|buch poche, **~dieb** tireur
Tasse (*nicht alle ~n im Schrank haben*) araignée, plafond
Tat (*auf frischer ~ ertappen*) prendre, tas
Tatendrang (*voller ~*) péter
Tatsache (*angesichts der ~n*) beurre
tatsächlich foutu
tätscheln palucher, peloter, tâter
Tatterich tremblote, (*den ~ haben*) sucrer
taub bouché, feuille, portugaises
Tauchstation (*auf ~ gehen*) mort
taufrisch œil
taugen (*nichts ~*) nul
tauschen changer
Tausende (~ *und Abertausende*) mille
Taxi bahut, tacot
Tb éponges
Tb-Kranker tubard
Teddy(bär) nounours
Tee (*nur ~ trinken*) thé
Teeny ado
Teich (*„Meer"*) baille
Teich (*im ~ sein*) baba, carotte, eau, foirer, griller, louper, rapé
Teil (*seinen ~ wegkriegen*) paquet
Teita (~ *gehen*) prom'-prom'
Telefon bigophone, ronfleur
Telefonitis téléphonite
Telefonmünze grelot
Teller auge, écuelle, (*von fremden ~n essen*) pique-assiette, **~wäscher** plongeur
Teppich (*auf dem ~ bleiben*) pied, (*auf den ~ gehen*) poussière, (*auf den ~ zurückbringen*) dessoûler, (*unter den ~ kehren*) rideau
Terrain (*das ~ sondieren*) tâter
Teuerste chochotte
Teufel diable, (*in drei ~s Namen*) pipe, (*wenn man vom ~ spricht...*) queue, (*zum ~ schicken*) chier, envoyer, plumeau, (*zum ~!*) diable, (~ *im Leib*) diable, vice
Teufelskerl terrible
Teure (*meine ~*) bergère, cocotte
Textil sape
the the
Theater cinéma
Theke rade, zinc
Thema campagne, plaque, (~ *wechseln*) embrayer, (~ *1*) article, bagatelle
ticken (*nicht richtig ~*) aller
tieftraurig malheureux
Tierarzt véto
Tierchen bestiole
Tiger (*wie ein ~ gehen*) mécanique, (*einen ~ im Bauch haben*) lion
Tinnef bique, foutaise, toc
Tinte (*in der ~ sitzen*) emmouscailler, frit, mouise
Tip (*einen ~ geben*) rencarder, tuyauter

Tippelbruder traîne-lattes, trimard, trimardeur
tippeln tricoter, trimard, trimarder
Tisch (*jdn. unter den ~ trinken*) table, (*sich an einen gemachten ~ setzen*) table
Titten blague, lolo, roberts
Tobak (*starker ~*) café, raide, fort
Tod (*der ~ steht jdm. im Gesicht geschrieben*) crevard, (*zu ~e betrübt*) mort
todchic classe
tödlich casse-bonbon
todmüde botte, latte, lessivé, masse, rétamé, vanné
Töfftöff teuf-teuf
Toilette coin, vécés, waters
toll amusant, bonnard, chouettos, crevant, épatant, fin, oignon, riche, (*~er Hecht*) lapin
Tölpel ballot
Tomaten (*~ auf den Augen haben*) œil
Tommy Angliches, bifteck, rosbif
Ton (*den ~ dämpfen*) bémol, (*einen leiseren ~ einschalten*) sourdine
ton sono
Tonband magnéto
Tönchen (*jedes Böhnchen gibt ein ~*) musicien
too much too much
Topf trône (*in denselben ~ werfen*) panier, sac, (*jeder ~ findet seinen Deckel*) pied, (*auf drei Töpfen laufen*) patte
Tortur angoisse
total carrément, trognon
Totaloperation totale
Tote (*erst als ~ wieder herauskommen*) pied, (*der Schnaps weckt ~ wieder auf*) pousse-au-crime
töten descendre
Totengräber croque-mort
tot (*~er Mann machen*) planche
Totlachen (*zum ~*) crevant, gondolant
totschlagen crever
Tour virée (*~ ins Blaue*) vadrouille
Touren (*krumme ~ machen*) galipette
Tracht (*~ Prügel*) dégelée, doudoune, pâtée, raclée, rossée, rouste, trempe
Trafo transfo
Tralala tralala
trällern chansonnette
Trampel plouc
Tran (*im ~ sein*) vapeurs
Tränchen larmichette
Tränen|drüse mélo, valoche, (*auf die ~ drücken*) sentiment, **~tier** molasse, mollusque
Tranfunzel nouille
Transvestit travelo
Trara chichis, salade
tratschen jaspiner
Trauer|mine mine, **~spiel** (*kein ~*) pas
Traum fantasme, (*~ von*) crème
Traum- gâteau
träumen (*~ von*) fantasmer
Traum|frau fantasme, **~note** méganote, **~tänzer** (*wie ein ~*) artiste, fleur, molasson, nez, paumé
traurig mélanco, tristounet
Trauschein (*ohne ~*) colle
Traute avoir, blinder, buffet, chiche, souffle
treffen (*das trifft sich gut*) tomber, (*wie es sich doch trifft*) rencontrer
Treffen meeting
Treffer touché-coulé
Tresen rade, zinc
Treter godasse, latte, pompe
treulos (*~e Tomate*) lâcheur
Trick combine, magouille, truc, (*~ 17*) D
tricksen maquiller
Tricksen débrouille
Trickser arnaqueur, combinard
Tricksystem démerde
trinken pomper, (*jdn. unter den Tisch ~*) table, (*~ wir einen*) piquer
Trinkgeld pourcif, pourliche
Trip trip
Tripper chaude-lance, morpion, pisser
Tritt (*~ in den Hintern*) latte, targettes
trocken pète-sec
trockenlegen torcher
trocknen (*auf dem ~ sein*) sec, (*~ sitzen*) passe-lacet
Trödelladen brocante
trödeln traînasser
Trödler chineur
Trolleybus trolley
Tröpfchen goutte, rincette
tropfen (*überallhin ~*) dégouliner
Tropfen (*~ auf den heißen Stein*) goutte
Trottel cocu, duchnoque, empaillé, gland, nave, pantoufle, pignouf, trimbaler, (*leichtgläubiger ~*) jobard, (*glücklicher ~*) heureux
Trottelei jobarderie
trotzdem (*und ~*) voilà
Trouble (*~ machen*) potin
Trübsal bourdon
Trulla maquerelle
Trunkenbold poivrot
tschüß bye-bye
Tube (*auf die ~ drücken*) champignon
Tuchfühlung (*auf ~ gehen*) frotter
Tucke (*dumme ~*) gaffeur, (*eingebildete ~*) bêcheur
tuffig rance
tun (*absolut nichts ~*) ramée, (*es nicht mehr ~*) revenir, (*nichts zu ~ haben mit*) R.A.B., (*so ~ als ob...*) beurre, (*zu ~ haben mit*) avoir, (*tu's doch!*) libre
Tuntchen mademoiselle
Tunte chochotte, empaffé, tante
Tür lourde, (*vor die ~ setzen*) ficher, lourder, (*zu ~ und Tor rausgehen*) bout, (*~ zumachen*) lourde
türken tripatouiller
Turnschuhe baskets
turteln boniment
Tussie colie
Tut (*„Hut"*) papeau
Tüte (*kommt gar nicht in die ~*) guêpe, nèfle
Tuten (*von ~ und Blasen keine Ahnung haben*) prendre
Typ marcel, type, (*heißer ~*) pince, (*zwielichtiger ~*) canard, gusse, (*~ ohne Komplexe*) libéré
Type zozo
typisch (*~er Spanier*) typé

U

übel mochement
übelnehmen mal
üben faire
überall azimut, (*es ~ versuchen*) ratisser, (*es ~ anbringen*) accommoder, (*~ auffallen*) arracher, (*~ finden*) traîner
überanstrengen (*sich nicht ~*) fouler
überarbeiten (*sich nicht ~*) rate
überdenken carburer, cogiter
Überdosis overdose
überdreht farfelu, folingue, foufou, louftingue
überempfindlich sein bonnet, nerfs
überfahren (*eine Ampel ~*) griller, (*~ werden*) passer
übergeschnappt bambou, louftingue
überglücklich bicher
überhaupt (*~ nicht*) oublier, (*~ nichts*) petit
überholen coiffer, doubler
überlegen (*da gibt es nichts zu ~*) chiquer
überlisten foutre
überraschen cisailler
Überraschung (*das war vielleicht eine ~*) parler
überschlafen cogiter, tâter
überschlagen tonneau
überschnappen coup
überspannt farfelu
Überstunden (*~ kloppen*) rab, sup
übertreffen pige
übertreiben abus, attiger, bégonias, fort, manœuvre, mémé
überwachen gaffer, planque
überzahlen tir
Überzeuger bourreur de crâne
überziehen tir
überzogen farfelu
übrig (*noch ~ sein*) rab, (*nichts ~ haben*) trop
Übung crapahut
Uhr chrono, (*um die ~*) cadran
Uhrwerk (*wie ein ~ pedalen*) manivelle
ulkig poilant
Ulknudel rigolard, zigomar
ultrarechts réac
um (*so ~ ... herum*) eau, (*~ die*) dans, (*~ etwas herumkommen*) travers, (*~ zu*) histoire
umballern descendre, flinguer
umbringen bousiller, estourbir
umdrehen (*jdn. ~*) retourner
umhauen époustoufler, plat, tomber, (*Alkohol*) décoiffer
umherirren déboussolé
umherrennen cavaler
umkrempeln retourner
umlegen aligner, descendre, tomber, (*ein Mädchen ~*) dedans
umschauen (*sich ~*) retourner
Umschweife (*ohne ~*) go, mâcher, quatre
umsonst (*„es" ~ machen*) œil, (*nicht ~*) chien
umspritzen maquiller
unangenehm impossible
unausstehlich imbuvable
unbedingt obligado
unbeschrieben (*~es Blatt*) casier
unbezahlbar impayable
und (*~ alles*) tintouin, (*~ so weiter*) reste, tintouin, (*~ wie!*) comment
undurchsichtig louche
unerträglich angoisse, (*~e Musik*) bastringue
ungehobelt (*~er Typ*) mufle
ungereimt (*~es Zeug*) rime
unglaublich impossible, (*~e Story*) bobard
Unglück poisse, (*oder es geschieht ein ~*) malheur
Unglücksrabe malheur
unheimlich atrocement, maxi, rudement, terrible, tout, vache, vachement, (*~ viel(e)*) botte
Uni fac, U
uninteressant (*~e Typen*) pelé
Unmenge floppée, mégachiée, polychiée, tas, (*es gibt keine ~n*) gras, bésef
unmöglich impossible
unnötig (*~e Schwierigkeiten machen*) chercher
uns nozig, (*besser für ~ als für sie*) boches
Unschuld (*seine Hände in ~ waschen*) main, (*seine ~ verlieren*) fleur
Unschulds|knabe puceau, **~lamm** agneau
unten (*~ durch sein*) cataloguer
unter (*~ sich sein wollen*) mélanger
unterbringen caser
untergehen (*nicht ~*) nager, (*sang- und klanglos ~*) eau
Unterhose calcif
unterjubeln dos
unterkommen positionner
unterkriegen abattre
Unterlagen biscuit
Unterstützung allocs
Untersuchungsrichter curieux
unterwegs piste, (*viel ~ sein*) naviguer
Unterwelt milieu
Unterzuhälter sous-mac
unumgänglich incontournable
unverheiratet garçon
unvermeidlich incontournable
unvermittelt brûle
unverschämt (*schlichtweg ~*) raide
unversehens sec
unverwüstlich bête, santé
unzertrennlich cul
Urlaub (*in „~" sein*) plonger
Urlaubsschein perme
urplötzlich pisser
Ursache (*keine ~*) mal, quoi
Urwald gazon

V

Vagabund traîne-lattes
Vagen (*im* ~) flou artistique
Vater paternel, (*etwas für* ~ *Staat*) Marianne, princesse
Vaterlandsverräter patriotard
vegetieren vivoter
Veilchen beurre, coquard, coquelicot, œil
Verabredung rancart, rembour
verabschieden (*sich auf französisch* ~) filer, (*sich von etwas* ~ *können*) deuil
Verantwortung (~ *tragen*) chapeau (~ *wegschieben*) parapluie
veräppeln chambrer, fiole, flouer, marcher, mettre
verarschen baiser, dos
verausgaben (*sich völlig* ~) blanc
verballern purée
Verbindung contact
verbleichen caner
verblüffend époustouflant
Verbrecheralbum album
verdammt bigrement, bougrement, fichtrement, (~ *nochmal*) diable
verdaulich (*schwer* ~) buvable, descendre
Verdauungsschnäpschen pousse-café
verdienen (*er hat es verdient*) voler
verdrecken dégueulasser
verdreckt cracra, crade, cradingue, crotté
verdreschen mettre, rosser
verduften barrer, cannes, cloche, débarrasser le plancher, débiner, rip, riper, tirer
verdünnen (*Wein*) baptiser le vin
verdünnisieren (*sich* ~) air, défiler, flanc
vereinzelt (~ *in der Landschaft rumstehen*) duel
verfallen (*jdm.* ~ *sein*) peau
Verfilzung copinage
verflixt bougrement, mince, sacrément, zut
Verflossener ex
Verfolgung (~ *aufnehmen*) chasse
verfrachten parachuter
verführen vamper
vergelten (*jdm. etwas* ~) ascenseur
vergessen (*das kannst du* ~) bonsoir
Vergessen (*zum* ~) gomme
Vergiftung intox
Vergnügen (*nicht gerade ein* ~) joie
verhascht camé, chanvré
verheddern (*sich* ~) merdoyer
verhohnepiepeln boîte, charrier, mettre, payer
verhökern bazarder
verhunzen amocher, cochonner, déglinguer, tripatouiller
Verhunzerei loupage
verkalkt gaga, gâteux, gaufre, (~*er Typ*) ramolli
verkappt graine
verkaufen (*seine Haut so teuer wie möglich* ~) peau
Verkehr (*aus dem* ~ *ziehen*) ombre, placard, rancart
verkehrt traviole, (~ *anfassen*) rebrousse
verklausulieren entortiller
verknallt peau, pincer
verknusen (*nicht* ~ *können*) becter, encadrer, encaisser, peinture
verkohlen cramer
verkommen arsouiller, pouilleux, pourri
verlängern rempiler, repiquer
verlassen (*darauf kannst du dich fest* ~) compte
verlebt amorti
verlegen paumer
verlieren (*sich* ~) noyer, (*was hab' ich hier nur verloren?*) galère
vermaledeiterweise pot
vermasseln sucrer
vermöbeln castagner
Vermögen galette, (*ein* ~ *machen*) poche, (~ *verlieren*) billes
vernünftig (*jetzt ist sie* ~) dessaler
verordnen (*sich etwas* ~) octroyer
verpassen louper, (*jdm. eine* ~) sonner, toise
verpfeifen donner
Verpflegung ravitaillement
verpissen (*sich* ~) flanc, voir
Verpisser tire-au-cul
verplempern enfiler des perles
verprügeln mou, tabasser
verpulvern claquer
verputzen mettre
verrecken crever
verreißen dent
Verrenkungen (~ *machen*) tortiller
verrückt louf, (*sich* ~ *machen*) martel, (*wie* ~) coup, (~ *sein nach*) défoncer, mouiller
Verrückter (*wie ein* ~) mordicus, sourd
Verrücktheit loufoquerie
Verrücktwerden (*zum* ~) rageant
versalzen sucrer
versauen cochonner
versauern échouer
verschlossen (~*e Tür*) nez
verschlampt pagailleux
verschnaufen souffler
verschrotten casse
Verschwendung gâchis
verschwinde! vent
versetzen (*jdn.* ~) lapin
versöhnen raccommoder
verspätet bourre
verspielen (*sich* ~) couac
Versprechung (*leere* ~) promesse
Versprochen (~ *und Spucke drauf!*) cracher
Verstand (*den* ~ *verlieren*) boule
Versteck planque
verstehen (*etwas* ~ *von*) bout, (*Sie* ~ *schon*) dire, (*übel* ~) recevoir
vertragen (*sich* ~) rabibocher, raccommoder
vertraut machen (*jdn. mit den Verhältnissen* ~) bizuter
Vertreter (*ekelhafter* ~) dégoûtant, (*komischer* ~) citoyen, (*seltsamer* ~) faisan

vertun (*sich ~*) gourer, planter
verunklärt clair
verwalken haricot
verwickeln (*in ein Gespräch ~*) entreprendre, (*sich ~ lassen*) filer, mouiller
verziehen (*sich ~*) air
Verzückung (*in ~ bringen*) ravage
verzwickt (*~e Angelegenheit*) sac
Video magnéto
viel (*das ist ~*) homme, (*so ~ ist es auch nicht*) mer
Vielfraß morfale
Vielschreiber scribouillard
Vierer carrée
vierteilen (*sich ~*) blanc
Villa bicoque
Visage binette, bobine, gaufre, gueule, poire, trogne
Vogel julot, oiseau, (*den ~ abschießen*) pompon, timbale
Vögelchen fifi
vögeln enfiler des perles, tirer, (*von hinten und vorne ~*) enconculer
Volk populo
Völkerstamm (*der reinste ~*) smala
Volks- popu
volksverbunden popu
voll bourré, mûr, plein, rond, (*~e Pulle*) gaz, (*~ ausfahren*) pousser, (*~ da*) là, (*~ drauf losgehen*) franco, (*~ reingehen*) jouer, (*~ reinhauen*) foncer, (*~ reinklotzen*) matraquage, matraquer, (*~ wie eine Haubitze*) blindé, (*aus dem Vollen*) main, (*in die Vollen gehen*) emmerder
vollaufen (*sich ~ lassen*) biturer, gueule, noircir
Vollbremsung piler
Volldampf (*mit ~*) pot
vollfressen (*sich ~*) empiffrer, goinfrer
Vollgas (*mit ~*) gomme
vollgedröhnt camé
vollgefressen outre, (*~er Sack*) soupe
vollgefüllt tassé
Vollidiot connard
vollschlagen (*sich die Wampe ~*) gueule, farcir
vollschmieren peinturlurer
Volltrottel moule
von (*~ hinten*) levrette, (*~ mir aus*) libre à toi, (*~ oben herab angucken*) toiser
vor (*~ sich gehen*) manigancer
vorangehen (*nicht ~*) vasouiller
voranmachen allumer, cracher, dégrouiller, démerder, grouiller
vorantreiben pousser
voraus (*jdm. ~ sein*) vue
Voraussage prono
Vorbau avant-scène, avantage
vorbei (*~ und Schluß*) midi
vorbeirauschen snober
vorbeitanzen amener
vorbereiten (*ein Ding ~*) monter
Vorbereitungsklasse khâgne, taupe
Vordergrund (*sich in den ~ schieben*) mousser
Vordermann (*jdn. auf ~ bringen*) pas
vordrängen (*sich ~*) nez
Vorgeschmack acompte
Vorhaut (*unter die ~ jubeln*) zeb
vorknöpfen (*sich jdn. ~*) bricole, payer
Vorlesungen (*~ halten*) laïusser
vormachen (*jdm. etwas ~*) monter, (*sich etwas ~*) cinéma, idée
Vorname nom
vorne (*~ runtergehen/sich ~ absenken*) nez
vorpfuschen (*sich ~*) nez, resquiller
Vorpfuscher resquilleur
Vorsicht! (*~ Mit Gefühl!*) aller
vorsorgen paré
Vorspeise amuse-gueule
Vorstadt (*jd. aus der ~*) banlieusard, **~casanova** banlieue
Vorstrafenregister casier, pédigrée
Vorteil (*~ nutzen*) pousser, (*~ verbuchen*) point
vorüber (*es ist ~ mit ihm*) passer
Vorwarnung (*ohne ~*) gare
vorzeigbar (*nicht ~*) pavoiser, sortable

W

Wache violon
wackelig (*~e Angelegenheit*) bancal, canard
wackeln (*mit dem Hintern ~*) foiron
Waffel (*einen an der ~ haben*) fêlé
Wahlklüngel cuisine
Wahlschwindeleien manipes, tripatouillage
Wahnsinn (*der helle ~!*) angoisse
wahnsinnig trans, (*das macht mich ~!*) urticaire
wahrhaben (*es nicht ~ wollen*) mauvais
Wahrheit (*jdm. ungeschminkt die ~ sagen*) morceau
Walküre mémère
Wampe bide, bidon, brioche, buffet, globe, panse, tripaille (*sich die ~ vollschlagen*) cloche, farcir, foutre, lampe, ventrée
Wand (*an die ~ stellen*) coller, (*weiß wie die ~*) bronzé
wandelnd (*~e Leiche*) cadavre
Wandschrank cagibi
Wanne (*sich in die ~ schmeißen*) trempette
Wanst → Wampe
Wanze puce
Ware (*seine ~ zu verkaufen wissen*) marchandise
warten (*auf Weihnachten ~*) attendre, (*da kannst du lange ~*) fouiller, torcher, (*~ auf*) poireauter

was (~ *drauf haben*) quoi, (~ *denn nun?*) merde, (~ *denn*) qu'est-ce que, (~ *du willst*) penser, (*oder* ~*?*) quoi
Wäsche (*dämlich aus der* ~ *glotzen*) braise, (*seine schmutzige* ~ *zu Hause waschen*) linge
waschen (*sich* ~) décrasser
Wasch|küche purée, ~**lappen** dégonflé, tapette
Wasser flotte, fraîche, (*allerhand* ~ *fließt den Rhein/die Elbe...*) eau, (das reinste ~) flotte, (*das* ~ *läuft mir im Munde zusammen*) babines, eau, lécher, (*ganz schön* ~ *schlucken*) bouillon, tasse, (*ins* ~ *fallen*) eau, lac, (*unter* ~ *gehen mit*) plonger, (~ *abgraben*) pied, (~ *auf die Mühle gießen*) eau, (~ *mit Zitrone*) rondelle, (~ *ohne Kohlensäure*) eau, (~ *reichen können*) cheville, (*beim Schiffeversenken*) touché-coulé, (~ *ziehen*) prendre, (*mit allen* ~*n Gewaschener*) démerdard
Watsche tapette
watscheln canard
Watte (~ *in den Ohren haben*) coton
Wauwau toutou
Wechseljahre démon de midi
Wecker tocante, (*auf den* ~ *fallen*) botte, braire, casser, haricot, osselets
Weg (*auf dem richtigen* ~ *sein*) filer, filon, (*auf den* ~ *bringen*) embrayer, (*aus dem* ~*!*) chaud, (*den* ~ *abgehen*) trimard, (*im* ~ *sein*) patte
weg (~ *sein*) jouir
wegen because
weggetreten cirage, nuages, vapes, vignes
wegkippen écluser
wegkommen (*mit etwas* ~) tirer
wegputzen siffler
wegschaffen liquider
wegschießen dégommer
wegschmeißen (*alles* ~) nettoyage
wegstecken accuser le coup
Weh bobo
weh (~ *tun*) lancer, ventre
wehe! garer
Wehrdienst service
Weib cavale, femme, garce, greluche, poule, radasse
Weibchen lot
Weiber femmes
Weiber|geschichte histoire, ~**held** amateur de gonzesses, homme
weibisch (~*e Stimme*) voix de châtré
weich douceur, (~ *werden*) sentiment
weichkochen cuisiner
weichkriegen (*nicht* ~) dur
Weichling lope
Weihnachten (*auf* ~ *warten*) cracher
Weihnachts|geld gratte, ~**mann** (*an den* ~ *glauben*) croire
weil histoire
Wein picrate, picton, pinard, tutu, (*saurer* ~) décapant, vinasse, ~**fritze** pinardier
Weisheit (*die* ~ *nicht mit dem Schaumlöffel gegessen haben*) distribution, fil, (~ *nicht erfunden haben*) eau
Weiße tango
Weißer blanc
Weiß|glut (*zur* ~ *bringen*) bourrique, chauffer, noire, ~**kragen** col, ~**wein** (~ *mit Selters und Zitrone*) rince-cochon
Weite (*das* ~ *suchen*) tangente
weitermachen main
Weitsicht (*ohne* ~ *sein*) vue
welk décati
Wellenlänge onde
Welt (*am Arsch der* ~) diable, (*das ist nicht die* ~) Pérou
wenig jeune, lerche, petit
weniger (~ *werden*) fondre
Wenigkeit (*meine* ~) mézig, pomme
wenn fois, (~*... dann bin ich der Papst*) être
Werbung pub
werden (*aus dir wird noch einmal was*) cochon
werfen balancer, éjecter, pisser, pondre
Wespen|nest (*in ein* ~ *stechen*) fourrer, ~**taille** guêpe
Weste (*seine* ~ *sauber halten*) nez
Westentasche (*wie seine* ~ *kennen*) poche
Wette (*um die* ~) mieux
wetten (~, *daß* ...) chiche, ficher
Wetter (*übers* ~ *sprechen*) parler, ~**fähnchen** girouette, ~**frosch** météo
Wetterkartenmann météo
wetzen pédaler
wichsen branler, cirer, pogne, pogner, tripoter
Wichser branleur
Widerwillen cœur
wie style, (~ *abgemacht*) entendu, (~ *der letzte Mensch angezogen sein*) fagoté, (~ *ein Pascha*) peinardement, (~ *eine eins*) là, (~ *keiner sonst*) deux, (~ *neu*) neuf, (~ *nichts*) facile, mine, sec, (~ *nichts etwas bringen*) Blaise, (~ *sonst niemand*) pas, (~ *vierzehn/achtzehn*) horreurs
wieder (~ *anfangen*) collier
Wiedersehn (~ *macht Freude*) revenir
wienern briquer
wieviel combien
wievielter combientième
wild (~*e Ehe*) colle, (~*er Händler*) camelot, (*vom* ~*en Mann gebissen*) mordre, mouche
Wildnis brousse
Wimper (*ohne mit der* ~ *zu zucken*) accuser le coup
Wind (*das kannst du dir in den* ~ *schreiben*) oignon, (*in den* ~ *schießen*) dégommer, laisser, pisser, (*nur* ~) vent, (*sich etwas in den* ~ *schreiben*) deuil, (*starker* ~) zèph, (~ *haben von*) parfum, (~ *machen*) tralala, (*wie vom* ~ *verweht sein*) vitesse
Windmacher péteux
Wink tuyau
winken appel
Winter (*nicht über den* ~ *kommen*) P.P.H.
wir nozig
Wirbel battage
Wirrkopf tête
Wirrwarr embrouillamini
Wisch bafouille, papelard, torchon
wischen (*eine gewischt kriegen*) châtaigne

wissen (*aus dem ff ~*) bout, (*nicht aus noch ein ~*) savoir, (*nichts ~ wollen von*) oreille, (*weißt du schon?*) savoir
wittern renifler
Witz blague, rigolade, rire
Witzbold rigolard
Witzchen astuce
Witze (*du machst ~*) penser, rigoler, (*~ erzählen*) débloquer
wohin (*ich weiß nicht ~ das führt ...*) aller
wohl (*~ ... wie?*) non
Wohlfahrt assistance
wohlfühlen (*sich ~*) grolles
wohnen crécher, percher, rester
Wohnung appart', cabane
Wölf' (*elf, zwölf, dann kommen die ~*) bête
Wölfe (*mit den ~n heulen*) hurler
Wolken (*aus allen ~ fallen*) nues, (*die ~ hängen tief*) plafond
Wolle (*sich in der ~ haben*) bisbille, bouffer, chignon, manger, plumer
wollen chaud, (*etwas von jdm. ~*) appel
Wort (*aufs ~ gehorchen*) œil, (*das ~ abschneiden*) chique, (*kein ~ anbringen können*) tenir, un, (*kein ~ darüber!*) motus, (*kein ~ davon zu meiner Frau!*) mot, (*mein ~ drauf!*) parole, (*mit warmen ~ bezahlen*) payer, (*~ für ~*) texto, (*jdm. bleibt das ~ im Halse stecken*) couper le sifflet, (*das ~ auf der Zunge haben*) langue
Wörterbuch dico
wühlen fouiner
wulachen ramer
Wunder (*sein blaues ~ erleben*) fête, **~tüte** pochette-surprise
Wunsch fantasme
Wupper (*über die ~ gehen*) chique, rampe
würgen cravater
Wurm asticot
wurmen asticoter
Würmer (*jdm. die ~ aus der Nase ziehen müssen*) ver
wurscht (*jdm. ~ sein*) ficher, (*~ und dreimal ~*) foutre
wurschteln cuisine
Wurst cochonaille, colombin, ciflard, (*eine ~ abseilen*) déposer
Würstchen (*warmes ~*) giton
Wüste (*in die ~ schicken*) bouler, envoyer, paître, pelote, remiser, valdinguer
wütend (*~ machen*) monter, (*~ sein*) boule
Wüterich pétardier

Y

Yuppie yuppi

Z

zack toc, (*und ~!*) et hop, sec, (*~, ~*) presto
zahlen douiller
Zahn (*jdm. auf den ~ fühlen*) ventre, (*für einen hohlen ~*) dent, (*sich etwas zwischen die Zähne schieben*) saucissonner, (*die Zähne nicht auseinander kriegen*) dent, (*die Zähne zeigen*) dent, (*sich die Zähne ausbeißen*) dent
Zähneklappern chocottes
Zahnfleisch (*auf dem ~ gehen*) dent, genou, (*auf dem ~ kauen*) piano, ratiche
Zahnklempner arracheur de crocs
Zange (*in die ~ nehmen*) sandwich
Zank bisbille
zappeln (*jdn. ~ lassen*) dragée, suer
Zapping zapping
Zaster osier, pépette, (*her mit dem ~*) soupe
Zeche (*~ prellen*) ardoise, drapeau, planter
Zehenspitzen (*auf ~ gehen*) loup
zehn (*~ Mille*) bâton
zehntausend (*~ neue Francs*) brique
Zeichen (*jdm. mit dem Fuß ein ~ geben*) genou
Zeichnung (*~ machen/brauchen*) dessin
zeigen (*dir werde ich's ~*) appeler, (*~, was man hat*) marchandise
Zeilen (*ein paar ~ schreiben*) mot
Zeit chrono, (*die meiste ~ über*) quart, (*alles zu seiner ~*) heure, (*~ verplempern*) perle, (*in diesen ~en*) temps
Zeitgenosse (*seltsamer ~*) pistolet
Zeitung canard
Zelt guitoune, (*ein ~ haben*) bâton
zerbrechen (*sich den Kopf ~*) creuser
zerknautscht (*~ aussehen*) mine
zermalmen écrabouiller
zermatschen écrabouiller
zerreißen dent
zerrinnen (*zwischen den Fingern ~*) neige
zerstechen piquer

Zeug (*das ~ haben*) moelle, (*was das ~ hält*) pompe
Zeugnis certif
Zicken (*~ machen*) cafouiller, manigancer, manigance, simagrée
Ziege bécasse
ziehen rouler, (*einen ~ lassen*) gaz, (*Revolver ~*) défourailler, (*das zieht nicht*) prendre
zielen braquer
Zielübung carton
zieren (*sich ~*) âme
Zigarette (*keine gedrehte ~*) cousu
Zigeuner manouche, romano
Zimmer carrée
Zimmerchen piaule
zinken (*Karten ~*) maquiller, marquer
Zinken blair, quart, tarin
Zipfelchen bistouquette, quéquette
Zirkus cabotinage, chambard, cirque
Zitrone (*jdn. wie eine ~ auspressen*) citron
Zittergeige crincrin
Zitteritis fraise, trembloter
Zivilbulle bourre, poulet
zock! tchac!
Zögern (*ohne ~ und Zaudern*) un
zu rapport, (*~ schön, um wahr zu sein*) mariée, (*~ weit gehen*) bouchon, pousser
Zuchthaus bagne
Zucker (*doch nicht aus ~ sein*) sucre
Zückerchen (*~ kriegen*) sucre, susucre
Zuckerschlecken bicher, (*kein ~*) être, fête, joli, partie, tarte
Zuckerschnäuzchen lapin
Zufall (*wie es der ~ will*) falloir
Zug (*der ~ ist abgefahren*) adieu, (*aus vollen Zügen genießen*) éclater
Zugeständnisse (*~ machen*) lest
zügig (*~ abwickeln*) tambour
zugreifen (*einfach ~*) pisser
zugucken jeton
Zuhälter maquereau, (*kleiner ~*) sous-mac
Zuhälterei (*von der ~ leben*) maquereauter, maquereautage
zulachen risette
zulegen gaz
zumachen fermer
zunächst un
Zündkerze chandelle
zunehmen forcir
Zunge (*falsche ~*) langue
Zungenbrecher coucher
zuquatschen mou
zurecht|finden (*sich ~*) repérer, **~kommen** débrouiller, (*wieder ~*) remonter le courant, **~machen** (*sich ~*) harnacher, **~stutzen** rembarrer, **~weisen** remettre
zurichten (*jdn. übel ~*) arranger, massacrer
Zurückgebliebener demeuré
zusammen|brauen concocter, **~bringen** (*jdn. mit jdm. ~*) brancher, **~geflickt** torchon, **~halten** (*das Geld ~*) regardant, **~klappen** craquer, **~kloppen** torchonner, **~leben** maquer, ménage, union libre, **~passen** paire, **~schlagen** emplafonner, passer, rosser, **~schmeißen** popote, **~schustern** torcher, **~stellen** concocter, **~ziehen** ménage
Zuschauer (*~ spielen*) point
zuschustern (*jdm. eine Aufgabe ~*) paquet
zusehen chandelle
Zuversicht (*~ einflößen*) assurer
zuviel too much, (*~ für einen Mann*) homme
Zuviel overdose
Zwang (*sich keinen ~ antun*) dételer
zwei (*~ verschiedene Dinge*) deux
2 CV deuche, deux, dodoche
Zweiergespann tandem
zwielichtig (*~e Gestalt*) gouape, (*~e Type*) canard
Zwillinge doublé

Bibliographie

Bauche, H.: *Le langage populaire. Grammaire, syntaxe et dictionnaire du français tel qu'on le parle dans le peuple de Paris avec tous les termes d'argot usuels*, Paris: Payot 1920.

Bornemann, E.: *Sex im Volksmund. Der obszöne Wortschatz der Deutschen*, Ersching 1984.

Boudard, A./Etienne, L.: *La méthode à Mimile. L'argot sans peine*, Paris: La Jeune Parque 1974, **.

Caradec, F.: *N'ayons pas peur des mots*, Paris: Larousse 1988, **. (Wortliste mit DFAP identisch).

Cellard, J.: *Ça mange pas de pain. 400 expressions familières et voyoutes de France et du Québec*, Paris: Hachette 1982, **.

Chatelain-Courtois, M.: *Les mots du vin et de l'ivresse* (*Le français retrouvé 10*), Paris: Belin 1984, **.

DA = Colin, J.-P./Mével, J.-P.: *Dictionnaire de l'argot*, préface par A. Boudard, Paris: Larousse 1990.

DAM = Sandry, G./Carrère, M.: *Dictionnaire de l'argot moderne*, Paris: Ed. du Dauphin [11]1953, **.

DFAP = Caradec, F.: *Dictionnaire du français argotique et populaire*, Paris: Larousse 1977, **.

DFC = Dubois, J./Lagane, R./Niobey, G. (et alii): *Dictionnaire du français contemporain*, Larousse/Langenscheidt 1982.

DFNC = Cellard, J./Rey, A.: *Dictionnaire du français non-conventionnel*, Paris/New York/Barcelone etc.: Masson/Hachette 1980.

DFparlé = Bernet, Ch./Rézeau, P.: *Dictionnaire du français parlé*, Paris: Eds. du Seuil 1989.

Dornseiff, F.: *Der deutsche Wortschatz nach Sachgruppen*, Berlin [5]1959.

DPF = Amiel, Ph. (et alii): *Dictionnaire pratique du français*, Hachette/Langenscheidt 1987.

Duden. *Deutsches Universalwörterbuch*, Mannheim/Wien/Zürich 1983.

Duneton, Cl.: *La Puce à l'oreille. Anthologie des expressions vulgaires avec leur origine*, Paris: Stock 1978, **.

Edouard, R.: *Nouveau dictionnaire des injures*, nouv. éd. revue et complétée par Michel Carassou, Paris: Sand 1983.

Esnault, G.: *Dictionnaire des Argots*, Paris: Larousse 1965.

Giraud, R.: *L'Argot tel qu'on le parle. Dictionnaire français-argot*, Paris: Jacques Granchier 1981, **.

Gottschalk, W.: *Die sprichwörtlichen Redensarten der französischen Sprache*, Heidelberg 1930.

Deutsche Verlage werden nur für Taschenbücher genannt. Taschenbuch-Ausgaben sind durch ** gekennzeichnet.

Gottschalk, W.: *Französische Synonymik*, Leverkusen 1950.
Görner, H./Kempcke, G.: *Synonymwörterbuch. Sinnverwandte Ausdrücke der deutschen Sprache*, Wiesbaden 1987.
Guillemard, C.: *Les mots d'origine gourmande* (*Le français retrouvé 14*) Paris: Belin 1986, **.
Guiraud, P.: *Dictionnaire érotique*, Paris 1978.
Jouet, J.: *Les mots du corps dans les expressions de la langue française*, Paris: Larousse 1990, **.
Jue, I./Zimmermann, N.: *Sprachbuch Frankreich*, Hamburg: rororo 1986.
Klein, H. W.: *1000 französische Redensarten*, Berlin/München: Langenscheidt 1980.
Knopp, K.: *Französischer Schülerargot* (*Bonner Romanist. Arbeiten 6*), Frankfurt a. M./Bonn/Las Vegas 1979.
Kösters-Roth, U. (Hrsg.): *Locutions. Lexikon der französischen Redewendungen*, Eltville 1990.
Küpper, H.: *Wörterbuch der deutschen Alltagssprache*, München: dtv 1971.
Lafleur, B.: *Dictionnaire des expressions*, Paris: Bordas 1984.
LEXIS = Dubois, J./Mével, J. P./Chauveau, G. (et alii): *Dictionnaire de la langue française. Lexis*, Paris: Larousse 1989.
Marks, G. A./Johnson, Ch. B.: *Harrap's Slang Dictionary*. English-French/French-English, complete revised and edited by J. Pratt, London: Harrap 1980.
Matoré, G.: *Dictionnaire du français essentiel* (*les 5000 mots fondamentaux*), Paris: Larousse 1963.
Medina, P.: *Französisch, wie es nicht im Wörterbuch steht. Sprachführer und Einführung in die französische Lebensart*, Bergisch-Gladbach: Lübbe 1984.
Merle, P.: *Dictionnaire du français branché suivi du Guide du français tic et toc*, Paris: Eds. du Seuil 1989, ** (1986).
MR = Rey, A./Rey-Debove, J./Cottez, H. (et alii): *Micro-Robert en poche. Dictionnaire du français primordial*, Le Robert/Klett [1]1979.
Perret, P.: *Le Petit Perret, illustré par l'exemple*, Paris: Ed. Lattès 1982, **.
Pignolo, M.-Th./Heubner, H.-G.: *Ne mâche pas tes mots. Nimm kein Blatt vor den Mund. Französische Redewendungen und ihre deutschen Pendants*, Hamburg: rororo 1982.
PR = Robert, P.: *Dictionnaire alphabétique & analogique de la langue française*, Paris: Le Robert 1972.
Rat, M.: *Dictionnaire des locutions françaises*, Paris: Larousse 1957.
Richard, P.-M./Hohmann, H.-O.: *Découverte du français familier et argotique, Umgangsfranzösisch verstehen lernen*, München 1987.
Rittendorf, M./Schäfer, J./Weiss, H.: *Angesagt: scene-deutsch. Ein Wörterbuch*, Frankfurt a. M.: Extra-Buch Verlag [2]1983.
Roland, P.: *Skidiz. Lexique du français familier à l'usage des étrangers qui veulent comprendre «ce qu'ils disent»*, Paris: Hachette 1977.
Vilatte, C.: *Parisismen. Alphabetisch geordnete Sammlung der eigenartigen Ausdrücke des Pariser Argot*, neubearbeitet von R. Meyer-Riefstahl und M. Flandrin, Berlin-Schöneberg 1912.
Vilmos, B.: *De fil en aiguille. Les locutions françaises: recueil thématique et livre d'exercice. Kalandozás a francia szólások világában*, Budapest 1986.
Voss, K.: *Redensarten der französischen Sprache*, Frankfurt a. M./Berlin: Ullstein 1966.
Zimmer, R.: *Äquivalenzen zwischen FRANZÖSISCH und DEUTSCH. Theorie-Korpus-Indizes. Ein Kontextwörterbuch*, Tübingen 1990.